Lackmann | Der Zivilrechtsfall im Assessorexamen

Der Zivilrechtsfall im Assessorexamen

Relation – Urteil – Prozesstaktik

Von
Rolf Lackmann
Vorsitzender Richter am Oberlandesgericht Hamm a.D.
Langjähriger Arbeitsgemeinschaftsleiter für Rechtsreferendare
Langjähriger Prüfer in der Zweiten Juristischen Staatsprüfung

2., neu bearbeitete Auflage

Verlag Franz Vahlen München 2014

Zitiervorschlag: *Lackmann*, Zivilrechtsfall

www.vahlen.de

ISBN 978 3 8006 4759 0

© 2014 Verlag Franz Vahlen GmbH
Wilhelmstraße 9, 80801 München
Druck: Druckhaus Nomos,
In den Lissen 12, 76547 Sinzheim

Satz: R. John + W. John GbR, Köln
Umschlagkonzeption: Martina Busch, Grafikdesign, Homburg-Kirrberg

Gedruckt auf säurefreiem, alterungsbeständigem Papier
(hergestellt aus chlorfrei gebleichtem Zellstoff)

Vorwort

Es ist einige Zeit seit dem Erscheinen der ersten Auflage vergangen. Auch wenn im Vordergrund die Darstellung der Arbeitsweise des Richters bzw. des Rechtsanwalts steht, machte besonders der Umfang der Gesetzesänderungen eine Neuauflage dringend erforderlich.

Das Werk beinhaltet einen Teil des Zivilprozessrechts, das im Referendariat Gegenstand der Ausbildung ist und im Assessorexamen abgefragt wird. Der andere Teil ist das Zwangsvollstreckungsrecht, das in meinem anderen Werk behandelt wird. Beide Teile sind aufeinander abgestimmt, wenn sie auch getrennt voneinander genutzt werden können.

Neu habe ich in dieses Buch das Verfahren des einstweiligen Rechtsschutzes aufgenommen, das früher einmal Teil des Werkes zum Zwangsvollstreckungsrecht war. Das Verfahren ist aber Erkenntnisverfahren und gehört daher in dieses Buch; die Vollziehung von Arrest und einstweiliger Verfügung dagegen ist Vollstreckungsrecht und wird von mir auch dort behandelt.

Gesetzgebung und Rechtsprechung befinden sich auf dem Stand vom 31.12.2013.

Dortmund, im Dezember 2013   *Rolf Lackmann*

Aus dem Vorwort zur 1. Auflage

Dieses Buch richtet sich an Rechtsreferendarinnen und Rechtsreferendare. Es beschreibt die Arbeitsweise des Richters und Anwalts im Zivilprozess, die Gegenstand der Referendarausbildung in der Zivil- und Anwaltsstation und in den zivilrechtlichen Arbeitsgemeinschaften ist. Sie wird im zweiten juristischen Staatsexamen jedenfalls noch in mehreren Klausuren, im Examensvortrag und im Prüfungsgespräch abgefragt. (…)

In einem solchen Werk muss die richtige Mischung zwischen ausführlicher oder knapper Darstellung bzw. dem Weglassen gefunden werden, um einerseits den Zweck des Erlernens der für Praxis und Examen notwendigen Grundlagen zu erfüllen und andererseits noch vom Umfang her in der kurzen (auch Wiederholungs-) Zeit noch lesbar zu bleiben. Ich habe versucht, meine langjährigen Erfahrungen als Zivilrichter, Ausbilder in der Praxis und in Arbeitsgemeinschaften und als Prüfer in der zweiten juristischen Staatsprüfung, aber auch diejenigen Erfahrungen in dieses Buch einfließen zu lassen, die ich bereits bei meinem Werk zum Zwangsvollstreckungsrecht gewonnen habe.

Breiten Raum im Buch nimmt die Darstellung dort ein, wo Wissen unerlässlich ist. Dies gilt für das Erarbeiten des Sachverhalts und dessen Darstellung, für die Grundlagen der Relationstechnik, für das Abfassen von Urteilen und die Prozesstaktik des Rechtsanwalts. Das Vorgehen bei der Sachverhaltserfassung ist zB auch anhand eines Relationsbeispiels vollständig beispielhaft beschrieben. Die Ausführungen zur Sachverhaltsdarstellung, zur Relationstechnik und zum Urteil enthalten zahlreiche Beispiele. Immer wieder habe ich mich bemüht, Gemeinsamkeiten und Unterschiede zwischen universitärem und Gutachten in der Praxis herauszuarbeiten. Im Anhang befinden sich das bereits genannte Beispiel einer Relation und eine Anwaltsklausur mit vollständigen Lösungen.

Weiterhin sind die examenswichtigsten prozessualen Sonderfälle in ihren unverzichtbaren Grundzügen dargestellt. Auch hier steht aber die Arbeitstechnik im Vordergrund, nicht rechtliche Probleme. Das Buch versteht sich nicht als Lehrbuch zur ZPO; dargestellt ist in der Regel die Rechtsprechung des BGH.

Das Buch setzt pädagogisch auf die Mitarbeit der Leserin/des Lesers. Unbekannte gesetzliche Vorschriften müssen, wichtige Entscheidungen sollten nachgelesen werden. Fragen zur Wiederholung und Vertiefung nach vielen Abschnitten dienen der Wissens- und Verständniskontrolle. Um ein sofortiges Lesen der Antwort zumindest zu erschweren, befinden sich die Lösungen im Anhang. (…)

Dortmund, im November 2005   *Rolf Lackmann*

Inhaltsverzeichnis

Literatur- und Abkürzungsverzeichnis

Paragraphen ohne Gesetzesangabe sind solche der ZPO.

aA . . . . anderer Ansicht
aaO . . . . am angegebenen Ort
Abs. . . . . Absatz
aF . . . . alte Fassung
allgM . . . . allgemeiner Meinung
Alt. . . . . Alternative
Anders/Gehle . . . . Anders/Gehle, Das Assessorexamen im Zivilrecht, 11. Aufl. 2013
Anm. . . . . Anmerkung

b.u.v. . . . . beschlossen und verkündet
BAG . . . . Bundesarbeitsgericht
BB . . . . Betriebsberater (Zeitschrift)
BeckRS . . . . Beck-Rechtsprechung (beck-online)
BGH . . . . Bundesgerichtshof
BGHZ . . . . Entscheidungen des Bundesgerichtshofs in Zivilsachen (Amtliche Sammlung)
BLAH/*Bearbeiter* . . . . Baumbach/Lauterbach/Albers/Hartmann, Zivilprozessordnung, 72. Aufl. 2014
Brox/Walker . . . . Brox/Walker, Zwangsvollstreckungsrecht, 9. Aufl. 2011
BVerfG . . . . Bundesverfassungsgericht
bzgl. . . . . bezüglich
bzw. . . . . beziehungsweise

DRiZ . . . . Deutsche Richterzeitung

EGZPO . . . . Gesetz betreffend die Einführung der Zivilprozessordnung
Einf. . . . . Einführung
Einl. . . . . Einleitung

FamRZ . . . . Zeitschrift für das gesamte Familienrecht
Fn. . . . . Fußnote

gem. . . . . gemäß
ggf. . . . . gegebenenfalls
GmS-OGB . . . . Gemeinsamer Senat der obersten Gerichtshöfe des Bundes
Grundz. . . . . Grundzüge
GVG . . . . Gerichtsverfassungsgesetz

Hartmann . . . . Hartmann, Kostengesetze, 43. Aufl. 2013
hM . . . . herrschende Meinung
iSd . . . . im Sinne des
iVm . . . . in Verbindung mit

Jauernig/Berger . . . . Jauernig/Berger, Zwangsvollstreckungs- und Insolvenzrecht, 23. Aufl. 2010

KG . . . . Kammergericht
Knöringer . . . . Knöringer, Die Assessorklausur im Zivilprozess, 14. Aufl. 2013

Lackmann . . . . Lackmann, Zwangsvollstreckungsrecht, 10. Aufl. 2013
LW/*Bearbeiter* . . . . Lackmann/Wittschier, Die Klausur im Zwangsvollstreckungsrecht, 4. Aufl. 2011

MDR	Monatsschrift für Deutsches Recht
mE	meines Erachtens
mN	mit Nachweisen
MüKoBGB/*Bearbeiter*	Münchener Kommentar zum Bürgerlichen Gesetzbuch, 5. Aufl. ab 2006
MüKoZPO/*Bearbeiter*	Münchener Kommentar zur Zivilprozessordnung, 4. Aufl. 2013
Msk/*Bearbeiter*	Musielak, Kommentar zur Zivilprozessordnung, 10. Aufl. 2013
Musielak	Musielak, Grundkurs ZPO, 11. Aufl. 2012
mwN	mit weiteren Nachweisen
nF	neue Fassung
NJW	Neue Juristische Wochenschrift
NJW-RR	NJW-Rechtsprechungsreport
NZA	Neue Zeitschrift für Arbeitsrecht
OLG	Oberlandesgericht
OLGR	OLG-Report: Zivilrechtsprechung der Oberlandesgerichte (Zeitschrift)
OLGZ	Entscheidungen der Oberlandesgerichte in Zivilsachen
Palandt/*Bearbeiter*	Palandt, Bürgerliches Gesetzbuch, 73. Aufl. 2014
PG/*Bearbeiter*	Prütting/Gehrlein, Zivilprozessordnung, 5. Aufl. 2013
Rn.	Randnummer
Rpfleger	Der deutsche Rechtspfleger (Zeitschrift)
RpflG	Rechtspflegergesetz
RVG	Rechtsanwaltsvergütungsgesetz
S.	Satz
s.a.	siehe auch
s.d.	siehe dazu
s.o.	siehe oben
s.u.	siehe unten
Schuschke/Kessen/Höltje	Schuschke/Kessen/Höltje, Zivilrechtliche Arbeitstechnik im Assessorexamen, 35. Aufl. 2013
Staudinger/*Bearbeiter*	Staudinger, Kommentar zum Bürgerlichen Gesetzbuch, 14. Aufl. 2004 ff.
StJ/*Bearbeiter*	Stein/Jonas, Kommentar zur Zivilprozessordnung, 22. Aufl. ab 2002
StVG	Straßenverkehrsgesetz
Thomas/Putzo/*Bearbeiter*	Thomas/Putzo, Zivilprozessordnung, 34. Aufl. 2013
uÄ	und Ähnliches
v.u.g.	vorgelesen und genehmigt
VersR	Versicherungsrecht (Zeitschrift)
WM	Wertpapier-Mitteilungen (Zeitschrift)
WRP	Wettbewerb in Recht und Praxis (Zeitschrift)
zB	zum Beispiel
Zimmermann	Zimmermann, Klage, Gutachten und Urteil, 20. Aufl. 2011
Zöller/*Bearbeiter*	Zöller, Zivilprozessordnung, 29. Aufl. 2012
zT	zum Teil
ZVG	Zwangsversteigerungsgesetz
ZZP	Zeitschrift für Zivilprozess

Einleitung

Das Thema der folgenden Darstellung ist die zivilrechtliche Arbeit in Praxis und Prüfung. Unterstellt, es ist, wie es sein sollte, wird in der Prüfung das abgefragt, was in der Praxis passiert. Praxis im Zivilrecht heißt richterliche und rechtsberatende (regelmäßig anwaltliche) Praxis. Es geht also um die Arbeitsweise des Richters bzw. Anwalts, den Weg, den sie bis zum Abschluss eines Zivilprozesses gehen müssen. **1**

Dabei hat sich eine Arbeitsmethode entwickelt, die es ermöglichen soll, den Zivilprozess auf einem möglichst schnellen und für die Parteien kostengünstigen Weg zu einem richtigen Ergebnis zu führen, die so genannte »**Relationstechnik**«. Sie ist nicht nur für die tägliche Arbeit des Richters, sondern auch für den **Anwalt** von Bedeutung. Der Anwalt muss sie kennen, weil er ohne Kenntnis der auf der ZPO beruhenden richterlichen Arbeitsweise seinen Mandanten jedenfalls nicht immer sachgerecht vertreten kann. Er muss u.a. wissen, was sein Mandant vortragen und wofür er Beweis antreten muss.

A. Die Relationstechnik

Als Relationstechnik wird die Arbeitsweise des Zivilrichters auf dem Weg zur Entscheidung verstanden. Über ihren Sinn oder Unsinn ist viel geschrieben worden.[1] Nach meiner Meinung eröffnet sie einen guten, wenn nicht den besten Weg zur möglichst schnellen und richtigen Entscheidung eines Zivilprozesses. **2**

Der Referendar kennt von der Universität her Gutachten, die von einem feststehenden Sachverhalt ausgingen, allenfalls gab es noch (wieder feststehende) Abwandlungen. Der Zivilrichter hat es dagegen fast immer mit (mindestens) zwei verschiedenen Sachverhaltsdarstellungen zu tun. Er muss entscheiden, von welchem Sachverhalt er ausgehen muss, und wie die Rechtslage sich bei diesem Sachverhalt darstellt. Er könnte (abgesehen davon, ob die gesetzlichen Vorschriften ihm dies erlauben) zunächst einmal alle möglichen Beweise erheben, um den Sachverhalt zu ermitteln. Dann hätte er einen feststehenden Sachverhalt und könnte wie ein Studierender ein Rechtsgutachten schreiben und beides (Sachverhalt und Rechtslage) dann in Urteilsform kleiden. So etwa geschieht es in einem Strafprozess.

Glücklicherweise arbeitet der Zivilrichter so nicht. Er muss es auch nicht, weil ihm die ZPO diese Arbeitsweise nicht vorschreibt. Es gibt keine Verpflichtung, den Sachverhalt umfassend aufzuklären. Es gibt vielmehr §§ 138, 288. Den Vorschriften lässt sich entnehmen, dass der Richter davon auszugehen hat, dass ein ausdrücklich zugestandener oder nicht bestrittener Sachverhalt zutreffend, also der Entscheidung zu Grunde zu legen ist. Es bleiben die Punkte, in denen der Parteivortrag differiert. Auch diese Sachverhaltsteile muss der Richter nicht alle aufklären, sondern nur die, auf die es rechtlich ankommt. Also überprüft der Richter vor einer Beweiserhebung

---

1 ZB *Arndt* JuS 1972, 522 f.; *Berg* JuS 1972, 523 f.; *Grunsky* JuS 1972, 29 ff., 137 ff., 524 ff.; *Schmidt* JuS 1974, 441 ff.; *Schneider* MDR 1973, 100 ff.

die Rechtslage, und zwar zunächst auf der Grundlage des Vortrags des Klägers. Dann überprüft er sie auf der Grundlage des Vortrags des Beklagten. Aber auch hier macht er es sich einfach und beschränkt sich auf die Punkte, in denen die Sachverhaltsdarstellung der Parteien differiert (die anderen hat er ja schon geprüft). Gibt es dabei unterschiedliche Ergebnisse, sind die entscheidungserheblichen Sachverhaltspunkte gefunden. Über diese wird, wenn Beweis angeboten ist, Beweis erhoben und dann entschieden. Das ist im Wesentlichen die Relationstechnik.

B. Die Relation in Ausbildung und 2. Staatsexamen

3 Ihre wesentliche Bedeutung hat die Relation während der **Ausbildung** bei einem Zivilgericht. Die Ausbildungsvorschriften schreiben in den meisten Bundesländern Relationen als Ausbildungsaufgabe vor. Die Relationstechnik ist Lerngegenstand der Arbeitsgemeinschaften im Zivilrecht.

Die praktische Bedeutung der Relation in der Ausbildung beim Rechtsanwalt schätze ich eher als gering ein. Dies ist bedauerlich. Der Anwalt kann einen Zivilprozess zwar auch ohne Kenntnis der Relationstechnik gewinnen. Vor allem der Umfang dessen, was er vorträgt und wofür er Beweis antritt, ist aber von den Regeln der Relationstechnik bestimmt. Hier kann er Vortrag (und Zeit und Papier) sparen und durchaus auch mit Prozesstaktik gewinnen.

4 In der zweiten juristischen **Staatsprüfung** gibt es keine (Relations-)Hausarbeit mehr. Damit die Relationstechnik aus diesem Grund aber nicht in Vergessenheit gerät, sind Relationsklausuren Gegenstand der Ausbildung in den Arbeitsgemeinschaften und im Examen. Die Aufgaben können sowohl aus richterlicher als auch aus Anwaltssicht gestellt werden. Natürlich kann die Relationstechnik auch im Examensvortrag wichtig oder Gegenstand des Prüfungsgesprächs sein.

C. Einzelteile einer Relation

I. Relation in der Ausbildung

5 Maßgeblich für die Form der Relation ist zunächst das, was evtl. Bearbeitervermerke oder Weisungen vorschreiben. In der Ausbildung ist das maßgebend, was der Ausbilder vorgibt; ggf. muss insoweit nachgefragt werden.

Eine Relation in der Ausbildung besteht üblicherweise aus einem **Sachbericht**, einem (relationsmäßig aufgebauten) **Gutachten** und einem ausformulierten **Entscheidungsvorschlag** (meist ein Urteil). Ob ein Sachbericht anzufertigen ist, wird regelmäßig vom Ausbilder vorgegeben; auch bei nicht entscheidungsreifen Sachen kann sich an seiner Stelle ein »Tatbestand« empfehlen (→ Rn. 671). Besteht der Entscheidungsvorschlag in einem Urteil, entfällt, wenn der Ausbilder nichts anderes vorgibt, der Sachbericht. Zum Unterschied zwischen (ausführlichem) Sachbericht und (knappem) Tatbestand → Rn. 672.

Formal kann der Relation ein Deckblatt vorangestellt werden mit dem Namen des Referendars und der Angabe:

> **Beispiel:** »Relation
> in dem Rechtsstreit
> Müller ./. Meier;
> 9 O 123/13 LG Essen«

Ob ein Literaturverzeichnis verlangt ist, ergibt sich aus den Weisungen bzw. den Erklärungen des Ausbilders.

II. Relationsklausur

In der Relationsklausur sind die Bearbeitervermerke maßgeblich. Regelmäßig entfällt **6**
der Sachbericht; an seine Stelle tritt eine den Erfordernissen des § 313 Abs. 2 entsprechende Sachverhaltsdarstellung (was im Wesentlichen einem Urteilstatbestand entspricht). Ein Entscheidungsentwurf (also zB ein Urteilsentwurf) ist meist nicht verlangt, stattdessen ist ein Tenorierungsvorschlag zu machen.

In Nordrhein-Westfalen kann der Bearbeitervermerk lauten:

> **Beispiel:** »Der Sachverhalt ist relationsmäßig zu begutachten.
> Dem Gutachten ist eine Sachverhaltsdarstellung voranzustellen, die den Erfordernissen des § 313
> Abs. 2 ZPO entspricht und der Verfahrenssituation Rechnung trägt.
> Wird die Sache für entscheidungsreif gehalten, so hat das Gutachten mit einem Tenorierungs-
> vorschlag einschließlich der prozessualen Nebenentscheidungen zu enden. Wird eine Beweiserhe-
> bung oder ein richterlicher Hinweis für erforderlich gehalten, so ist am Ende des Gutachtens ein
> entsprechender Beschluss vorzuschlagen.«

In einer Anwaltsklausur kann der Bearbeitervermerk lauten:

> **Beispiel:** »Die Angelegenheit ist relationsmäßig zu begutachten.
> Das Gutachten soll auch Überlegungen zur Zweckmäßigkeit des Vorgehens enthalten. Es soll mit
> einem zusammenfassenden Vorschlag enden.
> Dem Gutachten ist eine Sachverhaltsdarstellung voranzustellen, die den Erfordernissen des § 313
> Abs. 2 ZPO entspricht und der Verfahrenssituation Rechnung trägt.
> Werden Anträge an das Gericht empfohlen, so sind diese am Ende des Gutachtens auszuformulie-
> ren. Sollte eine Frage für beweiserheblich gehalten werden, so ist eine Prognose zu der Beweislage
> (zB Beweislast, Qualität der Beweismittel etc.) zu erstellen.«

1. Teil. Der Sachverhalt und seine Ermittlung

§ 1. Grundlagen zum Sachverhalt

I. Der Sachverhalt in Studium und Praxis

Im **Studium** ist es die Regel, dass den Studierenden ein fertiger, feststehender Sach- 7
verhalt an die Hand gegeben wird, den sie rechtlich untersuchen müssen. In der **Praxis**
ist es ganz überwiegend anders. Obwohl es objektiv nur ein Geschehen gegeben haben kann, schildern es Kläger und Beklagter des Zivilprozesses häufig unterschiedlich; zusätzliche andere Versionen können sich aus der Beweisaufnahme ergeben.
Hier liegt die erste und vielfach größte Schwierigkeit für den Referendar. Er muss den
Sachverhalt, den er der Entscheidung zugrunde zu legen hat, zunächst ermitteln. Die
zweite Schwierigkeit ist, dass dies nicht in Form der Amtsermittlung geschieht, sondern dass Grundlagen dieser Ermittlung der von den Parteien unterbreitete Sachverhalt und die von ihnen angebotenen Beweise sind (Beibringungsgrundsatz, → Rn. 19).
Das dritte Problem ist, dass keineswegs alle Beweise erhoben werden, sondern nur
die, auf die es für die Entscheidung ankommt. Die Arbeitsmethode, dies herauszufin-
den, ist die Relationstechnik.

II. Die Bedeutung der Arbeit am Sachverhalt

Der Tatbestand ist die Grundlage des Urteils und des Gutachtens (dort ggf. auch ein 8
Sachbericht). Geht der Richter oder Gutachter nicht von dem zutreffenden Sachverhalt aus, so sind die rechtlichen Ausführungen im Ergebnis wertlos. Die Entscheidung kann nicht richtig sein.

Viele praktische oder Prüfungsarbeiten misslingen, weil der Sachverhalt falsch aufgefasst wurde. Referendare neigen dazu, die Bedeutung der Rechtsfragen zu über- und
die Arbeit am Sachverhalt zu unterschätzen. Sie suchen, wie sie von universitären
Aufgaben gewohnt sind, im Sachverhalt in erster Linie nach Rechtsfragen, nach den
»Problemen«. In der Praxis geht es aber um die Entscheidung über Lebenssachverhalte, die nicht immer große rechtliche Probleme aufwerfen. Auch Examensarbeiten
sind Originalrechtsstreitigkeiten nachgebildet und enthalten keine ausgedachten
Rechtsprobleme. Deshalb macht gerade das Herausarbeiten des Sachverhalts oft die
größte Schwierigkeit. Das Feststellen des Sachvortrags ist in der Praxis **die erste und
oft wichtigste Aufgabe.**

III. Begriffsbestimmungen

1. Der Sachverhalt

Unter Sachverhalt wird hier der gesamte sich aus den Akten ergebende tatsächliche 9
Streitstoff verstanden. Dieser Begriff hat für die Arbeit des Referendars keine Bedeutung. Die Aufgabe ist – durch den Ausbilder oder den Bearbeitungshinweis der Klausur vorgegeben – das Anfertigen eines Tatbestandes oder eines Sachberichts.

2. Der Tatbestand

10   »Tatbestand« nennt man die Sachverhaltsdarstellung in einem Urteil. Seine Form ist durch § 313 Abs. 2 vorgeschrieben (im Einzelnen → Rn. 575 ff.).

3. Der Sachbericht

11   Der **Tatbestand** enthält nach § 313 Abs. 2 eine knappe Darstellung der erhobenen Ansprüche und der dazu vorgebrachten Angriffs- und Verteidigungsmittel. Er wird angefertigt, wenn die Entscheidung bereits gefällt ist, und kann sich auf die entscheidungserheblichen Tatsachen beschränken. Der **Sachbericht** demgegenüber enthält den gesamten tatsächlichen Streit der Parteien, denn nur dies ermöglicht eine zutreffende rechtliche Beurteilung des gesamten Streitstoffes (im Einzelnen → Rn. 672).

4. Tatsachen

12   Im Sinne der ZPO sind Tatsachen bestimmte vergangene, gegenwärtige oder zukünftige äußerlich wahrnehmbare oder innere Zustände, Vorgänge oder Vorstellungen, die Gegenstand des Vortrags der Parteien sind und des Beweises sein können.[1] Es können auch innere Vorstellungen und negative Behauptungen sein. Maßgeblich ist in erster Linie, ob der Umstand, um den es geht, **einem Beweis zugänglich** ist, oder umgekehrt, ob eine rechtliche Würdigung erfolgen muss.

5. Rechtsansichten

13   **Rechtsansichten** sind rechtliche und sonstige Schlussfolgerungen der Parteien aus Tatsachen. Sie müssen in einem Prozess nicht vorgetragen werden, denn die rechtliche Würdigung obliegt dem Gericht. Sie können deshalb, auch wenn die Parteien in der Rechtsauffassung zu bestimmten Punkten übereinstimmen, das **Gericht nicht binden**. Zu Einzelheiten → Rn. 41.

6. Rechtsbegriffe

14   Rechtsbegriffe (auch »Rechtstatsachen« genannt[2]) können als tatsächliche Behauptungen gelten,
- wenn es sich um **einfache Begriffe** des täglichen Lebens handelt,
- der Gegner sich nicht gegen die Verwendung des Rechtsbegriffs als Tatsache wendet
- und sich keine Anhaltspunkte dafür ergeben, dass die Parteien falsche rechtliche Schlussfolgerungen ziehen.

Zu Einzelheiten und Beispielen → Rn. 42 f.

7. Unstreitige/streitige Tatsachen

15   Nach dem Beibringungsgrundsatz (→ Rn. 19) bestimmen die Parteien den maßgeblichen Tatsachenstoff. Tragen sie zu einer bestimmten Tatsache übereinstimmend vor, ist diese Tatsache zwischen ihnen nicht in Streit, also unstreitig. Streitig ist der Vor-

---

1   *Schuschke/Kessen/Höltje* Rn. 102 mwN.
2   *Anders/Gehle* A Rn. 31.

trag zu einer Tatsache dann, wenn der Gegner die Tatsache nicht als zutreffend geschildert anerkennen will.

Im Einzelnen ist eine Tatsache **unstreitig**, wenn
- der Geschehensablauf von beiden Parteien übereinstimmend geschildert wird,
- sie iSd § 288 zugestanden wird,
- sie nicht ausdrücklich oder konkludent bestritten wird (§ 138 Abs. 3),
- sie unzulässigerweise mit Nichtwissen bestritten wird (§ 138 Abs. 4).

Streitig ist eine Tatsache, wenn
- sie ausdrücklich oder konkludent bestritten wird,
- sie zulässigerweise mit Nichtwissen bestritten wird (§ 138 Abs. 4).

Zu Einzelheiten → Rn. 44 ff.

Unstreitige Tatsachen hat das Gericht in aller Regel **als gegeben hinzunehmen**. Diese Tatsachen sind Vortrag beider Parteien; über sie muss kein Beweis erhoben werden, sondern nur über entscheidungserhebliche streitige Tatsachen. Ausnahmsweise kann unstreitiger Sachverhalt dann für das Gericht unbeachtlich sein, wenn der Vortrag erkennbar unwahr ist. Dies kommt aber nur sehr selten und kaum in der Ausbildungspraxis oder Examensklausuren vor; deshalb soll darauf nicht näher eingegangen werden.

8. Haupt- und Hilfsvortrag

Nach dem Beibringungsgrundsatz (→ Rn. 19) bestimmen die Parteien den maßgeblichen Tatsachenstoff. Macht eine Partei sich hilfsweise den Vortrag einer anderen Partei zu Eigen, so ist dies zulässig. Es liegt kein Verstoß gegen die Wahrheitspflicht vor (sie hält ja an dem nach ihrem Vorbringen richtigen Tatsachenvortrag in der Hauptsache fest), sondern eine zulässige prozessuale Taktik.[1] **16**

> **Beispiel:** Der Kläger verlangt Zahlung für Buchhaltungsarbeiten, die er für den Beklagten erbracht hat. Der Beklagte wendet ein, der Kläger, der kein Steuerberater ist, habe den Beklagten vereinbarungsgemäß gleichzeitig auch in Steuerfragen beraten; der Vertrag sei daher wegen eines Verstoßes gegen § 5 Steuerberatungsgesetz nichtig. Der Kläger bestreitet, den Beklagten steuerlich beraten zu haben. Hilfsweise macht er sich den Vortrag des Beklagten aber zu Eigen und verlangt Zahlung aus dem Gesichtspunkt der ungerechtfertigten Bereicherung.
> Hauptvorbringen des Klägers ist, nur Buchführungsarbeiten erbracht, nicht aber den Beklagten steuerlich beraten zu haben. Stimmt dies, dann ist es eigentlich ein Verstoß gegen die Wahrheitspflicht, das Gegenteil zu behaupten. Das macht der Kläger durch seinen Hilfsvortrag aber nicht. Er bleibt vielmehr dabei, nicht beraten zu haben. Nur aus prozessualer Taktik, um auch ohne das Risiko einer Beweisaufnahme zu gewinnen, macht er sich hilfsweise das Vorbringen des Beklagten zu Eigen, ohne wahrheitswidrig zu behaupten, es sei zutreffend.

Ebenso ist es – im Rahmen der Wahrheitspflicht (§ 138 Abs. 1) – zulässig, auch einen eigenen Sachverhalt, nicht den der anderen Partei, hilfsweise vorzutragen. Dies kann mit innerprozessualen Bedingungen (s. dazu → Rn. 371) verknüpft werden,[2] zB damit, dass das Gericht den Hauptvortrag nicht als bewiesen ansieht.

> **Beispiel:** Der Beklagte hat eine dem Kläger gehörende Sache, die dem Kläger entwendet wurde, an einen Unbekannten veräußert, ohne dass der Kläger weiß, wie der Beklagte in den Besitz der Sache

---

1 BGHZ 19, 387, 390.
2 BGH NJW-RR 2003, 1145, 1146.

gelangt ist. Der Kläger verlangt Wertersatz, hilfsweise Herausgabe des vom Beklagten erlangten Erlöses. Er behauptet, der Beklagte sei Täter des Diebstahls gewesen; dies folgert er daraus, dass der Beklagte Kenntnis vom Aufbewahrungsort der Sache hatte. Hilfsweise behauptet er, der Beklagte habe sein Wissen an den Täter weitergegeben, so dass er Anstifter oder Gehilfe gewesen sei. Weiter hilfsweise behauptet er schließlich, der Beklagte habe die Sache in Kenntnis des Diebstahls vom Täter erlangt und sei deshalb Hehler.

9. Hilfstatsachen

17 Als Hilfstatsachen (Indizien) werden Tatsachen bezeichnet, die nicht wie »Haupttatsachen« geeignet sind, ein gesetzliches Tatbestandsmerkmal auszufüllen, aber einen Schluss auf die Richtigkeit der Haupttatsache zulassen. Sie haben ihre Bedeutung damit bei der Tatsachenfeststellung, dem **Beweis**.

Beispiel: Ein Tatbestandsmerkmal des § 826 BGB ist eine »vorsätzliche« Schädigung. Behauptet der Kläger vom Beklagten bestritten, der Beklagte habe mit Wissen und Wollen die weiteren Tatbestandsmerkmale des § 826 BGB erfüllt, so hat er eine »Haupttatsache« vorgetragen, die das Tatbestandsmerkmal »Vorsatz« erfüllt. Möglicherweise kann der Kläger das Wissen und Wollen als innere Tatsache aber nicht beweisen. Eine Hilfstatsache, die den Schluss auf den Vorsatz zulassen könnte, wäre zB sein Vortrag, dass der Beklagte kurz nach seiner schädigenden Handlung Dritten gegenüber damit geprahlt habe.

IV. Wesentliche Prozessgrundsätze

1. Dispositionsmaxime

18 Es unterliegt allein der Befugnis zunächst des Klägers, nicht der des Gerichts, ob er einen Zivilprozess einleiten will, der des Beklagten, ob er ihn streitig durchführen oder auch durch eine Widerklage zum Gegenangriff übergehen will. Die Parteien bestimmen und begrenzen durch ihre Anträge, über die das Gericht nicht hinausgehen darf (§ 308 Abs. 1), und ihren Sachvortrag den Streitgegenstand und die Entscheidungsbefugnis des Gerichts.

2. Verhandlungs- oder Beibringungsgrundsatz

19 Nach der Verhandlungsmaxime, die grundsätzlich den Zivilprozess beherrscht, bestimmen die Parteien das Tatsachen- und Beweismaterial, welches das Gericht seiner Entscheidung zugrunde legen muss. Nur in gewissem Umfange hat das Gericht Einfluss auf die Tatsachenermittlung durch Ausübung des richterlichen Fragerechts, durch Anordnen des persönlichen Erscheinens der Parteien zwecks Aufklärung des Sachverhalts gem. § 141 sowie durch gewisse Beweiserhebungen von Amts wegen (Augenschein, Sachverständigengutachten gem. § 144 und Parteivernehmung gem. § 448). Das Gericht muss ferner gem. § 139 auf vollständige Erklärungen der Parteien, die Bezeichnung der Beweismittel und auf sachdienliche Anträge hinwirken.

3. Mündlichkeitsgrundsatz

20 Nach dem Grundsatz der Mündlichkeit ist Gegenstand des Rechtsstreits nur, was mündlich vorgetragen ist, § 128 Abs. 1. Die mündliche Verhandlung wird zwar in der Regel gem. § 129 schriftsätzlich vorbereitet; maßgeblich ist aber nur das, was in der mündlichen Verhandlung vorgetragen wird (zur Form s. § 137).

4. Einheit der mündlichen Verhandlung

Nach dem Grundsatz der Verfahrenseinheit bildet das gesamte Verfahren einer In- **21** stanz eine Einheit. Jede Partei kann grundsätzlich (soweit nicht gesetzliche Vorschriften, zB über die Verspätung, dies ausnahmsweise verbieten) bis zum Schluss der letzten mündlichen Verhandlung neue Tatsachen vorbringen und ihre bisherigen Behauptungen berichtigen. Dem Urteil zugrunde zu legen ist der Vortrag in der letzten mündlichen Verhandlung. Der frühere Prozessstoff ist im Tatbestand nur insoweit zu erwähnen, als er für die Entscheidung noch von Bedeutung ist.

§ 2. Die Ermittlung des Sachverhalts

A. Sachverhaltsquellen

Der Sachvortrag der Parteien ergibt sich aus dem Inhalt der Zivilprozessakte, soweit **22** er vorgetragen worden ist (→ Rn. 20 f.). Im Einzelnen können maßgeblich sein:

- Schriftsätze der Parteien (→ Rn. 23 ff.),
- Anlagen zu Schriftsätzen (→ Rn. 26 ff.),
- Sitzungsprotokolle (→ Rn. 29),
- Beiakten (→ Rn. 30),
- Beweisbeschlüsse, Protokolle über Beweisaufnahmen (→ Rn. 31 f.),
- Schriftliche Sachverständigengutachten (→ Rn. 33),
- Vorangegangene Entscheidungen (→ Rn. 34).

I. Schriftsätze

1. Vor der Verhandlung eingegangene Schriftsätze

Schriftsätze, die vor oder bei der letzten mündlichen Verhandlung eingereicht worden **23** sind, sind in der Regel vorgetragen. Zwar muss der Inhalt der Schriftsätze wegen des Mündlichkeitsgrundsatzes (→ Rn. 20) in der mündlichen Verhandlung vorgetragen werden; eine Bezugnahme auf die Schriftsätze reicht aber aus (§ 137 Abs. 3). Dies kann ein Vermerk im Protokoll: »Die Parteien nahmen auf die gewechselten Schriftsätze Bezug.« ergeben; aber auch beim – in der Praxis üblichen – Schweigen des Protokolls ist von einer Bezugnahme auszugehen. Das Gegenteil, dass bestimmter schriftsätzlich angekündigter Vortrag nicht erfolgt ist, müsste sich aus dem Protokoll ergeben.

2. Nach der letzten mündlichen Verhandlung eingegangene Schriftsätze

Bei Schriftsätzen, die nach der letzten mündlichen Verhandlung eingegangen sind, ist **24** zu unterscheiden:

Enthalten die Schriftsätze nur **Rechtsausführungen**, so ist ihr Inhalt zu berücksichtigen, im Normalfall aber nicht wiederzugeben, → Rn. 41. Enthalten die Schriftsätze **neue Tatsachenbehauptungen**, so sind sie (nur, s. § 296a) zu berücksichtigen, falls die Voraussetzungen des § 283 erfüllt sind. Abgesehen hiervon können sie das Gericht veranlassen, die mündliche Verhandlung wieder zu eröffnen (§ 156).

3. Anträge

25 Aus den Schriftsätzen ergeben sich in der Regel die **Anträge** der Parteien. Sie sind nach § 297 Abs. 1 S. 1 zu verlesen. Eine Bezugnahme auf die enthaltenen Anträge genügt, § 297 Abs. 2. Sind Anträge nicht in Schriftsätzen enthalten, müssen sie nach § 297 Abs. 1 S. 2 aus einer dem Protokoll als Anlage beizufügenden Schrift verlesen werden, wenn nicht der Vorsitzende gem. § 297 Abs. 1 S. 3 die Erklärung zu Protokoll gestattet hat. Der Klageabweisungsantrag bedarf als rein negativer Antrag keiner Verlesung.

Die Antragstellung muss **zwingend in der mündlichen Verhandlung** erfolgen, wenn kein schriftliches Verfahren (§ 128 Abs. 2) stattfindet. Das Protokoll enthält dann zB den Vermerk: »Der Kläger stellte den Antrag aus der Klageschrift vom ...« Enthält das Protokoll keinen solchen Vermerk, muss davon ausgegangen werden, dass die Anträge nicht gestellt wurden, weil insoweit eine Protokollierung zwingend erforderlich ist, § 160 Abs. 3 Nr. 2.

II. Anlagen zu Schriftsätzen

1. Bedeutung

26 Regelmäßig werden den Schriftsätzen Urkunden als Anlage beigefügt (zB Vertragstexte, Rechnungen, Privatgutachten). Sie können als Beweismittel oder zur Ergänzung des Parteivortrags dienen. **Beweismittel** (Privaturkunden iSd § 416) sind sie selten; sie werden zwar oft als solche vorgelegt, ihr Inhalt bleibt aber meist unstreitig, so dass kein Beweis erhoben werden muss.

Meist dienen die Urkunden zur **Ergänzung des Parteivortrags**. Es wäre reiner Formalismus, wenn man die Partei zwingen würde, eine umfangreiche Urkunde in den Schriftsätzen abzuschreiben. Auch hier ist, wenn sich keine gegenteiligen Anhaltspunkte ergeben, von einer stillschweigenden Bezugnahme in der mündlichen Verhandlung auszugehen.

2. Anlagen als Parteivortrag

27 Problematisch kann im Einzelfall aber die Frage sein, ob vorgelegte Anlagen **wirksam zum Parteivortrag gemacht** worden sind.[1] Dazu ist zu fordern, dass (wie beim Urteilstatbestand) in den Schriftsätzen die wesentlichen Umstände mitgeteilt werden und wegen der Einzelheiten auf die Urkunden Bezug genommen wird.[2] Ohne Bezugnahme (§§ 137 Abs. 3, 131)[3] sind die vorgelegten Urkunden nicht zu berücksichtigen. Eine pauschale Bezugnahme auf Urkunden ist unzulässig.[4] Durch Bezugnahme auf Urkunden kann der Vortrag der Parteien nicht ersetzt, sondern lediglich zur Arbeitserleichterung ergänzt werden.[5]

Auch ein zu den Akten gerichtes **Privatgutachten** stellt grundsätzlich nur einen urkundlich belegten substanziierten Parteivortrag dar; die Verwertung als Beweismit-

---

1 S. ausführlich *Lange* NJW 1989, 438 ff.
2 BGH NJW-RR 2004, 639, 640; Thomas/Putzo/*Reichold* § 137 Rn. 3.
3 Vgl. BGH NJW 1995, 1841, 1842.
4 OLG Hamm NJW-RR 1996, 593; Thomas/Putzo/*Reichold* § 137 Rn. 3.
5 *Anders/Gehle* A Rn. 15.

tel, also als Sachverständigengutachten, ist nur mit Zustimmung beider Parteien zulässig.[1]

3. Berücksichtigung der Anlagen

Sind eingereichte Anlagen ordnungsgemäß in Bezug genommen, ist ihr gesamter Inhalt vorgetragen und kann bei der Entscheidung verwertet werden. Dies kann sich auch zu Lasten der vorlegenden Partei auswirken.   **28**

> **Beispiel:** Der Beklagte beruft sich auf seine AGB, aus denen sich eine Gerichtsstandsvereinbarung sowie eine Vertragsstrafenregelung ergäben. Mit einem streitigen Vertragsstrafenanspruch will er aufrechnen. Die AGB enthalten allerdings auch ein beiderseitiges Aufrechnungsverbot mit strittigen Forderungen. Dies kann zu Lasten des Beklagten berücksichtigt werden.

III. Sitzungsprotokolle

Die Protokolle enthalten oft Feststellungen über Parteierklärungen. Derartige Erklärungen, etwa im Rahmen einer Parteianhörung nach § 141, sind Parteivortrag. Dies gilt auch dann, wenn die Angaben einer nicht postulationsfähigen Partei (im Anwaltsprozess) von den schriftsätzlichen Darstellungen abweichen;[2] es ist davon auszugehen, dass sich der Anwalt den Vortrag seiner Partei stillschweigend zu Eigen macht.[3] Zu Protokollen über Beweisaufnahmen → Rn. 31 f.   **29**

IV. Beiakten

Grundsätzlich genügt ein Antrag auf Beiziehung von Akten nach § 432 nicht den gesetzlichen Erfordernissen, wenn die Partei nicht genau genug (wie bei Anlagen, → Rn. 26 ff.) bezeichnet, welche Urkunden oder Aktenteile sie für erheblich hält. Wird einem zu ungenauen Antrag stattgegeben, wird damit nicht ohne weiteres der gesamte Akteninhalt zum Gegenstand des Rechtsstreits; denn das wäre mit dem im Zivilprozess geltenden Beibringungsgrundsatz nicht vereinbar. Der Richter ist nicht verpflichtet, von sich aus die Akten daraufhin zu überprüfen, ob sie Tatsachen enthalten, die einer Partei günstig sind; andernfalls betriebe er unzulässige Beweisermittlung. Aktenteile, auf die sich keine Partei erkennbar beruft, gehören folglich selbst dann nicht zum Prozessstoff, wenn es in dem Sitzungsprotokoll heißt, eine Akte sei zum Gegenstand der mündlichen Verhandlung gemacht worden. Solche Vermerke sind vielmehr grundsätzlich in dem Sinne zu verstehen, dass sie sich nur auf die Teile der Akte beziehen, die einen von den Parteien vorgetragenen Sachverhalt betreffen.[4]   **30**

Beigezogene Akten, auf die eine Partei hinreichend Bezug genommen hat und die erkennbar zum Gegenstand der mündlichen Verhandlung gemacht oder aus denen Feststellungen entnommen wurden, sind demgegenüber Gegenstand des beiderseitigen Parteivortrags geworden. Sind die Akten den Parteien nicht zugänglich gemacht worden (zB auch, weil dies aus Datenschutzgründen unzulässig war), sind sie nicht Gegenstand der mündlichen Verhandlung und können nicht als Beweismittel benutzt werden.

---

1 BGH NJW-RR 1994, 255, 256; Thomas/Putzo/*Reichold* vor § 402 Rn. 5.
2 BGH NJW 1982, 1997, 1998; Thomas/Putzo/*Hüßtege* § 78 Rn. 7.
3 *Anders/Gehle* A Rn. 19.
4 BGH NJW 1994, 3295, 3296.

V. Beweisbeschlüsse, Protokolle über Beweisaufnahmen

1. Nicht vorgebrachte Tatsachen, Parteivorhalte

31 Hat das Gericht über eine bestimmte Tatsache Beweis erhoben, die **bisher nicht vorgebracht** wurde, so folgt daraus die entsprechende Parteibehauptung.[1] Ohne eine dahingehende Behauptung wäre der Beweis nicht erhoben worden, wahrscheinlich ist die Protokollierung des Parteivorbringens in der Verhandlung unterblieben. Im Tatbestand ist hier das Beweisthema bereits als Parteibehauptung zu bringen,[2] und zwar als Behauptung der Partei, für die es günstig sein kann; denn diese Partei wird es wahrscheinlich vorgetragen haben. Dies gilt aber nur für das »Kernthema« einer Beweisaufnahme; werden innerhalb einer angeordneten Beweisaufnahme über das Beweisthema hinausgehende Bekundungen gemacht, gelten die folgenden Ausführungen (→ Rn. 32).

Macht ein Zeuge bei der Beweisaufnahme eine über das Beweisthema hinausgehende Bekundung auf eine **Frage** oder auf **Vorhalt einer Partei**, so geht daraus hervor, dass die fragende Partei zuvor die entsprechende Behauptung aufgestellt hat.

2. Weitergehende Zeugenaussagen

32 Macht ein Zeuge Bekundungen über Tatsachen, die bisher von den Parteien nicht vorgebracht wurden, und findet sich keine dahingehende Frage oder ein Vorhalt im Protokoll, so ist Folgendes möglich:

- Es ist eine dahingehende Frage vorher mündlich gestellt worden, ohne dass dies im Protokoll vermerkt wurde.
- Die Partei, für die die Tatsache günstig ist, greift die Tatsache später auf und macht sie zu ihrem Vorbringen. Das gilt insbesondere, wenn die Partei die gesamte Aussage des Zeugen für glaubhaft erklärt.
- Die Parteien schweigen zu den neuen Tatsachen. Dann ist davon auszugehen, dass die Partei, für welche die bekundete Tatsache günstig ist, sie sich stillschweigend zu Eigen gemacht hat.[3] Das Gericht hätte nämlich gem. § 139 nach Durchführung der Beweisaufnahme darauf hinweisen müssen oder zumindest sollen, dass die Aussage des Zeugen zu den neuen Umständen nicht berücksichtigt werden kann, weil es sich nicht um Parteivortrag handelt. Spätestens dann würde die Partei, für welche die Aussage günstig ist, sich diese zu Eigen machen. Allerdings ist mE die Tatsache mangels ausdrücklichen Vortrags nicht im Tatbestand/Sachbericht bei der Partei zu erwähnen, für die das Vorbringen günstig ist. Ob die Zeugenaussage zugunsten dieser Partei verwertet werden darf, bedarf einer rechtlichen Untersuchung. S. dazu im Einzelnen das 1. Klausurbeispiel (→ Rn. 742).
- Die Parteien können die weitergehende Bekundung des Zeugen unbeachtet lassen. Die Parteien wollen manchmal den Tatsachenstoff auf bestimmte Tatsachen beschränken. Wenn sie dies erklären, gehören die bekundeten Tatsachen nicht zum Parteivortrag.

---

1 *Anders/Gehle* A Rn. 21; *Schuschke/Kessen/Höltje* Rn. 131.
2 Dies würde ich in einer Examensarbeit, in der dies allerdings kaum vorkommen sollte, in einer Fußnote erläutern.
3 BGH NJW-RR 2010, 495 Rn. 5; *Anders/Gehle* A Rn. 20; aA *Schuschke/Kessen/Höltje* Rn. 130.

Die Aussage eines Zeugen geht allerdings nur selten wirklich über das Beweisthema hinaus. Meist handelt es sich bei den scheinbar neuen Tatsachen um nähere Einzelheiten, durch die der Zeuge das Geschehen erläutert. In solchen Fällen bedarf es keiner Ergänzung des Parteivorbringens. Eine Partei muss Tatsachen, die ein Zeuge erstmals erwähnt, nur dann (evtl. stillschweigend, s.o.) aufgreifen, wenn dadurch ihr Vortrag erst schlüssig wird, oder wenn der Sachverhalt dadurch eine neue rechtliche Beurteilung erfordert, insbesondere wenn eine weitere (wenn auch nur eventuelle) Anspruchsgrundlage gegeben oder eine anspruchsvernichtende Norm ausgefüllt erscheint.

Ist nur durch Auslegung zu ermitteln, ob eine Partei sich die Aussage eines Zeugen zu Eigen gemacht hat, ist es mE nicht zulässig, den Inhalt der Zeugenaussage im Tatbestand als Parteibehauptung wieder zu geben.[1] Vielmehr muss die Zeugenaussage wiedergegeben werden (durch Bezugnahme, → Rn. 611). Im Gutachten oder in den Entscheidungsgründen ist dann an der maßgeblichen Stelle auszuführen, ob und ggf. warum die Partei sich die Aussage zu Eigen gemacht hat.

VI. Schriftliche Sachverständigengutachten

Ein gerichtlicher Sachverständiger muss häufig von Parteien nicht vorgetragene Umstände kennen, um sein Gutachten erstatten zu können (zB der Bausachverständige Einsicht in Bauakten nehmen); s. hierzu auch § 404a Abs. 4. Fast die Regel ist es, dass er einen Ortstermin durchführt und die streitige Sache in Augenschein nimmt. So werden sich oft in einem Gutachten im Ortstermin ermittelte Tatsachen wieder finden lassen, welche die Parteien nicht vorgetragen haben. Sie gehören zum – in der Regel unstreitigen – Tatsachenvortrag der Parteien, wenn die Parteien ihrer Verwertung nicht widersprochen haben (zB rügelos zum Ergebnis der Beweisaufnahme verhandelt haben, § 285). Gleichwohl sind sie nach meiner Meinung nicht in den Tatbestand/Sachbericht aufzunehmen, weil (im Gutachten, den Entscheidungsgründen) rechtlich gewürdigt werden muss, ob es sich um Parteivortrag handelt.   33

VII. Vorangegangene Entscheidungen

Sind vor dem Schlussurteil andere Entscheidungen des Gerichts ergangen (Teilurteil, Grundurteil, Vorbehaltsurteil, Zwischenurteil), sind die Umstände, die im Tatbestand der vorangegangenen Entscheidung wiedergegeben sind, auch dann zu verwerten, wenn sie nicht schriftsätzlich vorgetragen wurden. Der Tatbestand erbringt gem. § 314 den Beweis, dass die Tatsachen vorgetragen wurden. Diese Beweiswirkung erstreckt sich auch darauf, ob eine bestimmte Behauptung bestritten ist oder nicht.[2] Dagegen folgt aus § 314 nicht, dass nicht erwähnte Angriffs- und Verteidigungsmittel auch tatsächlich unterblieben sind (negative Beweiskraft des Tatbestands); diese Annahme wäre nur dann gerechtfertigt, wenn das Parteivorbringen in dem Urteilstatbestand vollständig wiedergegeben werden müsste, was § 313 Abs. 2 widerspräche.[3]   34

---

1 Unklar *Anders/Gehle* A Rn. 20.
2 BGH NJW-RR 2008, 1566 Rn. 15.
3 BGH NJW 2004, 1876, 1879.

B. Stoffsammlung

35 In der Zivilprozessakte befinden sich chronologisch geordnet die Schriftsätze der Parteien nebst Anlagen, Verhandlungsprotokolle, ggf. schriftliche Sachverständigengutachten und Beiakten. Aus diesem Tatsachenstoff ist ein geordneter Tatbestand bzw. Sachbericht zu erstellen. Dies setzt ein gründliches Durcharbeiten der Akten und ein Ordnen in unstreitigen und streitigen Sachverhalt voraus. Da man in den seltensten Fällen in der Lage sein wird, dies alles im Gedächtnis zu behalten und aus dem Gedächtnis heraus geordnet wiederzugeben, ist das Anfertigen eines Aktenauszugs in der Regel unerlässlich.

Die Stoffsammlung soll folgende Aufgaben erfüllen:
- Erfassen des gesamten Sachverhalts (wenn auch in Stichworten),
- Möglichkeit des Wiederfindens in der Akte,
- Zuordnung des Vortrags der Parteien zu den einzelnen Tatsachen.

In der Praxis hat es sich bewährt, den Vortrag zu den einzelnen Punkten in Tabellen zusammenzufassen und die Blattzahlen dazu zu notieren, etwa in folgender Form:

Kläger	Bl.	Beklagter	Bl.	Prozessgeschichte	Bl.

Trägt zB der Kläger auf Bl. 17 der Akte vor, der Beklagte habe ihn auf die Wange geschlagen, und der Beklagte auf S. 25, er habe nur eine Fliege von der Wange des Klägers verscheuchen wollen und diesen nicht getroffen, sähe die Tabelle zu diesem Punkt etwa so aus:

Kläger	Bl.	Beklagter	Bl.	Prozessgeschichte	Bl.
Beklagter schlug Kläger auf Wange	17	Beklagter versuchte nur, Fliege zu verscheuchen, berührte Kläger nicht.	25		

Beispiel: Unter »Prozessgeschichte« kann dann vermerkt werden, welche Beweisaufnahme über den Punkt stattfand. Dort können aber auch andere Umstände der Prozessgeschichte vermerkt werden, zB dass ein Versäumnisurteil gegen den Beklagten ergangen ist.

36 In der einschlägigen Literatur werden die verschiedensten Arbeitsformen vorgeschlagen, zB die Erfassung auf Papierbögen[1] und dessen späteres Zerschneiden zum Ordnen des Stoffes;[2] oder das Fertigen von Zetteln für jede einzelne Behauptung jeder Partei. In einer Zeit, in der nahezu jeder mit einem Computer und einem Textverarbeitungsprogramm umgehen kann, kann es für **Arbeiten in der Praxis** nur einen richtigen Weg geben, nämlich das Arbeiten mit einer Tabelle eines Textverarbeitungsprogramms, die auch noch als Dokumentvorlage gespeichert werden kann. Hier sind nachträgliche Ergänzungen, Korrekturen, Kennzeichnungen als streitig oder unstreitig oder Rechtsansicht und schließlich die spätere Ordnung durch Verschieben der Tabellenzellen problemlos und effektiv möglich. Die Arbeit mit einer Tabelle dürfte auch übersichtlicher sein als die mit »drei Fenstern«.[3]

---

1 S. *Anders/Gehle* A Rn. 23; *Schuschke/Kessen/Höltje* Rn. 119.
2 *Anders/Gehle* A Rn. 23.
3 So *Anders/Gehle* A Rn. 23.

In **Klausurarbeiten** dürfte das Anfertigen einer Tabelle nach obigem Muster ausreichend sein. Da der Sachverhalt in aller Regel nicht sehr umfangreich ist, ist das spätere Ordnen nicht schwierig. Es wird teilweise geraten, bei Klausurarbeiten auf das Anfertigen eines Aktenauszugs zu verzichten. Dies kann mE aber nur dann empfohlen werden, wenn es sich um ganz einfache und unstreitige Sachverhalte handelt; ich empfehle, im Zweifel einen Auszug anzufertigen. Ist die Zeit knapp, kann man dazu beispielsweise in dem Klausurtext einzelne Behauptungen mit Ziffern versehen und in die Tabelle dann nur noch die Ziffern mit Blattzahl eingeben; so kann Zeit gespart und doch Ordnung gefunden werden.

Ein Beispiel für die Erfassung des gesamten Sachverhalts einer Klausur finden Sie im 4. Teil (erstes Klausurbeispiel).

C. Ordnung des gesammelten Stoffes

Die Stoffsammlung dient der Erfassung des gesamten Vortrags der Parteien. Sie folgt, **37** da die Akte von vorne nach hinten gelesen wird, chronologisch dem, was sich im Prozess ereignet, nicht dem Geschehen in der Wirklichkeit. Um einen Tatbestand/ Sachbericht daraus zu machen, muss der Stoff geordnet werden. Diese Ordnung erfolgt nach folgenden Kriterien:
- Trennung von Sachvortrag und Prozessgeschichte.
- Trennung von Tatsachenvortrag und Rechtsauffassungen.
- Trennung von streitigem und unstreitigem Vorbringen.
- Feststellung von überholtem Vorbringen.
- Zeitliche Ordnung.

I. Trennung von Sachvortrag und Prozessgeschichte

Der Entscheidung des Gerichts unterliegt der Tatsachenvortrag der Parteien. Es gibt **38** aber auch Prozessgeschehen, das für die Entscheidung von Bedeutung ist, und sei es nur für die Kostenentscheidung (zB der Erlass eines Versäumnisurteils, ein Anerkenntnis, eine (Teil-)Klagerücknahme, eine Verweisung). Diese »Prozessgeschichte« muss getrennt von dem Tatsachenvortrag der Parteien dargestellt werden.

II. Trennung von Tatsachenvortrag und Rechtsauffassungen

Rechtsansichten der Parteien binden das Gericht nicht. Es muss selbst das Recht **39** kennen und anwenden (»iura novit curia«). Die Parteien können, müssen aber nicht zur Rechtslage vortragen. Damit ist es für die Entscheidung unerheblich, welche Rechtsansichten die Parteien vertreten. Ein Tatbestand/Sachbericht muss die Rechtsansichten daher grundsätzlich nicht darstellen.

1. Tatsachen

Zum Begriff der Tatsachen → Rn. 12. Die Abgrenzung zu Rechtsansichten ist nicht **40** immer leicht; hier werden in den Referendararbeiten häufig Fehler gemacht. Maßgeblich ist in erster Linie, ob der Umstand, um den es geht, **einem Beweis zugänglich** ist, oder umgekehrt, ob eine rechtliche Würdigung erfolgen muss. Es ist also zu fragen, ob dann, wenn die »streitige Tatsache« in einer Beweisaufnahme voll bestätigt wird, von der Tatsache ausgegangen werden kann oder ob noch eine rechtliche Würdigung erforderlich ist (dann Rechtsansicht).

> **Beispiel:** Der Kläger trägt vor, das zustande gekommene Rechtsgeschäft sei wegen einer arglistigen Täuschung nichtig. Der dazu vernommene Zeuge sagt aus: »Der Beklagte täuschte den Kläger arglistig.« Bei der Frage, ob eine arglistige Täuschung vorliegt, kann nicht davon ausgegangen werden, dass dieser juristische Begriff von einem juristischen Laien rechtlich zutreffend bewertet wird. Es handelt sich nicht um einen so genannten »Rechtsbegriff« (→ Rn. 14, 42 f.). Nach Durchführung der Beweisaufnahme wäre das Gericht also so klug als wie zuvor: Es könnte, ohne die Einzelheiten des Geschehens zu kennen, nicht beurteilen, ob eine arglistige Täuschung vorlag.
> Anders wäre es bei folgendem Vortrag: »Obwohl er wusste, dass das Fahrzeug einen Unfallschaden erlitten hatte, erklärte der Beklagte dem Kläger, das Fahrzeug sei unfallfrei. Er hat den Kläger also arglistig getäuscht.« Tatsachen, über die Beweis erhoben werden kann, sind der Unfallschaden, die Kenntnis des Beklagten hiervon und die Erklärung, das Fahrzeug sei unfallfrei. Die rechtliche Schlussfolgerung (Rechtsansicht), die der Kläger daraus zieht, ist, dass er arglistig getäuscht wurde. Sein Tatsachenvortrag hierzu lässt sich unter das entsprechende Tatbestandsmerkmal des § 123 BGB subsumieren.

2. Rechtsansichten

41 Rechtsansichten sind rechtliche und sonstige Schlussfolgerungen der Parteien aus Tatsachen. Rechtsansichten müssen in einem Prozess nicht vorgetragen werden, denn die rechtliche Würdigung obliegt dem Gericht. Sie können deshalb, auch wenn die Parteien in der Rechtsauffassung zu bestimmten Punkten übereinstimmen, das **Gericht nicht binden**.

> **Beispiel:** Der Kläger trägt vor: »Am 1.4. haben sich die Parteien darüber geeinigt, dass dem Beklagten der Gebrauch an der streitigen Wohnung ab sofort gegen Zahlung von monatlich 500,00 EUR überlassen werden soll. Damit ist ein Mietvertrag zustande gekommen.«
> Tatsache ist hier die Einigung über die Gebrauchsüberlassung gegen Entgelt; daraus schließt der Kläger rechtlich, dass es sich um einen Mietvertrag handelt. Soweit es um die »Einigung« geht, ist allerdings Folgendes zu beachten: Dabei handelt es sich um den Vortrag eines »Rechtsbegriffs« (s. dazu → Rn. 42 f.). Die Einigung besteht aus Angebot (§ 145 BGB) und Annahme (§§ 147 ff. BGB). Hierzu ergibt sich Genaues aus dem Klägervortrag nicht.

Rechtsausführungen der Parteien können auch Tatsachenbehauptungen enthalten oder sonst wie für die rechtliche Würdigung von Bedeutung sein.

> **Beispiel:** Eine Partei trägt vor, ein bestimmtes Schreiben enthalte eine Kündigung. Mit dieser Auffassung gibt sie zu erkennen, dass sie die Kündigung erklärt haben will. Ist die angebliche Kündigung in dem Schreiben entgegen der Auffassung der Partei nicht rechtswirksam erklärt, so ist zu prüfen, ob die Partei das Gestaltungsrecht nunmehr im Rechtsstreit dadurch neu ausüben will, dass sie ihre Rechtsauffassung vorträgt.

Wie Rechtsansichten zu behandeln sind auch Werturteile oder **Schlussfolgerungen** einer Partei.

> **Beispiel:** Der Kläger will darlegen, dass der Beklagte arglistig gehandelt hat, also zB in Kenntnis offenbarungspflichtiger, aber verschwiegener tatsächlicher Umstände, und trägt dazu vor: »Dass der Beklagte Kenntnis davon hatte, dass das Fahrzeug einen schweren Frontschaden hatte, folgt daraus, dass er bei der Fahrzeugbesichtigung dem Kläger nicht gestattete, die Motorhaube zu öffnen.«
> Hier ist der Vortrag, der Beklagte habe dem Kläger nicht gestattet, die Motorhaube zu öffnen, Tatsachenvortrag; der Vortrag, daraus ergebe sich die Kenntnis des Beklagten, eine Schlussfolgerung des Klägers und damit eine Rechtsansicht.

Rechtsansichten sind grundsätzlich im Tatbestand/Sachbericht **nicht wiederzugeben**.[1] Sie sind für die Entscheidung nicht von Bedeutung, da sie das Gericht nicht binden können. Anderes gilt **nur dann**, wenn

- die Rechtsausführungen auch Tatsachenvortrag enthalten;
- für den Leser nur so ersichtlich ist, warum es überhaupt zum Streit der Parteien gekommen ist;[2]
- eine Partei oder beide Parteien auf bestimmte Rechtsansichten besonders großen Wert legen;[3]
- der Parteivortrag nur so verständlich dargestellt werden kann;[4]
- der Sachverhalt unstreitig ist und der Beklagte sich nur mit Rechtsansichten verteidigt; würden diese nicht wiedergegeben, müsste der Beklagte annehmen, das Gericht habe sich mit seinem Vortrag überhaupt nicht befasst.

Grundsätzlich ist zu raten, im Zweifel Rechtsansichten nicht wiederzugeben. Dies fällt Referendaren erfahrungsgemäß sehr schwer; in der breiten Darstellung aller vorgetragenen Ansichten liegt aber ein **typischer Fehler** in Examensarbeiten (→ Rn. 630).

3. Rechtsbegriffe

Rechtsbegriffe (auch »Rechtstatsachen«[5] oder »juristisch eingekleidete Tatsachen«[6]) können als Tatsachen zählen, wie etwa der Vortrag, wer Vertragspartei geworden sei,[7] wenn

42

- es sich um einfache Begriffe des täglichen Lebens handelt,
- der Gegner sich nicht gegen die Verwendung des Rechtsbegriffs als Tatsache wendet
- und sich keine Anhaltspunkte dafür ergeben, dass die Parteien falsche rechtliche Schlussfolgerungen ziehen.

Solche Begriffe können zB sein: Kaufvertrag, Mietvertrag, Eigentum, Darlehen, Schenkung, Besitz, Einigung.

> Im **Beispiel:** des Kaufvertrages müsste eine Partei, wenn sie einen Sachverhalt vortragen will, der sich unter § 433 BGB subsumieren lässt, vortragen: »Der Beklagte machte dem Kläger das Angebot, dem Kläger das Eigentum an einem Buch zum Preis von 10,– EUR zu übertragen und dem Kläger das Buch zu übergeben. Der Kläger nahm das Angebot an.« Erforderlich ist der Vortrag einer Einigung über einen Vertrag iSd § 433 BGB. Da aber im täglichen Leben der Begriff Kaufvertrag allgemein bekannt ist und in der Regel richtig verstanden wird, lässt man es ausreichen, wenn der Kläger nur vorträgt: »Der Kläger kaufte von dem Beklagten ein Buch zum Preis von 10,– EUR.«

Wenn allerdings streitig wird, dass

- es zu einem Vertragsschluss kam, muss genau vorgetragen werden, wie die Einigung erfolgte;
- es sich um einen Kaufvertrag handelte, muss genau vorgetragen werden, worüber man sich einigte.

---

1 *Anders/Gehle* A Rn. 30; *Schuschke/Kessen/Höltje* Rn. 141.
2 *Schuschke/Kessen/Höltje* Rn. 141.
3 *Schuschke/Kessen/Höltje* Rn. 141.
4 *Anders/Gehle* A Rn. 30.
5 *Anders/Gehle* A Rn. 31.
6 BGH NJW-RR 2007, 1563 Rn. 16.
7 BGH NJW-RR 2006, 281, 282.

Auch muss genau untersucht werden, ob der Rechtsbegriff tatsächlich richtig verstanden wird. So ist häufig im allgemeinen Sprachgebrauch, wenn von einem »Leihwagen« gesprochen wird, ein »Mietwagen« gemeint; wer von seinem »Besitz« redet, meint sein »Eigentum«. Auch kann sich aus weiterem Tatsachenvortrag ergeben, dass die Partei rechtlich irrt.

> **Beispiel:** Klägervortrag: »Der Beklagte kaufte von dem Kläger ein Buch, denn der Kläger gab es ihm. Auch wenn der Beklagte schwieg, war klar, dass er dafür den Zeitwert des Buches bezahlen musste.« Hier ergibt sich aus dem Klägervorbringen schon kein Vertragsschluss (Übergabe als Angebot, Schweigen als Annahme?), geschweige denn ist ersichtlich, um welchen Vertrag es sich handeln soll (Kauf, Leihe, Schenkung?). Wegen des weiteren Vortrags des Klägers zum »Kaufvertrag« ist seine Annahme, es handele sich um einen Kaufvertragsschluss, daher als (unrichtige) Rechtsansicht zu werten, die aus den vorgetragenen Tatsachen (Übergabe des Buches, Schweigen des Anderen) folgern soll.

43 Rechtsbegriffe sind im Tatbestand/Sachbericht wie Tatsachen **darzustellen.** Ergeben sich Schwierigkeiten bei der rechtlichen Einordnung (richtige Begriffsverwendung, nur Rechtsansicht uÄ), ist der Vortrag wörtlich (in Anführungszeichen) wiederzugeben; die rechtliche Würdigung muss dann im Gutachten/in den Entscheidungsgründen erfolgen.

III. Trennung von streitigem und unstreitigem Vorbringen

1. Unstreitiges Vorbringen

44 Zur Bedeutung → Rn. 15. Unstreitig ist Vorbringen dann, wenn
- wenn die Parteien einen Geschehensablauf übereinstimmend vortragen,
- wenn eine Partei das Vorbringen der anderen zugesteht (→ Rn. 45)
- wenn sie dem Vorbringen pauschal bzw. konkludent zustimmt,
- wenn sie das Vorbringen nicht (→ Rn. 46) bestreitet,
- wenn sie das Vorbringen nicht wirksam bestreitet (→ Rn. 49 ff.).

> **Beispiel (pauschale Zustimmung):** »Das Vorbringen des Klägers zum Ablauf der Schlägerei und zu den dadurch erlittenen Verletzungen wird nicht bestritten. Bestritten wird allerdings, dass der Beklagte die Schlägerei begonnen hat. Vielmehr hat es sich so zugetragen …«

> **Beispiel (konkludente Zustimmung):** Der Kläger trägt vor, die Parteien hätten einen Kaufvertrag geschlossen, und verlangt Zahlung des Kaufpreises. Der Beklagte äußert sich zum Vertragsschluss nicht ausdrücklich, beruft sich vielmehr auf Mängel der übergebenen Sache. Dadurch, dass der Beklagte Mängelrechte geltend macht, stimmt er konkludent dem Vortrag des Klägers, es sei ein Kaufvertrag geschlossen worden (Vortrag eines Rechtsbegriffs, → Rn. 42 f.), zu. Genauso kann allerdings angenommen werden, der Vortrag des Klägers zum Abschluss des Kaufvertrages sei unstreitig (§ 138 Abs. 3, → Rn. 46).

2. Geständnis

45 Es ist, soweit die Partei im Rahmen der Wahrheitspflicht (§ 138 Abs. 1) bleibt, nicht zu beanstanden, dass eine Partei ihren Vortrag im Laufe des Rechtsstreits wechselt (allerdings kann dies bei einer eventuellen Beweiswürdigung eine Rolle spielen). Maßgeblich ist dann der Vortrag, der zur Zeit der letzten mündlichen Verhandlung gelten soll. Ist allerdings ein Vortrag der Gegenpartei **iSd § 288 zugestanden** worden, so kann dieses Geständnis nur widerrufen werden, wenn die Voraussetzungen des § 290 vorliegen. Geständnis ist das Zugestehen vom Gegner vorgetragener Tatsachen, das heißt, die **ausdrückliche oder konkludente Erklärung als richtig** und ein **Geständniswille**; die Willenserklärung, die in dem Geständnis liegt, ist die Erklärung des Einverständnisses damit, dass die Tatsache ungeprüft zur Urteilsgrundlage gemacht wird.[1]

> **Beispiel:** Der Kläger behauptet, der Beklagte sei Mieter eines Geschäftslokals. Der Beklagte erklärt sich hierzu nicht ausdrücklich, trägt allerdings vor, es sei ursprünglich eine bestimmte Grundmiete vereinbart worden; er sei seinen Zahlungspflichten immer nachgekommen. Dass der Beklagte Mieter ist, ist zugestanden, wenn die Voraussetzungen des § 288 Abs. 1 (dazu im nächsten Absatz) vorliegen; der Beklagte kann nur noch unter den Voraussetzungen des § 290 mit seinem neuen Vorbringen gehört werden, nicht er, sondern seine Frau sei Mieterin.[2]

Voraussetzung eines Geständnisses iSd § 288 Abs. 1 ist neben dem ausdrücklichen oder konkludenten Zugestehen einer Tatsache und dem Geständniswillen, dass das Geständnis in der mündlichen Verhandlung (oder zum Protokoll eines beauftragten oder ersuchten Richters) erfolgt ist. Dazu ist nicht etwa eine förmliche Erklärung in der Verhandlung erforderlich; es reicht die Bezugnahme auf ein in einem Schriftsatz angekündigtes Geständnis (im Beispiel oben die schriftsätzliche Erklärung zur ursprünglichen Grundmiete und deren Zahlung) aus. Eine solche Bezugnahme liegt bereits konkludent in der Verhandlung zur Sache (→ Rn. 25).

> **Beispiel:** Wenn also im vorhergehenden Beispiel unter Bezugnahme auf die gewechselten Schriftsätze verhandelt wurde, ist ein Mietvertrag zwischen Kläger und Beklagtem zugestanden iSd § 288. Dass es so zu einem Geständnis kommt, wird auch in der Praxis häufig nicht beachtet.

Folge des Geständnisses ist, dass die Tatsache keines Beweises bedarf, also unstreitig ist, und das Geständnis nur unter den Voraussetzungen des § 290 **widerrufen** werden kann.

Im Tatbestand/Sachbericht ist eine iSd § 288 zugestandene Tatsache als unstreitig darzustellen. Kommt es darauf an, ob ein Geständnis vorliegt und ggf. wirksam widerrufen ist, ist der Parteivortrag im Einzelnen, so wie erfolgt, darzustellen (s. auch → Rn. 51).

3. Nichtbestreiten, § 138 Abs. 3

Gem. § 138 Abs. 3 sind auch solche Tatsachen als zugestanden anzusehen, also unstreitig, die weder ausdrücklich (→ Rn. 47) noch konkludent (→ Rn. 48) bestritten werden. Das Schweigen auf einen Vortrag der Gegenseite bedeutet also in der Regel ein stillschweigendes Zugeständnis. Dies gilt allerdings nur dann, wenn, wie im normalen Zivilprozess, die Verhandlungsmaxime und nicht der Untersuchungsgrundsatz (wie zB in Ehesachen, § 113 Abs. 4 Nr. 1 FamFG) gilt.[3]   46

Bei der Prüfung, ob Vorbringen bestritten ist, darf aber nicht etwa nur auf die zeitliche Reihenfolge des Vortrags im Prozess abgestellt werden; es muss auch untersucht werden, ob sich das Bestreiten schon aus früherem Vortrag einer Partei ergibt.[4]

> **Beispiel:** Der Kläger trägt in der Klageschrift vor, ein von ihm gefahrener LKW sei einzig und allein wegen des von der Beklagten unzureichend befestigten Untergrundes an einer Abkippstelle ein-

---

1 BGH NJW-RR 2005, 1297, 1298.
2 BGH NJW-RR 2003, 1578, 1579.
3 Msk/*Stadler* § 138 Rn. 12; Thomas/Putzo/*Reichold* § 138 Rn. 14.
4 BGH NJW-RR 2001, 1294; Thomas/Putzo/*Reichold* § 138 Rn. 17.

gebrochen und umgekippt. Zu dem Vortrag des Beklagten, der Kläger habe in Schrägstellung des Fahrzeugs entladen, dadurch sei es zum Umkippen gekommen, nimmt der Kläger nicht mehr Stellung (nach BGH NJW-RR 2001, 1294). Hier hat der Kläger eine bestimmte Unfallursache behauptet, der Beklagte eine andere. Beider Vorbringen ist streitig.

4. Streitiges Vorbringen

47 Streitig ist ein Sachverhalt, den die Parteien unterschiedlich darstellen, sowie Vorbringen, das wirksam ausdrücklich oder konkludent bestritten worden ist.

a) Ausdrückliches Bestreiten. Ausdrücklich bestritten ist Vorbringen des Gegners, das eine Partei als falsch oder bestritten darstellt.

> **Beispiel:** »Es wird bestritten, dass der Beklagte den Kläger geschlagen hat.« »Das Vorbringen des Klägers, der Beklagte habe ihn geschlagen, ist unzutreffend.« »Dass der Beklagte den Kläger geschlagen hat, wird mit Nichtwissen bestritten.« »Die Höhe der Klageforderung wird bestritten.«

Dass eine Tatsache ausdrücklich bestritten wurde, besagt noch nicht, dass dieses Bestreiten rechtlich wirksam ist. Dies ist es nicht, wenn eine Tatsache zuvor iSd des § 288 zugestanden und das Geständnis nicht wirksam widerrufen wurde (→ Rn. 45), das Bestreiten unsubstanziiert ist (→ Rn. 49) oder unzulässiges Bestreiten mit Nichtwissen (→ Rn. 50) vorliegt.

48 **b) Konkludentes Bestreiten.** Bestritten ist eine Tatsache, wenn sie zwar nicht ausdrücklich bestritten wird, sich aber die Absicht, sie bestreiten zu wollen, aus den übrigen Erklärungen der Partei ergibt, § 138 Abs. 3. Es ist also das gesamte Vorbringen der Partei zu berücksichtigen und zu prüfen, ob sich aus der Gesamtschau ergibt, dass bestritten werden soll.

> **Beispiel:** Der Beklagte »bestreitet«, dass es sich bei einer bestimmten beweglichen Sache um Grundstückszubehör handelt. Ob eine Sache Grundstückszubehör im Rechtssinne ist, ist anhand der dazu im Einzelnen vorgetragenen Umstände rechtlich zu werten; daher ist das »Bestreiten« des Beklagten tatsächlich die Äußerung einer Rechtsauffassung. Gleichwohl kann das Vorbringen des Beklagten im Einzelfall auch so auszulegen sein, dass er konkludent die Tatsachen bestreiten will, die zur Begründung der Zubehöreigenschaft vorgetragen worden sind (s. dazu → Rn. 748).

Ob im Zweifel von einem Bestreiten auszugehen ist,[1] ist schon wegen des Wortlauts des § 138 Abs. 3 (»wenn nicht«) problematisch; jedenfalls ist in Zweifelsfällen nach § 139 aufzuklären.[2]

49 **c) Substanziiertes Bestreiten.** Im Einzelfall reicht es nicht aus, Vorbringen des Gegners pauschal zu bestreiten. Dies ist aber eine Frage der rechtlichen Würdigung, die im Gutachten/in den Entscheidungsgründen erfolgen muss (s. dazu → Rn. 169 f.). In der Stoffsammlung ist im Zweifel der Vortrag so festzuhalten, wie er erfolgt ist.

50 **d) Bestreiten mit Nichtwissen.** Bestreiten mit Nichtwissen ist gem. § 138 Abs. 4 nur über Tatsachen zulässig, die weder eigene Handlungen der Partei noch Gegenstand ihrer eigenen Wahrnehmung gewesen sind. Damit ist immer eine rechtliche Bewertung erforderlich, ob das Bestreiten mit Nichtwissen zulässig ist. Im Tatbestand ist es deshalb immer zu erwähnen (zur genauen Darstellung → Rn. 51). Zur Frage, ob und wann das Bestreiten mit Nichtwissen zulässig ist, → Rn. 171.

---

1 So *Anders/Gehle* A Rn. 33 mwN.
2 *Schuschke/Kessen/Höltje* Rn. 143.

e) Zweifelsfälle. Ist zweifelhaft, ob ein Vorbringen streitig oder unstreitig ist, muss **51** eine rechtliche Bewertung im Gutachten bzw. in den Entscheidungsgründen erfolgen. Das jeweilige Vorbringen der Partei ist dann nach meiner Meinung nicht als streitig,[1] sondern, möglichst wörtlich und in Anführungszeichen,[2] so wie erfolgt darzustellen. Dies gilt insbesondere für unsubstanziiertes Bestreiten, Bestreiten mit Nichtwissen oder beim Widerruf eines Geständnisses.

> **Beispiel:** Der Kläger trägt vor, der Beklagte habe den Sohn des Klägers geschlagen. Der Beklagte bestreitet dies mit Nichtwissen. Das Bestreiten mit Nichtwissen ist unzulässig, weil eine eigene Handlung des Beklagten betroffen ist (§ 138 Abs. 4; → Rn. 50). Gleichwohl darf die Tatsache im Tatbestand/Sachbericht nicht als unstreitig wiedergegeben werden, weil eine rechtliche Würdigung erforderlich ist. Im Klägervorbringen heißt es: »Der Kläger trägt vor« (der Begriff ist neutral, → Rn. 595), »der Beklagte habe seinen Sohn geschlagen.«, im Beklagtenvorbringen: »Der Beklagte bestreitet mit Nichtwissen, den Sohn des Klägers geschlagen zu haben.«.

IV. Feststellung von überholtem Vorbringen

Eine vollständige Stoffsammlung enthält den gesamten in der Akte befindlichen Sach- **52** vortrag sowie die Prozessgeschichte. Teile des Vorbringens können überholt, also gegenstandslos geworden sein, weil etwa eine Partei ihren Sachvortrag gewechselt hat oder dieser aus prozessualen Gründen nicht mehr von Bedeutung ist, zB:

- eine zunächst bestrittene Tatsache wird nachträglich zugestanden,
- eine Partei ändert ihren Sachvortrag,
- ein angekündigter oder gestellter Antrag wird durch einen anderen ersetzt,
- ein Beweisantritt wird durch Durchführung der Beweisaufnahme erledigt,
- über einen Antrag auf Einstellung der Zwangsvollstreckung ist bereits entschieden worden.

Da maßgeblich das Vorbringen der Parteien zum Schluss der mündlichen Verhandlung ist (→ Rn. 21), ist Vorbringen, das sich überholt hat, aus der Stoffsammlung zu entfernen. Dies gilt aber nur dann, wenn es keine Bedeutung für die Entscheidung mehr haben kann. Das Wechseln des Vorbringens zu einer Tatsache zB kann aber noch im Rahmen der Beweiswürdigung eine Rolle spielen. Dann wäre es auch im Tatbestand bzw. im Sachbericht zu erwähnen. Daher ist es aus meiner Sicht besser, aus der Stoffsammlung nur die Vorgänge zu entfernen, bei denen sicher ist, dass sie keine Bedeutung mehr haben. Bei denen, wo dies nicht unzweifelhaft der Fall ist, ist aber zu vermerken, dass und wodurch der Vortrag überholt ist. Das »Streichen« kann dann immer noch erfolgen, wenn nach rechtlicher Würdigung feststeht, dass das frühere Vorbringen bzw. der prozessuale Vorgang keine Bedeutung mehr hat.

V. Zeitliche Ordnung

Im Tatbestand/im Sachbericht werden die unstreitigen Tatsachen in der Regel in der **53** zeitlichen Reihenfolge des Geschehens wiedergegeben. Deshalb sollte zum Abschluss auch die Stoffsammlung in diese Reihenfolge gebracht werden. Dies ist wiederum recht einfach, wenn man, wie von mir vorgeschlagen, mit Hilfe einer Tabelle eines Textverarbeitungsprogramms arbeitet, denn die einzelnen Zeilen lassen sich (mit der

---

1 Anders *Anders/Gehle* A Rn. 32.
2 So auch *Schuschke/Kessen/Höltje* Rn. 144.

Maus oder durch Ausschneiden und Einfügen) verschieben (s. hierzu die 1. Beispielsklausur im 4. Teil).

D. Die geordnete Stoffsammlung als Grundlage für das Gutachten

54 Liegt eine geordnete Stoffsammlung vor (s. dazu das Klausurbeispiel 1), kann das Gutachten erstattet werden. Der Sachvortrag jeder Partei, der Grundlage der im Prinzip zwei Gutachten (dazu später mehr) ist, ist bekannt.

Jetzt schon einen Tatbestand oder einen Sachbericht anzufertigen, wäre verfrüht, weil deren Fassung auch von der rechtlichen Lösung abhängt. Tatsachen, auf die es rechtlich überhaupt nicht ankommen kann, sind nämlich nicht zu erwähnen. Auf die Fassung von Tatbestand bzw. Sachbericht wird daher später eingegangen (→ Rn. 575 ff., → Rn. 671 f.).

E. Zur Wiederholung und Vertiefung (Lösung → Rn. 703)

55 1. In einem Rechtsstreit wird ein Zeuge zum Zustandekommen eines Vertrages während einer Unterredung der Prozessparteien vernommen. Der Zeuge bestätigt den Vertragsschluss. Darüber hinaus erklärt er, was die Parteien nicht vorgetragen haben, der Beklagte habe dies auch gegenüber seiner, des Zeugen, Lebensgefährtin in einem Telefonat bestätigt. Handelt es sich um eine neue Tatsache, bei der zu prüfen ist, ob sich eine Partei diese zu Eigen gemacht hat?
2. In einem Prozess legt der Kläger umfangreiche und unübersichtliche Anlagen zu Schriftsätzen vor, ohne sie konkret in Bezug zu nehmen. In der mündlichen Verhandlung nimmt er auf seine Schriftsätze nebst Anlagen Bezug. Darf das Gericht die vorgelegten Anlagen verwerten oder muss es sie unbeachtet lassen?
3. Was ist der entscheidende Unterschied zwischen Tatsachen und Rechtsansichten?
4. Der Kläger trägt vor: »Der Beklagte hat den gezahlten Kaufpreis von 100,00 EUR zurückzuzahlen. Der Vertrag ist sittenwidrig. Der Beklagte hat eine Zwangslage des Klägers ausgebeutet und sich Vermögensvorteile gewähren lassen, die in einem auffälligen Missverhältnis zur Leistung des Beklagten stehen. Der Kaufpreis betrug 100,00 EUR, obwohl das gekaufte Buch nur einen Marktwert von 50,00 EUR hatte.« Was ist Tatsachenvortrag, was ist Rechtsansicht?
5. Wann sind Rechtsansichten im Tatbestand/Sachbericht wiederzugeben?
6. Die Beklagte wird wegen Wassereinbruchs in Anspruch genommen. Sie hat in einem vorprozessualen Schreiben zugestanden, dass der Wasserschaden aus ihrem Verantwortungsbereich stammt. Im Prozess bestreitet sie zunächst nur die Höhe des Schadens, in zweiter Instanz auch ihre Verantwortung. Darf die Beklagte (ungeachtet von Verspätungsvorschriften) die Verantwortlichkeit ohne weiteres bestreiten?
7. Der Beklagte bestreitet den Abschluss eines Mietvertrages, aus dem heraus der Kläger Mietzins verlangt, nicht, er bestreitet aber die Miethöhe. Wie ist das Vorbringen zum Mietvertrag und zur Miethöhe im Tatbestand darzustellen?
8. Der Kläger trägt vor, der mit der Beklagten geschlossene Vertrag sei wegen eines Beurkundungsmangels unwirksam. Dies macht sich die Beklagte hilfsweise zu Eigen. Darf das Gericht von der Nichtigkeit ausgehen?

2. Teil. Das Gutachten

1. Abschnitt. Allgemeines

§ 3. Zweck des Gutachtens, Begriffsbestimmungen

I. Richtige und schnelle Entscheidung

Im Gutachten soll der schnellste Weg zur richtigen Entscheidung gefunden und auf- **56** gezeigt werden. Der gesamte Prozessstoff ist in rechtlicher und tatsächlicher Hinsicht zu würdigen. Die rechtlich erheblichen Tatsachen müssen von den unerheblichen getrennt werden. Die als erheblich erkannten streitigen Tatsachen müssen festgestellt werden, ggf. durch eine Beweisaufnahme. Unklarheiten sind notfalls durch Auflagen und Fragen zu beheben.

Ziel ist es, eine sachlich richtige Entscheidung auf dem einfachsten und schnellsten Wege zu finden. Die Parteien haben hieran ein erhebliches Interesse; überflüssige Termine und vor allem überflüssige Beweisaufnahmen verzögern die Erledigung des Prozesses und verursachen unnötige Kosten.

II. Das Gutachten in der Praxis

Den Weg des Gutachtens muss **jeder Zivilrichter vor seiner Entscheidung gehen**. In **57** der Praxis ist zwar ein ausführliches schriftliches Gutachten nicht üblich. Zumindest in Gedanken (meist macht es aber selbst der Einzelrichter in Kurzform schriftlich) muss aber der Richter in jedem Stadium des Verfahrens die Sache relationsmäßig prüfen um festzustellen, ob der Rechtsstreit bereits entscheidungsreif ist (§ 300) oder wie er mit dem geringsten Zeit- und Kostenaufwand entscheidungsreif gemacht werden kann.

- So prüft der Richter schon bei Eingang jeden Schriftsatzes, ob das Vorbringen der Parteien schlüssig ist oder ob er durch Ausübung des richterlichen Fragerechts noch aufklären muss.
- Nach Durchführung eines schriftlichen Vorverfahrens wird zur Terminsvorbereitung nochmals geprüft, welche Auflagen an die Parteien noch zu machen und welche Beweismittel vorsorglich zu beschaffen sind.
- Liegen Verfahrensmängel der Klage vor oder ist das Klägervorbringen nicht schlüssig, so muss die Klage sofort abgewiesen werden, soweit es sich nicht um behebbare Mängel handelt.
- Ist das Vorbringen des Klägers schlüssig und das des Beklagten unerheblich, so ist der Klage ohne Beweiserhebung stattzugeben.

Das Gutachten, das der Referendar bei den Relationen abzufassen hat, soll die Gedankenarbeit eines **Richters schriftlich wiedergeben**.

III. Gemeinsamkeiten und Unterschiede zum universitären Gutachten

1. Überblick

58 Wie bereits erwähnt (→ Rn. 7), ist der wesentliche Unterschied zwischen universitärem und praktischem Fall der, dass in der Praxis ein feststehender Sachverhalt die Ausnahme ist. Das praktische Gutachten muss daher mit den unterschiedlichen von den Parteien vorgetragenen Sachverhalten fertig werden und, soweit erforderlich, aufzeigen, von welchem Sachverhalt bei der Entscheidung auszugehen ist. Hierin liegen die wesentlichen Unterschiede zwischen Gutachten an der Universität und dem praktischen Gutachten; ein weiterer ist der, dass in universitären Arbeiten meist abstrakt die Rechtslage dahin zu untersuchen ist, wer gegen wen einen Anspruch hat, und damit prozessuale Fragen außer Betracht bleiben.

2. Die unterschiedlichen Sachverhalte

59 Im normalen Zivilprozess gilt der Beibringungsgrundsatz, nicht der Grundsatz der Amtsermittlung (→ Rn. 19). Das Gericht hat von übereinstimmend vorgetragenen Tatsachen als feststehend auszugehen. Differenzen im Sachvortrag sind für das Gericht nur dann von Bedeutung, wenn sie sich auf die Rechtslage auswirken. Das muss das Gutachten feststellen. Die Relationstechnik geht dabei den Weg, dass »mehrere« Gutachten erstellt werden, indem der Vortrag jeder Partei auf seine rechtliche Bedeutung überprüft wird. Im **einfachen Fall** einer Klage eines Klägers gegen einen Beklagten, der sich nur wehrt, bedeutet dies, dass (abgesehen von der Zulässigkeit der Klage)

- zunächst ein Gutachten auf der Grundlage des Klägervortrags (»Klägerstation«)
- und dann ein Gutachten auf der Grundlage des Beklagtenvortrags (»Beklagtenstation«) erstellt wird.

Das Gutachten auf der Grundlage des **Klägervortrags** (unstreitiger Sachverhalt und streitiges Klägervorbringen) sieht dabei nicht anders aus als ein universitäres Gutachten; es ist zu prüfen, ob der Kläger den gegen den Beklagten geltend gemachten Anspruch hat. Dabei ist von dem vom Kläger vorgetragenen Sachverhalt als feststehend auszugehen.

Das Gutachten auf der Grundlage des **Beklagtenvortrags** überprüft in der Regel, ob auch nach diesem Vorbringen der zuvor festgestellte Anspruch des Klägers gegeben ist (wurde zuvor kein Anspruch festgestellt, erübrigt sich die Prüfung, die Klage ist abzuweisen). Beklagtenvortrag ist der unstreitige Parteivortrag und der streitige Vortrag des Beklagten. Dieser Vortrag ist rechtlich zu überprüfen. Allerdings wurde der unstreitige Parteivortrag, der ja auch Vortrag des Klägers ist, schon in der »Klägerstation« auf seine rechtliche Bedeutung geprüft. Das muss nicht noch einmal wiederholt werden. Also werden nur die Tatsachen rechtlich überprüft, die in der Klägerstation noch nicht geprüft wurden, also die streitigen Behauptungen des Beklagten und das Bestreiten selbst. Ergibt sich dann, dass bei Vorliegen oder Entfallen bestimmter Tatsachen kein Anspruch des Klägers gegeben ist, steht auch fest, welche streitigen Tatsachen für die Entscheidung von Bedeutung sind.

In komplizierteren Fällen müssen noch »zusätzliche Gutachten« erstellt werden. Dies kann der Fall sein, wenn der Beklagte mit einer Widerklage zum Gegenangriff übergeht, aber auch in allen anderen Fällen, in denen bestimmte Tatsachen in der »Klägerstation« zunächst ungeprüft bleiben mussten.

Beispiel: Der Beklagte rechnet gegen die Klageforderung mit einer vom Kläger bestrittenen Gegenforderung auf, zu der der Kläger auch weitere vom Beklagten bestrittene Tatsachen vorträgt. Hier ist zwar die Tatsache der Aufrechnung unstreitig und damit auch Klägervortrag. Da der Kläger die Gegenforderung aber bestritten hat, besteht sie nach seinem Vortrag nicht, ist deshalb in der Klägerstation auch nicht zu prüfen. Ergibt die Prüfung in der Beklagtenstation daher, dass auf der Grundlage des Beklagtenvortrags die Aufrechnung zum Erlöschen der Klägerforderung führt, muss in einem »weiteren« Gutachten das Vorbringen des Klägers zur Aufrechnung geprüft werden.

Auch dieses weitere Gutachten, die sog. **Replik**, wird verkürzt und auf das Vorbringen des Klägers zur Aufrechnung beschränkt.

3. Sachverhaltsfeststellung

Ergeben die »verschiedenen« Gutachten, dass die Entscheidung davon abhängt, welcher Sachverhaltsvortrag zutrifft, muss im Prozess der Sachverhalt durch Beweisaufnahme geklärt werden; im Gutachten muss festgestellt werden, von welchem Sachverhalt auszugehen ist. Dies geschieht in der sog. »Beweisstation«. 60

4. Zusammenfassung

Die Relation, wie das Gutachten in der Praxis genannt wird, besteht im materiellrechtlichen Teil aus »mehreren« (Teil-)Gutachten auf der Grundlage des jeweiligen Parteivortrags. Abgesehen von der verkürzten Darstellung unterscheiden sich diese Gutachtenteile (oben teilweise zur Vereinfachung Gutachten genannt) von dem universitären Gutachten nicht. Wahrscheinlich neu für den Referendar ist, dass auch die Zulässigkeit der Klage geprüft werden muss. Sicher neu ist, dass die Beweisbedürftigkeit festgestellt und erhobene Beweise gewürdigt werden müssen. Auch muss der Tenor des Urteils mit den Nebenentscheidungen ausformuliert werden. 61

IV. Begriffsbestimmungen

1. Bezeichnung der verschiedenen Gutachtenstationen

a) Zulässigkeit und Begründetheit der Klage. Entschieden wird in der Praxis über eine konkrete Klage. Wird diese als unzulässig abgewiesen, erfolgt keine Entscheidung über den geltend gemachten Anspruch (weil schon die Klage als solche unzulässig ist). Die Zulässigkeit muss also festgestellt werden, bevor über die Begründetheit der Klage entschieden werden darf. Daraus folgt die Trennung zwischen Zulässigkeit und Begründetheit der Klage. 62

So ergeben sich auch die ersten 2 Abschnitte (Stationen) des Gutachtens: »Zulässigkeit der Klage und Begründetheit der Klage.« Die Zulässigkeitsprüfung wird auch »Prozessstation« oder »Verfahrensstation« genannt; ich bevorzuge den Begriff »Zulässigkeit der Klage«.

b) Darlegungsstation. In der Regel innerhalb der Begründetheit der Klage ist die »Darlegungsstation« zu finden, in welcher der Tatsachenvortrag der Parteien auf seine rechtliche Bedeutung geprüft wird. Das Gegenstück ist die Feststellung der rechtserheblichen streitigen Tatsachen, die in der »Beweisstation« erfolgt. 63

Aber auch bei der Zulässigkeit der Klage kann eine Darlegungsstation erforderlich sein, innerhalb derer der Sachvortrag der Parteien zu Zulässigkeitsfragen auf seine rechtliche Bedeutung untersucht wird.

Die Darlegungsstation enthält damit immer die rechtliche Prüfung tatsächlichen Vortrags. Da zwei oder mehrere Parteien vortragen, muss die Darlegungsstation in zwei oder mehrere Unterstationen (zB als Kläger- bzw. Beklagtenstation bezeichnet) unterteilt werden.

64 **c) »Klägerstation« bzw. »Schlüssigkeit des Klägervorbringens«.** Innerhalb einer Darlegungsstation (die sich in der Prüfung der Zulässigkeit und/oder der Begründetheit der Klage befinden kann) ist zwischen den jeweils vortragenden Parteien (meist Kläger und Beklagter) zu trennen. Die »Station«, in der das Vorbringen des Klägers untersucht wird, wird »Klägerstation« genannt. Mir gefällt die Bezeichnung »Schlüssigkeit des Klägervorbringens« besser (wenn es um die Begründetheit der Klage geht). Insbesondere, wenn man zur »Widerklägerstation« kommt, wird die Sprache schon ziemlich vergewaltigt. Im Folgenden ist aber auch der Begriff »Klägerstation« gebraucht, der kürzer ist.

65 **d) »Beklagtenstation« bzw. »Schlüssigkeit/Erheblichkeit des Beklagtenvorbringens«.** Die »Station«, in der das Vorbringen des Beklagten untersucht wird, wird häufig »Beklagtenstation« genannt. Mir gefällt wiederum der Begriff: »Erheblichkeit des Beklagtenvorbringens« besser. Teilweise lautet die Bezeichnung auch »Schlüssigkeit des Beklagtenvorbringens«, wodurch die gegnerische Rolle des Beklagten mE aber nicht so klar zum Ausdruck gebracht wird.

66 **e) Replik und Duplik.** Die Stationen, in denen ggf. tatsächliche Erwiderungen auf neues tatsächliches Vorbringen des Gegners rechtlich geprüft werden, werden als Replik (als erwidernde Klägerstation) und Duplik (als auf eine Replik erwidernde Beklagtenstation) bezeichnet.

67 **f) Tatsachenfeststellung bzw. Beweisstation.** An die Darlegungsstation schließt sich, falls notwendig, die Tatsachenfeststellung an. Die entsprechende Gutachtenstation kann »Tatsachenfeststellung« bzw. »Beweisstation« genannt werden.

68 **g) Entscheidungs- oder Tenorierungsstation.** Den Abschluss des Gutachtens bildet das Herausarbeiten des Urteilstenors. Die »Station«, in der dies geschieht, wird als »Entscheidungsstation« oder »Tenorierungsstation« bezeichnet. Die Bezeichnung als »Entscheidungsstation« dürfte besser sein, weil die hier zu entscheidende Frage auch die ist, ob überhaupt schon entschieden werden kann.

2. Gegnerschaftsbezogene Ausdrücke

69 Wie bereits erwähnt und später noch näher ausgeführt, unterscheidet sich das Gutachten nur unwesentlich von dem, das bei universitären Arbeiten anzufertigen ist. Eine Besonderheit besteht allerdings darin, dass das Gutachten im Rahmen eines Prozesses anzufertigen ist, in dem zwei Parteien mit (hoffentlich) zulässigen prozessualen Mitteln gegeneinander »kämpfen«. Dies führt einmal dazu, dass meist zwei verschiedene Sachverhalte vorgetragen werden, sodass »zwei Gutachten« auf der Grundlage des jeweils unterschiedlichen Sachverhalts anzufertigen sind. Zum anderen haben sich aus der »gegnerschaftlichen Situation« heraus dem Studierenden unbekannte Begriffe gebildet. Der Studierende kennt die Ausdrücke »Anspruch entstanden, untergegangen, gehemmt« bzw. rechtshindernde, rechtsvernichtende oder rechtshemmende Einwendungen/Einreden. Folgende Begriffe sind unter dem prozessualen Hintergrund entstanden:

a) Anspruchsbegründende Tatsachen. Darunter werden Tatsachen verstanden, die 70
eine Partei (das kann auch der Beklagte im Rahmen einer Aufrechnung oder Widerklage sein) zur Begründung eines von ihr geltend gemachten Anspruchs vorträgt.
Dies entspricht in etwa dem Begriff »Anspruch entstanden«.

b) Anspruchsvernichtende Tatsachen. Darunter werden Tatsachen verstanden, die 71
eine Partei zur Begründung des Untergangs des vom Gegner geltend gemachten Anspruchs vorträgt. Dies entspricht in etwa dem Begriff »Anspruch untergegangen«.

c) Anspruchshemmende Tatsachen. Darunter werden Tatsachen verstanden, die eine 72
Partei zur Begründung der Hemmung des vom Gegner geltend gemachten Anspruchs vorträgt. Dies entspricht in etwa dem Begriff »Anspruch gehemmt«.

d) Anspruchsfeindliche Tatsachen. Darunter werden Tatsachen verstanden, die eine 73
Partei zum Untergang/zur Hemmung des von ihr selbst geltend gemachten Anspruchs vorträgt. Dies kann durch die Wahrheitspflicht veranlasst und muss dann
nicht schädlich sein, wenn gleichzeitig anspruchserhaltende Tatsachen (→ Rn. 74)
geltend gemacht werden.

e) Anspruchserhaltende Tatsachen. Darunter werden Tatsachen verstanden, die ei- 74
ne Partei zur »Erhaltung« eines geltend gemachten Anspruchs vorträgt, der ohne diesen Vortrag untergegangen/gehemmt wäre. Der Vortrag zum Untergang/zur Hemmung des Anspruchs kann vom Gegner kommen (dann anspruchsvernichtend/-gehemmt genannt, → Rn. 71 f.) oder von der anspruchstellenden Partei selbst (dann
anspruchsfeindlich genannt, → Rn. 73).

3. Schlüssigkeit/Erheblichkeit

Unter Schlüssigkeit von Vorbringen wird verstanden, dass es sich unter eine Rechts- 75
norm subsumieren lässt. Trennt man, wie ich es für richtig halte, die Begriffe Schlüssigkeit und Erheblichkeit, dann bedeutet Schlüssigkeit die Subsumtionsmöglichkeit
unter eine anspruchsbegründende Norm, Erheblichkeit die unter eine rechtshindernde, rechtsvernichtende oder rechtshemmende Einwendung. Jedenfalls kann begrifflich streng genommen immer nur Vortrag schlüssig sein, also den Schluss auf eine
Rechtsnorm zulassen, nicht »die Klage« oder »die Widerklage«. Man sollte also nicht
davon sprechen, dass »die Klage schlüssig ist«, sondern davon, dass sich »aus dem
Klägervortrag schlüssig ein Anspruch aus ... ergibt.«

4. Einwendungen/Einreden

Der Sprachgebrauch der ZPO zu diesen Begriffen ist ungenau. Es wird weder in pro- 76
zessuale und materiellrechtliche Einreden unterschieden noch der Begriff »Einrede«
konsequent gebraucht. ZB § 146 spricht von Einreden, meint aber das gesamte Verteidigungsvorbringen, § 282 Abs. 1 verwendet beide Begriffe. Hier sollen im Folgenden die Begriffe »Einwendung« und »Einrede« im **materiellrechtlichen** Sinn verwandt werden.

5. Substanziierter Vortrag, substanziiertes Bestreiten

Unter **substanziiertem Vortrag** wird ein Vortrag verstanden, der zur Subsumtion unter 77
eine gesetzliche Vorschrift ausreicht. **Substanziiertes Bestreiten** kann zweierlei bedeuten:
* ein einfaches Bestreiten, das als solches rechtlich ausreichend ist,

- ein Bestreiten durch Vortrag eines gegenüber dem vom Gegner vorgetragenen anderen Sachverhalts; ein solches Bestreiten wird auch »motiviertes« Bestreiten genannt.

V. Zur Wiederholung und Vertiefung (Lösung → Rn. 704)

78 1. Welche wesentlichen Unterschiede bestehen zwischen dem Gutachten an der Universität und dem in der Praxis?
2. Welcher Vortrag ist in der »Klägerstation« zu prüfen?
3. Welcher Vortrag ist in der »Beklagtenstation« zu prüfen?

§ 4. Der Aufbau des Gutachtens, der Gutachtenstil

79 Der Aufbau des Gutachtens ergibt sich aus gesetzlichen Notwendigkeiten (zB Zulässigkeit vor Begründetheit) und seinem Zweck, mit dem geringsten Aufwand so schnell wie möglich die richtige Entscheidung zu finden. Gesetzliche, logische und prozessökonomische Gesichtspunkte sind demnach für den Aufbau bestimmend.

A. Kurzer Entscheidungsvorschlag

80 Es ist üblich, den **Entscheidungsvorschlag** (dazu → Rn. 330) schon **zu Beginn des Gutachtens** kurz mitzuteilen, um den Leser von Vornherein zu orientieren und seine Aufmerksamkeit auf bestimmte Punkte hinzulenken. Bei dieser einleitenden Bemerkung geht es aber nur darum, die Auffassung des Gutachters in groben Umrissen erkennbar zu machen. Es genügt deshalb zB einleitend zu sagen:

- »Ich schlage vor, die Klage aus prozessualen Gründen abzuweisen« oder genauer »wegen mangelnden Rechtsschutzbedürfnisses«.
- »Ich schlage vor, die Klage abzuweisen« oder »der Klage zu einem Teilbetrag von 1.000,00 EUR stattzugeben, sie im Übrigen aber abzuweisen«.
- »Ich schlage vor, die Berufung zurückzuweisen« oder »der Berufung stattzugeben« oder »der Berufung hinsichtlich eines Teilbetrages von 1.000,00 EUR stattzugeben und sie im Übrigen zurückzuweisen«.
- »Ich schlage vor, über die Behauptung des Klägers … Beweis zu erheben.«

B. Auslegung des Klagebegehrens

81 Es kann in Zweifelsfällen erforderlich sein, gesondert zu prüfen, was der Kläger mit der Klage (noch) geltend macht (→ Rn. 93 ff.). Dies muss zunächst geprüft werden, weil nur dann, wenn klar ist, was der Kläger geltend macht, geprüft werden kann, ob dieses Begehren zulässig geltend gemacht wird und begründet ist.

C. Zulässigkeit der Klage

82 Verfahrensrechtliche Fragen, die zur Unzulässigkeit der Klage führen, sind, sobald das Klagebegehren feststeht, zuerst zu prüfen (auch Verfahrens- oder Prozessstation genannt, → Rn. 102 ff.). Hat eine Prozessabweisung zu erfolgen, so ist ein Eingehen auf den sachlichen Streit in der Regel unzulässig.

D. Begründetheit der Klage

Grundlage der Begründetheitsprüfung im Gutachten ist der jeweilige Parteivortrag. **83** Dieser ist in der Darlegungsstation (→ Rn. 133 ff.) als feststehend zu betrachten, ohne Rücksicht darauf, ob er bestritten ist oder nicht und ob die vorgetragenen Tatsachen bewiesen sind oder nicht. Das Ergebnis dieser Prüfung lautet dahin: Das Vorbringen der Partei ist »schlüssig« oder es ist »nicht schlüssig« bzw. nicht erheblich. Dann ist, falls erforderlich, in der »Beweisstation« zu prüfen, ob die rechtserheblichen Tatsachen festgestellt sind.

I. Darlegungsstation

1. Die Schlüssigkeit des Vortrags des Klägers (»Klägerstation«)

Ist der Vortrag des Klägers nicht schlüssig, lässt sich also schon auf Grund seines Vor- **84** bringens der geltend gemachte Anspruch gegen den Beklagten rechtlich nicht herleiten, so wird die Klage »schon auf Grund des eigenen Vortrags des Klägers« abgewiesen. Eine solche Klage ist unbegründet. Auf das Beklagtenvorbringen kommt es nicht mehr an; eine Beweisaufnahme ist nicht durchzuführen.

> **Beispiel:** Der Kläger verlangt Zahlung des Kaufpreises für ein Buch und trägt hierzu vor, der Beklagte habe es von ihm geliehen, aber nicht rechtzeitig zurückgegeben. Hier hat der Kläger auf Grundlage seines Vorbringens keinen Zahlungsanspruch, sondern nur einen Rückgabeanspruch aus § 604 Abs. 1 BGB. Dass die Rückgabe unmöglich ist, trägt er nicht vor. Seine Zahlungsklage ist unbegründet.

2. Die Erheblichkeit des Vortrags des Beklagten (»Beklagtenstation«)

Als nächstes ist das Vorbringen des Beklagten rechtlich zu prüfen, falls der Klagevor- **85** trag schlüssig ist. Ist das Beklagtenvorbringen rechtlich nicht geeignet, den schlüssig vorgetragenen Anspruch des Klägers zu Fall zu bringen, so ist das Vorbringen des Beklagten unerheblich. Der Klageanspruch ist nicht nur schlüssig vorgetragen, sondern auch unter Berücksichtigung des Beklagtenvorbringens begründet.

> **Beispiel:** Der Kläger verlangt den Kaufpreis für einen Videorekorder, den der Beklagte vom Kläger gekauft hat. Der Beklagte meint, er habe den Zahlungsanspruch erfüllt, weil er mit einer (vom Kläger bestrittenen) Forderung, die seine Frau gegen den Kläger hat, aufgerechnet hat. Dieses Vorbringen des Beklagten ist unerheblich, weil es an der Gegenseitigkeit der Aufrechnungsforderungen fehlt (§ 387 BGB).

3. Replik des Klägers

Trägt der Kläger zu einem erheblichen streitigen Vortrag des Beklagten zusätzliche **86** Tatsachen vor, ist die rechtliche Bedeutung dieser Tatsachen als Replik zu prüfen. Voraussetzung ist, dass das »Gegenvorbringen des Klägers nicht bereits in der »Klägerstation« zu prüfen war.

> **Beispiel:** Im Beispiel zuvor hat der Beklagte sich die Forderung seiner Frau, mit der er gegen die Forderung des Klägers aufrechnet, abtreten lassen. Der Kläger bestreitet die Gegenforderung nicht, behauptet aber vom Beklagten bestritten, dass seine AGB ein Aufrechnungsverbot beinhalten würden. Dieses Vorbringen des Klägers wäre unerheblich, wenn das Aufrechnungsverbot gegen § 309 Nr. 3 BGB verstoßen würde. Die Klage wäre unbegründet; anders im Fall eines wirksamen Aufrechnungsverbots.

4. Duplik des Beklagten

87 In sehr seltenen Fällen ist auch noch das Gegenvorbringen des Beklagten zur Replik des Klägers als Duplik zu prüfen, falls die Replik schlüssig ist.

> **Beispiel:** Im Beispiel zuvor (→ Rn. 86) macht der Kläger in der Replik hilfsweise geltend, die bestrittene, dem Beklagten abgetretene Forderung sei verjährt gewesen, als erstmals hätte aufgerechnet werden können (s. § 215 BGB). Der Beklagte macht in seiner Duplik geltend, der Kläger habe ihm vor der Abtretung und Eintritt der Verjährung erklärt, er werde die Schuld bezahlen. Das ist unerheblich. Die Verjährung hat nicht neu begonnen (§ 212 Abs. 1 BGB), weil das Anerkenntnis nicht der Forderungsinhaberin gegenüber erklärt worden ist.

II. Tatsachenfeststellung (»Beweisstation«)

88 Wenn die rechtliche Prüfung in der Darlegungsstation ergibt, dass es rechtlich auf bestimmte streitige Tatsachen ankommt, ist die weitere Prüfung notwendig, ob diese Tatsachen beweisbedürftig sind, ob der Beweis erbracht ist, und wen der Nachteil eines evtl. nicht erbrachten Beweises trifft. Die Prüfung erfolgt in der so genannten Beweisstation, → Rn. 200 ff. Die Feststellung, ob die rechtserheblichen Tatsachen zur Überzeugung des Gerichts feststehen, ist die so genannte Tatsachenfeststellung.

III. Entscheidungsstation

89 Aus den Feststellungen im Gutachten ergibt sich, welche Entscheidung zu treffen ist. In der »Entscheidungsstation« müssen die Art der Entscheidung (Urteil oder Beschluss) und deren Inhalt im Einzelnen erarbeitet werden. Sie bildet den Schluss des Gutachtens (→ Rn. 258 ff.).

IV. Zusammenfassung des Aufbaus

90   • Kurzer Entscheidungsvorschlag
     • Evtl. Auslegung des Klagebegehrens
     • Evtl. Zulässigkeit der Klage
       – Evtl. Darlegungsstation (s.u.)
       – Evtl. Beweisstation
     • Begründetheit der Klage
       – Darlegungsstation
          – Schlüssigkeit des Klägervorbringens (Klägerstation)
          – Evtl. Erheblichkeit der Beklagtenvorbringens (Beklagtenstation)
          – Evtl. Replik des Klägers
          – Evtl. Duplik des Beklagten
          – Evtl. Beweisstation (Tatsachenfeststellung)
     • Entscheidungsstation

91 Die verschiedenen aufgeführten Stationen dürfen nur in der **aufgezeigten Reihenfolge** geprüft werden. Falls die Entscheidungsreife sich schon in einer frühen Station herausstellt (zum Beispiel in der Klägerstation, weil sein Vorbringen unschlüssig ist), ist die **Prüfung zu beenden.** Selbst wenn sich eine Beweisaufnahme in den Akten befindet, muss sich der Gutachter auf den Standpunkt des Richters stellen, der vor Anordnung einer Beweisaufnahme zu prüfen hat, ob der Rechtsstreit nach dem Vorbringen der Parteien ohne weiteres zur Entscheidung reif ist, oder ob und welche Beweise zu erheben sind. Nur dann, wenn der Bearbeitungsvermerk oder die Aufgabenstel-

lung des Ausbilders es vorschreiben, ist zum Ergebnis einer (überflüssigen) Beweisaufnahme in einem Hilfsgutachten Stellung zu nehmen.

E. Der »Gutachten-Stil«

Das Gutachten soll die Entscheidung erst finden. Dieser Zweck bestimmt seinen Stil.   92
Hier gilt nichts anderes als bei einem Gutachten, wie es an der Universität oder in der ersten Staatsprüfung verlangt wird. Deshalb nur einige kurze Hinweise:

- Das Gutachten ist die persönliche Auffassung des Berichterstatters über den Rechtsstreit. Eine persönliche Note in der Darstellung (»Ich schlage vor …«, »Ich bin der Auffassung …«) ist daher gestattet. Jedoch sollte der Anschein der Unsicherheit vermieden werden. Das gilt namentlich vom Gebrauch der Worte »dürfte« oder (beim Ergebnis) »könnte«, »müsste«. Im Übrigen ist die Darstellung zwar abwägend, wie es dem »Such-Zweck« des Gutachtens entspricht, aber sachlich und nüchtern.
- Das Gutachten ist lediglich eine rechtliche Würdigung des Prozessstoffs. Der Prozessstoff selbst wird als bekannt vorausgesetzt. Im Gutachten ist der Tatbestand daher nicht zu wiederholen. Allenfalls sind bei einem umfangreichen Tatbestand kurze Erinnerungen an den Tatbestand zulässig. Im Übrigen lässt sich oft durch eine Einleitung der Sachverhalt zwanglos ins Gedächtnis zurückrufen.

> **Beispiel:** »Fraglich ist, welche rechtliche Bedeutung die Tatsache hat, dass der Kläger den Vertrag wegen arglistiger Täuschung angefochten hat. Der Vertrag könnte von Anfang nichtig sein, § 142 BGB …«

- Es muss nicht zwingend ständig der Gutachtenstil beibehalten werden. Liegen bestimmte Tatbestandsvoraussetzungen unzweifelhaft vor, kann dies auch im Urteilsstil festgestellt werden.

2. Abschnitt. Klagebegehren

§ 5. Auslegung des Klagebegehrens

In **Zweifelsfällen**, aber auch nur dann, muss das Klagebegehren ausgelegt werden.   93
Dies kann zB der Fall sein, wenn der gestellte Antrag des Klägers unklar ist oder sich Antrag und das aus dem Sachvortrag ersichtliche Begehren widersprechen.

I. Die Prüfung nach dem Streitgegenstand

1. Das Klagebegehren

Das Begehren des Klägers ergibt sich in erster Linie aus dem Klageantrag, aber auch   94
aus dem zur Klagebegründung vorgetragenen Sachverhalt. Antrag und dazu vorgetragener Sachverhalt ergeben nach hM den Streitgegenstand (→ Rn. 98).

2. Der Klageantrag

Der Klageantrag begrenzt das, was dem Kläger zugesprochen werden darf (»ne ultra   95
petita«, § 308 Abs. 1). Es ist im Gutachten darauf zu achten, welcher Antrag zur Zeit

der letzten mündlichen Verhandlung gestellt wurde. Bei nicht ordnungsmäßig gestellten Anträgen ist eventuell die mündliche Verhandlung wiederzueröffnen (§ 156). Ergibt sich ein solcher Fall bei der Prüfungsarbeit, so kann in der Regel unterstellt werden, dass dies geschehen und der Antrag nunmehr ordnungsmäßig gestellt ist.

Der Antrag kann in sich unklar sein. Dann ist im Wege der Auslegung zunächst zu ermitteln, was der Kläger begehrt. Es kann insbesondere unklar sein, ob der Kläger eine Leistungs-, Feststellungs- oder Gestaltungsklage erhebt. Mit der Leistungsklage wird zB eine Geldforderung, eine Herausgabeforderung, ein Anspruch auf Vornahme einer Handlung oder Abgabe einer Willenserklärung geltend gemacht, mit der Feststellungsklage die Feststellung eines Rechtsverhältnisses begehrt, mit der Gestaltungsklage die (Um-)Gestaltung eines Rechtsverhältnisses.

96 **a) Leistungs- statt Feststellungsklage.** Der Kläger stellt einen Leistungsantrag, obwohl er lediglich eine Feststellung wünscht.

> **Beispiel:** Der Kläger verlangt, dass der Beklagte ihn von Verbindlichkeiten freistellt, die er aber nicht beziffert. Die Bezifferung ist notwendig.[1] Ist sie dem Kläger nicht möglich und teilt er dies mit, kann der Antrag als Feststellungsantrag ausgelegt werden.[2]

b) Leistungs- statt Gestaltungsklage. Der Kläger stellt einen Leistungsantrag, obwohl er einen Gestaltungsanspruch geltend macht.

> **Beispiel:** Der Kläger beantragt, den Beklagten zu verurteilen, die Zwangsvollstreckung aus einem Urteil zu unterlassen, und begründet dies damit, dass er nach Schluss der mündlichen Verhandlung erfüllt habe. Hier ist darauf hinzuweisen (§ 139), dass richtige Klageart die Vollstreckungsabwehrklage nach § 767 (Gestaltungsklage[3]) ist, und der Antrag lauten muss, die Zwangsvollstreckung aus dem bestimmten Urteil für unzulässig zu erklären.

c) Feststellungs- statt Gestaltungsklage. Der Kläger stellt einen Feststellungsantrag, obwohl er einen Gestaltungsanspruch geltend macht.

> **Beispiel:** Im Beispiel zuvor beantragt der Kläger »festzustellen, dass dem Beklagten aus dem Urteil vom … keine Ansprüche mehr zustehen«. Hier kann der Klägerantrag wiederum in eine Vollstreckungsabwehrklage umgedeutet werden.

97 **d) Offensichtlicher Irrtum beim Antrag.** Gelegentlich wird der Antrag offensichtlich irrtümlich zu weit gefasst, obwohl nach der Klagebegründung weniger begehrt wird. Ergibt die Auslegung einen derartigen Fehler, kann der Antrag umgedeutet werden.

> **Beispiel** aus einer Klausur: Der Kläger ist zur Zahlung von 10.000,00 EUR verurteilt worden. Er stützt seine später erhobene Vollstreckungsabwehrklage (§ 767) darauf, dass er wirksam mit einer Gegenforderung über 5.000,00 EUR aufgerechnet habe. Den Streitwert gibt er mit 5.000,00 EUR an. Er beantragt aber, die Zwangsvollstreckung aus dem Urteil … für unzulässig zu erklären, statt richtig zu beantragen, die Zwangsvollstreckung wegen eines Betrages von 5.000,00 EUR für unzulässig zu erklären.

---

1 Msk/*Lackmann* § 704 Rn. 7; § 887 Rn. 10; Thomas/Putzo/*Seiler* § 887 Rn. 2b.
2 BGH NJW-RR 2005, 494, 498.
3 Msk/*Lackmann* § 767 Rn. 2 mwN; Thomas/Putzo/*Seiler* § 767 Rn. 1.

3. Streitgegenstand

Das Klagebegehren ergibt sich nicht aus dem Klageantrag allein, sondern aus ihm in **98** Verbindung mit der Klagebegründung.[1] Problematisch kann die Frage, welcher Gegenstand überhaupt noch im Streit steht, bei einer **Klageänderung** oder **Teilklagerücknahme** sein. Ist unklar, was der Kläger in diesen Fällen überhaupt noch begehrt, kann die Prüfung nur vorab bei der Untersuchung des Klagebegehrens erfolgen.[2] Die Zulässigkeit einer Klageänderung muss (falls überhaupt erforderlich, s. § 267!) dagegen im Rahmen der Prüfung der Zulässigkeit der Klage untersucht werden.[3]

> **Beispiel:** Der Kläger macht Ersatz von 10 Schadenspositionen in unterschiedlicher Höhe geltend. Er nimmt die Klage teilweise zurück, ohne zu erklären, auf welche Schadensposition die Rücknahme sich bezieht. Hier kann eine erforderliche Auslegung weiterhelfen, wenn zB die Höhe einer Position genau dem zurückgenommenen Betrag entspricht und das Gericht auf die Unschlüssigkeit des Vortrags hierzu hingewiesen hat.

4. Rechenfehler

Ein sich aus der Anspruchsbegründung ergebender offensichtlicher Rechenfehler **99** kann dazu führen, dass die Auslegung ergibt, dass von vornherein der sich aus der richtigen Berechnung ergebende **niedrigere** Betrag als verlangt gilt.[4] Dann kann der Streitwert entsprechend festgesetzt werden; die Klage muss nicht teilweise abgewiesen werden. Wegen § 308 Abs. 1 kann allerdings bei einem Rechenfehler zu Ungunsten des Klägers (der Antrag ist niedriger als die richtige Berechnung) nicht entsprechend verfahren werden.

5. Grenzen der Auslegung des Klagebegehrens

Die Auslegung des Klageantrags darf an diesem Punkt des Gutachtens nicht weiter- **100** gehen, als notwendig ist, um das Klagebegehren klarzustellen und damit die Grundlage für das folgende Gutachten zu haben. Es ist also meist überflüssig, einen unkorrekten Antrag schon jetzt so zu formulieren, wie er im Urteil zu fassen ist. Dies hat erst Sinn, wenn feststeht, dass der Kläger in der Hauptsache obsiegt. Die Prüfung der genauen Formulierung erfolgt damit erst am Schluss des Gutachtens in der Entscheidungsstation.[5]

Ausführungen zum Klagebegehren sind aber auch **nur dann erforderlich**, wenn **wirklich Zweifel** bestehen. Dies ist nur in Ausnahmefällen gegeben; in den anderen unproblematischen Fällen stören solche Ausführungen nur.

II. Die Prüfung bei mehreren Klageanträgen

Werden in der Klage mehrere Anträge gestellt, so sind in der Auslegungsstation die- **101** jenigen auszuscheiden, die keine selbstständige Bedeutung haben.

---

1 Im Einzelnen vgl. zu den unterschiedlichen Auffassungen zum Streitgegenstand Msk/*Musielak* Einl. Rn. 68 ff.; *Musielak* Rn. 139 ff., Thomas/Putzo/*Reichold* Einl II.
2 So auch *Anders/Gehle* A Rn. 79.
3 *Schuschke/Kessen/Höltje* Rn. 843; anders *Anders/Gehle* A Rn. 79.
4 *Schuschke/Kessen/Höltje* Rn. 200.
5 *Zimmermann* Rn. 83.

> **Beispiel:** Nach dem Klageantrag soll »festgestellt« werden, dass der Beklagte aus einem Urteil nicht mehr gegen den Kläger vollstrecken dürfe; außerdem beantragt der Kläger, die Zwangsvollstreckung aus dem Urteil für unzulässig zu erklären. Ist der »Feststellungsantrag« nur ein äußerlich in die Form eines Antrags gekleideter Teil der Klagebegründung (und nicht etwa der Antrag einer Zwischenfeststellungsklage nach § 256 Abs. 2), so erübrigt sich seine förmliche Abweisung als unzulässig wegen mangelnden Rechtsschutzinteresses. Es genügt, zu Beginn des Gutachtens (und der Entscheidungsgründe) darauf hinzuweisen, dass der Feststellungsantrag keine selbstständige Bedeutung hat.[1]

3. Abschnitt. Die Zulässigkeit der Klage (»Verfahrens- oder Prozessstation«)

§ 6. Überblick zur Prozessstation

102   Die Regelung der Zulässigkeit einer Klage ist in der ZPO lückenhaft. Dies hat zwangsläufig zu Streit über die Begrifflichkeiten und die Prüfungsreihenfolge geführt. Dieser Streit soll hier weder dargestellt[2] noch vertieft werden. Es wird als Oberbegriff der der Verfahrensvoraussetzungen verwandt, der Prozessvoraussetzungen und das Fehlen von Prozesshindernissen beinhaltet.

I. Verfahrensvoraussetzungen

103   Hierunter sind die verfahrensmäßigen Vorbedingungen für ein Urteil in der Sache (»Sachurteilsvoraussetzungen«) zu verstehen. Sie können sein:

1. Prozessvoraussetzungen

Sie müssen vorliegen (positive Verfahrensvoraussetzungen, → Rn. 110). Sie sind von Amts wegen zu berücksichtigen. Nur ausnahmsweise kann eine Heilung durch Genehmigung oder Nichtrüge erfolgen.

2. Prozesshindernisse

104   Sie dürfen nicht vorliegen (negative Verfahrensvoraussetzungen, → Rn. 111). Sie sind prozessuale Einreden, die nur berücksichtigt werden dürfen, wenn sie vom Beklagten vor seiner Verhandlung zur Hauptsache (§ 295 Abs. 1) und ggf. innerhalb gesetzter Fristen (s. § 296 Abs. 3) vorgebracht werden.

II. Fehlen von Verfahrensvoraussetzungen

105   Bei Mängeln in den Verfahrensvoraussetzungen ist die Klage in der Regel durch Urteil abzuweisen (durch sog. Prozessurteil). Das Gericht ist zu einer Entscheidung in der Sache selbst nicht befugt. Die Verfahrensvoraussetzungen sind daher zuerst zu prüfen.

---

1 *Zimmermann* Rn. 84.
2 Eine Darstellung ist bei *Anders/Gehle* A Rn. 80 zu finden.

1. Amtsprüfung

Die Prüfung erfolgt von Amts wegen,[1] vgl. § 56 Abs. 1. Dies bedeutet aber nicht **106**
Amtsermittlung. Die Parteien müssen zu den maßgeblichen Fragen vortragen. Ggf.
ist bereits über das Vorliegen der Verfahrensvoraussetzungen Beweis zu erheben.
Hierbei können auch andere als die in der ZPO vorgesehenen Beweismittel verwertet
werden (sog. Freibeweis, → Rn. 209); jedoch ist es auch hier Sache der beweispflichtigen Partei, Beweise anzubieten und zu erbringen.[2] Die Prüfung in der Prozessstation kann sich also in drei Stationen gliedern (Kläger-, Beklagten-, Beweisstation).

2. Vorrang der Zulässigkeit

Erst wenn die Zulässigkeit der Klage feststeht, darf die Schlüssigkeit des Klagevor- **107**
trags geprüft werden. Dies wird inzident aus verschiedenen Vorschriften deutlich,
etwa §§ 280, 522, 552. Es ist unzulässig, die Verfahrensvoraussetzungen dahingestellt
sein zu lassen oder zu entscheiden, dass die Klage auf jeden Fall abzuweisen sei, entweder als unzulässig oder als unbegründet. Ein Prozessurteil erkennt den sachlichen
Anspruch nicht ab, sodass der Kläger nicht gehindert ist, erneut zu klagen, wenn die
fehlende Verfahrensvoraussetzung später vorliegt. Bei einem Sachurteil wird dagegen
über den materiellen Anspruch selbst entschieden.

3. Hilfsgutachten

Um dem Prüfling Gelegenheit zu geben, zur Sache selbst Stellung zu nehmen,
bestimmen die Bearbeitungsvermerke in Examensarbeiten meistens, dass der sachliche
Streit in einem Hilfsgutachten zu erörtern ist, falls die Klage für unzulässig gehalten
wird. Ein »Hilfsurteil« über den im Hilfsgutachten beurteilten sachlichen Streit wird
in diesem Falle nicht verlangt; das Urteil hat vielmehr von der unzulässigen Klage
auszugehen und dies zu begründen.

III. Examensarbeiten und Zulässigkeitsprüfung

In Prüfungsarbeiten werden meist die Verfahrensvoraussetzungen zur Zeit der letzten **108**
mündlichen Verhandlung vorliegen oder infolge Nichtrüge behoben sein. Dann erübrigt sich jede Bemerkung hierüber. Verfahrensvoraussetzungen sind nur zu erörtern,
wenn der Mangel von Amts wegen zu berücksichtigen ist und zur Zeit der Begutachtung noch Anlass zu Bedenken besteht, oder wenn eine Partei Mängel in den Verfahrensvoraussetzungen gerügt hat und eine Stellungnahme hierzu erwartet.

Der Zulässigkeitsprüfung wird oft eine zu große Bedeutung beigemessen. Es werden
völlig unproblematische Fragen breit erörtert; das Paradebeispiel ist für mich § 260
bei der objektiven Klagehäufung; eine Vorschrift, die ich in 35 Richterjahren in keinem Urteil zitiert habe. Auch wird auf Mängel eingegangen, die schon behoben sind.
Handelt es sich um einen leicht behebbaren Mangel, so genügt es, eine dahingehende
Anfrage an die Partei und eine entsprechende positive Antwort zu unterstellen.

> **Beispiel:** Die Beklagte ist eine GmbH, deren Geschäftsführer im Klagerubrum und im sonstigen
> Klausurtext versehentlich nicht angegeben ist.

---

1 S. Thomas/Putzo/*Reichold* vor § 253 Rn. 12 f.
2 BGH NJW 1996, 1059, 1060; Thomas/Putzo/*Reichold* vor § 253 Rn. 12 f.

Auch eine allgemeine Bemerkung dahin, dass in verfahrensrechtlicher Hinsicht keine Bedenken beständen, ist überflüssig, wenn es nichts zu prüfen gibt.

§ 7. Die Prüfung der Verfahrensvoraussetzungen

109 Die Reihenfolge, in der die Verfahrensvoraussetzungen zu prüfen sind, ist umstritten; auf den Streit soll hier nicht eingegangen werden. Die im Folgenden vorgeschlagene Reihenfolge dürfte jedenfalls vertretbar sein. Im Übrigen ist dieses Buch nicht als Lehrbuch zum Zivilprozessrecht gedacht, sodass keine Einzelheiten zu allen Prozessvoraussetzungen mitgeteilt werden. Im Vordergrund der Ausführungen stehen die Darstellungsform sowie einzelne häufiger auftretende Problemkreise.

I. Die Prozessvoraussetzungen

110 Sie müssen bei jedem Rechtsstreit gegeben sein. Sie können in folgender Reihenfolge untersucht werden, wobei ich es wegen des Problems des gesetzlichen Richters für richtig halte, zunächst Zuständigkeitsfragen zu prüfen:

1. Unterwerfung unter die Deutsche Gerichtsbarkeit (§§ 18–20 GVG)
2. Internationale Zuständigkeit
3. Zulässigkeit des Rechtswegs (§ 13 GVG)
4. Örtliche Zuständigkeit (§§ 12 ff.)
5. Sachliche Zuständigkeit (§ 1, §§ 23 ff., 71 GVG)
6. Ordnungsmäßige Klageerhebung (§ 253)
7. Parteifähigkeit (§ 50)
8. Prozessfähigkeit (§§ 51 ff.)
9. Gesetzliche Vertretung Prozessunfähiger (§ 51 Abs. 1)
10. Prozessführungsbefugnis (§ 51 Abs. 1)
11. Keine entgegenstehende Rechtskraft (§ 322)
12. Keine entgegenstehende Rechtshängigkeit (§ 261 Abs. 3)
13. Kein fehlendes Rechtsschutzinteresse
14. Zulässigkeit einer Klageänderung (§§ 263, 264, 267)
15. Besondere Voraussetzungen bestimmter Klagearten (zB § 256 Abs. 1)
16. Besondere Voraussetzungen bestimmter Verfahrensarten (zB Urkundenprozess)

II. Fehlen von Prozesshindernissen

111 Als Prozesshindernisse kommen in Betracht:
Die Einrede des Schiedsvertrages (§ 1032).
Die Einrede der mangelnden Sicherheitsleistung für die Prozesskosten bei Ausländern (§§ 110 ff.).
Die Einrede der mangelnden Erstattung der Kosten eines früheren, durch Klagerücknahme erledigten Rechtsstreits (§ 269 Abs. 6).

III. Doppelrelevante Tatsachen

111a Es kommt vor, dass bestimmte Tatsachen sowohl für die Zulässigkeit als auch für die Begründetheit der Klage von Bedeutung sind. Lassen sich zuständigkeitsbegründende und anspruchsbegründende Tatsachen nicht trennen, so ist die Zulässigkeit bereits gegeben, wenn die anspruchsbegründenden Tatsachen schlüssig vorgetragen sind (sog. doppelrelevante Tatsachen).[1] Es wird also hierüber im Rahmen der Zulässigkeitsprüfung trotz Bestreitens kein Beweis erhoben.

> **Beispiel:** Der Kläger begehrt am Gerichtsstand der unerlaubten Handlung (§ 32) Schadenersatz mit der Behauptung, der Beklagte habe ihn bei einer vom Beklagten begonnenen Schlägerei verletzt. Der Beklagte bestreitet die Verletzung und rügt, weil keine unerlaubte Handlung vorliege, die Unzuständigkeit des Gerichts. Hier lassen sich die zuständigkeits- und anspruchsbegründenden Tatsachen nicht trennen. Das Gericht ist zuständig, weil der Klageanspruch schlüssig dargelegt ist.

Ist eine Trennung zwischen zulässigkeits- und anspruchsbegründenden Tatsachen möglich, so ist die Zulässigkeit nur gegeben, wenn die sie begründenden Tatsachen feststehen. Hierüber muss also notfalls Beweis erhoben werden, bevor die Schlüssigkeit des Klägervorbringens geprüft werden darf.

> **Beispiel:** Rügt der Beklagte die Unzuständigkeit des Gerichts der unerlaubten Handlung mit der Behauptung, die Körperverletzung sei nicht im Gerichtsbezirk erfolgt, und behauptet er außerdem Notwehr, so muss im Rahmen der Zulässigkeit der Klage zunächst geklärt werden, wo der Tatort war. War dieser nicht im Gerichtsbezirk und ist das angerufene Gericht auch nicht aus anderen Gründen zuständig, ist die Klage durch Prozessurteil abzuweisen, wenn nicht der Kläger gem. § 281 Abs. 1 S. 1 zumindest hilfsweise Verweisung an das Gericht, in dessen Bezirk nach dem Beklagtenvortrag die unerlaubte Handlung begangen worden sein soll, oder an das Gericht des allgemeinen Gerichtsstands des Beklagten (§§ 12 f.) beantragt.

§ 8. Einzelne Prozessvoraussetzungen

I. Ordnungsgemäße Klageerhebung[2]

Examensrelevanz: Hinsichtlich der Bestimmtheit des Klageantrags **hoch**.

Durch ordnungsgemäße Klageerhebung oder Rechtsmitteleinlegung muss ein Prozessverhältnis begründet worden sein.

Die Klageschrift muss die Parteien, das Gericht, den Gegenstand und Grund des erhobenen Anspruchs und den Klageantrag beinhalten (§ 253 Abs. 2). Sie muss der Gegenpartei zugestellt sein (§ 253 Abs. 1). Die bestimmte Angabe von Gegenstand und Grund des Anspruchs muss geeignet sein, den Streitgegenstand zweifelsfrei erkennen zu lassen und später den Umfang der Rechtskraft abzugrenzen. Es kommt nicht darauf an, ob der maßgebende Lebenssachverhalt bereits in der Klageschrift vollständig beschrieben oder der Klageanspruch schlüssig und substanziiert dargelegt worden ist; vielmehr ist es im Allgemeinen ausreichend, wenn der Anspruch als solcher identifizierbar ist. Die erforderliche Individualisierung kann grundsätzlich auch durch konkrete Bezugnahme auf andere Schriftstücke erfolgen.[3]

Der **Klageantrag** muss so bestimmt sein, dass er Grundlage der Zwangsvollstreckung sein kann.[4] Eine Geldforderung muss auch hinsichtlich der Art der Leistung (Kapitalabfindung oder Rente?) und bei Rentenzahlung hinsichtlich der Dauer bestimmt sein. Bei einer **Teilklage** muss der Kläger angeben, wie er die geltend gemach-

112

---

1 BGH NJW 2010, 873 Rn. 14; *Schuschke/Kessen/Höltje* Rn. 205; Thomas/Putzo/*Hüßtege* § 32 Rn. 8.
2 S. *Musielak* Rn. 60 ff.; Thomas/Putzo/*Reichold* § 253 Rn. 6 ff.
3 BGH NJW-RR 2005, 216; Thomas/Putzo/*Reichold* § 253 Rn. 10.
4 BGH NJW 1999, 954.

te Gesamtsumme ziffernmäßig auf die verschiedenen Ansprüche verteilt wissen will, oder mindestens eine Reihenfolge anführen, in welcher die Ansprüche bis zu der geltend gemachten Gesamtsumme gefordert werden.[1]

Ausnahmsweise, zB bei einem Anspruch auf **Schmerzensgeld**, kann ein Zahlungsantrag »auf Schadenersatz nach Ermessen des Gerichts« hinreichend bestimmt sein, wenn die Klage genügende Angaben für die festzustellende Schadenhöhe oder eine Größenordnung des Schmerzensgeldes enthält.[2] Mängel im notwendigen Inhalt der Klageschrift können durch Nachholung in einem zugestellten Schriftsatz oder in mündlicher Verhandlung mit Wirkung ex nunc beseitigt werden.

II. Parteifähigkeit[3]

Examensrelevanz: Niedrig.

113 Die Parteifähigkeit ist die Fähigkeit, Kläger oder Beklagter zu sein; sie ist in § 50 Abs. 1 an die Rechtsfähigkeit geknüpft. Sie ist in jeder Lage des Verfahrens von Amts wegen zu prüfen. Voraussetzung ist allerdings, dass hinreichende Anhaltspunkte für ihr Fehlen vorliegen.[4] Bei Abweisung durch Prozessurteil wegen mangelnder Parteifähigkeit wird im Rubrum der nicht Parteifähige als Partei aufgeführt. Ihn bzw. den für ihn Handelnden (zB die Vorstandsmitglieder des klagenden nichtrechtsfähigen Vereins) treffen die Kosten des Rechtsstreits. Insoweit gilt als Partei, wer tatsächlich als Partei auftritt.[5] Ist eine Partei nicht existent, ist sie insoweit als parteifähig zu behandeln, als sie ihre Nichtexistenz geltend macht.[6]

III. Prozessführungsbefugnis[7] (und Sachbefugnis)

Examensrelevanz: Niedrig.

114 Streng zu unterscheiden sind die Sachbefugnis (sog. Aktiv- und Passivlegitimation) und die Prozessführungsbefugnis. Die Prozessführungsbefugnis ist Prozessvoraussetzung, die Sachbefugnis Frage der Begründetheit der Klage, was in Arbeiten leider immer wieder falsch gesehen wird.

1. Rechtliche Unterschiede

115 Sachbefugnis (Aktiv- und Passivlegitimation) bedeutet materielle Rechtszuständigkeit (wem steht der geltend gemachte Anspruch gegen wen zu?). Dagegen bedeutet Prozessführungsbefugnis die Befugnis, das in Anspruch genommene Recht vor Gericht in eigenem Namen geltend zu machen.

Beide Befugnisse fallen zusammen, wenn die Partei selbst Rechtsinhaber ist (zB Eigentümer, Zessionar). Sie fallen aber auseinander:
- wenn der Rechtsinhaber das Recht nicht geltend machen darf, zB der Insolvenzschuldner;

---

1 BGH NJW 1990, 2068, 2069; Thomas/Putzo/*Reichold* § 253 Rn. 9.
2 BGH NJW 1992, 311 f.; Thomas/Putzo/*Reichold* § 253 Rn. 12.
3 S. *Musielak* Rn. 117; Thomas/Putzo/*Hüßtege* § 50 Rn. 1 ff.
4 BGH NJW 2004, 2523.
5 Vgl. BGH NJW 1993, 2943, 2944.
6 BGH NJW 2010, 3100 Rn. 9.
7 S. *Musielak* Rn. 120 ff.; Thomas/Putzo/*Hüßtege* § 51 Rn. 19 ff.

- wenn der, der nicht Rechtsinhaber ist, das Recht kraft Gesetzes geltend machen darf, zB auf Grund gesetzlicher Prozessstandschaft (zB § 2039 BGB; § 265 Abs. 2) oder als Partei kraft Amtes (zB Insolvenzverwalter, Nachlassverwalter, Testamentsvollstrecker);
- bei der sog. gewillkürten Prozessstandschaft, bei der die Partei auf Grund einer Ermächtigung durch den Rechtsinhaber klagt, was bei Vorliegen eines schutzwürdigen Interesses zulässig ist.[1]

2. Prozessuale Bedeutung

Hinsichtlich der prozessualen Bedeutung ist zu unterscheiden: **a) Die Sachbefugnis** ist Anspruchsvoraussetzung. Fehlt sie, so ist die Klage durch Sachurteil **als unbegründet** abzuweisen.[2] Ist der Kläger nicht aktivlegitimiert, steht ihm der geltend gemachte Anspruch nicht zu; ist der Beklagte nicht passivlegitimiert, richtet sich der geltend gemachte Anspruch nicht gegen ihn.   **116**

b) Die Prozessführungsbefugnis ist eine Prozessvoraussetzung. Fehlt sie, so ist die Klage durch Prozessurteil (als unzulässig) abzuweisen.[3] Bestehen Zweifel, so ist die Prozessführungsbefugnis von Amts wegen als Prozessvoraussetzung vor der Begründetheit der Klage zu prüfen. Hängt, wie häufig, die Prozessführungsbefugnis davon ab, ob die Partei hinsichtlich des streitigen Rechtsverhältnisses materiell verfügungsbefugt ist, ist diese materielle Vorfrage dann schon bei der Zulässigkeit der Klage zu prüfen (s. auch → Rn. 111a).   **117**

IV. Örtliche und sachliche Zuständigkeit[4]

Examensrelevanz: Hoch.

Die Zuständigkeit des Gerichts ist, wenn Zweifel bestehen, unter folgenden Aspekten zu prüfen: **118**
- Die örtliche Zuständigkeit sollte vor der sachlichen untersucht werden; nur ein örtlich zuständiges Gericht dürfte über die sachliche Zuständigkeit entscheiden können.[5]
- Eine ausschließliche Zuständigkeit ist vor einer vereinbarten und eine vereinbarte Zuständigkeit vor der allgemeinen Zuständigkeit zu untersuchen.

Manchmal ist bei der Prüfung der Zuständigkeit bereits auf den Klageanspruch einzugehen (doppelrelevante Tatsachen). S. hierzu → Rn. 111a. Ist wirksam ein Gerichtsstand vereinbart (§ 38), ist anzunehmen, dass die Zuständigkeitsklausel von der angeblichen Unwirksamkeit des Hauptvertrags nicht berührt wird; sie soll gerade dann bedeutsam werden, wenn über die Gültigkeit des Vertrags zu entscheiden ist.[6]

Die Erörterung der Zuständigkeit **erübrigt sich:**   **119**
- Wenn die Parteien die Zuständigkeit des angerufenen Gerichts wirksam vereinbart haben (vgl. § 38). Das wird wegen § 38 bei Parteien, die nicht Vollkaufleute sind,

---

1 BGH NJW-RR 2011, 1690 Rn. 18; NJW 2003, 2231, 2232; Thomas/Putzo/*Hüßtege* § 51 Rn. 34.
2 BGH NJW 1975, 1785, 1786.
3 BGH NJW 1986, 850 f.; Thomas/Putzo/*Hüßtege* § 51 Rn. 22.
4 S. *Musielak* Rn. 41 ff.
5 *Zimmermann* Rn. 56.
6 Msk/*Heinrich* § 38 Rn. 4; Thomas/Putzo/*Hüßtege* § 38 Rn. 30.

nur noch selten vorkommen. Besteht hierfür Anlass, muss natürlich die Wirksamkeit der Gerichtsstandsvereinbarung geprüft werden. Dazu kommt es in der Praxis recht häufig, weil Zuständigkeitsvereinbarungen oft in AGB getroffen werden und dann um die Frage der Einbeziehung der AGB gestritten wird.

- Bei einer wirksamen rügelosen Einlassung (§ 39); beim Amtsgericht ist hier § 504 zu beachten.
- Wenn der Rechtsstreit bereits durch ein anderes Gericht an das jetzt mit der Sache befasste Gericht verwiesen worden ist. Ein Verweisungsbeschluss ist bindend, § 281 Abs. 2 S. 4. Allerdings ist der Verweisungsbeschluss im Tatbestand kurz zu erwähnen, weil dies für die Kostenentscheidung von Bedeutung ist (§ 281 Abs. 3 S. 2).

V. Das Rechtsschutzinteresse[1]

Examensrelevanz: Niedrig (Ausnahme Feststellungsinteresse).

120 Voraussetzung einer jeden Klage ist nach allgemeiner Ansicht ein Rechtsschutzinteresse (Rechtsschutzbedürfnis). Ich tendiere dazu, den Ausgangssatz anders zu formulieren, dass nämlich das Rechtsschutzinteresse für eine Klage nicht (ausnahmsweise) fehlen darf. Es gibt nämlich keine Vorschrift, die das Vorhandensein eines allgemeinen Rechtsschutzinteresses vorschreibt (wohl eines besonderen im Spezialfall, s. § 256 Abs. 1). Das Rechtsschutzinteresse fehlt insbesondere dann, wenn es einen billigeren und einfacheren Weg zur Erreichung desselben Rechtsschutzziels gibt.

Fehlt das Rechtsschutzinteresse, so muss die Klage regelmäßig als unzulässig abgewiesen werden. Dies gilt aber nicht, wenn sie auch unbegründet ist; sie darf dann auch sachlich abgewiesen werden.[2]

1. Leistungs- und Gestaltungsklagen

121 Bei Leistungs- und Gestaltungsklagen (zur **Feststellungsklage** → Rn. 446 ff.) ist das Rechtsschutzinteresse in aller Regel gegeben und braucht nicht besonders geprüft zu werden. Es ergibt sich bei der Leistungsklage idR bereits aus der Nichterfüllung des behaupteten materiellen Anspruchs, dessen Existenz (als doppelrelevante Tatsache, → Rn. 111a) zu unterstellen ist.[3] Nur in Ausnahmefällen kann es fehlen.

> **Beispiel:** Der Kläger pfändet einen Anspruch seines Schuldners gegen den Beklagten und lässt ihn sich zur Einziehung überweisen. Der Schuldner hatte wegen seiner Forderung bereits einen Vollstreckungsbescheid gegen den Beklagten erwirkt. Hier kann der Kläger problemlos eine Umschreibung des Titels nach § 727 erreichen.

2. Prüfung des Rechtsschutzinteresses

122 Die Prüfung des Rechtsschutzinteresses erfordert oft eine mehr oder weniger eingehende Prüfung des der Klage zugrunde liegenden materiellen Rechtsverhältnisses, also ein Eingehen auf die sachlichen Voraussetzungen der Klage.

---

1 *Musielak* Rn. 131; Thomas/Putzo/*Reichold* vor § 253 Rn. 26 ff.
2 BGH NJW 1987, 2808, 2809; Msk/*Foerste* § 256 Rn. 7; *Schuschke/Kessen/Höltje* Rn. 207 mwN; kritisch Thomas/Putzo/*Reichold* vor § 253 Rn. 26, § 256 Rn. 4.
3 BGH NJW 2010, 1135 Rn. 7.

Beispiel: Erhebt der Kläger eine Feststellungsklage dahin, dass der Beklagte ihm aus einem Darlehen 1.000,00 EUR schulde, so ist zu prüfen, ob der Kläger gerade für diesen Anspruch ein rechtliches Interesse an der alsbaldigen Feststellung hat, ob also dieser Anspruch von dem Beklagten bestritten wird, und ob der Kläger nicht schon auf Leistung klagen kann, weil das Darlehen fällig ist.

Die Frage des Bestehens des Anspruchs lässt sich für Zulässigkeit und Begründetheit der Klage nicht trennen; das Bestehen ist also für die Zulässigkeit der Klage zu unterstellen, → Rn. 111a. Die Fälligkeit des Anspruchs ist für die Begründetheit der Feststellungsklage nicht von Bedeutung, allerdings für die Zulässigkeit (Vorrang der Leistungsklage, → Rn. 447). Dann muss die Frage der Fälligkeit im Rahmen der Zulässigkeit der Klage untersucht werden, wenn der Parteivortrag hierzu Anlass gibt.

VI. Die Zulässigkeit einer Klageänderung[1]

Examensrelevanz: Mittel. Klageänderungen kommen zwar häufiger vor; meist sind sie aber vom Beklagten nicht gerügt (§ 267!)

1. Allgemeines

Durch den Antrag und den dazu vorgetragenen Sachverhalt wird der Streitgegenstand festgelegt. Eine Änderung des Streitgegenstandes, eine Klageänderung, ist nur zulässig, wenn der Beklagte einwilligt (s. auch § 267) oder wenn das Gericht sie für sachdienlich hält, § 263. Die Zulässigkeit einer Klageänderung lässt sich erst prüfen, wenn klar ist, was zunächst Streitgegenstand war und welcher es jetzt ist. Es handelt sich daher auch hier um eine qualifizierte Prozessvoraussetzung, die ein Eingehen auf den Klagegrund erfordert. Zu beachten ist, dass nach **§ 264** bestimmte Klägermaßnahmen privilegiert sind; sie sind nicht als Klageänderung anzusehen.

2. Keine Prüfung

Eine Klageänderung ist ohne weiteres zulässig und deshalb nicht zu erörtern:

- wenn der Beklagte in sie einwilligt oder durch rügelose Einlassung sein Widerspruchsrecht verloren hat, §§ 263, 267;
- wenn das Gericht die Klageänderung bereits als sachdienlich zugelassen hat (§ 263). Dies kann stillschweigend zB durch Erlass eines Beweisbeschlusses geschehen sein. Die Zulassung durch das Gericht ist selbständig nicht anfechtbar (§ 268).

In diesen Fällen endet die Rechtshängigkeit des bisherigen Klageantrags.[2] Es ist daher im Gutachten nur zu der geänderten Klage Stellung zu nehmen. Da die Klageänderung regelmäßig für die Kostenentscheidung von Bedeutung ist, ist im Tatbestand kurz die Änderung zu erwähnen und am Schluss des Gutachtens (und der Entscheidungsgründe) die Kostenentscheidung zu begründen.

3. Zulässigkeit der Klageänderung

Sind die Voraussetzungen → Rn. 124 nicht gegeben, so ist zu prüfen, ob eine Klageänderung vorliegt (vgl. § 263 f.) und, falls ja, ob sie als sachdienlich zuzulassen ist. Ei-

123

124

125

1 S. *Musielak* Rn. 195 ff.
2 BGH NJW 1990, 2682; Thomas/Putzo/*Reichold* § 263 Rn. 14.

ne Klageänderung ist sachdienlich, wenn sie der endgültigen Beseitigung des Streitstoffes dient und einen neuen Rechtsstreit verhindern kann.[1]

4. Unzulässige Klageänderung

126 Ist die Klageänderung unzulässig, so ist das neue Klagebegehren durch Prozessurteil abzuweisen. Zu einem Hilfsgutachten zur Sache selbst vgl. oben → Rn. 107. Im Übrigen ist das Schicksal der ursprünglichen Klage zu prüfen.

Bei einer Klageermäßigung wird regelmäßig eine Teilklagerücknahme gewollt sein.[2] Ist diese unwirksam, weil der Beklagte zustimmen muss und nicht zustimmt (§ 269 Abs. 1), so ist anzunehmen, dass der Kläger seine ursprüngliche Klage aufrechterhält. Es ist dann über die ursprüngliche Klage durch Sachurteil zu entscheiden.[3]

5. Gewillkürter Parteiwechsel[4]

127 Die Rechtsprechung, der hier gefolgt werden soll, sieht auch einen Parteiwechsel bzw. eine Parteierweiterung als Klageänderung an und behandelt sie analog § 263.[5] Sie ist also von der Zustimmung des Beklagten abhängig oder muss sachdienlich sein.

Auf der Beklagtenseite liegt in einem Parteiwechsel in der Regel die Rücknahme der Klage gegen den alten Beklagten; insoweit ist § 269 analog anzuwenden. Ist bereits verhandelt worden, ist hierfür die Zustimmung des alten Beklagten erforderlich (§ 269 Abs. 1 analog). Aber auch der Kläger, der ausscheidet, nimmt seine zuvor gegen den Beklagten erhobene Klage zurück, sodass § 269 analog anzuwenden ist (s. hierzu auch das Klausurbeispiel 2). Die Zustimmung des Beklagten zu diesem Parteiwechsel auf Klägerseite kann als sachdienlich ersetzt werden.[6] Die Parteierweiterung auf Kläger- oder Beklagtenseite ist allein an § 263 analog zu messen.

VII. Zur Wiederholung und Vertiefung (Lösung → Rn. 705)

128
1. Die Klägerin beantragt, den Beklagten zu verurteilen, sie von Ansprüchen der Deutschen Bank aus dem Kreditvertrag Nr. 1234567 freizustellen. Was hat das Gericht zu tun?
2. Der Kläger macht in seiner auf Zahlung von 5.000,00 EUR gerichteten Klage 10 Einzelpositionen in Höhe von 2 x 2.000,00 EUR, 3 x 3.000,00 EUR und 5 x 4.000,00 EUR geltend. Er bezeichnet die Klage als Teilklage. Ist die Klage zulässig?
3. Die aufgelöste und im Handelsregister gelöschte ABC-KG klagt gegen D auf Zahlung von 10.000,00 EUR und legt unter Beweisantritt einen Anspruch gegen D schlüssig dar. D bestreitet die Tatsachen, die die ABC-KG zur Begründung des Anspruchs vorträgt. Ist die Klage zulässig? Ist Beweis zu erheben?
4. Was ist der Unterschied zwischen Aktivlegitimation und Prozessführungsbefugnis? Wobei handelt es sich um eine Frage der Zulässigkeit der Klage?
5. Der Kläger ist neben seinem Bruder Miterbe einer ungeteilten Erbengemeinschaft. Der Erbengemeinschaft steht ein Anspruch gegen den Beklagten auf Zahlung von 5.000,00 EUR zu. Der Kläger verlangt von dem Beklagten seinem Erbteil entsprechend Zahlung von 2.500,00 EUR an sich. Wie ist zu entscheiden?

---

1 BGH NJW 2000, 800, 803; Thomas/Putzo/*Reichold* § 263 Rn. 8.
2 Vgl. BGH NJW 1990, 2682; Thomas/Putzo/*Reichold* § 264 Rn. 6.
3 BGH NJW 1988, 128; Thomas/Putzo/*Reichold* § 263 Rn. 14.
4 S. *Musielak* Rn. 215 ff.; Thomas/Putzo/*Hüßtege* vor § 50 Rn. 20 ff.
5 BGH NJW 1962, 347 (Beklagtenwechsel); NJW 1996, 2799 (Klägerwechsel).
6 BGH NJW 1996, 2799; Thomas/Putzo/*Hüßtege* vor § 50 Rn. 21.

6. Der Kläger klagt vor dem Amtsgericht auf Zahlung des Kaufpreises für einen PKW in Höhe von 6.000,00 EUR. In der mündlichen Verhandlung werden die Anträge gestellt. Wie ist zu entscheiden? Wie wäre zu entscheiden, wenn vor dem Landgericht auf Zahlung von 4.000,00 EUR geklagt würde?
7. Der Kläger klagt vor dem Landgericht auf Zahlung von 6.000,00 EUR wegen rückständiger Wohnungsmiete. In der mündlichen Verhandlung werden die Anträge gestellt. Wie ist zu entscheiden?
8. Wie ist im 2. Beispiel → Rn. 118 das Gutachten aufzubauen?
9. Der Kläger hat auf Herausgabe einer Sache geklagt. In der Beweisaufnahme stellt sich heraus, dass der Beklagte schon zur Zeit der Klageerhebung nicht mehr in deren Besitz war. Der Kläger erklärt daraufhin, er verlange nunmehr Wertersatz und stellt auf einen Zahlungsanspruch um. Der Beklagte rügt Klageänderung, bestreitet den vom Kläger substanziiert behaupteten Zeitwert ebenso substanziiert. Der Kläger beruft sich zum Zeitwert auf Zeugen zum Zustand der Sache und auf ein Sachverständigengutachten. Wie wird das Gericht entscheiden?
10. Der Kläger verlangt mit der Klage Feststellung, dass der Beklagte zum Ersatz eines bestimmten Schadens verpflichtet ist. Das Feststellungsinteresse begründet er mit der drohenden Verjährung. Der Beklagte macht geltend, die Klage sei unzulässig, weil eine Bezifferung möglich sei. Daraufhin stellt der Kläger auf einen Zahlungsanspruch um. In der mündlichen Verhandlung stellt der Kläger den Zahlungsantrag, der Beklagte beantragt Abweisung. Zulässigkeit der Klage?

§ 9. Typische Fehler in der »Prozessstation«

1. Prüfung unproblematischer Fragen

Der Hauptfehler, der in Referendar- und Prüfungsarbeiten gemacht wird, ist die Prüfung unproblematischer Rechtsfragen. Typisches Beispiel ist die Untersuchung der Zulässigkeit einer objektiven Klagehäufung (→ Rn. 423). Zudem ist, selbst wenn manchmal eine Prüfung vertretbar erscheint, diese häufig zu lang. **129**

2. Zuständigkeitsprüfung trotz rügeloser Einlassung

Verfehlt ist es, in Prozessen vor dem Landgericht, in denen keine ausschließliche Zuständigkeit in Frage steht, die örtliche oder sachliche Zuständigkeit ausführlich zu prüfen, wenn die Zuständigkeit nicht gerügt ist. Hier reicht eine Bezugnahme auf § 39. **130**

3. Prüfung der Zulässigkeit einer Klageänderung

Wie bei der Zuständigkeit wird auch hier oft inhaltlich geprüft, obwohl der Beklagte eine Klageänderung nicht gerügt hat. Dies gilt gem. § 267 als Einwilligung in die geänderte Klage. Damit kann die Frage einer möglichen Klageänderung offen bleiben, weil jedenfalls die Einwilligung des Beklagten vermutet wird. **131**

4. Zulässigkeitsprüfung bei der Widerklage

Zu Unrecht wird oft auch die Zulässigkeit einer Widerklage problematisiert (s. dazu → Rn. 434 ff.). In der Praxis habe ich (außer bei einer reinen Drittwiderklage) eine unzulässige Widerklage noch nicht erlebt. S. allerdings das ausgedachte 1. Klausurbeispiel, → Rn. 760. **132**

4. Abschnitt. Allgemeines zur »Darlegungsstation«

Die folgenden Ausführungen gelten für die gesamte »Darlegungsstation«, sind also unabhängig von Kläger- oder Beklagtenvortrag. Die Besonderheiten der Einzelstationen innerhalb der Darlegungsstation werden in → Rn. 142 ff. dargestellt.

§ 10. Grundlagen der Schlüssigkeits- und Erheblichkeitsprüfung

I. Maßgebliche Tatsachen in der Schlüssigkeitsprüfung

133 Die in der Darlegungsstation (→ Rn. 63) vorzunehmende Schlüssigkeitsprüfung (auch des Beklagtenvorbringens, die oft als »Erheblichkeitsprüfung« bezeichnet wird) ist eine rechtliche Prüfung dahin, ob und wieweit der Tatsachenvortrag der Parteien ihre Anträge rechtfertigt. Es ist zu prüfen, ob die von den Parteien vorgetragenen Tatsachen geeignet sind, die für die erstrebte Rechtsfolge, also die Verurteilung oder Klageabweisung, erforderlichen gesetzlichen oder vertraglichen Tatbestandsmerkmale auszufüllen. Der Vortrag muss also den »Schluss« auf die beantragte Rechtsfolge zulassen.

Die Schlüssigkeitsprüfung gleicht der Aufgabe, die der Studierende an der Universität oder im ersten Examen zu leisten hat. Der wesentliche Unterschied besteht nur darin, dass dort ein – unbestrittener – Tatbestand daraufhin zu prüfen ist, ob er sich unter die in Frage kommenden Anspruchsgrundlagen subsumieren lässt. Bei dem Gutachten in der Praxis, der Relation, dagegen sind in der Regel zwei »Tatbestände« zu prüfen: der Klägervortrag darauf hin, ob er die Verurteilung des Beklagten in der beantragten Form ermöglicht, der Beklagtenvortrag darauf hin, ob er die beantragte Klageabweisung rechtfertigt.

Vortrag des Klägers ist der unstreitige Sachverhalt und das streitige Klägervorbringen (s. im Einzelnen noch → Rn. 148 ff.). **Vortrag des Beklagten** ist der unstreitige Sachverhalt und das streitige Beklagtenvorbringen. Dieses jeweilige Vorbringen ist der Schlüssigkeitsprüfung bzw. Erheblichkeitsprüfung zugrunde zu legen. Dabei wird das **Parteivorbringen als gegeben** hingenommen. Alle Feststellungen dahin, ob die Tatsachen bestritten oder unbestritten, ob sie bewiesen oder nicht bewiesen sind, gehören nicht hierhin, allenfalls in die Beweisstation. Daher sind die Worte »unstreitig«, »unbestritten« oder »bestritten« grundsätzlich nicht in der Schlüssigkeitsprüfung zu verwenden.

II. »Substanziiertes« Vorbringen[1]

134 Das Parteivorbringen muss substanziiert sein, also genug Tatsachenvortrag enthalten, um den Schluss auf die maßgeblichen Tatsachen zuzulassen. Dies gilt sowohl für das Klägervorbringen als auch für das Beklagtenvorbringen. Eine spezielle Problematik wirft das »substanziierte Bestreiten« auf. Die daran zu stellenden Anforderungen sind unabhängig von der Parteirolle gleich. Da es aber meist der Beklagte ist, der die zur Klagebegründung vorgetragenen Tatsachen bestreitet, erfolgt die Darstellung des Problems dort (→ Rn. 169 f.).

Vielfach (auch in der Praxis) werden die Anforderungen an die Substanziierung von Vorbringen zu hoch gestellt und Vorbringen als unsubstanziiert und damit un-

---

1 S. auch *Dölling* NJW 2013, 3121 ff.

schlüssig bezeichnet, das tatsächlich aber ausreichend ist. Der BGH[1] hat hierzu ausgeführt:

»Nach ständiger Rechtsprechung genügt eine Partei ihrer Darlegungslast, wenn sie Tatsachen vorträgt, die in Verbindung mit einem Rechtssatz geeignet sind, das geltend gemachte Recht als in ihrer Person entstanden erscheinen zu lassen. Genügt das Parteivorbringen diesen Anforderungen an die Substantiierung, kann der Vortrag weiterer Einzeltatsachen nicht verlangt werden. Es ist dann gegebenenfalls Sache des Tatrichters, bei der Beweisaufnahme Zeugen oder zu vernehmende Parteien nach den Einzelheiten zu fragen, die ihm für die Beurteilung der Zuverlässigkeit der Bekundungen erforderlich erscheinen (stRspr., …). Der Grad der Wahrscheinlichkeit der Sachverhaltsschilderung ist für den Umfang der Darlegungslast ohne Bedeutung …«

Es ist zu einem schlüssigen Vortrag daher nicht erforderlich, Einzelheiten mitzuteilen, die für die Subsumtion unter einen Tatbestand nicht notwendig sind, zB Daten eines Vertragsschlusses uÄ Nur im Einzelfall kann die Mitteilung von genaueren Daten erforderlich sein.

Beispiel: Der Kläger trägt vor, er habe sich mit dem Beklagten über den Verkauf eines Autos zum Preis von 10.000,00 EUR geeinigt, und verlangt Zahlung des Kaufpreises. Sein Vortrag kann nicht als unschlüssig bezeichnet werden mit der Begründung, er hätte das Datum des Kaufvertragschlusses mitteilen müssen.

Gegenbeispiel: Der Kläger verlangt Schadenersatz wegen einer Verletzung vorvertraglicher Pflichten durch den Beklagten. Der Beklagte habe ihm verschwiegen, dass das verkaufte Grundstück nicht bebaut werden dürfe, was er später erfahren habe. Zur Schlüssigkeit seines Vorbringens bzgl. der einzelnen Schadenpositionen gehört hier zumindest auch der Vortrag, dass die Aufwendungen, die der Kläger als Schaden ersetzt haben will, vor dem Zeitpunkt getätigt wurden, zu dem er Kenntnis von der fehlenden Bebaubarkeit erhielt.

Hiergegen wird häufig eingewandt, der Kläger müsse (im ersten Beispiel) das Datum des Kaufvertrages mitteilen, weil der Zahlungsanspruch verjährt sein könne. Dies ist falsch, weil der Beklagte die Darlegungslast für den Eintritt der Verjährung hat.

Zudem wird vielfach argumentiert, wenn keine Einzelheiten mitgeteilt würden, liefe eine Beweisaufnahme auf einen Ausforschungsbeweis hinaus. Auch dies ist nicht richtig. Von einem »Ausforschungsbeweis« kann man nur sprechen, wenn über unschlüssiges Vorbringen Beweis erhoben würde.

Weiteres Beispiel: Der Kläger verlangt Schadenersatz und Schmerzensgeld, weil der Beklagte ihn bei einer Schlägerei verletzt habe. Er teilt das Datum der Schlägerei nicht mit; der Beklagte bestreitet, jemals mit dem Kläger zusammengetroffen zu sein.

Hier wird, auch in der Praxis, der Vortrag des Klägers oft mit der Begründung als unschlüssig bezeichnet, wenn der Kläger das Datum nicht mitteile, könne der Beklagte sich nicht wehren, weil er nicht belegen könne, dass er zur Zeit der Schlägerei an einem anderen Ort gewesen sei. Letzteres ist aber keine Frage der Schlüssigkeit, sondern der Beweiswürdigung. Das Datum der unerlaubten Handlung gehört nicht zum Tatbestand des § 823 Abs. 1 BGB. Es ist eine Frage der Beweiswürdigung, ob das Gericht die Teilnahme des Beklagten an der Schlägerei für bewiesen hält, wenn sich das Datum auch in der Beweisaufnahme nicht klären lässt und damit dem Beklagten der Nachweis eines »Alibis« unmöglich ist.

---

1 BGH VIZ 2002, 49, 50; s. auch BGH NJW 2012, 1647 Rn. 16 mwN.

Auch das **Verhalten der Gegenpartei** kann zu einer weiteren Substanziierung zwingen. Das bedeutet aber nicht, dass derjenige, der ein Recht beansprucht, schon deshalb, weil der Gegner bestreitet, gezwungen ist, den behaupteten Sachverhalt in allen Einzelheiten wiederzugeben. »Dem Grundsatz, dass der Umfang der Darlegungslast sich nach der Einlassung des Gegners richtet, liegt nicht etwa der Gedanke zugrunde, ein Kläger sei zur Förderung der Wahrheitsermittlung und zur Prozessbeschleunigung verpflichtet, den Gegner in die Lage zu versetzen, sich möglichst eingehend auf die Klagebehauptungen einzulassen. Der Grundsatz besagt vielmehr nur, dass dann, wenn infolge der Einlassung des Gegners der Tatsachenvortrag unklar wird und nicht mehr den Schluss auf die Entstehung des geltend gemachten Rechts zulässt, er der Ergänzung bedarf.«[1]

§ 11. Die Rechtsausführungen in der »Darlegungsstation«

I. Vollständigkeit

135 Die Darlegungsstation enthält grundsätzlich alle rechtlichen Erörterungen, die im Gutachten anzustellen sind. Der zweite Teil des Gutachtens, die Tatsachenfeststellung (»Beweisstation«), soll keine Rechtsausführungen enthalten, sondern nur Ausführungen darüber, ob die rechtlich erheblichen Tatsachen bewiesen sind oder aus anderen Gründen feststehen. Rechtliche Bewertungen müssen hier nur wegen beweisrechtlicher Fragen (zB Beweislast, Zulässigkeit einer Parteivernehmung, Beweisverbote) erfolgen. Ferner sind zum Schluss des Gutachtens Rechtsausführungen zu den Nebenentscheidungen (Kosten und Vollstreckbarkeit) nötig (→ Rn. 274 ff.).

II. Stelle der Rechtsprüfung

136 Die Rechtsausführungen sind dort zu machen, wo Tatsachenvortrag unter die maßgebliche Norm subsumiert wird. Es kommt nicht darauf an, ob und welche Partei Rechtsausführungen hierzu gemacht hat. Rügt der Beklagte zB mit Rechtsausführungen die Unschlüssigkeit des Klägervorbringens, so ist die Prüfung dieser Frage nicht in der »Beklagtenstation«, sondern an der maßgeblichen Stelle der »Klägerstation« durchzuführen. In der Beklagtenstation sind nur die von dem Beklagten **behaupteten streitigen Tatsachen** (und das Bestreiten selbst) rechtlich zu würdigen.

III. Umfang der Prüfung

137 Rechtsausführungen dürfen nur erfolgen und so weit gehen, wenn und wie der Rechtsstreit hierzu Anlass gibt. Rein theoretische Erörterungen sind unbedingt zu vermeiden. Die Kunst des Praktikers zeigt sich gerade im Ausschalten des Überflüssigen und in der Konzentration auf den konkreten Fall, nicht im Ausbreiten theoretischen Wissens, auf das es im zu entscheidenden Fall nicht ankommt. Streitfragen müssen zwar aufgezeigt, aber nur entschieden werden, wenn die einzelnen Meinungen zu unterschiedlichen Ergebnissen kommen.

Der Gutachter muss sich nicht immer für die Rechtsprechung des BGH entscheiden, eine abweichende Auffassung aber sorgfältig begründen. Zudem muss er sich bewusst

---

1 BGH NJW 2005, 2710, 2711.

sein, dass die Abweichung von der obergerichtlichen Rechtsprechung mit Argumenten, die diese nicht für stichhaltig hält, für die Parteien zu überflüssigen Rechtsmittelkosten führen kann. Bloße Zitate im Übrigen ersetzen keine Begründung.

IV. Maßgebliche Vorschriften

Maßgebend sind die zur Zeit der letzten mündlichen Verhandlung geltenden gesetzlichen Vorschriften. Das kann bei Arbeiten in der **Praxis** aber auch bedeuten, dass altes Recht anzuwenden ist, wenn Übergangsrecht dies bestimmt. In **Klausuren** (oder sonstigen Prüfungsleistungen) ist in Einzelfällen im Bearbeitervermerk das anzuwendende Recht angegeben, manchmal sind dort auch die Gesetzestexte wiedergegeben. Im Übrigen ist in aller Regel das aktuelle Recht anzuwenden, da altes Recht in den bei den Klausuren verfügbaren Gesetzestexten regelmäßig nicht mitgeteilt ist. **138**

§ 12. Die Ausübung des richterlichen Fragerechts

I. Notwendigkeit der Ausübung des richterlichen Fragerechts

Ist ein Antrag nicht sachdienlich, das Vorbringen der Parteien nicht vollständig, fehlen Beweisantritte oder ist das Vorbringen anders rechtlich zu werten, als die Parteien meinen, so ist die Ausübung des richterlichen Fragerechts notwendig (§ 139). **139**

> **Beispiele:** Tritt der beweispflichtige Kläger keinen Beweis an, so darf die Klage erst nach einem Hinweis hierauf abgewiesen werden. Genauso ist es, wenn der Kläger auf Feststellung klagt, obwohl ihm eine Leistungsklage möglich wäre.

Die Ausübung des richterlichen Fragerechts ist nicht angebracht:
- Wenn der Tatsachenvortrag eindeutig ist und die Anträge sachdienlich sind, mögen sie auch der Partei ungünstig sein.
- Der Richter darf Prozessstoff nur aufklären, nicht aber eine Partei zu einem ihr günstigen Vorbringen veranlassen, zB die Einrede der Verjährung zu erheben. Sonst setzt er sich der Ablehnung wegen Befangenheit aus.[1]
- Wenn die Partei offensichtlich nicht mehr vortragen kann oder will.
- Wenn in einem Anwaltsprozess bereits der Gegner auf die Unzulässigkeit der Klage oder die Unschlüssigkeit des Vorbringens hingewiesen hat.[2] Dagegen reicht die Tatsache allein, dass die Partei anwaltlich vertreten ist, nicht aus, um von einem Hinweis Abstand zu nehmen.[3]

Rechtliche Hinweise sind aktenkundig zu machen (§ 139 Abs. 4 S. 1).

II. Sonstiges Parteivorbringen

Gem. § 139 Abs. 1 S. 2 beschränkt sich die Hinweispflicht auf erhebliche Tatsachen. Ein Hinweis ist daher nicht erforderlich, wenn eine Partei aus einem anderen Grund unterliegen muss. Für die Ausübung des richterlichen Fragerechts gilt das gleiche wie **140**

---

1 BGH NJW 2004, 164 f.; Thomas/Putzo/*Hüßtege* § 42 Rn. 12.
2 BGH NJW-RR 2008, 581 Rn. 2; NJW 1984, 310, 311; Msk/Stadler § 139 Rn. 6; Thomas/Putzo/ *Reichold* § 139 Rn. 12.
3 BGH NJW-RR 1997, 441; Thomas/Putzo/*Reichold* § 139 Rn. 12.

für die Anordnung einer Beweisaufnahme: Überflüssiges verlängert den Rechtsstreit, macht unnötig Arbeit und Kosten.

> **Beispiel:** Ein Hinweis bei einer nicht genügend substanziierten Kaufpreisklage ist nicht erforderlich, wenn der Beklagte sich zu Recht auf Verjährung beruft.

III. Vorschlag eines Hinweisbeschlusses

141 Ob die Ausübung des richterlichen Fragerechts nötig ist, lässt sich erst dann feststellen, wenn das gesamte Gutachten durchlaufen worden ist. Vorher kann nämlich nicht geklärt werden kann, ob die Partei nicht aus anderen Gründen unterliegen muss. Es ist daher in der Regel nicht richtig, in einer Prüfungsarbeit bei einer Unklarheit sofort dem Bearbeitervermerk entsprechend die Ausübung des richterlichen Fragerechts zu unterstellen. Vielmehr sollte zunächst lediglich dargestellt werden, welche rechtliche Bedeutung der ungeklärte Punkt hat, und dann gesagt werden: »Deshalb muss hier das richterliche Fragerecht ausgeübt werden, wenn nicht die weitere Prüfung ergibt, dass es auf diesen Gesichtspunkt nicht ankommt.« Kommt es tatsächlich auf den ungeklärten Punkt an, ist als Entscheidung am Schluss eines Gutachtens in der Praxis ein Hinweisbeschluss vorzuschlagen.

Die Weisungen der Justizprüfungsämter für die **Prüfungsarbeit** sehen im Wesentlichen vor, dass zu unterstellen ist, dass ein rechtlicher Hinweis ordnungsgemäß erfolgt ist. Wird eine Aufklärung für erforderlich gehalten, so ist zu unterstellen, dass diese ordnungsgemäß erfolgt und ohne Ergebnis geblieben ist. Eine solche Vorgehensweise ist nach den Weisungen ggf. in einer Fußnote kenntlich zu machen.

5. Abschnitt. Die Schlüssigkeit des Klägervortrags (»Klägerstation«)

142 In der Schlüssigkeitsprüfung beim Kläger (»Klägerstation«) ist zu überprüfen, ob sein Vortrag den von ihm gestellten Antrag rechtfertigt (vgl. § 331 Abs. 1, 2). Grundlage ist allein der Klägervortrag (→ Rn. 148 ff.), also der unstreitige Vortrag und das streitige Klägervorbringen. Damit steht der zu prüfende Sachverhalt wie im universitären Gutachten fest; die vorzunehmende Prüfung **unterscheidet** sich nur in einigen Punkten von dem Gutachten, das der Student in seinem Studium anzufertigen hat.

- Während bei universitären Arbeiten häufig nach der »Rechtslage« oder »den Ansprüchen« gefragt wird, so dass alle denkbaren Anspruchsgrundlagen unabhängig von den Rechtsfolgen geprüft werden müssen, ist in der Schlüssigkeitsprüfung der Relation zu beachten, was der Kläger begehrt (→ Rn. 143).
- Wichtig ist weiterhin, genau zu beachten, welcher Vortrag der Schlüssigkeitsprüfung zugrunde zu legen ist (→ Rn. 148 ff.). Diese Prüfung, die bei der Stoffsammlung und ihrer Ordnung erfolgt, geht naturgemäß der Schlüssigkeitsprüfung voraus; ihr Ergebnis ist der rechtlich zu überprüfende Klägervortrag, der später je nach Aufgabenstellung in einem Sachbericht oder im Urteilstatbestand festzuhalten ist.
- Weiterhin gibt es Vorschriften, die sich auf die Darlegungslast der Parteien auswirken. Ist eine solche Vorschrift einschlägig, kann dies dazu führen, dass bestimmte Tatsachen ohne Einfluss auf die Schlüssigkeit nicht vorgetragen werden müssen (→ Rn. 155 ff.).

- Schwierigkeiten kann der Umgang mit »Rechtsbegriffen« machen (→ Rn. 159). Wird zulässigerweise ein solcher Rechtsbegriff im Klägervortrag verwandt, ersetzt er (im Gegensatz zu universitären Gutachten) den Vortrag der einzelnen Details.
- Schließlich ist problematisch, wie mit dem so genannten »anspruchsfeindlichen Vorbringen« umzugehen ist (→ Rn. 150).

§ 13. Mögliche Anspruchsgrundlagen für das Klagebegehren

I. Allgemeines

1. Begehrte Rechtsfolge

Es sind wie im universitären Gutachten grundsätzlich alle möglichen Anspruchsgrund- **143** lagen durchzuprüfen. Auch die Prüfungsreihenfolge (s. noch → Rn. 147) unterscheidet sich grundsätzlich nicht. Allerdings sind von vornherein solche Anspruchsgrundlagen auszuscheiden, die sich nicht auf die vom Kläger begehrte Rechtsfolge richten.

> **Beispiel:** Verlangt der Kläger Herausgabe einer Sache, so sind nur Ansprüche zu untersuchen, die einen Herausgabeanspruch (und sei es im Wege der Naturalrestitution) als Rechtsfolge gewähren können. Verlangt der Kläger dagegen Schadenersatz in Form der Geldleistung, beantragt er also Zahlung, dürfen Ansprüche nicht geprüft werden, die einen reinen Herausgabeanspruch geben (zB §§ 604 Abs. 1, 861 Abs. 1, 985 BGB).

2. Aufbau

Die Anspruchsgrundlage gehört wie beim universitären Gutachten an den Beginn der **144** Untersuchung.

- Bei der **Leistungsklage** muss eine vertragliche Vereinbarung oder eine gesetzliche Vorschrift existieren, aus der sich der Anspruch des Klägers gegen den Beklagten auf die vom Kläger begehrte Leistung ergibt.

  > **Beispiel:** »Anspruchsgrundlage könnte § 433 Abs. 2 BGB sein.« Oder: »Der Kläger könnte einen Anspruch aus § 433 Abs. 2 BGB schlüssig vorgetragen haben.«

- Bei der **Gestaltungsklage** hat der Kläger einen Anspruch »gegen den Staat« auf Umgestaltung eines Rechtsverhältnisses, wenn auch nicht der Staat, sondern eine Privatperson der Prozessgegner des Klägers ist. Die gesetzliche Norm, die die Gestaltung ermöglicht, ist als Anspruchsgrundlage (auf den rechtsgestaltenden Ausspruch) anzuführen.

  > **Beispiele:** § 323 (Abänderungsklage), § 771 (Drittwiderspruchsklage), § 767 (Vollstreckungsabwehrklage).

- Bei der **Feststellungsklage** ist das streitige Rechtsverhältnis zur Grundlage zu nehmen. Der Aufbau ist je nach Fallgestaltung unterschiedlich:
  - Soll bei der positiven oder negativen Feststellungsklage das Bestehen oder Nichtbestehen eines materiellen Anspruchs festgestellt werden, ist dieser Anspruch Grundlage des Gutachtens.

    > **Beispiel:** Der Kläger begehrt die negative Feststellung, dass der Schadenersatzanspruch, dessen sich der Beklagte berühmt, nicht bestehe. Das Gutachten hat die Frage zu beantworten, ob der Beklagte gegen den Kläger einen Schadenersatzanspruch hat oder nicht.

– Wird die Feststellung eines bestimmten Rechtsverhältnisses begehrt, ist zu prüfen, ob das Rechtsverhältnis entstanden bzw. untergegangen ist.

> **Beispiel:** Der Kläger begehrt Feststellung seines Eigentums an einer Sache. Hier kann die Schlüssigkeitsprüfung beginnen: »Der Klägervortrag wäre schlüssig, wenn der Kläger Eigentümer des … wäre.«

II. Mehrere Anspruchsgrundlagen

1. Prüfungsumfang

145 Im Gutachten müssen alle (ernsthaft!) in Betracht kommenden Anspruchsgrundlagen, die die vom Kläger begehrte Rechtsfolge geben können, geprüft werden. Nur **ausnahmsweise** können nur bestimmte Anspruchsgrundlagen zu prüfen sein, wenn nämlich das Gericht nur für bestimmte Anspruchsgrundlagen **zuständig** ist. Es ist aber jeweils im Einzelfall zu prüfen, ob die Untersuchung anderer Anspruchsgrundlagen wirklich unzulässig ist; die Rechtsprechung ist hier inzwischen sehr großzügig.

> **Beispiel:** Es wird angenommen, dass das zulässigerweise nach § 32 angegangene Gericht alle möglichen Anspruchsgrundlagen untersuchen muss;[1] die Begründung, mit der besonders der BGH dies angenommen hat, dürfte auf andere Gerichtsstände ebenso zutreffen.

Der Kläger kann nach hM[2] nicht erreichen, dass das Gericht nur **bestimmte Anspruchsgrundlagen** prüft. Er kann im Einzelfall nur mittelbar die Prüfungsmöglichkeit des Gerichts beschränken, indem er den Tatsachenstoff nur soweit vorträgt, als es für eine Anspruchsgrundlage erforderlich ist.

2. Konkurrenzen

146 Mehrere Anspruchsgrundlagen stehen in einem bestimmten Verhältnis zueinander. Darauf muss hier nicht näher eingegangen werden, weil dies gegenüber dem universitären Gutachten keine Besonderheit ist. Es kann allerdings wegen eines entsprechenden prozessualen Vorgehens des Klägers eine eventuelle Konkurrenz vorliegen. Dieser Fall liegt vor, wenn die Ansprüche sich aus verschiedenen Sachverhalten ergeben, die sich widersprechen und die in vom Kläger vorgegebener Reihenfolge geltend gemacht werden. Nur für den Fall, dass der vorrangig vorgetragene Sachverhalt nicht zutrifft, ist der andere zu prüfen. S. im Einzelnen → Rn. 378 ff.

3. Prüfungsreihenfolge

147 Kommen mehrere Anspruchsgrundlagen in Betracht, erfordert dies eine bestimmte Reihenfolge der Untersuchung (zB vertragliche Ansprüche zuerst, dingliche Ansprüche vor deliktischen usw). Dies ist aus den universitären Gutachten bekannt und soll hier nicht wiederholt werden. Allerdings ist dann, wenn der Kläger einen Sachverhalt nur hilfsweise vorträgt, zunächst der vorrangig vorgetragene Sachverhalt zu prüfen. Im Einzelnen → Rn. 379.

Prozessökonomische Gründe geben die Prüfungsreihenfolge vor, wenn mehrere mögliche Ansprüche gleichberechtigt nebeneinander stehen, also in den Fällen der

---

1 BGH NJW 2003, 828 ff. mwN; Thomas/Putzo/*Hüßtege* § 32 Rn. 6.
2 Msk/*Musielak* § 308 Rn. 15 mwN; Thomas/Putzo/*Reichold* § 308 Rn. 4.

echten Anspruchskonkurrenz. Dann ist in der Regel mit der Anspruchsgrundlage zu beginnen, die die geringsten Anforderungen an die Darlegungs- und Beweislast des Klägers stellt oder die größte Durchschlagskraft hat.

> **Beispiel:** Der Anspruch aus § 861 BGB ist im Fall der verbotenen Eigenmacht vor den Ansprüchen aus §§ 985, 1007 BGB zu prüfen, weil er nur Besitz, nicht Eigentum voraussetzt. Zudem ist er durchschlagskräftiger: Ein Recht zum Besitz kann der Beklagte grundsätzlich nicht einwenden (§ 863 BGB).

§ 14. Zu berücksichtigender Vortrag des Klägers

I. Gesamter Klägervortrag

Im Gutachten ist der **gesamte,** vom Kläger zur Zeit der letzten mündlichen Verhandlung vorgebrachte Tatsachenstoff auf seine rechtliche Bedeutung hin zu untersuchen. **148**
Zum Vortrag des Klägers gehören:

- alle unstreitigen Tatsachen (das sind auch Tatsachen, die der Beklagte vorgetragen und der Kläger zugestanden oder nicht bestritten hat!),
- die vom Beklagten bestrittenen Behauptungen des Klägers,
- das Bestreiten vom Beklagten vorgetragener Tatsachen.

Der letzte Punkt spielt in der Klägerstation keine Rolle, weil die bestrittenen Tatsachen ja gerade kein Klägervortrag sein sollen. Das Bestreiten kann allerdings in der Replik auf seine Wirksamkeit hin zu prüfen sein, wenn der bestrittene Vortrag des Beklagten erheblich ist.

Rechtsausführungen sind grundsätzlich keine tatsächlichen Behauptungen. Sie sind entweder zutreffend oder nicht, ersetzen aber keinen Tatsachenvortrag. Dazu, ob in ihnen Tatsachenvortrag enthalten ist, → Rn. 41.

II. Ausschließlich Vortrag anspruchsbegründender Tatsachen

Trägt der Kläger lediglich anspruchsbegründende Tatsachen vor, das sind Tatsachen, **149**
welche die Anspruchsgrundlage ergeben können, so ist sein Vorbringen »schlüssig«, wenn und soweit es den Klageanspruch rechtfertigt. Reicht der Vortrag (ganz oder teilweise) nicht aus, um eine Anspruchsgrundlage für den geltend gemachten Anspruch auszufüllen, so ist das Vorbringen (insoweit) »unschlüssig« und die Klage (ganz oder teilweise) abzuweisen.

Der Vortrag des Klägers kann auch mehr an anspruchsbegründenden Tatsachen enthalten, als dies zur Subsumtion unter eine Anspruchsgrundlage sein muss. Dies beeinträchtigt natürlich die Schlüssigkeit nicht, solange es sich nicht um anspruchsfeindliche Tatsachen (dazu → Rn. 150 f.) handelt.

> **Beispiel:** Der Kläger trägt Tatsachen vor, aus denen sich eine vom Beklagten »**verschuldete**« Unmöglichkeit der Leistung ergibt, obwohl es nach § 280 Abs. 1 S. 2 BGB Sache des Beklagten ist, sein Nichtverschulden darzutun.

Das Gutachten muss sich auch mit diesen Tatsachen befassen. Wenn der Beklagte solche Tatsachen nicht bestreitet, kann sein Vorbringen unerheblich sein. Besonders wichtig ist dies dann, wenn nach gesetzlichen Regelungen der Kläger bestimmte Tatbestandsmerkmale nicht vortragen, der Beklagte sich vielmehr »entlasten« muss (zur Darlegungslast noch → Rn. 154 ff.).

> **Beispiel:** Der Kläger verlangt Schadenersatz, weil die dem Beklagten obliegende Leistung unmöglich ist. Er trägt Tatsachen vor, aus denen sich ein Verschulden des Beklagten ergeben soll; diese Tatsachen bestreitet der Beklagte.

Das Gutachten kann folgendermaßen aufgebaut werden: In der Klägerstation sind in jedem Fall die zum Verschulden vorgetragenen Tatsachen auf ihre Schlüssigkeit zu prüfen. ME ist aber außerdem § 280 Abs. 1 S. 2 BGB zu untersuchen, der die Darlegungslast für fehlendes Verschulden dem Beklagten auferlegt.[1] Der Vortrag des Klägers ist auch dann schlüssig, wenn er nichts zum Verschulden sagt. Wenn der Beklagte lediglich die vom Kläger zum Verschulden vorgetragenen Tatsachen bestreitet, ist sein Vorbringen unerheblich, weil er der aus § 280 Abs. 1 S. 2 BGB folgernden Darlegungslast für fehlendes Verschulden nicht nachgekommen ist. Er hat durch das Bestreiten lediglich dargelegt, dass die vom Kläger vorgetragenen Verschuldensgründe nicht zutreffen.

III. Dem Klagebegehren entgegenstehende Tatsachen

150 Der Kläger trägt manchmal Tatsachen vor, die seinem Klagebegehren ganz oder teilweise entgegenstehen. Hier gilt nichts anderes als beim universitären Gutachten: Auch solche Tatsachen sind bei der Schlüssigkeitsprüfung zu untersuchen; sie sind Vortrag des Klägers.

In der Klageschrift wird der Kläger allerdings regelmäßig nur klagebegründende Tatsachen vorbringen. Durch die Klagebeantwortung veranlasst, wird er in späteren Schriftsätzen oder Erklärungen manchmal auch Tatsachen vortragen oder vor allem vom Gegner aufgestellte Behauptungen unbestritten lassen, die ihm ungünstig sind. Dass auch diese Tatsachen bei der Schlüssigkeitsprüfung zu berücksichtigen sind, ergibt sich daraus, dass der Zeitpunkt der letzten mündlichen Verhandlung maßgebend und das gesamte Vorbringen des Klägers eine Einheit ist.

151 Im Einzelnen kann der Vortrag des Klägers all das umfassen, was typischerweise der Beklagte einem geltend gemachten Anspruch entgegen hält (mit Ausnahme des Bestreitens). Es können

- **rechtshindernde** Tatsachen (nach dem Vortrag des Klägers war der Beklagte bei Vertragsschluss minderjährig),
- **rechtsvernichtende** Tatsachen (der Kläger lässt ein Vorbringen des Beklagten unbestritten, aus dem sich eine wirksame Aufrechnung gegen die Klageforderung ergibt),
- **rechtshemmende** Tatsachen (der Kläger trägt selbst vor, der Beklagte habe sich auf Verjährung berufen, Verjährung ist auch entgegen der Rechtsauffassung des Klägers eingetreten)

---

1 *Zimmermann* Rn. 114 will die Prüfung erst in der Beklagtenstation vornehmen. Dies halte ich deshalb für unrichtig, weil es nicht von der Frage abhängig sein kann, ob Zusätzliches vorgetragen wird, an welcher Stelle etwas zu prüfen ist. Hat der Kläger nichts zum Verschulden vorgetragen, muss schon in der Klägerstation auf die Vorschrift über die Darlegungslast eingegangen werden, weil ohne sie ein Tatbestandsmerkmal der anspruchsbegründenden Norm nicht vorgetragen wäre.

sein. Es ist aber grundsätzlich zu prüfen, ob der Kläger solche anspruchsfeindlichen Tatsachen wirklich vortragen will. Denkbar ist auch, dass er sie nur hilfsweise für den Fall vorträgt, dass der Beklagte sich im Prozess auf sie berufen sollte. Ergibt die Auslegung dies, ist eine solche vorweggenommene Einlassung möglicherweise erst als Replik zu prüfen.

Trägt der Kläger anspruchsfeindliche Tatsachen vor, kann er die Unschlüssigkeit seines Vorbringens nur dadurch vermeiden, dass er entsprechende anspruchserhaltende Tatsachen vorträgt.

> **Beispiel:** Gegenüber der eigentlich berechtigten Verjährungseinrede macht der Kläger geltend, die Verjährung habe wegen eines Anerkenntnisses des Beklagten neu begonnen, § 212 Abs. 1 BGB.

IV. Abschließender Hinweis

Die verschiedenen Fälle und Begriffe (Vortrag nur anspruchsbegründender Tatsachen, auch anspruchsfeindliche und dagegen anspruchserhaltende Tatsachen) sind nach meiner Meinung nicht wirklich wichtig. Wichtig ist, was alles Klägervortrag ist. Dieser **gesamte Vortrag** ist, ohne Trennung in anspruchsbegründend, -feindlich, -erhaltend, vielmehr wie in einem von der Universität bekannten Gutachten **rechtlich zu untersuchen.**   **152**

V. Zur Wiederholung und Vertiefung (Lösung → Rn. 706)

1. Die Klägerin behauptet unter Beweisantritt, die Beklagte habe ihr für alle Bestellungen der Klägerin einen Rabatt in Höhe von 5% zugesagt. Die Beklagte bestreitet die Vereinbarung und moniert, der Vortrag der Klägerin sei nicht substanziiert genug. Die Klägerin habe nicht vorgetragen, wieso es zu der Vereinbarung gekommen sei. Es habe für die Beklagte überhaupt kein Grund bestanden, der Klägerin als neuer Kundin einen so hohen Rabatt zu gewähren. Ist das Vorbringen der Klägerin substanziiert genug?   **153**
2. Wie im Beispiel 1. beruft sich die Klägerin auf eine Rabattvereinbarung, die aber erst nach mehrjähriger Geschäftsbeziehung getroffen worden sein soll. Muss sie im Fall des Bestreitens das Datum der Vereinbarung mitteilen?
3. Wie ist im Gutachten vorzugehen, wenn ein rechtlicher Hinweis für erforderlich erachtet wird?
4. Womit ist bei der Schlüssigkeitsprüfung einer Leistungs-, Feststellungs- bzw. Gestaltungsklage zu beginnen?
5. Gibt es Konstellationen, in denen nur bestimmte, nicht aber alle in Betracht kommende Anspruchsgrundlagen geprüft werden dürfen?

§ 15. Darlegungslast und Vortragserleichterungen

Der Vortrag des Klägers muss sich unter die einzelnen Tatbestandsmerkmale der Anspruchsgrundlage subsumieren lassen. Es genügt in der Regel, wenn der Kläger den **Entstehungstatbestand** vorträgt; er muss nicht darlegen, dass das Recht noch besteht. Das Fehlen eines untypischen Entstehungshindernisses, zB das Nichtvorliegen der Geschäftsunfähigkeit, oder das Fortbestehen des Anspruchs, zB den Nichtuntergang durch Erfüllung, muss der Kläger nicht vortragen.   **154**

Aus Regelungen über die Darlegungslast kann sich allerdings ergeben, dass Vortrag zu einzelnen Tatbestandsmerkmalen nicht oder nur verkürzt erforderlich ist.

I. Gesetzliche Regelungen

155   Vielfach ist die Beweislast im Gesetz festgelegt. Beweis- und Darlegungs- (Behauptungs-)last korrespondieren miteinander.[1] Dann ergibt sich aus der gesetzlichen Regelung, welche Tatsachen welche Partei jeweils vorzutragen hat.

- In manchen Fällen ist ausdrücklich gesetzlich geregelt, wer eine Tatsache (zu darlegen und) zu beweisen hat.

  > **Beispiel:** Nach § 179 Abs. 1 S. 2 BGB hat der als Vertreter Auftretende seine Vertretungsmacht zu beweisen (und damit zunächst vorzutragen).

- In anderen Fällen sind Ausnahmen in einem besonderen Satz dem Normalfall gegenüberstellt.

  > **Beispiel:** Nach § 832 Abs. 1 S. 1 BGB hat der Aufsichtspflichtige grundsätzlich für widerrechtliche Schadenzufügung durch einen zB Minderjährigen zu haften. Nach § 832 Abs. 1 S. 2 BGB tritt die Ersatzpflicht nicht ein, wenn der Aufsichtspflichtige sich exkulpieren kann. Für den Normalfall (Aufsichtspflicht, Minderjährigkeit, widerrechtliche Schadenzufügung) ist der Kläger darlegungspflichtig; exkulpieren muss sich der Beklagte, indem er die Beachtung der Aufsichtspflicht oder das Fehlen der Kausalität vorträgt (und im Streitfall beweist).

- Manchmal ist die Darlegungslast mit den Worten »es sei denn« oder »wenn nicht«, »gilt nicht« kenntlich gemacht.

  > **Beispiel:** Nach § 280 Abs. 1 S. 1 BGB haftet der Schuldner für eine Verletzung einer Pflicht aus einem Schuldverhältnis. Nach § 280 Abs. 1 S. 2 BGB gilt dies nicht, wenn den Schuldner kein Verschulden trifft. Diesen Ausnahmefall muss der Schuldner darlegen.

II. Beweiserleichterungen in der Rechtsprechung

156   Die Rechtsprechung geht in manchen weiteren Fällen, meist in analoger Anwendung gesetzlicher Vorschriften, von einer Beweislastumkehr aus oder gewährt dem Beweispflichtigen Beweiserleichterungen.[2] Praktisch wichtiges Beispiel für eine **Beweislastumkehr** ist die im Tatbestand des § 823 Abs. 1 BGB enthaltene »Widerrechtlichkeit«. Der Beklagte muss darlegen, dass seine schädigende Handlung nicht widerrechtlich war.[3] Derjenige, der vertragliche oder vorvertragliche Aufklärungspflichten verletzt hat, ist beweispflichtig dafür, dass der Schaden auch eingetreten wäre, wenn er sich pflichtgemäß verhalten hätte, der Geschädigte den Rat oder Hinweis also unbeachtet gelassen hätte (auch → Rn. 789).[4] Fragen der **Beweiserleichterung** spielen heute vor allem im Arzthaftungsrecht eine Rolle.[5] Mit der Beweiserleichterung korrespondiert immer auch eine Erleichterung der Darlegungslast.

III. Vermutungen

157   Die Darlegungslast der Parteien wird vielfach durch gesetzliche oder tatsächliche Vermutungen erleichtert.

---

1   Zöller/*Greger* vor § 284 Rn. 18.
2   Zu Einzelfällen s. Msk/*Foerste* § 286 Rn. 38 ff.; Thomas/Putzo/*Reichold* vor § 284 Rn. 25 ff.
3   Palandt/*Grüneberg* vor § 249 BGB Rn. 128 mwN; Palandt/*Spree* § 823 BGB Rn. 80.
4   BGH NJW 2012, 2724 Rn. 27 ff.
5   S. Thomas/Putzo/*Reichold* vor § 284 Rn. 30 ff.

- Bei **gesetzlichen Vermutungen** müssen nur die Tatsachen dargelegt werden, die die Vermutung begründen. Es ist gem. § 292 S. 1 Sache des Gegners, das Gegenteil darzulegen und ggf. zu beweisen.

  Beispiel: Vermutungsgrundlage ist in § 1006 Abs. 1 S. 1 BGB der Besitz. Die Vermutung geht dahin, dass der Besitzer mit Erlangen des Besitzes Eigenbesitz begründete, damit unbedingtes Eigentum erlangte und es während der Besitzzeit behielt. Wer also aus behauptetem Eigentum nach § 985 BGB vorgeht, muss vortragen, dass er Besitzer der Sache war. Es wird vermutet, dass er mit Besitzerwerb Eigenbesitz und damit Eigentum erworben hat. Dann gilt die tatsächliche Vermutung der Fortdauer des Rechts (→ Rn. 154), aber auch die Vermutung des § 1006 Abs. 2 BGB. Kann sich der in Anspruch genommene jetzige Besitzer nicht seinerseits auf die Vermutung des § 1006 Abs. 1 S. 1 BGB berufen, muss er darlegen, dass der Kläger bei Erlangen des Besitzes keinen Eigenbesitz erwarb oder kein Eigentum. Gelten zugunsten des Klägers die Vermutung des § 1006 Abs. 2 BGB und zugunsten des Beklagten die Vermutung des § 1006 Abs. 1 S. 1 BGB, muss man dem Beklagten die sekundäre Darlegungslast (→ 169) dafür auflegen, wie er Besitzer geworden ist.

Anderes gilt bei gesetzlichen **Fiktionen**. Bei ihnen gelten Tatsachen, die unzweifelhaft nicht vorhanden sind, als vorhanden. Der Beweis des Gegenteils ist ausgeschlossen.

  Beispiel: Zugunsten eines Gesellschafters »gilt« seine Befugnis zur Geschäftsführung trotz Auflösung der Gesellschaft als fortbestehend, bis er von der Auflösung Kenntnis erlangt oder sie kennen musste, § 729 S. 1 BGB.

- Auch **tatsächliche Vermutungen** können die Darlegungslast beeinflussen. Bei **typischen Geschehensabläufen** spricht die allgemeine Lebenserfahrung für das Vorliegen gewisser Tatbestandsmerkmale. In diesen Fällen spricht man von einem Beweis des ersten Anscheins (Prima-facie-Beweis). Wie Beweislastregeln ist der Anscheinsbeweis aber auch für die Darlegungsstation bedeutsam. Die Tatsachen, für die eine Vermutung spricht, müssen nicht dargelegt werden.

  Beispiel: Fuhr das Fahrzeug des Beklagten auf das Fahrzeug des Klägers auf, muss der Kläger ein Verschulden des Beklagten nicht darlegen. Der Anscheinsbeweis spricht dafür, dass der Beklagte unaufmerksam war oder den erforderlichen Sicherheitsanstand nicht einhielt.

Im Einzelfall ist zu raten, insoweit der Kasuistik in der Rechtsprechung zu folgen.[1]

IV. Negative Tatsachen

Auch der Vortrag von »negativen Tatsachen« kann zur Begründung des Anspruchs **158** erforderlich sein, soweit sie in der Anspruchsgrundlage vorausgesetzt sind. Da im Einzelfall unzählige Sachverhalte als nicht vorliegende »positive« Umstände in Betracht kämen, genügt der Kläger seiner Darlegungslast, wenn er darlegt, dass die vom Gegner behaupteten Tatsachen (insoweit ist dieser darlegungspflichtig) nicht gegeben sind.[2]

  Beispiel: Der Anspruch aus § 812 Abs. 1 S. 1 1. Alt. BGB setzt voraus, dass dem Gegner etwas »ohne rechtlichen Grund« geleistet wurde. Der Kläger muss also vortragen, dass die Leistung ohne Rechtsgrund erfolgte. Der Beklagte muss einen Rechtsgrund behaupten, der Kläger darlegen und beweisen, dass dieser Rechtsgrund nicht vorliegt.

---

1 Zu Einzelfällen s. Msk/*Foerste* § 286 Rn. 26 ff.; Thomas/Putzo/*Reichold* § 286 Rn. 12 ff.
2 Vgl. BGH NJW 1999, 2887 f.; Thomas/Putzo/*Reichold* vor § 284 Rn. 18.

V. Rechtsbegriffe

159   Die Verwendung von Rechtsbegriffen (→ Rn. 42 f.) kann Tatsachenvortrag ersetzen.

> **Beispiel:** Der Kläger trägt, vom Beklagten unbestritten, vor, die Parteien hätten einen Kaufvertrag geschlossen. Dieser Vortrag ergibt schlüssig einen Anspruch auf Zahlung des Kaufpreises. Er ersetzt den Vortrag, dass der Kläger ein Angebot auf Übergabe und Eigentumsverschaffung an einem Gegenstand zu einem bestimmten Preis gemacht und der Beklagte dieses Angebot angenommen hat.

Wird zulässigerweise (→ Rn. 42) ein Rechtsbegriff verwandt, macht dies den Vortrag der Einzeltatsachen entbehrlich. Anders ist dies, wenn der Rechtsbegriff unzulässig verwendet wird, zB der Beklagte Vertragsschluss und Einigung auf einen Kaufvertrag bestreitet. Dann müssen statt des Rechtsbegriffs die einzelnen Tatsachen wiedergegeben werden, aus denen das Vorliegen des Rechtsbegriffs gefolgert wird, zB beim Eigentum die Erwerbstatsachen, sofern nicht eine Vermutung für das Eigentum spricht.

VI. Zur Wiederholung und Vertiefung (Lösung → Rn. 707)

160   1. Der Kläger nimmt ein Kindermädchen auf Schadenersatz in Anspruch. Er trägt vor, diese sei aufgrund eines Vertrages mit den Eltern des Kindes am Schadenstag aufsichtspflichtig über ein 4-jähriges Kind gewesen. Das Kind sei mit einem Kinderfahrzeug gegen das ordnungsgemäß geparkte Auto des Klägers gefahren. Dadurch sei ein Sachschaden in Höhe von 1.000,00 EUR entstanden. Ist das Klägervorbringen schlüssig?
2. Der Kläger verlangt Schadenersatz wegen einer vorsätzlichen (substanziiert vorgetragen) Sachbeschädigung durch den Beklagten. Die Reparaturkosten für die Beseitigung der Schäden betrügen 2.500,00 EUR. Ist ein Anspruch aus § 823 Abs. 1 BGB schlüssig vorgetragen?
3. Der Kläger verlangt von dem Beklagten Nutzungsersatz. Er trägt vor, der Beklagte habe ihm ein in seinem, des Klägers, Besitz stehendes Taxi bewusst gegen seinen Willen weggenommen und damit Einkünfte in Höhe von 1.000,00 EUR erzielt. Ist das Klägervorbringen schlüssig?
4. Wie im Fall 3., nur verlangt der Kläger ohne Hinweis darauf, ob und wie der Beklagte das Taxi genutzt hat, den objektiven Ertragswert für die Besitzzeit des Beklagten. Ist der Klägervortrag schlüssig?
5. Der Kläger verlangt Zahlung des Kaufpreises für ein dem Beklagten übergebenes Buch. Der Beklagte bestreitet, dass ein Kaufvertrag zustande gekommen ist. Ist der Klägervortrag schlüssig?
6. Der Kläger verlangt Schmerzensgeld und trägt vor, er sei auf dem Bürgersteig entlang gegangen. Ein 5 Meter entfernt stehendes Haus sei von der Firma des Beklagten eingerüstet worden. Ein Brett habe sich gelöst und ihn, den Kläger, am Kopf getroffen. Er habe deshalb vier Wochen im Krankenhaus zubringen müssen und große Schmerzen gehabt. Ist der Klägervortrag schlüssig?
7. Der Kläger verlangt vom beklagten Arzt Schmerzensgeld mit der Begründung, dieser habe ihn vor der vorgenommenen Schönheitsoperation nicht aufgeklärt. Weder habe er erklärt, dass die Operation mit 50%er Wahrscheinlichkeit fehlschlagen könne, noch dass sie danach erhebliche Schmerzen verursachen könne. Durch die Operation habe er einen Monat lang Dauerschmerzen gehabt und nicht schlafen können. Ist der Klägervortrag schlüssig?

§ 16. Form der Prüfung des Klägervortrags und ihr Ergebnis

I. Darstellungsart

161   Nach der Nennung der Anspruchsgrundlage ist zu prüfen, ob die für die Anspruchsgrundlage erforderlichen Tatbestandsmerkmale durch den Tatsachenvortrag des Klägers ausgefüllt sind. Dabei ist der Vortrag des Klägers als gegeben darzustellen. Unterschiede zum universitären Gutachten ergeben sich dann nicht.

Beispiel: »Der Kläger könnte schlüssig einen Anspruch aus § 433 Abs. 2 BGB auf Zahlung des Kaufpreises in Höhe von 2.000,00 EUR vorgetragen haben. Dies setzt voraus, dass sich die Parteien darüber geeinigt haben, dass der Kläger dem Beklagten eine Sache zu einem bestimmten Preis übergibt und ihm das Eigentum an ihr verschafft. Der Kläger machte dem Beklagten am 1.5. das Angebot, seinen gebrauchten Wagen dem Beklagten zum Preis von 2.000,00 EUR zu übergeben und ihm das Eigentum daran zu verschaffen. Der Beklagte nahm dieses Angebot an. Die Parteien haben damit einen Kaufvertrag geschlossen, aus dem sich ein Anspruch des Klägers auf Zahlung des vereinbarten Kaufpreises ergibt.«

Zu beachten ist natürlich, dass in unkomplizierten Fällen der Gutachtenstil nicht übertrieben und die Anspruchsgrundlage nicht in »alle Einzelheiten zerlegt« werden sollte. Hat der Kläger nur vorgetragen, dass »die Parteien einen Kaufvertrag geschlossen haben«, ist darauf einzugehen, ob dieser Vortrag eines Rechtsbegriffs den Vortrag der zugrunde liegenden Tatsachen ersetzt (→ Rn. 159). Jedenfalls ist auch dann, wenn der Beklagte den Vertragsschluss bestreitet, in der »Klägerstation« die Sachdarstellung des Klägers als gegeben anzusehen (wie in der Beklagtenstation dessen Vortrag, es sei kein Vertrag geschlossen worden).

II. Reihenfolge

1. Sachlegitimation

Wenn der Rechtsstreit Anlass zur Prüfung der Aktivlegitimation des Klägers gibt, **162** gehört diese Untersuchung meist an die Spitze. Denn wenn der Kläger nicht befugt ist, den Anspruch geltend zu machen, so erübrigt sich ein Eingehen auf den Anspruch selbst. Die Sachbefugnis ist aber keine Prozessvoraussetzung, sondern Teil des Klagegrundes. Fehlt sie, so ist die Klage nicht unzulässig, sondern unbegründet.

2. Normales Zivilrechtsgutachten

Die weitere Reihenfolge folgt der des von der Universität bekannten zivilrechtlichen **163** Gutachtens. Es ist zu prüfen, ob nach dem (als feststehend zu behandelnden) Vortrag des Klägers ein Anspruch besteht und nicht untergegangen oder gehemmt ist. Kommen mehrere Anspruchsgrundlagen in Betracht, sind sie unter Beachtung der bekannten Prüfungsreihenfolge (→ Rn. 147) zu untersuchen.

3. Nebenforderungen

Nach der Untersuchung des Vortrags zur Hauptforderung auf seine Schlüssigkeit hin **164** sind die geltend gemachten Nebenforderungen zu untersuchen. In Betracht kommen hauptsächlich **Zinsforderungen.** Häufig ist der Zinsanspruch nicht schlüssig vorgetragen. Wenn Zinsen von einem früheren Zeitpunkt als der Rechtshängigkeit an gefordert werden, genügt nicht der unsubstanziierte Vortrag, der Beklagte habe sich in »Verzug« befunden. Vielmehr ist unter § 286 BGB zu subsumieren (zB müsste eine Mahnung nach Fälligkeit vorgetragen sein). Wenn höhere Zinsen als die gesetzlichen verlangt werden, muss ein besonderer Grund vorliegen, etwa dass der Kläger höheren Bankkredit habe in Anspruch nehmen müssen, und dass dadurch ein besonderer Verzugsschaden eingetreten sei.

Nicht hierher gehören Untersuchungen über die Kosten des Rechtsstreits und die vorläufige Vollstreckbarkeit. Sie haben mit der Schlüssigkeit nichts zu tun, sondern sind die Folge des ergehenden Urteils. Sie sind daher erst anzustellen, wenn feststeht, welches Urteil ergeht.

III. Mehrere erforderliche Prüfungen

165 **Mehrere Klageanträge** sind nacheinander zu untersuchen. Zu **mehreren Anspruchsgrundlagen** → Rn. 145 ff. Bei **mehreren Personen** auf Kläger- oder Beklagtenseite ist zu unterscheiden:

- Machen **mehrere Kläger** denselben Anspruch gegen den Beklagten geltend, kann der Anspruch gleichzeitig geprüft werden. Getrennt werden muss dagegen an der logisch richtigen Stelle, wenn die Anspruchsinhaberschaft (Aktivlegitimation) eines Klägers zweifelhaft ist.

> **Beispiel:** Die Kläger verlangen aus einem Mietvertrag als Vermieter von dem beklagten Mieter Zahlung von Mietzins. Sie tragen vor, beide Vermieter zu sein, legen aber den schriftlichen Mietvertrag vor, in dem nur einer der Kläger als Vermieter bezeichnet ist. Hier ist es nicht gut, die Prüfung der Ansprüche der Kläger zu trennen, weil dann zB zweimal die Frage beantwortet werden muss, ob überhaupt der Abschluss eines Mietvertrages schlüssig vorgetragen wurde. Vielmehr kann die Prüfung gemeinsam beginnen: »Fraglich ist, ob die Kläger einen Anspruch gegen den Beklagten aus § 535 Abs. 2 BGB schlüssig vorgetragen haben. Dies setzt voraus, dass sie Vermieter im Sinne des § 535 Abs. 1 S. 1 BGB sind. Der Kläger zu 1. ist sowohl nach seinem hier als feststehend zu behandelnden Vorbringen als auch nach dem Inhalt des schriftlichen Mietvertrags Vermieter. Zweifelhaft könnte dies aber bei dem Kläger zu 2. sein, weil er im schriftlichen Vertrag nicht als Vermieter aufgeführt ist... Der Kläger zu 2. ist also nicht Vermieter; ihm steht der geltend gemachte Anspruch gegen den Beklagten nicht zu. Zu prüfen bleibt, ob der vom Kläger zu 1. mit dem Beklagten geschlossene Mietvertrag wirksam oder wegen der vom Beklagten erklärten Anfechtung als von Anfang an nichtig anzusehen ist (§ 142 Abs. 1 BGB) ...«

- Machen **mehrere Kläger** einen Anspruch gemeinsam und einer der Kläger einen weiteren Anspruch geltend, ist der gemeinsam erhobene Anspruch für beide Kläger gleichzeitig zu prüfen, der weitere davon getrennt. Komplett getrennt geprüft werden muss, wenn die Kläger ausschließlich selbstständige Ansprüche gegen denselben Beklagten geltend machen.[1]
- Wird gegen **mehrere Beklagte** aufgrund einer Anspruchsgrundlage geklagt, ist in der Regel eine gleichzeitige Untersuchung möglich und angebracht.

> **Beispiel:** Die Beklagten werden als Gesamtschuldner in Anspruch genommen, weil sie sich gemeinschaftlich durch Vertrag verpflichtet haben (§ 427 BGB).

- Liegen einer Klage gegen **mehrere Beklagte** unterschiedliche Sachverhalte und damit verschiedene Anspruchsgrundlagen vor, so ist die Untersuchung nach den einzelnen Beklagten zu trennen.

> **Beispiel:** Der Beklagte zu 1. wird als Hauptschuldner, der Beklagte zu 2. als Bürge der Schuld des Beklagten zu 1. in Anspruch genommen. Hier ist zu trennen; wegen der Akzessorietät der Bürgschaft ist zunächst der Anspruch gegen den Beklagten zu 1. zu prüfen.

IV. Das Ergebnis der Prüfung in der Klägerstation

166 Am Ende der Prüfung der Schlüssigkeit des Klägervorbringens ist deren Ergebnis genau mitzuteilen.

> **Beispiel:** »Der Kläger hat einen Anspruch gegen den Beklagten auf Zahlung von 2.000,00 EUR nebst Zinsen in Höhe von 5 Prozentpunkten über dem jeweiligen Basiszinssatz seit dem 1.4.2013

---

1 Zur Zulässigkeit (die bei der Zulässigkeit der Klage und nicht in der Klägerstation zu prüfen ist) s. Msk/*Weth* § 60 Rn. 7 ff.; Thomas/Putzo/*Hüßtege* § 60 Rn. 1 ff.

schlüssig vorgetragen. Der Anspruch bzgl. der Hauptforderung ergibt sich aus § 433 Abs. 2 BGB, der Zinsanspruch aus §§ 291, 288 Abs. 1 S. 2 BGB. Dagegen ist ein Anspruch auf Zahlung von Zinsen seit dem 1.1.2012 nicht schlüssig vorgetragen.«

Ergibt die Prüfung des Vorbringens des Klägers in der Klägerstation, dass kein Anspruch des Klägers gegen den Beklagten schlüssig dargelegt ist, ist auch dies mitzuteilen. Damit endet (bis auf die prozessualen Nebenentscheidungen) auch das Gutachten. Eine Überprüfung des Vorbringens des Beklagten findet nicht statt.

Beispiel: »Der Kläger hat nicht schlüssig vorgetragen, dass ihm der mit der Klage geltend gemachte Anspruch gegen den Beklagten zusteht. Die Klage ist schon nach seinem eigenen Vorbringen unbegründet.«

6. Abschnitt. Die Erheblichkeit des Vorbringens des Beklagten

§ 17. Die Verteidigung des Beklagten

A. Verteidigungsmöglichkeiten

I. Rechtsausführungen

Der Beklagte kann der Klage lediglich mit Rechtsausführungen entgegentreten. Da in der Darlegungsstation der Vortrag von Tatsachen auf seine rechtliche Bedeutung hin untersucht wird, ist zur Rechtslage dort Stellung zu nehmen, wo das zugrunde liegende tatsächliche Vorbringen gewürdigt wird. Dies ist die Klägerstation. **167**

In der Beklagtenstation wird lediglich vom Klägervortrag abweichender **Tatsachenvortrag** des Beklagten auf seine Erheblichkeit geprüft. In der Beklagtenstation auf die »Rechtsauffassung« des Beklagten zum unbestrittenen Vortrag des Klägers einzugehen, ist ein schwerer, wenngleich leider häufiger Fehler.

II. Bestreiten

1. Grundlagen

Der Beklagte muss sich gem. § 138 Abs. 2 zu dem tatsächlichen Vorbringen des Klägers erklären, und zwar gem. § 138 Abs. 1 wahrheitsgemäß. Er kann das tatsächliche Vorbringen des Klägers bestreiten, wenn dieses nicht zutrifft. Das Bestreiten kann »einfach«, »motiviert« oder »mit Nichtwissen« erfolgen. **Einfach** ist das Bestreiten, wenn eine Partei eine Behauptung des Gegners als unzutreffend darstellt. **168**

Beispiel: »Es wird bestritten« (= es stimmt nicht), »dass der Beklagte den Kläger geschlagen hat.«

Motiviert ist das Bestreiten, wenn der Beklagte sein Bestreiten näher substanziiert, also zu einem Vortrag des Klägers einen zumindest im Detail abweichenden anderen Geschehensablauf vorträgt.

Beispiel: Der Beklagte gibt zu, dass der Kläger ihm ein Angebot zum Kaufvertragsschluss zum Preis von 400,00 EUR gemacht habe. Er habe dies aber nicht, wie der Kläger behauptet, uneingeschränkt angenommen, vielmehr habe er erklärt, er wolle nur einen Preis von 350,00 EUR zahlen. Hiermit sei der Kläger nicht einverstanden gewesen.

Das Bestreiten **mit Nichtwissen** muss als solches erklärt werden.

> **Beispiel:** »Es wird mit Nichtwissen bestritten, dass dem Kläger die Klageforderung vom ursprünglichen Anspruchsinhaber abgetreten wurde.«

Zulässig ist Bestreiten mit Nichtwissen nur unter den Voraussetzungen des § 138 Abs. 4 (→ Rn. 171).

Bestreitet der Beklagte wirksam und zulässig (→ Rn. 169 ff.) Vorbringen des Klägers, ist dieses Vorbringen nicht Vortrag des Beklagten. Weil dann (bei erheblichem Bestreiten) ein Tatbestandsmerkmal fehlt, besteht der Anspruch des Klägers nach dem Vorbringen des Beklagten nicht.

> **Beispiel:** Der Kläger verlangt Schadenersatz, weil der Beklagte sein Fahrzeug vorsätzlich beschädigt habe. Dieser Vortrag ist, substanziierter Vortrag zum Schaden vorausgesetzt, schlüssig aus § 823 Abs. 1 BGB und § 823 Abs. 2 BGB iVm § 303 StGB. Bestreitet der Beklagte, dass er das Fahrzeug beschädigt habe, liegt nach seinem Vortrag das Tatbestandsmerkmal »wer verletzt« des § 823 Abs. 1 BGB bzw. »wer beschädigt« des § 303 StGB nicht vor. Nach seinem Vortrag hat der Kläger keinen Anspruch. Das Bestreiten ist erheblich.

2. Zulässigkeit von Bestreiten

169 Es ist, jedenfalls im Zweifelsfall, zu prüfen, ob das Bestreiten substanziiert genug ist.

a) Substanziiertes Bestreiten. Je substanziierter das Vorbringen des Klägers ist, desto substanziierter muss auch das Bestreiten des Beklagten sein.[1] Allerdings kann ein substanziiertes Bestreiten von dem Prozessgegner nur dann gefordert werden, wenn der Beweis dem Behauptenden nicht möglich oder nicht zumutbar ist, während der Bestreitende alle wesentlichen Tatsachen kennt und es ihm zumutbar ist, nähere Angaben zu machen.[2] Je näher der Beklagte dem vom Kläger vorgetragenen Sachverhalt steht, um so substanziierter muss er bestreiten;[3] je ferner dagegen die Partei dem Geschehen ist, umso weniger substanziiert muss das Bestreiten sein.[4] Ein einfaches Bestreiten kann daher im Einzelfall unzureichend und gem. § 138 Abs. 2 unbeachtlich sein, wenn der Bestreitende in erster Linie dazu in der Lage ist, den Sachverhalt aufzuklären.[5]

> **Beispiel:** Zu Vertragsverhandlungen mit dem Kläger erscheint für den Beklagten ein Vertreter V, dessen Namen und Stellung in der Firma des Beklagten der Kläger nicht kennt. Es kommt zum Vertragsschluss. Der Kläger behauptet, V habe Vollmacht gehabt. Hier reicht einfaches Bestreiten der Vollmacht nicht aus. Vielmehr muss der Beklagte darlegen, wer für ihn handelte (wegen §§ 49, 54 f., 75 g f. HGB) und warum er keine Vollmacht hatte.

Im Einzelnen hat der BGH[6] hierzu ausgeführt:

> **Beispiel:** »Die Anforderungen an die Substantiierungslast des Bestreitenden hängen davon ab, wie substantiiert der darlegungspflichtige Gegner – hier die Klägerin – vorgetragen hat ... In der Regel genügt gegenüber einer Tatsachenbehauptung des darlegungspflichtigen Klägers das einfache Bestreiten des Beklagten ... Ob und inwieweit die nicht darlegungsbelastete Partei ihren Sachvortrag substanziieren muss, lässt sich nur aus dem Wechselspiel von Vortrag und Gegenvortrag

---

1 *Schuschke/Kessen/Höltje* Rn. 321; Thomas/Putzo/*Reichold* § 138 Rn. 16; s. auch *Dölling* NJW 2013, 3121 ff.
2 BGH NJW 2004, 844, 846.
3 *Schuschke/Kessen/Höltje* Rn. 322.
4 BGH NJW-RR 1986, 60.
5 Vgl. BGH NJW 2008, 982 Rn. 16 mwN.
6 BGH NJW 1999, 1404, 1405 f. mwN.

> bestimmen, wobei die Ergänzung und Aufgliederung des Sachvortrags bei hinreichendem Gegenvortrag immer zunächst Sache der darlegungs- und beweispflichtigen Partei ist … Eine darüber hinausgehende Substantiierungslast trifft die nicht beweisbelastete Partei nur ausnahmsweise dann, wenn der darlegungspflichtige Gegner außerhalb des von ihm darzulegenden Geschehensablaufs steht und die maßgebenden Tatsachen nicht näher kennt, während sie der anderen Partei bekannt und ihr ergänzende Angaben zuzumuten sind …«

Auch wenn dem Darlegungspflichtigen ein substanziierter Vortrag nicht möglich oder zumutbar ist, der Gegner aber die erforderlichen Kenntnisse hat oder sich leicht beschaffen kann, kann ein »qualifizierter« Vortrag des Gegners erforderlich sein. Es kann »sich unter bestimmten Voraussetzungen aus dem auch im Prozessrecht zu beachtenden Grundsatz von Treu und Glauben eine Verpflichtung der nicht beweisbelasteten Partei ergeben, dem Gegner gewisse Informationen zur Erleichterung seiner Beweisführung zu bieten, zu denen namentlich die Spezifizierung von Tatsachen gehören kann, wenn und soweit diese der Kenntnis der mit der Beweisführung belasteten Partei nicht oder nur unter unverhältnismäßigen Erschwerungen zugänglich sind, während ihre Offenlegung für den Gegner sowohl ohne weiteres möglich als auch bei Berücksichtigung der maßgeblichen Umstände und Interessen zumutbar erscheint.«[1] Der Gegner muss in diesem Fall seiner so genannten »sekundären Darlegungslast« nachkommen, also eine konkrete Sachverhaltsdarstellung aus seiner Sicht geben. Beweisrechtlich muss dann wiederum der grundsätzlich Darlegungs- und Beweispflichtige beweisen, dass dieser Vortrag unzutreffend ist.

Kein substanziiertes Bestreiten stellen Klauseln in Schriftsätzen dar wie: »Alles nicht **170** ausdrücklich zugestandene Vorbringen der Gegenseite wird bestritten«. Dies Bestreiten ist unbeachtlich, was nicht einmal einer Würdigung bedarf. Dies ist allgemein anerkannt;[2] es muss verwundern, dass und wie oft diese oder ähnliche Klauseln nach wie vor in anwaltlichen Schriftsätzen verwandt werden. Macht der Kläger verschiedene Rechnungsposten (sei es in mehreren Rechnungen oder in einer Rechnung) geltend, muss der Beklagte eindeutig erklären, welche Einzelposten er bestreiten will (dies kann aber auch heißen »alle«, wenn es nur eindeutig erklärt wird). Einer fachkundigen Partei kann und ist darüber hinaus zuzumuten, den Grund für das Bestreiten näher anzugeben, damit es als substanziiert angesehen werden kann.

> **Beispiel:** Ein Subunternehmer nimmt seinen beauftragenden Generalunternehmer auf Zahlung des Werklohns in Anspruch. Hier dürfte das Vorbringen des Beklagten: »Die Ortsüblichkeit und Angemessenheit der vom Kläger verlangten Preise wird bestritten« einmal deswegen unsubstanziiert sein, weil der bestrittene Einzelpreis nicht genannt ist; wegen seiner Fachkenntnis wird man dem Beklagten aber auch auferlegen müssen, den Grund für die »Ortsunüblichkeit« zu nennen, zB vorzutragen, dass ein anderer Unternehmer in derselben Stadt einen um 10,00 EUR niedrigeren Stundensatz berechnet.

Das **Bestreiten einer Negative** muss durch Aufstellen positiver Behauptungen geschehen (sekundäre Darlegungslast).[3]

> **Beispiel:** Der Kläger behauptet, er habe dem Beklagten versehentlich und damit ohne Rechtsgrund 500,00 EUR übergeben. Der Beklagte muss den Rechtsgrund für die Leistung benennen, der Kläger ihn sodann widerlegen.

---

1 BGH NJW 1994, 2289, 2292; s. auch BGH NJW 2008, 982 Rn. 16; NJW-RR 2004, 989, 990 f.; Thomas/Putzo/*Reichold* vor § 284 Rn. 18.
2 Thomas/Putzo/*Reichold* § 138 Rn. 16.
3 BGH NJW 2011, 1279 Rn. 12 mwN.

171 **b) Bestreiten mit Nichtwissen.** Ein Bestreiten **mit Nichtwissen** (das als solches erklärt werden muss, → Rn. 168) ist nur über Tatsachen zulässig, die weder eigene Handlungen der Partei noch Gegenstand ihrer eigenen Wahrnehmung gewesen sind, § 138 Abs. 4. Dabei reicht es logischerweise, dass der Gegner behauptet, es habe sich um eine eigene Handlung/Wahrnehmung des Bestreitenden gehandelt.

> **Beispiele:**
> * Behauptet der Kläger, der Beklagte habe ihn geschlagen, so darf der Beklagte nicht mit Nichtwissen bestreiten, weil der Kläger eine Handlung des Beklagten behauptet.
> * Wenn sich der Beklagte nicht daran erinnern kann, dass er an einer Schlägerei mit dem Kläger beteiligt war, so darf er dies aber ohne Verstoß gegen die Wahrheitspflicht wie folgt substanziiert bestreiten: »Es wird bestritten, dass der Beklagte den Kläger geschlagen hat. Wegen seines erheblichen Alkoholkonsums an dem fraglichen Tag (der Beklagte hatte das unvorhergesehene Bestehen seines zweiten juristischen Staatsexamens gefeiert) weiß der Beklagte nicht mehr, was in der Zeit nach 21.30 Uhr passierte.« Dies wird dadurch, dass der Beklagte erklärt, nicht mehr zu wissen, was er tat, nicht zum Bestreiten mit Nichtwissen.

»Eigene« Handlungen, die nicht mit Nichtwissen bestritten werden dürfen, sind auch solche des gesetzlichen Vertreters[1] oder von Personen, die unter Anleitung und Aufsicht der Partei gearbeitet haben[2] oder von denen die Partei ihr Recht infolge Abtretung oder gesetzlichem Forderungsübergang ableitet.[3] Der Insolvenzverwalter darf nur mit Nichtwissen bestreiten, wenn er aus den Unterlagen und durch Befragen des Schuldners keine Erkenntnisse gewinnen kann und seine entsprechenden Bemühungen nachvollziehbar darlegt.[4]

Ist das Bestreiten mit Nichtwissen **unzulässig**, ist der entsprechende Vortrag der Gegenseite als unstreitig anzusehen; das Bestreiten mit Nichtwissen ist unerheblich.

3. Darstellung und Untersuchung des Bestreitens

172 Ist die Zulässigkeit eines Bestreitens zweifelhaft, sollte im Tatbestand/Sachbericht der Vortrag so dargestellt werden, wie er erfolgt ist (→ Rn. 51). Im Gutachten, meist in der Beklagtenstation, ist dann die Zulässigkeit des Bestreitens (→ Rn. 169 ff.) zu prüfen. Ist das Bestreiten schlüssigen Vortrags des Klägers unzulässig, ist das Bestreiten unerheblich. Dies ist im Gutachten und auch in den Gründen des Urteils darzustellen, weil der Tatbestand/Sachbericht insoweit noch keine Wertung vornimmt. Zu weiteren Einzelheiten der Prüfung → Rn. 179 ff.

III. Materiellrechtliche Einwendungen und Einreden

173 Der Beklagte kann »Einreden i.S. der ZPO«[5] erheben. S. zu dem Begriff → Rn. 76. Im Folgenden werden die Begriffe »Einwendung« und »Einrede« im materiellrechtlichen Sinn verwandt.

---

1 BGH NJW 1999, 53, 54.
2 BGH NJW-RR 2009, 1666 Rn. 16; NJW 1990, 453; Thomas/Putzo/*Reichold* § 138 Rn. 20.
3 OLG Köln NJW-RR 1995, 1407, 1408; Thomas/Putzo/*Reichold* § 138 Rn. 20.
4 BGH MDR 2013, 486 = NJOZ 2013, 1333 Rn. 16.
5 So die Diktion bei *Anders/Gehle* A Rn. 116; *Zimmermann* Rn. 132.

1. Materiellrechtliche Einwendungen

Der Beklagte kann **Einwendungen** iSd BGB geltend machen, und zwar:

- **Rechtshindernde** Einwendungen, also solche, die die Entstehung des Rechts hindern.

  > **Beispiele:** Der Beklagte behauptet seine Minderjährigkeit zur Zeit des Vertragsschlusses; er ficht das der Klage zugrunde liegende Rechtsgeschäfts wegen Irrtums oder arglistiger Täuschung an (§§ 119, 123 BGB) und trägt hierzu jeweils vom Kläger bestrittene Tatsachen vor.

- **Rechtsvernichtende** Einwendungen, also solche, die ein Recht (hier das des Klägers) nachträglich zum Erlöschen bringen.

  > **Beispiel:** Der Beklagte rechnet gegenüber der Klageforderung mit einer bestrittenen Gegenforderung auf.

2. Einreden iSd BGB

Einreden iSd BGB hindern als »Gegenrechte«, sofern sie eingewandt gemacht werden, die Geltendmachung eines Rechts (in diesem Zusammenhang das mit der Klage geltend gemachte), und zwar: **174**

- auf Dauer,

  > **Beispiel:** Erhebt der Beklagte zu Recht die Einrede der Verjährung, ist er auf Dauer berechtigt, die vom Kläger verlangte Leistung zu verweigern (§ 214 BGB).

- auf Zeit oder in der geltend gemachten Art.

  > **Beispiel:** Die berechtigte Einrede der Stundung führt zur Abweisung der Klage als zurzeit unbegründet; die des Zurückbehaltungsrechts zur Verurteilung Zug um Zug.

3. Abgrenzung Einwendung/Einrede

Es muss im Gutachten regelmäßig nicht untersucht und rechtlich geklärt werden, ob   **175** Vorbringen eine »Einwendung« oder »Einrede« beinhaltet. **Einreden** allerdings sind vom Gericht nur zu berücksichtigen, wenn der Berechtigte sich darauf beruft, da sie den Anspruch selbst unberührt lassen und eine freiwillige Erfüllung vom Gesetz gebilligt wird (vgl. § 214 Abs. 1, 2 BGB). **Einwendungen** dagegen werden beachtet, sobald sie sich aus dem Vortrag einer der Parteien ergeben.

> **Beispiele:** Die Einrede des Zurückbehaltungsrechts (§ 273 BGB) wird nur berücksichtigt, wenn der Beklagte sie geltend macht; die »Arglisteinrede«, wie die Geltendmachung eines Verstoßes gegen § 242 BGB auch genannt wird, dagegen ist trotz der Bezeichnung als Einrede von Amts wegen zu berücksichtigen.[1] Auch das mitwirkende Verschulden iSd § 254 BGB ist keine Einrede, sondern ein materiell-rechtlicher Einwand.[2]

Wenn der Beklagte sich also auf ein bestimmtes Recht beruft, muss die Rechtsnatur Einwendung/Einrede nicht geklärt werden. Anders ist es, wenn eine Einrede sich aus dem Tatsachenvortrag ergibt, der Berechtigte sich aber nicht auf sie beruft.

---

1 Palandt/*Grüneberg* § 242 BGB Rn. 15.
2 BGH NJW 1991, 166, 167; Palandt/*Grüneberg* § 254 BGB Rn. 72.

4. Einwendungen und Einreden im Klägervortrag

176 Ist das Vorbringen, das einer Einwendung oder geltend gemachten Einrede zugrunde liegt, unstreitig, ist es schon Klägervortrag, also in der Klägerstation zu prüfen (→ Rn. 150 f.). Dann spricht man besser nicht von Einwendung und Einrede, sondern von anspruchsverneinenden oder -hemmenden Tatsachen.

B. Erheblichkeit des Beklagtenvorbringens

I. Grundlagen

177 Das Vorbringen des Beklagten ist gegenüber dem Klagevorbringen erheblich, wenn es seinen Antrag (der auf Klageabweisung oder eingeschränkte Verurteilung gerichtet sein kann) rechtfertigt. Das Vorbringen des Beklagten muss also den schlüssig vorgetragenen Klageanspruch zu Fall bringen. Im Prinzip ist hier ein zweites Gutachten auf der Grundlage des Beklagtenvortrags (unstreitiges Vorbringen und streitiges Vorbringen des Beklagten) anzufertigen mit der <u>Frage, ob nach dem Vorbringen des Beklagten kein Anspruch</u> (oder ein nur eingeschränkter) <u>besteht.</u>

Allerdings ist schon in der Klägerstation geprüft worden, welche Anspruchsgrundlagen überhaupt in Betracht kommen. Deshalb muss nur noch untersucht werden, ob <u>diese Anspruchsgrundlagen nach dem Vorbringen des Beklagten nicht gegeben sind.</u>

Meist ist nicht der gesamte Tatsachenvortrag streitig. Alles, was unstreitig und damit auch Beklagtenvortrag ist, ist bereits in der Klägerstation rechtlich geprüft worden. Im in der Beklagtenstation zu erstellenden »zweiten Gutachten« muss nur noch das vom Klägervortrag abweichende Vorbringen des Beklagten untersucht werden. Die Prüfung geht deshalb zur Vereinfachung von dem unterschiedlichen Sachvortrag (das kann auch ein Bestreiten sein) aus. Es wird nur geprüft, wie der Sachverhalt rechtlich zu beurteilen ist, wenn dieser Tatsachenvortrag zutrifft.

> **Beispiel:** Der Kläger verlangt von dem Beklagten Schadenersatz aus einem Verkehrsunfall und behauptet, der Beklagte sei mit seinem Fahrzeug auf das Fahrzeug des Klägers aufgefahren. Der Beklagte bestreitet, dass das auf der Gegenseite beteiligte Fahrzeug dem Kläger gehörte, sowie die Höhe des Sachschadens. Er behauptet, der Kläger habe mit dem von ihm gefahrenen Wagen zurückgesetzt und dadurch den Unfall verursacht.
>
> Die Erheblichkeitsprüfung kann so aussehen:
> »I. Fraglich ist, ob das Bestreiten des Eigentums des Klägers an dem Unfallfahrzeug erheblich ist. Bei dem Anspruch aus § 823 Abs. 1 BGB könnte das Tatbestandsmerkmal ,Eigentum' fehlen … Gegenüber dem Anspruch aus §§ 7, 18 StVG könnte das Bestreiten des Beklagten erheblich sein, weil der Kläger nicht »Verletzter« im Sinne des § 7 Abs. 1 StVG sein könnte …
> II. Fraglich ist weiter, ob die Behauptung des Beklagten, der Kläger sei rückwärts gefahren, erheblich ist. Es könnte gegenüber dem Anspruch aus § 823 Abs. 1 BGB erheblich sein, weil es an einer schädigenden Handlung des Beklagten fehlen könnte. Allerdings entsprechen die Unfallschäden an den Fahrzeugen den Schäden, die typischerweise bei Auffahrunfällen eintreten, so dass der »prima-facie-Beweis« für den Kläger spricht. Fraglich ist, ob der Beklagte substanziiert Tatsachen vorgetragen hat, die diesen typischen Geschehensablauf als nicht gegeben ansehen lassen … Gegenüber dem Anspruch aus § 7, 18 StVG könnte das Vorbringen erheblich sein, weil den Kläger ein ganz überwiegendes Verschulden treffen könnte mit der Folge, dass dessen Anspruch nach § 17 StVG ganz oder teilweise ausgeschlossen ist…

III. Das Bestreiten der Höhe des geltend gemachten Schadens könne gegenüber allen vom Kläger schlüssig vorgetragenen Ansprüchen erheblich sein. Dazu müsste das Bestreiten zunächst hinreichend substanziiert sein …«

Häufig wirkt sich das Vorbringen des Beklagten nur auf ein Tatbestandsmerkmal einer Anspruchsgrundlage aus. Dann muss nicht die gesamte Prüfung der Anspruchsgrundlage erneut erfolgen. Nach Aufwerfen der Frage ist vielmehr nur das möglicherweise entfallende Tatbestandsmerkmal zu prüfen.

Beispiel: Der Kläger klagt wegen einer Leistung an den Beklagten auf Rückgabe der Bereicherung. Der Beklagte bestreitet die Leistung nicht, behauptet aber als Rechtsgrund einen Kaufvertrag. Hier muss nicht erneut geprüft werden, ob der Kläger dem Beklagten etwas geleistet hat. Vielmehr ist gleich die Frage aufzuwerfen, ob das Vorbringen des Beklagten, der Leistung liege ein Kaufvertrag zugrunde, erheblich ist, weil danach die Leistung mit Rechtsgrund erfolgt sein könnte.

Zum Verständnis ein weiteres (überwiegend im Urteilsstil gehaltenes) Beispiel, in dem zunächst die grundsätzlich erforderlichen »zwei« Gutachten, dann die übliche verkürzte Form dargestellt wird. **178**

Sachverhalt (wie oben): Der Kläger verlangt von dem Beklagten Schadenersatz aus einem Verkehrsunfall wegen eines Sachschadens am Fahrzeug in Höhe von 2.000,00 EUR und behauptet, der Beklagte sei mit seinem Fahrzeug auf das Fahrzeug des Klägers aufgefahren. Der Beklagte bestreitet, dass das auf der Gegenseite beteiligte Fahrzeug dem Kläger gehörte, sowie die Höhe des weder durch Rechnung noch durch Sachverständigengutachten belegten Sachschadens. Er behauptet, der Kläger habe mit dem von ihm gefahrenen Wagen zurückgesetzt und dadurch den Unfall verursacht.

Gutachten nach Klägervortrag	Gutachten nach Beklagtenvortrag	Verkürzte Darstellung in der Relation
I. Anspruch aus § 7 StVG	I. Anspruch aus § 7 StVG	
1. Beim Betrieb des Fahrzeugs des Beklagten ist eine Sache beschädigt worden.	1. Beim Betrieb des Fahrzeugs des Beklagten ist eine Sache beschädigt worden.	
2. Der Beklagte ist Halter dieses Fahrzeugs.	2. Der Beklagte ist Halter dieses Fahrzeugs.	
3. Der Kläger ist als Eigentümer Verletzter.	3. Der Beklagte hat das Eigentum des Klägers bestritten. Der Kläger war aber Besitzer. Damit greift die Vermutung des § 1006 Abs. 1 BGB, auf die Art des Anspruchs kommt es nicht an.[1] Diese Vermutung hat der Beklagte durch das einfache Bestreiten nicht widerlegt. Der Kläger ist Eigentümer und damit Verletzter.	I. Das Bestreiten des Eigentums könnte erheblich sein. Das ist es nicht, weil damit die für den Kläger sprechende Vermutung des § 1006 Abs. 1 BGB nicht widerlegt ist.

---

1 MüKoBGB/*Baldus* § 1006 Rn. 28; Palandt/*Bassenge* § 1006 BGB Rn. 3.

Gutachten nach Klägervortrag	Gutachten nach Beklagtenvortrag	Verkürzte Darstellung in der Relation
	4. Der Kläger verursachte den Schaden durch Rückwärtsfahren. Zwar keine höhere Gewalt iSd § 7 Abs. 2 StVG. Gleichwohl ist der Anspruch des Klägers ausgeschlossen, weil die erforderliche Abwägung der Verursachungsanteile nach § 17 StVG ergibt, dass der Kläger wegen seines durch erhebliches Verschulden (§ 9 Abs. 5 StVO) erhöhten Verursachungsbeitrags den gesamten Schaden zu tragen hat.	II. Der Vortrag des Beklagten zum Unfallhergang könnte erheblich sein. 1. Der Beklagte bestreitet durch die Darstellung eines anderen Geschehensablaufs motiviert das Vorliegen eines Auffahrunfalls. Damit ist der gegen ihn sprechende Anscheinsbeweis noch nicht widerlegt (mit der Folge der Darlegungslast des Klägers), weil der Anscheinsbeweis schon an den entsprechenden Fahrzeugschäden (hinten beim ersten, vorne beim zweiten) anknüpft. Diese liegen auch nach dem Vorbringen des Beklagten vor. 2. Die Behauptung des Beklagten, der Kläger habe mit seinem Fahrzeug zurückgesetzt, könnte erheblich sein. Dies ist gegenüber den Ansprüchen aus §§ 18 StVG, 823 BGB der Fall, weil dann nicht der Beklagte, sondern der Kläger allein schuldhaft den Unfall verursacht hat. Fraglich ist, ob dieser Vortrag auch gegenüber dem Anspruch aus § 7 StVG erheblich ist. Es handelte sich aber nicht um höhere Gewalt iSd § 7 Abs. 2 StVG. Gleichwohl ist der Anspruch des Klägers ausgeschlossen, weil die erforderliche Abwägung der Verursachungsanteile nach § 17 StVG ergibt, dass der Kläger wegen seines durch erhebliches Verschulden (§ 9 Abs. 5 StVO) erhöhten Verursachungsbeitrags den gesamten Schaden zu tragen hat. Das Vorbringen ist gegenüber allen Anspruchsgrundlagen erheblich.

Gutachten nach Klägervortrag	Gutachten nach Beklagtenvortrag	Verkürzte Darstellung in der Relation
4. Der Schaden beträgt 2.000,00 EUR. 5. Anspruch gegeben.	5. Der Schaden beträgt **nicht** 2.000,00 EUR. 6. Mangels Schadens und wegen überwiegender Verursachung kein Anspruch gegeben.	III. Das Bestreiten des Schadens könnte erheblich sein. Es ist substanziiert genug, da auch der Kläger ohne Vorlage von Belegen nur die Zahl 2.000,00 EUR genannt hat. Da kein Schaden vorliegt, fehlt es an diesem Tatbestandsmerkmal des § 7 StVG. Das Bestreiten ist erheblich. Da auch § 18 StVG und § 823 Abs. 1 BGB einen Schaden voraussetzen, ist das Bestreiten auch diesen Ansprüchen gegenüber erheblich.
II. Anspruch aus § 18 StVG 1. Der Beklagte war Fahrer. 2. Die Voraussetzungen des § 7 Abs. 1 StVG liegen vor. 3. Nach dem Wortlaut des § 18 Abs. 1 S. 2 StVG muss der Kläger zum Verschulden nichts vortragen. Allerdings ergibt sich ein Verschulden auch aus dem Vortrag des Klägers: Da der Beklagte aufgefahren ist, spricht der Anscheinsbeweis dafür, dass er entweder unaufmerksam war oder den erforderlichen Sicherheitsabstand nicht eingehalten hat. 4. Anspruch gegeben.	II. Anspruch aus § 18 StVG 1. Der Beklagte war Fahrer. 2. Die Voraussetzungen des § 7 Abs. 1 StVG liegen mangels Schadens nicht vor. 3. Der Beklagte handelte nicht schuldhaft, da er nicht auffuhr, sondern der Kläger mit seinem Wagen zurücksetzte. 4. Anspruch mangels Verschuldens und Schadens nicht gegeben.	
III. Anspruch aus § 823 Abs. 1 BGB 1. Der Beklagte hat das Eigentum des Klägers beschädigt.	III. Anspruch aus § 823 Abs. 1 BGB 1. Der Beklagte hat das Eigentum des Klägers bestritten. Der Kläger war aber Besitzer. Damit greift die Vermutung des § 1006 Abs. 1 BGB, die auch bei deliktischen Ansprüchen gilt.[1] Diese Vermutung hat der Beklagte durch das einfache Bestreiten nicht widerlegt. Der Kläger ist Eigentümer und damit Verletzter.	

---

1 MüKoBGB/*Baldus* § 1006 Rn. 28.

Gutachten nach Klägervortrag	Gutachten nach Beklagtenvortrag	Verkürzte Darstellung in der Relation
2. Der Beklagte handelte fahrlässig. Da der Beklagte aufgefahren ist, spricht der Anscheinsbeweis dafür, dass er entweder unaufmerksam war oder den erforderlichen Sicherheitsabstand nicht eingehalten hat. 3. Schaden gegeben. 4. Anspruch gegeben. IV. Ergebnis: Schlüssig aus §§ 7, 18 StVG, § 823 Abs. 1 StGB	2. Der Beklagte handelte nicht schuldhaft, da er nicht auffuhr, sondern der Kläger mit seinem Wagen zurücksetzte. 3. Schaden nicht gegeben. 4. Mangels Verschuldens und Schadens nicht gegeben. IV. Ergebnis: Kein Anspruch nach Beklagtenvortrag	 IV. Ergebnis: Das Bestreiten des Schadens und der Vortrag zum Unfallhergang sind erheblich gegenüber allen Anspruchsgrundlagen.

II. Prüfung des Bestreitens

179 Ob das Vorbringen des Beklagten erheblich ist, bedarf beim Bestreiten oft sehr sorgfältiger Prüfung. Die Unerheblichkeit des Bestreitens kann sich in folgenden Fällen zeigen:

1. Vortrag mehrerer Tatsachen

Hat der Kläger für das Vorliegen eines unbestimmten **Rechtsbegriffs** mehrere Einzeltatsachen vorgetragen, so ist das Bestreiten nur einzelner dieser Tatsachen nicht immer geeignet, die Anspruchsgrundlage zu Fall zu bringen.

Beispiel: Der Kläger verlangt Räumung und Herausgabe einer Wohnung, weil er das Mietverhältnis wegen eines vom Beklagten vorsätzlich gelegten Brandes in der Wohnung und wegen eines tätlichen Angriffs auf den Kläger aus wichtigem Grunde gemäß § 543 BGB gekündigt habe. Das Bestreiten des Beklagten, den Kläger angegriffen und verletzt zu haben, ist nicht geeignet, den Kündigungsgrund der Brandstiftung auszuräumen.

2. Darlegungslast des Beklagten

180 Hat der Kläger mehr Tatsachen vorgetragen als er muss, nämlich Tatsachen, die der Beklagte vortragen müsste, oder für deren Vorliegen eine Vermutung zugunsten des Klägers spricht (→ Rn. 154 ff.), so reicht es nicht, wenn der Beklagte nur diese Tatsachen bestreitet. Er muss vielmehr der ihm obliegenden Behauptungslast genügen oder die Vermutungsgrundlage entkräften.

Beispiel: Der Kläger trägt für eine Schadenersatzklage aus § 280 Abs. 1 S. 1 BGB Tatsachen vor, die ein Verschulden des Beklagten ergeben. Ein Bestreiten dieser Tatsachen ist unerheblich. Denn liegen diese Tatsachen nicht vor, so hat der Beklagte zwar insoweit nicht fahrlässig gehandelt. Irgendein Umstand muss aber die Unmöglichkeit verursacht haben, und es kann sein, dass der Beklagte diesen Umstand zu vertreten hat. Nach § 280 Abs. 1 S. 2 BGB muss der Beklagte Tatsachen dafür darlegen, dass er den Umstand, auf dem die Unmöglichkeit der Leistung beruht, nicht zu vertreten hat. Das hat er nicht getan. Dass die vom Kläger vorgetragenen Verschuldenstatsachen nicht vorliegen, ist daher unerheblich. Der Anspruch des Klägers ist also begründet.

Dies gilt insbesondere auch bei einer infolge typischen Geschehensablaufs schlüssigen Klage (»prima-facie-Beweis«, → Rn. 157). Hier ist das Vorbringen des Beklagten nur erheblich, wenn er den typischen Geschehensablauf selbst bestreitet oder Tatsachen vorträgt, aus denen sich ein anderer als der typischerweise zu beobachtende Geschehensablauf ergibt (→ Rn. 177 und → Rn. 254).

3. Prüfungsumfang

In den Fällen → Rn. 179 f. (Vortrag von Einzeltatsachen zur Ausfüllung eines **181** Rechtsbegriffs oder Widerlegung des ersten Anscheins) sind unter Umständen viele Kombinationen möglich.

> **Beispiel:** Zur Begründung einer fristlosen Kündigung eines Mietverhältnisses beruft sich der klagende Vermieter zum Ausfüllen des Rechtsbegriffs »wichtiger Grund« (§ 543 Abs. 1 BGB) auf ständige Beleidigungen von Mitmietern, wiederholtes nächtliches Lärmen, ständig verspätete Mietzahlung und einen tätlichen Angriff auf ihn.

Diese Einzeltatsachen können entweder nur zusammen oder schon zu zweien oder allein den Rechtsbegriff ausfüllen. Praktisch wird man aber nicht sämtliche Kombinationen prüfen, sondern nur diejenigen, die nach der konkreten Sachlage (zB nach dem Ergebnis einer Beweisaufnahme) ernsthaft in Betracht kommen. Dies gilt sowohl bei der Schlüssigkeits- als auch bei der Erheblichkeitsprüfung.

III. Mehrere Anspruchsgrundlagen

Hat der Kläger mehr als eine Anspruchsgrundlage schlüssig vorgetragen, so ist das **182** Vorbringen des Beklagten **insgesamt** nur dann erheblich, wenn es sämtliche Anspruchsgrundlagen zu erschüttern vermag. Beim **Bestreiten** trifft dies oft nicht zu.

> **Beispiel:** Der Kläger verlangt wegen einer verbotenen Eigenmacht des Beklagten Herausgabe eines dem Kläger gehörenden Buches. Weder das Bestreiten des Eigentums allein (dann § 861 BGB) noch das der verbotenen Eigenmacht (dann § 985 BGB) allein ist erheblich.

Auch **Einwendungen und Einreden** sind oft nicht gegenüber dem gesamten Klagebegehren erheblich.

> **Beispiel:** Der Kläger verlangt Schadenersatz für die Handlung eines Dritten, die ihm einen Schaden zugefügt hat. Ist der Anspruch sowohl schlüssig vorgetragen aus Vertrag iVm § 278 BGB als auch aus Delikt gemäß § 831 BGB, so ist der Entlastungsbeweis des Beklagten nach § 831 Abs. 1 S. 2 BGB nur gegenüber dem Anspruch aus § 831 BGB erheblich, nicht gegenüber dem vertraglichen Anspruch, weil die Haftungsgrundlage aus § 278 BGB unberührt bleibt.

IV. Einwendungen und Einreden

Bei Einwendungen und Einreden ist auf Folgendes zu achten: Sie müssen, soweit es **183** sich um Gestaltungsrechte und Einreden im eigentlichen Sinne handelt, **geltend gemacht** sein. Dies ist zuerst zu prüfen.

Aus dem sonstigen Vorbringen des Beklagten dürfen sich keine einwandverneinenden oder -hemmenden Tatsachen ergeben. Zum Vorbringen des Beklagten gehört dabei auch der unbestritten gelassene Vortrag des Klägers. Vgl. zur gleichen Lage beim Kläger → Rn. 150 f.

> **Beispiel:** Der Beklagte beruft sich auf einen Vergleich. Aus seinem sonstigen Vorbringen ergibt sich aber, dass der Vergleich vom Kläger rechtswirksam angefochten wurde.

V. Prüfungsreihenfolge

184 **Die Reihenfolge** der Prüfung des Vorbringens des Beklagten richtet sich nach logischen und prozessökonomischen Gesichtspunkten.

Dasjenige Vorbringen ist zuerst rechtlich zu überprüfen, das die größte **rechtliche Durchschlagskraft** hat und das übrige Vorbringen des Beklagten überflüssig machen würde.[1]

> **Beispiel:** Der Kläger klagt aus abgetretenem Recht einen Schadenersatzanspruch aus einem Verkehrsunfall ein. Der Beklagte verteidigt sich wie folgt:
> - Er bestreitet:
>   - dass der Zedent Eigentümer des unfallbeteiligten Fahrzeugs gewesen sei,
>   - dass an dem vom Zedenten gefahrenen Fahrzeug überhaupt ein Schaden entstanden sei,
>   - dass der Unfall auf sein, des Beklagten, Verschulden zurückzuführen sei,
>   - dass dem Kläger der Anspruch abgetreten sei.
> - Er wendet vorsorglich ein:
>   - dass der Zedent bei der Abtretung geschäftsunfähig gewesen sei,
>   - dass der Schaden am Fahrzeug des Zedenten schon vor dem Unfall vorhanden gewesen sei,
>   - dass den Zedenten ein mitwirkendes Verschulden treffe, da er es unterlassen habe, die Entstehung des Schadens abzuwenden,
>   - dass er mit einer Gegenforderung in gleicher Höhe aufrechne.
> - Er erhebt die Einrede der Verjährung; die hierzu vorgetragenen Tatsachen sind streitig.

Die Untersuchung in der Reihenfolge des Beispiels nach »Bestreiten«, »Einwendungen« und »Einreden« aufzubauen, wäre falsch. An die Spitze gehört vielmehr die mangelnde Aktivlegitimation. Dann ist das Eigentum des Zedenten am Unfallfahrzeug zu prüfen. Es folgt das Vorbringen zum Unfallhergang. Erst danach folgen Untersuchungen über die Fragen, ob ein unfallbedingter Schaden eingetreten ist, ob der Schaden kausal war und ob mitwirkendes Verschulden vorlag. Die Einrede der Verjährung ist im Gutachten mE am Schluss zu prüfen, aber noch vor dem Hilfsvorbringen. Insoweit ist bei den »vorsorglichen Einwendungen« im Beispiel noch zu berücksichtigen, ob es sich um hilfsweise vorgetragene Tatsachen handelt, die erst nach dem Hauptvorbringen untersucht werden dürfen.

Die Aufrechnung ist im Zweifel nur hilfsweise erfolgt (→ Rn. 385). Sie ist daher am Ende zu prüfen; ist eine Beweisaufnahme wegen des anderen Vorbringens erforderlich und durchgeführt, erst danach (→ Rn. 389).

185 Es ergibt sich demnach für die Prüfung der Einlassung des Beklagten im **Beispiel** folgende Reihenfolge:

- Mangelnde Aktivlegitimation des Klägers
- Geschäftsunfähigkeit des Zedenten bei der Abtretung
- Fehlendes Eigentum des Zedenten
- Unfallhergang
- Vorbringen zur Schadenhöhe
- Prüfung des mitwirkenden Verschuldens bei der Entstehung des Schadens
- Verjährungseinrede
- Hilfsaufrechnung des Beklagten (falls Beweisstation erforderlich, erst danach!).

Gleichgültig ist in der Regel, in welcher Reihenfolge der Beklagte sich einlässt.

---

1 *Zimmermann* Rn. 145.

Beispiel: Der Beklagte beruft sich einem Erfüllungsanspruch des Klägers gegenüber zunächst auf Anfechtung des Vertrags wegen arglistiger Täuschung, sodann darauf, dass er einen im Vertrag vorbehaltenen Rücktritt erklärt habe; endlich darauf, dass der Vertrag gegen die guten Sitten verstoße. Hier ist zunächst der Sittenverstoß zu prüfen; denn er macht den Vertrag ohne weiteres nichtig (§ 138 BGB). Dann ist die Anfechtung zu erörtern; denn sie vernichtet rückwirkend den Vertrag, § 142 BGB. Schließlich ist auf den Rücktritt einzugehen; denn dieser setzt einen wirksamen, noch nicht durch Anfechtung vernichteten Vertrag voraus und schafft ein besonderes Rückgewährverhältnis, §§ 346 ff. BGB.

VI. Prüfungsumfang

Es ist die **gesamte Einlassung** des Beklagten zu prüfen, auch wenn man zum Ergebnis kommt, dass ein bestimmtes Vorbringen bereits erheblich ist. Das Vorbringen **mehrerer Beklagter** ist getrennt zu untersuchen, wenn die Anspruchsgrundlagen gegen sie verschieden sind oder soweit ihre Verteidigung voneinander abweicht.   **186**

§ 18. Das Ergebnis der Erheblichkeitsprüfung

I. Überblick

Das (festzuhaltende) Ergebnis der Erheblichkeitsprüfung kann sein: **187**

- nach dem Vorbringen des Beklagten ist kein Anspruch des Klägers gegeben. Es ist erheblich.
- nach dem Vorbringen des Beklagten ist der Anspruch des Klägers nur teilweise gegeben. Dann ist es nur teilweise erheblich. Im Übrigen ist die Klage bereits begründet.
- auch nach dem Vorbringen des Beklagten ist der Anspruch des Klägers gegeben. Es ist unerheblich. Die Klage ist nach dem beiderseitigen Vorbringen begründet, ohne dass es auf eine Beweiserhebung ankommt.

II. Gesamterheblichkeit

Ob und inwieweit das Beklagtenvorbringen dem Klagebegehren gegenüber erheblich   **188** ist, richtet sich nicht danach, ob eine einzelne, vom Beklagten vorgetragene Tatsache einer einzelnen Anspruchsgrundlage gegenüber erheblich ist. Es kommt vielmehr auf die Gesamterheblichkeit an, d.h. darauf, dass die Einlassung sämtlichen Anspruchsgrundlagen gegenüber erheblich ist. Diese Feststellung ist zum Schluss der Erheblichkeitsprüfung beim Beklagten zu treffen.

Beispiel: Die Klage eines Eigentümers auf Herausgabe seiner Sache gegen den »Gewaltbesitzer« kann schlüssig sein aus §§ 861 Abs. 1, 985, 1007 Abs. 2, 812 Abs. 1 S. 1, 823 BGB.
- Bestreitet der Beklagte das Eigentum des Klägers, so ist das sämtlichen Anspruchsgrundlagen gegenüber unerheblich, auch § 985 BGB gegenüber, da durch ein bloßes Bestreiten die gesetzliche Vermutung zugunsten des Klägers als früherem Besitzer gemäß § 1006 Abs. 2 BGB nicht erschüttert wird.
- Beruft sich der Beklagte weiterhin auf ein Recht zum Besitz, da der Kläger ihm die Sache seinerzeit auf ein Jahr vermietet habe, bestreitet er aber im Übrigen nicht, dem Kläger die Sache heimlich gegen dessen Willen weggenommen zu haben, so ist das Recht zum Besitz zwar gegenüber §§ 985, 1007 Abs. 2 und 812 Abs. 1 BGB erheblich. Er hätte ein Recht zum Besitz iSd §§ 986 Abs. 1, 1007 Abs. 3 S. 2 BGB und einen rechtlichen Grund für das erlangte »Etwas« im Hinblick auf § 812 Abs. 1 BGB. Es ist aber gegen über den Anspruchsgrundlagen aus §§ 861 Abs. 1 und

823 BGB unerheblich, weil petitorische Einreden dem possessorischen Herausgabeanspruch gegenüber unzulässig sind (§ 863 BGB). Der Beklagte hat weiterhin den Besitz bzw. das Eigentum des Klägers gemäß § 823 Abs. 1 BGB zumindest mit Eventualvorsatz verletzt bzw. gegen das Schutzgesetz des § 858 BGB iSd § 823 Abs. 2 BGB schuldhaft verstoßen. Insgesamt ist die Einlassung des Beklagten also nicht geeignet, das Klagebegehren zu Fall zu bringen und damit unerheblich. Die Klage auf Herausgabe der Sache ist aus §§ 823 und 861 Abs. 1 BGB schlüssig und, da die anspruchsbegründenden Tatsachen zu §§ 861 Abs. 1 und 823 BGB nicht bestritten sind, auch begründet.

III. Zur Wiederholung und Vertiefung (Lösung → Rn. 708)

189
1. In welcher Reihenfolge ist unterschiedliches Beklagtenvorbringen zu prüfen?
2. Der gesamte Sachvortrag ist unstreitig. Die Parteien haben nur unterschiedliche Rechtsauffassungen. Der Beklagte meint, im Gegensatz zum Kläger, der Vertrag sei wegen Verstoßes gegen das Rechtsdienstleistungsgesetz unwirksam. Der Kläger macht geltend, selbst wenn der Vertrag nichtig sei, ergebe sich sein Anspruch aus § 812 BGB. Was ist in der Beklagtenstation zu prüfen?
3. Der Kläger verlangt im Wege der objektiven Klagehäufung Zahlung von 1.000,00 EUR aus Kaufvertrag und Zahlung von 10.000,00 EUR aus Darlehen. Der Beklagte wendet gegenüber dem Kaufpreisanspruch ein, er habe gezahlt. Ein Darlehen habe er nicht erhalten, vielmehr sei ihm das Geld geschenkt worden. Ist das Vorbringen des Beklagten erheblich? Wie ist bezüglich des Darlehens zu entscheiden, wenn keine der Parteien Beweis antritt?
4. Der Kläger verlangt Herausgabe eines Fahrzeugs. Das vom Kläger falsch geparkte Fahrzeug hat der Beklagte im Auftrag der Polizei abgeschleppt. Der Beklagte macht geltend, das Fahrzeug sei der EC-Wucherbank zur Sicherheit übereignet. Der Kläger erwidert, dies sei zwar beim Kauf des Wagens vereinbart worden; inzwischen habe er aber, was der Beklagte bestreitet, das erhaltene Darlehen zurückgezahlt und das Eigentum übertragen erhalten. Ist über die vom Kläger behauptete nachträgliche Eigentumsübertragung Beweis zu erheben?

7. Abschnitt. Die Schlüssigkeit einer Replik und Duplik

§ 19. Replik und Duplik

A. Die Replik

I. Überblick

190
Mit der Replik (Gegeneinlassung) kann sich der Kläger mit Tatsachenvortrag gegen Einwendungen oder Einreden des Beklagten wenden. Er befindet sich damit in der Rolle des Verteidigers und hat im Hinblick auf die erheblichen Einwendungen bzw. Einreden des Beklagten damit dieselbe Rolle wie der Beklagte der Klage gegenüber. Dabei ist von vornherein darauf hinzuweisen, dass nur **streitiger Tatsachenvortrag**[1] **zu den Einwendungen/Einreden**[2] eine Replik erfordern kann. Nicht jede schriftsätzliche Erwiderung des Klägers auf einen Schriftsatz des Beklagten ist eine Replik.

Es ist zu prüfen, ob und wieweit die Replik des Klägers geeignet ist, den rechtlich erheblichen neuen Tatsachenvortrag des Beklagten zu Einwendungen bzw. Einreden, die den Klageanspruch zu Fall bringen können, zu erschüttern.

---

1 Unbestrittener Klägervortrag wäre auch Beklagtenvortrag und schon in der Erheblichkeit zu untersuchen.

2 Ergänzender Vortrag zu klagebegründenden Tatsachen ist schon in der Schlüssigkeit des Klägervorbringens zu untersuchen.

1. Erforderlichkeit einer Replik

Eine Replik ist nur erforderlich, wenn das Beklagtenvorbringen   **191**
- erheblich ist und
- neue Tatsachen enthält, die beim Vortrag des Klägers noch nicht geprüft werden konnten,
- und der Kläger zu diesem erheblichen, noch nicht geprüften Sachvortrag **Tatsachen** vorbringt, die der Beklagte **bestreitet.**

Im Einzelnen kommen in Frage:
- Streitige Tatsachen im Beklagtenvortrag, soweit der **Beklagte die Darlegungslast** hat.

  Beispiel: Der Beklagte tritt bei einer auf Delikt gestützten Schadenersatzklage den Entlastungsbeweis gemäß § 831 Abs. 1 S. 2 BGB an. Der Kläger bestreitet diese Tatsachen. Wirksamkeit und rechtliche Auswirkungen des Bestreitens sind in einer Replik zu prüfen.

- Streitige Tatsachen, die rechtshindernd, rechtsvernichtend oder rechtshemmend wirken können.

  Beispiel: Der Kläger klagt aus einem unstreitig abgeschlossenen Kaufvertrag auf Zahlung des Kaufpreises. Der Beklagte ficht den Kaufvertrag an und behauptet (also vom Kläger bestritten) unter näherem (schlüssigem) Tatsachenvortrag eine arglistige Täuschung durch den Kläger.

Es wird in der Praxis und in Examensarbeiten oft übersehen, dass auch das Bestreiten von Tatsachen, die der Beklagte zu einer Einwendung/Einrede vorträgt, in einer Replik zu prüfen ist. Warum soll es aber notwendig sein, das Bestreiten durch den Beklagten zu prüfen, nicht aber das des Klägers gegenüber erheblichen Einwendungen des Beklagten?

2. Verteidigung des Klägers

Der Kläger kann sich gegenüber neuem erheblichem Tatsachenvortrag, der eine Replik erfordert, verteidigen, wie der Beklagte dem Klageanspruch gegenüber. Er kann insbesondere: **192**
- die Tatsachen (substanziiert) bestreiten (siehe die Beispiele → Rn. 191),
- neue Tatsachen vorbringen, die einwand- bzw. einredeverneinenden oder -hemmenden Charakter haben (siehe das Beispiel → Rn. 194).

II. Erheblichkeit der Replik

Die Replik ist gegenüber den Einwendungen/Einreden des Beklagten erheblich, wenn sie die erheblichen Einwendungen/Einreden des Beklagten unbegründet macht. Im Prinzip gilt hier nichts anderes als bei der Prüfung in der Beklagtenstation. Insbesondere muss auch hier geprüft werden, ob die vom Kläger vorgetragenen Tatsachen **alle erheblichen Einwendungen/Einreden** des Beklagten zu Fall bringen (s. die hier entsprechenden geltenden Ausführungen → Rn. 188). Ist dies nicht der Fall, kommt es auch ohne Beweisaufnahme zur Abweisung der Klage.   **193**

B. Die Duplik

Mit der so genannten Duplik wendet sich der Beklagte gegen das replizierende Vorbringen des Klägers. Eine Duplik ist (entsprechend der Replik) nur erforderlich, so-   **194** weit die Replik rechtserhebliche, streitige neue Tatsachen enthält, die bisher noch nicht geprüft werden konnten.

Der Beklagte kann sich diesen Tatsachen gegenüber verteidigen, indem er sie bestreitet oder neue Tatsachen vorträgt, die ihrerseits wieder Gegennormen ausfüllen.

> **Beispiel:** Gegenüber einer Kaufpreisklage verteidigt sich der Beklagte damit, die gekaufte Sache sei mangelhaft gewesen, und er sei wirksam zurückgetreten (§ 437 Nr. 2 BGB). Der Kläger bestreitet den Mangel und trägt in der Replik weiter vor, der Beklagte habe den Mangel bei Vertragsschluss in Folge grober Fahrlässigkeit nicht erkannt (§ 442 Abs. 1 S. 2 BGB). Den Tatsachenvortrag zur groben Fahrlässigkeit kann der Beklagte in einer Duplik bestreiten und außerdem vortragen, der Kläger habe den Mangel arglistig verschwiegen.

Das Gegenvorbringen des Beklagten zum replizierenden Vorbringen des Klägers ist schlüssig, wenn danach das Vorbringen zur Replik nicht mehr erheblich ist.

C. Zur Wiederholung und Vertiefung (Lösung → Rn. 709)

195   1. Begründen Sie durch Gliederung des Gutachtens, warum in dem zweiten Beispiel → Rn. 191 eine Replik erforderlich ist.
2. Begründen Sie durch Gliederung des Gutachtens, warum in dem Beispiel → Rn. 194 eine Duplik erforderlich ist. Reicht eine Duplik?

§ 20. Typische Fehler der Darlegungsprüfung

I. Allgemeines

196   Wie auch in im Studium und 1. Examen angefertigten Gutachten sind in Referendararbeiten und Examensklausuren Sprach- und Rechtschreibmängel, ungenaue Ausdrücke, falsches Verwenden von Fachbegriffen uÄ zu finden. Häufig wird leider methodisch unsauber gearbeitet, nicht richtig subsumiert.

In aller Regel sollte auch der Gutachtenstil eingehalten werden. In den einzelnen Stationen wird, was oft nicht beachtet wird, der Parteivortrag regelmäßig als feststehend behandelt, also nicht von unstreitigem Vorbringen oder Parteibehauptungen gesprochen (es sei denn, es wird zB untersucht, ob eine bestimmte Parteibehauptung substanziiert genug ist).

II. Schlüssigkeit des Klägervorbringens

197   • Häufig wird im Gutachten mit den Begriffen »Aktivlegitimation« (in der Schlüssigkeit) und »Passivlegitimation« gearbeitet. Dies ist nicht unbedingt falsch, wenn die Begriffe richtig verstanden und verwandt werden. Nötig sind sie aber in keiner Weise. Hinter »Aktivlegitimation verbirgt sich nur die Frage, wem ein Anspruch zusteht, hinter »Passivlegitimation«, gegen wen er sich richtet. Redet man deutsch und fragt, ob der Kläger gegen den Beklagten einen Anspruch hat, kann man nichts falsch machen.
• Die Begriffe »nach dem unstreitigen Vorbringen« oder »nach dem Klägervorbringen« haben in der Klägerstation nichts zu suchen, weil das Vorbringen des Klägers insgesamt als feststehend betrachtet und untersucht wird. Entsprechendes gilt in der Beklagtenstation.

- Manchmal beginnt die Prüfung mit allgemeinen Ausführungen dazu, ob zB ein Schaden eingetreten ist. Dies mag zwar für mehrere Anspruchsgrundlagen von Bedeutung sein, ist aber dennoch unrichtig. Zu beginnen ist vielmehr mit einer Anspruchsgrundlage. Wird in diesem Zusammenhang ein Schaden bejaht oder verneint, kann für andere Anspruchsgrundlagen auf diese Ausführungen Bezug genommen werden.

- Genauso falsch ist es, den Schaden nach mehreren Anspruchsgrundlagen zusammengefasst zu erörtern (Trennung zwischen Anspruchsgrund und Anspruchshöhe), denn ein Schaden ist Tatbestandsmerkmal jeder zu Schadenersatz verpflichtenden Anspruchsgrundlage. Außerdem stelle man sich das Ergebnis vor, wenn ein Schaden verneint wird!

- Ist das Ergebnis, dass der Anspruch des Klägers auf das, was mit der Klage verlangt wird, verneint wird, folgen gelegentlich Ausführungen dazu, was der Kläger richtigerweise hätte verlangen können (»Fraglich ist, ob der Kläger statt eines Anspruchs auf Zahlung von Geld einen Anspruch auf Herausgabe der Sache hat.«). Das ist falsch, denn es geht nur darum, ob der Kläger das bekommen kann, was er beantragt, nicht um das, was er hätte beantragen können.

III. Erheblichkeitsprüfung

Die Beklagtenstation ist der Gutachtenteil, in dem die meisten Fehler gemacht werden. Dies ist erstaunlich, weil eigentlich wie in der Klägerstation ein Gutachten wie an der Universität auf der Grundlage des Beklagtenvortrags (unstreitiger Vortrag und streitiger Beklagtenvortrag) anzufertigen ist, wenn auch durch Konzentration und zur Vermeidung von Wiederholungen beschränkt auf das streitige Beklagtenvorbringen. Es wird vielfach verkannt, dass nicht die Schriftsätze des Beklagten auf ihre rechtliche Erheblichkeit zu untersuchen sind einschließlich der Rechtsausführungen des Beklagten, sondern nur der Tatsachenvortrag des Beklagten, sofern er, da unstreitig, nicht bereits in der Klägerstation zu prüfen war.

198

- Häufiger Fehler der Erheblichkeitsprüfung ist, dass zum Gegenstand der Prüfung das gesamte Beklagtenvorbringen gemacht wird. Es werden nicht nur vom Klägervortrag abweichende **Tatsachenbehauptungen** untersucht, sondern auch Rechtsfragen. Es darf aber nur streitiges Vorbringen untersucht werden; auf die hinsichtlich der Klageforderung wesentlichen **Rechtsfragen** muss bereits in der Klägerstation eingegangen werden. Man sollte sich grundsätzlich merken: Ausgangspunkt der Prüfung in der Beklagtenstation ist <u>immer die Frage, ob eine vom Klägervortrag abweichende Behauptung oder ein Bestreiten erheblich ist</u>.

- Oft werden auch sämtliche Tatsachenbehauptungen des Beklagten auf ihre rechtliche Erheblichkeit untersucht. Auch dies ist falsch. Unstreitiges Vorbringen ist regelmäßig bereits in der Klägerstation zu untersuchen. Ohne vorherige Aufarbeitung des Sachvortrags und Trennung zwischen Streitigem und Unstreitigem kann ein Gutachten nicht angefertigt werden!

- Bei Einwendungen/Einreden des Beklagten, die meist erstmals in der Beklagtenstation geprüft werden können (es sei denn, die Tatsachen wären unstreitig und deshalb die Prüfung bereits in der Klägerstation vorzunehmen), wird gelegentlich übersehen, dass nicht bestrittener Klägervortrag auch Beklagtenvortrag ist. Auch dieser ist, wenn nicht alles schon in der Klägerstation zu prüfen ist, in der Beklagtenstation zu berücksichtigen.

• Schließlich wird oft nicht genau herausgearbeitet, ob und inwieweit die einzelnen streitigen Behauptungen des Beklagten gegenüber dem Klägervorbringen erheblich sind. Nicht alle Behauptungen sind gegenüber jeder Anspruchsgrundlage erheblich, nicht alle gegenüber dem gesamten Klageanspruch!

IV. Replik und Duplik

199 Hier ist oft zu beanstanden, dass eine überflüssige Replik oder Duplik geprüft wird. Nur streitiger Vortrag kann ihr Gegenstand sein. Ist der Vortrag unstreitig, hätte die Prüfung schon an anderer Stelle vorgenommen werden müssen.

Wie in der Beklagtenstation können reine Rechtsfragen nicht Gegenstand von Replik oder Duplik sein. Sie hätten bereits vorher geprüft werden müssen.

Bringt der Beklagte erhebliche Einwendungen mit streitigem Vortrag, wird sehr oft vergessen, das Bestreiten des Klägers in einer Replik zu prüfen. Entsprechendes gilt für die Duplik.

8. Abschnitt. Die Tatsachenfeststellung (»Beweisstation«)

I. Überblick

200 Die Darlegungsstation diente der Auslese und Klärung, auf welche streitigen Tatsachen es rechtlich ankommt. Alles Unstreitige und der streitige Klägervortrag ist in der Schlüssigkeitsprüfung untersucht worden, alles Unstreitige und das streitige Beklagtenvorbringen in der Erheblichkeitsprüfung. Evtl. kamen Replik und Duplik dazu. Zur Beweisstation kommt man nur dann, wenn es **rechtserhebliche streitige Tatsachen** gibt. Ob diese Tatsachen feststehen, muss in der Beweisstation geprüft werden.

Dabei kann es im Gutachten je nach Verfahrensstand unterschiedliche Ausgangssituationen geben, die sich grob wie folgt unterteilen lassen:
• Es sind bereits alle erforderlichen Beweise erhoben worden. Dann kommt es sofort zur Beweiswürdigung (→ Rn. 234 ff.).
• Es sind noch keine oder nicht alle Beweise erhoben worden. Dann muss zunächst geprüft werden, ob (noch) Beweis erhoben werden muss, was auch dann, wenn über streitige Tatsachen noch kein Beweis erhoben wurde, nicht zwingend ist. Es ist also die Beweisbedürftigkeit (→ Rn. 202 ff.) festzustellen. Die Beweiserhebung ist anzuordnen (→ Rn. 225 ff.). Hier würde das in dieser Situation anzufertigende Gutachten enden, wenn noch keine Beweisaufnahme erfolgt ist. Diese wäre im anderen Fall zusätzlich zu würdigen.

II. Examensarbeiten

201 In Examensarbeiten kann dies anders sein. Wenn die Prüfungsarbeit zu einem Urteil führen soll, so ist gemäß den Weisungen für die weitere Bearbeitung zu unterstellen, dass eine für erforderlich gehaltene, aber nicht durchgeführte Beweisaufnahme angeordnet worden und ergebnislos geblieben ist. Es ist also im Tatbestand in der Prozessgeschichte (→ Rn. 608) eine fingierte Beweisaufnahme zu schildern (und durch eine Anmerkung als fingiert kenntlich zu machen). Im Gutachten ist diese Beweisaufnahme (die ergebnislos geblieben ist, also das Beweisthema nicht bestätigt hat)

rechtlich zu würdigen. Wird eine solche Unterstellung nötig, sollte der Bearbeiter allerdings nochmals genau prüfen, ob nicht eine Entscheidung ohne eine fingierte Beweisaufnahme möglich ist. Akten, die nicht zur Entscheidung reif sind, werden als Prüfungsarbeiten nicht ausgegeben; das »gewünschte« Ergebnis ist sicher ein anderes.

§ 21. Fehlende Beweisbedürftigkeit

Aufgrund des bisherigen Gutachtens steht fest, welche Tatsachen rechtlich erheblich **202** und streitig und damit grundsätzlich beweisbedürftig sind. Gleichwohl bedarf es in bestimmten Fällen keines förmlichen Beweises iSd §§ 355 ff. oder überhaupt keines Beweises.

I. Offenkundige oder gerichtskundige Tatsachen

Gem. § 291 bedürfen Tatsachen, die bei Gericht offenkundig sind, keines Beweises. **203** Dies können allgemeinkundige Tatsachen oder Tatsachen sein, die dem Gericht aus dienstlicher Veranlassung bekannt geworden sind.

> **Beispiel:** Streitig ist, ob an der Unfallstelle die Geschwindigkeit durch entsprechendes Verkehrsschild auf 70 km/h begrenzt ist. Der entscheidende Richter beim Amtsgericht hat die Örtlichkeit dienstlich kennen gelernt und weiß, dass dort ein entsprechendes Schild steht. Er darf dies der Entscheidung ohne Beweisaufnahme zugrunde legen, muss es aber den Parteien zuvor bekannt geben (rechtliches Gehör!).

Privates Wissen des Richters scheidet als gerichtskundige Tatsache aus, weil der Richter es nicht aus amtlicher Tätigkeit erlangt hat.[1] Er kann dieses Wissen nur als Zeuge wiedergeben, wenn er benannt ist; dann ist er von der Ausübung des Richteramts allerdings ausgeschlossen, § 41 Nr. 5.

II. Als erwiesen anzusehende Tatsachen

Nicht beweisbedürftig sind weiterhin Tatsachen, die bereits als erwiesen angesehen **204** werden können, und zwar:

- Tatsachen, die auf Grund von unbestrittenen Indizien feststehen. Zu bestrittenen Indizien vgl. → Rn. 257.
- Tatsachen, von deren Wahrheit das Gericht bereits überzeugt ist. Das Gericht kann eine Tatsache, was allerdings selten sein wird, ohne Beweisaufnahme für wahr halten. Es kann insbesondere aus dem persönlichen Eindruck von den Parteien, ihren klaren oder widersprechenden Erklärungen seine Schlüsse ziehen (§ 286). Es muss aber jedenfalls, und das ist praktisch häufiger, nicht alle **vom Beweisführer** benannten Zeugen vernehmen, sondern kann die Beweisaufnahme beenden, wenn es die beweisbedürftige Tatsache für bewiesen hält. Allerdings darf es **Gegenbeweis nicht unberücksichtigt** lassen. Keinesfalls darf es einen noch nicht erhobenen Beweis vorweg in negativem Sinne würdigen, etwa den Zeugen für unglaubwürdig halten oder annehmen, dass er von einer früheren Aussage nicht abweichen würde (Verbot der Beweisantizipation). Es darf die Beweisaufnahme nicht deshalb ablehnen, weil das Vorbringen einer Partei im Widerspruch zu einem früheren Vortrag steht.[2]

---

1 Msk/*Huber* § 291 Rn. 2; s.a. Thomas/Putzo/*Reichold* § 291 Rn. 2.
2 BGH NJW-RR 2012, 728 Rn. 16.

III. Fehlender Beweisantritt oder verspätetes Vorbringen

205 Beweis wird nur erhoben, wenn die beweispflichtige Partei ordnungsgemäß Beweis angetreten hat. Wie Beweis anzutreten ist, ist bei den einzelnen Beweismitteln (s. dazu → Rn. 210 ff.) jeweils geregelt (§§ 371, 373, 403, 420, 421, 424, 445). Fehlt ein Beweisantritt überhaupt oder ist er nicht ordnungsgemäß (häufiges Praxisbeispiel: »Zeugnis N.N.«) bedarf es in aller Regel eines rechtlichen Hinweises des Gerichts (s. § 139 Abs. 1). Zur Beseitigung eines Mangels (s. § 356) und zum Beweisantritt ist dann eine Frist zu setzen.

Tritt nur die nicht beweispflichtige Partei Beweis an, ist dieser nicht zu erheben. Ist dies gleichwohl erfolgt, so muss der Beweis auch gewürdigt werden. Fällt die Beweisaufnahme nämlich zugunsten der beweispflichtigen Partei aus, ist im Zweifel anzunehmen, dass sie sich auf das Beweismittel beruft.

Eine Beweiserhebung unterbleibt auch dann, wenn das Beweisangebot oder das zur Beweisbedürftigkeit führende Bestreiten als **verspätet** zurückgewiesen werden muss. S. hierzu → Rn. 397 ff.

IV. Schadenschätzung

206 Freier ist das Gericht in den Fällen des § 287 gestellt. Bei der Frage, ob ein Schaden entstanden und wie hoch er ist, entscheidet das Gericht unter Würdigung aller Umstände nach freier Überzeugung. Die Durchführung einer Beweisaufnahme steht in seinem Ermessen. Sie wird in zentralen Punkten unerlässlich sein, die Schätzung kann aber, wie auch aus Abs. 2 der Vorschrift folgt, bei geringeren Schäden eher in Betracht kommen. Im Fall der Schätzung, die eine gesicherte Basis haben muss und nicht rein willkürlich sein darf, sind die tatsächlichen Grundlagen der Schätzung und ihre Auswertung darzulegen.

Steht die Frage im Raum, ob ein Schaden entstanden ist und ob er auf dem verpflichtenden Verhalten beruht (haftungsausfüllende Kausalität), muss das Gericht die Grundsätze des § 287 anwenden, nicht die höheren Anforderungen des § 286.[1]

V. Beweisvereitelung

207 Nicht beweisbedürftig sind Tatsachen, deren Beweisführung die andere Partei vorsätzlich oder fahrlässig vereitelt oder erschwert. Entsprechend den Grundgedanken, die in § 162 BGB, §§ 371 Abs. 3, 444 ihren Ausdruck gefunden haben, kann das Gericht solche Tatsachen zugunsten der Partei, die in der Beweisführung benachteiligt wird, als erwiesen ansehen. Es handelt sich dann allerdings nicht um eine Umkehr der Beweislast, sondern nur um eine Erleichterung in der Beweisführung.

> **Beispiel:** Der Beklagte weigert sich in einem Unfallprozess, dem beweispflichtigen Kläger die nur ihm bekannte Anschrift eines Zeugen anzugeben.[2] Eine Partei unterlässt es ohne nachvollziehbaren Grund, den beurkundenden Notar von der Schweigepflicht zu befreien.[3]

---

1 Vgl. BGH DStR 2000, 889 f.; Thomas/Putzo/*Reichold* § 287 Rn. 11.
2 BGH NJW 1960, 821; Thomas/Putzo/*Reichold* § 286 Rn. 19.
3 BGH NJW-RR 1996, 1534; Thomas/Putzo/*Reichold* § 286 Rn. 19.

§ 22. Beweisarten, Beweismittel, Beweisverbote

A. Beweisarten

I. Strengbeweis

Über rechtserhebliche und streitige Tatsachen ist in der Regel (zu Ausnahmen → Rn. 209) nach einer <u>Beweisanordnung</u> (→ Rn. 225 ff.) in einem <u>förmlichen Beweisverfahren</u> <u>Beweis zu erheben,</u> das von den Grundsätzen der Unmittelbarkeit und Parteiöffentlichkeit (§§ 355 Abs. 1, 357) beherrscht wird (sog. Strengbeweis).   **208**

II. Freibeweis

In Ausnahmefällen ist ein vereinfachtes Beweisverfahren, der sog. Freibeweis, gestattet. Beim Freibeweis können Ermittlungen ohne Beweisbeschluss und Zuziehung der Parteien angestellt werden. Nur muss den Parteien das Ergebnis der Ermittlungen bekannt gemacht und ihnen Gelegenheit zur Stellungnahme gegeben werden. Ein solches Verfahren ist zulässig: **209**

- Bei Feststellung von ausländischem Recht, Gewohnheitsrecht und Statuten (§ 293).
- Für Prozess-[1] und Rechtsmittelvoraussetzungen.[2]

> **Beispiel:** Aus dem vorgelegten vorprozessualen Schriftverkehr sowie der Anhörung des Klägers in der mündlichen Verhandlung ergeben sich Zweifel an seiner Prozessfähigkeit. Der Mangel der Prozessfähigkeit einer Partei ist in jeder Lage des Verfahrens von Amts wegen zu berücksichtigen. Förmlichen Beweis muss das Gericht aber nicht erheben, es könnte zB behandelnde Ärzte telefonisch befragen oder Erkenntnisse aus den Akten eines Betreuungsverfahrens verwerten.

Allerdings sind die <u>Beweisanforderungen nicht herabgesetzt</u>; es ist voller Beweis erforderlich.

B. Beweismittel

I. Augenschein

Das beste Beweismittel neben Urkunden ist der richterliche Augenschein (§§ 371 ff.), der häufig in so genannten Ortsterminen eingenommen wird. Hier kann der Richter sich unmittelbar selbst ein Bild von Tatsachen machen, ohne dass ihm diese von Dritten vermittelt werden. Das Ergebnis wird im Protokoll festgehalten (§ 160 Abs. 3 Nr. 5). »Augenschein« im Sinne der §§ 371 ff. ist nicht nur das, was mit den Augen, sondern kann all das sein, was mit den menschlichen Sinnen (Gehör, Geschmacks-, Geruchs-, Tastsinn) wahrgenommen werden kann. Deshalb können »Augenscheinsobjekte« auch Ton-, Videobänder oder der Inhalt einer Weinflasche zur Probe, ob der Wein nach Kork schmeckt, sein.   **210**

---

1 Str.; wie hier BGH NJW 1996, 1059, 1060; Thomas/Putzo/*Reichold* vor § 284 Rn. 6; aA MüKo-ZPO/*Prütting* § 284 Rn. 28 mwN.
2 BGH NJW 2000, 814; Thomas/Putzo/*Reichold* vor § 284 Rn. 6.

II. Urkunden

211 Der Inhalt von Urkunden wird nach deren Vorlage häufig unstreitig (→ Rn. 213). Soweit deshalb überhaupt eine Beweiswürdigung in Frage kommt, sind die Beweisregeln der §§ 415 ff. zu beachten.

- Zunächst ist, falls bestritten, die Echtheit der Urkunde festzustellen. Ihr Inhalt muss von dem behaupteten Aussteller herrühren. Dies wird bei Privaturkunden, auf denen eine echte Unterschrift ist, für den übrigen Inhalt (§ 440 Abs. 2) vermutet. Zu öffentlichen Urkunden s. § 437 Abs. 1.
- Echten Urkunden kommt eine formelle Beweiskraft zu.
  - Sie besagt bei **Privaturkunden**, dass der Aussteller die in der Urkunde niedergelegte Erklärung wirklich abgegeben hat (§ 416). Die materielle Beweiskraft, ob diese Erklärung richtig ist, unterliegt der Beweiswürdigung nach § 286.

    > **Beispiel:** Eine Quittung (§ 368 BGB) beweist, dass der Schuldner den Empfang der Leistung bestätigt, nicht aber, dass er die Leistung tatsächlich erhalten hat. Hierfür spricht aber im Rahmen der erforderlichen Beweiswürdigung nach § 286 die Tatsache, dass er die Quittung ausgestellt hat.[1]

  - Privaturkunden kommt die Vermutung (wohl auch als Anscheinsbeweis zu bezeichnen) der **Vollständigkeit** und **Richtigkeit** zu.[2] Das bezieht sich aber nur auf die materielle Beweiskraft; es wird also vermutet, dass die in der Urkunde wiedergegebenen Erklärungen den tatsächlich getroffenen entsprechen und darüber hinaus keine Erklärungen abgegeben wurden.
  - Die Beweiskraft von **öffentlichen** Urkunden ist je nach beurkundetem Vorgang unterschiedlich, s. §§ 415, 417 f.

212 Der Beweis durch Privaturkunden, die sich im Besitz des Beweisführers befinden (zu Urkunden im Besitz anderer s. §§ 142, 421 ff.), kann nur durch ihre **Vorlage** angetreten werden (§ 420). Die vielfach zu lesende Formel in Schriftsätzen: »Beweis: Vorzulegendes Schreiben …« reicht schon als Beweisantritt nicht aus; es ist nur die Ankündigung eines Beweisantritts. Der Beweis durch Privaturkunden kann darüber hinaus nur durch Vorlage des **Originals** geführt werden.[3] Wenn in der Praxis in der Akte regelmäßig nur Fotokopien zu finden sind, liegt dies daran, dass der förmliche Urkundenbeweis nur selten geführt wird. In der Regel sind die urkundlich belegten Tatsachen vielmehr unstreitig, sodass es keines Beweises bedarf.

III. Beweisbedürftigkeit bei Augenschein und Urkunden

213 Infolge ihrer durchschlagenden Überzeugungskraft werden die durch Augenschein und Urkunden unter Beweis gestellten Tatsachen nach Durchführung der Beweisaufnahme vielfach **unstreitig**. Sie sind dann im Tatbestand als unstreitig darzustellen (→ Rn. 213).

> **Beispiel:** Nach richterlichem Augenschein (und der Hilfe eines Bandmaßes) steht fest, dass der Baum eine Entfernung von 2,50 Metern von der Grundstücksgrenze hat.

Es ist im Gutachten wie bei allen unstreitigen Tatsachen nur zu untersuchen, <u>wie diese Tatsachen rechtlich zu würdigen</u> sind. Eine Beweiswürdigung ist bei Augen-

---

1 S. BGH NJW-RR 1988, 881; Palandt/*Grüneberg* § 368 BGB Rn. 4.
2 BGH NJW 1999, 1702, 1703; Thomas/Putzo/*Reichold* § 416 Rn. 3.
3 BGH NJW 1992, 829, 830 mwN; Thomas/Putzo/*Reichold* § 420 Rn. 2.

scheinseinnahme und Vorlage von Urkunden nur notwendig, wenn eine Partei das Ergebnis des Augenscheins nicht gelten lassen will oder die Echtheit bzw. die Richtigkeit der Urkunde bestreitet.

> **Beispiel:** Der Kläger gibt zu, dass der Richter 2,5 Meter gemessen hat, behauptet aber, die Grundstücksgrenze verlaufe anders als bei der Messung vorausgesetzt.

IV. Zeugenbeweis

Der Zeuge soll eigene Wahrnehmungen über die Beweisfrage wiedergeben. Es ist das **214** in der Praxis häufigste Beweismittel, neben der Parteivernehmung aber auch das unzuverlässigste.

Falls Bedenken bestehen, ist zu prüfen, ob die benannte oder vernommene Person als Zeuge in Frage kommt. Der Zeuge darf **nicht Partei** sein. Zeugnisunfähig sind zB der gesetzliche Vertreter der Partei (die Eltern, der Betreuer, vgl. § 455), die Partei kraft Amtes, das vertretungsberechtigte Organ einer Gesellschaft, die als Partei beteiligt ist. Dagegen kann zB der Streithelfer, der durch den Beitritt nicht Partei eines Prozesses wird, als Zeuge vernommen werden.[1]

V. Beweis durch Sachverständige

Der Sachverständige soll dem Gericht Fachwissen zur Beurteilung von Tatsachen,[2] **215** aber auch die Kenntnis von abstrakten Erfahrungssätzen (zB Handelsbräuche) vermitteln.[3] Soweit dazu besondere Fachkunde erforderlich ist, stellt er Tatsachen fest und würdigt sie aufgrund seines Fachwissens.[4]

§ 411a gestattet (Ermessensentscheidung) die Verwertung eines gerichtlich oder staatsanwaltschaftlich eingeholten Gutachtens. Dies wird nicht in Frage kommen, wenn die Voraussetzungen für die Einholung eines neuen Gutachtens vorliegen (zB nach § 412). In einem **selbstständigen Beweisverfahren** zwischen denselben Parteien eingeholte Gutachten ersetzen eine Beweisaufnahme durch das Prozessgericht, s. § 493.

Von der Partei vorgelegte Gutachten sind nur (privat-)urkundlich belegtes substanziiertes Parteivorbringen.[5] Es ist allerdings im Rahmen der Beweiswürdigung nach § 286 zu berücksichtigen. Einen Sachverständigenbeweis kann es nur mit Zustimmung beider Parteien ersetzen.

VI. Parteivernehmung

1. Überblick

Schwächstes Beweismittel ist die Parteivernehmung. Das Gesetz lässt sie deshalb nur **216** subsidiär zu. Die Parteivernehmung **auf Antrag** ist dann zulässig, wenn kein anderes Beweismittel angeboten und der Beweis nicht bereits anderweitig erbracht ist (vgl.

---

1 Msk/*Weth* § 67 Rn. 2 mwN; Thomas/Putzo/*Hüßtege* § 67 Rn. 5a.
2 Vgl. BGH NJW 1993, 1796, 1797.
3 Thomas/Putzo/*Reichold* vor § 402 Rn. 1.
4 Thomas/Putzo/*Reichold* vor § 402 Rn. 1.
5 Thomas/Putzo/*Reichold* vor § 402 Rn. 5.

§ 445). In der Praxis so gut wie nicht vorkommen ist die Vernehmung nach § 447. Zur Parteivernehmung **von Amts wegen** (§ 448) → Rn. 219.

217 Keine Parteivernehmungen sind Anhörungen, die nach Anordnung des persönlichen Erscheinens der Parteien **zur Aufklärung des Sachverhalts** gemäß § 141 durchgeführt werden. Bei den insoweit abgegebenen Erklärungen handelt es sich um Ergänzungen oder Berichtigungen des Parteivortrags, die im Gutachten schon in der Darlegungsstation zu prüfen sind. Sie können auch, besonders bei Widersprüchen, in der Beweiswürdigung eine Rolle spielen. Berichtigt eine Partei im Rahmen einer **förmlichen Parteivernehmung** ihre früheren Behauptungen, gilt in der Regel Entsprechendes.

> **Beispiele:** Erklärt der Beklagte bei der Parteivernehmung, sein Bestreiten, das Darlehn erhalten zu haben, nicht aufrechterhalten zu können, so ist sein auf Erheblichkeit zu prüfender Vortrag nunmehr, dass er das Darlehn erhalten habe. Da dies unstreitig ist, entfällt eine Beweiswürdigung. Bestreitet dagegen eine Aktiengesellschaft den Erhalt des Darlehens und erklärt ein Vorstandsmitglied, als Partei vernommen, er könne sich nicht erinnern, das Darlehn erhalten zu haben, so wird die beklagte Aktiengesellschaft ihr ursprüngliches Bestreiten aufrechterhalten; die Erklärung des Vorstands ist dann als Parteivernehmung zu würdigen.

2. Zulässigkeit der Parteivernehmung

218 Eine Parteivernehmung darf nur verwertet werden, wenn sie zulässig war. Dies ist bei der Parteivernehmung nach § 445 (anders bei §§ 447, 448) nur der Fall, wenn die Beweislast zutreffend berücksichtigt wurde. Während die Aussage eines in Verkennung der Beweislast vernommenen Zeugen zu würdigen ist (→ Rn. 235), darf die Aussage einer prozessual zu Unrecht vernommenen Partei **nicht verwertet** werden.

3. Die Parteivernehmung von Amts wegen (§ 448)

219 Die Parteivernehmung nach § 448 dient der Ergänzung bereits erhobener Beweise. Reicht dem Gericht das Ergebnis der bisherigen Beweisaufnahme (noch) nicht aus, um seine Überzeugung zu begründen, kann es eine oder beide Parteien vernehmen. Voraussetzung ist damit, dass schon einige Wahrscheinlichkeit für die Richtigkeit der zu beweisenden Tatsache spricht[1] (sog. »Anbeweis«).

Die Parteivernehmung nach § 448 kann auch bei sog. »Vieraugengesprächen« zwischen einer Partei und dem Vertreter der anderen Partei in Frage kommen, sodass eine Partei im Gegensatz zur anderen keinen Zeugen benennen kann. Nach meiner Meinung müssen aber gleichzeitig die Voraussetzungen des § 448 vorliegen. Anderenfalls ist in solchen Fällen aus Gründen des rechtlichen Gehörs und wegen des Rechts auf Gewährleistung eines effektiven Rechtsschutzes zumindest eine Anhörung der in Beweisnot befindlichen Partei nach § 141 erforderlich.[2]

VII. Amtliche Auskünfte

220 Die ZPO enthält im Gegensatz zB zum Zeugenbeweis keine allgemeinen Vorschriften über die Einholung amtlicher Auskünfte; sie setzt zB in §§ 273 Abs. 2 Nr. 2, 358a S. 2 Nr. 2 deren Zulässigkeit voraus. Da die Auskunft schriftlich ergeht, ist sie im

---

1 BGH NJW 1999, 363, 364; Thomas/Putzo/*Reichold* § 448 Rn. 3.
2 BVerfG NJW 2001, 2531 f.; BGH NJW 2010, 3292 Rn. 16; Thomas/Putzo/*Reichold* § 448 Rn. 4.

Wege des Urkundenbeweises verwertbar. Sie kann eine schriftliche Zeugenaussage eines Beamten oder auch ein Sachverständigengutachten enthalten.[1] Sie ist als Beweismittel des Strengbeweises den §§ 355 ff. unterworfen.[2]

> **Beispiel:** Es darf eine amtliche Auskunft darüber eingeholt werden darf, wie die Wetterverhältnisse an einem bestimmten Tag waren. Hier ist der Beamte, der die Erklärung abgibt, austauschbar, ein Zeugenbeweis iSd §§ 373 ff. muss nicht erhoben werden. Ist ein Behördenangehöriger als Zeuge dafür benannt, dass eine Partei eine bestimmte Erklärung abgegeben hat, ist mE die Einholung einer amtlichen Auskunft dieses Zeugen nicht zulässig; sie wäre als schriftliche Zeugenaussage nur nach § 377 Abs. 3 zulässig.

Wie beim Augenschein und Urkundenbeweis werden die streitigen Tatsachen nach Einholung der Auskunft häufig unstreitig.

VIII. Beigezogene Akten

Beigezogene Akten können, wenn sie zum Gegenstand der mündlichen Verhandlung **221** gemacht sind, urkundenbeweislich oder auch im Wege des Augenscheins (Pläne, Skizzen) verwertet werden, zB Akten von Straf- oder Bußgeldverfahren, Grundbuch- und Nachlassakten. Soweit darin Aussagen dritter Personen und Sachverständiger enthalten sind, können sie **urkundenbeweislich** auch bei Widerspruch des Gegners des Beweisführers gewürdigt werden (in dem Sinne, dass in dem entsprechenden Verfahren die niedergelegte Aussage gemacht wurde). Die Verwertung anstelle eines angetretenen Beweises ist nur bei Einverständnis beider Parteien zulässig; die nochmalige Vernehmung zB eines Zeugen darf nicht deshalb abgelehnt werden, weil bereits ein Protokoll über die frühere Vernehmung vorliegt.[3]

IX. Keine Beweismittel

Weil dies in der Praxis und im Examen von Referendaren leider immer wieder falsch **222** gemacht wird, soll ausdrücklich darauf hingewiesen werden, dass andere als die in → Rn. 210 ff. genannten Beweismittel nicht zulässig sind und nicht verwertet werden dürfen. Keine zulässigen Beweismittel sind insbesondere:

- **Eidesstattliche Versicherungen**, auch von Zeugen. Eidesstattliche Versicherungen sind nur für die Glaubhaftmachung (§ 294 Abs. 1) von Bedeutung. Nur dann, wenn die ZPO ausnahmsweise die Glaubhaftmachung anstelle des Vollbeweises zulässt (s. zB § 920 Abs. 2), kann eine eidesstattliche Versicherung ausreichen.
- **Schriftliche Erklärungen** von Zeugen ersetzen ihre Vernehmung nicht und stellen keinen verwertbaren Zeugenbeweis dar. Solche Schriftstücke sind wohl im Wege des Urkundenbeweises verwertbar; ihr Beweiswert beschränkt sich nach § 416 aber darauf, dass eine entsprechende Erklärung abgegeben worden ist, nicht auf den Inhalt der Erklärung. So kann es bei der Beweiswürdigung auf solche Schriftstücke dann ankommen, wenn sie von der protokollierten Zeugenaussage abweichende Erklärungen enthalten (s. dazu auch das Klausurbeispiel 1, → Rn. 755). Anders ist es natürlich bei der **schriftlichen Zeugenvernehmung** nach § 377 Abs. 3, die ausdrücklich vom Gericht angeordnet werden muss; diese stellt eine gesetzliche zulässige Form der Zeugenvernehmung dar.

---

1 S. BGH NJW 1984, 438, 439 f.; Thomas/Putzo/*Reichold* § 273 Rn. 7.
2 Msk/*Stadler* § 358a Rn. 9 mwN.
3 BGH MDR 2013, 1184 = BeckRS 2013, 14948 Rn. 7 ff.; NJW 1997, 3096 f.; Thomas/Putzo/*Reichold* § 286 Rn. 11.

C. Beweisverbote

223 Es gibt Vorschriften, die eine **Beweiserhebung** oder bestimmte Beweismittel generell oder in bestimmten Situationen ausschließen. So kennt der Urkundenprozess nur Urkunden und teilweise Parteivernehmung als zulässige Beweismittel (s. §§ 595, 605 f.). Weitere Beispiele: §§ 165 S. 1, 314 S. 2. Hierunter kann man auch die Fälle der Schweigepflicht bzw. des Zeugnisverweigerungsrechts (§§ 383 f.) fassen. Schon nicht erhoben werden dürfen auch Beweise, die später nicht verwertet werden dürften. **Beweisverbote** und im Fall, dass der Beweis trotzdem erhoben wurde, **Beweisverwertungsverbote** können sich aus verbotenen Eingriffen ins Persönlichkeitsrecht ergeben, insbesondere beim heimlichen Aufnehmen oder Mithören von Gesprächen.[1]

> **Beispiel:** Das Mithören von Telefonaten ist nur zulässig, wenn der Gesprächsteilnehmer davon weiß und damit einverstanden ist. Nur dann darf auch der Mithörer als Zeuge vernommen werden, sodass dies beim Beweisantritt gleich mitgeteilt werden muss. Bestreitet der Gesprächspartner, informiert worden zu sein, ist vor der Vernehmung des Zeugen zur Sache die Frage der Information aufzuklären.

D. Zur Wiederholung und Vertiefung (Lösung → Rn. 710)

224
1. Der beweispflichtige Kläger benennt 5 Zeugen, der Beklagte gegenbeweislich 3 Zeugen. Bei der Beweisaufnahme bestätigen die ersten beiden vernommenen Zeugen glaubhaft die Behauptung des Klägers. Was sollte das Gericht tun?
2. Die Klägerin verlangt Schmerzensgeld, weil sie durch einen Unfall dauerhaft erkrankt sei. Das Gericht ordnet durch Beweisbeschluss die Einholung eines Sachverständigengutachtens zur Erkrankung der Klägerin an. Als der Gutachter mitteilt, die Klägerin verweigere ihre notwendige Untersuchung durch den Sachverständigen, beraumt das Gericht mündliche Verhandlung an. Die hierzu angehörte Klägerin bleibt bei ihrer Weigerung, ohne hierfür einen triftigen Grund zu nennen. Wie wird das Gericht entscheiden?
3. Die Klägerin beauftragte den Beklagten als Steuerberater. Nach Kündigung des Vertrages gab dieser der Klägerin ihre Belege, aus denen sich ua ein größerer Auftrag ergab, nicht heraus. Die Klägerin erhielt deshalb keinen Kredit, den sie zur Durchführung eines gewinnträchtigen Geschäfts benötigte. Sie verlangt von dem Beklagten Ersatz des entgangenen Gewinns. Im Prozess bestreitet der Beklagte, dass die Klägerin einen größeren Auftrag abgeschlossen hatte. Die Klägerin kann keinen Beweis antreten. Wie ist zu entscheiden?
4. Wohin geht die Beweiskraft echter Privaturkunden?
5. Wie wird der Urkundenbeweis bei Privaturkunden angetreten?
6. Ein Zeugenbeweis und eine Parteivernehmung auf Antrag sind unter Verkennung der Beweislast erfolgt. Darf das Ergebnis verwertet werden?
7. In dem Supermarkt S befindet sich ein Aufenthaltsraum für Angestellte. Ohne deren Wissen hat die Firmenleitung eine Minikamera und ein Mikrofon dort angebracht. So wird aufgenommen, dass eine Angestellte genussvoll einen Schokoriegel auspackt und verzehrt und gegenüber ihren Kolleginnen damit angibt, dass sie die Firma gerade um eine »längste Praline der Welt« entreichert habe. Dürfen Video und Tonaufnahme in einem Schadenersatzprozess wegen des Werts des Riegels verwertet werden? Dürfen die Kolleginnen als Zeuginnen vernommen werden?

---

[1] Vgl. BVerfG NJW 2002, 3619 ff.; Thomas/Putzo/*Reichold* § 286 Rn. 8; s. ausführlich Msk/*Foerste* § 286 Rn. 6 ff.

§ 23. Die Beweisanordnung

I. Überblick

Beim Strengbeweis ist vor der Beweisaufnahme der Erlass eines Beweisbeschlusses **225** iSd §§ 358a f. erforderlich,

- wenn Beweise vor der mündlichen Verhandlung erhoben werden sollen (§ 358a),
- wenn die Beweisaufnahme ein besonderes Verfahren erfordert (§ 358),

   Beispiele: schriftliches Sachverständigengutachten, schriftliche Zeugenaussage, eigener Beweistermin nach der mündlichen Verhandlung.

- bei der Parteivernehmung (§ 450 Abs. 1 S. 1),
- bei der Anordnung der Urkundenvorlegung (§ 425).

Werden Zeugen vorbereitend nach § 273 Abs. 2 Nr. 4 geladen, bedarf es vor ihrer Vernehmung nicht eines förmlichen Beweisbeschlusses iSd § 359; die Anordnung der Vernehmung in der Verhandlung durch formlosen Beschluss (»Die Zeugen sollen zu den ihnen mitgeteilten Beweisthemen vernommen werden«) ist ausreichend.

II. Beweisbeschluss

1. Inhalt

§ 359 regelt, dass ein (erforderlicher, → Rn. 225) Beweisbeschluss Folgendes enthal- **226** ten muss:

- Die Bezeichnung der streitigen Tatsachen,
- die Bezeichnung der Beweismittel,
- die Bezeichnung (Namen) der zu vernehmenden Zeugen, Sachverständigen oder Parteien,
- die Bezeichnung der Partei, die sich auf das Beweismittel berufen hat.

Umstritten ist, wie genau die streitigen Tatsachen anzugeben sind, über die Beweis erhoben werden soll. Der Wortlaut der Norm spricht für das Erfordernis einer genauen Angabe.[1] Hiergegen wird eingewandt, dass den Zeugen bzw. Parteien nicht genau das mundgerecht mitgeteilt werden solle, was für das Gericht wesentlich erscheint; deshalb solle das Beweisthema allgemein gefasst werden.[2]

   Beispiel: Eine genaue Bezeichnung könnte lauten: »Es soll Beweis über die Behauptung des Klägers erhoben werden, der Beklagte habe den Unfall am ... dadurch verursacht, dass er, ohne nach links zu schauen, von der Kortumstraße auf die bevorrechtigte Zweigertstraße in Essen gefahren sei, sodass der mit seinem Wagen nur noch 2 Meter entfernte Kläger nicht mehr habe bremsen können ...«. Die allgemeine Bezeichnung kann sein: »Es soll Beweis über den Hergang des Unfalls am ... auf der Zweigertstraße in Essen erhoben werden.«

Klar ist, dass das Beweisthema so genau gefasst sein muss, dass ein geladener Zeuge weiß, um welchen Vorgang es geht. Im Übrigen bin ich eher für die allgemeine Fassung;

---

1 Dies verlangen *Schuschke/Kessen/Höltje* Rn. 50, 705; die dort Rn. 50 zitierte Entscheidung des OLG Frankfurt (NJW-RR 1995, 637) besagt allerdings das Gegenteil wie auch Thomas/Putzo/ *Reichold* § 359 Rn. 2.
2 Msk/*Stadler* § 359 Rn. 3.

ein »Ja« oder »Nein« in einer Aussage als Beantwortung des Beweisthemas[1] soll gerade vermieden werden (s. § 396 Abs. 1). Denkbar ist aber auch eine genaue Fassung des Beweisbeschlusses, aber nur die Mitteilung des allgemeinen Vernehmungsgegenstandes (s. § 377 Abs. 2 Nr. 2) an die Zeugen. Dies würde ich Referendaren in der praktischen Ausbildung empfehlen, wenn der Standpunkt des Ausbilders noch nicht bekannt ist.

2. Beispiele von Beweisbeschlüssen

227 a) **Praktisch häufige Form:**

> **Beweisbeschluss**
> In dem Rechtsstreit
> Meier I gegen Meier II
> soll Beweis über die Behauptungen des Klägers erhoben werden,
> der Beklagte habe das Angebot des Klägers auf Abschluss eines Kaufvertrages über einen PKW VW Golf, Baujahr 1999, zum Preis von 1.500 EUR angenommen,
> das Fahrzeug sei dem Beklagten am 1.4.2012 übergeben worden,
> durch Vernehmung der Zeugen
> Meier III und IV, Müllerstr. 1, Schmidthausen, zu 1. und 2., vom Kläger beantragt,
> Liese Müller zu 1. und Karl-Otto Müller zu 2., beide wohnhaft Meierstr. 1 in Schmitzheim, gegenbeweislich vom Beklagten beantragt.
> Die Ladung der Zeugen wird davon abhängig gemacht, dass die Parteien für jeden von ihnen benannten Zeugen einen Auslagenvorschuss in Höhe von 150,00 EUR bei der Gerichtskasse einzahlen oder entsprechende Verzichtserklärungen der Zeugen zu den Akten reichen. Frist: 15.4.2013.

228 b) **Sprachlich anderer Vorschlag:**

> **Beweisbeschluss**
> in dem Rechtsstreit
> Meier I gegen Meier II
> Es soll Beweis über folgende Behauptungen erhoben werden:
> Nahm der Beklagte am 1.4.2012 das Angebot des Klägers auf Abschluss eines Kaufvertrages über einen PKW VW Golf, Baujahr 1999, zum Preis von 1.500,00 EUR an?
> Übergab der Kläger das Fahrzeug am 1.4.2012 dem Beklagten auf der Straße vor dem Haus des Beklagten?
> Als Zeugen sollen vernommen werden:
> Herr Ludwig Meier und Frau Helene Meier, Müllerstr. 1, Schmidthausen, zu 1. und 2.
> Frau Liese Müller zu 1. und Herr Karl-Otto Müller zu 2., beide wohnhaft Meierstr. 1 in Schmitzheim.
> Die Zeugen Eheleute Meier sind von beiden Parteien benannt, den Zeugen Herrn Müller hat der Kläger, die Zeugin Frau Müller der Beklagte benannt.
> Die Zeugen werden sofort geladen. Sie werden wieder abgeladen, wenn die Parteien nicht für jeden von ihnen benannten Zeugen einen Auslagenvorschuss in Höhe von 150,00 EUR bei der Gerichtskasse einzahlen oder entsprechende Verzichtserklärungen der Zeugen zu den Akten reichen. Frist: 15.4.2013.

Zum Auslagenvorschuss s. § 379. Hier sollte sich der Referendar nach der üblichen Handhabung des Ausbilders erkundigen und richten. Ich habe in der Regel bei Zeugenbeweis keinen Vorschuss angeordnet; andere verfahren nach dem Beispiel 1, andere nach dem Beispiel 2.

---

1 So *Schuschke/Kessen/Höltje* Rn. 50, 705.

§ 24. Die Würdigung einer Beweisaufnahme

A. Bedeutung und Inhalt der Beweiswürdigung

Die Beweiswürdigung gehört zu den wichtigsten und schwierigsten Aufgaben des Richters. Sie entscheidet häufig über den Ausgang eines Rechtsstreits. Die Würdigung des Parteivorbringens und der Zeugenaussagen ist oft auch das, was mit Rechtsmitteln am schärfsten angegriffen wird. **229**

Es ist daher in Arbeiten in der Praxis und im Examen größtes Gewicht auf eine sorgfältige Beweiswürdigung zu legen. Hier zeigt sich besonders, ob der Referendar wirtschaftliches und psychologisches Verständnis hat.

B. Die Beweisfrage

Von großer Bedeutung ist es, die Beweisfrage, die an den Anfang der Beweiswürdigung oder in den Beweisbeschluss gehört, richtig zu formulieren. Die Formulierung muss die Beweislast berücksichtigen; ist sie falsch, kann dies auch zu falschen Gesamtergebnissen führen. **230**

> **Beispiel:** Der Kläger behauptet, mit dem Beklagten einen Kaufvertrag abgeschlossen zu haben. Der Beklagte behauptet, er habe das Angebot des Klägers nur unter einer Bedingung angenommen. Das Vorbringen des Beklagten ist erheblich, weil er den Abschluss eines Kaufvertrages substanziiert bestreitet; eine Annahme des Angebots des Klägers ist nicht erfolgt (§ 150 Abs. 2 BGB). Die Beweislast hat der Kläger, also auch die dafür, dass keine auflösende Bedingung vereinbart wurde.[1] Theoretisch sind folgende Fassungen der Beweisfrage möglich: 1. Ist bewiesen, dass ein unbedingter Vertrag geschlossen wurde? 2. Ist bewiesen, dass keine aufschiebende Bedingung vereinbart wurde? 3. Ist bewiesen, dass der Vertrag aufschiebend bedingt sein sollte?

Nur die (inhaltlich gleichwertige) Formulierung der Fragen 1. und 2. ist richtig; es liegt auf der Hand, dass je nach Ausgang der Beweisaufnahme zumindest der Umfang der Prüfung unterschiedlich ist.

> **Beispiel:** Im Beispiel oben sagt der einzige Zeuge aus, es sei von vornherein eine aufschiebende Bedingung vereinbart worden. Ist die Beweisfrage richtig formuliert worden (1. oder 2.), ist die Beweiswürdigung kurz: Die Beweisfrage ist nicht positiv bestätigt worden, also ein unbedingter Vertrag nicht bewiesen. Hier endet die Beweiswürdigung, weil es auf die Glaubhaftigkeit der Aussage oder die Glaubwürdigkeit des Zeugen nicht ankommt: Ist der Zeuge das einzige Beweismittel, könnte er noch so unglaubwürdig sein, der Beweis könnte nicht als erbracht angesehen werden, weil der Klägervortrag durch kein Beweismittel bestätigt worden wäre. Wird dagegen von Beweisfrage 3. ausgegangen, wäre diese bestätigt worden; es müssten Glaubhaftigkeit der Aussage und Glaubwürdigkeit des Zeugen untersucht werden. Immerhin wäre noch das Ergebnis richtig, wenn man den Beweis als erbracht ansieht und deshalb die Klage abweist, oder von einem non liquet (→ Rn. 252) ausgeht und die Beweislast (trotz der anderen Formulierung) beim Kläger sieht.

Ohne Kenntnis der Beweislast kann man daher die Beweisfrage nicht zutreffend formulieren. Gelegentlich ist zu lesen, auf die Beweislast dürfe erst eingegangen werden, wenn kein Beweis angetreten wurde oder es zu einem non liquet gekommen ist.[2] Das

---

1 S. BGH NJW 2002, 2862, 2863 mwN.
2 *Zimmermann* Rn. 206.

ist, wie aus dem Gesagten folgt, nicht richtig; auch dann, wenn Beweise erhoben sind, muss in einem Gutachten die Beweisfrage gestellt werden, und zwar richtig, nicht etwa automatisch so, wie es in einem in den Akten befindlichen Beweisbeschluss geschehen ist. Deshalb halte ich es auch für zulässig, jedenfalls in nicht eindeutigen Fällen die Fassung der Beweisfrage ausgehend von der Beweislast näher zu begründen.[1]

C. Das Beweismaß

231 Die beweisbedürftigen Tatsachen müssen zur Überzeugung des Gerichts festgestellt sein (§ 286 Abs. 1 S. 1). Damit wird keine absolute Gewissheit gefordert, sondern nur die Begründung eines so hohen Grades von Wahrscheinlichkeit, dass bei einem vernünftigen und lebenserfahrenen Menschen der Zweifel schweigt, ohne dass er völlig ausgeschlossen wäre.[2] Die Beweiswürdigung ist frei, d.h., es gibt grundsätzlich keine Beweisregeln. Es darf nicht allein daraus, dass jemand Beifahrer in einem Unfallauto war, geschlossen werden, dass ihm nur geglaubt werden könne, wenn gewichtige Umstände hinzutreten;[3] ebenso wenig darf einem Zeugen allein wegen der Nähe zu einer Partei nicht gefolgt werden.[4] Es gibt keine gesetzliche Regel, dass einem Zeugen im Zweifel zu glauben ist oder nicht. Bei der Unsicherheit des Beweismittels Zeuge (→ Rn. 240 ff.) verwundert es allerdings schon, dass Richter nach einer Untersuchung in über 90% der Fälle einem allein angehörten Zeugen gefolgt sind.[5]

Zum Beweismaß, falls § 287 anwendbar ist, → Rn. 206.

D. Begründung des gefundenen Ergebnisses

I. Gründe für die richterliche Überzeugung

232 Im Urteil sind gemäß § 286 Abs. 1 S. 2 die Gründe anzugeben, die für die richterliche Überzeugung leitend gewesen sind. Entsprechendes gilt natürlich auch für die Beweiswürdigung in einem Gutachten.

- Die wesentlichen Gesichtspunkte der richterlichen Überzeugungsbildung müssen anhand objektiver Kriterien nachvollziehbar dargelegt werden.[6] Die Erklärung, »das Gericht habe auf Grund der Verhandlung und der Zeugenaussagen die Überzeugung erlangt, dass ...« ist völlig ungenügend;[7] auch die alleinige Darstellung, »ein Zeuge habe einen glaubhaften Eindruck gemacht«.[8] Die reine Wiedergabe zB von Zeugenaussagen ist keine Beweiswürdigung; sie ist überflüssig, weil sie (und sei es durch Bezugnahme) bereits im Tatbestand enthalten ist.
- Grundlage der Beweiswürdigung ist der gesamte Prozessstoff,[9] also neben den eigentlichen Beweismitteln auch das gesamte Parteivorbringen.

---

1 Ähnlich *Anders/Gehle* A Rn. 133.
2 BGH NJW 1998, 2969, 2971; Thomas/Putzo/*Reichold* § 286 Rn. 2.
3 BGH NJW 1988, 566, 567; Thomas/Putzo/*Reichold* § 286 Rn. 2a.
4 BGH NJW 1995, 955 f.
5 S. *Einmahl* NJW 2001, 469 ff.
6 BGH NJW 1991, 1894, 1895 f.; Thomas/Putzo/*Reichold* § 286 Rn. 3.
7 *Zimmermann* Rn. 185.
8 *Hohlweck* JuS 2001, 584, 585.
9 Vgl. BGH NJW 1993, 985, 987; Thomas/Putzo/*Reichold* § 286 Rn. 6.

• Andererseits muss das Gericht sich nicht mit jeder denkbaren Einzelheit auseinandersetzen. Die Beweiswürdigung darf nicht überspannt und spitzfindig sein.

II. Beweiseinreden

Einreden, durch die eine Partei als Schlussfolgerung zum Ergebnis der Beweisaufnahme Stellung nimmt, sind bei der Beweiswürdigung zu berücksichtigen.   **233**

> **Beispiel:** Der Kläger macht geltend, der Aussage des Zeugen X könne nicht gefolgt werden, weil sie widersprüchlich gewesen und der Zeuge unglaubwürdig sei.

Die »Einreden« können aber auch neue Tatsachen enthalten, über die weiter Beweis zu erheben ist.

> **Beispiel:** Der Beklagte trägt vor, der Zeugen X habe nach seiner Aussage gegenüber Dritten erklärt, die Unwahrheit gesagt zu haben.

E. Das Vorgehen bei der Beweiswürdigung

I. Bereits durchgeführte Beweisaufnahme

Ist eine Beweisaufnahme bereits erfolgt, so kann das Ergebnis der Darlegungsstation und der Prüfung der Beweisbedürftigkeit der rechtserheblichen Tatsachen sein: **234**

1. Überflüssige Beweisaufnahme

Die Beweisaufnahme kann überflüssig gewesen sein, weil der Rechtsstreit schon aus anderen Gründen entscheidungsreif war oder weil es auf andere Beweise ankam. Eine Kritik des vom Gericht eingeschlagenen Verfahrens ist aber zu unterlassen. Sie fördert das Gutachten in keiner Weise und ist vielleicht auch unberechtigt, etwa weil vom damaligen – inzwischen überholten – Prozessstandpunkt aus die Beweisaufnahme gerechtfertigt war.

Die Beweisaufnahme ist gleichwohl nicht völlig zu ignorieren. Wegen der großen Bedeutung der Beweiswürdigung für die Praxis können die Weisungen des Justizprüfungsamts oder der Bearbeitervermerk vorschreiben, dass eine für entbehrlich gehaltene Beweisaufnahme in einem Hilfsgutachten zu würdigen und der Rechtsstreit auf dieser Grundlage zu beurteilen ist. Es ist also in einem besonderen Hilfsgutachten ein Standpunkt zu suchen, von dem aus sich die Beweisaufnahme rechtfertigen lässt. Dann ist zu prüfen, ob die Beweisaufnahme die danach erheblichen Tatsachen bestätigt hat.

> **Beispiel:** »Hilfsgutachten zur durchgeführten Beweisaufnahme. Das Gericht hat über die streitige Frage, ob der Beklagte geschäftsunfähig war, Beweis erhoben. Nach der von mir vertretenen Rechtsauffassung kommt es hierauf nicht an, weil sich dann der Anspruch des Klägers aus Bereicherungsrecht ergibt (s. Punkt x des Gutachtens). Entsprechend dem Bearbeitervermerk gehe ich nunmehr von dem Standpunkt aus, dass im Fall der Geschäftsunfähigkeit des Beklagten kein Bereicherungsanspruch gegeben ist, sodass es auf die Frage der Geschäftsunfähigkeit des Beklagten ankommt, da dieser Vortrag gegenüber dem verbleibenden vertraglichen Anspruch des Klägers erheblich wäre (s. Punkt x des Gutachtens). Zu prüfen ist also, ob ... bewiesen ist.«

2. Vollständige Beweisaufnahme

Eine vollständige Beweisaufnahme ist umfassend zu würdigen. Sind Tatsachen inzwischen unstreitig geworden, ist auf eine zuvor durchgeführte Beweisaufnahme zu   **235**

ihnen nicht mehr einzugehen. Jede ausdrückliche Kritik am Verfahren des Gerichts ist dabei zu unterlassen, wenn ein Verfahrensfehler keine rechtliche Bedeutung hat. Das gilt insbesondere

- hinsichtlich der Fassung des Beweisbeschlusses,

> **Beispiel:** Unzulässig ist eine Kritik dahin, dass das Gericht besser statt mehrerer Beweisbeschlüsse nur einen hätte erlassen sollen.

- hinsichtlich der Nichtberücksichtigung der Beweislast in einem Beweisbeschluss.

In Verkennung der Beweislast erhobene Beweise sind zu würdigen (mit Ausnahme der Parteivernehmung, → Rn. 218). Wenn die Beweisaufnahme eindeutig zugunsten der nicht beweisbelasteten Partei ausgefallen ist, wirkt diese Tatsache überzeugender als der alleinige Hinweis darauf, dass den Gegner die Beweislast trifft. Im umgekehrten Falle ist aber im Zweifel anzunehmen, dass der Beweisbelastete sich das günstige Ergebnis zu Eigen macht und damit konkludent auch den Beweis antritt.

3. Beweiserhebung

236 **Es ist noch nicht über alle Fragen Beweis erhoben worden.** Dann ist im Gutachten in der Praxis (praktischen Ausbildung) wie folgt vorzugehen:

- Soweit Beweis erhoben ist, ist dieser zu würdigen.
- Wegen der anderen streitigen und rechtserheblichen Tatsachen ist ein Beweisbeschluss zu formulieren.

In Examensarbeiten kann dies anders sein. Wenn die Prüfungsarbeit zu einem Urteil führen soll, so sind die Weisungen des Justizprüfungsamts für die weitere Bearbeitung zu beachten. So kann etwa zu unterstellen sein, dass die Beweisaufnahme angeordnet worden ist und ohne Ergebnis geblieben ist. S. hierzu → Rn. 201.

II. Kriterien der Beweiswürdigung

1. Allgemeines

237 An den Anfang der Beweiswürdigung gehört die (richtig formulierte, → Rn. 230) Beweisfrage. Im Einzelfall (bei Urkunden, gelegentlich bei Sachverständigengutachten) kann es erforderlich sein, das Beweisergebnis auszulegen, also dessen Inhalt festzustellen (s. zur Urkunde → Rn. 238). Sodann ist zu prüfen, ob die Beweisfrage durch das Beweismittel positiv bestätigt worden ist. Ein solches bestätigendes Beweismittel wird auch »positiv ergiebig« genannt (wobei ich aber eher von dem Gebrauch dieses in der Literatur erfundenen Fachbegriffs abraten möchte).

> **Beispiel:** Lautet die Beweisfrage: »Ist bewiesen, dass der Beklagte den Kläger am ... im Rahmen einer Schlägerei verletzte?«, so ist eine Aussage eines Zeugen, der aussagt, dies gesehen zu haben, die Beweisfrage bestätigend. Würde die Beweisfrage lauten: »Ist bewiesen, dass der Kläger den Beklagten nicht verletzte?«, würde dieselbe Zeugenaussage die Beweisfrage nicht bestätigen, wäre, weil sie das Gegenteil besagt, »negativ ergiebig«.

Nur dann, wenn die Beweisfrage durch **zumindest ein Beweismittel bestätigt** worden ist, bedarf es einer eingehenden Beweiswürdigung, was häufig übersehen wird. Im anderen Fall kann der Beweis nicht als erbracht angesehen werden.

> **Beispiel:** Das Beweisthema lautet wiederum: »Ist bewiesen, dass der Beklagte den Kläger am ... im Rahmen einer Schlägerei verletzte?« Sagt der einzige Zeuge X aus, er habe dies nicht gesehen, kön-

nen gegen den Wahrheitsgehalt seiner Aussage noch so viel Bedenken bestehen. Auch wenn dem Zeugen nicht geglaubt werden kann, steht damit allein noch lange nicht fest, dass der Beklagte den Kläger geschlagen hat. Sofern keine anderen Umstände für die Verletzungshandlung des Beklagten sprechen, wäre damit die Beweiswürdigung beendet, der Kläger wäre beweisfällig.

Ein Beweismittel, das dem Beweisthema widerspricht (»negativ ergiebig« ist), muss allerdings dann gewürdigt werden, wenn es bestätigende (»positiv ergiebige«) Beweismittel gibt. Dies gilt jedenfalls dann, wenn das andere Beweismittel dem Beweisthema konträr widerspricht, kann aber auch dann gelten, wenn es die Beweisfrage weder positiv noch negativ bestätigt (»unergiebig« ist).

Beispiel: Geht es wieder um die Schlägerei in den letzten Beispielen und hat Zeuge A die Beweisfrage bestätigt, so ist natürlich die Aussage des Zeugen B, »ich war dabei, aber der Beklagte ist nicht einmal in die Nähe des Klägers gekommen«, zu würdigen. Aber auch eine Aussage des C, dass er die ganze Zeit an Ort und Stelle gewesen sei, aber überhaupt keine Schlägerei gesehen habe (nicht: dass keine stattfand), kann im Rahmen der Beweiswürdigung von Bedeutung sein. Hätte er sie sehen müssen, wenn sie stattfand? Falls ja, widerspricht das den Aussagen des A und des B.

Entsprechendes gilt für alle anderen Beweismittel. Bestätigt ein Gutachter in seinem Gutachten die Beweisfrage, ob ein bestimmter Schaden unfallbedingt ist, nicht, sind mangels positiver Beweismittel Aussagen zur Nachvollziehbarkeit des Gutachtens oder der Glaubwürdigkeit des Gutachters fehl am Platz.

2. Augenschein, Urkundenbeweis

In der Regel unproblematisch ist die Beweiswürdigung beim Beweis durch Augen- **238** schein bzw. beim Urkundenbeweis. Häufig werden nach Durchführung des Augenscheins oder Vorlage der Originalurkunde die maßgeblichen Umstände unstreitig.

Ist ausnahmsweise nach Durchführung des **Augenscheins** die beweiserhebliche Tatsache nicht unstreitig geworden, wird man sich mit den Einwendungen gegen die festgestellten Tatsachen auseinandersetzen müssen. Sind diese berechtigt (zB, wenn bei einem Ortstermin streitige Maße nur geschätzt statt gemessen wurden), wird die Beweisaufnahme wiederholt werden müssen.

Geht es um die **Echtheit einer Urkunde**, müssen die hierzu erhobenen Beweise gewürdigt werden. Dies können zB Zeugenaussagen darüber sein, dass der Aussteller in Gegenwart der Zeugen unterschrieben hat, oder Sachverständigengutachten über die Echtheit der Unterschrift. Letztere kommen, wie die Praxis zeigt, nur selten zum Ergebnis, dass die Echtheit feststeht; hier arbeiten Sachverständige meist mit Wahrscheinlichkeitsgraden, was erfordert, dass noch weitere Umstände (Zeugenaussagen, Parteierklärungen, Lebenserfahrung) herangezogen werden müssen, um die Echtheit als bewiesen ansehen zu können.

Steht die Echtheit einer Urkunde fest, ist deren **Beweiskraft** zu beachten. Hier werden oft Fehler gemacht. Eine **Privaturkunde** insbesondere beweist nur, dass der Aussteller die in ihr erhaltene Erklärung abgegeben hat (§ 416), nicht, dass zB eine Tatsachenerklärung inhaltlich richtig ist (insoweit anders §§ 417 f. für die öffentliche Urkunde).

Beispiele:
- Enthält eine Privaturkunde Angebot und Annahmeerklärung zum Abschluss eines Kaufvertrages, so erstreckt sich die Beweiskraft darauf, dass diese Willenserklärungen abgegeben worden sind. Damit ergibt sich aus der Urkunde letztlich auch der Abschluss des Kaufvertrages.

- Ist in einer Privaturkunde von beiden Vertragsparteien bestätigt, dass sie in der Woche zuvor einen Kaufvertrag geschlossen haben, ist nur bewiesen, dass beide Parteien erklärt haben, zuvor einen Kaufvertrag abgeschlossen zu haben. Die Beweiskraft erstreckt sich nicht auf den Vertragsschluss selbst. Um diesen festzustellen, müssen im Rahmen des § 286 weitere Überlegungen angestellt werden.
- Eine Quittung (§ 368 BGB) beweist nur, dass der Aussteller den Empfang der Leistung bestätigt hat, nicht aber, dass die Leistung tatsächlich erfolgt ist (→ Rn. 211).

3. Sachverständigengutachten

239 Das Gericht darf die Ergebnisse eines Gutachtens nicht unüberprüft übernehmen. Es muss vielmehr prüfen, ob der Sachverständige von zutreffenden Tatsachen ausgegangen ist und ob seine Schlussfolgerungen logisch erscheinen und ausreichend begründet, nicht etwa nur thesenhaft behauptet sind. Bestrittenen Sachverhalt darf der Gutachter nicht als feststehend seinem Gutachten zugrunde legen. Ggf. muss er insoweit beide Sachverhaltsalternativen überprüfen.

Das Gericht kann aus im Einzelnen darzulegenden Gründen von dem Gutachten abweichen; jedoch wird es dazu in der Regel zumindest der Anhörung des Gutachters (s. § 411 Abs. 3), wenn nicht eines neuen Gutachtens bedürfen.

4. Zeugenaussagen

240 **a) Allgemeines.** Die Zeugenaussage dient (wie jedes andere Beweismittel) zur Feststellung, ob eine für rechtserheblich befundene Parteibehauptung richtig ist. Geht die Aussage, was in der Praxis nicht selten vorkommt, über das Beweisthema hinaus und enthält sie Bekundungen, die von den Parteien als neues Angriffs- oder Verteidigungsmittel genutzt werden können, darf sie nur verwertet werden, wenn eine der Parteien diese Bekundungen zumindest hilfsweise aufgreift und als Behauptungen in den Rechtsstreit einführt (→ Rn. 31 f.).

241 **b) Probleme der Würdigung des Zeugenbeweises.** Die Würdigung einer Zeugenaussage ist schon in der Praxis sehr schwierig, weil auch die Aussage eines um die Wahrheit bemühten Zeugen durch verschiedenste Faktoren beeinflusst sein kann.[1] Häufig werden nur Teile des Geschehens wahrgenommen, die fehlenden Teile werden durch Schlussfolgerungen ausgefüllt.

> **Beispiel:** Ich habe in von mir geleiteten Arbeitsgemeinschaften folgendes Experiment gemacht: Zu einer vorher vereinbarten Zeit erschien ein Mitarbeiter der Referendarabteilung in der laufenden Arbeitsgemeinschaftssitzung. Dies war absolut ungewöhnlich und musste die Aufmerksamkeit wecken. Der Mitarbeiter kam zu mir, setzte sich auf den Rand des Tisches, an dem ich saß, und wir unterhielten uns flüsternd. Nach kurzer Zeit erhob sich der Mitarbeiter; im gleichen Moment habe ich mit einer Handbewegung den auf dem Tisch liegenden Schönfelder heruntergestoßen. Nur für etwa die Hälfte der Referendare war der Blick auf den Schönfelder versperrt. Anschließend habe ich gefragt, wie es dazu kam, dass der Schönfelder auf den Boden fiel. Keiner hatte bemerkt, dass ich ihn heruntergestoßen hatte. Einige sagten, sie hätten nichts bemerkt, weil sie nicht zum Tisch gesehen hätten. Die überwiegende Mehrzahl wollte bemerkt haben, dass der Mitarbeiter für das Herunterfallen verantwortlich war. Einige wollten gesehen haben, dass er ihn herunter stieß, andere »hatten bemerkt«, dass der Tisch beim Aufstehen wackelte und deshalb der Schönfelder herunter fiel!

---

1 S. hierzu zB *Hohlweck* JuS 2002, 1105 ff., 1207 ff.

Solche Wahrnehmungsfehler oder Schlussfolgerungen statt Wahrnehmungen sind meist noch schwerer zu erkennen, als es möglich ist, einen Lügner zu überführen. Der in Examensarbeiten mit einer Zeugenaussage befasste Referendar hat zusätzlich die Schwierigkeit, die Vernehmung nicht verfolgt zu haben und sich auf das Protokoll verlassen zu müssen.

Hier ist auf eindeutige Hinweise zu achten, die Glaubhaftigkeitsmerkmale beinhalten, wenn zB deutlich wird, dass es sich um einen »Knallzeugen« handelt, der auf das Unfallgeschehen erst durch den Zusammenstoß aufmerksam wurde und sich das Geschehen aus dem, was er nach dem Unfall wahrgenommen hat, zusammenreimt. Besonders gut verwertbar sind Übereinstimmungen mit anderen Beweismitteln, unstreitigen und sonst feststehenden Umständen und mit der Lebenserfahrung oder ggf. das Gegenteil. Der immer wieder zu findende Satz:

> »Die Aussage ist glaubhaft, denn sie ist in sich geschlossen und widerspruchsfrei.«

ist nicht mehr als eine Phrase. Gerade der Lügner wird sich um eine widerspruchsfreie Aussage bemühen. Umgekehrt bedeuten Widersprüche in der Aussage oder zum Vortrag der Partei, die den Zeugen benannt hat, nicht unbedingt, dass die Aussage unglaubhaft wäre. Widersprüche können aus den Unzulänglichkeiten des menschlichen Gedächtnisses[1] folgern oder erklärbar sein; häufig ist eher die »glatte« und voll mit dem Parteivortrag übereinstimmende Aussage verdächtig.

c) Kriterien. Wie bei den anderen Beweismitteln ist festzustellen, ob und wieweit die **242** Aussage das Beweisthema bestätigt (→ Rn. 237).

In **sachlicher Hinsicht** (sog. »Glaubhaftigkeit der Aussage«) ist (beispielhaft) darauf zu achten, ob

- die Aussage eine Tatsache wiedergibt oder nur eine Schlussfolgerung enthält,
- die Aussage eindeutig und bestimmt bzw. in sich widerspruchsvoll oder schwammig ist,
- die Aussage detailreich oder gerade in den entscheidenden Punkten wenig inhaltsreich ist,
- die Aussage originelle, situationstypische Details oder Komplikationen des Geschehensablaufs enthält (ein »Lügner« wird Details und Komplikationen vermeiden),
- die Aussage sich mit anderen Aussagen bzw. unstreitigen Tatsachen deckt oder durch Urkunden bestätigt wird,
- die Aussage nach der Lebenserfahrung inhaltlich wahrscheinlich ist,
- der Zeuge aus eigener Wahrnehmung oder vom Hörensagen bekundet,
- von welchem Blickpunkt aus und in welcher Verfassung der Zeuge die Beobachtung gemacht hat (Wahrnehmungsfähigkeit). Konnte der Zeuge den Vorgang überhaupt sehen, das Gespräch überhaupt hören?

Eine nicht unwichtige Rolle spielt auch die Wiedergabe im Protokoll, ob die Aussage in der Sprechweise des Zeugen oder mit den Worten des vernehmenden Richters wiedergegeben ist; wie sich der Zeuge auf Vorhalte der Parteien verhalten hat.

In **persönlicher Hinsicht** kommen für die »Glaubwürdigkeit des Zeugen« in Betracht: **243**
- sein Alter,

---

1 S. dazu *Hohlweck* JuS 2002, 1105 ff.

- seine Beobachtungs- und Erinnerungsfähigkeit (Probleme: Geschwindigkeits-, Entfernungs-, Zeitschätzungen),
- Müdigkeit, Stresssituation während des bezeugten Geschehens,
- sein Interesse am Ausgang des Rechtsstreits (familiär oder finanziell),
- seine Beziehungen zu einer Partei (verwandt, befreundet, befeindet, Arbeitnehmer),
- seine Beeidigung.

5. Parteivernehmung

244 In sachlicher Hinsicht ist eine (zulässige, → Rn. 218) Parteivernehmung wie die Zeugenaussage zu würdigen (→ Rn. 240 ff.). Hat die Partei ihre Erklärung beschworen (s. § 452), heißt dies nicht, dass ihr unbedingt zu glauben ist.[1] Schon die Anordnung des Eides setzt voraus, dass das Gericht noch nicht überzeugt ist (s. § 452 Abs. 1 S. 1). Anders kann es sein, wenn beide Parteien vernommen, aber nur eine vereidigt wurde (s. § 452 Abs. 1 S. 2). Denn das Gericht wird die Beeidigung nicht anordnen, wenn es meint, die Aussage sei unzutreffend.

> **Beispiel:** Diese Umstände dürften allerdings nur bei einer Parteivernehmung von Amts wegen eine Rolle spielen. Bei der Parteivernehmung nach § 445 bestätigt die Partei entweder die Behauptung des beweisbelasteten Gegners. Dann dürfte die Glaubhaftigkeit kaum in Frage stehen. Oder die Partei stellt die Behauptung in Abrede. Auch dann bedarf es keiner ausführlichen Beweiswürdigung, weil die Beweisfrage nicht bestätigt wurde (dazu → Rn. 237).

Lehnt der Gegner ab, sich vernehmen zu lassen, bleibt er im Vernehmungstermin aus oder verweigert dort seine Aussage oder den Eid, so unterliegt diese Weigerung der freien Beweiswürdigung (§§ 446, 453 Abs. 2, 454 Abs. 1). Sie wird gegen ihn ausfallen, wenn die Vernehmung zulässig angeordnet war und er keine triftigen Gegengründe bringt.

III. Aufbau

245 Auch die Frage, welche Tatsachen festgestellt sind, wird in der Relation begutachtet; die Darstellung ist daher im Gutachtenstil zu halten. Ausgangspunkt der Überlegungen sind die in der Darlegungsstation als beweiserheblich festgestellten Tatsachen. Unter Berücksichtigung der Beweislast ist die Beweisfrage zu formulieren (→ Rn. 230), die auch den Ausgangspunkt der Darstellung der Beweisstation bildet (»Ist beweisen, dass …«).

1. Bestätigung des Beweisthemas

246 Zunächst ist zu untersuchen, ob das Beweisthema durch die Beweisaufnahme positiv bestätigt worden ist (sog. »Ergiebigkeit«). Daraufhin sind die Beweismittel zu untersuchen und, falls erforderlich, auszulegen (→ Rn. 237). Wenn, was notwendig ist, die Beweisfrage ausgehend von der Beweislast formuliert wird, kann konzentriert und ergebnisorientiert geprüft werden. Es darf nicht untersucht werden, was die Beweisaufnahme ergeben hat, sondern **ob das Beweisthema bestätigt** wurde. Die beweispflichtige Partei verliert den Prozess schon dann, wenn sie nicht bewiesen hat, nicht erst dann, wenn das Gegenteil bewiesen ist. Letztere Feststellung ist sehr viel schwieriger.

---

1 Anders *Zimmermann* Rn. 202.

Begonnen wird die Prüfung mit den Beweismitteln, die eine Bestätigung enthalten könnten; zu prüfen sind letztlich alle Beweismittel.

Das Ergebnis kann sein:

- Es gibt Beweismittel, die die Beweisfrage bestätigen. Dann ist mit der Überzeugungskraft fortzufahren (→ Rn. 238 ff.).
- Die Beweisfrage ist durch kein Beweismittel bestätigt worden. Dann bedarf es keiner Überprüfung der Überzeugungskraft, etwa der Glaubwürdigkeit des Zeugen. Gibt es keine anderen Beweismittel, kann nicht allein wegen der Unglaubwürdigkeit darauf geschlossen werden, dass das Gegenteil der Aussage richtig ist. Es sind vielmehr die Beweisfälligkeit und die Beweislast festzustellen.

2. Überzeugungskraft der Beweismittel

Anhand der → Rn. 238 ff. genannten Kriterien ist die Überzeugungskraft der Be- **247** weismittel festzustellen. Bei Zeugenaussagen insbesondere ist zunächst die Glaubhaftigkeit der Aussage anhand der → Rn. 242 beschriebenen objektiven Merkmale zu untersuchen, dann die Glaubwürdigkeit des Zeugen.

3. Mehrere Beweismittel

Sind mehrere Beweise zu derselben Beweisfrage erhoben worden, zB mehrere Zeu- **248** gen vernommen worden, bietet es sich an, das wichtigste Beweismittel zunächst zu würdigen und die weiteren (sowie maßgebliche Umstände des Parteivortrags) daraufhin zu untersuchen, ob sie diesen Beweis bekräftigen oder ihm widersprechen. Das Ergebnis bildet die Feststellung, ob die beweisbedürftige Tatsache bewiesen ist oder nicht.

In aller Regel ist nicht festzustellen, ob das Gegenteil bewiesen ist, denn hierauf kommt es nicht an. Anders kann es sein, wenn dieses Beweisergebnis eindeutig, die Frage der Beweislast aber problematisch ist.

4. Mehrere Beweisfragen

Ist über mehrere Fragen Beweis erhoben worden, so ist jede Frage gesondert zu prü- **249** fen. Die Reihenfolge der Prüfung sollte die wie bei der Schlüssigkeitsprüfung sein. Die Entstehung des Anspruchs sollte vor seinem Untergang, der Untergang vor der Hemmung geprüft werden.[1]

In der Darlegungsstation musste bereits geklärt werden, ob und in welchem Abhängigkeitsverhältnis verschiedene beweiserhebliche Tatsachen zueinander stehen (→ Rn. 187). Kommen ausschließlich vertragliche Ansprüche in Betracht, so ist, wenn schon ein Vertragsschluss nicht bewiesen ist, die Beweiswürdigung zu beenden. Auf einen zB streitigen Inhalt des (nicht bewiesenen) Vertrags kommt es nicht mehr an. Allenfalls in Ausnahmefällen kann, wenn das Ergebnis der Beweisaufnahme nicht ganz zweifelsfrei ist, die Prüfung fortgesetzt werden.

---

1 *Zimmermann* Rn. 204.

IV. Ergebnis

250 Ist die Beweisaufnahme eindeutig zugunsten oder zuungunsten einer Partei ausgefallen, so ergibt sich eine doppelte Schlussfolgerung:

- Die Schlussfolgerung aus der Tatsachenfeststellung, dass die Tatsachen x, y, z bewiesen oder nicht bewiesen sind.
- Die Schlussfolgerung aus der Schlüssigkeitsprüfung in Verbindung mit der Tatsachenfeststellung, dass der Klageanspruch aus §§ … begründet oder nicht begründet ist.

F. Zur Wiederholung und Vertiefung (Lösung → Rn. 711)

251 1. Wofür werden die Begriffe »Glaubwürdigkeit« bzw. »Glaubhaftigkeit« verwandt?
2. In welchen Fällen findet § 287 Anwendung?
3. Welches Beweismaß legt § 286, welches § 287 an?
4. Worin kann möglicherweise ein Interesse an einem bestimmten Ausgang des Rechtsstreits bei folgenden Zeugen liegen: Beim Notar, beim Handelsvertreter, beim Makler, beim Beifahrer? Beim Ehegatten, Verlobten, Kind, Geliebten, Freund, Mannschaftskollegen, Geschäftspartner einer Partei?
5. Ein Angestellter des Beklagten wird als einziges Beweismittel auf Antrag des Klägers als Zeuge zum Beweisthema: »Hat der Beklagte das Vertragsangebot des Klägers angenommen?« vernommen. Er sagt aus, der Beklagte habe das Angebot ausdrücklich abgelehnt, weil der Preis ihm zu hoch gewesen sei. Welche Erwägungen sind hinsichtlich der Glaubwürdigkeit des Zeugen anzustellen?

§ 25. Die Beweislast

I. Überblick

252 Die Beweislast ist entscheidend für die Frage, wer für eine rechtserhebliche, beweisbedürftige Tatsache Beweis anbieten und sie beweisen muss. Sie muss nur erörtert werden,

- in Zweifelsfällen bei der Formulierung der Beweisfrage (→ Rn. 230);
- bei der Prüfung der Zulässigkeit einer Parteivernehmung;
- wenn der Beweis noch nicht erbracht ist,
  - weil kein Beweis angetreten ist,
  - weil die Beweisaufnahme nicht zu einem klaren Ergebnis gekommen ist (»non liquet«),
  - weil ein Beweisbeschluss über die beweisbedürftigen Tatsachen noch nicht ergangen ist.

II. Grundsätze

253 Die Grundregel lautet: Jede Partei trägt die Beweislast für die ihr günstigen Umstände. Zunächst ist der Anspruchsteller für die normausfüllenden Tatsachen seines Anspruchs beweispflichtig. Sodann trägt derjenige, welcher sich auf Nichteintritt, Hemmung oder Untergang des an sich bestehenden Anspruchs beruft, die Beweislast für die rechtshindernden, rechtshemmenden oder rechtsvernichtenden Tatsachen.[1]

---

1 BGH NJW 1999, 352, 353 mwN; Thomas/Putzo/*Reichold* vor § 284 Rn. 23.

Der Anspruchsteller (das kann auch der widerklagende oder aufrechnende Beklagte sein) braucht grundsätzlich nur den normalen Entstehungstatbestand vorzutragen. Anomale Entstehungshindernisse sind rechtshindernde Einwendungen, die der Gegner beweisen muss.

> **Beispiele:** Geschäfts- oder Deliktsunfähigkeit, Schein-, Scherz- und unsittliches Geschäft, Notwehr, Notstand.

Bei einem Vertrag kann man nicht ohne weiteres von einem Normaltyp ausgehen. Bestreitet der Beklagte, den Vertrag unter den vom Kläger behaupteten Bedingungen angenommen zu haben, und behauptet er einen andern Vertragsinhalt, so »leugnet« er auch den Abschluss des vom Kläger behaupteten Vertrags und zwingt ihn zum Beweis.

> **Beispiel:** Behauptet der Beklagte Stundung des Kaufpreises bei Abschluss des Vertrags, so hat er den Vertrag nicht so angenommen, wie es der Kläger behauptet (§ 150 Abs. 2 BGB). Die Parteien waren sich über den Vertragsinhalt nicht einig. Der Kläger muss die uneingeschränkte Annahme beweisen. Anders, wenn der Beklagte eine nachträgliche Stundung behauptet. Dann gibt er den vom Kläger behaupteten Vertragsabschluss zu, macht aber eine Einrede geltend, für die er beweispflichtig ist.
> Behauptet der Kläger Darlehen und der Beklagte Schenkung, muss, was häufig falsch gesehen wird, der Kläger den Darlehensvertrag beweisen, denn mit der Behauptung der Schenkung bestreitet der Beklagte gleichzeitig (substanziiert) eine Einigung über ein Darlehen.

III. Gesetzliche Beweislastregeln, tatsächliche Vermutungen

S. hierzu zunächst → Rn. 157. Zum **Anscheinsbeweis**[1] ist ergänzend Folgendes auszuführen: Der Gegner kann   **254**

- die Vermutungsgrundlage bestreiten, sodass es nicht zu einer tatsächlichen Vermutung kommt,

  > **Beispiel:** Der Beklagte bestreitet, wegen Alkohols verkehrsuntüchtig gewesen zu sein.

- einen Sachverhalt vortragen (und, falls streitig, beweisen), der geeignet ist, die auf den typischen Geschehensablauf gestützte richterliche Überzeugung zu erschüttern.[2]

  > **Beispiel:** Der Beklagte behauptet, trotz seiner Alkoholisierung sei der Unfall nicht auf sein Verschulden, sondern auf ein vorsätzliches Handeln des Klägers zurückzuführen, der die Alkoholisierung habe ausnutzen wollen.

Gelingt ihm das, so hat nunmehr der andere die volle Beweislast.

Der auf einer tatsächlichen Vermutung beruhende Anscheinsbeweis bringt demnach keine Umkehr der Beweislast – wie eine gesetzliche Vermutung –, sondern nur eine Erleichterung in der Beweisführung.

Die Rechtsprechung lässt schließlich in Einzelfällen **Beweiserleichterungen** bis zur Beweislastumkehr zu (→ Rn. 156). Hier sind zu nennen Verletzungen der Dokumentationspflicht durch den behandelnden Arzt und Ansprüche aus Versicherungsverträgen.[3]

---

1 Zu Beispielen s. Msk/*Foerste* § 286 Rn. 26 ff.; Thomas/Putzo/*Reichold* § 286 Rn. 12 ff.
2 BGH NJW 1994, 945, 946; Thomas/Putzo/*Reichold* § 286 Rn. 13.
3 S. dazu Msk/*Foerste* § 286 Rn. 22, 37 ff.; Thomas/Putzo/*Reichold* vor § 284 Rn. 30 ff.

§ 26. Der Indizienbeweis

I. Überblick

255 Soll der Beweis durch Indizien geführt werden, so ist zu prüfen, ob die Hilfstatsachen (Indizien) im Falle ihres Feststehens die rechtlich maßgebliche Haupttatsache beweisen würden.[1] Es handelt sich um die <u>Prüfung, ob die Hilfstatsachen den Schluss auf die Haupttatsache zulassen</u> (Prüfung der Indizien auf ihre »Schlüssigkeit«). Die Prüfung erfolgt in der Beweisstation und ist nicht zu verwechseln mit der Schlüssigkeitsprüfung in der Darlegungsstation, die über die rechtliche Erheblichkeit von Haupttatsachen angestellt wird.

> **Beispiel:** Der Kläger verlangt Zahlung des Kaufpreises für einen verkauften PKW. Er behauptet (also vom Beklagten bestritten) die Einigung über die Essentialen des Kaufvertrages, ua über die Verpflichtung zur Zahlung eines Entgelts. Damit ist sein Vorbringen schlüssig. Der Kläger hat aber kein Beweismittel für den Vertragsschluss, also die Haupttatsachen Angebot und Annahme eines Vertragsangebots. Indiz für eine vertragliche Regelung könnte sein, dass der unstreitig zunächst dem Kläger gehörende Wagen sich seit einem gewissen Zeitpunkt im Besitz des Beklagten befindet. Das dürfte ohne weiteres (zB hoher Wagenwert, keine Bekanntschaft zwischen Kläger und Beklagtem) den Schluss auf einen Vertrag, zudem einen Kaufvertrag kaum zulassen. Kommen aber die zuvor bereits in Klammer genannten Umstände sowie die Tatsache hinzu, dass der Beklagte dem Kläger einen höheren Geldbetrag überwies, wäre der Schluss auf einen Kaufvertrag jedenfalls möglich, wenn der überwiesene Betrag einen üblichen Mietzins überschreitet. Allerdings wäre dann die Höhe des vereinbarten Kaufpreises nicht bewiesen. Hat der Kläger die Vereinbarung der Zahlung des Kaufpreises in zwei gleich hohen Raten behauptet und entspricht die Zahlung durch den Beklagten genau der Hälfte des vom Kläger behaupteten Gesamtkaufpreises, so kann darin ein Indiz auch für die Höhe des Kaufpreises gesehen werden. Ob dies letztlich als Beweis ausreicht, ist einzelfallabhängig. Hierfür kann zB herangezogen werden, dass nach dem Ergebnis der Beweisaufnahme schon das Bestreiten des Vertragsschlusses durch den Beklagten wahrheitswidrig war.

II. Abgrenzung zum Beweis des ersten Anscheins

256 Der → Rn. 254 behandelte Prima-facie-Beweis (Anscheinsbeweis) ist nicht mit dem Indizienbeweis (Anzeichenbeweis) zu verwechseln. Der Anscheinsbeweis beruht auf Erfahrungssätzen, wonach ein bestimmter Geschehensablauf vorliegt, der nach der Lebenserfahrung auf eine bestimmte Ursache oder Folge hinweist.[2] Mit dem Vortrag eines solchen typischen Geschehensablaufs können auch Lücken im Parteivortrag geschlossen werden.

> **Beispiel:** Der Kläger trägt im Verkehrsunfallprozess vor, dass der Beklagte mit seinem Fahrzeug auf das Fahrzeug des Klägers aufgefahren sei. Dieser Geschehensablauf spricht dafür, dass der Beklagte entweder unaufmerksam war oder den notwendigen Sicherheitsabstand nicht einhielt. Dies muss der Kläger genauso wenig vortragen wie Vorsatz oder Fahrlässigkeit des Beklagten, weil das schon typischerweise aus dem Auffahren folgt.

Dies ist bereits für die Darlegungsstation bedeutsam (→ Rn. 157). Der Indizienbeweis hat dagegen nur Bedeutung für die Beweisstation. Es sollen Tatsachen, die unmittelbar nicht bewiesen werden können, mittelbar durch Hilfstatsachen bewiesen werden.

---

1 Vgl. BGH NJW-RR 2013, 743 Rn. 26 f.
2 Msk/*Foerste* § 286 Rn. 23; Thomas/Putzo/*Reichold* § 286 Rn. 12.

III. Prüfung im Einzelnen

Zunächst ist die »Schlüssigkeit« der Indiztatsache zu prüfen, also die Frage, ob sie 257
den Schluss auf die zu beweisende rechtserhebliche Haupttatsache zulässt (→ Rn. 255).

Ist dies der Fall

- und die **Hilfstatsache unstreitig**, ist der Beweis erbracht.
- und die **Hilfstatsache** wirksam **bestritten** (→ Rn. 169 ff.), ist zu prüfen, ob der Beweis für das Vorliegen der Hilfstatsache erbracht ist. Hier ist eine Beweiswürdigung wie bei einer rechtserheblichen Haupttatsache vorzunehmen.

Ist dies nicht der Fall, ist der Beweis der Haupttatsache nicht erbracht, die beweispflichtige Partei also beweisfällig.

Nicht selten werden **mehrere Indizien** vorgetragen, die den Schluss auf ein und dieselbe Haupttatsache ermöglichen sollen. Dann ist zunächst jedes Indiz allein auf seine »Schlüssigkeit« zu prüfen. Fällt die Prüfung negativ aus, ist zu untersuchen, ob mehrere Indizien zusammen den Schluss auf die Haupttatsache zulassen.[1] Ist dies der Fall, stellt sich manchmal das Problem, dass zB einige Indizien unstreitig, andere dagegen streitig sind. Es muss dann bei der Schlüssigkeitsprüfung genau herausgearbeitet werden, welche Indizien in welcher Kombination den Schluss auf die Haupttatsache zulassen. Entsprechend ist in der »Indizienbeklagtenstation« zu verfahren. Das jeweilige Ergebnis muss die Kombinationen beschreiben, damit in einer folgenden Würdigung, ob der Beweis des Vorliegens der Indiztatsachen erbracht ist, das Ergebnis abzulesen ist und nicht erneut eine Prüfung der Indizwirkung vorgenommen werden muss.

> **Beispiel:** Der Kläger trägt für das Vorliegen der Haupttatsache H die Indizien A – G vor. A bis G sind jeweils isoliert auf ihre Schlüssigkeit zu prüfen. Reicht (nur) A allein aus, ist danach zu prüfen, ob B und C oder, falls nicht, B, C und D ausreichen usw. Das Ergebnis der Prüfung kann lauten: A reicht allein, B, C und D oder B, D und F zusammen, nicht aber die anderen Konstellationen reichen aus. Bestreitet der Beklagte A, nicht aber B, C und D, stehen B, C und D fest und damit hat der Kläger den (Indizien-) Beweis erbracht. Bestreitet der Beklagte auch B, C und D, hat der Kläger den Beweis erbracht, wenn er A oder B, C **und** D oder B und D beweist (weil F unstreitig ist).

9. Abschnitt. Die Entscheidung (»Entscheidungsstation«)

In der Klägerstation ist festgestellt worden, ob der Klagevortrag ausreicht, um dem 258
Kläger den begehrten Anspruch zuzusprechen; in der Beklagtenstation, ob das Vorbringen des Beklagten demgegenüber erheblich ist. In der Beweisstation ist untersucht worden, welche Tatsachen als feststehend anzusehen bzw. nicht bewiesen sind.

In der Darlegungsstation kann die Feststellung auch dahin gehen, dass zB der Klägervortrag oder das Bestreiten des Beklagten unsubstanziiert ist. Es kann das Ergebnis gefunden werden, dass eine Norm, die die Parteien nicht gesehen haben, entscheidenden Einfluss auf den Rechtsstreit hat (s. § 139 Abs. 2). In diesen Fällen ist meist die Erteilung eines rechtlichen Hinweises erforderlich. Ob Entscheidungsreife vorliegt oder noch ein Hinweis erteilt werden muss, ist dann, wenn Anhaltspunkte für die Notwendigkeit eines Hinweises vorliegen, zunächst zu untersuchen.

---

1 S. auch BGH NJW-RR 2013, 743 Rn. 26 f.

Dies gilt auch für Klausuren, die mit einer Entscheidung enden sollen; nach den Bearbeitervermerken ist aber in der Regel davon auszugehen, dass solche Hinweise erteilt sind und zu einem bestimmten Ergebnis geführt haben.

Liegt Entscheidungsreife vor, ist in der Entscheidungsstation der Urteilstenor gutachtlich herauszuarbeiten (→ Rn. 259 ff.); dies mündet in dem Vorschlag eines bestimmten Tenors.

Liegt keine Entscheidungsreife vor (bei Arbeiten in der Praxis, kaum bei Examensklausuren), ist ein Beweisbeschluss (→ Rn. 226 ff.), ein Hinweis- und/oder Auflagenbeschluss (→ Rn. 337) oder auch ein Vergleichsvorschlag (→ Rn. 338) zu erarbeiten.

§ 27. Das Urteil als Entscheidung

259 In den Examensarbeiten, häufig aber auch in den praktischen Arbeiten, wird Entscheidungsreife vorliegen. Dann ist in der Entscheidungsstation im Gutachtenstil der Tenor des Urteils zu entwickeln. Natürlich kann in einfach gelagerten Fällen auch im Urteilsstil gearbeitet werden. Zu entwickeln sind der Tenor in der Hauptsache (→ Rn. 260 ff.) und die so genannten prozessualen Nebenentscheidungen (→ Rn. 274 ff., Kosten, vorläufige Vollstreckbarkeit und Rechtsmittelzulassung).

A. Der Tenor in der Hauptsache

260 Im Folgenden wird die Fassung des Tenors für »normale« Klagen beschrieben. Zu den Besonderheiten beim Einspruch gegen Vollstreckungsbescheid oder Versäumnisurteil → Rn. 427 ff., zur Widerklage → Rn. 441 f., zur Berufung → Rn. 484 ff., zum Urkundenprozess → Rn. 460, zur Erledigung der Hauptsache → Rn. 415.

I. Bescheiden der Anträge

1. Erschöpfende Entscheidung

261 Der Tenor (die Urteilsformel) muss die Klageanträge der Parteien **erschöpfend bescheiden**, es sei denn, es ergeht zunächst nur ein Teilurteil (§ 301). Wird der Klage nicht in vollem Umfang stattgegeben (und sei es nur wegen eines Zinstages), muss die weitergehende Klage abgewiesen werden.

> **Beispiel:** Der Kläger verlangt neben Zahlung von 5.000,00 EUR Zinsen in Höhe von 5 Prozentpunkten über dem jeweiligen Basiszinssatz seit dem 31.7.2013. Er kann Zinsen aber erst seit dem 1.8.2013 verlangen. Der Tenor würde lauten:
> »Der Beklagte wird verurteilt, an den Kläger 5.000,00 EUR nebst Zinsen in Höhe von 5 Prozentpunkten über dem jeweiligen Basiszinssatz seit dem 1.8.2013 zu zahlen. Im Übrigen wird die Klage abgewiesen.« (Oder: »Wegen der weitergehenden Zinsforderung wird die Klage abgewiesen.«).

2. Bindung an den Antrag

262 Anderseits darf die Entscheidung nicht über die Anträge hinausgehen (§ 308 Abs. 1), es darf also nicht mehr oder anderes, wohl aber weniger zugesprochen werden als beantragt.

Beispiele:

- Wenn der Kläger keine Zinsen begehrt, obwohl sie ihm offensichtlich zustehen, dürfen keine Zinsen zugesprochen werden.
- Stellt der Kläger einen bezifferten Schmerzensgeldantrag, stellt die Höhe also nicht in das Ermessen des Gerichts, darf kein höheres Schmerzensgeld zugesprochen werden, selbst wenn das Gericht dies für gerechtfertigt hielte.
- Beantragt der Kläger eine Rente, darf ihm keine Kapitalabfindung zugesprochen werden,[1] da es sich um ein »aliud« handelt.
- Zulässig ist es demgegenüber, bei einheitlichem Streitgegenstand einzelne unselbstständige Schadenpositionen zu verschieben (für Position »A« statt verlangter 2.500,00 EUR 2.400,00 EUR zuzusprechen, dagegen für Position »B« statt 900,00 EUR 1.000,00 EUR. Nur der gesamte zugesprochene Betrag darf den Klageantrag nicht übersteigen).

3. »Minus«, sprachliche Korrekturen

Zulässig ist es, ein »Weniger« zu gewähren.

Beispiele:

- Der uneingeschränkten Klage wird nur Zug um Zug gegen eine Gegenleistung stattgegeben.
- Es wird zur Hinterlegung statt zur Zahlung verurteilt.
- Statt zur Zahlung wird zur Duldung der Zwangsvollstreckung in ein Grundstück verurteilt (§ 1147 BGB).

Zulässig ist es schließlich auch, sprachliche Ungenauigkeiten des Antrags im Urteilstenor zu korrigieren.

4. Darstellungsstelle

Überwiegend wird es so sein, dass die oben genannten Punkte bereits in der **Darlegungsstation** zu klären sind (zB, ob statt dem nicht zustehenden Zahlungsanspruch die Duldung der Zwangsvollstreckung zuerkannt werden kann; ob es zulässig ist, Schadenpositionen zu verschieben; ob eine Zug um Zug-Verurteilung erfolgen kann.). Teilweise sind die Fragen aber in der »Entscheidungsstation« zu klären (zB die Berichtigung sprachlicher Ungenauigkeiten). **263**

II. Bestimmtheit des Ausspruchs

In aller Regel entspricht beim Stattgeben der Klage der Hauptsachetenor dem Klageantrag. Es ist bereits innerhalb des vorhergehenden Gutachtens zu prüfen, ob der Antrag klar gefasst oder auslegungsbedürftig ist (→ Rn. 93 ff.). Ist der Antrag zu unbestimmt und wäre es damit auch der Tenor, ist dies bei der Zulässigkeit zu prüfen (→ Rn. 112). Gleichwohl kann in der Entscheidungsstation eine neue Prüfung erforderlich sein, wenn zB sprachliche Ungenauigkeiten ausgeglichen werden sollen, der Tenor zulässigerweise anders als der Antrag gefasst (Zusprechen eines Minus; Tenor einer einstweiligen Verfügung, s. § 938 Abs. 1) oder eine Zug um Zug zu erbringende Gegenleistung formuliert werden soll. **264**

1. Leistungsurteil

Der Ausspruch in einem Leistungsurteil muss so bestimmt sein, dass er zur Zwangsvollstreckung geeignet ist.[1] Dies ist nur dann der Fall, wenn er inhaltlich hinreichend **265**

---

1 RGZ 136, 375.

bestimmt ist. Er muss aus sich heraus verständlich sein und für jeden Dritten erkennen lassen, was der Gläubiger vom Schuldner verlangen kann.

2. Feststellungsurteile

266 Stattgebende Feststellungsurteile beginnen: »Es wird festgestellt, dass …«. Im Übrigen ist eine bestimmte Bezeichnung der Feststellung unerlässlich.

> **Beispiel:** Es darf nicht heißen: »Es wird festgestellt, dass der Kläger Eigentümer des PKW's mit dem amtlichen Kennzeichen DO-OF 6789 ist«, weil das Kennzeichen wechseln kann; anzugeben ist vielmehr jedenfalls die Fahrgestellnummer.

267 Gestaltungsurteile gestalten, ändern die bestehende Rechtslage. Dies muss im Tenor zum Ausdruck kommen.

> **Beispiele:** Es darf nicht heißen: »Die Ehe der Parteien ist geschieden«, sondern »wird geschieden«. Bei der stattgebenden Vollstreckungsabwehrklage (§ 767) »**wird**« die Zwangsvollstreckung, die vorher zulässig war, durch das Urteil für unzulässig erklärt.

3. Bezugnahme

268 Zulässig ist es, in einem Urteil auf **Anlagen** Bezug zu nehmen, die **mit dem Urteil fest verbunden** werden. Dies können Skizzen oder Lagepläne sein; in der Praxis häufig werden zB in Wettbewerbssachen Anzeigen beigefügt, die in Zukunft nicht mehr veröffentlicht werden sollen.

III. Nichts Überflüssiges

269 Der Urteilstenor soll nichts Überflüssiges enthalten. Die Rechtskraftwirkung kann ohnehin nur dem Urteil insgesamt, also mit Tatbestand und Entscheidungsgründen, entnommen werden. Es wird also **nicht** ausgesprochen, dass der Beklagte dem Kläger **wegen des Verkehrsunfalls** am … 1.000,00 EUR Schadenersatz zu zahlen hat, sondern nur: »Der Beklagte wird verurteilt, an den Kläger 1.000,00 EUR zu zahlen.« Auch wird eine Klage **nicht** »als unzulässig« abgewiesen, die Abweisung ist ausreichend.

Ausnahmen gelten, wenn das Gesetz eine bestimmte Fassung des Tenors vorsieht (s. zB §§ 341 Abs. 1 S. 2, 522 Abs. 1 S. 2, 597 Abs. 2). Weiter werden zur erleichterten Kostenabrechnung den Streitwert nicht erhöhende Nebenforderungen nebst Bezeichnung in den Tenor aufgenommen: »nebst **Zinsen** in Höhe von …«, nebst vorgerichtlichen **Mahnkosten** in Höhe von …«.

Ich halte es auch für sinnvoll, wenn nur wegen des Teils einer Nebenforderung die Klage abgewiesen wird, dies in dem Tenor zu erwähnen, damit die Parteien oder andere Leser des Urteils sofort sehen, wo die Teilabweisung liegt (»Wegen der Zinsmehrforderung wird die Klage abgewiesen.«). Notwendig ist dies aber nicht.

IV. Stattgebendes Urteil

1. Fassung des Tenors

270 Der Tenor des stattgebenden **Leistungsurteils** lautet: »Der Beklagte wird verurteilt, an den Kläger … (Leistung).« Die Leistung richtet sich nach dem als berechtigt be-

---

1 S. dazu Thomas/Putzo/*Seiler* vor § 704 Rn. 16 ff.; § 794 Rn. 49; *Lackmann* Rn. 55 ff.

fundenen Klagebegehren, kann also eine Geldzahlung sein, die Herausgabe einer beweglichen oder unbeweglichen Sache, die Vornahme oder das Unterlassen bzw. Dulden einer Handlung. Wichtig ist, dass bezeichnet wird:

* wer (der Beklagte oder Widerbeklagte)
* an wen (den Kläger oder Widerkläger)
* bei mehreren Parteien die Haftungs- oder Forderungsform (zB Gesamtschuldner, Mitgläubiger)
* was genau (bestimmte Bezeichnung der Leistung)

zu leisten hat.

> **Beispiel:** (weitere Beispiele → Rn. 801). »Die Beklagten werden als Gesamtschuldner[1] verurteilt, an den Kläger 12.500,00 EUR nebst Zinsen in Höhe von 5 Prozentpunkten[2] über dem jeweiligen Basiszinssatz seit dem 1.12.2013 zu zahlen.«

Wird der Klage nur Zug um Zug gegen eine vom Kläger vorzunehmende Leistung stattzugeben, ist die Zug um Zug zu erbringende Gegenleistung so genau wie bei einem entsprechenden Leistungsurteil zu bezeichnen.

Zu Feststellungs- und Gestaltungsurteilen → Rn. 801.

2. Fehlerhafte Formulierungen

Falsch sind folgende Formulierungen, die leider nicht selten sogar in Examensklausuren zu finden sind: **271**

* »Die Klage ist begründet.« (Wie soll das vollstreckt werden?)
* »Der Klage wird stattgegeben.« (Wie soll das vollstreckt werden?)
* »Der Beklagte wird verurteilt, 10.000,00 EUR nebst 4% Zinsen seit dem 1.4.2013 zu zahlen.« (An wen?)
* »Der Beklagte wird verurteilt, an den Kläger ... EUR nebst 4% Zinsen seit Rechtshängigkeit zu zahlen.« (Der Zinsanspruch ist mangels Angabe des Datums der Rechtshängigkeit nicht vollstreckbar.[3] Das Vollstreckungsorgan kennt die Akten nicht!).

V. Klageabweisung

Wird die Klage abgewiesen, heißt der Tenor im Allgemeinen schlicht: »Die Klage wird abgewiesen.« Er darf **nicht** heißen: »Die Klage ist unbegründet (unzulässig).«, weil dies keine Entscheidung, sondern nur eine Feststellung wäre, auch nicht, weil überflüssig (→ Rn. 269): »Die Klage wird als unbegründet (unzulässig) abgewiesen.«   **272**

Ausnahmen ergeben sich wiederum und nur dann, wenn gesetzliche Vorschriften eine andere Fassung des Tenors vorsehen (→ Rn. 269).

---

1 Bei mehreren Beklagten ist stets die Haftungsform anzugeben, → Rn. 270.
2 Bei Verurteilung zum Verzugszinssatz des § 288 BGB darf es **nicht** heißen: in Höhe von 5% über dem Basiszinssatz. Beträgt dieser zB 4%, wären 5% darüber 4,2% (4 + 5% von 4). 5 Prozentpunkte über dem Basiszinssatz, wie es im Gesetz heißt, wären 9% (4 + 5)! Zumindest zur Klarstellung sollte unbedingt auch auf den **jeweiligen** Basiszinssatz abgestellt werden.
3 Ist in einer Klausur versehentlich das Datum der Rechtshängigkeit nicht ersichtlich (häufig steht es im Bearbeitervermerk), sollte ein Datum kurz nach Eingang der Klage gewählt und in einer Fußnote erläutert werden, warum das Datum konstruiert wurde.

VI. Teilweises Stattgeben

273 Wird der Klage nur teilweise stattgegeben, bleibt die Entscheidung also hinter dem Antrag des Klägers zurück, ist in jedem Fall neben dem stattgebenden Ausspruch die Klage im Übrigen abzuweisen.

> Der Beklagte wird verurteilt, an den Kläger 250,00 EUR zu zahlen. Im Übrigen wird die Klage abgewiesen.« »Unter Abweisung der Klage im Übrigen wird der Beklagte verurteilt, ...«

Eine Teilklageabweisung ist insbesondere auch erforderlich:

- Wenn nur ein Tag Zinsen nicht berücksichtigt wurde oder ein Cent weniger als beantragt.
- Wenn der uneingeschränkten Klage nur Zug um Zug gegen eine Gegenleistung stattgegeben wird.
- Wenn statt dem Haupt- nur dem Hilfsantrag des Klägers stattgegeben wird (nicht umgekehrt).

B. Die Kostenentscheidung

I. Überblick

1. Kostengrundentscheidung und Festsetzung

274 Im Urteil wird nur über den **Grund** der Kostentragungspflicht entschieden, nicht darüber, welche Kosten tatsächlich zu ersetzen sind. Insofern kann aus dem Urteil wegen der Kosten nicht vollstreckt werden, weil deren Höhe nicht genannt ist.

Der **Höhe** nach werden die Kosten auf Antrag durch den Rechtspfleger gegen denjenigen festgesetzt, der die Kosten nach dem Urteil zu tragen hat. Dies können auch beide Parteien sein.

> **Beispiel:** Einer Klage wird zum Teil stattgegeben, zum Teil wird sie abgewiesen. Die Kostenentscheidung mag lauten: »Von den Kosten des Rechtsstreits haben der Kläger 20% und der Beklagte 80% zu tragen.« Hier kann der Kläger 80% seiner Kosten (dazu genauer → Rn. 279) gegen den Beklagten und der Beklagte 20% seiner Kosten gegen den Kläger festsetzen lassen.

Die Festsetzung erfolgt durch den Rechtspfleger im Kostenfestsetzungsverfahren (§§ 103 ff.). Es ergeht ein Kostenfestsetzungsbeschluss des Inhalts, dass zB die dem Kläger von dem Beklagten zu erstattenden Kosten auf 1.000,00 EUR nebst Zinsen festgesetzt werden. Aus diesem Beschluss kann dann der Kläger gegen den Beklagten die Vollstreckung wegen der Kosten betreiben (s. § 794 Abs. 1 Nr. 2), aus dem Urteil die dort formulierte Hauptsacheentscheidung.

Im Kostenfestsetzungsverfahren ist eine **Aufrechnung** grundsätzlich nicht möglich, sodass im Streitfall nur die Vollstreckungsabwehrklage bleibt.[1] Anderes kann nur dann gelten, wenn die Gegenforderung unstreitig oder rechtskräftig festgestellt ist, aber bei Kostenquotelung darf nicht mit dem titulierten Zahlungsanspruch aufgerechnet werden.[2] Eine Sonderform der Aufrechnung findet allerdings im Kostenfest-

---

1 Thomas/Putzo/*Hüßtege* § 104 Rn. 12; s. ausführlich OLG Düsseldorf Rpfleger 1996, 373 mwN.
2 OLG Düsseldorf Rpfleger 1996, 373, 374; Msk/*Lackmann* § 104 Rn. 8; anders (auch bei Quotelung, wenn beide Parteien ihre Festsetzungsanträge eingereicht haben) OLG München NJW-RR 2000, 1524; MüKoZPO/*Schulz* § 104 Rn. 40; Thomas/Putzo/*Hüßtege* § 104 Rn. 13.

setzungsverfahren selbst statt, wenn beide Parteien zur Kostentragung verurteilt wurden. Dann werden nach Anmeldung der Kosten durch beide Parteien (s. § 106 Abs. 1) die Kosten miteinander verrechnet (sog. Kostenausgleichung); nur derjenige erhält einen Kostentitel, dessen erstattungsfähige Kosten unter Berücksichtigung der Kostenquote über denen des Gegners liegen.

> **Beispiel:** Nach dem Urteil haben der Kläger 40% und der Beklagte 60% der Kosten des Rechtsstreits zu tragen. Der Kläger meldet erstattungsfähige Kosten in Höhe von 1.000,00 EUR an. Damit kann er grundsätzlich vom Beklagten 600,00 EUR verlangen. Der Beklagte meldet Kosten in Höhe von 600,00 EUR an.[1] Hiervon hat der Kläger 40%, also 240,00 EUR zu tragen. Der Kostenfestsetzungsbeschluss lautet also auf 360,00 EUR (600–240) zugunsten des Klägers: »Die dem Kläger von dem Beklagten zu ersetzenden Kosten werden auf 360,00 EUR festgesetzt.«

Das Kostenausgleichungsverfahren ist allerdings nicht zwingend (s. § 106 Abs. 2) und kann deshalb bei der Entscheidung über die Höhe der Sicherheitsleistung bei der vorläufigen Vollstreckbarkeit nicht berücksichtigt werden (→ Rn. 314, 324).

2. Kostenerstattungsansprüche

Es ist grundsätzlich zu unterscheiden zwischen dem prozessualen und dem materiellen Kostenerstattungsanspruch.[2]　　　　**275**

a) Prozessualer Kostenerstattungsanspruch. Im Urteil wird anhand der Vorschriften der ZPO (→ Rn. 281) darüber entschieden, wer die Kosten des Rechtsstreits zu tragen hat. Das ist der **prozessuale Kostenerstattungsanspruch,** der sich regelmäßig allein nach den Vorschriften der ZPO richtet (zur Ausnahme Erledigung der Hauptsache → Rn. 410). Er entsteht ab Rechtshängigkeit als aufschiebend bedingter Anspruch. Bedingung ist die Entscheidung, dass der Gegner die Kosten des Rechtsstreits zu tragen hat.[3] Mit Erlass der Kostenentscheidung im vorläufig vollstreckbaren Urteil wird der Anspruch wirksam; die aufschiebende Bedingung wandelt sich in eine auflösende Bedingung (Abänderung in der Rechtsmittelinstanz) um. Damit wird der Anspruch fällig.[4]

b) Materieller Kostenerstattungsanspruch. In der Regel steht dem obsiegenden Kläger auch ein materieller Kostenerstattungsanspruch, also zB ein solcher nach den Vorschriften des BGB, zu.　　　　**276**

> Der Beklagte wird meist in Verzug sein vor Klageerhebung; die Kosten der Klage sind dann adäquat kausal durch den Verzug verursacht worden und damit nach §§ 280 Abs. 1, 286 BGB zu erstatten. Spätestens tritt der Verzug, wenn die Forderung des Klägers fällig ist, durch Zustellung der Klage ein (§ 286 Abs. 1 S. 2 BGB). Dieser Anspruch aus §§ 280 Abs. 1, 286 BGB deckt sich mit dem prozessualen Kostenerstattungsanspruch, soweit es um die Kosten des Rechtsstreits geht. Hat der Kläger im Prozess zu viel verlangt und ist deshalb die Klage teilweise abgewiesen worden, wäre wegen § 254 BGB der Schadenersatzanspruch entsprechend zu mindern. Allerdings fehlt einer Klage auf Erstattung des Schadens das Rechtsschutzinteresse, weil der Kläger den Anspruch billig und einfach im Kostenfestsetzungsverfahren festsetzen lassen kann.

---

1 Die erstattungsfähigen Kosten des Beklagten liegen regelmäßig unter denen des Klägers, weil der Kläger 3 Gerichtsgebühren vorausbezahlen musste, die der Beklagte entsprechend seiner Quote ausgleichen muss.

2 S. hierzu *Fischer* JuS 2013, 694 ff.

3 BGH NJW 1983, 284; Thomas/Putzo/*Hüßtege* vor § 91 Rn. 9.

4 BGH JR 1976, 332 ff.; Thomas/Putzo/*Hüßtege* vor § 91 Rn. 10; zur Möglichkeit der Aufrechnung s. *Lackmann* Rn. 549.

Allerdings kann es vorkommen, dass der Kläger nicht seinen gesamten Schadenersatzanspruch über den prozessualen Erstattungsanspruch realisieren kann. Vor Einführung und späterer Änderung des § 269 Abs. 3 S. 3 zB konnte der Kläger dann, wenn der Beklagte zwischen Anhängigkeit (Einreichung) der Klage und Rechtshängigkeit (Zustellung) zahlte, keine für ihn günstige prozessuale Kostenentscheidung erreichen (die Klage war wegen der Erfüllung von Anfang an unbegründet, da maßgeblich die Zustellung ist). Hier blieb der gesondert oder im Wege der Klageänderung beizutreibende materielle Schadenersatzanspruch auf Erstattung der Kosten gerichtet. Heute kann das Problem noch auftreten, wenn der Kläger nach Verzugseintritt einen Anwalt beauftragt, durch dessen Tätigwerden die Geschäftsgebühr der Nr. 2300 RVG VV entstehen kann, der Beklagte aber vor Klageeinreichung zahlt. Hier kann der Kläger seinen Schadenersatzanspruch aus Verzug nur im Klagewege realisieren.

3. Verhältnis Partei, Anwalt, Gegner

277 Bestellt eine Partei, zB der Kläger, einen Rechtsanwalt, so kommt zwischen Kläger und seinem Anwalt in der Regel ein entgeltlicher Geschäftsbesorgungsvertrag (§ 675 BGB) mit Dienstvertragscharakter zustande. Aus diesem Vertrag erwirbt der Anwalt einen Anspruch gegen seinen Mandanten auf Bezahlung seines sich aus den Vorschriften des RVG ergebenden Honorars. Ergeht eine Kostenentscheidung zugunsten des Klägers, erwirbt sein Anwalt nicht etwa einen Kostenerstattungsanspruch gegen den Beklagten. Vielmehr sind die Anwaltskosten, die in aller Regel notwendig iSd § 91 Abs. 1 S. 1 sind, als Kosten des Klägers gegen den Beklagten festzusetzen. Für die Bezahlung seines Anwalts muss der Kläger selbst sorgen (wenn es der Anwalt nicht tut, zB dadurch, dass er aus dem Kostenfestsetzungsbeschluss für den Kläger gegen den Beklagten vollstrecken lässt und seine Gebühren von dem an den Kläger nach der Vollstreckung auszuzahlenden Betrag abzieht). Die Kostenentscheidung im Prozess hat auf die Höhe des anwaltlichen Honorars im Verhältnis Kläger/Klägeranwalt keinen Einfluss. Das Honorar richtet sich also bei Teilabweisung der Klage nach dem Streitwert der Klage, nicht nach dem im Urteil zugesprochenen Anspruch. Allenfalls kann der Kläger einen Regressanspruch gegen seinen Anwalt in Höhe der überschießenden Gebühren haben, wenn der Anwalt ihm vorwerfbar nicht von der zu hohen Klage abgeraten hat.

Hat der Kläger (entsprechend natürlich auch der Beklagte, wenn ihm ein materiell-rechtlicher Anspruch gegen den Kläger zusteht) seinen Anwalt vor Urteilserlass bereits ganz oder teilweise bezahlt (Vorschuss!), hat er **materiell-rechtlich** einen auf Geld gerichteten Schadenersatzanspruch gegen den Beklagten. Hat er noch nicht an seinen Anwalt gezahlt, liegt sein Schaden in der Belastung mit einer Verbindlichkeit (Anspruch des Anwalts gegen den Kläger aus § 675 BGB); dieser Anspruch geht (mangels eigener Zahlung des Geschädigten) nur unter den Voraussetzungen des § 250 BGB in einen Geldanspruch über. Fehlen die Voraussetzungen des § 250 BGB, kann der Kläger gegen den Beklagten einen bestehenden materiell-rechtlichen Anspruch nur dahin geltend machen, »dass der Beklagte verurteilt wird, den Kläger von den Ansprüchen des Rechtsanwalts ABC gegen den Kläger in Höhe von 1234,56 EUR freizustellen.«

4. Kostenarten

278 Die Kosten des Rechtsstreits werden in Gerichtskosten und außergerichtliche Kosten unterschieden.

a) Gerichtskosten sind die im GKG geregelten **Gerichtsgebühren** und die Auslagen des Gerichts. Die Gebühren für den Zivilprozess sind geregelt in Nr. 1210 ff. der Anlage 1 zu § 3 Abs. 2 GKG, dem Kostenverzeichnis (KV) zum GKG. Im Grundsatz fallen in einem streitig zu Ende geführten Prozess erster Instanz 3 Gerichtsgebühren an (im Berufungsverfahren 4), deren Höhe sich nach dem Streitwert und der Anlage 2 zu § 34 GKG richtet. Diese 3 Gerichtsgebühren sind nach § 12 Abs. 1 GKG im Voraus zu entrichten; eine Klage wird regelmäßig erst nach Eingang der Zahlung zugestellt. Im Mahnverfahren ist zunächst eine halbe Gebühr zu entrichten; geht das Verfahren in das streitige Verfahren über, werden mit Eingang der Akten beim Streitgericht weitere 2,5 Gerichtsgebühren fällig. Eine Ermäßigung der Gerichtsgebühren auf eine Gebühr findet in bestimmten Fällen gem. Nr. 1211 KV GKG statt (zB bei Klagerücknahme, Anerkenntnisurteil).

Auslagen des Gerichts sind nach Maßgabe der Nrn. 9000 ff. KV GKG zu erstatten. Dazu gehören Schreibkosten, Zustellungskosten und insbesondere Sachverständigenvergütung und Ersatz von Zeugenauslagen nach dem JVEG. Sachverständigengutachten werden in der Regel erst nach Zahlung eines Vorschusses für die voraussichtlich entstehende Vergütung in Auftrag gegeben; auch die Ladung von Zeugen kann von einer Vorschusszahlung abhängig gemacht werden.

b) Außergerichtliche Kosten sind die einer Partei in einem Prozess entstehenden **279** Kosten. Dies sind besonders die Anwaltskosten, aber auch zB Fahrtkosten einer Partei zum Termin oder Verdienstausfall wegen des Termins.

Die Anwaltskosten (s. hierzu auch → Rn. 277) richten sich nach dem Vergütungsverzeichnis des RVG (Anlage 1 zu § 2 Abs. 2 RVG, im Folgenden RVG-VV).

Der Anwalt erhält (mangels Gebührenvereinbarung) eine **Verfahrensgebühr** nach Nr. 3100 RVG-VV nach einem Satz von 1,3. Findet ein Termin statt (und in weiteren genannten Fällen), entsteht eine **Terminsgebühr** nach Nr. 3104 RVG-VV nach einem Satz von 1,2 bei streitiger Verhandlung. Bei Nichterscheinen der anderen Partei beträgt der Satz 0,5, wenn zB ein Antrag auf Erlass eines Versäumnisurteils gestellt wird. Findet ein Termin statt, in dem beide Anwälte anwesend sind, der eine aber nicht verhandelt, ergeht auf Antrag ein Versäumnisurteil gegen die nicht verhandelnde Partei (§ 333). Die Terminsgebühr fällt gleichwohl für beide Anwälte nach dem vollen Satz von 1,2 an (s. Nr. 3105 Abs. 3 RVG-VV).

Kommt es zum Vergleich, erhält der Anwalt eine **Einigungsgebühr**. Der Satz beträgt vor einem Prozess nach Nr. 1000 RVG-VV 1,5; wird der Vergleich im Rahmen eines Prozesses geschlossen, beträgt der Satz 1,0 (Nr. 1003 RVG-VV).

Die **Höhe** der jeweiligen Gebühr richtet sich nach dem Streitwert und der Anlage 2 zu § 13 Abs. 1 RVG. Die Gebührensätze sind zu addieren, die sich aus der Tabelle ergebende Gebühr ist mit der Satzsumme zu multiplizieren.

> **Beispiel:** Der Streitwert einer Klage beträgt 10.000,00 EUR. Es findet ein Termin statt, in dem nach streitiger Verhandlung ein Vergleich geschlossen wird. Es sind die Gebührensätze der Nrn. 3100 (Verfahrensgebühr) von 1,3, 3104 (Terminsgebühr) von 1,2 und 1003 (Einigungsgebühr) von 1,0 entstanden. Bei einem Streitwert von 10.000,00 EUR beträgt eine Gebühr 558,00 EUR. Die Anwaltsvergütung beträgt 1.953,00 EUR (558 * (1,3 + 1,2 + 1,0)) (= 558 * 3,5).

Zusätzlich erhält der Anwalt eine Auslagenpauschale von 20% seiner Gebühren, höchstens 20,00 EUR (Nr. 7002 RVG-VV) und auf die Gesamtsumme die Mehrwertsteuer (Nr. 7008 RVG-VV). Im Beispielsfall beliefe sich damit die Vergütung einschließlich Pauschale und MwSt. auf 2.347,87 EUR ((1953 + 20) * 119%). Der Anwalt, der **mehrere Auftraggeber** vertritt, bekommt nach Nr. 1008 RVG-VV für jeden weiteren Auftraggeber einen Satz von 0,3 zusätzlich, höchstens allerdings einen Satz von 2,0. § 7 Abs. 1 RVG besagt nichts anderes, denn zur Gebühr gehört auch die Erhöhungsgebühr der Nr. 1008.

Wird der Anwalt zunächst mit einer außergerichtlichen Wahrnehmung der Interessen seines Mandanten beauftragt (Zahlungsaufforderung, vorprozessuale Vergleichsverhandlungen), erhält er eine Geschäftsgebühr nach Nrn. 2300 ff. RVG-VV. Diese Geschäftsgebühr wird zur Hälfte, höchstens aber mit einem Satz von 0,5 auf die Verfahrensgebühr angerechnet.

Weitere Beispiele für die Berechnung der Gerichtskosten und Anwaltskosten finden Sie → Rn. 324.

280 **c) Erstattungsfähigkeit von Anwaltskosten.** In → Rn. 279 sind die möglichen Gebührenansprüche des Anwalts gegen seinen Mandanten dargelegt worden. Diese Kosten sind aber als Kosten des Rechtsstreits nach § 91 Abs. 1 S. 1 vom Gegner bei entsprechender Kostenentscheidung nur zu erstatten, wenn sie notwendig waren. Dies ist im Kostenfestsetzungsverfahren (→ Rn. 274) zu prüfen. Ist eine Gebührenvereinbarung zwischen Anwalt und Mandant getroffen, so ist diese, sofern wirksam, zwischen Anwalt und Mandant maßgeblich. Über die gesetzlichen Gebühren hinausgehende Gebühren sind aber nicht erstattungsfähig nach § 91 Abs. 1, da sie nicht notwendig sind. Schließlich kann auch die angefallene Mehrwertsteuer von der Gegenseite nicht erstattet verlangt werden, wenn die vom Anwalt vertretene Partei vorsteuerabzugsberechtigt ist (dies ist in der Regel bei Unternehmern im Rahmen ihres Geschäftsbetriebs der Fall).

5. Gesetzliche Vorschriften für die Kostenentscheidung

281 Die Regelungen über die Kostenentscheidung sind überwiegend in den §§ 91 bis 101 enthalten, aber auch in den sonstigen Vorschriften, zB §§ 269 Abs. 3, 281 Abs. 3 S. 2, 344, 516 Abs. 3 S. 1.

Grundlegende Vorschriften sind § 91 für das volle Obsiegen, § 92 für das teilweise Obsiegen und § 97 für Rechtsmittelverfahren. § 100 regelt die Kostenentscheidung für unterliegende Streitgenossen, § 101 die der Nebenintervention.

Weitere wichtige besondere Anordnungen enthalten § 91a (übereinstimmende Erledigung, → Rn. 406 ff.), § 93 (sofortiges Anerkenntnis), § 269 Abs. 3 (Klagerücknahme), § 281 Abs. 3 S. 2 (Anrufung eines unzuständigen Gerichts) und § 344 (Kosten der Säumnis). Für besondere Klagearten gilt der hier nicht näher erläuterte § 93b (Räumungsklagen). Über die Regelungen in §§ 94 bis 96 kann auf bestimmtes Prozessverhalten reagiert werden. Regelungen über die Kosten bei Rücknahme von Rechtsmitteln enthalten §§ 516 Abs. 3 S. 1, 565 iVm § 516 Abs. 3 S. 1, im Beschwerde-[1] und Rechtsbeschwerdeverfahren gilt bei einer Rücknahme § 516 Abs. 3 entsprechend.

6. Einheitlichkeit der Kostenentscheidung

282 Wie insbesondere aus §§ 91 und 92 deutlich wird, muss die Kostenentscheidung einheitlich ergehen.[2] Es wird entschieden, wer die Kosten des Rechtsstreits trägt, nicht wer die Kosten bestimmter Teile des Rechtsstreits tragen muss. Auch die Degression der Kosten (je höher der Streitwert, umso weniger steigen relativ gesehen die Kosten) zwingt hierzu, weil getrennte Entscheidungen eine Partei benachteiligen würden.

---

1 Msk/*Ball* § 572 Rn. 22 mwN.
2 Allg. Ansicht; s. ausführlich *Knöringer* Rn. 3.09, 3.12 f.; Thomas/Putzo/*Hüßtege* § 91 Rn. 5.

Beispiele:

* Bei Klage und Widerklage ist einheitlich zu entscheiden (Addition der Streitwerte und Kosten-verteilung nach Maßgabe des jeweiligen Unterliegens, s. genau → Rn. 441 f.). Es ist **nicht zuläs-sig** zu entscheiden: »Der Beklagte hat die Kosten der Klage, der Kläger die der Widerklage zu tra-gen.«
* Es darf nicht zwischen Haupt- und Hilfsanträgen getrennt werden.
* Es dürfen dem Beklagten nicht die »durch seine Hilfsaufrechnung entstandenen Kosten« auferlegt werden.

Nur ausnahmsweise in folgenden Fällen ist eine Kostentrennung kraft gesetzlicher **283** Vorschrift zulässig und notwendig:

* Gem. § 281 Abs. 3 S. 2 sind dem Kläger die durch die Anrufung des unzuständigen Gerichts entstandenen Kosten auch dann aufzuerlegen, wenn er in der Hauptsache obsiegt.
* Gem. § 344 sind die Kosten der Säumnis bei Versäumnisurteilen und Vollstre-ckungsbescheiden (§ 700 Abs. 1) der säumigen Partei aufzuerlegen (was dann nicht gesondert notwendig ist, wenn sie ohnehin die Kosten zu tragen hat).
* Gem. §§ 94 bis 96 können bestimmte Kosten unabhängig von der sonstigen Kos-tenentscheidung der obsiegenden Partei auferlegt werden; s. dazu → Rn. 310.

7. Entscheidung von Amts wegen

Über die Kosten des Rechtsstreits ist grundsätzlich von Amts wegen zu entscheiden **284** (§ 308 Abs. 2). **Überflüssig** sind daher in der Regel die in fast allen Anwaltsschriftsät-zen enthaltenen Kostenanträge. Gehört zur Klausuraufgabe die Erstellung eines an-waltlichen Schriftsatzes oder müssen Sie den in einem Schriftsatz zu formulierenden Antrag vorschlagen, lassen Sie (im Normalfall, zu Ausnahmen s. sogleich) den Kos-tenantrag weg!

Notwendig ist ein Kostenantrag gem. § 269 Abs. 4 bei einer **Rücknahme der (ge-samten!) Klage.** Wird die Klage nur zum Teil zurückgenommen, ist wegen der Not-wendigkeit der Einheitlichkeit der Kostenentscheidung (→ Rn. 282 f.) wiederum kein Antrag erforderlich.

Bei einer übereinstimmenden Erledigungserklärung werden von Anwälten regelmä-ßig Kostenanträge gestellt. Zu entscheiden ist aber wegen § 308 Abs. 2 von Amts we-gen; eine Ausnahmevorschrift kennt das Gesetz nicht.[1] Von Bedeutung waren Kos-tenanträge nur früher, als es noch die anwaltliche Verhandlungsgebühr gab; hier war zu unterscheiden, ob streitig über die Kosten verhandelt wurde oder nicht.

8. Keine Kostenentscheidung

Die notwendige Einheitlichkeit der Kostenentscheidung zwingt dazu, in bestimmten **285** Fällen überhaupt nicht über die Kosten des Rechtsstreits zu entscheiden, weil die ein-heitliche Entscheidung noch nicht ergehen kann.

Dies ist der Fall:

* Beim Teilurteil (§ 301), weil die Entscheidung über den verbleibenden Teil in der Regel die Kostenentscheidung noch beeinflussen kann.

---

1 *Anders/Gehle* P Rn. 8; *Schuschke/Kessen/Höltje* Rn. 968.

- Bei Zwischenurteilen nach §§ 280 Abs. 2, 303, weil noch nicht instanzabschließend entschieden wird.
- Beim Grundurteil (§ 304), denn die Höhe der Verurteilung beeinflusst die Kostenquote selbstverständlich erheblich.
- Bei der stattgebenden Stufenklage (§ 254) bis auf die letzte Stufe, solange nur durch Teilurteil über eine Stufe entschieden wird.

In diesen Fällen ist zu tenorieren: »Der Beklagte wird verurteilt, ... Die Kostenentscheidung bleibt dem Schlussurteil vorbehalten.«

Wird allerdings durch Teilurteil die Klage gegen einen von mehreren Beklagten abgewiesen, sodass dieser aus dem Prozess ausscheidet, kann über dessen außergerichtliche Kosten bereits entschieden werden, wenn diese auf jeden Fall der Kläger trägt: »Die Klage gegen den Beklagten zu 1. wird abgewiesen. Der Kläger hat die außergerichtlichen Kosten des Beklagten zu 1 zu tragen. Im Übrigen bleibt die Kostenentscheidung dem Schlussurteil vorbehalten.«

Bei **Vorbehaltsurteilen** (§ 302, § 599) dagegen hat eine Kostenentscheidung zu ergehen, wie auch aus § 302 Abs. 4 S. 2 folgt. Das Urteil kann zwar im Nachverfahren aufgehoben werden. Es ist aber nicht zwingend, das Nachverfahren durchzuführen, dies geschieht nur auf Antrag.

II. Volles Obsiegen und Unterliegen

286 Obsiegt eine Partei voll (der Klage wird in vollem Umfang stattgegeben, sie wird ganz abgewiesen) sind der unterlegenen Partei in der Regel alle Kosten des Rechtsstreits aufzuerlegen. Dabei ist nicht zwischen Gerichtskosten und außergerichtlichen Kosten zu entscheiden. Es heißt nur: »Der Kläger (Beklagte) hat die Kosten des Rechtsstreits zu tragen.« Dabei sollte man entsprechend dem Wortlaut des § 91 Abs. 1 den Begriff »Rechtsstreit« verwenden, nicht wie im Verwaltungsprozess den Begriff »Verfahren«.

Ausnahmsweise können aufgrund von Sondervorschriften die Kosten trotz vollen Obsiegens anders zu verteilen sein (zB beim sofortigen Anerkenntnis, → Rn. 301 f.).

III. Teilweises Obsiegen und Unterliegen

287 Gem. § 92 sind bei teilweisem Obsiegen/Unterliegen die Kosten in der Regel gegeneinander aufzuheben oder verhältnismäßig zu teilen. Nur im Ausnahmefall des § 92 Abs. 2 können die gesamten Kosten einer Partei auferlegt werden. Daraus wird deutlich, dass es für die Kostenentscheidung maßgeblich darauf ankommt, in welchem Umfang eine Partei obsiegt bzw. unterliegt. Dies ist durch einen Vergleich zwischen dem ursprünglichen Verlangen des Klägers und dem, was ihm zugesprochen wird, festzustellen. Maßgeblich ist insoweit der **Streitwert** der Klage (und evtl. Widerklage).

1. Streitwert

288 Die ZPO regelt in den §§ 2 bis 9 den **Zuständigkeitsstreitwert** (maßgeblich für die sachliche Zuständigkeit des Gerichts) und in den §§ 511 Abs. 2 Nr. 1 und 567 Abs. 2 den **Rechtsmittelstreitwert** (Wert der Beschwer). Für die Kostenentscheidung kommt es auf den **Gebührenstreitwert** an, der in §§ 39 ff. GKG (Gerichtsgebühren)

bzw. 22 ff. RVG (Anwaltsgebühren) geregelt ist. Das RVG (§ 23 Abs. 1) verweist allerdings auf das GKG, so dass dieses insgesamt maßgeblich ist. Nur soweit das GKG keine Regelung enthält, gelten gem. § 48 Abs. 1 S. 1 GKG die Regelungen der ZPO über den Zuständigkeits- bzw. Rechtsmittelstreitwert. Im Hauptfall der Zahlungsklage kommt es auf die vom Kläger verlangte Geldsumme (ohne Zinsen und Kosten, s. § 43 Abs. 1 GKG) an.

Der Streitwert wird gem. § 63 GKG vom Gericht festgesetzt. In zivilprozessualen Examensklausuren gehört der Entwurf eines Streitwertbeschlusses, falls nichts anderes im Bearbeitervermerk festgelegt wurde, **nicht zur Aufgabenstellung** (→ Rn. 663). Gleichwohl muss man in Gutachten, in denen man die Kostenentscheidung nach § 92 entwickelt, angeben, wie hoch der Streitwert ist, da dies die Basis für die Kostenteilung ist.

2. Kostenaufhebung

Unterliegen beide Parteien in etwa gleich, so sind die Kosten nach § 92 Abs. 1 gegeneinander aufzuheben (»Die Kosten des Rechtsstreits werden gegeneinander aufgehoben.«). Dies bedeutet, dass die Gerichtskosten hälftig geteilt werden und jede Partei ihre außergerichtlichen Kosten selbst trägt. Faktisch hat dann der Beklagte dem Kläger 1,5 Gerichtsgebühren zu zahlen, da der Kläger in der Regel 3 Gerichtsgebühren vorstrecken musste; entsprechend sind Auslagen zu erstatten, die bevorschusst wurden (zB Sachverständigenvergütung). **289**

Es kann einen erheblichen Unterschied machen, wenn statt der Aufhebung der Kosten gegeneinander jeder Partei die Hälfte der Kosten des Rechtsstreits auferlegt wird. Die außergerichtlichen Kosten können sehr unterschiedlich hoch sein; insbesondere ist dies der Fall, wenn eine Partei nicht anwaltlich vertreten war. Teilt man die Kosten hälftig, muss man dies begründen; § 92 Abs. 1 spricht zunächst von Kostenaufhebung.[1]

3. Kostenteilung

Kommt eine Aufhebung nicht in Betracht, sind die Kosten verhältnismäßig zu teilen. Früher war es üblich, dabei großzügig zu sein und gut rechenbare Brüche zu bilden. In Zeiten des Taschenrechners halte ich dies nicht mehr für richtig, denn die Kosten des Rechtsstreits sind nicht gerade gering. Ich meine, dass in der Regel genaue Prozentquoten gebildet werden sollten. Hiermit können die Parteien und der Rechtspfleger heute genauso gut rechnen wie mit einfachen Brüchen. **290**

Berechnungsbeispiel: Der Kläger klagt 15.543,45 EUR ein; ihm werden 5.000,00 EUR zugesprochen. Er erhält damit 32,1678... Prozent dessen, was er verlangt hat (5.000*100/15.543,45), und muss daher gerundet 67,83% der Kosten tragen, der Beklagte 32,17%. Früher hätte man hier wahrscheinlich eine Quote von 2/3 zu 1/3 gebildet. Der Unterschied zu der genauen Berechnung ergibt sich wie folgt: 3 Gerichtsgebühren 293*3= 879 EUR; bei streitiger Entscheidung fallen mindestens 2,5 Anwaltsgebührensätze, Auslagenpauschale und MwSt. an, das sind für 2 Anwälte: 2*((650*2,5) + 40) * 119%) = 3.962,70 EUR. Es mag ein Sachverständigengutachten eingeholt worden sein, für das eine Vergütung von 1.500,00 EUR angefallen ist. Damit betragen die Gesamtkosten (879 + 3.962,70 + 1.500) = 6.341,70 EUR. Genau gerechnet muss daher der Beklagte 2.040,12 EUR tragen, bei einer Quotelung von 1/3 2.113,90. Ungefähr 74 EUR Differenz sind mE keine zu vernachlässigende Größe. Der Tenor sollte bezüglich der Kosten lauten: »Von den Kosten des Rechtsstreits haben der Kläger 67,83% und der Beklagte 32,17% zu tragen.«

---

1 S. ausführlich *Gemmer* NJW 2012, 3479 ff., der verhältnismäßig teilen will.

4. Nebenforderungen

291 Nebenforderungen werden in der Regel nicht in den Streitwert eingerechnet (§ 43 Abs. 1 GKG). Sie wirken sich daher nicht auf die Kostenquote aus. Sie sind allerdings dann zu berücksichtigen, wenn ihr fiktiver Wert im Vergleich zur Hauptforderung nicht vernachlässigt werden kann (etwa 10% der Hauptforderung erreicht → Rn. 293). Hier ist eine Berücksichtigung bei der Kostenquote angemessen, indem die Zinsforderung fiktiv dem Streitwert zugerechnet und dann die Quote gebildet wird.[1]

5. Zug-um-Zug-Leistungen

292 Liegt die Teilabweisung der Klage darin, dass der Beklagte nicht uneingeschränkt, sondern Zug um Zug gegen eine Gegenleistung verurteilt wird, so fließt mangels Streitwertvorschrift die Gegenforderung nicht in den Streitwert ein. Für die Kostenquote ist dann das Verhältnis maßgebend, das zwischen dem Interesse des Klägers an der uneingeschränkten Verurteilung und dem des Beklagten an der Zurückbehaltung besteht.[2] Dies ist nicht der Wert der Gegenleistung, denn durch ein Zug-um-Zug-Urteil erhält der Beklagte selbst keinen Titel, kann also nicht wegen der Gegenleistung gegen den Kläger vollstrecken (anders bei der Widerklage). Im Einzelfall kann die Gegenleistung unbedeutend (mit der Folge des § 92 Abs. 2) sein (zB, wenn sie in der Erstellung einer Rechnung liegt); sie kann aber umgekehrt so wertvoll sein, dass den Kläger alle Kosten treffen.

> **Beispiel:** Der Kläger verlangt Zahlung einer Tankrechnung von 50,00 EUR für eine Privatfahrt mit einem Dienstwagen. Der Beklagte verlangt Zahlung nur Zug um Zug gegen Übereignung des Wagens, weil der Kläger hierzu aufgrund Vertrages verpflichtet sei; nur hierüber haben die Parteien im Prozess gestritten. Die Zug-um-Zug-Verurteilung würde dem Beklagten nicht die Herausgabevollstreckung wegen des Wagens ermöglichen. Wollte der Kläger aber wegen der 50,00 EUR vollstrecken, müsste er dem Beklagten den Wagen übereignen. Hier muss der Kläger bei einer Zug-um-Zug-Verurteilung alle Kosten tragen (§ 92 Abs. 2).

6. Geringfügiges Unterliegen

293 Gem. § 92 Abs. 2 kann das Gericht einer Partei unter bestimmten Voraussetzungen auch bei Teilobsiegen die gesamten Kosten des Rechtsstreits auferlegen.

Dies ist nach **Nr. 1 der Vorschrift** der Fall, wenn die Zuvielforderung der anderen Partei verhältnismäßig geringfügig war und keine oder nur geringfügig höhere Kosten verursacht hat. »Verhältnismäßig geringfügig« ist die Mehrforderung, wenn sie bis zu 10% beträgt.[3] Die Vorschrift ist 2002 dahin geändert worden, dass von ihr auch bei nur »geringfügig höheren Kosten« Gebrauch gemacht werden darf. Damit kann man sie – im Gegensatz zum alten Recht – auch anwenden, wenn durch die Mehrforderung ein Gebührensprung (höherer Betrag in der Gebührentabelle maßgeblich) verursacht wurde.

Nach **Nr. 2 der Vorschrift** können die Kosten auch dann ganz der teilobsiegenden Partei auferlegt werden, wenn die Höhe der zugesprochenen Forderung von richter-

---

1 So im Ergebnis BGH MDR 1961, 141 = BeckRS 1960, 31188666; s. auch BGH VersR 1992, 1281, 1291.
2 OLG Düsseldorf NJW-RR 1996, 146, 148; *Schuschke/Kessen/Höltje* Rn. 418 mwN.
3 Msk/*Lackmann* § 92 Rn. 6a; Thomas/Putzo/*Hüßtege* § 92 Rn. 8.

lichem Ermessen (zB § 287), von der Feststellung eines Sachverständigen oder von einer gegenseitigen Berechnung abhängig war. Von Nr. 2 wird in der Praxis recht selten Gebrauch gemacht.

IV. Unterliegende Streitgenossen

1. Mehrere Kläger oder mehrere Beklagte als Nichtgesamtschuldner

Unterliegen mehrere Kläger, haften sie gem. § 100 Abs. 1 nach Kopfteilen. 294

> **Beispiel:** 4 Kläger klagen gegen einen Beklagten auf Zahlung von 5.000,00 EUR. Sie erhalten 3.000,00 EUR zugesprochen. Damit hat die Klägerseite 40%, die Beklagtenseite 60% der Kosten zu tragen. Wegen § 100 Abs. 1 lautet die Kostenentscheidung: »Von den Kosten des Rechtsstreits haben die Kläger jeweils 10% und der Beklagte 60% zu tragen.«

Dies gilt entsprechend, wenn mehrere Beklagte als Nichtgesamtschuldner verurteilt werden. Zum unterschiedlichen Unterliegen → Rn. 296.

2. Mehrere Beklagte als Gesamtschuldner

Mehrere als Gesamtschuldner verurteilte Beklagte haften auch für die Kosten als Ge- 295 samtschuldner (§ 100 Abs. 4 S. 1). Dies muss, da es sich aus dem Gesetz ergibt, nicht gesondert ausgesprochen werden (die Verurteilung als Gesamtschuldner erfolgt im Hauptsachetenor). Werden die oder einer der Beklagten allerdings zusätzlich auch als Nichtgesamtschuldner verurteilt, sollte dies im Tenor kenntlich gemacht werden.

> **Beispiel:** Der Kläger klagt gegen die Beklagten als Gesamtschuldner 5.000,00 EUR ein, gegen den Beklagten zu 1. weitere 5.000,00 EUR. Er obsiegt voll. Die Kostenentscheidung lautet: »Von den Kosten des Rechtsstreits haben die Beklagten die Hälfte als Gesamtschuldner zu tragen, die weiteren Kosten der Beklagte zu 1. allein.«

Zum unterschiedlichen Unterliegen der gesamtschuldnerisch in Anspruch genommenen Beklagten → Rn. 296.

3. Unterschiedliches Unterliegen auf Beklagtenseite (Baumbach'sche Formel)

Nimmt der Kläger mehrere Beklagte als Gesamtschuldner in Anspruch und obsiegt 296 er in unterschiedlichem Umfang, ist zur Kostenverteilung mangels gesetzlicher Regelung die »Baumbach'sche Kostenformel« heranzuziehen.[1] Sie beruht auf folgenden Erwägungen:

- Zwischen den verschiedenen als Streitgenossen in Anspruch genommenen Beklagten besteht kein Prozessrechtsverhältnis (sondern nur zwischen ihnen und dem Kläger). Deshalb darf es den anderen Streitgenossen nicht angelastet werden, dass der Kläger gegen einen Beklagten unterliegt; dessen außergerichtliche Kosten hat nur der Kläger zu tragen.
- Bei den außergerichtlichen Kosten und den Gerichtskosten ist zu berücksichtigen, dass der Kläger gegen einen oder mehrere Streitgenossen unterliegt. Er hat sie zu Unrecht in den Prozess einbezogen; deshalb muss er für diese Inanspruchnahme einen Teil seiner außergerichtlichen Kosten und der Gerichtskosten übernehmen.
- Die Formel findet nicht nur dann Anwendung, wenn der Kläger gegen einen Beklagten ganz unterliegt, sondern auch dann, wenn er in unterschiedlicher Höhe obsiegt. Auch dann tragen die zuvor genannten Erwägungen.

---

1 OLG Stuttgart Rpfleger 1990, 183; Msk/*Lackmann* § 100 Rn. 7; Zöller/*Herget* § 100 Rn. 7 f. mwN.

Nach der Baumbach'schen Formel ist wie folgt vorzugehen:

- Die außergerichtlichen Kosten jedes Beklagten sind nach §§ 91, 92 im Verhältnis zum Kläger gesondert zu verteilen.

> **Beispiel:** Der Kläger verlangt von 3 Beklagten gesamtschuldnerisch 10.000,00 EUR. Gegen B1 obsiegt er voll, gegen B2 werden ihm 5.000,00 EUR gesamtschuldnerisch mit B1 zugesprochen, die Klage gegen B3 wird abgewiesen. Die außergerichtlichen Kosten des B1 trägt dieser selbst, die des B2 tragen der Kläger und B2 je zur Hälfte,[1] die des B3 trägt der Kläger.

- Bei den außergerichtlichen Kosten des Klägers und den Gerichtskosten ist zu berücksichtigen, dass der Kläger (im Beispiel) gegen 3 Beklagte vorgegangen ist, gegen einen voll und gegen den anderen teilweise unterlegen ist. Hierzu wird fingiert, dass der Kläger 3 Prozesse geführt hat, indem der Streitwert mit der Anzahl der Beklagten multipliziert wird. Nach diesem fiktiven Streitwert wird nach §§ 91, 92 das jeweilige Obsiegen/Unterliegen berechnet.

> Im o.g. **Beispiel** beträgt der fiktive Streitwert 30.000,00 EUR. Von diesen 30.000,00 EUR erhält der Kläger 15.000,00 EUR und verliert entsprechend. Er muss also die Hälfte der Gerichtskosten und seiner außergerichtlichen Kosten tragen. Die andere Hälfte tragen B1 und B2; B3 als voll Obsiegender hat keine Kosten zu tragen. B1 und B2 unterliegen gesamtschuldnerisch zu einem Drittel (30.000 : 10.000). Zwar lautet die Verurteilung nur zu 5.000,00 EUR; sie ist aber bei B1 und B2, also zweimal zu berücksichtigen. B1 und B2 müssen damit ein Drittel der außergerichtlichen Kosten des Klägers und der Gerichtskosten gesamtschuldnerisch tragen.[2] B2 hat mehr als den gesamtschuldnerischen Anteil nicht zu tragen. B1 unterliegt allein zu einem weiteren Sechstel (30.000 : 5.000). Insoweit ist er allein zu verurteilen. Damit ist die Hälfte der außergerichtlichen Kosten des Klägers und der Gerichtskosten unter B1 und B2 verteilt (1/3 gesamtschuldnerisch = 2/6 + 1/6 B1 allein = 3/6 = 1/2).
> Die gesamte Kostenentscheidung lautet daher: »Von den Gerichtskosten und den außergerichtlichen Kosten des Klägers haben der Kläger die Hälfte, die Beklagten zu 1. und 2. ein Drittel als Gesamtschuldner und der Beklagte zu 1. ein weiteres Sechstel zu tragen. Der Beklagte zu 1. hat seine außergerichtlichen Kosten selbst, der Kläger die des Beklagten zu 3. zu tragen. Die außergerichtlichen Kosten des Beklagten zu 2. werden diesem und dem Kläger je zur Hälfte auferlegt.«

> **Beispiel:** Tabellarisch lässt sich dies so darstellen:

Fiktive Klage (je 10.000 EUR)	Kläger	Gesamt-schuldner-verlust (nur B1, B2)	Verlust B1	Verlust B2	Verlust B3
Gegen B1	0,00	5.000	5.000	0,00	0,00
Gegen B2	5.000	5.000	0,00	0,00	0,00
Gegen B3	10.000	0,00	0,00	0,00	0,00
Gesamt 30.000	**15.000**	**10.000**	**5.000**	**0,00**	**0,00**
Quote auf 30.000 EUR	**1/2**	**1/3**	**1/6**	**0**	**0**

---

1 Die Kosten dürfen nicht gegeneinander aufgehoben werden, weil dies die Gerichtskosten mit umfassen würde.

2 Dies muss jedenfalls hier ausgesprochen werden, auch wenn es sich aus dem Gesetz ergibt. Der Rechtspfleger, der die Baumbach'sche Formel nicht kennt, wird aus dem Tenor nicht erkennen können, dass die gesamtschuldnerische Kostenhaftung 1/6 beträgt.

4. Unterschiedliche Beteiligung

Gem. § 100 Abs. 2 kann bei einer erheblichen Verschiedenheit der Beteiligung am **297** Rechtsstreit bei der Kostenverteilung unter Streitgenossen die Beteiligung zum Maßstab genommen werden. Da die Kosten einer Beweisaufnahme, die nur wegen des Verhaltens eines Streitgenossen entstehen, unter § 100 Abs. 3 fallen, kommen hier praktisch nur die Fälle in Betracht, dass ein Beklagter ein Versäumnisurteil im schriftlichen Verfahren gegen sich ergehen lässt (oder anerkennt, gleich wann) und der andere ein streitiges Urteil.

> **Beispiel** K verklagt B1 und B2 gesamtschuldnerisch. B1 lässt Versäumnisurteil im schriftlichen Verfahren ergehen, gegen B2 ergeht streitiges Urteil, durch das er gesamtschuldnerisch neben dem bereits verurteilten B1 verurteilt wird. Der Anwalt des K erhält nur wegen des Verhaltens des B2 eine volle Terminsgebühr nach einem Satz von 1,2; hätte auch B2 sich versäumen lassen, wäre nur eine Gebühr nach einem Satz von 0,5 entstanden (Nrn. 3104 f. RVG-VV).
>
> Hier sollte wie folgt tenoriert werden: »Von der dem Anwalt des Klägers entstandenen Terminsgebühr nebst anteiliger Umsatzsteuer tragen die Beklagten als Gesamtschuldner 41,67%;[1] 58,33% dieser Gebühr trägt der Beklagte zu 1. allein. Alle weiteren Kosten des Rechtsstreits tragen die Beklagten.«

Beim Anerkenntnis gilt hinsichtlich der Anwaltsgebühren Entsprechendes; zusätzlich entfallen beim Anerkenntnisurteil noch 2 Gerichtsgebühren (Nrn. 1210, 1211 Nr. 2 KV GKG).

> **Beispiel:** Hier können im Tenor die Gerichtsgebühren zu 1/3 den Beklagten als Gesamtschuldnern auferlegt werden; zu 2/3 trägt sie der durch streitiges Urteil verurteilte Beklagte allein. Zur Terminsgebühr gilt das Beispiel zum Versäumnisurteil entsprechend.

Zur Widerklage[2] nur eines Streitgenossen → Rn. 442 (Widerklage).

5. Besondere Angriffs- und Verteidigungsmittel

Gem. § 100 Abs. 3 haften die übrigen Streitgenossen nicht für die Kosten, die durch **298** ein besonderes Angriffs- oder Verteidigungsmittel nur eines Streitgenossen verursacht werden.

> **Beispiel:** K nimmt B1 und B2 gesamtschuldnerisch wegen eines Verkehrsunfalls in Anspruch. Nur B1 bestreitet die Höhe des Schadens am Fahrzeug des Klägers; hierüber wird ein Sachverständigengutachten eingeholt, das die Schadenhöhe bestätigt. Durch das Bestreiten des B1 sind die Sachverständigenkosten entstanden; diese sind (in Abweichung vom Grundsatz der einheitlichen Kostenentscheidung, Rn. 282 f.) dem B1 allein aufzulegen:»Die Beklagten haben die Kosten des Rechtsstreits mit Ausnahme der Sachverständigenkosten zu tragen; diese werden dem Beklagten zu 1. allein auferlegt.«

V. Streithilfe

§ 101 regelt die Kostenentscheidung im Fall der Streithilfe (Nebenintervention). Nur **299** im Fall der streitgenössischen Nebenintervention (§ 69, zB bei Testamentsvollstreckung, § 327) ist gem. § 101 Abs. 2 § 100 maßgeblich (dazu → Rn. 298).

---

1 Prozentsatz von 0,5 zu 1,2.
2 Die Widerklage ist kein Angriffsmittel iSd § 100 Abs. 3, sondern (wie die Klage) der Angriff selbst.

Gem. § 101 sind die Kosten eines einer Partei beigetretenen Streitverkündeten dem Gegner dieser Partei aufzuerlegen, soweit dieser zur Kostentragung verurteilt wird; im Übrigen dem Streithelfer.

> **Beispiel:** Werkunternehmer K klagt auf Zahlung des Werklohns. Der Beklagte B rügt Mängel. K verkündet seinem Subunternehmer S den Streit, weil dieser die Arbeiten für K ausgeführt hat. S tritt dem Rechtsstreit auf Seiten des K bei. K obsiegt zu 55%. Hier lautet die Kostenentscheidung: »Von den Kosten des Rechtsstreits haben K 45% und B 55% zu tragen. Von den Kosten der Streithilfe haben B 55% und S 45% zu tragen.«

VI. Wichtige Sonderfälle

300 Zur Kostenentscheidung beim Hilfsantrag → Rn. 376, bei Aufrechnung und Hilfsaufrechnung → Rn. 394 sowie bei der Widerklage → Rn. 441 f.

VII. Sonderkostenvorschriften

1. Sofortiges Anerkenntnis

301 Nach § 93 sind die Kosten des Rechtsstreits dem Kläger aufzuerlegen, wenn der Beklagte den Klageanspruch sofort anerkennt und keinen Anlass zur Klageerhebung gegeben hat.

»Sofort« bedeutet in der ersten mündlichen Verhandlung (ohne vorherigen Abweisungsantrag[1]), wenn kein schriftliches Vorverfahren angeordnet und auch keine Frist nach § 275 Abs. 1 S. 1 gesetzt wurde. Da ein Anerkenntnisurteil nach § 307 S. 2 keine mündliche Verhandlung voraussetzt, kann sowohl beim schriftlichen Vorverfahren als auch bei einer Fristsetzung nach § 275 Abs. 1 S. 1 vor dem frühen ersten Termin ein Anerkenntnis nur innerhalb der gesetzten Frist »sofort« erklärt werden, beim schriftlichen (Vorverfahren auch nach Verteidigungsanzeige) innerhalb der Klageerwiderungsfrist.[2] Auch hier schadet es, wenn zuvor ein Klageabweisungsantrag angekündigt wurde. War das Klagevorbringen allerdings zunächst unschlüssig, ist das Anerkenntnis auch sofort erklärt, wenn in der nächsten Verhandlung nach dem Schlüssigmachen anerkannt wird.[3]

302 Der Beklagte hat **Veranlassung zur Klageerhebung** gegeben, wenn er sich vorprozessual so verhalten hat, dass der Kläger annehmen musste, er werde sein Ziel ohne Klage nicht erreichen.[4] Keine Veranlassung zur Klageerhebung hat er insbesondere dann gegeben, wenn die Klageforderung nicht fällig war. Obwohl bei Fälligkeit sofort zu leisten ist, wird auch verlangt, dass der Kläger vorprozessual den Beklagten zur Leistung innerhalb einer angemessenen Frist auffordert, wenn er nicht schon in Verzug ist.[5] Maßgeblich ist der Zeitpunkt der letzten mündlichen Verhandlung, sodass auch noch das Verhalten des Beklagten bis zur Entscheidung berücksichtigt werden kann.[6] Erfüllt also der Beklagte nach dem Anerkenntnis nicht in angemessener Zeit, kann dies darauf hindeuten, dass er auch vorprozessual leistungsunwillig war.

---

1 Msk/*Lackmann* § 93 Rn. 4 mwN; Thomas/Putzo/*Hüßtege* § 93 Rn. 9.

2 Msk/*Lackmann* § 93 Rn. 4 f., Thomas/Putzo/*Hüßtege* § 93 Rn. 9; vgl. BGH NJW 2006, 2490 Rn. 20 ff.

3 BGH NJW-RR 2004, 999; Thomas/Putzo/*Hüßtege* § 93 Rn. 12.

4 OLG Düsseldorf NJW-RR 1993, 74; Thomas/Putzo/*Hüßtege* § 93 Rn. 4.

5 Msk/*Lackmann* § 93 Rn. 11 »Aufforderung«; Thomas/Putzo/*Hüßtege* § 93 Rn. 5.

6 Msk/*Lackmann* § 93 Rn. 2; Thomas/Putzo/*Hüßtege* § 93 Rn. 5.

2. (Teil-)Klagerücknahme

a) Grundsatz. Gem. § 269 Abs. 3 S. 2 hat der Kläger grundsätzlich die Kosten des 303 Rechtsstreits zu tragen, wenn er die Klage zurücknimmt. Auf Antrag (§ 269 Abs. 4) ist ein entsprechender Beschluss zu erlassen. »Honoriert« wird die Klagerücknahme in erster Instanz durch den Wegfall von 2 Gerichtsgebühren (Nr. 1211 Nr. 1 KV GKG), wenn die gesamte Klage vor dem in Nr. 1211 Nr. 1 genannten Zeitpunkt zurückgenommen wird und keine Entscheidung nach § 269 Abs. 3 S. 3 über die Kosten ergeht. Zum Berufungsverfahren s. Nrn. 1221 f. KV GKG.

b) Wegfall des Klageanlasses. Ist der Klageanlass vor Rechtshängigkeit weggefallen, 304 ist auf Antrag (§ 269 Abs. 4) nach billigem Ermessen über die Kosten zu entscheiden, wenn die Klage zurückgenommen wird (§ 269 Abs. 3 S. 3).

Hintergrund der Regelung ist Folgendes: § 91a ermöglicht bei einer übereinstimmenden Erledigungserklärung eine Kostenentscheidung nach billigem Ermessen. Eine Erledigung des Rechtsstreits kann aber erst eintreten, wenn ein Rechtsstreit überhaupt existiert, also Rechtshängigkeit eingetreten ist. Dies hat zu der Kontroverse geführt, ob bei einer »Erledigung« vor Rechtshängigkeit § 91a entsprechend angewandt werden darf. Die ganz überwiegende Rechtsprechung hat dies verneint, sodass wegen der Kosten ein neuer Prozess erforderlich wurde. Der 2002 neu eingeführte und 2004 geänderte § 269 Abs. 3 S. 3 soll in diesen Fällen eine der Regelung des § 91a entsprechende Kostenentscheidung ermöglichen.

Voraussetzungen der Kostenentscheidung nach billigem Ermessen sind

- ein Antrag,
- ein Wegfall des Klageanlasses
- und die Klagerücknahme.

Die Zustellung der Klage ist nicht erforderlich. Der Anlass kann auch schon vor Anhängigkeit der Klage weggefallen sein.[1]

Sachlich kann zur Kostenentscheidung, die durch Beschluss ergeht, auf die Ausführungen zu § 91a Bezug genommen werden (→ Rn. 406 ff.). »Wegfall des Klageanlasses« bedeutet inhaltlich nichts anderes als »Erledigung« der Hauptsache.

c) Teilklagerücknahme. Bei einer Teilklagerücknahme (und im Übrigen ganzem oder 305 teilweisem Obsiegen des Klägers) kann wegen des Prinzips der Einheitlichkeit der Kostenentscheidung (→ Rn. 282 f.) **nicht** so entschieden werden: »Die Kosten des Rechtsstreits werden dem Kläger auferlegt, soweit er die Klage zurückgenommen hat.« Vielmehr ist einheitlich (nach der Quote des Obsiegens/Unterliegens) unter Berücksichtigung des § 269 Abs. 3 S. 2 (wegen § 308 Abs. 2 auch ohne Antrag) zu entscheiden.

Zu berücksichtigen ist, dass bei einer Klagerücknahme vor einem Termin die Terminsgebühren der Anwälte nur noch nach dem durch die Klagerücknahme reduzierten Streitwert anfallen. Würde man die Quote nach dem Verhältnis zugesprochener Betrag/ursprüngliche Klageforderung bilden, bliebe dies zu Lasten des Klägers unberücksichtigt.

---

1 So überzeugend Msk/*Foerste* § 269 Rn. 13; Thomas/Putzo/*Reichold* § 269 Rn. 16.

Beispiel: Der Kläger klagt auf Zahlung von 20.000,00 EUR; vor dem anberaumten Termin nimmt er die Klage wirksam in Höhe von 10.000,00 EUR zurück, im Übrigen obsiegt er. Die Rücknahme reduziert die Gerichtskosten nicht, weil nicht die gesamte Klage zurückgenommen wurde. Auch die anwaltliche Verfahrensgebühr (Nr. 3100 RVG-VV) entsteht nach dem ursprünglichen Streitwert von 20.000,00 EUR, nicht aber die Terminsgebühr (Nr. 3104 RVG-VV), da die Klage schon vor dem ersten Termin teilweise zurückgenommen wurde. Eine Terminsgebühr nach dem Streitwert von 20.000,00 EUR würde 890,40 EUR (742 * 1,2) betragen, eine nach dem Streitwert von 10.000,00 EUR 669,60 EUR (558 * 1,2). Würde man die Kosten ohne Berücksichtigung dieses Umstands quotieren, bliebe die Kostenersparnis durch die Rücknahme in Höhe von 441,60 EUR ((890,40–669,60) * 2 (Anwälte)) zzgl. MwSt. außer Betracht wie auch die Tatsache, dass der Kläger hinsichtlich der Terminsgebühr »voll obsiegt«. Der Kläger hätte keinen Anreiz zur Klagerücknahme.

Für die Berechnung der Kostenquote ist es nach dem Gesagten erforderlich, die Gesamtkosten des Rechtsstreits zu berechnen und danach die Kosten zu verteilen. Weil sie sich nicht wesentlich auf die Quote auswirken, können Zustellungskosten, die anwaltliche Kostenpauschale und die MwSt. außer Ansatz bleiben.[1]

Für die Berechnung gibt es 2 Methoden, die Quotenmethode[2] und die Mehrkostenmethode[3]. Die **Quotenmethode** berechnet die einzelnen Gebühren und bildet für jede Gebühr die Quote nach dem Unterliegen; die Summe wird in das Verhältnis zu den Gesamtkosten gesetzt.

Beispiel: nach dem Beispiel oben:

Gebühr	Streitwert	Gebührenbetrag	Klägerquote
3 Gerichtsgebühren (Nr. 1210 KV GKG)	20.000,00 EUR	345 * 3 = **1.035,00 EUR**	1/2 = **517,50 EUR**
Verfahrensgebühr (Nr. 3100 RVG-VV), 2 Anwälte	20.000,00 EUR	742 * 1,3 = 964,60 2 * 964,60 = **1.929,20 EUR**	1/2 = **964,60 EUR**
Terminsgebühr (Nr. 3104 RVG-VV), 2 Anwälte	10.000,00 EUR	558 * 1,2 = 669,60 2 * 669,60 = **1.339,20 EUR**	
Gesamt		**4.303,40 EUR**	**1.482,10 EUR**

Der Kläger hat damit 34,44% (1.482,10 : 4.303,40) der Kosten des Rechtsstreits zu tragen, der Beklagte 65,56%.

Nach der **Mehrkostenmethode** wird berechnet, wie hoch die Kosten gewesen wären, wenn der Kläger sofort nur den ihm zustehenden Betrag eingeklagt hätte; die durch die Mehrforderung entstandenen Kosten werden ihm auferlegt (aber quotenmäßig!).

Beispiel: Nach dem Beispiel oben sind ohne Zustellungskosten, Auslagenpauschale und MwSt. 4.303,40 EUR an Kosten angefallen. Hätte der Kläger nur 10.000,00 EUR eingeklagt, wären Gerichtsgebühren in Höhe von 241 * 3 = 723,00 EUR, Verfahrensgebühren in Höhe von 558 * 1,3 * 2 = 1.450,80 EUR und unverändert Terminsgebühren von 1.339,20 EUR entstanden, also Gesamtkosten von 3.513,00 EUR. Die Mehrkosten belaufen sich auf (4.303,40–3.513,00) 790,40 EUR; das sind 18,37% der Gesamtkosten.

---

1 *Anders/Gehle* A Rn. 198.
2 BGH NJW-RR 1996, 256; OLG Celle OLGR 1998, 236; Msk/*Lackmann* § 92 Rn. 4; MüKoZPO/ *Schulz* § 92 Rn. 10.
3 BGH NJW-RR 1996, 1210; 1988, 1465 (allerdings zur Teilerledigung).

Der Unterschied zwischen beiden Methoden ist damit beträchtlich; nach der Mehrkostenmethode hätte der Kläger im Beispiel nur etwa die Hälfte der Kosten zu tragen, die er nach der Quotenmethode zu tragen hätte! In einer Relation muss der Bearbeiter begründen, warum er einer der Methoden folgt, die beide vertretbar sind. Die Quotenmethode kann sich auf § 92 und darauf stützen, dass § 269 Abs. 3 S. 2 im Gegensatz zB zu § 281 Abs. 3 S. 2 nicht von Mehrkosten spricht. Für die Mehrkostenmethode soll sprechen, dass nicht einzusehen sei, dass der Beklagte durch eine Teilrücknahme besser gestellt werde als er stehen würde, wenn sofort reduziert geklagt worden wäre.[1] Demgegenüber vermag ich nicht einzusehen, dass der Beklagte dafür bestraft werden soll, dass der Kläger durch die erhöhte Klage für höhere Kosten gesorgt hat. Dementsprechend tendiere ich zur Quotenmethode, empfehle aber dem Klausurbearbeiter, nach der Mehrkostenmethode zu arbeiten, weil das Rechnen einfacher und daher schneller zu erledigen ist.

3. Einspruch gegen Versäumnisurteil (Vollstreckungsbescheid)

a) Versäumnisurteil. Ist ein Versäumnisurteil ergangen, sind die durch die Säumnis entstandenen Kosten der säumigen Partei gem. § 344 auch dann aufzuerlegen, wenn sie in der Hauptsache obsiegt (auch bei einer Klagerücknahme[2]). Dies ist eine Ausnahme vom Prinzip der Einheitlichkeit der Kostenentscheidung (→ Rn. 282 f.). Es ist also zB wie folgt zu tenorieren: **306**

> »Der Kläger hat die Kosten des Rechtsstreits zu tragen mit Ausnahme der durch die Säumnis des Beklagten entstandenen Kosten. Diese werden dem Beklagten auferlegt.«

b) Vollstreckungsbescheid. Der Vollstreckungsbescheid steht gem. § 700 Abs. 1 einem für vorläufig vollstreckbar erklärtem Versäumnisurteil gleich. Damit findet auch § 344 Anwendung. Man sollte in der Kostenentscheidung allerdings nicht von Säumnis sprechen, weil der Beklagte nicht säumig war, sondern nur keinen Widerspruch gegen den Mahnbescheid eingelegt hat. Es ist zB zu tenorieren: **307**

> »Von den Kosten des Rechtsstreits haben der Kläger 54% und der Beklagte 46% zu tragen. Hiervon sind die durch den Erlass des Vollstreckungsbescheides entstandenen Kosten ausgenommen; diese hat der Beklagte allein zu tragen.«

4. Kosten der Anrufung eines unzuständigen Gerichts

Wird wegen der Anrufung eines unzuständigen Gerichts der Rechtsstreit an ein anderes verwiesen, sind dem Kläger die durch die Verweisung entstandenen Kosten auch dann aufzuerlegen, wenn der Kläger obsiegt (§ 281 Abs. 3 S. 2). Dies ist eine Abweichung vom Grundsatz der einheitlichen Kostenentscheidung (→ Rn. 282 f.). **308**

> »Der Beklagte hat die Kosten des Rechtsstreits mit Ausnahme der durch die Anrufung des unzuständigen Amtsgerichts Düsseldorf entstandenen Mehrkosten zu tragen; diese Mehrkosten werden dem Kläger auferlegt.«

Ob tatsächlich Mehrkosten entstanden sind, ist nicht zu prüfen.

---

1 *Anders/Gehle* A Rn. 198.
2 BGH NJW 2004, 2309 ff.; Thomas/Putzo/*Reichold* § 344 Rn. 3.

5. Übergegangene Ansprüche

309 Klagt der Kläger aus übergegangenem Recht (zB durch eine Abtretung), können ihm gem. § 94 die durch das Bestreiten des Übergangs entstandenen Kosten auferlegt werden, wenn er dem Beklagten den Übergang vorprozessual nicht mitgeteilt und auf Verlangen nicht nachgewiesen hat.

> **Beispiel:** Dem K ist eine Forderung des A gegen B abgetreten worden. Hiervon benachrichtigt K den B zwar, weist es ihm auf Verlangen des B aber nicht nach (vgl. § 403 BGB), sondern erhebt Klage. B bestreitet die Abtretung, A wird als Zeuge vernommen und bestätigt sie.

Hier sind zwingend nach § 94, der in der Praxis leider selten beachtet wird, die Zeugenauslagen dem K aufzuerlegen.

> »Der Kläger hat die dem Zeugen S gezahlten Auslagen zu tragen. Im Übrigen werden die Kosten des Rechtsstreits dem Beklagten auferlegt.«

6. Erfolglose Angriffs- oder Verteidigungsmittel

310 Gem. § 96 können die Kosten eines erfolglosen Angriffs- oder Verteidigungsmittels der Partei auferlegt werden, die es geltend gemacht hat, auch wenn sie in der Hauptsache obsiegt. Die Entscheidung steht im Ermessen des Gerichts. Die Kostenverteilung erfolgt entsprechend → Rn. 309.

> **Beispiel:** Der Beklagte behauptet substanziiert, dass der Kläger geschäftsunfähig und deshalb nicht parteifähig sei. Hierüber wird ein Sachverständigengutachten eingeholt mit dem Ergebnis der Parteifähigkeit. Die Klage wird gleichwohl abgewiesen, weil dem Kläger der geltend gemachte Anspruch nicht zusteht. Das Gutachten musste hier eingeholt werden, weil vor Feststellung der Zulässigkeit der Klage nicht über die Begründetheit entschieden werden darf. Die Gutachtenkosten können gem. § 96 dem insgesamt obsiegenden Beklagten auferlegt werden, dessen Verteidigungsmittel »Behauptung der Geschäftsunfähigkeit« erfolglos war.

C. Die vorläufige Vollstreckbarkeit

I. Grundlagen

1. Notwendigkeit der Entscheidung

311 Ist ein stattgebendes Urteil ergangen, so kann es sein, dass der Verpflichtete freiwillig zahlt. Ist dies nicht der Fall, muss der Gläubiger vollstrecken, wenn er befriedigt werden will. Aus (End-)Urteilen[1] findet die Zwangsvollstreckung statt, wenn sie rechtskräftig oder für vorläufig vollstreckbar erklärt sind (§ 704 Abs. 1).

Endurteile sind:

- »normale«, abschließende Urteile iSd § 300,
- Teilurteile (§ 301),
- Versäumnisurteile (§§ 330, 331),
- Anerkenntnisurteile (§ 307),
- Verzichtsurteile (§ 306),
- Vorbehaltsurteile (§§ 302 Abs. 3, 599 Abs. 3).

---

1 Zu anderen Titeln s. § 794 Abs. 1 und *Lackmann* Rn. 40 ff.

Zur Vollstreckung müssen die Urteile nach § 704 Abs. 1 entweder **rechtskräftig** oder **312** für **vorläufig vollstreckbar** erklärt sein. **Ausnahmen:**

- Urteile, durch die ein Arrest oder eine einstweilige Verfügung angeordnet oder entsprechende Beschlüsse bestätigt werden; hier ergibt sich die Vollstreckbarkeit aus der Natur des einstweiligen Rechtsschutzes.[1]
- Arbeitsgerichtliche Urteile, §§ 62 Abs. 1 S. 1, 64 Abs. 7 ArbGG.

Rechtskraft bedeutet formelle Rechtskraft iSd § 705, also Ablauf der Rechtsmittel- oder Einspruchsfrist. Urteile des BGH (und der Oberlandesgerichte und Landgerichte in 2. Instanz in Arreste und einstweilige Verfügungen betreffenden Sachen, s. § 542 Abs. 2 S. 1) werden mit ihrer Verkündung rechtskräftig, müssen also nicht für vorläufig vollstreckbar erklärt werden. Urteile, gegen die eine **Berufung statthaft** (§ 511), aber wegen Nichterreichens der Berufungssumme und Nichtzulassung der Berufung unzulässig ist, werden erst mit Ablauf der Berufungsfrist rechtskräftig.[2] Gegen **Berufungsurteile** (auch der Landgerichte, s. § 542 Abs. 1) ist (außer in Arreste und einstweilige Verfügungen betreffenden Sachen) immer zumindest die Nichtzulassungsbeschwerde (§ 544) statthaft,[3] so dass Rechtskraft erst mit Ablauf der Frist (§ 544 Abs. 1 S. 2) zur Einlegung der Nichtzulassungsbeschwerde eintritt.

Da aus nicht rechtskräftigen, im Zivilprozess ergangenen Urteilen nur vollstreckt werden kann, wenn sie nach §§ 70 ff. für **vorläufig vollstreckbar** erklärt worden sind, muss dies ausgesprochen werden, und zwar ausschließlich im Erkenntnisverfahren, also bei Erlass des Urteils.

2. Zweck der vorläufigen Vollstreckbarkeit

Die vorläufige Vollstreckbarkeit ermöglicht dem Gläubiger (das ist jeder, der nach **313** dem Urteil von dem Gegner etwas verlangen kann) die – von einer erforderlichen Sicherheit abgesehen – unbedingte Vollstreckung aus der Entscheidung. Sie unterscheidet sich von der endgültigen Vollstreckbarkeit letztlich nur dadurch, dass bei einer Abänderung des Urteils die Rechtsfolgen des § 717 eintreten. Der Gläubiger muss wegen der erfolgten Vollstreckung Schadenersatz leisten (§ 717 Abs. 2) bzw. die Bereicherung herausgeben (§ 717 Abs. 3). Der Schuldner (der, gegen den vollstreckt werden kann) wird, um seinen eventuellen Anspruch aus § 717 realisieren zu können, durch die Sicherheitsleistung geschützt. Diese hat daher den Zweck, den Schuldner vor einem Schaden durch eine wegen einer Abänderung der Entscheidung letztlich nicht gerechtfertigte Vollstreckung zu schützen.[4]

3. Getrennte Entscheidung für jede Partei

Wird der Klage nicht voll stattgegeben oder sie nicht ganz abgewiesen, können in der **314** Regel mehrere Personen aus dem Urteil bzw. dem aufgrund dessen ergehenden Kostenfestsetzungsbeschluss vollstrecken. **Für jede Partei** ist dann die Frage der vorläufigen Vollstreckbarkeit **getrennt** zu beurteilen und **zu tenorieren.**

---

1 AllgM; Msk/*Lackmann* § 704 Rn. 3; Thomas/Putzo/*Hüßtege* § 708 Rn. 7.
2 GmS-OGB BGHZ 88, 353, 357; Thomas/Putzo/*Hüßtege* § 705 Rn. 8; str., s. Msk/*Lackmann* § 705 Rn. 3 mwN.
3 Die Beschwer muss allerdings gem. § 26 Nr. 8 EGZPO 20.000,– EUR übersteigen, was aber nicht die Statthaftigkeit der Nichtzulassungsbeschwerde betrifft, sondern nur deren Zulässigkeit.
4 Zur Geltendmachung der Kosten einer Sicherheitsleistung s. *Peter* JuS 2013, 129 ff.

Beispiel: K verlangt mit der Klage 20.000,00 EUR und erhält 15.000,00 EUR zugesprochen. Die Kostenentscheidung lautet 1/4 K, 3/4 B. K kann wegen 15.000,00 EUR und 3/4 seiner Kosten vollstrecken, B wegen 1/4 seiner Kosten (die Möglichkeit der Kostenausgleichung (→ Rn. 274) muss außer Betracht bleiben, weil nicht zwingend). Bei K greift § 709 ein, da die Verurteilung in der Hauptsache über 1.250,00 EUR liegt (§ 708 Nr. 11); bei B § 708 Nr. 11, weil 1/4 seiner Kosten weniger als 1.500,00 EUR ausmachen, zudem § 711. Die Entscheidung über die vorläufige Vollstreckbarkeit lautet also: »Das Urteil ist vorläufig vollstreckbar, für den Kläger aber nur gegen Sicherheitsleistung in Höhe von ... (dazu → Rn. 321 ff.). Der Kläger darf die Zwangsvollstreckung des Beklagten gegen Sicherheitsleistung in Höhe von ... abwenden, wenn nicht der Beklagte vor der Vollstreckung Sicherheit in Höhe von ... leistet.«

II. Vorläufige Vollstreckbarkeit ohne Sicherheitsleistung

1. § 708

315 In den Fällen des § 708 ist das Urteil ohne Sicherheitsleistung für vorläufig vollstreckbar zu erklären: »Das Urteil ist vorläufig vollstreckbar.« In der Praxis wichtig sind Nr. 1 (Anerkenntnisurteile), Nr. 2 (Versäumnisurteile), Nr. 7 (bestimmte Entscheidungen in Mietsachen), Nr. 10 (Berufungsurteile) und vor allem **Nr. 11**. Nach dieser Vorschrift ist ein Urteil in einer vermögensrechtlichen Streitigkeit ohne Sicherheitsleistung für vorläufig vollstreckbar zu erklären, wenn der Gegenstand (nicht nur Geld, zB Wert einer Sache bei einer Herausgabeklage) der Verurteilung in der Hauptsache 1.250,00 EUR oder bei den Kosten 1.500,00 EUR nicht übersteigt. Dabei findet die Regelung über den Kostenwert nur Anwendung, wenn keine Verurteilung in der Hauptsache erfolgt. Die Werte sind getrennt für jede Partei zu ermitteln, → Rn. 314.

Bei einer Konkurrenz zwischen verschiedenen Nrn. des § 708 geht die Spezialregelung vor (zB gehen Nrn. 1, 2 der Regelung in Nr. 11 vor). Dies ist auch wichtig für die Frage der Anwendbarkeit des § 711 (dazu → Rn. 316).

2. § 711

316 In den Fällen des § 708 Nr. 4 bis 11 ist das Urteil ohne Sicherheitsleistung für vorläufig vollstreckbar zu erklären. Gleichzeitig ist aber in der Regel gem. § 711 auszusprechen, dass der Schuldner die Vollstreckung durch Sicherheitsleistung in bestimmter Höhe (dazu → Rn. 32 ff.) abwenden kann, wenn nicht der Gläubiger vor der Vollstreckung Sicherheit (zB in gleicher Höhe) leistet. Dabei sind die Begriffe »Gläubiger bzw. Schuldner« gegen die Parteibezeichnung im Prozess (Kläger/ Beklagter, je nachdem, gegen wen vollstreckt werden kann) auszutauschen. Keine Entscheidung nach § 711 ergeht, wenn

- die Voraussetzungen des § 713 vorliegen (dazu → Rn. 318) oder
- eine gegenüber § 708 Nrn. 4 bis 11 speziellere Nr. des § 708 (zB Nr. 2, Versäumnisurteil) eingreift.

Beispiele:
- K verlangt und erhält 1.250,00 EUR; B hat die Kosten des Rechtsstreits zu tragen. Die Voraussetzungen des § 708 Nr. 11 liegen vor, weil der Betrag von 1.250,00 EUR nicht überschritten wird. Die Entscheidung lautet: »Das Urteil ist vorläufig vollstreckbar. Der Beklagte darf die Vollstreckung gegen Sicherheitsleistung in Höhe von ... abwenden, wenn nicht der Kläger vor der Vollstreckung Sicherheit in Höhe von ... leistet.«
- K verlangt 2.000,00 EUR und erhält 500,00 EUR. Kosten: 3/4 K, 1/4 B. Beide Parteien können vollstrecken, bei beiden liegen die Voraussetzungen des § 708 Nr. 11 vor. Die Entscheidung lau-

tet: »Das Urteil ist vorläufig vollstreckbar. Beide Parteien können die Zwangsvollstreckung des Gegners durch Sicherheitsleistung abwenden. Die Höhe der Sicherheit beträgt für den Kläger … EUR, für den Beklagten … EUR. Die Abwendungsbefugnis entfällt, wenn die vollstreckungswillige Partei vor der Vollstreckung Sicherheit in entsprechender Höhe leistet.«

- K verlangt 15.000,00 EUR. B erkennt in Höhe von 5.000,00 EUR an, wegen des weiteren Betrages wird er durch streitiges Urteil verurteilt. Hier muss sichergestellt werden, dass der Kläger wegen des Betrages von 5.000,00 EUR ohne Sicherheitsleistung vollstrecken kann (§ 708 Nr. 1). Die Entscheidung kann lauten: »Das Urteil ist vorläufig vollstreckbar, wegen eines Betrages von 5.000,00 EUR ohne Sicherheitsleistung, wegen weiterer 10.000,00 EUR und der Kosten nur gegen Sicherheitsleistung in Höhe von …«
- Zur Entscheidung bei Vollstreckbarkeit ohne und gegen Sicherheit s. das Beispiel → Rn. 314.

317 »**Hinterlegung**« in § 711 meint nicht die Hinterlegung von Geld (s. dazu § 108), sondern die Hinterlegung zB von herauszugebenden Sachen. **Falsch** ist es daher, wie es aber auch in der Praxis vorkommt, zu tenorieren: »… gegen Sicherheitsleistung *oder Hinterlegung* in Höhe von …«.

Leistet der Schuldner die Sicherheit, darf der Gläubiger nicht vollstrecken. Leistet aber der Gläubiger die Sicherheit, darf er auch dann vollstrecken, wenn der Schuldner die Sicherheit geleistet hat. Dabei ist der Zeitpunkt nicht maßgeblich, denn § 711 besagt nur, dass der Gläubiger die Sicherheit vor der Vollstreckung, nicht vor dem Schuldner zu leisten hat. Deswegen darf es im Tenor auch **nicht** heißen: »…, wenn nicht der Kläger *zuvor* (statt **richtig: vor der Vollstreckung**) Sicherheit in Höhe von … leistet.«

Hintergrund der Vorschrift ist Folgendes: Angesichts der Tatsache, dass der Schuldner zB anerkannt oder ein Versäumnisurteil gegen sich hat ergehen lassen, spricht viel für die Berechtigung der klägerischen Forderung. Außerdem soll dann, wenn der denkbare Vollstreckungsschaden relativ gering ist, der Wert der Verurteilung in der Hauptsache also nicht mehr als 1.250,00 EUR beträgt, der Gläubiger sofort vollstrecken können; bei der relativ geringfügigen potentiellen Schadenhöhe dürfte der Schuldner seinen Ersatzanspruch aus § 717 regelmäßig befriedigen können. Wenn allerdings der Schuldner in diesen Fällen gesichert sein will, darf er zur Abwendung der Vollstreckung selbst Sicherheit leisten. Geschieht dies, stünde der Gläubiger auf einmal schlechter da, als wenn das Urteil gegen Sicherheitsleistung vollstreckbar wäre. Also wird ihm die Möglichkeit gegeben, seinerseits vor der Vollstreckung Sicherheit zu leisten. Die Sicherheitsleistung des Schuldners wird damit obsolet: Dies ist im Fall der Vollstreckung gegen Sicherheitsleistung, die der Schuldner normalerweise nicht verhindern kann, nicht anders; es wird also quasi der Fall des § 709 auf Umwegen hergestellt. Natürlich kann dann der Schuldner eine von ihm geleistete Sicherheit zurückverlangen.

Zur Höhe der Sicherheit und zu § 711 S. 2 → Rn. 321 ff.

3. § 713

318 Die Anordnungen nach §§ 711, 712 (dazu → Rn. 319) sollen gem. § 713 nicht ergehen, wenn ein Rechtsmittel unzweifelhaft nicht zulässig ist. Dies ist bei erstinstanzlichen Urteilen der Fall, wenn die Berufungssumme von mehr als 600,00 EUR (§ 511 Abs. 2 Nr. 1) nicht erreicht und die Berufung nicht zugelassen (§ 511 Abs. 2 Nr. 2) wird; bei Berufungsurteilen, wenn die Beschwer 20.000,00 EUR (Art. 26 Nr. 8 EGZPO) nicht übersteigt und die Revision nicht zugelassen (§ 543) wird.

Beachte: In den genannten Fällen sind Rechtsmittel nicht unstatthaft (dann würde sofort Rechtskraft eintreten), sie sind nur unzulässig, worüber allerdings die höhere Instanz zu entscheiden hat. Bei **teilweisem Obsiegen/Unterliegen** müssen die Voraussetzungen des § 713 bei **beiden Parteien** vorliegen, denn ein Anschlussrechtsmittel ist unabhängig von der Rechtsmittelsumme zulässig (s. §§ 524, 554).

> **Beispiel:** Einer Klage auf Zahlung von 1.200,00 EUR wird zur Hälfte stattgegeben, die Berufung wird nicht zugelassen. Hier wären Berufungen beider Parteien unzulässig, die Voraussetzungen des § 713 liegen vor.
>
> Wird der Beklagte dagegen zur Zahlung von 700,00 EUR verurteilt, kann er Berufung einlegen. Seinetwegen bemisst sich die Anordnung der Vollstreckbarkeit nach §§ 708 Nr. 11, 711. Vollstrecken kann aber auch der Kläger (wegen der Hauptforderung und 7/12 seiner Kosten). Er kann selbstständig keine Berufung einlegen. Gleichwohl liegt ein Fall des § 713 nicht vor, weil der Kläger im Fall der Berufung des Beklagten Anschlussberufung einlegen kann; für diese gilt die Rechtsmittelsumme nicht. Damit richtet sich auch die Vollstreckbarkeitsentscheidung bzgl. des Klägers nach §§ 708 Nr. 11, 711.

Liegen die Voraussetzungen des § 713 vor, heißt es nur: »Das Urteil ist vorläufig vollstreckbar.«

4. §§ 710, 712

319 Sondervorschriften enthalten §§ 710 (für den Gläubiger) und 712 (für den Schuldner). Anträge nach diesen Vorschriften werden häufig formularmäßig in Anwaltsschriftsätzen gestellt, aber nicht näher begründet. In der Praxis werden sie dann weder im Tatbestand erwähnt noch beschieden. Ich habe in meiner langjährigen zivilrichterlichen Praxis keinen näher begründeten Antrag gesehen oder einen Antrag beschieden.

III. Vorläufige Vollstreckbarkeit gegen Sicherheitsleistung

320 Liegen die Voraussetzungen des § 708 nicht vor, ist das Urteil gem. § 709 gegen Sicherheitsleistung für vorläufig vollstreckbar zu erklären. Die Sicherheit muss der Höhe nach angegeben werden (dazu und zu § 709 S. 2 → Rn. 321 ff.). Die Entscheidung lautet: »Das Urteil ist gegen Sicherheitsleistung in Höhe von ... vorläufig vollstreckbar.« Zum Versäumnisurteil/Vollstreckungsbescheid → Rn. 430.

IV. Höhe der Sicherheit

321 Wie hoch die Sicherheit zu bemessen ist, ergibt sich aus dem Zweck der Regeln über die vorläufige Vollstreckbarkeit (→ Rn. 313). Einerseits soll der Gläubiger bereits vollstrecken können, obwohl das Urteil noch nicht rechtskräftig ist und damit in zweiter Instanz abgeändert werden kann. Andererseits soll der Schuldner gerade deswegen geschützt werden. Im Fall der Abänderung kann er einen Anspruch aus § 717 Abs. 2 oder 3 haben auf Ersatz des durch die Vollstreckung entstandenen Schadens (Abs. 2) oder auf Herausgabe der Bereicherung (Abs. 3) bei der Abänderung von Berufungsurteilen. Der Realisierung dieses Anspruchs dient die zu leistende Sicherheit. Sie muss daher zunächst alles erfassen, was vollstreckt werden kann, aber auch einen darüber hinausgehenden möglichen Schaden abdecken. Es sind also in die Sicherheit einzubeziehen:

- Die vollstreckbare Hauptforderung,
- zuerkannte Nebenforderungen (Zinsen, außergerichtliche Kosten),
- die ersatzfähigen Kosten des Rechtsstreits nach Maßgabe der Kostenquote
- und mögliche weitere Schäden.

Dabei kann die Sicherheit der Höhe nach angegeben oder nach § 709 S. 2 bzw. § 711 S. 2 pauschaliert werden. Referendaren kann nur empfohlen werden, von der Pauschalierungsmöglichkeit Gebrauch zu machen, um Rechenarbeit und mögliche Fehler bei der Berechnung zu vermeiden. Gleichwohl muss man die **Grundlagen der Berechnung kennen:**

- Die Pauschalierung ist nur möglich, soweit wegen einer Geldforderung vollstreckt wird;

● gem. § 708 Nr. 11 hängt es dann, wenn aus dem Urteil nur wegen der Kosten vollstreckt werden kann, von der Höhe der Kosten (Grenze 1.500,00 EUR) ab, ob das Urteil gegen oder ohne Sicherheitsleistung für vorläufig vollstreckbar zu erklären ist.

1. Berechnung

a) Hauptforderung. Zunächst ist der Wert der (jeder bei mehreren) vollstreckbaren **322** Hauptforderung in die Sicherheit einzustellen. Dies kann sein:

● Bei Geldansprüchen deren Höhe,
● bei Herausgabeansprüchen der Wert der Sache (vgl. § 6),
● bei vollstreckungsrechtlichen prozessualen Gestaltungsklagen (§§ 767, 768) der Wert des Anspruchs, wegen dessen nicht mehr vollstreckt werden kann,[1] und
● in anderen Fällen der nach § 3 zu schätzende Wert der Verurteilung.

Keine Sicherheit muss für die **Hauptforderung** festgesetzt werden, wenn das Urteil keine Vollstreckung in der Hauptsache ermöglicht. Dies betrifft zB die Klageabweisung, Feststellungsurteile und Urteile auf Abgabe einer Willenserklärung (s. § 894), aber auch sonstige Fälle, in denen eine Vollstreckung nicht oder erst nach Rechtskraft (s. zB § 882) möglich ist. Trotzdem sollte auch in diesen Fällen zumindest vorsichtshalber **nie tenoriert** werden: »Das Urteil ist wegen der Kosten des Rechtsstreits vorläufig vollstreckbar.« Dabei können Sie im Einzelfall Fehler machen, umgekehrt nie, weil immer wegen der Kosten vollstreckt werden kann.

b) Zinsen. Weiter ist der zuerkannte Zinsanspruch einzubeziehen. Dies sind zunächst **323** rückständige Zinsen. Da der Ausspruch aber auch für die Zukunft gilt, muss berücksichtigt werden, dass nicht sofort vollstreckt wird und deshalb bis zur Vollstreckung weitere Zinsansprüche auflaufen können. Es ist deshalb ein Zeitraum von etwa 6 Monaten bis zu einem Jahr nach der Verurteilung hinzuzurechnen.

c) Kosten. Es müssen die Kosten entsprechend der Kostenquote einbezogen werden, **324** wegen derer vollstreckt werden kann. Dies sind vorausgezahlte Vorschüsse (Gerichtskosten, Zeugen-, Sachverständigenauslagen), aber nur bzgl. der Partei, die gezahlt hat, sowie die erstattungsfähigen außergerichtlichen Kosten der jeweiligen Partei.

Beispiele:
● Der Beklagte hat die Kosten des Rechtsstreits zu tragen. Damit kann der Kläger wegen der ihm entstandenen Kosten vollstrecken. Der Kläger hat (wenn ihm keine Prozesskostenhilfe bewilligt wurde) drei Gerichtsgebühren im Voraus gezahlt. Diese werden ihm nicht etwa als obsiegender Partei von der Gerichtskasse erstattet; der Kläger ist selbst Kostenschuldner (§ 22 Abs. 1 GKG). Er kann sie aber als notwendige Kosten des Rechtsstreits (s. § 91 Abs. 1 S. 1) vom Beklagten ersetzt verlangen. Also sind die drei Gerichtsgebühren einzubeziehen. Außerdem kann der Kläger seine außergerichtlichen Kosten ersetzt verlangen. Hier sind, da Weiteres zur Zeit der Entscheidung regelmäßig nicht ersichtlich ist, meist nur die Anwaltskosten zu berücksichtigen, die im Prozess entstanden sind (Verfahrensgebühr nach Nr. 3100, Terminsgebühr nach Nr. 3104, evtl. Einigungsgebühr nach Nr. 1003 für einen Teilvergleich, Auslagenpauschale nach Nr. 7000, Umsatzsteuer nach Nr. 7008 RVG-VV). Hat der Kläger einen Auslagenvorschuss (für Zeugen oder Sachverständige) gezahlt, ist dieser hinzuzurechnen. Bezüglich der gesamten Kosten sind wegen § 104 Abs. 1 S. 2 noch Zinsen in Höhe von 5 Prozentpunkten über dem jeweiligen Basiszinssatz (ab Urteilserlass, weil der Kostenfestsetzungsantrag regelmäßig sehr schnell gestellt wird) auf die Gesamtsumme der Kosten für etwa 6 Monate einzubeziehen.

---

1 S. *Lackmann* Rn. 532, 616, 775.

- Der Kläger hat die Kosten des Rechtsstreits zu tragen. Da der Beklagte keine Gerichtsgebühren vorausgezahlt hat, sind nur die außergerichtlichen Kosten des Beklagten, von ihm gezahlte Auslagenvorschüsse und die Zinsen für die Kosten zu berücksichtigen.
- Der Kläger hat den Beklagten auf Zahlung von 10.000,00 EUR in Anspruch genommen. Der Beklagte wird zur Zahlung von 5.000,00 EUR verurteilt, die Kosten des Rechtsstreits werden gegeneinander aufgehoben. Abgesehen von der Hauptforderung in Höhe von 5.000,00 EUR kann hier nur der Kläger wegen der Hälfte der von ihm vorausgezahlten Gerichtsgebühren, beide Parteien wegen der Hälfte im Einzelfall gezahlter Auslagenvorschüsse, vollstrecken. »Gegeneinander Aufheben« bedeutet, dass jede Partei die Hälfte der Gerichtskosten trägt, ihre außergerichtlichen Kosten aber selbst. Damit ist wegen der außergerichtlichen Kosten keine Vollstreckung möglich, die eine Sicherheit erfordert.
- Der Kläger hat den Beklagten auf Zahlung von 10.000,00 EUR nebst Zinsen in Anspruch genommen. Der Beklagte wird am 1.4.2014 zur Zahlung von 2.000,00 EUR nebst Zinsen in Höhe von 5 Prozentpunkten über dem jeweiligen Basiszinssatz seit dem 1.4.2013 verurteilt, die Kosten des Rechtsstreits werden zu 80% dem Kläger und zu 20% dem Beklagten auferlegt. Der Kläger hat einen Auslagenvorschuss in Höhe von 1.000,00 EUR für ein Sachverständigengutachten, der Beklagte in Höhe von 100,00 EUR für von ihm benannte Zeugen gezahlt. Der Basiszinssatz mag 3% betragen haben.

Sicherheit für den Kläger:

Hauptforderung	2.000,00 EUR
Zinsen für 1,5 Jahre (ein Jahr Verurteilung, 6 Monate zusätzlich)	240,00 EUR
3 vorausgezahlte Gerichtsgebühren (241 * 3) 723,00 EUR, davon 20%	144,60 EUR
Sachverständigenvorschuss 1.000,00 EUR, davon 20%	200,00 EUR
Anwaltsgebühren Verfahrensgebühr (Nr. 3100) Satz 1,3 Terminsgebühr (Nr. 3104) Satz 1,2 Gesamtsatz 2,5 Gebührenhöhe (2,5 * 558) 1.395,00 EUR, davon 20%	279,00 EUR
Auslagenpauschale (Nr. 7000 RVG-VV) 20% der Gebühren (279,00), höchstens 20,00 EUR, davon 20%	4,00 EUR
19% MwSt. auf Anwaltsgebühren ((1395 + 20)) * 19%) 268,85 EUR, davon 20%	53,77 EUR
Zinsen auf vom Kläger zu vollstreckende Kosten, 6 Monate (144,60 + 200 + 279 + 4 + 53,77) * 8% * 0,5	27,25 EUR
Gesamt	**3.148,62 EUR**

Sicherheit für den Beklagten:

Zeugenvorschuss 100,00 EUR, davon 80%	80,00 EUR
Anwaltsgebühren Verfahrensgebühr (Nr. 3100) Satz 1,3 Terminsgebühr (Nr. 3104) Satz 1,2 Gesamtsatz 2,5 Gebührenhöhe (2,5 * 558) 1.395,00 EUR, davon 80%	1.116,00 EUR
Auslagenpauschale (Nr. 7000 RVG-VV) 20% der Gebühren (279,00), höchstens 20,00 EUR, davon 80%	16,00 EUR
19% MwSt. auf Anwaltsgebühren ((1395 + 20)) * 19%) 268,85 EUR, davon 80%	215,08 EUR
Zinsen auf vom Beklagten zu vollstreckende Kosten, 6 Monate (80 + 1116 + 16 + 215,08) * 8% * 0,5	57,08 EUR
Gesamt	**1.484,16 EUR**

> Die Berechnung für den Beklagten hat ergeben, dass die vollstreckbaren Kosten 1.500,00 EUR nicht übersteigen, sodass § 708 Nr. 11 eingreift. Bei der Höhe der Sicherheit ist noch zu berücksichtigen, dass durch die Vollstreckung weitere Schäden entstehen können, die jetzt nicht absehbar sind. In der Praxis wird deshalb die Sicherheit angemessen erhöht (etwa 10% bis auf den nächsten glatten Betrag). Die Entscheidung über die vorläufige Vollstreckbarkeit lautet demnach: »Das Urteil ist vorläufig vollstreckbar, für den Kläger jedoch nur gegen Sicherheitsleistung in Höhe von 3.500,00 EUR. Der Kläger kann die Zwangsvollstreckung des Beklagten gegen Sicherheitsleistung in Höhe von 1.500,00 EUR abwenden, wenn nicht der Beklagte vor der Vollstreckung Sicherheit in gleicher Höhe leistet.«

Es dürfte klar geworden sein, dass es sinnvoller ist, von der Pauschalierungsmöglichkeit (→ Rn. 325 ff.) Gebrauch zu machen. Dies gilt auch für ein Gutachten. Allerdings bleibt dem Bearbeiter einer Relation (und dem Verfasser eines Urteilsentwurfes zumindest gedanklich) die genaue Berechnung (auf Klägerseite bei Klageabweisung, auf Beklagtenseite bei Kostenquotierung) dann nicht erspart, wenn es um die Anwendbarkeit des § 708 Nr. 11 geht. Sind die dafür notwendigen Feststellungen getroffen, kann im Tenor natürlich trotzdem von der Pauschalierungsmöglichkeit Gebrauch gemacht werden.

2. Pauschalierung

§§ 709 S. 2 und 711 S. 2 lassen »pauschalierte« Entscheidungen über die Höhe der Sicherheit zu. Die Vorschriften finden zwar nur dann Anwendung, wenn das Urteil die Vollstreckung einer Geldforderung zulässt; aber auch der Anspruch auf Kostenerstattung ist eine Geldforderung. **325**

a) Vollstreckbarkeit gegen Sicherheitsleistung (§ 709 S. 2). In der Praxis hat sich hier folgende Formulierung durchgesetzt: »Das Urteil ist gegen Sicherheitsleistung in Höhe von 110% des jeweils zu vollstreckenden Betrages vorläufig vollstreckbar.« Dies verschiebt die Berechnung (und die Schwierigkeiten) in das Vollstreckungsverfahren. Der Aufschlag auf 100%, der in der Literatur zwischen 10%[1] und 20%[2] angegeben wird, soll das nicht erkennbare Vollstreckungsschadenrisiko auffangen.

b) Abwendungsbefugnis (§ 711 S. 2 iVm § 709 S. 2). Auch bei der Abwendungsbefugnis nach § 711 (→ Rn. 316) kann von der Pauschalierung Gebrauch gemacht werden. Allerdings ist die Vorschrift anders formuliert als § 709 S. 2; sie stellt auf den aufgrund des Urteils vollstreckbaren Betrag ab. Hintergrund ist, dass der Abwendende natürlich nicht weiß, in welcher Höhe der Gläubiger vollstrecken will, und deshalb den gesamten vollstreckbaren Betrag als »Gegensicherheit« leisten muss. Dagegen muss entsprechend § 709 S. 2 der Gläubiger, will er die Abwendung des Schuldners obsolet machen, nur Sicherheit bezüglich des zu vollstreckenden Betrages leisten. Der Tenor lautet also: **326**

> »Das Urteil ist vorläufig vollstreckbar. Dem ... (Beklagten oder Kläger) bleibt nachgelassen, die Zwangsvollstreckung durch Sicherheitsleistung in Höhe von 110% des aufgrund des Urteils vollstreckbaren Betrages abzuwenden, wenn nicht der ... (Kläger/Beklagte) vor der Vollstreckung Sicherheit in Höhe von 110% des jeweils zu vollstreckenden Betrages leistet.«

Liegen bei beiden Parteien die Voraussetzungen des § 711 vor, kann formuliert werden:

---

1 So zB Msk/*Lackmann* § 709 Rn. 6.
2 So zB Zöller/*Herget* § 709 Rn. 6.

> »Das Urteil ist vorläufig vollstreckbar. Beide Parteien können die Zwangsvollstreckung des Gegners durch Sicherheitsleistung abwenden. Die Höhe der Sicherheit beträgt 110% des aufgrund des Urteils für die jeweilige Partei vollstreckbaren Betrages. Die Abwendungsbefugnis entfällt, wenn und soweit die vollstreckungswillige Partei vor der Vollstreckung Sicherheit in Höhe von 110% des jeweils zu vollstreckenden Betrages leistet.«

Entsprechendes gilt, wenn das Urteil zT gegen Sicherheitsleistung, zT ohne vorläufig vollstreckbar ist:

> »Das Urteil ist vorläufig vollstreckbar, für den Kläger jedoch nur gegen Sicherheitsleistung in Höhe von 110% des jeweils zu vollstreckenden Betrages. Dem Kläger wird nachgelassen, die Zwangsvollstreckung des Beklagten gegen Sicherheitsleistung in Höhe von 110% des für den Beklagten aufgrund des Urteils vollstreckbaren Betrages abzuwenden, wenn nicht der Beklagte vor der Vollstreckung Sicherheit in Höhe von 110% des jeweils zu vollstreckenden Betrages leistet.«

Die sicher komplizierten Formulierungen müssen Sie nicht unbedingt auswendig lernen, sie können sie in einer Klausur in dem zur Verfügung stehenden Kommentar finden.[1]

327   **c) Verurteilung zu anderer als Geldforderung.** Wird in der Hauptsache (auch) zu einer anderen als einer Geldforderung verurteilt, kann gleichwohl zumindest wegen der Kosten von der Pauschalierung Gebrauch gemacht werden.

> **Beispiel:** Der Kläger macht im Wege der Klagehäufung einen Herausgabeanspruch bzgl. eines PKW's im Wert von 10.000,00 EUR und einen Zahlungsanspruch in Höhe von 1.250,00 EUR geltend. Er obsiegt, der Beklagte hat die Kosten des Rechtsstreits zu tragen. Da der Wert der Verurteilung in der Hauptsache insgesamt über 1.250,00 EUR liegt (10.000 + 1.250) ist das Urteil insgesamt gegen Sicherheitsleistung für vorläufig vollstreckbar zu erklären. Es kann (und sollte, um Rechenarbeit zu ersparen) wie folgt über die vorläufige Vollstreckbarkeit entschieden werden: »Das Urteil ist gegen Sicherheitsleistung vorläufig vollstreckbar. Die Sicherheit beträgt der Höhe nach bzgl. der Herausgabe des PKW's 10.000,00 EUR, im Übrigen 110% des jeweils zu vollstreckenden Betrages.«

V. Art der Sicherheit

328   Die Art der Sicherheitsleistung ist in § 108 geregelt. Maßgeblich ist in erster Linie eine Anordnung des Gerichts im Urteilstenor oder nachträglich durch Beschluss. Ist keine Anordnung getroffen, ist die Sicherheit gem. § 108 Abs. 1 S. 2 durch Bankbürgschaft oder Hinterlegung zu leisten. Da anderes als eine Sicherheitsleistung durch Bankbürgschaft in der Praxis nicht beantragt wird, ist eine Entscheidung regelmäßig entbehrlich, die Folge ergibt sich bereits aus dem Gesetz, wenn auch entsprechende Anträge gestellt werden.

D. Zulassung eines Rechtsmittels

329   Ist ein Rechtsmittel gegen das Urteil nicht zulässig, ist auch darüber zu entscheiden, ob es zugelassen wird (beim erstinstanzlichen Urteil die Berufung, beim Berufungsurteil die Revision). Die Voraussetzungen sind in §§ 511 Abs. 4, 543 Abs. 2 genannt. Zu beachten ist, dass schon dann zu entscheiden ist, wenn nur für eine Partei ein Rechtsmittel unzulässig wäre.

---

1 Etwa bei Thomas/Putzo/*Hüßtege* § 709 Rn. 4, § 711 Rn. 3b.

Beispiel: Der Kläger klagt auf Zahlung von 10.000,00 EUR und obsiegt ganz überwiegend. Abgewiesen wird die Klage aber wegen der in Höhe von 500,00 EUR eingeklagten Inkassokosten. Der Beklagte kann gegen das Urteil Berufung einlegen, der Kläger nicht, weil seine Beschwer nicht über 600,00 EUR liegt (500,00 EUR). Hier bleibt (im Gegensatz zu § 713, → Rn. 318) die Möglichkeit einer Anschlussberufung außer Betracht, weil das davon abhinge, dass der Beklagte seinerseits in Berufung ginge. Also müsste die Berufung für den Kläger zugelassen werden, wenn das Gericht die Voraussetzungen des § 511 Abs. 4 für gegeben hält (was bei der nicht einheitlichen Rechtsprechung zur Ersatzfähigkeit von Inkassokosten nicht fern liegt).

Wird das Rechtsmittel zugelassen, muss dies im Urteilstenor geschehen. »Die Revision (Die Berufung) wird (für (Partei)) zugelassen.« Erfolgt keine Zulassung, muss dies nicht unbedingt im Tenor ausgesprochen werden; Schweigen gilt als Nichtzulassung.[1] In den Entscheidungsgründen ist aber dann zur Nichtzulassung Stellung zu nehmen, wenn eine Partei die Zulassung beantragt hat.

E. Tenorierungsvorschlag

Die »Entscheidungsstation« wird abgeschlossen mit der Ausformulierung des gesamten zuvor gefundenen Urteilstenors: **330**

»Ich schlage daher folgendes Urteil vor:«

»Der Beklagte wird verurteilt, an den Kläger 10.000,00 EUR nebst Zinsen in Höhe von 5 Prozentpunkten über dem jeweiligen Basiszinssatz seit dem 1.4.2004 zu zahlen.
Der Beklagte hat die Kosten des Rechtsstreits zu tragen.
Das Urteil ist gegen Sicherheitsleistung in Höhe von 110% des jeweils zu vollstreckenden Betrages vorläufig vollstreckbar.«

F. Zur Wiederholung und Vertiefung (Lösung → Rn. 712)

1. Der Kläger verlangt 20.000,00 EUR nebst 5% Zinsen über dem Basiszinssatz seit dem 1.4.2013. Das Gericht hält die Klage nach durchgeführter Beweisaufnahme wegen eines Betrags von 3.000,00 EUR nebst Zinsen für begründet. Wie lautet der Urteilstenor? **331**
2. Der Kläger erhebt beim Amtsgericht Klage auf Zahlung von 10.000,00 EUR rückständiger Miete. Der Beklagte rügt die Unzuständigkeit, da es sich um Geschäftsraummiete handelt, und verkündet seinem Untermieter den Streit. Der Untermieter tritt auf Seiten des Beklagten bei. Nach Verweisung an das Landgericht kommt dieses zur Auffassung, die Klage sei wegen eines Betrages von 7.500,00 EUR begründet. Wie lautet der Urteilstenor?
3. Der Kläger klagt auf Zahlung von 25.000,00 EUR. Wegen eines Betrages von 5.000,00 EUR erkennt der Beklagte an. Wegen des restlichen Betrages hält das Gericht die Klage in Höhe von 4.000,00 EUR für begründet. Wie lautet das Urteil?
4. Der Beklagte soll dem Antrag des Klägers entsprechend verurteilt werden, 212,21 EUR Inkassokosten an den Kläger zu zahlen. Wie lautet der Urteilstenor? Wie lautet der Tenor, wenn das Gericht die Berufung zulassen will?
5. Der Beklagte soll verurteilt werden, an den Kläger den PKW mit der Fahrgestellnummer 123456 herauszugeben. Der PKW hat einen Wert von 10.000,00 EUR. Die weitere Klage auf Zahlung von 50,00 EUR nutzloser Zulassungskosten soll abgewiesen werden. Wie lautet der Urteilstenor?
6. Zwei Kläger haben mit zwei Beklagten einen Kaufvertrag geschlossen. Die Kläger klagen auf Zahlung des Kaufpreises in Höhe von 20.000,00 EUR. Die Beklagten berufen sich darauf, dass die Kläger ihnen die Forderung in Höhe von 10.000,00 EUR erlassen hätten. Wegen des Restbetrages erheben sie andere Einwendungen. Das Gericht meint, dass der Kaufpreisanspruch bestehe. Auch sei ein Teil der Forderung in Höhe von 10.000,00 EUR erlassen worden; die Auslegung ergebe aber, dass dieser Erlass nur zu Gunsten des Beklagten zu 1. wirke. Wie lautet der Urteilstenor?

---

1 Msk/*Ball* § 543 Rn. 14 mwN; Thomas/Putzo/*Reichold* § 511 Rn. 22.

G. Typische Fehler

332 Leider werden in Übungs- und Examensarbeiten häufig Fehler bei der Fassung des Tenors gemacht. Diese setzen die praktische Brauchbarkeit der Arbeit zumindest herab und werden wohl immer negativ berücksichtigt, wenn sie nicht sogar zur Unbrauchbarkeit der Arbeit führen. Arbeiten Sie deshalb hier sehr sorgfältig, gerade solche Fehler sind absolut vermeidbar.

I. Hauptsachetenor

333 Hier sind folgende Fehler mehr oder weniger häufig:
- »Die Klage ist begründet.« oder »Der Klage wird stattgegeben.« Das ist ein besonders schwerer Fehler, weil ein solches Urteil, weil nicht vollstreckbar, in der Praxis unbrauchbar ist.
- »Die Klage ist unbegründet.« statt »Die Klage wird abgewiesen.«
- Der Tenor wird nicht bestimmt genug formuliert: »Der Beklagte wird verurteilt, die dem Kläger zugefügten Schäden zu beseitigen.«
- Es wird nicht beachtet, dass ein Gestaltungsurteil zu ergehen hat und stattdessen eine Feststellung formuliert: »Die Zwangsvollstreckung aus dem Urteil des LG Essen vom … ist unzulässig.« statt richtig »… wird für unzulässig erklärt.«
- Bei einer (auch nur geringen) Abweichung vom Klägerantrag wird vergessen, die weitergehende Klage abzuweisen.

II. Kostenentscheidung

334
- Es wird nicht über alle Kosten des Rechtsstreits entschieden.
- Es werden die Kosten eines Streithelfers vergessen.
- Es wird, obwohl im Einzelfall notwendig, die gesamtschuldnerische Kostenhaftung nicht ausgesprochen.
- Der Grundsatz der Einheitlichkeit der Kostenentscheidung wird nicht beachtet: »Dem Kläger werden die Kosten der Klage, dem Beklagten die Kosten der Widerklage auferlegt.«
- Es wird vergessen, über die Kosten der Säumnis (§ 344), des Vollstreckungsbescheids (§§ 700 Abs. 1, 344, → Rn. 306 f.) oder die der Anrufung eines unzuständigen Gerichts (→ Rn. 308) zu entscheiden.

III. Vorläufige Vollstreckbarkeit

335
- Die Entscheidung wird relativ häufig ganz vergessen.
- Es wird nur tenoriert: »Das Urteil ist vorläufig vollstreckbar.«, obwohl Sicherheit zu leisten wäre.
- Die Abwendungsbefugnis nach § 711 in den Fällen des § 708 Nr. 4–11 wird vergessen.
- Es wird Sicherheitsleistung durch Bürgschaft angeordnet, obwohl sich die Möglichkeit aus dem Gesetz (§ 108) ergibt.
- Bei der Abwendungsbefugnis wird tenoriert: »… durch Sicherheitsleistung *oder Hinterlegung* …«. Hinterlegung ist nicht bei Geldforderungen zu ermöglichen (→ Rn. 317).
- Bei der Abwendungsbefugnis werden die Parteien verwechselt. Abwenden kann nur der potentielle Vollstreckungsschuldner, dies kann auch der Kläger sein.

- Es wird eine Pauschalierung der Sicherheit vorgenommen, obwohl nicht zu einer Geldzahlung verurteilt wurde.

§ 28. Sonstige Entscheidungsvorschläge

I. Der Beweisbeschluss

Kommt das Gutachten zum Ergebnis, dass noch Beweis zu erheben ist, entfällt eine **336** Tenorierung der Nebenentscheidungen in der Entscheidungsstation. Stattdessen ist der Beweisbeschluss (→ Rn. 226 ff.) auszuformulieren. Nur soweit irgendwelche Punkte problematisch und in der Beweisstation nicht beantwortet worden sind, sind sie noch gutachterlich zu erörtern, etwa die Frage, ob die Beweisaufnahme vor dem Prozessgericht oder vor dem ersuchten Richter (s. § 362) stattfinden soll.

II. Der Hinweis- und/oder Auflagenbeschluss

Hat das Gutachten ergeben, dass den Parteien oder einer Partei noch Hinweise zu **337** geben oder Auflagen zu erteilen sind (s. dazu → Rn. 139 f.), ist ein entsprechender Beschluss vorzuschlagen. Er enthält:

- Das »einfache« Rubrum (→ Rn. 673),
- die Hinweise bzw. Auflagen,
- eine kurze Begründung, die aber auch zB in dem Hinweis selbst enthalten sein kann.

> **Beispiel:**
> ### Hinweis- und Auflagenbeschluss
> In dem Rechtsstreit
> Meier ./. Müller, 2 O 123/89 LG Aachen
> wird der Kläger auf Folgendes hingewiesen:
> Er ist für die Behauptung beweispflichtig, dass ein Vertrag zustande gekommen ist, weil er aus dem Vertrag Ansprüche herleitet. Es ist bisher kein tauglicher Beweis angetreten, weil der Kläger trotz Bestreitens des Beklagten die Privaturkunde vom 1. 4. ... nicht im Original vorgelegt hat (s. BGH NJW 1992, 829, 830).
> Zur Vorlage der Originalurkunde wird dem Kläger eine Frist von 3 Wochen nach Zustellung des Beschlusses gesetzt.
> Dem Beklagten wird aufgegeben, das Privatgutachten vom ... über die Unfallschäden an seinem Fahrzeug vorzulegen, damit der Kläger hierzu im Einzelnen Stellung nehmen kann. Frist: 3 Wochen nach Zustellung des Beschlusses.

III. Der Vergleichsvorschlag

Erhält ein Referendar im Rahmen der Ausbildung eine Akte zur Bearbeitung, kann **338** der Vorschlag in geeigneten Fällen auch darin bestehen, den Parteien einen schriftlichen Vergleichsvorschlag zu unterbreiten (s. § 278 Abs. 6). Wenn der Ausbilder keine andere Anweisung gegeben hat, sollte dies aber nicht ohne Untersuchung der tatsächlichen und rechtlichen Lage in Schlüssigkeits-, Erheblichkeits- und Beweisstation geschehen. Der Vergleichsvorschlag (regelmäßig in Beschlussform) enthält:

- Das »einfache« Rubrum (→ Rn. 673),
- die genaue Ausformulierung des Vergleichstextes, damit der Vergleichsvorschlag unverändert angenommen werden kann,

- eine Begründung, warum der vorgeschlagene Vergleich für die Parteien sinnvoll ist.

Beim Vergleichstext ist insbesondere darauf zu achten, dass dieser die (vollstreckbare) Formulierung eines Vergleichs enthält.

Beispiel:

»Beschluss
In dem Rechtsstreit
Meier ./. Müller, 2 O 123/89 LG Aachen
schlägt das Gericht den Parteien den Abschluss folgenden Vergleichs vor:
»1. Der Beklagte zahlt an den Kläger 10.000,00 EUR, davon 5.000,00 EUR Zug um Zug gegen Herausgabe des PKW's Trabbi 2500 GTI, Fahrgestellnummer 1234567, derzeitiges Kennzeichen L-ZZ 1234.
  2. Das in Ziff. 1 genannte Fahrzeug muss in fahrbereitem und verkehrssicherem Zustand übergeben werden.
  3. Die Kosten des Rechtsstreits und des Vergleichs werden gegeneinander aufgehoben.«
Gründe
...«

Nehmen die Parteien den Vergleichsvorschlag an, sind das Zustandekommen und der Inhalt des Vergleichs in einem Beschluss festzustellen (§ 278 Abs. 6 S. 2): »Es wird festgestellt, dass die Parteien einen Vergleich folgenden Inhalts geschlossen haben: ...« Dieser Beschluss muss, da er einen vollstreckbaren Inhalt hat, ein volles Rubrum (→ Rn. 449 ff.) enthalten.

10. Abschnitt. Das Gutachten aus Anwaltssicht

§ 29. Besonderheiten des »Anwaltsgutachtens«

I. Überblick

339 Aufgabe des Zivilrichters ist es, einen laufenden Prozess zu fördern, zu verhandeln, zu entscheiden und ggf. das Urteil zu verfassen. Der Sachvortrag und das prozesstaktische Verhalten sind die Aufgaben der Parteien und folglich der Anwälte. Damit unterscheiden sich die Aufgaben erheblich. Der Anwalt muss ermitteln (und ggf. entscheiden), was vorzutragen ist. Er muss den günstigsten Weg für seinen Mandanten finden und ihm zu diesem raten. Er muss Schriftsätze an das Gericht, den Gegner und seinen Mandanten richten, evtl. Verhandlungen mit der Gegenseite führen. Kommt es zum Prozess oder wird überlegt, ob ein Prozess geführt werden soll, muss der Anwalt ermitteln, wie dieser vermutlich ausgehen wird. Dazu muss er sich in die Rolle des Richters versetzen und zunächst die gleichen rechtlichen Überlegungen anstellen wie dieser. Er muss also im Prinzip zumindest gedanklich ein Gutachten erstellen wie der Richter auch. Das Gutachten unterscheidet sich aber in wesentlichen Punkten:

II. Besonderheiten gegenüber der Relation aus Richtersicht

340 Zumindest in Examensklausuren, häufig aber auch in Arbeiten in der Praxis, wird der Gutachter aus Richtersicht mit entscheidungsreifen Rechtsstreitigkeiten konfrontiert.

Bei Anwaltsklausuren ist dies meist anders. Es kommen eine anwaltliche Beratung vor Klageerhebung, eine Tätigkeit während eines laufenden Prozesses oder eine Begutachtung der Erfolgsaussichten eines Rechtsmittels in Betracht. Mandant kann der (potentielle) Kläger, aber auch der Beklagte oder Streithelfer sein.

Der Anwalt muss bei seiner Beratung häufig zunächst den Sachverhalt bei seinem Mandanten eruieren; eine Beweisaufnahme hat vielleicht noch nicht stattgefunden. Er muss die Rechtslage prüfen, den Ausgang einer Beweisaufnahme vorab beurteilen, überlegen, welcher prozessuale Weg für seinen Mandanten der günstigste ist. Das setzt gute Kenntnisse der Prozessrechts, aber auch des Gebührenrechts voraus.

An zwei Beispielen soll zunächst erörtert werden, welche Gedanken sich der Anwalt eines potentiellen Klägers und der eines Beklagten machen muss, um zu einer richtigen Beratung und Vorgehensweise zu kommen (auf die Rechtslage wird dabei nicht näher eingegangen, um die Schilderung zu verkürzen).

1. Beispiel Klägeranwalt

Ein Mandant kommt zum Anwalt und schildert, dass er einen Gebrauchtwagen von einem Privat- **341** mann gekauft habe, der zugesichert habe, dass der Wagen unfallfrei sei. In Wirklichkeit sei das Fahrzeug unfallbeschädigt, wie ein Tankstelleninhaber, bei dem er sein Fahrzeug regelmäßig untersuchen lasse, ihm erklärt habe. Der Mandant will den Kaufvertrag rückabwickeln.
Hier wird der Anwalt zunächst den Sachverhalt näher aufklären müssen, um die Rechtslage zutreffend beurteilen zu können. Existiert ein schriftlicher Kaufvertrag? Ist dort eine Zusicherung der Unfallfreiheit enthalten? Was für ein Unfallschaden ist bemerkt worden? Ist ein Gutachten eingeholt worden? Wie verhält sich die andere Vertragspartei?
Der Anwalt erfährt: Schriftlicher Kaufvertrag mit der Erklärung, von einem Unfallschaden sei nichts bekannt, und einem Gewährleistungsausschluss. Nach Aussage des Tankstelleninhabers (kein Gutachten eingeholt) Frontschaden mit Beschädigung des Rahmens, nicht ordnungsgemäß repariert. Der Gegner will nicht rückabwickeln, bestreitet, dass er Unfallfreiheit zugesichert habe und ein Unfallschaden vorliege. Jedenfalls habe er keine Kenntnis gehabt; er habe das Fahrzeug vor einem Jahr als unfallfrei von einem Fachhändler gekauft.
Jetzt muss der Anwalt die Rechtslage relationsmäßig überprüfen: Nach den Erklärungen seines Mandanten hat dieser einen Anspruch auf Rückabwicklung des Kaufvertrages, wenn Unfallfreiheit zugesichert wurde, aber auch dann, wenn der Gegner den offenbarungspflichtigen, ihm bekannten Unfall nicht offenbart hat. Dass das Fahrzeug wegen des Unfallschadens mangelhaft ist, kann nicht zum Erfolg führen, weil ein unter Privatleuten wirksamer Gewährleistungsausschluss vereinbart wurde.
Allerdings ist das vorprozessuale Vorbringen des Gegners erheblich. Die Zusicherung der Unfallfreiheit wird bestritten wie auch die Kenntnis von einem Unfall und schließlich der Unfallschaden selbst.
Es wird in einem Prozess also auf eine Beweisaufnahme ankommen, beweispflichtig ist der Mandant. Dieser muss jetzt nach Zeugen für die Zusicherung der Unfallfreiheit gefragt werden; der Mandant gibt die Ehefrau an. Auch muss gefragt werden, ob der Mandant irgendwelche Anhaltspunkte dafür hat, dass der Gegner von dem Unfall wusste. Dies wird verneint. Das Ergebnis dieser Prüfung wird sein: Die Zusicherung der Unfallfreiheit kann durch Zeugnis der Ehefrau des Mandanten unter Beweis gestellt werden, die Kenntnis durch Parteivernehmung des Gegners, der Unfall durch Sachverständigengutachten. Damit ist die Prüfung aber nicht abgeschlossen, der Anwalt muss auch überlegen, wie die Beweisaufnahme voraussichtlich ausgeht: Auch wenn dessen Ehefrau die Angaben des Mandanten bestätigt, ist ein positives Beweisergebnis nicht sicher, denn diese hat ein Interesse am Ausgang des Rechtsstreits zugunsten des Mandanten. Zudem spricht der Inhalt des schriftlichen Kaufvertrages gegen eine Zusicherung. Dies lässt eher ein negatives Beweisergebnis

erwarten; aufgeklärt werden muss auch noch, ob auch die Gegenseite Zeugen zur Verfügung hat. Eine Parteivernehmung des Gegners dürfte kaum Erfolg versprechend sein. Außerdem muss noch geklärt werden, wie die Fachkenntnisse des Tankstelleninhabers sind, ob mit einer Bestätigung durch einen Sachverständigen zu rechnen ist.

Über die Risiken der Beweisaufnahme und der Kosten eines Prozesses muss der Anwalt den Mandanten aufklären und nach der geschilderten Situation eher von einer Klage abraten. Es kommt auch in Betracht, zunächst Druck auf den Gegner auszuüben, um vielleicht im Vergleichsweg zu erreichen, dass dieser einen Teil des Kaufpreises zurückerstattet.

Will der Mandant gleichwohl das Risiko eines Prozesses eingehen, muss der Anwalt Erwägungen darüber anstellen, welches Vorgehen zweckmäßig ist. Sicher muss zunächst der Gegner angeschrieben werden, um diesen durch den Druck eines anwaltlichen Schreibens vielleicht doch zur Einsicht zu bringen, aber auch, um in einem Prozess sicherzugehen, dass kein sofortiges Anerkenntnis erfolgen kann. Es könnte weiterhin sinnvoll sein, vorab ein privates Sachverständigengutachten über die Unfallfrage einzuholen, um diesbezüglich sicher zu gehen. Insoweit muss der Anwalt auch überprüfen, ob die Kosten eines solchen Gutachtens im Fall des Klageerfolges vom Gegner zu erstatten sind. Dann kann schließlich noch geprüft werden, ob dem Gegner tatsächlich bei dessen Ankauf des Fahrzeugs Unfallfreiheit zugesichert wurde. Der Voreigentümer müsste sich aus dem Kfz-Brief ergeben, dort könnte der Mandant nachfragen.

Spätestens jetzt muss der Anwalt auch noch überprüfen, welche Gegenansprüche der Gegner evtl. geltend machen kann. Hat der Mandant den Kaufpreis vollständig bezahlt? Hat der Gegner nicht einen Anspruch auf Rückübereignung des Fahrzeugs? Muss der Mandant sich Nutzungsvorteile anrechnen lassen (gefahrene Kilometer)? Er wird sich fragen, ob es sinnvoll ist, evtl. Ansprüche des Gegners gleich bei Klageerhebung abzuziehen (Nutzungsentschädigung) oder zu berücksichtigen (Zug um Zug-Antrag bzgl. der Rückübereignung), oder die Chance oder das Risiko einzugehen, dass der Gegner die Ansprüche (nicht) geltend macht. Hat der Mandant nicht vielleicht sogar weitergehende Ansprüche, die mangels Rechtskenntnissen des Mandanten nicht zur Sprache gekommen sind (notwendige Verwendungen?). Sind diese ersatzfähig? Schließlich muss der Anwalt (im rechtlich zulässigen Rahmen) auch überlegen, ob er den Sachverhalt vollständig vortragen oder manche Umstände (zB die gefahrenen Kilometer) lieber nicht offenbaren soll.

Sind die Zweckmäßigkeitserwägungen abgeschlossen, noch offene Fragen geklärt und die vorprozessualen Maßnahmen durchgeführt (Aufforderungsschreiben an Gegner pp.), muss der Anwalt die Klage einreichen. Erstmals jetzt wird er sich Gedanken darüber machen, vor welchem Gericht die Klage zu erheben ist (örtliche und sachliche Zuständigkeit). Er muss den Klageantrag und seinen Schriftsatz formulieren.

2. Beispiel Beklagtenanwalt

342 Wird nach Erhebung der im vorherigen Beispiel genannten Klage vom Verkäufer ein Anwalt beauftragt, muss auch dieser zunächst die Sachdarstellung seines Mandanten durch Befragen ermitteln. Ergibt dies dasselbe wie im obigen Beispiel (Bestreiten der Zusicherung, der Kenntnis, des Unfalls; eigener Kauf unter Zusicherung der Unfallfreiheit), wird auch der Beklagtenanwalt relationsmäßig die Rechtslage prüfen. Diese fällt in Schlüssigkeit und Erheblichkeit so aus wie beim Klägeranwalt, wenn dieser nicht unschlüssige Positionen neben dem Kaufpreis geltend gemacht hat. Der Anwalt wird weiter prüfen, ob der Anspruch nur Zug um Zug gegen Rückübereignung des Fahrzeugs geltend gemacht wird und die Nutzungsentschädigung berücksichtigt ist. In der Beweisstation wird der Beklagtenanwalt zum gleichen Ergebnis wie der Klägeranwalt kommen, dass nämlich die Prognose für den Kläger ungünstig ausfällt. Er wird aber den Mandanten nach eigenen Zeugen befragen und diese ggf. (unter Protest gegen die Beweislast) benennen. Außerdem wird der Anwalt sich auch den Kaufvertrag mit dem Vorbesitzer vorlegen lassen, um den Nachweis der Zusicherung der Unfallfreiheit führen zu können. Er wird den Mandanten, falls dieser Kaufvertrag existiert, fragen, ob Zeugen bestätigen können, dass während der Besitzzeit des Mandanten kein Unfall eingetreten ist. Er wird fragen, ob Inspektionsunterlagen oder TÜV-Berichte vorliegen, aus denen sich ergibt, dass kein Unfallschaden vorliegt bzw. ein solcher nicht sichtbar ist. Jedenfalls kann dem Beklagten geraten werden, das Verfahren streitig durchzuführen.

Schildert der Mandant den Sachverhalt allerdings anders, gibt er zB die Zusicherung der Unfallfreiheit zu, wäre sein entsprechendes Vorbringen nicht erheblich. Dann muss der Beklagtenanwalt überlegen, ob er ohne Verstoß gegen die Wahrheitspflicht die Zusicherung bestreiten darf. Kommt er zu dem zutreffenden Ergebnis, dass er dies nicht darf, wird er seinem Mandanten raten müssen zu versuchen, auf dem kostengünstigsten Weg aus dem Klageverfahren, das nicht gewonnen werden kann, herauszukommen.

Wenn der Mandant erklärt, er habe selbst keinen Unfall verursacht, schon die Zusicherung seines Verkäufers müsse unrichtig sein, wird der Anwalt überlegen, ob diesem der Streit verkündet werden soll. Dies ist nur sinnvoll, wenn ein Prozess gegen den Vorverkäufer Erfolg versprechend erscheint, weil sonst die Gefahr besteht, dass dieser dem jetzt anhängigen Prozess beitritt mit Kostenfolgen für den Beklagten (§ 101 Abs. 1). Es muss geprüft werden, ob die Interventionswirkung auch dann eintreten würde, wenn der Mandant den billigsten Weg des Versäumnisurteils wählt, und ob die Streitverkündung auch ohne Anwalt erklärt werden kann. Wenn nein, ist zu prüfen, ob die Prozesskosten gegen den Vorverkäufer geltend gemacht und auch realisiert werden können. Vom Ergebnis dieser Prüfung ist der Rat an den Mandanten abhängig.

3. Auswertung der Beispiele

Die Beispiele zeigen Folgendes: 343

- Da der Anwalt Gestaltungsmöglichkeiten im Prozessverfahren hat, ist sein Prüfungsumfang erheblich größer als der eines Richters, der über einen Rechtsstreit entscheiden muss.
- Es sind häufig Überlegungen auch wirtschaftlicher Art erforderlich; dabei können sogar Ersatzmöglichkeiten gegen einen nicht prozessbeteiligten Dritten eine Rolle spielen.
- Der Anwalt muss, wenn noch keine Beweisaufnahme erfolgt ist, eine hypothetische Beweiswürdigung durchführen.
- Kernstück der Überlegungen des Anwalts sind oft die Zweckmäßigkeitserwägungen, welche die verschiedenen Gestaltungsmöglichkeiten umfassen müssen. Auch in der Klausur liegt hier (als »praktischer Teil«) häufig ein Schwerpunkt, der leider nur zu oft vernachlässigt wird.
- Der »Klägeranwalt« prüft oft inhaltlich und in der Reihenfolge anders als der Beklagtenanwalt oder der Richter. Er muss das Klagebegehren nicht auslegen, sondern selbst den richtigen Weg ermitteln und den Antrag richtig formulieren. Seine Prüfung kann damit allenfalls selten mit der Frage nach der richtigen Klageart beginnen. Die »Zulässigkeit« einer Klage wird er eventuell in mehreren Abschnitten prüfen, zB am Anfang die Parteifähigkeit seines Mandanten, wenn es sich um eine GbR handelt. Gegen wen die Klage gerichtet werden soll (zB gegen eine GbR oder die einzelnen Gesellschafter), wird er ökonomisch erst dann untersuchen, wenn er zu dem Ergebnis gekommen ist, dass eine Klage auch Erfolg versprechend, also vermutlich begründet sein wird. Auch dann erst überlegt er, welches Gericht er anrufen soll.

Schließlich sollte auch deutlich geworden sein, dass es unmöglich ist, alle denkbaren Überlegungen darzustellen, die ein Anwalt zu treffen hat. Wichtig sind vielmehr gute prozessuale Kenntnisse, Kenntnisse des Gebührenrechts und die Fähigkeit, sich in die praktische Arbeitsweise eines Anwalts hineinzudenken.

§ 30. Gutachten aus Sicht des Klägeranwalts

A. Vor Klageerhebung

344 Der Aufbau des Gutachtens eines den Kläger vertretenden Anwalts entspricht grundsätzlich dem Aufbau einer Relation aus Richtersicht. Es wird daher das Aufbauschema des »richterlichen« Gutachtens übernommen (→ Rn. 79 ff.); die Besonderheiten werden erwähnt.

I. Kurzer Entscheidungsvorschlag

345 Der Entscheidungsvorschlag ist auch bei Anwaltsklausuren zu empfehlen, damit der Leser des Gutachtens sofort weiß, worauf das Gutachten hinausläuft.[1]

II. Auslegung des Klagebegehrens

346 Dieser Punkt entfällt natürlich, weil der Anwalt durch seine Klage dem Gericht selbst das Klagebegehren klar machen, insbesondere zutreffende Anträge ankündigen muss. Es kann aber angebracht sein, bei Unklarheiten auszulegen, was überhaupt das Ziel ist, das der Mandant verfolgt.

Es kann auch erforderlich sein, eine denkbare spezielle Klageart hier schon in Rede zu bringen.[2] Der Anwalt wird in klaren Fällen bei der Prüfung der Rechtslage sofort von den möglichen Rechtsbehelfen ausgehen.

> **Beispiel:** Der Mandant erklärt dem Anwalt, er halte das Vorgehen eines Gerichtsvollziehers bei der Zwangsvollstreckung für fehlerhaft, außerdem habe er die titulierte Forderung bereits gezahlt. Hier ist von vornherein klar, dass eine Vollstreckungserinnerung (§ 766) und eine Vollstreckungsabwehrklage (§ 767) in Betracht kommen.

Dann kann das Gutachten nach der Auslegung damit beginnen, ob eine mögliche Erinnerung und/oder eine Vollstreckungsabwehrklage zulässig und begründet wären. Ich halte das aber nicht für zwingend; es kann ökonomischer sein, zunächst ohne Abstellen auf eine bestimmte Klage bzw. einen Rechtsbehelf die Rechtslage zu untersuchen (zB, ob der Gerichtsvollzieher einen Fehler bei der Vollstreckung gemacht hat), und erst nach dieser Prüfung zur Frage des Rechtsbehelfs zu kommen, mit dem der Fehler geltend gemacht werden kann. In der Regel sollte aber von einer konkreten Klageart ausgegangen werden.

III. Zulässigkeit der Klage

347 Hier kann auf Zulässigkeitsfragen einer möglichen Klage einzugehen sein, die sich aufgrund des vom Mandanten vorgetragenen Sachverhalts ergeben. Wäre eine Klage von vornherein unzulässig, wird der Anwalt nicht in die Prüfung der Begründetheit einsteigen.

> **Beispiele:** Einen geschäftsunfähigen Mandanten wird der Anwalt, sobald er davon weiß, nicht in einem Klageverfahren vertreten. Er wird, wenn noch nicht geschehen, dafür Sorge tragen, dass ein Betreuer bestellt wird, und mit diesem dann darüber reden, ob ein Mandat erteilt wird.

---

1 *Anders/Gehle* D Rn. 17.
2 *Anders/Gehle* D Rn. 19.

Kommt der Vater einer minderjährigen Tochter zum Anwalt, um für die Tochter ein Mandat zu erteilen, wird der Anwalt den Vater sofort danach fragen müssen, wer sorgeberechtigt ist. Falls dies auch die Mutter ist, wird er fragen, ob auch diese mit der Mandatserteilung einverstanden ist. Ist dies nicht geklärt, kann er schon das Mandat nicht annehmen. Ist die auch sorgeberechtigte Mutter einverstanden, wird sich der Anwalt noch Gedanken darüber machen, ob das mögliche Klageverfahren von einer Genehmigung des Familiengerichts abhängig ist (s. § 1643 BGB).

Auch die Prüfung der Parteifähigkeit kann erforderlich sein. Dabei wird zu Beginn des Mandatsverhältnisses in der Regel aber nur die Parteifähigkeit des Mandanten zu prüfen sein (zB, wenn das Mandat für eine »GbR« erteilt wird), die des Gegners nur dann, wenn das Mandat ausschließlich auf eine bestimmte (natürliche oder juristische) Person beschränkt ist. Ist das Mandat nicht beschränkt, wird sich der Anwalt erst nach der positiven Prüfung der Begründetheit einer Klage mit der Frage beschäftigen, gegen wen er sie richten soll.

Keine Gedanken wird sich der Anwalt jetzt schon über die Zuständigkeit des Gerichts machen.[1] Warum soll er sich fragen, welches Gericht örtlich zuständig ist, wenn er noch gar nicht weiß, ob er Klage erhebt? Wie soll er zumindest dann, wenn das Begehren des Mandanten die Streitwertgrenze des Amtsgerichts überschreitet, die sachliche Zuständigkeit beurteilen können, wenn er noch nicht weiß, in welcher Höhe eine mögliche Klage begründet wäre?

Die genannten Fragen der Partei-/Prozessfähigkeit des Mandanten wird sich der Anwalt schon bei der Mandatsübertragung stellen und vor Klärung das Mandat nicht uneingeschränkt annehmen. In Klausuren wird es aber regelmäßig so sein, dass das Mandat bereits erteilt ist. Dann ist diese Prüfung unter dem Aspekt »Zulässigkeit einer möglichen Klage« vorzunehmen.

IV. Begründetheit der Klage

Bei der Begründetheitsprüfung weist das Gutachten große Gemeinsamkeiten mit dem des Richters auf. Es ist zunächst ohne Unterschied zum Gutachten aus Richtersicht die   **348**

1. Schlüssigkeit des Mandantenvorbringens (Klägerstation)

zu prüfen. Dabei ist, wie beim »normalen« Gutachten, das Vorbringen des Mandanten als richtig zu unterstellen. Es folgt die Prüfung der   **349**

2. Erheblichkeit des Gegnervorbringens (Beklagtenstation)

Dabei ist zu unterscheiden, ob schon bekannt ist, dass der Sachverhalt vom Gegner   **350** unterschiedlich dargestellt wird (zB durch ein vorprozessuales Schreiben), oder noch nicht. Der Anwalt darf allerdings, um seinen Mandanten zutreffend beraten zu können, nicht davon ausgehen, dass der Sachverhalt unstreitig bleiben wird. Er muss, auch wenn das Gegnervorbringen noch nicht bekannt ist, hypothetisch untersuchen, was möglicherweise bestritten werden wird und ob solches Bestreiten erheblich wäre. Er darf dem Mandanten nicht zur Klage raten, wenn mit einem Bestreiten zu rechnen ist und der Mandant, falls beweispflichtig, keine Beweismöglichkeit hat.

Beispiel: Der Mandant hat Herrn B einen gebrauchten Laptop verkauft und eine Anzahlung von 100,00 EUR erhalten. Trotz schriftlicher Aufforderung des Mandanten zahlt der Gegner den Restbetrag von 400,00 EUR nicht, ohne sich hierzu zu erklären. Hier muss der Anwalt zB prüfen, ob der Gegner den Kaufvertragsschluss möglicherweise bestreiten wird. Dies wird er kaum tun, wenn ein schriftlicher Vertrag existiert, möglicherweise aber wohl, wenn eine schriftliche Vereinbarung fehlt.

---

1 Anders *Anders/Gehle* D Rn. 22.

Wenn der Mandant die Frage des Anwalts, ob der Laptop fehlerhaft war, verneint, wird der Anwalt dagegen nicht hypothetisch irgendwelche Mängelrechte des Gegners prüfen müssen, auch keine Aufrechnungsmöglichkeit, wenn die Sachverhaltsdarstellung des Mandanten dazu keine Anhaltspunkt liefert.

Auch eine Replik des Mandanten und eine Duplik des Gegners sind zu prüfen, wenn das Vorbringen des Mandanten hierzu Anlass bietet.

Beispiel: Der Mandant will wie im vorangegangenen Beispiel den Kaufpreis für einen Laptop einklagen. Aus dem vorprozessualen Schriftverkehr ergibt sich, dass der Gegner den Kaufvertragsschluss nicht bestreitet, sich aber auf eine Gegenforderung aus Darlehen beruft und aufrechnet. Hierzu erklärt der Mandant, nicht ihm, sondern seiner Frau sei das Darlehen gegeben worden.
Hier sind neben der Schlüssigkeit (Kaufpreisanspruch) auch Erheblichkeit (Aufrechnung mit Darlehensanspruch) und Replik (Bestreiten des Darlehensanspruchs gegen den Mandanten) zu untersuchen.

3. Beweisprognose

351 Vom Ansatz her und inhaltlich unterschiedlich gegenüber dem »normalen Gutachten« ist die **Tatsachenfeststellung (Beweisstation)** zu untersuchen. Weil noch keine Beweisaufnahme stattgefunden hat, muss, was meist auch ausdrücklich in der Aufgabenstellung steht, eine »Beweisprognose« erfolgen. Es muss untersucht werden, ob die beweispflichtige Partei den ihr obliegenden Beweis voraussichtlich führen kann. Hier muss auch vorab eine Beweiswürdigung auf der Grundlage der bisher bekannten Fakten (zB Mandantenerklärungen, vorhandene Urkunden, Interessenlage der künftigen Zeugen) erfolgen. Als **Beispiel** hierzu siehe das Beispiel → Rn. 341.

V. Zweckmäßigkeitserwägungen

352 Im Gutachten aus Richtersicht würde jetzt die Entscheidungsstation folgen. Im Gutachten aus Anwaltssicht müssen aber noch zwei weitere Aspekte beleuchtet werden. Einmal müssen die prozessualen Fragen geklärt werden, die sich stellen, wenn der Vorschlag in einer Klageerhebung liegt (welches Gericht ist zuständig, wer ist zu verklagen uÄ). Zum anderen sind Zweckmäßigkeitserwägungen anzustellen, wie es die Aufgabenstellung in aller Regel vorschreibt. Dabei ist mE zunächst die Zweckmäßigkeit des Vorgehens zu prüfen. Es kann sich zB auch ergeben, dass trotz der Begründetheit der Klage von einer Klageerhebung jedenfalls jetzt abgeraten werden muss, zB weil der Gegner erkennbar kein Geld oder sonstiges vollstreckbares Vermögen hat und eine Verjährung nicht droht. Warum soll ich mir dann Gedanken darüber machen, gegen wen ich wo klagen soll?

Allerdings kann sich in der »Prozessstation« auch ergeben, dass mehrere Gerichte zuständig sind, unter denen der Mandant auswählen kann (§ 35). In diesem Fall sollte gleich nach der Feststellung mehrerer Zuständigkeiten erörtert werden, bei welchem Gericht zweckmäßigerweise geklagt wird.

Die Zweckmäßigkeitserwägungen werden → Rn. 359 ff. ausführlich erörtert.

VI. »Prozessstation«

353 Hier sind aus meiner Sicht die prozessualen Fragen des praktischen Vorgehens aufgrund des in der bisherigen Prüfung, auch in den Zweckmäßigkeitserwägungen, gefundenen Ergebnisses zu erörtern. Insbesondere ist vor Klageerhebung an dieser Stelle das zuständige Gericht zu ermitteln. Zweifel, wer der richtige Beklagte ist (zB bei

einer GbR auf der Gegenseite), sind hier zu klären. Es kann unter Umständen hier die Frage zu klären sein, ob (wie im Fall der Einziehungsklage[1] wegen § 841) eine Streitverkündung erforderlich ist.

> **Abgrenzungsbeispiele:** In den Zweckmäßigkeitserwägungen ist zB zu klären, ob in einem Prozess des Generalunternehmers gegen den Bauherrn dem Subunternehmer der Streit verkündet werden soll, weil der Bauherr sich schon vorprozessual auf Mängel dessen Werks berufen hat. In der »Prozessstation« sind Ausführungen hierzu entbehrlich; es sei denn, es wäre zB noch die Frage zu klären, wem der Streit zu verkünden ist, weil der Subunternehmer eine GbR ist. Bei der Einziehungsklage dagegen ist die Streitverkündung keine Zweckmäßigkeitsfrage, sondern eine Verpflichtung, deren Verletzung zwar nicht zur Unzulässigkeit der Klage, aber zur Schadenersatzverpflichtung führen kann.[2] Hier ist in der »Prozessstation« (kurz) auf die Verpflichtung zur Streitverkündung einzugehen.
>
> Ist Gegner eine GbR, ist schon in der Schlüssigkeitsprüfung zu untersuchen, gegen wen sich der Anspruch des Mandanten richtet. Dies wird in der Regel zu dem Ergebnis führen, dass Gesellschaft und die Gesellschafter persönlich Anspruchsgegner sind.[3] Die Frage, ob gegen die GbR geklagt werden kann, spielt dabei noch keine Rolle. Dies würde ich auch nicht im Rahmen der Zulässigkeit der Klage erörtern; wer macht sich als Anwalt solche möglicherweise schwierigen Gedanken, wenn er die Erfolgsaussichten einer Klage nicht kennt und jedenfalls eine Klage gegen die Gesellschafter möglich ist. Bei den Zweckmäßigkeitserwägungen wäre zu prüfen, ob die Klage sinnvoll gegen die GbR und/oder die Gesellschafter oder nur einen Gesellschafter zu richten ist. Zweckmäßig ist, dies kann aufgrund einer ganz schnellen Prüfung festgestellt werden, eine Klage gegen GbR und alle Gesellschafter, weil sich die Haftungsmasse vergrößert. Dabei würde ich die Frage, ob die Klage gegen alle möglich ist, zunächst offen lassen und auf die Prüfung in der »Prozessstation« verweisen, um die Zweckmäßigkeitsprüfung nicht durch lange rechtliche Überlegungen zu unterbrechen. ME denkt ein Anwalt nicht anders: Er würde denken: »Gegen wen gehe ich denn vor? Klar, gegen alle. Ist das rechtlich möglich? …« Außerdem kann das zweckmäßige Vorgehen gegen alle zu Zuständigkeitsproblemen führen, wenn kein gemeinsamer Gerichtsstand existiert. Hier ist ein Vorgehen nach § 36 Abs. 1 Nr. 3 zu prüfen. Dies alles passt mE nicht zu Zweckmäßigkeitserwägungen.

Generell gesagt sind in dieser »Prozessstation« alle erörterungswürdigen prozessualen Fragen zu klären, die ein Anwalt erst anstellt, wenn feststeht, dass Klage erhoben werden soll, und außerdem solche, die rechtliche prozessuale Fragen, nicht Zweckmäßigkeitsfragen (taktische Fragen) sind.

VII. Zusammenfassung, evtl. Antrag

Am Ende des Gutachtens ist ein zusammenfassender Vorschlag zu machen. Meist sieht der Bearbeitervermerk auch vor, dass der Antrag an das Gericht zu formulieren ist. **354**

> **Beispiel:** Kommt das Gutachten zum Ergebnis, dass eine Klage auf Zahlung von 2.000,00 EUR Zug um Zug gegen Rückübereignung eines PKW und Feststellung des Annahmeverzugs Erfolg verspricht, kann diese »Station« so aussehen:
> »Dem Mandanten ist nach dem Ergebnis des Gutachtens zu raten, Klage auf Zahlung von 2.000,00 EUR Zug um Zug gegen Rückübereignung des gekauften PKW und Feststellung des Annahmeverzugs zu erheben. In der an das Amtsgericht … zu richtenden Klageschrift sollte folgender Antrag angekündigt werden:
> Es wird beantragt,
> 1. den Beklagten zu verurteilen, an den Kläger 2.000,00 EUR nebst Zinsen in Höhe von 5 Prozentpunkten über dem jeweiligen Basiszinssatz seit dem 1.4. … zu zahlen, Zug um Zug gegen Rückübereignung des PKW VW Polo mit der Fahrgestellnummer VW12345678;

---

1 S. dazu *Lackmann* Rn. 339 ff.
2 S. Msk/*Becker* § 841 Rn. 3; Thomas/Putzo/*Hüßtege* § 841 Rn. 1.
3 S. Palandt/*Sprau* § 714 BGB Rn. 10 ff.

> 2. festzustellen, dass sich der Beklagte mit der Annahme des in Ziffer 1. genannten Rückübereignungsverlangens in Verzug befindet.«

Nicht erforderlich sind die in der Praxis häufig zu findenden Kostenanträge und Anträge, das Urteil für vorläufig vollstreckbar zu erklären, weil diese Entscheidungen von Amts wegen zu treffen sind. Werden Anträge nach §§ 710, 711 S. 3, 712 oder Anträge auf einstweilige Einstellung der Zwangsvollstreckung (→ Rn. 369) gestellt, sind auch diese auszuformulieren.

Anträge darauf, die Sicherheit durch Bankbürgschaft stellen zu können, sind überflüssig, weil sich diese Möglichkeit bereits aus § 108 Abs. 1 S. 2 ergibt. Sinnvoll ist dagegen ein Antrag auf Erlass eines Versäumnisurteils nach § 331 Abs. 3:

> »Für den Fall der Anordnung des schriftlichen Vorverfahrens wird schon jetzt Erlass eines Versäumnisurteils beantragt für den Fall, dass der Beklagte seine Verteidigungsabsicht nicht fristgerecht erklärt.«

B. Nach Klageerhebung

355 Ist die Klage bereits erhoben worden, entspricht das Aufbauschema des Gutachtens im Wesentlichen dem des »richterlichen« Gutachtens (→ Rn. 79 ff.). Beispielsweise ist, da die Klage erhoben ist, auch bei der Zulässigkeit der Klage die Zuständigkeit des angerufenen Gerichts zu klären, falls dies zweifelhaft ist. Hat der Gegner bereits erwidert, ist sein Vorbringen natürlich zu verwerten.

Allerdings ist die Darstellung in der Beweisstation davon abhängig, ob bereits Beweis erhoben wurde (dann wie Gutachten aus Richtersicht) und/oder noch zu erheben ist (dann Beweisprognose).

Auch hier sind regelmäßig Zweckmäßigkeitserwägungen (→ Rn. 359 ff.) verlangt; eine »Prozessstation« dürfte nicht erforderlich sein, wenn nicht zB die Klage erweitert werden soll und dies rechtliche Probleme aufwirft.

> **Beispiel:** Es ist Klage vor dem Amtsgericht erhoben. Das Gutachten ergibt, dass dem Kläger ein weiterer Anspruch zusteht, wobei insgesamt die Zuständigkeitsgrenze des Amtsgerichts überschritten wird. Die Prüfung hat nach meiner Auffassung aus den bereits genannten Gründen (→ Rn. 347, 353) in der »Prozessstation« zu erfolgen.

Auch hier endet das Gutachten mit einer Zusammenfassung (→ Rn. 354). An das Gericht zu stellende Anträge sind nach dem Bearbeitervermerk in der Regel auszuformulieren (→ Rn. 354).

C. Zur Wiederholung und Vertiefung (Lösung → Rn. 713)

356 1. Fassen Sie den Aufbau eines Gutachtens aus Anwaltssicht in der Situation vor Klageerhebung zusammen.
2. Die Ausführungen oben beziehen sich auf eine »Relationsklausur« aus Anwaltssicht. In diesen Klausuren lautet der Bearbeitervermerk ausdrücklich: »Die Angelegenheit ist relationsmäßig zu begutachten.« Wie würden Sie vorgehen, wenn bei streitigem Sachverhalt der Auftrag nur lautet, die Angelegenheit zu begutachten?
3. In → Rn. 354 wird der Ratschlag gegeben, schon in der Klage den Antrag auf Erlass eines Versäumnisurteils im schriftlichen Verfahren zu stellen. Warum fehlt der Rat zu beantragen, ggf. ein Anerkenntnisurteil im schriftlichen Verfahren zu erlassen?

§ 31. Gutachten aus Sicht des Beklagtenanwalts und sonstige Fälle

I. Sicht des Beklagtenanwalts

Dem Beklagtenanwalt sind Klageschrift und Vorbringen seines Mandanten bekannt. **357** Damit kann er ein Gutachten wie aus Richtersicht erstellen. Allerdings muss, wenn der Beklagte Gegenrechte geltend machen will (Einreden, Aufrechnung, Widerklage), klar gestellt werden, dass und wie die Gegenrechte erhoben werden. Bei einer möglichen Aufrechnung ist zB in der Zweckmäßigkeitsstation zu untersuchen, ob sie haupt- oder hilfsweise geltend gemacht werden soll; insoweit ist auch auf die kostenrechtlichen Auswirkungen einzugehen. Ist dies rechtlich wirklich problematisch, wäre in der Prozessstation zu untersuchen, ob eine Hilfsaufrechnung prozessual überhaupt zulässig ist. Bei einer Widerklage ist evtl. bei den Zweckmäßigkeitserwägungen zu untersuchen, gegen wen (nur Kläger oder auch Dritte) sie erhoben werden soll, in der Prozessstation, ob zB eine Drittwiderklage zulässig ist. Auch hier endet das Gutachten mit einer Zusammenfassung (→ Rn. 354). An das Gericht zu stellende Anträge sind nach dem Bearbeitervermerk in der Regel auszuformulieren (→ Rn. 354).

II. Sonstige Fälle

Im Übrigen gilt es, den Aufbau unter Beachtung der genannten Grundsätze selbst zu **358** erarbeiten. Wichtig ist dabei vor allem, den Bearbeitervermerk zu beachten, also genau die Situation zu erkennen, in die Sie als Anwalt gestellt werden. Es gilt, den für den Mandanten günstigsten Weg zu finden, der manchmal sogar darin liegen kann, bewusst einen erkannt rechtlich unzutreffenden Weg zu beschreiten (s. zur Berufung → Rn. 494). Beispiele dafür, was in Einzelsituationen zu bedenken ist, finden Sie bei der Darstellung der Sonderfälle (→ Rn. 371 ff.). Dort wird auch immer versucht, klar zu machen, wie ein Anwalt denken muss.

§ 32. Zweckmäßigkeitserwägungen

I. Überblick

Wenn die Frage, wie zweckmäßig vorgegangen werden soll, nicht gerade auf der Hand **359** liegt, ist in den Zweckmäßigkeitserwägungen häufig ein Schwerpunkt der Klausur zu sehen. Dies wird in Referendar- und Examensklausuren häufig verkannt. Aber hier liegt der praktische Teil, die häufig vorrangige Aufgabe des Anwalts als Berater.

Die oft erforderlichen Überlegungen setzen gute Kenntnisse des Zivilprozessrechts und des Gebührenrechts voraus. Zivilprozessual muss man nicht nur Grundkenntnisse über die Urteilsarten und sonstigen Arten der Prozesserledigung haben, sondern auch prozessuale Gestaltungsmöglichkeiten (Widerklage, Stufenklage, Rügeverzicht uvm) kennen. Es können auch Anträge auf eine Verfahrensaussetzung in Frage kommen.[1]

---

1 S. dazu das 2. Klausurbeispiel bei *Lackmann*, Rn. 909 ff.

Gebührenrechtlich müssen die Möglichkeiten einer »billigen« Prozessbeendigung bekannt sein (auf Klägerseite zB Klagerücknahme oder Verzicht, auf Beklagtenseite Anerkenntnis oder Säumnis; auf beiden Seiten Erklärung der Erledigung der Hauptsache). Es muss zB auch beachtet werden, dass eine Nichtvertretung eines Mandanten wegen der dann geringeren Anwaltsgebühren für diesen besser sein kann.

Ergibt das Gutachten ein eindeutiges Ergebnis, sind die Zweckmäßigkeitserwägungen manchmal kurz:

● Verspricht eine beabsichtigte Klageerhebung Aussicht auf Erfolg, kann der Rat in der Klageerhebung liegen. Auch dies ist aber nicht immer eindeutig, denn manchmal kann es aus taktischen Gründen besser sein, keine Klage zu erheben, zB wenn der Gegner erkennbar vermögenslos ist und keine Verjährung droht.

● Bei erkennbarer Aussichtslosigkeit der Verteidigung des Beklagten wird der Rat je nach gebührenrechtlicher Lage meist darin liegen, ein Versäumnisurteil ergehen zu lassen oder anzuerkennen. Manchmal kann aber der Rat zweckmäßig sein, sich doch zu verteidigen, zB wenn der Mandant sich in vorübergehenden finanziellen Engpässen befindet und ein schnell vollstreckbarer Titel zur vorzeitigen Insolvenz führen würde.

Hier sind neben den Rechtskenntnissen auch wirtschaftliches Verständnis und Einfallsreichtum gefragt.

II. Sachverhalt und Sachvortrag

360 Es können Überlegungen dazu angebracht sein, die **Sachlage zu verändern,** wenn dies für den Mandanten günstig ist. Hierzu muss bei den Zweckmäßigkeitserwägungen Stellung genommen werden. Es geht um die Ausübung von Gestaltungsrechten (zB Aufrechnung, Zurückbehaltungsrecht, Anfechtungserklärung). Es kann aber auch zu einem tatsächlichen Verhalten zu raten sein, wenn dies für den Mandant günstig ist, zum Beispiel zur Erfüllung eines Anspruchs.

Weiter können Überlegungen zum **Umfang des Sachvortrags** erforderlich sein. Im Rahmen der Wahrheitspflicht darf der Anwalt zwar nicht Unwahres vortragen oder unzutreffend bestreiten. Er kann aber seinem Mandanten ungünstige Tatsachen weglassen, soweit der Vortrag damit nicht gegen das Vollständigkeits- und Wahrheitsgebot des § 138 Abs. 1 verstößt.

> **Beispiel:** Der Kläger klagt auf Zahlung des Kaufpreises für einen verkauften Gebrauchtwagen. Er muss schon wegen der Darlegungslast keine Ausführungen dazu machen, dass der Wagen beim Verkauf einen Mangel hatte. Trägt der Beklagte dann aber hierzu vor, muss der Kläger wahrheitsgemäß erwidern (und sei es durch Schweigen, sodass der Mangel unstreitig wird).

Es sind weiter Ausführungen dazu erforderlich, zu welchen Tatsachen **Beweis anzutreten** ist. Ist der Mandant nicht beweispflichtig, sollte der Beweisantritt »unter Protest gegen die Beweislast« erfolgen.

Es können Ausführungen dazu erforderlich sein, ob Gegenvortrag ausdrücklich oder mit Nichtwissen zu **bestreiten** ist. Auch kann sich eine Partei ihr günstiges Vorbringen des Gegners oder eine Zeugenaussage **hilfsweise** zu Eigen machen (»hauptweise« geht dies nicht, weil damit ein Verstoß gegen die Wahrheitspflicht vorliegen würde, wenn der Mandant den Sachverhalt anders darstellt).

III. Häufige prozessuale Erwägungen

1. Vor Klageerhebung

Vor Erhebung einer Klage   **361**

* ist, wenn noch kein Verzug vorliegt, dem Mandanten zu raten, den Gegner selbst in Verzug zu setzen. Setzt der Anwalt den Gegner in Verzug, kann die daraus resultierende Geschäftsgebühr nach Nr. 2301 RVG-VV, soweit sie nicht in den Prozessgebühren aufgeht (s. Vorbemerkung 2.3 Abs. 4 RVG-VV, § 15a RVG), nicht vom Gegner erstattet verlangt werden, weil es Kosten zur Herbeiführung des Verzugs sind, nicht durch den Verzug entstandene Kosten. Ist der Gegner in Verzug, ist zu fragen, ob eine zusätzliche Zahlungsaufforderung durch den Anwalt Erfolg versprechend erscheint, denn sonst könnte der Geltendmachung der durch die Zahlungsaufforderung entstehenden Kosten § 254 BGB entgegenstehen. Jedenfalls ist ohne Verzug eine Mahnung (des Mandanten) erforderlich, um zu verhindern, dass der Gegner mit der Kostenfolge des § 93 anerkennen kann.
* ist abzuwägen, ob der Weg der Klage oder die Durchführung eines Mahnverfahrens besser ist. Im Mahnverfahren kann schneller ein Titel erlangt werden, wenn der Gegner sich nicht wehrt. Ist mit einer Verteidigung zu rechnen, würde das Mahnverfahren mit anschließendem streitigen Verfahren im Vergleich zur sofortigen Klage länger dauern.
* ist der Klageweg zu erörtern. Es kann, falls die Voraussetzungen vorliegen, zB ein Urkundenprozess sinnvoll sein, weil so schneller ein Titel erlangt wird. Ob der Urkundenprozess statthaft ist, ist mE in der folgenden »Prozessstation« zu erörtern.
* kann erörtert werden, ob eine Teilklage sinnvoll ist, die geringere Gebühren verursacht. Dies kommt in Betracht, wenn der Klageerfolg zweifelhaft ist, oder aber wenn bei hohen Forderungen die Vollstreckungsmöglichkeit zweifelhaft ist (häufig klagen Banken bei hohen Darlehensforderungen nur einen Teilbetrag ein). Welche Zulässigkeitsvoraussetzungen eine Teilklage hat und was insoweit vorzutragen ist, wäre mE wiederum in der »Prozessstation« zu erörtern.

2. Nach Klageerhebung

Ist bereits eine Klage erhoben, kann je nach Fallgestaltung zu erörtern sein, wie der **362** Mandant den Prozess kostengünstig beenden kann, wenn das Gutachten fehlende Erfolgsaussichten von Klage oder Verteidigung ergibt.

IV. Häufige gebührenrechtliche Erwägungen

Der Anwalt muss dem Mandanten auch zu dem für ihn kostengünstigsten Weg raten. **363** Dies kann Überlegungen dazu verlangen, auf welchem Weg die Verfahrensbeendigung kostengünstig herbeigeführt werden kann. Zu den Gebühren im Einzelnen → Rn. 278 f.

1. Klägeranwalt

Wird die ursprünglich für zulässig und begründet erachtete Klage durch ein nach- **364** trägliches Ereignis unzulässig oder unbegründet, muss der Rechtsstreit in der Hauptsache für erledigt erklärt werden. Tritt das Ereignis vor Rechtshängigkeit ein, muss die Klage zurückgenommen werden, um die Folge des § 269 Abs. 3 S. 3 auslösen zu können.

Wird festgestellt, dass die Klage von Anfang an unzulässig oder unbegründet war, darf nicht die Hauptsache für erledigt erklärt werden; der gut beratene Beklagte wird nicht für erledigt erklären, sodass streitig über den in der einseitigen Erklärung liegenden Feststellungsantrag (→ Rn. 407) zu entscheiden wäre. Vielmehr ist zwischen den Möglichkeiten Klagerücknahme, Verzicht oder Versäumnisurteil gegen den Kläger abzuwägen.

> **Beispiel:** Der Kläger hat, wie im Gutachten festgestellt ohne Erfolgsaussicht, vor dem Landgericht auf Zahlung von 10.000,00 EUR geklagt. Es hat noch kein Termin stattgefunden.
> Da noch nicht verhandelt wurde, kann der Kläger auch ohne Zustimmung des Beklagten die **Klage zurücknehmen.** Er muss dann die Anwaltskosten beider Parteien (die Verfahrensgebühr nach Nr. 3100 RVG-VV nach einem Satz von 1,3 zzgl. Auslagenpauschale nach Nr. 7002 RVG-VV und Mehrwertsteuer gem. Nr. 7008 RVG-VV) tragen. Die Gerichtsgebühren werden im Fall der Klagerücknahme auf eine reduziert (Nr. 1211 Nr. 1 KV GKG). Also wären im Fall der Klagerücknahme eine Gerichtsgebühr und zwei Anwaltsgebühren nach einem Satz von 1,3 nebst Auslagenpauschale und MwSt. zu tragen.
>
>
>
> Entsprechendes gilt für die **Rücknahme des Antrags auf Durchführung des streitigen Verfahrens** (§ 696 Abs. 4 S. 1), die ebenfalls nach Nr. 1211 KV GKG privilegiert ist. Hier kann Folgendes zusätzlich zu beachten sein: Wird der Klägeranwalt erst nach Einlegung des Widerspruchs gegen den Mahnbescheid mit der Prüfung beauftragt und stellt er fehlende Erfolgsaussichten der Klage fest, muss er, auch wenn das für ihn weniger Gebühren bedeutet, dazu raten, dass seine Partei selbst den Antrag zurücknimmt. Dies ist ohne Anwalt möglich (§ 696 Abs. 4 S. 2 iVm § 78 Abs. 3). Dann entsteht auf Klägerseite nur eine Beratungsgebühr nach § 34 RVG für den Anwalt, die bei Erstberatung eines Verbrauchers höchstens 190 EUR beträgt. Dies ist meist weniger als die Verfahrensgebühr nach einem Satz von 1,3.
>
> Erklärt der Kläger den **Verzicht** auf die Klageforderung, ergeht auf Antrag des Beklagten ein Verzichtsurteil (§ 306). Auch dies führt zur Reduzierung der Gerichtsgebühren auf eine (Nr. 1211 Nr. 2 KV GKG). Allerdings kann schon nach dem Wortlaut des § 306 der Verzicht nur in der mündlichen Verhandlung erklärt werden. Damit ist dieser Weg teurer, denn zusätzlich zu den bei der Klagerücknahme entstehenden Kosten entsteht für jeden Anwalt eine Terminsgebühr nach Nr. 3104 RVG-VV nach einem Satz von 1,2 zzgl. MwSt.
>
> Erscheint der Klägeranwalt im Termin nicht, wird auf Antrag ein **Versäumnisurteil** gegen den Kläger ergehen. Es findet keine Reduzierung der Gerichtsgebühren statt. Zudem erhält der Beklagtenanwalt eine Terminsgebühr nach Nr. 3105 RVG-VV nach einem Satz von 0,5 zzgl. MwSt. Damit ist auch dieser Weg teurer als die Klagerücknahme.
>
> **Abwandlung:** Es hat bereits eine streitige mündliche Verhandlung stattgefunden.
> Eine **Klagerücknahme** ist jetzt nur noch mit Einwilligung des Beklagten möglich (§ 269 Abs. 1, 2). Erfolgt sie wirksam (also mit Einwilligung oder deren Fiktion), erfolgt eine Reduzierung der Gerichtsgebühren auf eine (Nr. 1211 Nr. 1 KV GKG; vor Schluss der mündlichen Verhandlung heißt vor Schluss der letzten mündlichen Verhandlung). Außerdem sind für beide Anwälte die Verfahrens- und Terminsgebühren entstanden; hinzukommen Auslagenpauschale und MwSt.
> **Verzichtet** der Kläger auf die Klageforderung (zB. weil der Beklagte der Klagerücknahme nicht zustimmt), entstehen Gebühren in gleicher Höhe wie bei der Klagerücknahme: Die Gerichtsgebühren werden auf eine reduziert; die Anwaltsgebühren sind gleich. Damit ist der Verzicht gebührenmäßig der Klagerücknahme gleichzustellen. Allerdings können für die Anwälte wegen der im Vergleich zur Klagerücknahme notwendigen Terminwahrnehmung Fahrtkosten und Tage- (Abwesenheits-)gelder entstehen (s. Nrn. 7003 ff. RVG-VV).
> Lässt der Kläger ein **Versäumnisurteil** gegen sich ergehen, ist dies der teuerste Weg: Die Anwaltsgebühren bleiben gleich; die Gerichtsgebühr wird nicht reduziert.

Nicht notwendig ist es im Rahmen der Ermittlung des kostengünstigen Wegs in der Regel, die entstehenden Gebühren der Höhe nach auszurechnen; steht fest, dass eine zusätzliche Gebühr entsteht, steht in der Regel auch fest, dass der Weg teurer ist. Eine

Berechnung kann im Einzelfall erforderlich sein, wenn in einem Fall einer Gerichts-gebührenreduktion eine zusätzliche Anwaltsgebühr gegenüber steht oder umgekehrt (→ Rn. 367).

2. Beklagtenanwalt

Der Beklagte hat, wenn festgestellt wird, dass seine Verteidigung nicht Erfolg ver-   **365**
sprechend ist, mehr Möglichkeiten als der Kläger, das Verfahren zu beenden. Er kann streitig entscheiden lassen (das ist aber sicher der teuerste Weg), ein Versäumnisurteil ergehen lassen oder anerkennen. Vor allem aber kann er, jedenfalls bei Liquidität, den Klageanspruch erfüllen und so den Kläger zur Erledigungserklärung zwingen. Auch hier ist der kostengünstigste Weg zu ermitteln:

Liegen die Voraussetzungen des § 93 vor, ist ohne weitere Prüfung zu einem Aner-   **366**
kenntnis zu raten, denn dann würden dem Kläger die Kosten des Rechtsstreits aufzu-erlegen sein. Gleichzeitig ist allerdings dem Mandanten zu raten, vor Schluss der Ver-handlung zu erfüllen, damit nicht wegen der fehlenden Erfüllung die Anwendung des § 93 ausgeschlossen wird (→ Rn. 302).

Wenn der Beklagtenanwalt noch kein Mandat für die Prozessvertretung des Beklag-ten angenommen hat, ist immer auch eine weitere Kosten sparende Variante zu be-rücksichtigen: Ist die Rechtsverteidigung aussichtslos, muss der Anwalt dem Beklag-ten raten, sich in dem Prozess nicht anwaltlich vertreten zu lassen (so schmerzlich dies auch für den Geldbeutel des Anwalts sein mag). Dann erhält der Anwalt nur die Beratungsgebühr nach § 34 RVG (→ Rn. 364).

Im Übrigen gilt es hier wie beim Kläger, den günstigsten Weg zu ermitteln.   **367**

Beispiel: Der Kläger verlangt vom Beklagten, wie im Gutachten festgestellt zu Recht, vor dem Landgericht Zahlung von 10.000,00 EUR. Der Beklagte hat seinem Anwalt bisher nur einen Bera-tungsauftrag erteilt. Der Beklagte ist liquide, kann also den Klägeranspruch erfüllen.
Der Beklagte kann den Klageanspruch **anerkennen**. Das Anerkenntnis kann als Prozesshandlung im Anwaltsprozess allerdings nur durch einen Anwalt erklärt werden.[1] Das Anerkenntnisurteil hat auch ohne Antrag des Klägers zu ergehen; es führt zur Reduzierung der Gerichtsgebühren auf eine (Nr. 1211 Nr. 2 GKG-VV). Beide Anwälte erhalten die Verfahrensgebühr. Die volle Terminsgebühr fällt nicht nur dann an, wenn ein Termin stattfindet, was bei einem Anerkenntnis im schriftlichen Vorverfahren nicht der Fall ist (§ 307 Abs. 2). Hier ergibt sich der Anfall der Terminsgebühr aber aus Nr. 3104 Abs. 1 Nr. 1 RVG-VV. Also entstehen beim Anerkenntnis im schriftlichen Vorverfahren wie beim Anerkenntnis im Termin die Verfahrensgebühren und die Terminsgebühren in voller Höhe bei Reduzierung der Gerichtsgebühren.
Der Beklagte kann ein **Versäumnisurteil** ergehen lassen. Dazu muss sein Anwalt nicht tätig wer-den, sodass an die Stelle der Verfahrensgebühr die geringere Beratungsgebühr tritt. Der Klägeran-walt erhält neben der Verfahrensgebühr die verminderte Terminsgebühr nach einem Satz von 0,5, gleich ob das Versäumnisurteil im schriftlichen Vorverfahren oder in der Verhandlung ergeht (s. Nr. 3105 Abs. 1 Nr. 2 RVG-VV). Da eine Reduzierung der Gerichtsgebühren nicht stattfindet, muss jetzt genau gerechnet werden, um den im Vergleich zum Anerkenntnis günstigeren Weg zu finden.
Anerkenntnis: 1 Gerichtsgebühr (241,00 EUR), je eine Verfahrens- (558,00 EUR * 1,3 = 725,40 EUR) und Terminsgebühr (558,00 EUR * 1,2 = 669,600 EUR). Dies ergibt pro Anwalt (725,40 + 669,60) 1.395,00 EUR + 20,00 EUR Auslagenpauschale und 19 % MwSt. (1.415 * 119%) = 1.683,85 EUR. Insgesamt liegen die Gebühren bei (241 + (1683,85 * 2)) = 3.608,70 EUR.

---

1 Msk/*Musielak* § 307 Rn. 11; Thomas/Putzo/*Reichold* § 307 Rn. 4.

Versäumnisurteil ohne anwaltliche Vertretung des Beklagten: 3 Gerichtsgebühren (723,00 EUR). Der Klägeranwalt erhält die Gebühr nach einem Satz von 1,8 (1,3 Verfahren, 0,5 Termin), also 558,00 EUR * 1,8 = 1.004,400 EUR + 20,00 EUR + MwSt., insgesamt 1.219,04 EUR. Die gesamten Gebühren im Gerichtsverfahren liegen mit ca. 1.942,00 EUR unter denen des Anerkenntnisses. Allerdings erhält der Beklagtenanwalt eine Beratungsgebühr nach § 34 RVG, bei Erstberatung eines Verbrauchers höchstens 190,00 EUR zzgl. Kostenpauschale und MwSt. etwa 250,00 EUR. Mit insgesamt ca. 2.200,00 EUR liegen die vom Beklagten zu tragenden Kosten deutlich unter denen eines Anerkenntnisses.

Ist der Beklagte anwaltlich vertreten, sind bei einer Säumnis im Termin die Kosten des Beklagten trotz der dann statt der Beratungsgebühr verdienten Verfahrensgebühr ((558 * 1,3) + 20 = 745,40 + MwSt. = 863,23 EUR) immer noch geringer als die bei einem Anerkenntnis. Anders ist dies, wenn der Beklagtenanwalt erscheint, aber nicht verhandelt. Dann entsteht auf beiden Seiten die volle Terminsgebühr; ein Anerkenntnis wäre wegen des Wegfalls zweier Gerichtsgebühren kostengünstiger.

Bei teilweise aussichtsloser Verteidigung ist bei Anordnung des schriftlichen Vorverfahrens die Beschränkung der Verteidigungsanzeige auf den streitigen Teil am günstigsten, weil dann die Terminsgebühr auf den streitigen Teil reduziert wird.[1]

Der liquide Beklagte kann auch **erfüllen** und den Kläger damit zur **Erledigungserklärung** zwingen. Der Beklagte kann die Verpflichtung zur Kostentragung übernehmen; damit entfallen zwei Gerichtsgebühren (Nr. 1211 Nr. 4 KV GKG). Die erforderliche Erledigungserklärung des Beklagten kann auch im Anwaltsprozess vom Beklagten selbst abgegeben werden (§ 91a Abs. 1 iVm § 78 Abs. 3), eine anwaltliche Vertretung ist hierzu nicht erforderlich. Dies muss mE auch für die Verpflichtung zur Kostenübernahme gelten. Das Gericht kann, muss aber nicht, ohne mündliche Verhandlung entscheiden (§ 91a Abs. 1 iVm § 128 Abs. 4). Findet keine mündliche Verhandlung statt, entstehen eine Gerichtsgebühr (241,00 EUR), die Verfahrensgebühr des Klägeranwalts (ca. 863,20 EUR (s.o.) und die Beratungsgebühr des Beklagtenanwalts (250,00 EUR, s.o.). Dies macht insgesamt ca. 1.354,20 EUR. Findet eine mündliche Verhandlung statt, in der nur der Klägeranwalt vertreten ist, erhält dieser als Terminsgebühr eine halbe Gebühr, weil die Voraussetzungen der Nr. 3105 S. 1 RVG-VV vorliegen (Säumnis und nur Antrag zur Prozessleitung = Kostenantrag). Der Streitwert für diese Gebühr liegt aber nur im Wert der bisherigen Verfahrenskosten (wozu nicht die Beratungsgebühr gehört), also bei 1.104,20 EUR (241 + 863,20). Eine Gebühr bei diesem Streitwert beträgt 115,00 EUR, die Terminsgebühr demnach (115 * 0,5) * 119% = 68,43 EUR (die Auslagenpauschale ist bereits verbraucht). Bei Gesamtkosten in Höhe von allenfalls ca. 1.423,00 EUR (1.354,20 + 68,43) ist der Weg der Erfüllung und Erledigungserklärung ohne Anwalt eindeutig der billigste.

Ist ein **Mahnverfahren** vorausgegangen, kann auch der Widerspruch gegen den Mahnbescheid zurückgenommen werden. Dann fallen zwei Gerichtsgebühren weg (Nr. 1211 KV GKG). Terminsgebühren entstehen, wenn noch kein Termin stattgefunden hat, nicht. Die Rücknahme kann auch im Anwaltsprozess durch die Partei selbst erklärt werden (§§ 697 Abs. 4 S. 2 iVm § 78 Abs. 3). Die Kosten würden in jedem Fall wie bei der Erledigung ohne mündliche Verhandlung nur 1.354,20 EUR betragen. Da bei der Erledigung eine mündliche Verhandlung stattfinden kann, ist dies der sicherste und billigste Weg.

V. Streitverkündung

368 Kommen im Fall eines ungünstigen Prozessausgangs Ersatzansprüche gegen Dritte in Betracht, ist an die Möglichkeit einer Streitverkündung zu denken.

Beispiel: Die Klägerin, eine Bauunternehmerfirma, klagt auf Zahlung von Werklohn. Die Beklagten rügen Mängel des Bauwerks; die mangelhaften Arbeiten hat eine Subunternehmerin der Klägerin durchgeführt. Wenn das Bauwerk Mängel aufweist, wird die Klägerin ihren Werklohnanspruch je-

---

1 *Schroeder/Riechert* NJW 2005, 2187, 2189. Die Autoren nehmen allerdings zu Unrecht an, dass bei einem Teilanerkenntnis in der mündlichen Verhandlung die Gerichtskosten reduziert werden; Nr. 1211 KV GKG setzt die Beendigung des **gesamten** Verfahrens voraus.

denfalls nicht uneingeschränkt durchsetzen können (zB Verurteilung Zug um Zug gegen Mängelbeseitigung). Dann stehen ihr Ansprüche gegen die Subunternehmerin zu, mit der die Klägerin ihrerseits einen Werkvertrag geschlossen hat.

Die Vorteile der Streitverkündung liegen in der Interventionswirkung (§§ 74, 68) und der Hemmung der Verjährung (§ 204 Abs. 1 Nr. 6 BGB). Dass die Notwendigkeit der Darstellung der Drittbeziehung negative Auswirkungen auf den laufenden Prozess haben könnte und deshalb von einer Streitverkündung abzuraten sein soll,[1] ist für mich nicht ersichtlich. Allerdings liegt eine Gefahr darin, dass der Streitverkündete beitritt und deshalb höhere Kosten auch für den Streitverkündenden entstehen können (s. § 101 Abs. 1). Dies wäre der Fall, wenn der Streitverkündete dem Gegner des Verkünders beitritt und der Verkünder unterliegt. Das wird allerdings in der Praxis selten vorkommen. Zu erwägen ist jedenfalls aber auch ein Angebot an den Dritten, auf die Verjährung zu verzichten und eine Vereinbarung zu schließen, dass die Vertragsparteien sich verpflichten, das Ergebnis des Prozesses so gegeneinander gelten zu lassen, als sei eine Streitverkündung erfolgt. Auf solche Vereinbarungen lassen sich in der Praxis häufig Versicherungen ein.

VI. Vollstreckungsrechtliche Aspekte

Der Anwalt muss sich Gedanken darüber machen, ob zugunsten seines Mandanten **369** ein Antrag nach §§ 710 (Gläubiger), 711 S. 3 (Gläubiger), 712 (Schuldner) zu stellen ist. Hierfür müssen aber tatsächliche Anhaltspunkte im Vorbringen des Mandanten (»ich kann keine Sicherheit leisten«) vorliegen. Wendet sich der eingeleitete oder beabsichtigte Rechtsbehelf im weiteren Sinne gegen ein vollstreckbares Urteil, ist immer ein Antrag auf einstweilige Einstellung der Zwangsvollstreckung in Erwägung zu ziehen (zB bei der Berufung oder dem Einspruch gegen ein Versäumnisurteil – § 719 –, nach Erlass eines Vorbehaltsurteils – § 707 –, bei der Vollstreckungsabwehr- oder Drittwiderspruchsklage – § 769, evtl. iVm § 771 Abs. 3 –, bei der Vollstreckungs- und Klauselerinnerung – § 732 Abs. 2, evtl. iVm § 766 Abs. 1 S. 1). Auch bei der sofortigen Beschwerde kann ein entsprechender Antrag gestellt werden, obwohl nach § 570 Abs. 2 von Amts wegen entschieden werden kann.

VII. Zur Wiederholung und Vertiefung (Lösung → Rn. 714)

1. Ein neuer Mandant kommt mit einer Klageschrift. Er ist Beklagter. Nach seiner Sachverhalts- **370** schilderung und rechtlicher Prüfung kommen Sie zu dem Ergebnis, dass eine Verteidigung keine Aussicht auf Erfolg verspricht. Welchen Rat geben Sie ihm?
2. Wie im Beispiel zuvor, nur ist ein Mahnverfahren vorausgegangen. Der Mandant hat selbst Widerspruch eingelegt.
3. Sie vertreten den Kläger und überprüfen die Klageerwiderung rechtlich. Sie kommen zu dem Ergebnis, dass die Klage nunmehr keine Aussicht auf Erfolg verspricht, weil der Beklagte mit zutreffendem neuem Sachverhalt kommt, den Ihr Mandant Ihnen zunächst verschwiegen hatte. Welchen Rat geben Sie ihm?
4. Es kommt ein neuer Mandant und erklärt, er wolle (als Wohnraumvermieter) rückständige Miete einklagen. Auf Nachfrage erklärt der Mandant, es liege ein schriftlicher Mietvertrag vor, die Miethöhe habe sich nicht geändert. Der Mieter mache zwar Mängel der Mietsache geltend und mindere; Mängel seien aber, wie ein bekannter Architekt bei einer Wohnungsbesichtigung festgestellt habe, nicht vorhanden. Offenbar sei der Mieter einfach nur zahlungsunfähig, wie er, der Mandant, auch aus zuverlässiger anderer Quelle erfahren habe. Zu welchem Vorgehen raten Sie ihm?

---

1 So *Anders/Gehle* D Rn. 80.

5. Ihr Mandant, Steuerberater, kommt mit einer Gebührenrechnung zu Ihnen. Sie lautet über einen Betrag von 500,00 EUR. In der Rechnung ist eine Zahlungsfrist von 2 Wochen gesetzt. Der Gegner ist Verbraucher. Ihr Mandant will die nicht erfolgte Zahlung gerichtlich durchsetzen. Was raten Sie?

6. Wie 5., aber der Mandant erklärt abweichend: Eine Angestellte habe die Rechnung vor einem Monat dem Geschäftsführer seiner, des Steuerberaters, Mandantin, einer GmbH, persönlich ausgehändigt. Ihr Mandant will die nicht erfolgte Zahlung gerichtlich durchsetzen. Was raten Sie?

7. Ein neuer Mandant kommt mit einer Klageschrift der Gegenseite. Der Kläger verlangt Rückabwicklung eines Kaufvertrages über einen Gebrauchtwagen. In dem schriftlichen Kaufvertrag hat der Mandant die Unfallfreiheit zugesichert. In einem selbstständigen Beweisverfahren ist ein schwerer, nur oberflächlich reparierter Unfall festgestellt worden. Auf Nachfrage erklärt der Mandant, das Fahrzeug habe in seiner Besitzzeit keinen Unfall gehabt; der Vorbesitzer habe schriftlich ebenso Unfallfreiheit zugesichert. Was ist dem Mandanten zu raten?

3. Teil. Examenswichtige prozessuale Sonderfälle

§ 33. Haupt- und Hilfsantrag

Examensrelevanz: Hoch.

I. Überblick

1. Zulässigkeit von Hilfsanträgen

Prozesshandlungen (= prozessgestaltende Betätigungen der Parteien[1]) sind bedingungsfeindlich; bedingte Prozesshandlungen sind grundsätzlich unzulässig und unwirksam.[2] Zulässig sind allerdings nach allgM Handlungen, die von einer **innerprozessualen Bedingung** abhängig gemacht werden.[3] Diese bezieht sich auf ein Ereignis, über dessen Eintritt oder Nichteintritt der weitere Prozessverlauf Gewissheit bringt; die vorübergehende Ungewissheit ist den Parteien zuzumuten.[4]

Damit kann auch ein Antrag unter eine Bedingung gestellt werden, wenn im Verlauf des Prozesses geklärt wird, ob die Bedingung eingetreten ist. Dies ist bei einem Hilfsantrag, also einem Antrag, der hilfsweise nachrangig zu einem anderen geltend gemacht wird, der Fall. Die – auflösende, → Rn. 373 – Bedingung, unter der seine Geltendmachung in der Regel steht, ist die, dass die Klage wegen des Hauptantrags unzulässig oder unbegründet ist.[5] Diese Klärung tritt im Verlauf des Prozesses ein.

Unzulässig ist es aber, den Hauptantrag selbst unter eine Bedingung zu stellen (zB, dass eine Beweisaufnahme erforderlich ist)[6] oder mit dem Hilfsantrag eine zusätzliche Partei in den Prozess zu ziehen.[7] Streitig ist, ob Haupt- und Hilfsantrag im rechtlichen oder wirtschaftlichen Zusammenhang stehen müssen.[8] In der Praxis und auch in Klausuren besteht ein solcher Zusammenhang aber in aller Regel.

Im Übrigen gelten die Regeln wie für die Zulässigkeit eines Klageantrags.

2. Auslegung

Ein Hilfsantrag muss in besonderen Situationen ausgelegt werden (in der »Auslegungsstation«, → Rn. 93 ff.), wenn nämlich nicht offen liegt, was der Antragstellende begehrt. Es kann möglich sein, dass der Kläger trotz der Formulierung als Hilfsantrag tatsächlich nur hilfsweise vorträgt. Dies ist dann der Fall, wenn sich der »Hilfsantrag« als Minus zum Hauptantrag darstellt.

371

372

---

1 Thomas/Putzo/*Reichold* Einl. III Rn. 3.
2 Thomas/Putzo/*Reichold* Einl. III Rn. 14.
3 BGH NJW 1995, 1353; Msk/*Musielak* Einl. Rn. 62; Thomas/Putzo/*Reichold* Einl. III Rn. 14.
4 Msk/*Musielak* Einl. Rn. 62.
5 Möglich ist aber auch ein Hilfsantrag für den Fall, dass die Klage begründet ist, s. BGH NJW 2001, 1285, 1286; Thomas/Putzo/*Reichold* § 260 Rn. 8.
6 BGH NJW 1995, 1353 f.
7 BGH NJW-RR 2004, 640, 641.
8 Verneinend Zöller/*Greger* § 260 Rn. 4; bejahend Msk/*Foerste* § 260 Rn. 8.

> **Beispiel:** Der Kläger begehrt eine Versicherungsleistung wegen eines Einbruchdiebstahls, wobei er meint, die gestohlenen Sachen seien nach dem Neuwert von 2.000,00 EUR zu ersetzen. Hilfsweise trägt er vor, der Zeitwert belaufe sich auf 500,00 EUR, und verlangt neben dem auf Zahlung von 2.000,00 EUR gerichteten Hauptantrag hilfsweise die Zahlung von 500,00 EUR.

Ob ein wirklicher Hilfsantrag gestellt ist, bemisst sich danach, ob eine objektive Klagehäufung vorliegt, wofür ua der Streitgegenstandsbegriff maßgeblich ist (→ Rn. 98). Im Beispiel liegt ein einheitlicher Lebenssachverhalt vor, der »Hilfsantrag« ist ein Minus zum Hauptantrag. Auch ohne diesen »Hilfsantrag« könnte das Gericht aus Rechtsgründen auf Zahlung von nur 500,00 EUR erkennen.

Umgekehrt kann ein sog. »verdeckter Hilfsantrag« vorliegen, wenn der Kläger nur einen Antrag stellt, diesen aber mit zwei unterschiedlichen Lebenssachverhalten begründet.

> **Beispiel:** Der Kläger klagt auf Zahlung des Kaufpreises für einen PKW. Als der Beklagte den Abschluss des Kaufvertrages bestreitet, trägt er vor, er habe dem Beklagten auch ein Motorrad zum gleichen Preis verkauft.
> Hier muss zunächst im Wege der Auslegung ermittelt werden, ob der Kläger den Kauf des Motorrades nicht nur am Rande erwähnt, ohne prozessuale Folgerungen daraus zu ziehen. Oder er kann, was im Zweifelsfall gem. § 139 aufzuklären ist, den Vortrag nur gebracht haben, um den Beklagten in negatives Licht zu stellen oder um Tatsachen vorzubringen, die in der Beweiswürdigung eine Rolle spielen können. Im Zweifel wird er allerdings die Klage hilfsweise (nur das wäre zulässig, da Alternativbegründungen zur Auswahl durch das Gericht nicht zulässig sind) auf den zweiten Lebenssachverhalt stützen. Dann wäre ein Antrag mit zwei Lebenssachverhalten begründet, es lägen zwei Streitgegenstände und damit ein verdeckter Hilfsantrag vor.

3. Entscheidung über den Hilfsantrag

373 Über den Hilfsantrag **darf nur entschieden werden**, wenn die innerprozessuale Bedingung eingetreten ist, also (in der Regel, → Rn. 371) der Hauptantrag abzuweisen ist (weil unzulässig oder unbegründet). Probleme kann es bereiten, wenn dem Hauptantrag nur teilweise stattgegeben wird. Dann ist zu untersuchen, unter welche Bedingung der Hilfsantrag genau gestellt war (ganzes oder teilweises Unterliegen mit dem Hauptantrag?). Dies ist durch Auslegung zu klären, ggf. nach § 139 zu erfragen.

Wird dem **Hauptantrag stattgegeben**, wird über den Hilfsantrag nicht entschieden (er stand unter der auflösenden Bedingung einer positiven Entscheidung über den Hauptantrag[1]). Seine Rechtshängigkeit, die mit Zustellung des Hilfsantrags an den Beklagten eintritt, entfällt rückwirkend, sobald dem Hauptantrag rechtskräftig stattgegeben wurde.[2]

Entfällt die auflösende Bedingung für den Hilfsantrag nicht, weil dem **Hauptantrag** (ganz oder teilweise, je nach Bedingung) **nicht stattgegeben** wurde, ist über den Hilfsantrag zu entscheiden. Wird diesem stattgegeben, ist gleichwohl die Klage im Übrigen anzuweisen (weil der Hauptantrag keinen Erfolg hatte). Dies gilt selbst dann, wenn der Hilfsantrag vom Wert her dem Hauptantrag gleich stand oder über ihn hinausging. Zu Streitwert und Kosten → Rn. 376.

---

1 Msk/*Foerste* § 260 Rn. 4.
2 Msk/*Foerste* § 260 Rn. 4; Thomas/Putzo/*Reichold* § 260 Rn. 17.

II. Darstellung

1. Gutachten aus Richtersicht

Im relationsmäßigen Gutachten muss der Hilfsantrag manchmal zunächst ausgelegt **374** werden (→ Rn. 372). Es gibt aufbaumäßig zwei Möglichkeiten: Entweder erfolgt die Prüfung am Anfang des Gutachtens in der »Auslegungsstation« (→ Rn. 93 ff.) oder zu Beginn der Prüfung des Hilfsantrags in einer neuen (oder ersten) »Auslegungsstation«. Zumindest logisch richtig ist die Prüfung zu Beginn des Hilfsantrags, weil der Gutachter erst dann zum Hilfsantrag kommen kann, wenn der Hauptantrag unzulässig oder unbegründet ist. Ich meine aber, dass man die Prüfung zu Beginn des Gutachtens vornehmen kann, wenn auch der Hauptantrag einer Auslegung bedarf (zB, weil es sich um einen verdeckten Hilfsantrag handelt). Auf jeden Fall sollte die Prüfung zu Beginn der Prüfung des Hilfsantrags erfolgen, wenn es um die Auslegungsfrage geht, ob der Hilfsantrag auch für den Fall des teilweisen Unterliegens gestellt wurde.

Von der Auslegung abgesehen, ist der Aufbau denkbar einfach. Das Gutachten beginnt mit der Prüfung des Hauptantrags, die durchgeführt wird, bis die Entscheidung über den Hauptantrag feststeht. Ist dieser zulässig und begründet, entfällt die Prüfung des Hilfsantrags. Ist der Hauptantrag unzulässig oder unbegründet, endet die Prüfung des Hauptantrags an der jeweiligen Stelle des Gutachtens (zB in der Prozessstation – falls unzulässig –, der Klägerstation – falls Vorbringen unschlüssig – oder der Beweisstation – falls der Kläger nicht bewiesen hat). Es folgt die Prüfung des Hilfsantrags genauso relationsmäßig wie die des Hauptantrags, die Prüfung endet da, wo Entscheidungsreife festgestellt wird. Es folgen eventuelle weitere Hilfsanträge.

> **Beispiel:** Der Kläger stellt einen Hauptantrag, der klar, aber unzulässig ist, und mehrere Hilfsanträge, bei denen klar ist, in welcher Reihenfolge sie gestellt werden. Der (nach Auslegung ermittelte) erste ist unbegründet, weil der Klagevortrag unschlüssig ist, der zweite ist nach dem Ergebnis der Beweisaufnahme unbegründet, der dritte nach dem Ergebnis der Beweisaufnahme begründet. Der Aufbau des Gutachtens würde so aussehen:
> I. Entscheidungsvorschlag
> II. Hauptantrag
>   1. Zulässigkeit (Ende, da unzulässig).
> III. Auslegung der Hilfsanträge, da Reihenfolge unklar
> IV. Erster Hilfsantrag
>   1. Zulässigkeit (falls problematisch)
>   2. Klägerstation (Ende, da unschlüssig)
> V. Zweiter Hilfsantrag
>   1. Zulässigkeit (falls problematisch)
>   2. Klägerstation
>   3. Beklagtenstation
>   4. Beweisstation (Ende, Antrag nach Beweisergebnis unbegründet)
> VI. Dritter Hilfsantrag
>   1. Zulässigkeit (falls problematisch)
>   2. Klägerstation
>   3. Beklagtenstation
>   4. Beweisstation
> VII. Entscheidungsstation
> VIII. Tenorierungsvorschlag

In der Ausbildung kann man evtl. zu dem Ergebnis kommen, dass über den Hauptantrag noch Beweis zu erheben ist. Dann sollte die Prüfung dort nicht enden, sondern auch der Hilfsantrag geprüft werden (mit der einleitenden Bemerkung, dass nur im Fall der Unbegründetheit des Hauptantrags darüber zu entscheiden ist). Sind auch wegen des Hilfsantrags Fragen beweiserheblich, kann ein einheitlicher Beweisbeschluss vorgeschlagen werden. ME sollte dies aber nur dann gemacht werden, wenn dieselben Beweismittel beantragt sind. Zeugen können dann zunächst zu den Beweisthemen des Hauptantrags vernommen werden und bei entsprechendem Ausgang der Beweisaufnahme zu denen des Hilfsantrags, die Beauftragung eines Sachverständigen kann so erfolgen, dass dieser nur bei einem bestimmten Ergebnis seines Gutachtens noch zu weiteren Fragen (denen des Hilfsantrags) Stellung nehmen soll. Sichergestellt werden muss aber mE, dass keine zusätzlichen Kosten entstehen, wenn es zu dem Ergebnis kommt, dass der Hauptantrag begründet ist.

2. Gutachten aus Anwaltssicht

375 Gleichgültig, wen der Anwalt vertritt: Er muss immer zum eigenen Hilfsantrag oder zu einem des Gegners vortragen. Daher muss er, wenn er ein Gutachten erstellt, immer auch den Hilfsantrag überprüfen, auch wenn noch nicht feststeht, wie über den Hauptantrag entschieden wird. Das Gutachten darf deshalb nicht enden, wenn die Entscheidung über den Hauptantrag noch offen ist.

Der **Klägeranwalt** wird sich, wenn mehrere Ansprüche für seinen Mandanten in Frage stehen, was im normal aufzubauenden Gutachten festzustellen ist, überlegen müssen, in welcher Form er die Ansprüche geltend machen soll (kumulativ, alternativ, Reihenfolge?). Dies erfolgt in der »Zweckmäßigkeitsstation«.

> **Beispiel:** Der Mandant hat ein gebrauchtes Auto gekauft. Es stellt sich heraus, dass das Fahrzeug einen vom Verkäufer nicht offenbarten Unfall hatte; dies wird durch ein Privatgutachten bestätigt. Außerdem waren laut Gutachten die Bremsen defekt, obwohl der Verkäufer in dem schriftlichen Kaufvertrag ausdrücklich zugesichert hatte, dass das Fahrzeug verkehrssicher sei. Dagegen ist im Kaufvertrag nur vermerkt, dass dem Verkäufer ein Unfallschaden nicht bekannt sei; die Gewährleistung ist ausgeschlossen, der Verkäufer Privatperson. Der Mandant möchte vom Kaufvertrag Abstand nehmen, den Kaufpreis zurückerhalten und die Gutachterkosten erstattet bekommen. Hier muss der Anwalt in erster Linie versuchen, zu einer Rückabwicklung des Kaufvertrages zu kommen, indem er diesen wegen arglistiger Täuschung anficht oder nach § 437 BGB vorgeht. Der Erfolg einer Klage wird davon abhängen, ob der Nachweis gelingt, dass der Verkäufer Kenntnis vom Unfall hatte. Jedenfalls wenn zweifelhaft ist, ob der Nachweis gelingen wird, sollte der Anwalt hilfsweise die Kosten einer Bremsenreparatur geltend machen; hilfsweise deshalb, weil die Reparatur für den Mandanten nur von Interesse ist, wenn er den Wagen behalten muss, also mit dem Hauptantrag nicht durchdringt.

Der **Beklagtenanwalt** kann regelmäßig erst dann reagieren, wenn feststeht, ob der Hauptantrag Erfolg hat oder nicht. Dann kann er, wenn der Hilfsantrag begründet ist, noch anerkennen und so die Folge des § 93 (→ Rn. 301 f.) auslösen, denn das sofort nach Misserfolg des Hauptantrages ausgesprochene Anerkenntnis wäre zum frühest möglichen Zeitpunkt abgegeben. Auch dies ist – nach einem Gutachten, das gegenüber dem aus Sicht des Richters keine Besonderheiten aufweist – bei den Zweckmäßigkeitserwägungen zu untersuchen.

III. Kosten

376 Gem. § 45 Abs. 1 S. 2 GKG erhöht ein Hilfsantrag den Streitwert, soweit eine Entscheidung über ihn ergeht. Gem. S. 3 der Norm ist dann, wenn der haupt- und der

hilfsweise geltend gemachte Anspruch denselben Gegenstand betreffen, nur der Wert des höheren Gegenstandes maßgeblich (was wiederum nur gilt, wenn über den Hilfsantrag entschieden wird). »Gegenstand« kann hier nicht Streitgegenstand iSd zweigliedrigen Streitgegenstandsbegriffs[1] meinen, weil dieser den Antrag mit enthält. Maßgeblich sind also der gleiche Lebenssachverhalt und eine wirtschaftliche Betrachtungsweise.

> **Beispiel:** Der Kläger verlangt im Wege der Teilklage Zahlung von Schadenersatz in Höhe von 5.000,00 EUR, hilfsweise (weil die Fälligkeit zweifelhaft ist) die Feststellung, dass ihm ein Anspruch auf Zahlung von 5.000,00 EUR am 1.1.2015 zusteht. Vorprozessual hat er einen Gesamtschaden in Höhe von 100.000,00 EUR behauptet. Der Beklagte erhebt Widerklage auf Feststellung, dass dem Kläger kein über 5.000,00 EUR hinausgehender Schadenersatzanspruch zusteht.
>
> Trotz der unterschiedlichen Anträge müssen hier Haupt- und Hilfsantrag des Klägers als denselben Gegenstand betreffend angesehen werden mit der Folge, dass der Streitwert der Klage 5.000,00 EUR beträgt. Eine Addition erfolgt wegen § 45 Abs. 1 S. 3 GKG nicht; der hilfsweise geltend gemachte Feststellungsanspruch ist geringer[2] zu bewerten. Auch Klage und Widerklage betreffen denselben Lebenssachverhalt. Gleichwohl ist hier nach § 45 Abs. 1 S. 1, 3 GKG zu addieren, denn (wirtschaftliche Betrachtungsweise) der Beklagte zieht damit genau die Differenz zwischen behauptetem Gesamtschaden und Teilklageforderung in den Streit ein. Also beträgt der Streitwert, nach dem sich evtl. Unterliegen/Obsiegen berechnen, 100.000,00 EUR (5.000,00 Klage, 95.000,00 Widerklage).

Findet eine Addition statt (die Klage wird wegen des Hauptantrags abgewiesen, über den Hilfsantrag wird entschieden, nicht derselbe Gegenstand), ist die Kostenentscheidung unproblematisch: Wird die Klage auch wegen des Hilfsantrags abgewiesen, trägt der Kläger die Kosten allein; wird die Klage wegen des Hilfsantrags ganz oder teilweise abgewiesen, ist das Verhältnis zwischen zuerkanntem Teil und (addiertem) Gesamtstreitwert maßgeblich.

Findet keine Addition statt, richtet sich der Streitwert wegen desselben Gegenstandes also nach dem höheren Streitwert, kann folgendes (Schein-) Problem auftreten: Ist wegen des höheren Wertes der Hilfsantrag maßgeblich, unterliegt der Beklagte gemessen am Streitwert voll, wenn nur dem Hilfsantrag stattgegeben und die Klage wegen des Hauptantrags abgewiesen wird. Gleichwohl hat der Beklagte die gesamten Kosten des Rechtsstreits zu tragen, weil das Vorgehen des Klägers den Streitwert nicht erhöht hat; die Mehrbelastung von Gericht und Anwälten ist kostenrechtlich irrelevant.[3]

Ist der Streitwert des Hauptantrags maßgeblich, obsiegt der Kläger aber nur wegen des geringerwertigen Hilfsantrags, bemisst sich das Unterliegen nach der Differenz zwischen Wert des Haupt- und dem des Hilfsantrags.

> **Beispiel:** K verlangt mit der Klage Zahlung des Kaufpreises von 5.000,00 EUR, hilfsweise, falls der Vertrag nicht zustande gekommen ist, Schadenersatz gem. §§ 311 Abs. 2, 282, 241 Abs. 2 BGB in Höhe von 1.000,00 EUR. Wenn der Hauptantrag abgewiesen, dem Hilfsantrag stattgegeben wird, beträgt der Streitwert 6.000,00 EUR; der Kläger unterliegt wegen 5.000 EUR und muss 5/6 der Kosten tragen.

---

1 S. dazu Msk/*Musielak* Einl. Rn. 68 ff.
2 In der Regel ist gegenüber der Leistungsklage ein Abschlag von 20% zu machen.
3 *Schuschke/Kessen/Höltje* Rn. 822.

IV. Zur Wiederholung und Vertiefung (Lösung → Rn. 715)

377 1. Unter welcher prozessualen Bedingung steht in der Regel ein Hilfsantrag?
2. Was ist ein verdeckter Hilfsantrag?
3. Wie sollte der Klageantrag (abgesehen von den genauen Beträgen) im Beispiel → Rn. 375 lauten?
4. Ist im Beispiel → Rn. 375 über den Hilfsantrag zu entscheiden, wenn das Gericht den Rücktritt für wirksam erachtet, allerdings meint, dass dem Kläger der Anspruch auf Rückzahlung des Kaufpreises nicht voll zusteht, sondern ein Abzug wegen der vom Kläger gefahrenen Kilometer zu machen ist?
5. Wie sollte der Klageantrag im zweiten Beispiel → Rn. 376 lauten?

§ 34. Die eventuelle Anspruchskonkurrenz

Examensrelevanz: Mittel.

I. Überblick

378 Von einer eventuellen Anspruchskonkurrenz spricht man, wenn sich das Klagebegehren auch aus einem **hilfsweise** vorgetragenen Sachverhalt ergibt, der mit dem vom Kläger hauptsächlich vorgetragenen Sachverhalt ganz oder teilweise in Widerspruch steht.[1]

> **Beispiel:** Der Werkunternehmer verlangt Zahlung des Werklohns. Da der Beklagte den Abschluss eines Werkvertrags bestreitet, macht der Kläger sich dies hilfsweise zu Eigen und verlangt Wertersatz aus dem Gesichtspunkt der ungerechtfertigten Bereicherung (§§ 812 Abs. 1 S. 1 1. Alt., 818 Abs. 2 BGB oder § 951 BGB).

Es ist nicht deshalb unzulässig, einen anderen Sachverhalt hilfsweise vorzutragen, weil dieser Sachverhalt mit dem hauptweise vorgetragenen in Widerspruch steht.[2] Nur bewusste Verstöße gegen die Wahrheitspflicht (§ 138 Abs. 1), die selten zu begründen sind, sind unzulässig. Sie können dem Kläger jedenfalls dann nicht unterstellt werden, wenn er mit dem Hilfsvortrag auf einen Sachvortrag des Beklagten reagiert, wie im vorherigen Beispiel.

Verlangt der Kläger allerdings mit seinem Hilfsvorbringen etwas anderes als mit dem Klageantrag, reicht allein das Hilfsvorbringen, das den Klageantrag nicht rechtfertigen kann, nicht aus. Hier muss der Kläger zusätzlich einen Hilfsantrag stellen.

> **Beispiel:** Der Kläger verlangt Herausgabe eines in seinem Eigentum stehenden PKW's. Der Beklagte behauptet, nicht mehr im Besitz des PKW's zu sein. Dies macht sich der Kläger hilfsweise zu Eigen und verlangt Schadenersatz wegen der Unmöglichkeit der Herausgabe. Diesen Zahlungs- statt Herausgabeanspruch kann er nur mit einem Hilfsantrag geltend machen.

II. Prüfung des Hilfsvorbringens

379 In aller Regel ist das Hilfsvorbringen (zum Hilfsantrag → Rn. 371 ff.) schon in der Klägerstation zu prüfen, und zwar nach dem Hauptvorbringen. Im Urteil ist das Gericht (anders als beim Hilfsantrag mit Hilfsvorbringen) nicht an die vom Kläger gewählte Reihenfolge gebunden. Es kann zB der Klage aufgrund des Hilfsvorbringens

---

1 *Zimmermann* Rn. 153.
2 Ganz hM; zB BGH NJW 1985, 1841, 1842; *Schuschke/Kessen/Höltje* Rn. 274; Thomas/Putzo/ *Reichold* § 138 Rn. 6.

ohne Beweisaufnahme stattgeben, wenn (nur) wegen des Hauptvorbringens eine Beweisaufnahme erforderlich wäre.[1]

Im Ausnahmefall mag es angebracht sein, zunächst das Hauptvorbringen zu prüfen, wenn zB das Hilfsvorbringen der Höhe nach einen geringeren Anspruch gewährt als das Hauptvorbringen.[2] Dann müsste mE aber (wie beim Hilfsantrag) das Hauptvorbringen insgesamt (also mit Beklagten- und Beweisstation) untersucht werden. Eine Beweisaufnahme ist in diesem Fall erforderlich. Näher liegt mir allerdings, das Hilfsvorbringen auch hier schon in der Klägerstation hinter dem Hauptvorbringen zu prüfen (entsprechend in der Beklagtenstation).

III. Gleichwertiges Parteivorbringen

Eines der Paradeprobleme der Relationstechnik stellt das sog. »gleichwertige Parteivorbringen« dar. Die Situation dabei ist so, dass der Kläger Sachverhalt »A« behauptet und sein Vorbringen schlüssig den geltend gemachten Anspruch ergibt, der Beklagte Sachverhalt »B«, der zwar dem vom Kläger vorgetragenen Sachverhalt widerspricht, aber ebenso den vom Kläger geltend gemachten Antrag rechtfertigen würde.

380

> **Beispiel:** Der Kläger behauptet, dem Beklagten Geld geschenkt zu haben, und verlangt nach Widerruf der Schenkung und schlüssigem Vortrag eines Widerrufsgrundes (s. § 530 Abs. 1 BGB) Rückzahlung des Geldes. Der Beklagte bestreitet empört die vom Kläger vorgetragenen Tatsachen, die eine schwere Verfehlung gegen den Kläger ergeben sollen, und macht im Übrigen geltend, der Kläger habe ihm das Geld gar nicht geschenkt, sondern darlehensweise übergeben. Kann man eine Darlehenskündigung feststellen oder ist diese nicht erforderlich (s. § 488 Abs. 3 BGB), wäre auf der Grundlage des Vorbringens des Beklagten die Klage aus § 488 Abs. 1 S. 2 BGB begründet.
> Unproblematisch wäre dieser Fall zu lösen, wenn sich der Kläger das Vorbringen des Beklagten hilfsweise zu Eigen machen würde. Dann allerdings wäre es kein wirkliches Relationsproblem mehr, nur dann, wenn der Kläger es nicht tut. Die Fallgestaltung und die fehlende Reaktion des Klägers darauf zeigen schon, dass es sich um ein eher theoretisches Problem handelt, das von findigen Referendaren oder Examenskandidaten mit ihrer oft zu findenden Sucht nach der Suche von Problemen häufig zu Unrecht behandelt wird. Sein großes Wissen kann der Referendar auch noch dadurch zeigen, dass er statt von »gleichwertigem« von »äquipolentem« Parteivorbringen spricht. Mein Rat: Bevor Sie wirklich anfangen, in diese Untersuchung einzutreten, prüfen Sie mindestens noch einmal, ob Sie richtig liegen, denn in der Praxis (und aus dieser stammen Examensklausuren, sie werden nicht ausgedacht) kommt das Problem nur selten vor.

Die ganz hM geht davon aus, dass für die Schlüssigkeit nur der Vortrag des Klägers maßgebend ist.[3] Seiner Klage darf auf der Grundlage des Beklagtenvorbringens nur stattgegeben werden, wenn er sich dieses Vorbringen zumindest hilfsweise zu Eigen gemacht hat. Nach anderer Auffassung ist das Vorbringen des Beklagten auch dann zugunsten des Klägers zu berücksichtigen, wenn der Kläger es sich nicht hilfsweise zu Eigen gemacht hat, er ihm vielmehr ausdrücklich widerspricht.[4] Diese Ansicht ist sehr zweifelhaft, denn sie verkennt die Bedeutung der Parteirollen: Es ist Aufgabe des Klägers, Art und Umfang des Angriffs zu bestimmen und die hierzu erforderlichen Tatsachen vorzutragen.

---

1 *Schuschke/Kessen/Höltje* Rn. 274.
2 So *Zimmermann* Rn. 154.
3 BGH NJW 2000, 1641; NJW-RR 1994, 1405; Msk/*Musielak* Einl. Rn. 42; *Schuschke/Kessen/Höltje* Rn. 276; Thomas/Putzo/*Reichold* § 138 Rn. 6.
4 *Jauernig*, FS Schwab, 1990, S. 247; *Mühl* JuS 1964, 356, 358 f.; *Schneider* MDR 1970, 727, 728 f.

Vor Prüfung einer eventuellen Anspruchsgrundlage, die der Vortrag des Beklagten bietet, ist daher zunächst festzustellen, ob der Kläger sich die abweichende Darstellung des Beklagten hilfsweise zu Eigen macht. Dies kann zB auch konkludent dadurch erfolgen, dass der Kläger erklärt:

> »Die Klage wäre auch dann begründet, wenn der Vortrag des Beklagten zutreffen würde, denn dann hätte der Kläger einen Anspruch aus § … BGB.«

Im Zweifel ist allerdings anzunehmen, dass der Kläger sich ihm günstiges Vorbringen des Beklagten zu Eigen macht, insbesondere wenn es nicht in Widerspruch zu seinem eigenen Vorbringen steht.[1] Das Gericht muss dies im Fall der Unklarheit aufklären (§ 139).

IV. Zur Wiederholung und Vertiefung (Lösung → Rn. 716)

381   1. Was ist der Unterschied zwischen einem Hilfsantrag und Hilfsvorbringen?
2. Versuchen Sie, den Aufbau eines Gutachtens bei gleichwertigem Parteivorbringen zu entwickeln, etwa im Beispiel → Rn. 380.

§ 35. Aufrechnung und Hilfsaufrechnung[2]

Examensrelevanz: Sehr hoch.

A. Aufrechnung und Anrechnung

382   Es besteht ein rechtlich erheblicher Unterschied zwischen Aufrechnung und Anrechnung. Finden die Regeln der Anrechnung Anwendung, werden die gegenseitigen Ansprüche saldiert, es bedarf keiner Aufrechnungserklärung. Dann würde es ausreichen, wenn sich ein in den Saldo zu stellender Anspruch aus dem Parteivorbringen ergibt. Dieser wäre ohne gesonderte Gestaltungserklärung zu berücksichtigen. Aufrechnungsverbote sind nicht anwendbar.[3]

> **Beispiele:** §§ 326 Abs. 2 S. 2, 615 S. 2, 649 S. 2 BGB. Außerdem ist anzurechnen beim Vorteilsausgleich, bei der Rückgewähr nach Rücktritt, Widerruf oder Kündigung,[4] bei der Schadensermittlung nach der Differenztheorie und bei der Saldotheorie im Bereicherungsrecht.[5]

B. Zulässigkeit von Aufrechnung bzw. Hilfsaufrechnung

383   Wichtig ist, dass bei der Aufrechnung zunächst deren **Zulässigkeit** geprüft werden muss.[6] Dies folgt aus § 322 Abs. 2. Die Entscheidung darüber, dass die Gegenforderung nicht besteht, erwächst in Rechtskraft; dagegen wird die Aufrechnungsforderung nicht aberkannt, wenn die Aufrechnung für unzulässig erklärt wird.[7] Die Forde-

---

1 BGH NJW-RR 1995, 684, 685.
2 S. *Musielak* Rn. 296 ff.
3 BGH NJW 1962, 1909; Palandt/*Grüneberg* § 387 BGB Rn. 2.
4 BGH NJW 1994, 1790; aA Palandt/*Grüneberg* § 387 BGB Rn. 2.
5 Palandt/*Grüneberg* § 387 BGB Rn. 2.
6 Thomas/Putzo/*Reichold* vor § 253 Rn. 8.
7 BGH NJW 2001, 3616; Thomas/Putzo/*Reichold* § 322 Rn. 48a.

rung darf aber nur rechtskräftig aberkannt werden, wenn die Aufrechnung zulässig und rechtswirksam erklärt worden ist.[1]

Zulässigkeitsvoraussetzungen der Aufrechnung in diesem Sinne sind:

I. Aufrechnungserklärung

Eine zulässige Aufrechnung setzt eine wirksame Aufrechnungserklärung voraus. **384** Diese muss prozessual wirksam sein, insbesondere dem Bestimmtheitserfordernis (§ 253 Abs. 2 Nr. 2) genügen. Die Aufrechnung muss dem anderen Teil gegenüber, und zwar unbedingt (dazu noch → Rn. 385), erklärt werden, § 388 BGB. Es handelt sich um eine rechtsgestaltende Willenserklärung. Deshalb müssen (schon oder noch) **im Zeitpunkt des Zugangs der Aufrechnungserklärung** alle Voraussetzungen der Aufrechnung[2] vorliegen.[3] Eine wegen Fehlens der Aufrechnungsvoraussetzungen unwirksame Aufrechnung muss ggf. wiederholt werden.[4]

Die **Hilfsaufrechnung** ist eine bedingte Aufrechnung. Im Prozess erklärt, ist sie ma- **385** teriell-rechtliche Erklärung und gleichzeitig Prozesshandlung.[5] Obwohl Prozesshandlungen und die Aufrechnungserklärung selbst (s. § 389 S. 2 BGB) bedingungsfeindlich sind, ist diese Bedingung als innerprozessuale Rechtsbedingung (s. dazu → Rn. 371) zulässig.[6] Bedingung ist, dass der Aufrechnende, meist der Beklagte, mit seinem Hauptvorbringen nicht durchdringt. Dass die Hilfsaufrechnung (sofern sie an eine innerprozessuale Bedingung geknüpft wird) zulässig ist, ist allgemein anerkannt (s. auch § 45 Abs. 3 GKG) und muss nicht problematisiert werden. Ausführungen wären nur dann erforderlich, wenn (was aber in der Praxis nicht vorkommt) keine innerprozessuale Bedingung gewählt wird, der Beklagte die Aufrechnung zB davon abhängig macht, dass ihm eine Forderung eines Dritten gegen den Kläger abgetreten wird. Verteidigt sich der Beklagte auch aus anderen Gründen als mit einer Aufrechnung gegen die Klageforderung, so ist davon auszugehen, dass er die Aufrechnung nur hilfsweise erklären will, auch wenn er dies nicht ausdrücklich erklärt. Die Auslegung seines Begehrens wird dies ergeben, denn im Zweifel verzichtet niemand auf eine eigene Forderung (die zur Aufrechnung gestellte), wenn er aus anderen Gründen die Klageabweisung erreichen kann.

II. Aufrechnungsverbot?

Es darf kein Aufrechnungsverbot vorliegen, das sich aus Gesetz oder Vertrag ergeben **386** kann:

- Einen **gesetzlichen Aufrechnungsausschluss** ordnen insbesondere die §§ 390 bis 395 BGB an.
- Zu prüfen ist auch ein **vertraglicher Aufrechnungsausschluss**. Ein solcher kann sich (neben ausdrücklichen vertraglichen Vereinbarungen) konkludent aus einem Prozessvergleich ergeben,[7] wenn die Forderung, mit welcher der Kläger jetzt auf-

---

1 BGH NJW 1984, 128, 129; Thomas/Putzo/*Reichold* § 322 Rn. 45 ff.
2 S. dazu *Lackmann* Rn. 543 ff.
3 Palandt/*Grüneberg* § 387 BGB Rn. 3.
4 BGH NJW 1984, 357, 358; Palandt/*Grüneberg* § 388 BGB Rn. 1.
5 Palandt/*Grüneberg* § 388 BGB Rn. 2.
6 Palandt/*Grüneberg* § 388 BGB Rn. 3.
7 S. dazu BGH NJW 1993, 1396, 1398; Palandt/*Grüneberg* § 387 BGB Rn. 15.

rechnen will, zur Zeit des Vergleichsschlusses schon bestand, aber nicht berücksichtigt wurde, etwa weil der Vergleichsgegner dringend auf sofortige Zahlung einer bestimmten Summe angewiesen war. Hier kann die Aufrechnung auch, wenn man einen Aufrechnungsausschluss verneint, gegen Treu und Glauben verstoßen.

III. Art der Gegenforderung

387 Grundsätzlich unbeachtlich ist die Art der Gegenforderung. Insoweit gibt es keine Zulässigkeitsvoraussetzungen (etwa Sachzusammenhang, Zuständigkeit). Es kann, sofern kein Aufrechnungsverbot besteht, mit jeder Art von Gegenforderung aufgerechnet werden.

Fraglich kann allerdings sein, ob das Zivilgericht über die zur Aufrechnung gestellte Forderung **entscheiden darf**. Insoweit ist nach allgemeiner Auffassung unerheblich, ob das Gericht für die Aufrechnungsforderung örtlich oder sachlich zuständig ist. Dies gilt auch dann, wenn für eine Entscheidung über die zur Aufrechnung gestellte Forderung das Familiengericht oder das Gericht der freiwilligen Gerichtsbarkeit zuständig wäre.[1]

Problematisch ist es allerdings, wenn eine andere **Rechtswegzuständigkeit** besteht. Hier ist streitig, ob über § 17 Abs. 2 S. 1 GVG auch eine Zuständigkeit zur Entscheidung über die Aufrechnungsforderung begründet wird. Die wohl hM verneint dies, weil die Aufrechnung kein »rechtlicher Gesichtspunkt« iSv § 17 Abs. 2 S. 1 GVG ist, sondern ein selbstständiges Gegenrecht, das dem durch die Klage bestimmten Streitgegenstand einen weiteren selbstständigen Gegenstand hinzufügt.[2] Nach Einführung des § 17a GVG gilt dies auch für die Arbeitsgerichtsbarkeit.[3] Ist die Gegenforderung unstreitig oder im anderen Rechtsweg rechtskräftig festgestellt, darf das Zivilgericht entscheiden; ansonsten kann es gem. § 148 aussetzen und, falls noch keine Klage erhoben wurde, eine Frist zur Klageerhebung setzen. Es kann aber auch ein Vorbehaltsurteil (§ 302) erlassen, in dem über die Klageforderung entschieden wird, und wegen des Nachverfahrens über die Aufrechnung an das zuständige Gericht verweisen.[4]

Auch muss das **Bestimmtheitsgebot** beachtet werden. Ähnlich wie bei einer Teilklage (→ Rn. 112) muss dann, wenn mit mehreren Forderungen (oder mit einer aus mehreren Einzelpositionen bestehenden Forderung) aufgerechnet wird, die im Wert über der Gegenforderung liegen, klar gemacht werden, in welcher Reihenfolge die Aufrechnung erklärt wird.

C. Darstellung (Richtersicht) bei der Aufrechnung

388 Rechnet der Beklagte – als einzige Verteidigung – mit einer Gegenforderung gegen den Klageanspruch auf, ergeben sich im Gutachten keine besonderen Probleme. Sind die Tatsachen bzgl. der Aufrechnungsforderung des Beklagten unstreitig, erfolgt die Prüfung bereits in der Klägerstation. Sind die Tatsachen streitig, ist in der Beklagtenstation zu prüfen, dann kann im Einzelfall auch noch eine Replik erforderlich wer-

---

1 BGH NJW-RR 1989, 173, 174; NJW 1980, 2466; Palandt/*Grüneberg* § 388 BGB Rn. 5.
2 BAG NJW 2002, 317 mwN; Thomas/Putzo/*Reichold* § 145 Rn. 24.
3 BAG NJW 2002, 317; Msk/*Musielak* § 322 Rn. 86; aA Palandt/*Grüneberg* § 288 BGB Rn. 5.
4 BAG NJW 2008, 1020 Rn. 12.

den, wenn der Kläger dazu anspruchshemmende oder anspruchsvernichtende streitige Tatsachen vorträgt. Am Anfang steht aber immer die Prüfung der Zulässigkeit der Aufrechnung (→ Rn. 383).

D. Darstellung (Richtersicht) bei der Hilfsaufrechnung

Da die Hilfsaufrechnung dadurch bedingt ist, dass der Beklagte nicht aus anderen **389** Gründen obsiegt, darf die Hilfsaufrechnung niemals schon in der Klägerstation untersucht werden, selbst wenn die grundlegenden Tatsachen unstreitig sind. Das Gutachten ist vielmehr zu erstatten bis zu der Stelle, an der das Ergebnis feststeht, dass die Klage ganz oder teilweise begründet ist. Dann schließt sich die Prüfung der Hilfsaufrechnung an.

Beispiel: Der Vortrag zu einer Klage auf Zahlung von 5.000,00 EUR ist schlüssig; der Beklagte bestreitet die anspruchsbegründenden Tatsachen substanziiert und rechnet hilfsweise in folgender Reihenfolge mit 2 Gegenforderungen auf: mit einer Kaufpreisforderung in Höhe von 10.000,00 EUR, deren zugrunde liegenden Tatsachen der Kläger wirksam bestreitet, und einer Mietzinsforderung in Höhe von 2.000,00 EUR, die unstreitig ist. Über die Forderung des Klägers und die zur Aufrechnung gestellte Kaufpreisforderung wird Beweis erhoben. Ergebnis: die Klageforderung besteht in Höhe von 3.000,00 EUR, die Kaufpreisforderung kann der Beklagte nicht beweisen.

Aufbau des Gutachtens (Zulässigkeitsprobleme bestehen nicht):
  I. Schlüssigkeit des Klägervorbringens +
 II. Erheblichkeit des Hauptvorbringens des Beklagten +
III. Beweisstation, Ergebnis: 3.000,00 EUR +
IV. Erste Hilfsaufrechnung
    1. Schlüssigkeit des Beklagtenvorbringens
       – Zulässigkeit der Aufrechnung (Erklärung, Aufrechnungsverbot?)
       – Begründetheit der Aufrechnung (§§ 387 ff. BGB)
       – Ergebnis schlüssig
    2. Erheblichkeit des Klägervorbringens +
    3. Beweisstation (Beweisfälligkeit Beklagter)
 V. Zweite Hilfsaufrechnung
    1. Schlüssigkeit des Beklagtenvorbringens +
    2. Erheblichkeit des Klägervorbringens –, da unstreitig
VI. Entscheidungsstation
Klage begründet in Höhe von 1.000,00 EUR. Streitwert: 5.000,00 EUR Klageforderung + 3.000,00 EUR 1. Hilfsaufrechnung = 8.000,00 EUR. Da die Klage von vornherein wegen des Bestreitens des Beklagten nur in Höhe von 3.000,00 EUR begründet ist, richtet sich nur hiergegen die Aufrechnung. Eine rechtskraftfähige Entscheidung ergeht nicht über den 3.000,00 EUR Klageforderung überschreitenden Teil der Gegenforderung von insgesamt 10.000,00 EUR, s. § 45 Abs. 3 GKG und → Rn. 394. Die 2. Hilfsaufrechnung erhöht den Streitwert nicht, da die Forderung nicht bestritten ist. Der Kläger obsiegt in Höhe von 4.000,00 EUR (1.000,00 EUR zugesprochen, 3.000 EUR 1. Hilfsaufrechnung), der Beklagte ebenso: 4.000 EUR der Klageforderung (2.000,00 durch Bestreiten, 2.000,00 durch 2. Hilfsaufrechnung. Die Kosten des Rechtsstreits sind daher gegeneinander aufzuheben.

E. Anwaltssicht

I. Darstellung im Gutachten

In der Regel wird der Beklagtenanwalt überlegen, ob die Klageforderung durch Auf- **390** rechnung zu Fall gebracht werden kann, wenn sich aus den Erklärungen seines Mandanten die Möglichkeit des Bestehens einer Gegenforderung ergibt. Im Gutachten wird der Anwalt Überlegungen zur Aufrechnung daher in der Regel in der Beklagtenstation anstellen. Hier sollte aus meiner Sicht die Prüfung wie bei der richterlichen Prüfung der Hilfsaufrechnung (→ Rn. 389) erfolgen, da der Anwalt die Entscheidung, ob die Aufrechnung haupt- oder hilfsweise erfolgen soll, nur treffen kann, wenn er den Erfolg der Klage ohne Aufrechnung beurteilt hat. Ist die Aufrechnung noch nicht erklärt, muss eine Erklärung zunächst als abgegeben unterstellt werden.

II. Zweckmäßigkeitserwägungen

1. Beklagtenanwalt

391 Ob die Aufrechnung haupt- oder hilfsweise zu erklären ist, ist in den Zweckmäßigkeitserwägungen zu untersuchen. Hilfsweise ist die Aufrechnung auf jeden Fall zu erklären, wenn gute Aussichten bestehen, dass die Klage ganz oder teilweise erfolglos sein wird. Die Hilfsaufrechnung hat (außer einer möglichen Streitwerterhöhung) keine Nachteile:

- eine rechtskraftfähige Entscheidung erfolgt nur, wenn die Klage ganz oder teilweise für begründet erachtet wird;
- der Streitwert wird nur erhöht, wenn die Gegenforderung bestritten wird und über sie entschieden wird;
- auch die Hilfsaufrechnung hemmt die Verjährung gem. § 204 Abs. 1 Nr. 5 BGB.[1]

Das Problem ist allerdings die möglicherweise streitwerterhöhende Wirkung der Hilfsaufrechnung. Deshalb darf die Aufrechnung dann nicht hilfsweise erklärt werden, wenn klar ist, dass die Klage begründet ist. Anders geschieht dies häufig in der Praxis, wobei recht offensichtlich zu erkennen ist, dass die Aufrechnung gerade zum (für Anwälte vorteilhaften) Zweck der Streitwerterhöhung hilfsweise erklärt wird.

Ist eine Beweisaufnahme über die Tatsachen, die die Hilfsaufrechnung betreffen, negativ ausgegangen, wird der Anwalt überlegen müssen, ob die Hilfsaufrechnung fallen gelassen werden soll, was jederzeit möglich ist.[2]

Dann würden

- eine rechtskraftfähige Entscheidung (mit der Möglichkeit einer späteren Klage) und
- die Streitwerterhöhung

vermieden. Allerdings müsste der Beklagte damit rechnen, dass ihm die Kosten einer »über die Hilfsaufrechnung« erhobenen Beweisaufnahme gem. § 96 auferlegt werden.

2. Klägeranwalt

392 Der Klägeranwalt wird sich im Fall einer begründeten Aufrechnung überlegen müssen, ob er den Rechtsstreit in der Hauptsache für erledigt erklären (→ Rn. 406 ff.) oder die Klage zurücknehmen soll. Ob im Fall der Klagerücknahme nach der Aufrechnungserklärung § 269 Abs. 3 S. 3 analog angewandt werden kann, erscheint zwar wegen des Ausnahmecharakters der Vorschrift sehr zweifelhaft. Jedenfalls würde der Kläger 2 Gerichtsgebühren zurückerstattet erhalten (Nr. 1211 Nr. 1 KV GKG).

---

1 BGH NJW 1990, 2680, 2681; Palandt/*Grüneberg* § 204 Rn. 20.
2 BGH NJW 2009, 1071 Rn. 12; s. auch *Leichsenring* NJW 2013, 2155 ff.

III. Anwaltliche Prozessstation

Bestimmte prozessuale Fragen, die sich der Anwalt erst dann stellt, wenn er die sach-   **393**
liche Begründetheit und Zweckmäßigkeit eines Angriffs- oder Verteidigungsmittels
geprüft hat, sind aus meiner Sicht in einer eigenen Prozessstation hinter den Zweckmäßigkeitserwägungen zu erörtern (→ Rn. 353). Hierzu gehören hinsichtlich der
Aufrechnung

- die Frage, ob die Aufrechnung noch erklärt werden kann oder das Vorbringen als
  verspätet zurückgewiesen werden könnte,
- die Frage, **wie** eine noch nicht oder unwirksam erklärte Aufrechnung zu erklären
  ist (Bestimmtheitsgebot, → Rn. 387).

F. Kosten

Eine Hilfsaufrechnung mit einer bestrittenen Gegenforderung erhöht gem. § 45   **394**
Abs. 3 GKG den Streitwert um den Wert der Gegenforderung, soweit eine der
Rechtskraft fähige Entscheidung über sie ergeht. Voraussetzungen sind also:

- Es muss sich um eine **Hilfsaufrechnung** handeln. Die Hauptaufrechnung erhöht
  den Streitwert nicht. Die Vorschrift ist nicht (auch nicht analog) auf die Fälle des
  Zurückbehaltungsrechts oder der Anrechnung (→ Rn. 382) anzuwenden.
- Es muss überhaupt über die Hilfsaufrechnung **entschieden** werden, was nicht der
  Fall ist, wenn die Klage aus anderen Gründen abgewiesen wird.
- Die Gegenforderung muss **bestritten** sein.
- Es muss eine der **Rechtskraft fähige Entscheidung** über die Aufrechnung erge-
  hen. Dies ist anhand von § 322 Abs. 2 zu überprüfen mit wiederum folgenden
  Voraussetzungen:
  - Es muss über die Aufrechnungsforderung entschieden werden. § 322 Abs. 2
    spricht zwar nur von der Entscheidung, dass die Gegenforderung nicht besteht.
    Aber auch die Klageabweisung wegen einer Hilfsaufrechnung führt zur rechts-
    kräftigen Entscheidung, dass die Gegenforderung im Umfang der Klageforde-
    rung verbraucht und dadurch erloschen ist.[1]
  - Es muss sachlich über die Aufrechnung entschieden werden. Dies ist nicht der
    Fall, wenn, was zuerst zu prüfen ist, die Aufrechnung unzulässig ist (s. hierzu
    → Rn. 383 ff.).

Dies hat auf die Kostenentscheidung folgenden Einfluss:

- Wird der Klage stattgegeben, hat der Beklagte die Kosten zu tragen. Ob eine
  Streitwerterhöhung erfolgt, ist hierfür nicht von Belang.
- Hat die Klage wegen der Hauptverteidigung des Beklagten teilweise Erfolg, wird
  aber die Hilfsaufrechnung mit der bestrittenen Gegenforderung für unbegründet
  erklärt, ist der Streitwert um die Gegenforderung (höchstens bis zum zugesprochenen Betrag!) erhöht. Nach dem Verhältnis zwischen Gesamtstreitwert und zugesprochenem Betrag sind die Kosten zu verteilen.

  > **Beispiel:** K verlangt 10.000,00 EUR aus Kaufvertrag. B behauptet Schenkung und rechnet hilfs-
  > weise mit einer Gegenforderung aus Miete in Höhe von 15.000,00 EUR, die K bestreitet, auf. K
  > beweist den Kaufvertrag, aber nur zu einem Preis von 7.500,00 EUR. Die Aufrechnung hält das
  > Gericht für nicht begründet.

---

1 AllgM; BGH NJW 2002, 900; Msk/*Musielak* § 322 Rn. 76; Thomas/Putzo/*Reichold* § 322 Rn. 47.

> Der Streitwert erhöht sich grundsätzlich um die Hilfsaufrechnung, aber nur, soweit eine rechtskraftfähige Entscheidung ergeht. Dies geschieht hier nur in Höhe des zugesprochenen Betrages; in Höhe von 2.500,00 EUR hat der Beklagte wegen seines Hauptvorbringens Erfolg. Damit beträgt der Streitwert 17.500,00 EUR; der Kläger obsiegt wegen 15.000,00 EUR (zugesprochener Betrag und unbegründete Aufrechnung). Damit hat er 14,3% der Kosten, der Beklagte 85,7% zu tragen.

- Hat die Klage keinen Erfolg, weil nicht die Hauptverteidigung, wohl aber die Hilfsaufrechnung mit der bestrittenen Gegenforderung greift, ist der Streitwert um die Gegenforderung (höchstens bis zur Klageforderung!) erhöht. Nach dem Verhältnis zwischen Gesamtstreitwert und zugesprochenem Betrag sind die Kosten zu verteilen.

> **Beispiel:** Ist die Klage im Beispiel oben wegen des Betrages von 10.000,00 EUR begründet, greift aber auch die Hilfsaufrechnung des Beklagten, wird die Klage abgewiesen. Der Streitwert beträgt 20.000,00 EUR (eine der Rechtskraft fähige Entscheidung ergeht nur in Höhe der Klageforderung). Die Kosten des Rechtsstreits sind gegeneinander aufzuheben, weil beide Parteien in Höhe von 10.000,00 EUR verlieren.

G. Zur Wiederholung und Vertiefung (Lösung → Rn. 717)

395 1. In welcher Reihenfolge ist die Wirksamkeit der Aufrechnung zu prüfen?
2. Warum ist die Zulässigkeit der Aufrechnung vor deren Begründetheit zu prüfen?
3. Warum ist eine Hilfsaufrechnung zulässig?
4. An welcher Stelle beginnt die Prüfung einer Hilfsaufrechnung in der Relation?
5. Der Kläger klagt aus abgetretenem Recht auf Zahlung von 20.000,00 EUR. Der Beklagte rechnet hilfsweise mit einer vor der Abtretung fällig gewordenen, vom Kläger bestrittenen Forderung über 25.000,00 EUR auf, die ihm gegen den Zedenten zusteht. Das Gericht meint, dass die Klage in Höhe von 15.000,00 EUR begründet ist. Weiterhin hält es die Aufrechnung für zulässig und meint, dass dem Beklagten gegen den Zedenten ein Anspruch auf Zahlung von 20.000,00 EUR zusteht. Probleme hat das Gericht mit der Gegenseitigkeit der Forderungen. Wie sollte der Urteilstenor lauten? Wie hoch ist der Streitwert?
6. Der Kläger klagt 10.000,00 EUR ein. Der Beklagte rechnet hilfsweise mit zwei Gegenforderungen auf: In erster Linie mit Anspruch auf Zahlung einer Vertragsstrafe in Höhe von 20.000,00 EUR, in zweiter Linie einem Schadenersatzanspruch in Höhe von insgesamt 21.000,00 EUR auf, der aus drei, nicht in eine bestimmte Reihenfolge gestellte Einzelpositionen von je 7.000,00 EUR besteht. Wie ist zu entscheiden, wenn das Gericht die Klageforderung für berechtigt hält und meint, hinsichtlich der 1. zur Aufrechnung gestellten Forderung bestehe ein Aufrechnungsverbot? Erforderliche rechtliche Hinweise sind erteilt. Wie lautet der Urteilstenor? Wie hoch ist der Streitwert?

H. Typische Fehler

396 Typische Fehler bei der Untersuchung oder Darstellung einer (Hilfs-)Aufrechnung sind:
- Die (Hilfs-)Aufrechnung wird im Tatbestand als Antrag dargestellt (»Der Beklagte beantragt, die Klage abzuweisen, und rechnet mit einer Gegenforderung in Höhe von ... auf.«). Dies ist falsch, weil die Aufrechnung kein Antrag ist, sondern ein Mittel, um den Antrag (Klageabweisung) zu begründen.
- Der richtige Ansatz für die Prüfung der Aufrechnung ist die sich aus § 389 BGB ergebende Rechtsfolge »Erlöschen der gegenseitigen Forderungen«. Es ist also im Ansatz nicht zu prüfen, ob die Aufrechnung des Beklagten zulässig und begründet ist, oder ob die Klage durch die Aufrechnung unbegründet geworden ist. Richtig könnte es lauten: »Fraglich ist, ob die Klageforderung wegen der durch den Beklagten erklärten Aufrechnung erloschen ist. Dies setzt voraus, dass eine wirksame

Aufrechnungserklärung abgegeben worden ist, die Aufrechnung zulässig ist und die Voraussetzungen des § 387 BGB[1] vorliegen.

- Die Hilfsaufrechnung wird sachlich untersucht, bevor die Prüfung des Hauptvorbringens abgeschlossen ist. Dies ist unzulässig, weil die Bedingung, unter die die Aufrechnung zulässigerweise gestellt wurde, noch nicht feststeht.
- Das Bestehen einer Aufrechnungslage wird vor dem eines Aufrechnungsverbotes geprüft. Dies ist wegen der unterschiedlichen Rechtskraftwirkung genauso falsch (→ Rn. 383), wie wenn die Begründetheit einer Klage vor deren Zulässigkeit untersucht wird.
- Bei der Kostenentscheidung wird eine Streitwerterhöhung durch eine Hilfsaufrechnung nicht berücksichtigt und deshalb falsch gequotelt, oder aber es werden beim Durchgreifen einer unbedingten Aufrechnung (die den Streitwert nicht erhöht) die Kosten deshalb gegeneinander aufgehoben, weil die Prüfung ja ergeben hat, dass der Kläger eine (allerdings durch Aufrechnung erloschene) Forderung in gleicher Höhe gegen den Beklagten hatte.

§ 36. Verspätetes Vorbringen

Examensrelevanz: Niedrig. Die Frage der Zurückweisung verspäteten Vorbringens ist in Urteilsklausuren nach meiner Kenntnis nicht sehr examensrelevant, sie könnte es aber in Anwaltsklausuren sein, wenn die Aufgabenstellung so gewählt ist, dass zB ein Anwalt erst nach Ablauf gesetzter Fristen beauftragt oder von seiner Partei informiert wird und sich fragen muss, wie er sich taktisch richtig im Prozess verhält.

Im Rahmen der Anwendung der Verspätungsvorschriften ist fast alles genauso umstritten wie die Frage, wo in einer Relation die Verspätung zu prüfen ist. Eine detaillierte Auseinandersetzung mit diesen Fragen würde einen Umfang erreichen, der der Examensrelevanz nicht gerecht wird. Es sollen daher auf der Grundlage der hM nur die wichtigsten Punkte mitgeteilt werden. **397**

I. Grundlagen

Grundsätzlich müssen zunächst drei verschiedene Fallkonstellationen unterschieden werden: **398**

- Vorbringen nach Schluss der mündlichen Verhandlung,
- Vorbringen nach Ablauf einer gem. § 283 gesetzten Frist,
- verspätetes Vorbringen, auf das § 296 Anwendung findet.

Trotz aller Unterschiede bei diesen Fällen im Detail ist ein **wichtiger Umstand** den meisten Fällen gemeinsam: Hat das Gericht die Verspätung nicht beachtet, indem zB in den ersten beiden Fällen die mündliche Verhandlung fortgesetzt bzw. wieder eröffnet oder im dritten Fall über die verspätet vorgebrachte Tatsache Beweis erhoben worden ist, spielt die Frage der Verspätung **rechtlich keine Rolle mehr** (Ausnahme: § 296 Abs. 3, → Rn. 401). Auch wenn zB § 296 Abs. 1 zwingend ist, ist die Verspätung unbeachtlich, wenn das Gericht sie nicht beachtet und eine Beweisaufnahme durchgeführt hat, weil der Zweck der Verfahrensbeschleunigung nicht mehr erreicht werden kann.[2] In diesen Fällen muss in einer Klausur oder praktischen Arbeit auf Verspätungsfragen

---

1 S. dazu *Lackmann* Rn. 544 ff.
2 BGH NJW 1981, 928; 1991, 1896 f.; Thomas/Putzo/*Reichold* § 296 Rn. 44.

nicht mehr eingegangen werden; jedenfalls genügt der Hinweis auf die Unbeachtlichkeit.

II. Vorbringen nach Schluss der mündlichen Verhandlung

399 Vorbringen nach Schluss der mündlichen Verhandlung ist gem. § 296a S. 1 grundsätzlich unbeachtlich. Nach Satz 2 der Vorschrift muss das Gericht (von den Fällen der §§ 139 Abs. 5, 283 abgesehen) aber prüfen, ob die mündliche Verhandlung gem. § 156 <u>wieder zu eröffnen</u> ist. Es spricht viel dafür, diese Prüfung in der »Entscheidungsstation« durchzuführen, weil der Vortrag der Partei, zu der die Gegenseite keine Stellung nehmen konnte, nicht berücksichtigt werden darf ohne Gewährung rechtlichen Gehörs; eine Untersuchung in der Darlegungsstation erscheint daher unrichtig.[1]

III. Vorbringen innerhalb oder nach Ablauf einer gem. § 283 gesetzten Frist

400 Nach § 283 S. 1 kann das Gericht auf Antrag einer Partei eine Erklärungsfrist zu einem nicht rechtzeitig vor dem Termin mitgeteilten Vorbringen setzen und gleichzeitig einen Verkündungstermin ansetzen. Hier sind verschiedene Konstellationen denkbar:

- Kommt der nachgelassene Schriftsatz rechtzeitig und beschränkt er sich auf eine Stellungnahme zu dem nicht rechtzeitig mitgeteilten Vorbringen der Gegenseite, so ist der Vortrag bei der zu verkündenden Entscheidung zu berücksichtigen. Die rechtliche Untersuchung des Vorbringens erfolgt in der <u>Darlegungsstation</u>. Das kann allerdings darauf hinauslaufen, dass erneut mündlich zu verhandeln ist, wenn die Partei neue Tatsachen vorträgt, zu denen die Gegenseite noch nicht Stellung nehmen konnte. Letzteres wäre in der »Entscheidungsstation« zu klären.
- Geht der Inhalt des rechtzeitig eingehenden Schriftsatzes über eine Stellungnahme zu dem nicht rechtzeitig mitgeteilten Vorbringen hinaus, beinhaltet er also auch <u>neues tatsächliches Vorbringen, das mit dem nicht rechtzeitig mitgeteilten keinen Zusammenhang</u> hat, so handelt es sich um <u>neues Vorbringen nach Schluss der mündlichen Verhandlung</u> (→ Rn. 399), auf das § 296a anzuwenden ist.
- Geht der nachgelassene Schriftsatz nicht rechtzeitig ein, so steht die Berücksichtigung des Vorbringens gem. § 283 S. 2 im Ermessen des Gerichts, das regelmäßig wohl dahin auszuüben ist, dass es berücksichtigt wird[2] (wenn nicht andere Verspätungsvorschriften eingreifen). Wird das Vorbringen berücksichtigt, muss es zwangsläufig in der <u>Darlegungsstation</u> untersucht werden, sodass dort auch die <u>Frage des § 283 S. 2 zu prüfen</u> ist. Soll es nicht berücksichtigt werden, spricht viel dafür, die Untersuchung mit diesem Ergebnis in der »Entscheidungsstation« vorzunehmen.[3]
- Erfolgen lediglich Rechtsausführungen, stellt sich die Frage der Berücksichtigung des Vorbringens nicht; das Gericht muss ohnehin die Rechtslage eigenständig prüfen.

IV. Verspätetes Vorbringen, auf das § 296 Anwendung findet

1. Anwendungsfälle

401 § 296 Abs. 1 findet in den dort genannten Fällen richterlicher Fristsetzung Anwendung, aber auch, soweit andere Vorschriften die Norm für anwendbar erklären (§§ 340 Abs. 3 S. 3, 697 Abs. 3 S. 3, 700 Abs. 3 S. 2). Die Vorschrift ist zwingend.

---

1 So überzeugend *Schuschke/Kessen/Höltje* Rn. 312.
2 *Schuschke/Kessen/Höltje* Rn. 312; ähnlich Thomas/Putzo/*Reichold* § 283 Rn. 5.
3 *Schuschke/Kessen/Höltje* Rn. 312.

§ 296 Abs. 2 findet Anwendung, wenn eine Partei ihrer Prozessförderungspflicht aus § 282 Abs. 1, 2 nicht rechtzeitig nachkommt. Die Vorschrift ist Ermessensvorschrift.

§ 296 Abs. 3 betrifft verzichtbare Zulässigkeitsrügen (Prozesshindernisse, → Rn. 111, Zuständigkeit, falls rügelose Einlassung möglich), die verspätet vorgebracht wurden. Die Frist folgt aus § 282 Abs. 3. Auf eine Verzögerung der Erledigung des Rechtsstreits kommt es nicht an. Die Vorschrift ist zwingend.

2. Grundsätzliches zu § 296 Abs. 1 und Abs. 2

S. zunächst zur Frage der vom Gericht nicht beachteten Verspätung → Rn. 398. Im Rahmen des § 296 Abs. 3 (verzichtbare Zulässigkeitsrügen) ist eine Nichtbeachtung der Verspätung durch das Gericht mit Rechtsmitteln anfechtbar.[1]   **402**

Abs. 1 und Abs. 2 setzen voraus, dass

- Angriffs- oder Verteidigungsmittel (→ Rn. 577) nicht rechtzeitig vorgebracht wurden (nach Ablauf der richterlichen oder gesetzlichen Frist),
- die Verspätung nicht hinreichend entschuldigt wird (Abs. 1) bzw. auf grober Nachlässigkeit beruht (Abs. 2),
- die Zulassung des Angriffs-/Verteidigungsmittels die Erledigung des Rechtsstreits verzögern würde.

Eine wirksame **Fristsetzung** setzt voraus, dass

- die maßgebliche richterliche Verfügung die volle Unterschrift (nicht nur eine Paraphe) des Richters enthält,
- Beginn und Dauer der Frist eindeutig feststehen,
- die richterliche Verfügung in beglaubigter Abschrift förmlich zugestellt wird
- und in den Fällen des § 275 Abs. 1 S. 1, § 276 ordnungsgemäß über die Folgen einer Verspätung belehrt wird (§ 277 Abs. 2); hierzu reicht nur ein deutlicher, über den Gesetzeswortlaut hinausgehender Warnhinweis.[2]

Dass das Vorbringen **nicht rechtzeitig** erfolgt ist, ist relativ einfach festzustellen. Allerdings müssen richterliche Fristen formell ordnungsgemäß gesetzt worden sein.

Bei der Frage der **Entschuldigung**, die von der Partei vorgebracht und auf Verlangen glaubhaft gemacht werden muss (Abs. 4), ist zu beachten, dass anwaltliches Verschulden der Partei gem. § 85 zugerechnet wird.

Problematisch ist in aller Regel die Feststellung der **Verzögerung der Erledigung**. Hierzu einige Grundsätze der Rechtsprechung:

- Es gilt der absolute Verzögerungsbegriff. Es ist darauf abzustellen, ob der Rechtsstreit bei Zulassung des verspäteten Vorbringens länger dauern würde als bei dessen Zurückweisung.[3]
- Macht verspätetes Vorbringen das Vorgehen nach § 283 erforderlich (Schriftsatznachlass mit Verkündungstermin), so ist die darin liegende Verzögerung gegenüber einer sofortigen Entscheidung nicht maßgeblich. Es hätte in einer im Termin verkündeten Entscheidung ohnehin nicht als verspätet zurückgewiesen werden kön-

---

1 BGH NJW 1985, 743 f.; Thomas/Putzo/*Reichold* § 296 Rn. 39.
2 BGH NJW 1991, 2773, 2774; Thomas/Putzo/*Reichold* § 296 Rn. 31.
3 Ständige, vom BVerfG gebilligte (BVerfGE 69, 145, 149) Rechtsprechung des BGH; zB BGHZ 86, 31, 34; NJW 2012, 2808 Rn. 11; Thomas/Putzo/*Reichold* § 296 Rn. 14.

nen, weil bis dahin das neue Vorbringen unstreitig war. Wird das neue Vorbringen im nachgelassenen Schriftsatz allerdings bestritten und (nur) dadurch eine Beweisaufnahme erforderlich, liegt eine Verzögerung vor und in der zu verkündenden Entscheidung kann dann wegen Verspätung zurückgewiesen werden.

- Bleibt verspätetes Vorbringen unstreitig, wird streitiger Vortrag verspätet unstreitig gestellt oder sogar zugestanden, kann keine Verzögerung eintreten. Über unstreitiges Vorbringen muss kein Beweis erhoben werden mit der Notwendigkeit eines neuen Termins. Dies gilt ebenso für rechtlich unerhebliches Vorbringen.
- Zwischen Verspätung und Verzögerung muss ein ursächlicher Zusammenhang bestehen. Dieser fehlt, wenn dieselbe Verzögerung auch bei rechtzeitigem Vorbringen eingetreten wäre.[1] Es muss also zunächst einmal ohne Zulassung des verspäteten Vorbringens Entscheidungsreife vorliegen. Zum anderen ist gerade in Fällen, in denen ein Sachverständigengutachten eingeholt werden müsste, zu prüfen, ob dieselbe Verzögerung – offenkundig – nicht auch bei rechtzeitigem Vorbringen eingetreten wäre und einer Zurückweisung des neuen Vorbringens das verfassungsmäßige Verbot einer Überbeschleunigung entgegensteht.[2]
- Das Gericht ist verpflichtet, nach seinen Möglichkeiten eine Verzögerung der Erledigung zu verhindern. Es muss also auch bei verspätetem Vorbringen Maßnahmen nach § 273 treffen, zB Zeugen vorbereitend laden. Erscheint dann ein Zeuge nicht, sodass ein neuer Termin erforderlich wird, so ist hierfür nicht mehr die Verspätung kausal, sondern die Verwirklichung eines jedem Prozess innewohnenden Verzögerungsrisikos.[3]
- Bei einem frühen ersten Termin darf eine Zurückweisung als verspätet nicht erfolgen, wenn der Termin als reiner »Durchlauftermin« geplant, also ohnehin keine Zeugenvernehmung beabsichtigt war. ME muss in der richterlichen Fristsetzungsverfügung ein Hinweis erfolgen, wenn das Gericht beabsichtigt, Zeugen vorbereitend zu laden.

Alle diese Fragen sind in Einzelheiten mehr oder weniger stark umstritten. Ich kann mir kaum vorstellen, dass in einer Examensklausur diese Fragen wirklich zur Problematik gemacht werden. Sollte es der Fall sein, kann ich nur raten, der geschilderten Auffassung der Rechtsprechung zu folgen.

Besonders problematisch ist es, Vorbringen nach § 296 Abs. 2 zurückzuweisen, denn dies setzt die Begründung einer groben Nachlässigkeit (Nichtbeachtung dessen, was jeder Partei nach dem Stand des Verfahrens einleuchten muss[4]) voraus.

3. Aufbaufragen

403 Das Problem beim Aufbau des Gutachtens liegt in Folgendem: Grundsätzlich ist Vorbringen in der Darlegungsstation auf seine rechtliche Bedeutung hin zu untersuchen. An dieser Stelle müsste grundsätzlich auch geprüft werden, ob rechtlich erhebliches (hier verspätetes) Vorbringen überhaupt zugunsten einer Partei berücksichtigt werden darf. Das kann aber erst gesagt werden, wenn die Frage der Verzögerung beantwortet ist. Dies wiederum ist erst nach der Beweisstation klar, in der herausgear-

---

1 BGH NJW 2012, 2808 Rn. 12; Thomas/Putzo/*Reichold* § 296 Rn. 12.
2 BGH NJW 2012, 2808 Rn. 12.
3 BGH NJW 1986, 2319, 2320 f.; Thomas/Putzo/*Reichold* § 296 Rn. 12.
4 BGH NJW 1997, 2244, 2245; Thomas/Putzo/*Reichold* § 296 Rn. 37.

beitet wird, ob (nur) dieses Vorbringen noch beweiserheblich ist. Zur Frage des Aufbaus wird im Schrifttum nahezu alles vertreten (einzelfallorientierte Lösung,[1] »Verspätungs- oder Beweisstation«, Beweisstation, Darlegungs- und Entscheidungsstation[2]), was für den Referendar den Vorteil hat, dass auch dies alles vertretbar ist.

Ich halte folgenden Aufbau für den besten:

Das Vorbringen ist zunächst an der geeigneten Stelle in der Darlegungsstation zu untersuchen. Ergebnisabhängig würde ich dann, wenn die Verspätungsfrage tatsächlich noch zu erörtern ist, einen Hinweis darauf machen (zB in einer Fußnote: »Auf die Frage der Zurückweisung als verspätet wird später eingegangen, wenn die Frage der Verzögerung beurteilt werden kann.«), oder die Frage überhaupt nicht ansprechen, wenn das Vorbringen unstreitig ist oder als rechtlich nicht erheblich beurteilt wird. Kommt das weitere Gutachten in der Beweisstation zu dem Ergebnis, dass über das verspätete Vorbringen Beweis zu erheben ist, sollte zweckmäßig in der Entscheidungsstation darauf eingegangen werden, ob die Entscheidung nunmehr ein Beweisbeschluss oder ein Urteil ist. In diesem Rahmen wäre abschließend zu untersuchen, ob das Vorbringen als verspätet zurückzuweisen ist.

V. Anwaltssicht

Der Anwalt, der eine fristsetzende Verfügung erhält, muss auf fristgerechte Information durch seinen Mandanten drängen und ggf. um Fristverlängerung ersuchen. **404**

Der Anwalt, der zu spät vorgetragen hat oder beabsichtigt dies zu tun, muss sich die Frage stellen (Zweckmäßigkeit), ob er wegen § 531 Abs. 1 das Vorbringen fallen lassen bzw. nicht vortragen soll. Allerdings ist § 531 Abs. 2 Nr. 3 zu beachten; nur wenn die Unterlassung des Vortrags in erster Instanz nicht nachlässig war, kann es in zweiter Instanz berücksichtigt werden. Ist es zu risikoreich, auf die Möglichkeit des Vortrags in zweiter Instanz zu setzen, kann an die »Flucht in die Säumnis« gedacht werden, also daran, ein Versäumnisurteil ergehen zu lassen und mit dem Einspruch neu vorzutragen. Dies verursacht allerdings zusätzliche Kosten, die auf jeden Fall der Mandant zu tragen hat (§ 344). Besser ist, falls möglich, ein anderer Weg: Widerklage oder Klageerweiterung sind keine Angriffs- oder Verteidigungsmittel, sondern selbst Angriffe. Sie fallen daher nicht unter die Verspätungsvorschriften. In ihrem Fall darf auch nicht durch Teilurteil über den ursprünglichen Streit (unter Zurückweisung als verspätet) entschieden werden.[3] Unzweifelhaft ist dies der richtige Weg, wenn der Sachverhalt ergibt, dass eine entsprechende Klageerweiterung oder Widerklage Erfolg versprechend ist. Ansonsten ist der Weg in die Säumnis besser, denn bei einer offensichtlich zum Zweck des Ausschlusses der Präklusion erhobenen unbegründeten (Wider-/Erweiterungs-) Klage besteht die Gefahr der Behandlung als rechtsmissbräuchlich; zudem sind regelmäßig die Säumniskosten (0,5 Terminsgebühr nur eines Anwalts nach Nr. 3105 RVG-VV + MwSt.) niedriger.

VI. Zur Wiederholung und Vertiefung (Lösung → Rn. 718)

1. An welcher Stelle ist die Verspätung von Vorbringen im Gutachten zu prüfen? **405**
2. Kann nicht bestrittenes Vorbringen als verspätet zurückgewiesen werden?

---

1 *Schuschke/Kessen/Höltje* Rn. 311 ff.
2 *Anders/Gehle* I Rn. 9.
3 BGH NJW 1995, 1223, 1224.

3. Darf als verspätet zurückgewiesen werden, wenn der Rechtstreit bei rechtzeitigem Vorbringen länger gedauert hätte als dann, wenn als verspätet zurückgewiesen wird?
4. Darf in einem frühen ersten Termin nach Fristsetzung gem. § 275 Abs. 1 S. 1 verspätetes Vorbringen des Beklagten zurückgewiesen werden?

§ 37. Erledigung der Hauptsache[1]

Examensrelevanz: Sehr hoch.

I. Überblick

406 Entfällt der Anlass zur Klage **vor Rechtshängigkeit** (zB vor Klagezustellung, § 261 Abs. 1) kann der Kläger die Klage unverzüglich zurücknehmen; über die Kosten ist dann gem. § 269 Abs. 3 S. 3 auf Antrag nach billigem Ermessen zu entscheiden (dies entspricht § 91a).

Tritt ein erledigendes Ereignis **nach Rechtshängigkeit** ein, können

- die Parteien übereinstimmend
- der Kläger einseitig

die Hauptsache für erledigt erklären; unzulässig und unbeachtlich ist die einseitige Erledigungserklärung des Beklagten.[2]

II. Einseitige Erledigungserklärung

407 Erklärt der Kläger einseitig in der Hauptsache für erledigt, ist sein Begehren als Klageänderung und Antrag auf Feststellung auszulegen, dass die ursprünglich zulässige und begründete Klage durch das behauptete Ereignis unzulässig oder unbegründet geworden ist.[3] Dies stellt, da der Antrag geändert wird, eine Klageänderung dar.

Ursprüngliche Zulässigkeit und Begründetheit der Klage sowie erledigendes Ereignis sind in dem folgenden Verfahren zu überprüfen und evtl. auch durch Beweisaufnahme zu klären. Entschieden wird durch streitiges Urteil. Der Streitwert richtet sich regelmäßig nach den Kosten, die bis zur Erledigungserklärung angefallen sind.[4]

III. Übereinstimmende Erledigungserklärung

408 Erklären die Parteien übereinstimmend den Rechtsstreit in der Hauptsache für erledigt, entziehen sie dem Gericht die Befugnis, über den Streitgegenstand zu entscheiden;[5] die Rechtshängigkeit des Rechtsstreits in der Hauptsache entfällt.[6] Haben beide Parteien für erledigt erklärt, kann diese Erklärung einseitig nur widerrufen werden, wenn ein Restitutionsgrund (s. § 580) besteht.[7]

Die Erledigung kann in der mündlichen Verhandlung, durch Einreichung eines Schriftsatzes oder zu Protokoll der Geschäftsstelle erklärt werden, § 91a Abs. 1. Da-

---

1 S. *Musielak* Rn. 260 ff.
2 BGH NJW 1994, 2363, 2364; Msk/*Lackmann* § 91a Rn. 49; Thomas/Putzo/*Hüßtege* § 91a Rn. 42.
3 BGH NJW 2008, 2580 Rn. 8; Msk/*Lackmann* § 91a Rn. 29; Thomas/Putzo/*Hüßtege* § 91a Rn. 32.
4 BGH NJW 2011, 529 Rn. 8 mwN; Thomas/Putzo/*Hüßtege* § 91a Rn. 61.
5 Msk/*Lackmann* § 91a Rn. 17.
6 BGH MDR 2011, 810 Rn. 5; Thomas/Putzo/*Hüßtege* § 91a Rn. 17.
7 BGH NJW 2013, 2686 Rn. 7.

mit unterliegt die Erklärung wegen § 78 Abs. 3 auch dann nicht dem Anwaltszwang, wenn dieser grundsätzlich besteht (zB in landgerichtlichen Verfahren). Dasselbe gilt, wenn der Beklagte der Erledigungserklärung des Klägers nicht innerhalb einer Notfrist von zwei Wochen seit der Zustellung des Schriftsatzes widerspricht, wenn der Beklagte zuvor auf diese Folge hingewiesen worden ist. Wird dem Beklagten also der Schriftsatz mit der Erledigungserklärung des Klägers unter Hinweis auf die Folge des § 91a Abs. 1 S. 2 zugestellt, wird mangels rechtzeitiger anderer Erklärung des Beklagten die Zustimmung zur Erledigungserklärung fingiert; das Gericht hat von einer übereinstimmenden Erledigungserklärung auszugehen und nur noch über die Kosten des Rechtsstreits zu entscheiden.

Das Gericht darf (und muss es nach hM von Amts wegen auch ohne Antrag) bei beiderseitiger Erledigungserklärung nur noch über die Kosten des Rechtsstreits entscheiden. Die Durchführung einer mündlichen Verhandlung steht in seinem pflichtgemäßen Ermessen (s. § 128 Abs. 3). Eine Beweisaufnahme findet in der Regel nicht mehr statt. Sie sollte zur Vermeidung unbilliger Kostenentscheidungen durchgeführt werden;[1] präsente Zeugen sollen vernommen werden.[2]

Über die Kosten des Rechtsstreits entscheidet das Gericht gem. § 91a Abs. 1 nach billigem Ermessen unter Berücksichtigung des bisherigen Sach- und Streitstandes. Dabei ist die Frage, ob und wann es ein erledigendes Ereignis gegeben hat, nicht zu untersuchen.[3] Die Entscheidung ergeht durch zu begründenden Beschluss.

IV. Teilerledigung

Oft kommt es vor, dass nach Rechtshängigkeit ein Teil der Klageforderung erfüllt   409
wird (häufig in Verkehrsunfallprozessen). Dann können die Parteien wegen dieses Teils den Rechtsstreit übereinstimmend oder der Kläger einseitig in der Hauptsache für erledigt erklären. Im Prinzip gilt nichts anderes als bei der gesamten Erledigungserklärung:

- Die Rechtshängigkeit entfällt bei beiderseitiger Erklärung für den maßgeblichen Teil der Klageforderung, über die verbleibende Forderung ist zu entscheiden.
- Die einseitige Teilerledigungserklärung ist als Feststellungsantrag dahin auszulegen, dass sich insoweit der Rechtsstreit in der Hauptsache erledigt hat; dieser Antrag steht dann neben dem verbleibenden, den nicht erledigten Teil betreffenden Antrag.
- Bei beiderseitiger Erledigungserklärung ist über die Kosten des erledigten Teils nach § 91a zu entscheiden.
- Die Teilerledigungserklärung führt zur Streitwertreduktion auf die wegen des erledigten Teils angefallenen Kosten (zuzüglich natürlich des nicht für erledigt erklärten Teils).

Allerdings ist wegen des Grundsatzes der Einheitlichkeit der Kostenentscheidung (→ Rn. 282 f.) über die Kosten insgesamt zu entscheiden. Da wegen des nicht erledigten Teils die Entscheidung im Urteil ergehen muss, muss dies auch wegen des erledigten Teils im **Urteil, nicht in einem besonderen Beschluss**, erfolgen. Im Tenor wird nur die Gesamtkostenquote ausgeworfen; die Begründung zum erledigten Teil erfolgt in den Entscheidungsgründen.

---

1 Msk/*Lackmann* § 91a Rn. 22 mwN; a.A. Thomas/Putzo/*Hüßtege* § 91a Rn. 46a.
2 Msk/*Lackmann* § 91a Rn. 22 mwN; a.A. OLG Karlsruhe NJW-RR 1990, 978.
3 Msk/*Lackmann* § 91a Rn. 17; Thomas/Putzo/*Hüßtege* § 91a Rn. 22.

V. Wesentliche Entscheidungskriterien zu § 91a

410 In der Rechtsprechung haben sich folgende wesentliche Entscheidungskriterien heraus-gebildet:

- Die Partei hat die Kosten des Rechtsstreits (ganz oder teilweise) zu tragen, die oh-ne Eintritt des erledigenden Ereignisses voraussichtlich (ganz oder teilweise) un-terlegen wäre. Es erfolgt aber nur eine summarische Rechtsprüfung, so dass dann, wenn besonders schwierige Rechtsfragen zu entscheiden wären, die Kosten gegen-einander aufzuheben sind.[1] Das heißt aber nicht, dass die Rechtslage nur über-schlägig zu prüfen wäre,[2] nur besonders schwierige Rechtsfragen dürfen unbeant-wortet bleiben.
- Der Kläger hat die Kosten des Rechtsstreits zu tragen, wenn er die Erledigung selbst mutwillig herbeigeführt hat.[3] Dies ist zB der Fall, wenn der Kläger bereits einen Titel auf Räumung zu einem bestimmten Termin hat, aber wegen einer wei-teren fristlosen Kündigung auf Räumung klagt, obwohl ersichtlich ist, dass dieser Rechtsstreit nicht vor Eintritt des im Titel genannten Räumungstermins entschie-den sein wird.[4]
- Der Beklagte hat die Kosten des Rechtsstreits zu tragen, wenn er sich freiwillig in die Rolle des Unterlegenen begeben hat.[5] Dieser Grundsatz ist allerdings mit gro-ßer Vorsicht zu behandeln, denn es gibt viele Gründe, von ihm abzuweichen: Plau-sible wirtschaftliche Motive;[6] Erfüllung durch Dritte;[7] Freigabe eines Pfandobjekts trotz berechtigter Zweifel am Eigentum des Klägers.[8]
- § 93 ist entsprechend zu berücksichtigen. Der Kläger hat also die Kosten des Rechtsstreits zu tragen, wenn der Beklagte keinen Anlass zur Klageerhebung ge-geben und sofort anerkannt und gezahlt hat. Dieser Grundsatz muss im Zusam-menhang damit gesehen werden, dass im Rahmen einer Entscheidung nach § 93 von einem fehlenden Klageanlass nicht ausgegangen wird, wenn der Beklagte zwar eine fällige Forderung anerkennt, nicht aber bis zur späteren mündlichen Verhand-lung zahlt (s. auch → Rn. 302).[9]
- Der Beklagte hat die Kosten des Rechtsstreits nach billigem Ermessen zu tragen, wenn er materiell-rechtlich (zB wegen Verzugs, §§ 280 Abs. 1, 286 BGB) zur Kos-tenerstattung verpflichtet ist.
- Die Kosten sind gegeneinander aufzuheben, wenn die Erledigung aufgrund eines außergerichtlichen Vergleichs eintritt, in dem die Parteien keine Kostenregelung getroffen haben (§ 98 entsprechend).
- Die Kosten sind gegeneinander aufzuheben, wenn wegen des erledigenden Ereig-nisses eine sonst erforderliche Beweisaufnahme nicht mehr durchgeführt wird.[10]

---

1 BGH NJW-RR 2009, 425 Rn. 9; Msk/*Lackmann* § 91a Rn. 23 mwN.
2 *Schuschke/Kessen/Höltje* Rn. 970.
3 Msk/*Lackmann* § 91a Rn. 23 mwN; Thomas/Putzo/*Hüßtege* § 91a Rn. 48.
4 OLG Hamm NJW-RR 1993, 1280 f.
5 BGH NJW-RR 2012, 688 Rn. 12; Msk/*Lackmann* § 91a Rn. 23 mwN; Thomas/Putzo/*Hüßtege* § 91a Rn. 48.
6 OLG Koblenz NJW-RR 1999, 943 f.
7 Zöller/*Vollkommer* § 91a Rn. 25.
8 OLG Düsseldorf OLGR 1999, 479.
9 S. Zöller/*Herget* § 93 Rn. 3.
10 OLG Stuttgart MDR 2011, 1066 f.; anders »bei hoher Wahrscheinlichkeit eines bestimmten Be-weisergebnisses« *Anders/Gehle* P Rn. 17, die sich zu Unrecht auf BGH NJW-RR 2004, 377 beru-fen.

Jedenfalls regelmäßig darf das Gericht insoweit keine vorweggenommene Beweiswürdigung durchführen; die Beweislast spielt keine Rolle.[1]

VI. Anwaltsgebühren und Gerichtskosten

Die Anwälte erhalten die Verfahrensgebühr (Nr. 3100 RVG-VV) nach dem ursprünglichen Streitwert. Nach diesem Streitwert richtet sich auch die Terminsgebühr, wenn vor der Erledigungserklärung ein Termin stattgefunden hat. Findet nach Erledigungserklärung der erste Termin statt, ist Streitwert für die Terminsgebühr der Wert der Kosten bis zur Erledigungserklärung (→ Rn. 407). Wird eine Einigung über die Kostentragung getroffen, verdient der Anwalt auch die Einigungsgebühr der Nr. 1003 RVG-VV. **411**

Eine Ermäßigung der Gerichtsgebühren (von drei auf eine) findet statt, wenn bei übereinstimmender Erledigungserklärung keine Kostenentscheidung nach § 91a ZPO ergehen muss oder die Entscheidung einer zuvor mitgeteilten Einigung der Parteien über die Kostragung oder der Kostenübernahmeerklärung einer Partei folgt (Nr. 1211 4. KV GKG). Damit sind privilegiert die Fälle

- eines Rechtsmittel- und Begründungsverzichts entsprechend § 313a ZPO,[2]
- eines außergerichtlichen Vergleichs über die Kosten
- und eines Anerkenntnisses, die Kosten tragen zu müssen.

VII. Gutachten aus Richtersicht

1. Übereinstimmende Erledigungserklärung

Bei übereinstimmenden Erledigungserklärungen wird allenfalls sehr selten ein Gutachten anzufertigen sein. Ist dies gleichwohl der Fall, kann es unter Berücksichtigung des Ausgangspunkts: »Die Kosten sind dem aufzuerlegen, der im Rechtsstreit voraussichtlich unterlegen wäre.« wie ein normales Gutachten aufgebaut werden. Dabei ist zu beachten, dass Zulässigkeit bzw. Begründetheit der Klage nur für die Zeit bis zum erledigenden Ereignis zu untersuchen sind. Erhobene Beweise sind zu würdigen. Ansonsten ist in der Beweisstation nur die Beweisbedürftigkeit festzustellen (Beweisantritt des Beweispflichtigen). Bereits die Notwendigkeit einer Beweisaufnahme führt in der Regel dazu, dass die Kosten gegeneinander aufzuheben sind. **412**

2. Teilerledigung

Bei einer Teilerledigung halte ich es nicht für sinnvoll, die Erledigung wie bei der vollständigen Erledigungserklärung praktisch zum Teil des »Hauptgutachtens« zu machen. Dieses sollte sich auf den nicht erledigten Teil beschränken. Die Teilerledigung muss dann in der Tenorierungsstation behandelt werden, und zwar, wenn notwendig, wie bei der vollständigen Erledigung (→ Rn. 412) nach Stationen getrennt.[3] **413**

---

1 *Anders/Gehle* P Rn. 17.
2 Str.; wie hier OLG Celle NJW-RR 2011, 1293, 1294; aA OLG Oldenburg JurBüro 2012, 486.
3 Ebenso *Anders/Gehle* P Rn. 31.

3. Einseitige Erledigungserklärung

414 Ist einseitig vom Kläger für erledigt erklärt worden, ist zunächst in der Auslegungsstation zu klären, wie der Antrag des Klägers aufzufassen ist (als Feststellungsantrag, dass der Rechtsstreit in der Hauptsache erledigt ist). In der Zulässigkeitsstation kann auf die durch die Antragsänderung erfolgte Klageänderung (§ 263) und das Feststellungsinteresse (§ 256 Abs. 1) eingegangen werden. Falls der Klageänderung widersprochen worden ist, ist sie in aller Regel als sachdienlich anzusehen, weil der Streit der Parteien abschließend (wegen der Kosten) geklärt wird. Das Feststellungsinteresse ist gegeben, weil der Kläger ohne die Feststellung die Kosten des Rechtsstreits tragen müsste (seine Klage ist unzulässig oder unbegründet geworden). Außerdem ist, falls Zweifel bestehen, auf die Zulässigkeit der ursprünglichen Klage einzugehen.

Das weitere Gutachten unterscheidet sich von dem üblichen Gutachten nicht. Die ursprüngliche Begründetheit der Klage ist zu untersuchen und ggf. auch durch Beweisaufnahme zu klären. Dann ist noch das erledigende Ereignis zu prüfen, also die Frage, ob durch irgendein Ereignis **nach Rechtshängigkeit**[1] die Klage unzulässig oder unbegründet geworden ist.

4. Der Entscheidungsentwurf

415 Die Entscheidung hat – außer bei der Teilerledigung und der einseitigen Erledigungserklärung – durch Beschluss zu ergehen. Bei der einseitigen Erledigungserklärung ergeht ein Urteil, das sich von sonstigen (Feststellungs-) Urteilen nicht unterscheidet. Im Urteilstatbestand ist allerdings der Klägerantrag so aufzunehmen, wie gestellt (entweder Feststellungsantrag oder nur einseitige Erledigungserklärung). Ist nur die Erledigung erklärt, ist im Gutachten sowie in den Entscheidungsgründen auszulegen, dass es sich um einen Feststellungsantrag handelt, dass sich der Rechtsstreit in der Hauptsache erledigt hat.

VIII. Zweckmäßigkeitserwägungen aus Anwaltssicht

1. Klägeranwalt

416 a) **Zeitpunkt der »Erledigung«.** Es ist zu prüfen, wann das erledigende Ereignis eingetreten ist. War dies vor Rechtshängigkeit, kann keine Erledigung eintreten (→ Rn. 406, 414). In diesem Fall ist die Klage zurückzunehmen. Kommt das Gutachten zum Ergebnis, dass ohne das »erledigende« Ereignis die Klage begründet gewesen wäre, ist das Stellen eines Antrags nach § 269 Abs. 4, Abs. 3 S. 3 vorzuschlagen. Dies gilt entsprechend, wenn nach dem Gutachten mit einer nur teilweise für den Kläger günstigen Kostenentscheidung zu rechnen ist. Dies ist besser als die sonst automatische Folge des § 269 Abs. 3 S. 2. Dagegen ist ein Antrag nach § 269 Abs. 4 nicht zu stellen, wenn die Kostenentscheidung voraussichtlich nicht zumindest teilweise zugunsten des Klägers erfolgen wird, weil die Gebührenermäßigung um 2 Gerichtsgebühren (Nr. 1211 KV-GKG) nur dann eintritt, wenn keine Entscheidung nach § 269 Abs. 3 S. 3 ergehen muss.

Unter Umständen kann es auch dann besser sein, auf einen Antrag nach § 269 Abs. 4 zu verzichten, wenn die Kostenentscheidung voraussichtlich nicht vollständig zu-

---

1 Ständige Rechtsprechung des BGH, zB BGH NJW 1986, 588, 589; Thomas/Putzo/*Hüßtege* § 91a Rn. 35 f.

gunsten des Klägers ausfallen wird, der Kläger aber einen materiell-rechtlichen Anspruch auf Ersatz der Kosten hat.

> **Beispiel:** Der Kläger kann nur durch Zeugen nachweisen, dass er den Beklagten vor Klageerhebung in Verzug gesetzt hat. Die Kostenentscheidung wird voraussichtlich dahin erfolgen, dass die Kosten wegen der erforderlichen, aber nicht durchzuführenden Beweisaufnahme gegeneinander aufgehoben werden (→ Rn. 410). Dagegen hat der Kläger einen Anspruch aus §§ 280 Abs. 1, 286 BGB auf Ersatz der Kosten.

In diesem Fall ist es möglich, aber nicht empfehlenswert, im Wege der Klageänderung die Kosten einzuklagen. Empfehlenswert ist dies deshalb nicht, weil es sehr schwierig ist, diese Kosten richtig zu berechnen (ich habe in der Praxis keine richtige Berechnung erlebt). Wegen der Schwierigkeit der Berechnung kann aber im Wege der Klageänderung die Feststellung beantragt werden, dass der Beklagte verpflichtet ist, dem Kläger den in den Kosten des Rechtsstreits liegenden Schaden zu ersetzen. Davon hat der Kläger letztlich aber auch wenig, er muss, um einen Leistungstitel zu erlangen, neu klagen, wenn der Beklagte nicht freiwillig zahlt. Dann kann er sich die Feststellungsklage auch sparen.

b) Teilzahlung des Beklagten. Bei Teilzahlungen des Beklagten stellt sich das Prob-   **417** lem, auf welche Forderung des Klägers sie zu verrechnen ist (fast immer macht der Kläger neben der Hauptforderung auch eine Zinsforderung geltend). Hier sind §§ 366, 367 Abs. 1 BGB zu prüfen. Besteht nur eine Hauptschuld und hat der Beklagte keine (konkludente) Leistungsbestimmung abgegeben, so ist zunächst auf Zinsen und Kosten zu verrechnen, § 367 Abs. 1 BGB. Um Rechenarbeit zu sparen, kann der Antrag wie folgt formuliert werden:

> »den Beklagten zu verurteilen, an den Kläger 10.000,00 EUR nebst Zinsen in Höhe von 5 Prozentpunkten über dem jeweiligen Basiszinssatz seit dem 1.3.2012 abzüglich am 1.4.2013 gezahlter 1.000,00 EUR zu zahlen. Wegen der genannten Zahlung wird der Rechtsstreit in der Hauptsache für erledigt erklärt.«

c) Drohende Entscheidung nach § 93. Kommt das Gutachten zum Ergebnis, dass   **418** das Gericht wahrscheinlich die Kosten analog § 93[1] dem Kläger auferlegen wird, ist es besser vorzuschlagen, die Klage zurückzunehmen.

> **Beispiel:** Der Kläger hat auf Zahlung geklagt, ohne den Beklagten zuvor in Verzug zu setzen. Der Beklagte erkennt im schriftlichen Vorverfahren an, zahlt die Klageforderung und beantragt, dem Kläger die Kosten aufzuerlegen. Dies wird das Gericht entsprechend § 93 tun.

Wird für erledigt erklärt und ergeht eine Entscheidung über die Kosten nach § 91a, erfolgt im Gegensatz zu einer Klagerücknahme keine Reduzierung der Gerichtsgebühren von drei auf eine.

2. Beklagtenanwalt

a) Abweisungsantrag oder übereinstimmende Erledigung? Der Beklagtenanwalt   **419** muss sich im Fall der Erledigungserklärung des Klägers überlegen, ob er ebenfalls für erledigt erklärt oder beim Klageabweisungsantrag bleibt. Letzteres kommt in Betracht, wenn das Gutachten ergibt, dass die Klage bei Erhebung unzulässig oder unbegründet war, sodass der Feststellungsantrag des Klägers abzuweisen ist.

---

1 S. Thomas/Putzo/*Hüßtege* § 91a Rn. 48.

Zu prüfen ist, auf welchem Weg eine für den Beklagten bessere Kostenentscheidung erreicht werden kann. Ist zB eine erforderliche Beweisprognose unsicher, ist es besser, ebenfalls für erledigt zu erklären, weil das Gericht ohne Beweisaufnahme die Kosten wahrscheinlich gegeneinander aufheben wird; fällt die Beweisprognose gut für den Beklagten aus, wird er beim Klageabweisungsantrag bleiben.

420 **b) Begründete Klage.** Ist die Klage nach dem Ergebnis des Gutachtens begründet, ist dem Beklagten Erfüllung zu raten, sodass der Kläger für erledigt erklären muss. So kann, falls überhaupt eine mündliche Verhandlung stattfindet, zumindest eine Verringerung der Terminsgebühr erreicht werden, wenn nicht sogar ihr Entfallen, falls kein Termin stattfindet. Außerdem sollte die Kostentragungspflicht anerkannt werden, damit es zu einer Verringerung der Gerichtsgebühren kommt (s. Nr. 1211 Nr. 4 KV-GKG).

421 **c) Teilleistungen.** Kann der Beklagte bei einer begründeten Klage nicht vollständig erfüllen, aber teilleisten, muss der Anwalt ihm raten, bei der Teilleistung ausdrücklich zu vermerken, dass auf die Hauptschuld geleistet wird, um die für den Schuldner ungünstige Regelung des § 367 Abs. 1 BGB zu vermeiden.

IX. Zur Wiederholung und Vertiefung (Lösung → Rn. 719)

422 1. In welcher Form ist zu entscheiden, wenn die Parteien den Rechtsstreit übereinstimmend für erledigt erklären?
2. Wie ist zu entscheiden, wenn der Beklagte einseitig für erledigt erklärt?
3. Wie ist zu entscheiden, wenn der Kläger einseitig für erledigt erklärt?
4. In welcher Form ist bei einer übereinstimmenden Teilerledigungserklärung über die Kosten des erledigten Teils zu entscheiden?
5. Darf in einem Prozess vor dem Landgericht der Beklagte persönlich, also nicht sein Anwalt, den Rechtsstreit für erledigt erklären?
6. Kann es durch ein Schweigen des Beklagten zur Erledigungserklärung des Klägers zu einer übereinstimmenden Erledigungserklärung kommen?
7. Der Kläger klagt auf Zahlung von 10.000,00 EUR nebst Zinsen in Höhe von 5 Prozentpunkten über dem jeweiligen Basiszinssatz seit dem 1.4.2013. Nach Zustellung der Klage zahlt der Beklagte 10.000,00 EUR. Der Kläger stellt seinen Antrag um und verlangt Zahlung von 10.000,00 EUR nebst Zinsen in Höhe von 5 Prozentpunkten über dem jeweiligen Basiszinssatz seit dem 1.4.2013 abzüglich am 1.4.2014 gezahlter 10.000,00 EUR. Worin liegen die Probleme des Antrags? Wie ist der Antrag auszulegen?
8. Der Kläger verlangt Zahlung von Schadenersatz von den Eltern eines 8-jährigen Kindes, das im Flur des Hauses des Klägers Papier anzündete und dabei einen dort stehenden Umzugskarton in Brand setzte, wodurch sich das Feuer auf das Treppenhaus ausweitete. Durch den Brand wurde das Haus zum einen Großteil zerstört. Der Kläger behauptet unter Beweisantritt (Zeugnis der Haushälterin der Beklagten), die Beklagten hätten ihre Aufsichtspflicht verletzt, weil ihr Kind schon häufiger gezündelt habe und sie gesehen hätten, dass das Kind am Schadenstag ein Feuerzeug mitnahm, als es die elterliche Wohnung allein zum Spielen verließ. Dies bestreiten die Beklagten. Nach Rechtshängigkeit bezahlt die Haftpflichtversicherung der Beklagten die Klageforderung. Der Rechtsstreit wird in der Hauptsache für erledigt erklärt. Wer hat die Kosten des Rechtsstreits zu tragen?
9. Der Kläger macht mit der am 1.4.2014 eingegangenen Klage einen Kaufpreiszahlungsanspruch in Höhe von 2.000,00 nebst Zinsen in Höhe von 5 Prozentpunkten über dem jeweiligen Basiszinssatz seit dem 2.4.2013 geltend. Er hatte dem Beklagten am 1.4.2013 den gekauften PKW übergeben. Die noch für diesen Tag vereinbarte Kaufpreiszahlung leistete der Beklagte nicht. Die Frau des Beklagten ist die Steuerberaterin des Klägers. Sie hat gegen den Kläger einen seit dem 1.6.2013 fälligen Honoraranspruch in Höhe von ebenfalls 2.000,00 EUR, den sie schon vor Rechtshängigkeit an den Beklagten abtrat, ohne den Kläger in Kenntnis zu setzen. Der Beklagte erklärt nach Zustellung der Klage (erstmals) die Aufrechnung. Daraufhin erklärt der Kläger einseitig den Rechtsstreit in der Hauptsache für erledigt. Wie ist zu entscheiden? Wie würde die Kostenentscheidung lauten, wenn übereinstimmend für erledigt erklärt worden wäre?

§ 38. Klagehäufung

Examensrelevanz: Niedrig.

I. Anspruchshäufung

Dem Kläger ist es unbenommen, in einer Klage mehrere Ansprüche gegen den Beklag- **423** ten geltend zu machen (**Anspruchshäufung** bzw. objektive Klagehäufung). Voraussetzung ist lediglich, dass das Gericht zur Entscheidung über alle Ansprüche zuständig und dieselbe Prozessart zulässig ist (§ 260). Dies alles ist in der Regel **völlig unproblematisch** und muss **nicht erörtert** werden. Es wird hier nur deshalb erwähnt, weil in Klausuren häufig breite Ausführungen hierzu erfolgen, die überflüssig sind. Ich habe in der Praxis noch kein Urteil gesehen, in dem § 260 erwähnt worden ist; immerhin gibt es einige dazu veröffentlichte Entscheidungen, die sich aber fast durchgängig damit befassen, ob für zwei geltend gemachte Ansprüche dieselbe Prozessart zulässig ist.

Ist die Zuständigkeit für einen von mehreren Anträgen problematisch, muss dies unter diesem Aspekt erörtert werden.

> **Beispiel:** Der Kläger verlangt vor dem Landgericht Rückzahlung eines Darlehens in Höhe von 6.000,00 EUR und Zahlung rückständiger Wohnraummiete in Höhe von 2.000,00 EUR. Hier ist das Landgericht hinsichtlich des Mietzinsanspruchs sachlich unzuständig (§ 23 Nr. 2a GVG). Stellt der Kläger (auf einen Hinweis hin) keinen Verweisungsantrag, ist die Klage insoweit als unzulässig abzuweisen, über den Darlehensanspruch sachlich zu entscheiden. Stellt er einen Verweisungsantrag, ist bzgl. des Mietzinsanspruchs abzutrennen (§ 145 Abs. 1) und an das Amtsgericht zu verweisen. Einer Erwähnung des § 260 bedarf es nicht.

Ist problematisch, ob dieselbe Prozessart zulässig ist, ist dieses zu erörtern; auch insoweit bedarf es § 260 nicht, der letztlich nur klarstellende Funktion hat.

> **Beispiel:** Der Kläger verlangt im Wege des Urkundenprozesses Zahlung von Geld und Herausgabe eines bestimmten PKW's. Beide Ansprüche sind durch Urkunden belegt. Die Klage auf Herausgabe einer konkreten Sache im Urkundenprozess ist unstatthaft (s. § 592 S. 1). Nimmt der Kläger nicht insgesamt vom Urkundenprozess Abstand (s. § 596), ist die Herausgabeklage als im Urkundenprozess unstatthaft abzuweisen (§ 597 Abs. 2).

Werden mehrere Ansprüche geltend gemacht, ist für jeden von ihnen im Gutachten selbstständig die Zulässigkeit (falls problematisch und nicht im Hinblick auf § 260!) und Begründetheit zu prüfen. Dabei bietet es sich an, zunächst die Zulässigkeit aller Ansprüche, dann deren Begründetheit in den einzelnen Stationen (jeweils in getrennten Gliederungspunkten) zu untersuchen.

II. Streitgenossenschaft

Die Streitgenossenschaft (subjektive Klagehäufung) ist in §§ 59 ff. geregelt. Mit Aus- **424** nahme der notwendigen Streitgenossenschaft handelt es sich letztlich um in einem Prozess zu verhandelnde und entscheidende mehrere Prozesse mehrerer Personen gegen einen Beklagten oder einer Person gegen mehrere Beklagte oder mehrerer gegen mehrere. Aus prozessökonomischen Gründen ist es unter den Voraussetzungen der §§ 59 f. zulässig, diese mehreren Klagen in einer zu verbinden. Dies ist in aller Regel unproblematisch, die Voraussetzungen der §§ 59 f. werden in der Praxis großzügig angenommen und nur in Ausnahmefällen problematisiert; nicht anders ist in Arbeiten in der Praxis oder im Examen zu verfahren.

Dabei ist das Prozessverhalten jeder auf einer Seite stehenden Partei selbstständig (§ 61). Im Gutachten ist die Zulässigkeit der Klage jeden Klägers bzw. der gegen jeden Beklagten gesondert zu prüfen, falls dafür Anlass besteht. In der Praxis kommt es bei Klagen gegen mehrere Beklagte häufiger zu Zuständigkeitsproblemen wegen unterschiedlicher Wohnsitze. Die Begründetheitsprüfung kann dann, wenn die Streitgenossen nicht unterschiedlich prozessual verfahren oder vortragen, zusammengefasst werden; ansonsten sind jedenfalls die Besonderheiten des Verhaltens/Vortrags rechtlich zu untersuchen.

> **Beispiel:** Der Kläger klagt beim LG Essen gegen zwei Beklagte als Gesamtschuldner wegen einer Schlägerei auf Ersatz des Sachschadens und Zahlung eines Schmerzensgeldes. B1 wohnt im Bezirk des LG Essen, B2 nicht. Die Schlägerei fand in Essen statt. Beide Beklagten bestreiten, den K geschlagen zu haben, B2 trägt hilfsweise vor, K habe mit der Schlägerei gegen B1 begonnen und er, B2, habe dem B1 Nothilfe geleistet, indem er K mit dem Schlag einer Eisenstange auf den Kopf niedergestreckt habe. B1 bestreitet den geltend gemachten Sachschaden.
> Hier ist in einer Relation kurz in der Zulässigkeitsprüfung nur bzgl. des B2 § 32 zu erwähnen. Die Schlüssigkeitsprüfung kann bzgl. beider Beklagter zusammengefasst werden. In der Erheblichkeitsprüfung kann das Bestreiten beider Beklagter ebenso zusammen erörtert werden. Bzgl. des Bestreitens des Sachschadens nur durch B1 und bzgl. des »Nothilfehilfsvortrags« muss getrennt untersucht werden. In einem Beweisbeschluss kann erwähnt werden, dass sich die Beweisfragen bzgl. des Sachschadens bzw. der Nothilfe (falls erheblich) nur auf das Prozessverhältnis zwischen Kläger und dem jeweiligen Beklagten beziehen, muss es mE aber nicht unbedingt. In der Entscheidungsstation müsste, falls die Klage dem Grunde nach begründet ist und der Kläger den Sachschaden nur teilweise nachgewiesen hat, eine unterschiedliche Verurteilung beider Beklagten erfolgen, nur soweit die Beträge sich decken eine Verurteilung als Gesamtschuldner.

§ 39. Versäumnisverfahren und Vollstreckungsbescheid[1]

Examensrelevanz: Hoch.

I. Grundlagen

425   Gem. § 330 kann gegen einen säumigen[2] (nicht erschienenen oder nicht verhandelnden) Kläger, gem. § 331 gegen einen säumigen Beklagten (auch im schriftlichen Vorverfahren, § 331 Abs. 3) ein Versäumnisurteil ergehen. Ein Versäumnisurteil muss als solches bezeichnet werden (§ 313b Abs. 1 S. 2); es ist gem. § 708 Nr. 2 ohne Sicherheitsleistung und ohne Abwendungsbefugnis (§ 711) für vorläufig vollstreckbar zu erklären. Wird nicht rechtzeitig Widerspruch gegen einen Mahnbescheid eingelegt, ergeht auf Antrag ein Vollstreckungsbescheid (§ 699 Abs. 1 S. 1), der gem. § 700 Abs. 1 einem für vorläufig vollstreckbar erklärten Versäumnisurteil gleichsteht.

Gegen ein Versäumnisurteil (und über § 700 Abs. 1 gegen einen Vollstreckungsbescheid) kann Einspruch eingelegt werden. Ist dieser zulässig (→ Rn. 426), wird Verhandlungstermin anberaumt; im Fall der erneuten Säumnis ergeht ein zweites Ver-

---

1 S. *Musielak* Rn. 164 ff.
2 S. hierzu (auch zum »unechten Versäumnisurteil«) Msk/*Stadler* vor § 330 Rn. 5 ff.; Thomas/Putzo/ *Reichold* vor § 330 Rn. 1 ff.

säumnisurteil (§ 345); Voraussetzung ist aber neben der Säumnis oder dem Nichtverhandeln, dass nicht zwischenzeitlich in einer anderen mündlichen Verhandlung verhandelt worden ist.

Ein zulässiger Einspruch versetzt gem. § 342 den Prozess in die Lage zurück, in der er sich vor Eintritt der Säumnis befand. Es ist darüber zu entscheiden, ob die Klage zulässig und begründet ist. Ein ergehendes Urteil ist ein normales streitiges Urteil (mit den normalen Rechtsmittelmöglichkeiten), in dem zusätzlich über das Schicksal des Versäumnisurteils und die Säumniskosten (§ 344) zu entscheiden ist (→ Rn. 306). Gegen ein zweites Versäumnisurteil ist allerdings kein erneuter Einspruch statthaft, vielmehr nur ein Rechtsmittel mit den Beschränkungen der §§ 514 Abs. 2, 565 (es lag keine schuldhafte Säumnis vor).

Ein zweites Versäumnisurteil ergeht auch, wenn der Beklagte den Verhandlungstermin nach Einspruch gegen einen Vollstreckungsbescheid versäumt (§§ 700 Abs. 1, 345). Im Gegensatz zur Entscheidung nach Erlass eines Versäumnisurteils[1] muss beim Vollstreckungsbescheid vor Erlass des zweiten Versäumnisurteils allerdings geprüft werden, ob die Klage zulässig und das Vorbringen des Klägers schlüssig ist, weil eine Schlüssigkeitsprüfung zwar vor Erlass eines Versäumnisurteils, nicht aber im Mahnverfahren stattfindet (vgl. § 691 und § 700 Abs. 6).

Ist in einer Klausur oder einer zu begutachtenden Akte bereits ein Versäumnisurteil oder ein Vollstreckungsbescheid (§ 699) enthalten, ist zu entscheiden, ob das Versäumnisurteil oder der Vollstreckungsbescheid aufrechtzuerhalten oder aufzuheben sei (§ 343).

II. Zulässigkeit des Einspruchs

Ist ein Versäumnisurteil oder Vollstreckungsbescheid ergangen, ist zunächst die Zulässigkeit des Einspruchs gegen das Versäumnisurteil (§ 341) bzw. gegen den Vollstreckungsbescheid (§§ 700 Abs. 1, 341) zu prüfen.   **426**

Der Einspruch ist zulässig, wenn er statthaft ist (§ 338) sowie form- und fristgerecht eingelegt wurde (§§ 339, 340). Die Einspruchsfrist (Notfrist) beträgt 2 Wochen nach Zustellung des Versäumnisurteils/Vollstreckungsbescheids. Beim Versäumnisurteil im schriftlichen Verfahren kommt es nicht auf die Zustellung an den Beklagten, sondern auf die zeitlich spätere Zustellung an.[2] Für den Einspruch gegen ein Versäumnisurteil gelten die Regeln über die Postulationsfähigkeit, sodass beim Landgericht oder in der Rechtsmittelinstanz der Einspruch durch einen zugelassenen Rechtsanwalt einzulegen ist. Dies gilt nicht für den Vollstreckungsbescheid (§§ 702 Abs. 1 S. 1, 78 Abs. 3; zum Vollmachtsnachweis s. § 703).

Zur Form des Einspruchs s. § 340 Abs. 2. **Keine Frage der Zulässigkeit** des Einspruchs ist das Einhalten der **Begründungspflicht** des § 340 Abs. 3; vielmehr kann deren Verletzung allenfalls zur Zurückweisung von Vorbringen als verspätet führen (§§ 340 Abs. 3 S. 3, 296).[3]

---

1 BGH NJW-RR 2011, 1692 Rn. 10 f.; NJW 1999, 2599 f. mwN auch für die Gegenauffassung; Thomas/Putzo/*Hüßtege* § 700 Rn. 21.
2 BGH NJW 1994, 3359 f.; Thomas/Putzo/*Reichold* § 339 Rn. 1, § 310 Rn. 3.
3 BGH NJW-RR 1992, 957 mwN; Thomas/Putzo/*Reichold* § 340 Rn. 7.

III. Entscheidung

1. Unzulässiger Einspruch

427 Ist der Einspruch unzulässig, so ist dieser zu verwerfen, und zwar durch **Urteil** (nicht Beschluss oder Versäumnisurteil), das ohne mündliche Verhandlung ergehen kann (§ 341 Abs. 2). Auch dann, wenn nicht mündlich über den Einspruch verhandelt wird, ist rechtliches Gehör zu gewähren,[1] also vor der Entscheidung auf die Unzulässigkeit des Einspruchs hinzuweisen. Der Betroffene hat dadurch zB die Möglichkeit, einen Wiedereinsetzungsantrag (§§ 233 ff.) zu stellen. Der Tenor eines solchen Urteils lautet:

> »Der Einspruch des ... gegen das Versäumnisurteil vom ... wird als unzulässig verworfen. Der ... trägt auch die weiteren Kosten des Rechtsstreits. Das Urteil ist vorläufig vollstreckbar.«

Dass der »Einspruch als unzulässig verworfen« werden muss, folgt aus § 341 Abs. 1 S. 2, die Entscheidung über die vorläufige Vollstreckbarkeit aus § 708 Nr. 3. Da im Versäumnisurteil, das bestehen bleibt, bereits über die Kosten des Rechtsstreits entschieden ist, muss das verwerfende Urteil nur noch über die weiteren Kosten (analog § 97 Abs. 1[2]) entscheiden (ohne Prüfung, ob solche angefallen sind).

Wird der Einspruch gegen einen Vollstreckungsbescheid verworfen, sind im Tenor auch das Amtsgericht, das den Bescheid erlassen hat, und das Aktenzeichen des Vollstreckungsbescheids zu erwähnen, da es von dem Aktenzeichen des Einspruchsverfahrens unterschiedlich ist.

Das Urteil muss der Form des § 313 entsprechen, also neben Rubrum und Tenor auch Tatbestand und Entscheidungsgründe enthalten.

2. Zulässiger Einspruch

428 Ist der Einspruch zulässig, so ist die Sache selbst erneut auf ihre Zulässigkeit und Begründetheit hin zu überprüfen, so, als wäre nie ein Versäumnisurteil ergangen (§ 342). Es ist Termin zur mündlichen Verhandlung über den Einspruch und die Hauptsache zu bestimmen (§ 341a). Eine Entscheidung ohne mündliche Verhandlung ist unzulässig.

429 Der **Tenor** in der Hauptsache der abschließenden Entscheidung richtet sich nach § 343. Das Versäumnisurteil ist aufrechtzuerhalten, wenn es in der Sache bei der Entscheidung im Versäumnisurteil verbleibt (gleich ob das Versäumnisurteil gegen den Beklagten oder den Kläger ergangen ist):

> »Das Versäumnisurteil vom ... bleibt aufrechterhalten.« »Der Vollstreckungsbescheid des Amtsgerichts ... vom ..., Aktenzeichen ..., bleibt aufrechterhalten.«

Ist die Klage zwischenzeitlich erhöht worden, gilt nichts anderes. Es heißt dann: »Der Beklagte wird darüber hinaus verurteilt, ...«

Ist das Gericht der Ansicht, der Tenor des Versäumnisurteils bedürfe der Klarstellung, so darf keinesfalls das Versäumnisurteil aufgehoben und neu entschieden wer-

---

1 BGH VersR 1975, 899.
2 MüKoZPO/*Prütting* § 341 Rn. 15; Msk/*Stadler* § 341 Rn. 2; Thomas/Putzo/*Reichold* § 241 Rn. 5; aA (§ 91) *Anders/Gehle* H Rn. 14.

den; aus dem Versäumnisurteil kann bereits vollstreckt worden sein, §§ 775 Nr. 1, 776 würden eingreifen. Vielmehr ist im Tenor klarzumachen, dass das Versäumnisurteil aufrechterhalten und nur zum Zwecke der Klarstellung neu gefasst wird:

> »Das Versäumnisurteil vom … wird mit der Maßgabe aufrechterhalten, dass der Tenor dieser Entscheidung zum Zwecke der Klarstellung wie folgt neu gefasst wird …«.

Wenn und soweit in der Sache eine andere Entscheidung als die im Versäumnisurteil/ Vollstreckungsbescheid ergeht, ist im Umfang der Abänderung zunächst das Versäumnisurteil aufzuheben; dann ist über den Sachantrag neu zu entscheiden.

> **Beispiel:** Gegen den Beklagten ist Versäumnisurteil auf Zahlung von 10.000,00 EUR ergangen. Kommt das Gericht zum Ergebnis, dass dem Kläger nichts zusteht, lautet der Tenor: »Das Versäumnisurteil vom … wird aufgehoben. Die Klage wird abgewiesen.« Ist das Ergebnis, dass dem Kläger 7.000,00 EUR zustehen, kann die Entscheidung lauten: »Das Versäumnisurteil vom … bleibt aufrechterhalten, soweit der Beklagte verurteilt wurde, an den Kläger 7.000,00 EUR zu zahlen. Im Übrigen werden das Versäumnisurteil vom … aufgehoben und die Klage abgewiesen.« Es kann, was noch klarer ist, auch so formuliert werden: »Das Versäumnisurteil vom … wird teilweise aufgehoben. Der Beklagte bleibt[1] verurteilt, an den Kläger 7.000,00 EUR zu zahlen. Im Übrigen wird die Klage abgewiesen.«

Bei der **Kostenentscheidung** ist § 344 zu beachten (dazu → Rn. 306).

Handelt es sich um ein Urteil, das ein Versäumnisurteil oder einen Vollstreckungsbescheid (§ 700 Abs. 1) aufrechterhält, ist gem. § 709 S. 3 auszusprechen, dass die Vollstreckung aus dem Versäumnisurteil nur gegen Leistung der Sicherheit fortgesetzt werden darf. **430**

§ 709 S. 3 setzt voraus, dass ein Versäumnisurteil durch streitiges Urteil aufrechterhalten wird, das als streitiges Urteil unter Satz 1 gefallen wäre.[2] Über den Wortlaut hinaus gilt Satz 3 also nicht etwa nur in dem Fall, dass die weiteren Kosten des bestätigenden Urteils die Wertgrenze des § 708 Nr. 11 übersteigen. Die Vorschrift findet keine Anwendung, wenn das aufrechterhaltende Urteil selbst ein Versäumnisurteil ist; insoweit ist § 708 Nr. 2 lex specialis.[3] Zum Teil wird angenommen, die Entscheidung im bestätigten Versäumnisurteil über die vorläufige Vollstreckbarkeit ohne Sicherheitsleistung müsse aufgehoben werden.[4] Dies widerspricht §§ 343 S. 1, 709 S. 3 und könnte wegen §§ 751 Abs. 2, 775, 776 gefährlich, zumindest missverständlich sein.

Die hM nimmt an, § 709 S. 3 setze die Anwendbarkeit des Satz 1 und damit auch den Ausspruch nach Satz 1 voraus.[5] Es sei also zu tenorieren:

> »Das Urteil ist gegen Sicherheitsleistung in Höhe von … vorläufig vollstreckbar. Die Zwangsvollstreckung aus dem Versäumnisurteil darf nur gegen Leistung dieser Sicherheit fortgesetzt werden.«

Die Sicherheit sei der Höhe nach für beide Fälle gleich zu bemessen.

Dies ist **unzutreffend.** Aus dem aufrechterhaltenden Urteil kann über den Kostenfestsetzungsbeschluss **nur wegen der weiteren Kosten** vollstreckt werden. Hierfür

---

1 Diese Formulierung erscheint mir wegen §§ 775 Nr. 1, 776 besser als die Formulierung »wird«, die von *Anders/Gehle* H Rn. 20 vorgeschlagen wird. Damit ist klar, dass die Vollstreckung wegen der 7.000,00 EUR nur aus dem Versäumnisurteil erfolgt.

2 AllgM; MüKoZPO/*Götz* § 709 Rn. 9; Thomas/Putzo/*Hüßtege* § 709 Rn. 5.; Zöller/*Herget* § 709 Rn. 8.

3 HM; MüKoZPO/*Götz* § 709 Rn. 9; StJ/*Münzberg* § 709 Rn. 15; aA BLAH/*Hartmann* § 709 Rn. 2.

4 *Anders/Gehle* H Rn. 19 aE.

5 MüKoZPO/*Götz* § 709 Rn. 9; Thomas/Putzo/*Hüßtege* § 709 Rn. 6; Zöller/*Herget* § 709 Rn. 8.

wäre die Sicherheit viel zu hoch. Denkbar ist auch, dass die Vollstreckung aus dem Versäumnisurteil schon zur Befriedigung des Gläubigers geführt hat. Dann müsste er wegen der Vollstreckung der weiteren Kosten die Sicherheit in voller Höhe leisten. Richtig ist es, die Vollstreckbarkeit der weiteren Kosten des aufrechterhaltenden Urteils nach allgemeinen Regeln zu beurteilen (§§ 708 Nr. 11, 709) und darüber hinaus anzuordnen, dass die Vollstreckung aus dem Versäumnisurteil nur gegen Sicherheitsleistung in zu bestimmender Höhe (oder gem. S. 2) fortgesetzt werden darf.[1] Hiergegen spricht nicht der Wortlaut des § 709, dafür aber eine historische Auslegung.[2]

> **Beispiel:** K erwirkt ein Versäumnisurteil gegen B: »B wird verurteilt, an den K 10.000,00 EUR zu zahlen. B hat die Kosten des Rechtsstreits zu tragen. Das Urteil ist vorläufig vollstreckbar.« Aus diesem Urteil kann K ohne Sicherheitsleistung vollstrecken. B legt Einspruch gegen das Versäumnisurteil ein. Das Gericht kommt zu der Entscheidung, dass das Versäumnisurteil zu Recht ergangen ist. Der Tenor des Urteils lautet bis auf die Vollstreckbarkeitserklärung: »Das Versäumnisurteil vom … wird aufrechterhalten. Der Beklagte hat auch die weiteren Kosten des Rechtsstreits zu tragen.« Dieses zweite Urteil ist nur wegen der weiteren Kosten des Rechtsstreits vollstreckbar. Wegen der 10.000,00 EUR und der zuvor entstandenen Kosten kann K nur aus dem Versäumnisurteil vollstrecken. Würde jetzt mit der hM im zweiten Urteil angeordnet:
>
> »Das Urteil ist gegen Sicherheitsleistung in Höhe von 12.000,00 EUR vorläufig vollstreckbar. Die Zwangsvollstreckung aus dem Versäumnisurteil darf nur gegen Leistung dieser Sicherheit fortgesetzt werden.«
>
> und hätte K bereits aus dem Versäumnisurteil vollstreckt, so müsste K jetzt 12.000,00 EUR Sicherheit leisten, nur um wegen der weiteren Kosten des Rechtsstreits (Differenz zwischen einer Terminsgebühr nach dem 0,5fachen und dem 1,2fachen Satz, evtl. noch Zeugen- und Sachverständigenvorschüsse) vollstrecken zu können. ME ist beim zweiten Urteil zu tenorieren:
>
> »Das Urteil ist vorläufig vollstreckbar.« (§ 708 Nr. 11 wegen der weiteren Kosten). »Dem Beklagten bleibt nachgelassen, die Zwangsvollstreckung aus diesem Urteil gegen Sicherheitsleistung in Höhe von (weitere Kosten + Zuschlag) abzuwenden, wenn nicht der Kläger vor der Vollstreckung Sicherheit in gleicher Höhe leistet.« (§ 711). »Die Zwangsvollstreckung aus dem Versäumnisurteil darf nur gegen Sicherheitsleistung in Höhe von (10.000,00 EUR + Kosten + Zuschlag) fortgesetzt werden.« (§ 709 S. 3).

3. Gutachtenaufbau (Richtersicht)

431 Im Gutachten ist an erster Stelle die Zulässigkeit des Einspruchs zu prüfen. Wird sie verneint, folgt die Entscheidungsstation, wird sie bejaht, gilt § 342: Das folgende Gutachten hat sich wie ein normales mit Zulässigkeit und Begründetheit der Klage zu befassen.

> **Beispiel:**
> I. Zulässigkeit des Einspruchs
> II. Zulässigkeit der Klage (falls erforderlich)
> III. Begründetheit der Klage
>   1. Schlüssigkeit des Klägervorbringens … usw.

Nicht richtig ist es, nach der Zulässigkeit die »**Begründetheit**« des Einspruchs zu prüfen, wie es häufig in Referendararbeiten zu lesen ist. Dies geht an §§ 342, 343 vorbei. Vielmehr lautet der Prüfungsansatz nach Untersuchung der Zulässigkeit des Einspruchs:

---

1 S. im Einzelnen überzeugend *Mertins* DRiZ 1983, 228 ff.; *Häublein* JA 1999, 53 ff.; Msk/*Lackmann* § 709 Rn. 9.
2 *Mertins* DRiZ 1983, 228 ff.; ihm folgend BLAH/*Hartmann* § 343 Rn. 7.

»Zu prüfen ist, ob das Versäumnisurteil aufrechtzuerhalten oder ganz oder teilweise aufzuheben und neu zu entscheiden ist (§ 343). Das hängt davon ab, ob die Klage zulässig und begründet ist ...«

Ein Gutachten vor Anberaumung des Termins nach § 341a sollte nicht mit dem Vorschlag, Verhandlungstermin zu bestimmen, enden. Es sollten im Anschluss an die Prüfung der Zulässigkeit des Einspruchs und den Hinweis auf die Notwendigkeit eines Termins die Zulässigkeit und Begründetheit der Klage wie in jedem anderen Gutachten geprüft werden.

IV. Anwaltssicht

In den Zweckmäßigkeitserwägungen können folgende Fragen von Bedeutung sein: 432

- Wenn die Gefahr einer Zurückweisung von Vorbringen als verspätet droht, sollte ein Anwalt die Möglichkeit prüfen, die »Flucht in die Säumnis« anzutreten, also ein Versäumnisurteil gegen den Mandanten ergehen zu lassen (→ Rn. 404).
- Ergibt das Gutachten, dass die Klage oder die Rechtsverteidigung des Mandanten keine Aussicht auf Erfolg hat, ist zu prüfen, ob der Anwalt ein Versäumnisurteil ergehen lassen, die Klage zurücknehmen oder anerkennen soll.

Diese Untersuchung setzt gute Kenntnisse des Gebührenrechts voraus: Eine Rücknahme der gesamten Klage führt zur Rückerstattung zweier Gerichtsgebühren (Nr. 1211 Nr. 1 KV GKG). Es entsteht keine Terminsgebühr für die Anwälte. Entsprechendes gilt für ein Anerkenntnis im schriftlichen Vorverfahren (Nr. 1211 Nr. 2 KV GKG); bei einem Anerkenntnis in der mündlichen Verhandlung dagegen entsteht für jeden Anwalt die 0,5-Terminsgebühr der Nr. 3105 RVG-VV. Bei einem Versäumnisurteil gibt es in erster Instanz keine Ermäßigung der Gerichtsgebühren; der Gegenanwalt erhält auf jeden Fall die 0,5-Gebühr der Nr. 3105 RVG-VV (beim Versäumnisurteil im schriftlichen Vorverfahren nach Nr. 3105 (1) Nr. 2 RVG-VV). Damit sind gebührenrechtlich, falls noch möglich, die besten Alternative die Klagerücknahme bzw. das Anerkenntnis im schriftlichen Vorverfahren.

Ist ein Mahnbescheid erlassen worden, ist für den Beklagten die Alternative der Rücknahme des Widerspruchs (mit der Folge eines Vollstreckungsbescheids) die neben dem Anerkenntnis im schriftlichen Verfahren günstigste Alternative, da auch hier eine Ermäßigung der Gerichtsgebühren auf eine erfolgt (Nr. 1211 KV GKG) und Terminsgebühren, falls noch kein Termin stattfand, nicht entstehen. Entsprechendes gilt für die Rücknahme des Einspruchs gegen einen Vollstreckungsbescheid und auf Klägerseite für die Rücknahme des Antrags auf Durchführung des streitigen Verfahrens.

- Der Anwalt, der Einspruch gegen ein Versäumnisurteil oder einen Vollstreckungsbescheid gegen seinen Mandanten einlegen soll, muss zumindest vorsorglich immer einen Antrag auf Einstellung der Zwangsvollstreckung stellen (§ 719 iVm § 707). Da in der Regel nur eine Einstellung gegen Sicherheitsleistung zulässig ist (§ 719 Abs. 1 S. 2), muss der Mandant aufgefordert werden, diese Sicherheit zu stellen.

V. Zur Wiederholung und Vertiefung (Lösung → Rn. 720)

1. An welcher Stelle des Gutachtens ist die Zulässigkeit des Einspruchs zu untersuchen? 433
2. Ist auch die Begründetheit des Einspruchs zu untersuchen?
3. Ein Versäumnisurteil im schriftlichen Vorverfahren wird dem Kläger am 6.4.2013, dem Beklagten am 5.4.2013 zugestellt. Der Einspruch geht am 22.4.2013 ein. Rechtzeitig?

4. Gegen den Beklagten ist ein Vollstreckungsbescheid ergangen. Nach rechtzeitigem Einspruch wird Verhandlungstermin anberaumt. Es wird in diesem Termin trotz Erscheinens beider Parteien kein Antrag gestellt. Im nächsten Termin erscheint der Beklagte nicht. Der Kläger beantragt Erlass eines 2. Versäumnisurteils. Wie ist zu entscheiden, wenn das Vorbringen des Klägers schlüssig und das des Beklagten erheblich ist?
5. Im Fall 4. ist im ersten Verhandlungstermin verhandelt worden, im zweiten Termin erscheint der Beklagte wiederum nicht. Was sollte der Kläger beantragen?
6. Gegen ein 2. Versäumnisurteil legt der Beklagte Einspruch ein mit der Begründung, er habe die Klageforderung am Tag zuvor beglichen. Wie ist zu entscheiden? Wie wäre zu entscheiden, wenn der Beklagte Berufung mit derselben Begründung einlegt?
7. Was ist dem Beklagten im Fall Nr. 6 zu raten, wenn er tatsächlich gezahlt hat?
8. Das Gericht kommt zur Auffassung, dass der Einspruch gegen ein Versäumnisurteil unzulässig ist. Es will nach rechtlichem Hinweis auf die Unzulässigkeit ohne mündliche Verhandlung entscheiden. In welcher Form geschieht dies? Wie lautet der Tenor?
9. Gegen den Kläger ist ein klageabweisendes Versäumnisurteil ergangen, gegen das er einen zulässigen Einspruch einlegt. Das Gericht kommt zur Auffassung, dass dem Kläger von dem eingeklagten Betrag von 5.000,00 EUR 4.000,00 EUR zustehen. Wie lautet der Tenor?
10. Gegen den Beklagten ist ein Vollstreckungsbescheid über 10.000,00 EUR ergangen, gegen den er einen zulässigen Einspruch eingelegt hat. Wie ist zu entscheiden, wenn das Gericht meint, dass dem Kläger 5.000,00 EUR zustehen?

§ 40. Widerklage[1]

Examensrelevanz: Hoch.

I. Zulässigkeitsfragen

1. Grundlagen

434 Die Widerklage ist in der ZPO ua in §§ 33, 145 Abs. 2, 347 Abs. 1, 533 nur bruchstückhaft geregelt; der Hintergrund ist, dass Gesetzgeber der ZPO die Widerklage als möglichen Rechtsbehelf vorausgesetzt und nur Detailfragen geregelt hat.[2] Sie ist kein »Angriffs- oder Verteidigungsmittel« des Beklagten iSv zB § 296 Abs. 1, sondern selbstständiger Angriff.[3] Dieser muss wegen § 261 Abs. 3 Nr. 1 einen **anderen Streitgegenstand** betreffen als den der Klage. Daher darf der Beklagte gegen die Leistungsklage nicht Feststellungswiderklage erheben, dass dem Kläger der klageweise geltend gemachte Anspruch nicht zusteht (anders, wenn der Kläger Teilklage erhebt und sich die negative Feststellungswiderklage auf den nicht mit der Klage geltend gemachten Teil bezieht).

Gegen eine Widerklage kann wiederum der Kläger Widerklage (ggf. auch gegen einen Dritten zusammen mit dem Beklagten, → Rn. 437) erheben, wenn ein wirtschaftlicher oder rechtlicher Zusammenhang mit der Widerklage besteht (dazu → Rn. 436).

2. Rechtshängigkeit der Klage

435 Als »Gegenklage« setzt die Widerklage schon begrifflich voraus, dass eine Klage schon und noch rechtshängig ist. Es muss daher die Klage zugestellt sein. Nach Schluss der mündlichen Verhandlung darf eine Widerklage nicht mehr erhoben wer-

---

1 S. *Musielak* Rn. 315 ff.
2 *Schuschke/Kessen/Höltje* Rn. 452.
3 Msk/*Heinrich* § 33 Rn. 10.

den,[1] zur Erhebung einer Widerklage in der Berufungsinstanz s. § 533. Auch nach übereinstimmender Erledigungserklärung ist die Erhebung einer Widerklage selbst dann nicht mehr zulässig, wenn die Kostenentscheidung noch aussteht,[2] weil die Rechtshängigkeit durch die übereinstimmende Erledigungserklärung beendet wird (→ Rn. 408).

3. § 33 ZPO

Streit besteht über die Bedeutung des § 33. Die hM in der Literatur nimmt an, dass **436** die Vorschrift nur einen besonderen Gerichtsstand für die Widerklage begründet,[3] also die örtliche Zuständigkeit regelt. Die Rechtsprechung des BGH entnimmt der Norm allgemeine Zulässigkeitsvoraussetzungen für die Erhebung der Widerklage.[4] Der praktische Unterschied liegt darin, dass es dann, wenn nur eine Zuständigkeitsfrage im Raum steht, zu einer rügelosen Einlassung (§ 39) kommen kann; wenn aber eine Zulässigkeitsvoraussetzung für die Erhebung der Klage fehlt, kann das Gericht sie auch ohne Rüge als unzulässig abweisen, wenn nicht die Voraussetzungen des § 295 vorliegen.

In der Praxis werden die Voraussetzungen des § 33 großzügig behandelt. Zwar ist kein wirtschaftlicher oder tatsächlicher Zusammenhang, vielmehr ein **rechtlicher** Zusammenhang mit dem Klageanspruch oder den gegen ihn vorgebrachten Verteidigungsmitteln erforderlich.[5] Dieser rechtliche Zusammenhang ist aber weit zu verstehen und liegt ähnlich wie bei § 273 Abs. 1 BGB dann vor, wenn die Ansprüche aus einem einheitlichen innerlich zusammengehörigen Lebensverhältnis entspringen.[6]

In schriftlichen Arbeiten sollte die Frage **nur dann** problematisiert werden, wenn kein Zusammenhang zu sehen ist und der Kläger die Unzulässigkeit gerügt hat bzw. noch nicht verhandelt wurde (§ 295); besser begründen lässt sich die Auffassung des Schrifttums schon wegen der systematischen Stellung des § 33.

4. Drittwiderklage

Nach der ständigen Rechtsprechung des BGH ist eine Widerklage des Beklagten in **437** der Regel dann unzulässig, wenn sie nicht vorher oder zugleich gegen den Kläger des Verfahrens erhoben wird.[7] Zulässig kann aber zB die isolierte Drittwiderklage nur gegen den nicht klagenden Zedenten der Klageforderung sein.[8] Wird die Widerklage gegen den Kläger und einen Dritten gerichtet, sind die Vorschriften über die Klageänderung (→ Rn. 127) entsprechend anwendbar,[9] sodass die Drittwiderklage zulässig ist, wenn der Drittwiderbeklagte einwilligt (s. auch § 267) oder die Widerklage gegen ihn sachdienlich ist. Die Zuständigkeitsregelung des § 33 gilt für den Dritten nicht;[10]

---

1 BGH NJW-RR 1992, 1085; Thomas/Putzo/*Hüßtege* § 33 Rn. 24.
2 BGH NJW-RR 2001, 60 f.
3 Msk/*Heinrich* § 33 Rn. 2; Thomas/Putzo/*Hüßtege* § 33 Rn. 1.
4 BGH NJW 1975, 1228; siehe auch NJW 2001, 2094 f.
5 Ganz hM; Msk/*Heinrich* § 33 Rn. 2 mwN.
6 Msk/*Heinrich* § 33 Rn. 2 mwN; Thomas/Putzo/*Hüßtege* § 33 Rn. 4.
7 BGH NJW 2011, 460 Rn. 7; 2008, 2852 Rn. 26 mwN; Thomas/Putzo/*Hüßtege* § 33 Rn. 11.
8 BGH NJW 2008, 2852 Rn. 27 f. mwN.
9 BGH NJW 2007 1753 Rn. 17; aA Thomas/Putzo/*Hüßtege* § 33 Rn. 12.
10 BGH NJW 2011, 460 Rn. 8; Thomas/Putzo/*Hüßtege* § 33 Rn. 13.

anders, wenn sich die Drittwiderklage gegen den Zedenten der Klageforderung richtet.[1]

5. Hilfswiderklage

438 Zulässig ist auch die Erhebung einer Hilfswiderklage, wenn die Klageerhebung von einer innerprozessualen Bedingung abhängig gemacht wird.[2]

> **Typisches Beispiel:** Der Beklagte will mit einer Gegenforderung aufrechnen, wobei fraglich ist, ob nicht ein Aufrechnungsverbot besteht. Der Beklagte kann für den Fall, dass das Gericht von einem Aufrechnungsverbot ausgeht, seine Gegenforderung im Wege der Hilfswiderklage geltend machen.

6. Sonstige Zulässigkeitsfragen

439 Unzulässig sind Widerklagen im Urkundenprozess (§ 595 Abs. 1). Bei der Frage der sachlichen Zuständigkeit werden die Gegenstandswerte von Klage und Widerklage nicht zusammengerechnet (§ 5). Damit ist das Amtsgericht auch zuständig, wenn die Streitwerte von Klage und Widerklage zB jeweils 5.000,00 EUR betragen. Wird im Amtsgerichtsprozess demgegenüber im Wege der Widerklage ein Anspruch verfolgt, der für sich allein gesehen in die sachliche Zuständigkeit des Landgerichts fällt, wird das Amtsgericht insgesamt unzuständig; auf Antrag einer Partei ist gem. § 506 Abs. 1 an das Landgericht zu verweisen. Im Wege der Widerklage kann auch negative Feststellung beantragt werden, dass dem Kläger höhere als die eingeklagten Ansprüche nicht zustehen, wenn der Kläger sich solcher Ansprüche berühmt hat. Erweitert der Kläger daraufhin seine Klage, muss der Widerbeklagte im Umfang der Erweiterung den Rechtsstreit in der Hauptsache für erledigt erklären (→ Rn. 448).

II. Gutachten bei einer Widerklage

440 Grundsätzlich ist, da es sich um zwei verschiedene Klagen handelt, das Gutachten in Klage und Widerklage zweizuteilen, also zum **Beispiel:**

> I. Klage
>   1. Zulässigkeit
>   2. Begründetheit
>   a) Klägerstation
>   b) Beklagtenstation
>   c) Beweisstation
> II. Widerklage
>   1. Zulässigkeit
>   2. Begründetheit
>   a) Klägerstation
>   b) Beklagtenstation
>   c) Beweisstation
> III. Entscheidungsstation

Ein anderer Aufbau kann angebracht sein, wenn Klage und Widerklage in untrennbarem Zusammenhang stehen, beide Angriffe sich praktisch auf dieselbe Folge richten. Dies ist zB bei der negativen Feststellungswiderklage der Fall.

---

1 BGH NJW 2011, 460 Rn. 10 ff.
2 BGH NJW 1996, 2165, 2166 f. mwN; Thomas/Putzo/*Hüßtege* § 33 Rn. 14.

Beispiel: Der Kläger berühmt sich vorprozessual eines aus mehreren Positionen bestehenden Schadenersatzanspruchs in Höhe von 100.000,00 EUR; im Wege der Teilklage klagt er einen genau kenntlich gemachten Teil[1] in Höhe von nur 10.000,00 EUR ein, um Kosten zu sparen. Der Beklagte stellt einen Anspruch des Klägers generell in Abrede und erhebt negative Feststellungswiderklage, dass dem Kläger auch kein über 10.000,00 EUR hinausgehender Anspruch zusteht. Hier kann mE die Prüfung, ob der Kläger einen Anspruch und ggf. in welcher Höhe hat, zusammen erfolgen, zumal die Darlegungs- und Beweislast bei der negativen Feststellungsklage der der Klage entspricht (→ Rn. 448). Einleitend kann zB gesagt werden: »Der Erfolg von Klage und Widerklage hängt davon ab, ob der Kläger überhaupt einen Anspruch und, falls ja, in Höhe von 100.000,00 EUR hat. Es wird demnach ein Anspruch des Klägers auf Zahlung von 100.000,00 EUR untersucht, um doppelte Ausführungen zu vermeiden. Weil Darlegungs- und Beweislast sich decken, wird praktisch zunächst unterstellt, dass der Kläger Klage auf Zahlung von 100.000,00 EUR erhoben hat.«

III. Kosten und Streitwert

Eine Widerklage führt gebührenrechtlich zur Addition der Streitwerte von Klage und **441** Widerklage, wenn Klage und Widerklage nicht denselben Gegenstand betreffen (§ 45 Abs. 1 S. 1, 3 GKG; anders beim Zuständigkeitsstreitwert, s. § 5). Damit ist die Entscheidung bei zwei Parteien und dann, wenn der Beklagte Widerklage gegen den Kläger erhebt, einfach (Addition der Streitwerte, Quotierung nach dem Verhältnis des Obsiegens/Unterliegens bezogen auf den Gesamtstreitwert).

Beispiel: K verlangt mit der Klage 3.000,00 EUR, B aus anderem Rechtsgrund mit der Widerklage 5.000,00 EUR. Der Klage wird in Höhe von 1.000,00 EUR, der Widerklage in Höhe von 2.000,00 EUR stattgegeben. Der Gesamtstreitwert beträgt 8.000,00 EUR. Beide Parteien unterliegen in Höhe von 4.000,00 EUR (K: Klageabweisung 2.000,00, Widerklage 2.000,00; B: Klage 1.000,00, Abweisung der Widerklage 3.000,00). Die Kosten des Rechtsstreits sind gegeneinander aufzuheben.

Schwierig wird es, wenn nur einer von mehreren Beklagten Widerklage erhebt (wo- **442** möglich auch nur gegen einen von mehreren Klägern). Die Konstellation ist bei Verkehrsunfällen in der Praxis nicht selten.

Beispiel: K verlangt von drei Beklagten als Gesamtschuldner 10.000,00 EUR. B1 erhebt Widerklage gegen K und dessen Haftpflichtversicherung auf Zahlung von 15.000,00 EUR. Die Klage ist in Höhe von 4.000,00 EUR, die Widerklage in Höhe von 9.000,00 EUR begründet.
Bei B2 und B3 ist die Entscheidung über deren außergerichtliche Kosten einfach: Diese haben sie zu je 40% selbst, K zu je 60% zu tragen (diese außergerichtlichen Kosten berechnen sich nach dem Streitwert von 10.000,00 EUR). Einfach ist auch die Entscheidung über die außergerichtlichen Kosten der widerbeklagten Versicherung: Diese haben B1 zu 40% und die Versicherung zu 60% zu tragen (15.000 : 9.000).
Jetzt müssen noch die Gerichtskosten und die außergerichtlichen Kosten des K und des B1 verteilt werden. Das richtet sich nach dem Obsiegen/Unterliegen bezogen auf den Streitwert von 25.000,00 EUR. K unterliegt wegen 15.000,00 EUR (Klage 6.000, Widerklage 9.000), B1 wegen 10.000,00 (4.000 Klage, 6.000 Widerklage). K trägt 60% der genannten Kosten, B1 40%. Schließlich ist die gesamtschuldnerische Haftung für die Gerichtskosten und die außergerichtlichen Kosten des K und des B1 zu berücksichtigen und berechnen. Bemessen an dem Gesamtstreitwert unterliegen die Versicherung in Höhe von 36%, B2 und 3 zu 16%.
Damit lautet die Kostenentscheidung: »Von den Gerichtskosten haben der Kläger und die Widerbeklagte zu 2 als Gesamtschuldner 36% und der Kläger weitere 24%; die Beklagten als Gesamtschuldner 16% und der Beklagte zu 1. weitere 24% zu tragen. Von den außergerichtlichen Kosten des Klägers haben die Beklagten als Gesamtschuldner 16% und der Beklagte zu 1. weitere 24%, die

---

1 Zur Erforderlichkeit s. BGH NJW-RR 1997, 441.

> übrigen der Kläger zu tragen. Von den außergerichtlichen Kosten des Beklagten zu 1. haben dieser 40%, die Widerbeklagten als Gesamtschuldner 36% und der Kläger allein 24% zu tragen. Von den außergerichtlichen Kosten der Beklagten zu 2. und 3. haben diese 40% und der Kläger 60% zu tragen. Von den außergerichtlichen Kosten der Widerbeklagten zu 2. haben diese 60% und der Beklagte zu 40% zu tragen.«

IV. Anwaltssicht

443 Grundsätzlich folgt der Aufbau dem Gutachten aus Richtersicht. Der Beklagtenanwalt wird im Rahmen der **Zweckmäßigkeitserwägungen** häufig überlegen müssen, ob er mit ihm bekannten Gegenansprüchen des Mandanten (hilfsweise) aufrechnet und/oder (Hilfs-)Widerklage erhebt. Die (Hilfs-)Widerklage ist besonders dann zu empfehlen, wenn ein Aufrechnungsverbot im Raum steht. Der generelle Vorteil einer Widerklage gegenüber einer Klage ist, dass im Zweifel schneller entschieden wird, weil das Verfahren bereits läuft. Auch entstehen für die Partei Gebührenvorteile wegen der Degression der Gebühren (→ Rn. 282). Seine eigenen entgegenstehenden Gebühreninteressen muss der Anwalt zurückstellen.

An eine Drittwiderklage sollte der Beklagtenanwalt denken, wenn dadurch die Möglichkeit besteht, einen klägerischen Zeugen zur Partei zu machen und diesem dadurch die Zeugenfähigkeit zu nehmen.

> **Typisches Beispiel:** Der Halter eines Fahrzeugs klagt gegen Halter, Fahrer und Versicherung wegen eines Verkehrsunfalls und benennt den Fahrer seines Fahrzeugs als Zeugen. Kommt die Mithaftung des Klägers und des Fahrers seines Fahrzeugs in Betracht und ist der Schaden des beklagten Halters nicht ausgeglichen, kann der Halter Drittwiderklage gegen Kläger, Fahrer und Versicherung des Klägers erheben.

Die Widerklage kann auch ein Weg sein, der Präklusion von Vorbringen zu entgehen (dazu → Rn. 404).

V. Zur Wiederholung und Vertiefung (Lösung → Rn. 721)

444 1. Der Kläger klagt auf Restkaufpreiszahlung von 4.000,00 EUR. Der Beklagte hält den Kaufvertrag für nichtig, erhebt Widerklage und verlangt Rückzahlung bereits geleisteter 5.000,00 EUR. Welches Gericht ist sachlich zuständig? Wie hoch ist der Gebührenstreitwert?
2. Wie sollte im vorhergehenden Beispiel das Gutachten (grob) aufgebaut werden?
3. Der Kläger klagt aus einem Unfall auf Zahlung von 4.000,00 EUR. Der Beklagte erhebt Widerklage und verlangt Zahlung von 5.000,00 EUR. Wie lautet der Urteilstenor, wenn das Gericht meint, dem Kläger stünden 3.000,00 EUR und dem Widerkläger 2.000,00 EUR zu?
4. Die Parteien standen in längeren Geschäftsbeziehungen. Der Kläger verlangt Zahlung des Kaufpreises für eine Lieferung. Der Beklagte bestreitet die Forderung des Klägers nicht, will aber mit einer vom Kläger bestrittenen Gegenforderung aufrechnen. Der Kläger beruft sich auf ein Aufrechnungsverbot in seinen AGB, der Beklagte bestreitet, dass diese Vertragsbestandteil wurden. Wie sollte der Beklagte zweckmäßig vorgehen?
5. Der Kläger macht einen Anspruch aus Mietvertrag geltend. Er und seine Frau waren Mieter, seine Frau hat ihre Ansprüche an ihn abgetreten. Er benennt sie als Zeugin für einen beweiserheblichen Punkt. Was wird der Anwalt des Beklagten überlegen, wenn auch dem Beklagten noch ein Anspruch gegen die Mieter zusteht?
6. Ist das Vorgehen im »typischen Beispiel« → Rn. 443 wirklich sinnvoll, wenn es allein darum geht, den Zeugen zur Partei zu machen?
7. Der Beklagte und die Klägerin haben lange in nichtehelicher Gemeinschaft zusammen gelebt. Der Beklagte hatte der Klägerin einen ihm gehörenden PKW zur Nutzung überlassen. Nach der Trennung der Parteien nimmt die Klägerin den PKW mit. Der Beklagte begibt sich nachts zur neuen Wohnung der Klägerin, öffnet den dort geparkten PKW mit Hilfe eines Zweitschlüssels, den er noch in Besitz hatte, und fährt mit dem Wagen weg. Die Klägerin hat mit einer einstweili-

gen Verfügung Herausgabe des PKW an einen Gerichtsvollzieher erwirkt, mit der Klage verlangt sie die Zustimmung des Beklagten zur Herausgabe des Wagens an sie, der Beklagte erhebt Widerklage auf Zustimmung zur Herausgabe des Wagens an ihn. Wie ist zu entscheiden, wenn die Klägerin unter Beweisantritt behauptet, der Beklagte habe ihr den Wagen geschenkt? Wie ist zu entscheiden, wenn das Eigentum der Klägerin unstreitig ist?

8. Der Kläger klagt aus abgetretenem Recht auf Zahlung von 10.000,00 EUR. Vorprozessual hat sich seine Frau, die Zedentin, eines Anspruchs gegen den Beklagten in Höhe von 100.000,00 EUR berühmt. Weil der Beklagte die Abtretung bestreitet und der Kläger die vom Gericht gesetzte Frist zum Beweisantritt versäumt hat, lässt der Kläger im ersten Termin Versäumnisurteil gegen sich ergehen. Nach Einspruch benennt der Kläger seine Frau als Zeugin, die hierzu vernommen wird und die Abtretung glaubhaft bestätigt. Daraufhin erhebt der Beklagte Widerklage gegen den Kläger mit dem Antrag festzustellen, dass dem Kläger kein Anspruch auf Zahlung von 100.000,00 EUR gegen den Kläger zusteht. Das Gericht kommt zu der Überzeugung, dass dem Kläger ein Anspruch in Höhe von insgesamt 50.000,00 EUR zusteht. Wie lautet der Urteilstenor?

§ 41. Feststellungsklage

Examensrelevanz: Mittel.

I. Überblick

Die Feststellungsklage hat große praktische Bedeutung vor allem in Prozessen um Körperschäden, weil sie vor Verjährungseintritt häufig noch nicht entstanden, aber möglich sind. Schon die Feststellungsklage kann die Verjährung hemmen (§ 204 Abs. 1 Nr. 1 BGB). **445**

§ 256 Abs. 1 lässt die Klage auf Feststellung des Bestehens oder Nichtbestehens eines Rechtsverhältnisses zu, wenn der Kläger ein rechtliches Interesse an der alsbaldigen Feststellung durch richterliche Entscheidung hat. Außerdem kann bei einem rechtlichen Interesse auf Anerkennung einer Urkunde oder auf Feststellung ihrer Unechtheit geklagt werden. § 256 Abs. 2 lässt eine Zwischenfeststellung zu, wenn ein präjudizielles Rechtsverhältnis im Prozessverlauf streitig geworden ist. Sowohl Feststellungsklagen als auch Zwischenfeststellungsklagen können natürlich auch als Widerklagen erhoben werden.

II. Wichtige Einzelheiten zur Zulässigkeit

1. Feststellungsklage

§ 256 Abs. 1 stellt folgende Besonderheiten für die Zulässigkeit einer Feststellungsklage auf: **446**

- Es kann nur auf Feststellung eines **Rechtsverhältnisses** geklagt werden. Das ist eine aus dem vorgetragenen Sachverhalt abgeleitete rechtliche Beziehung von Personen untereinander oder zu einem Gegenstand.[1] Nicht festgestellt werden können Tatsachen, zB die Unwahrheit einer Behauptung.[2]

- Es muss sich um ein **konkretes** Rechtsverhältnis handeln. Zwar können zulässiger Gegenstand einer Feststellungsklage auch einzelne, aus einem Rechtsverhältnis sich ergebende Rechte und Pflichten sein, nicht aber bloße Elemente oder Vorfragen eines Rechtsverhältnisses oder etwa die Wirksamkeit von Willenserklärungen,

---

1 BGH NJW 2009, 751 Rn. 10; Thomas/Putzo/*Reichold* § 256 Rn. 5.
2 BGH NJW 1977, 1288, 1289 ff.; Thomas/Putzo/*Reichold* § 256 Rn. 10.

Verschulden, Schuldnerverzug oder die Rechtswidrigkeit eines Verhaltens.[1] Nur aus prozessökonomischen Gründen wird gleichwohl wegen §§ 756, 765 eine Klage auf Feststellung des Annahmeverzugs zugelassen, wenn gleichzeitig auf Leistung Zug um Zug geklagt wird.[2]

● Es muss sich um ein **gegenwärtiges** Rechtsverhältnis handeln. So ist eine Feststellungsklage im Regelfall unzulässig, wenn sie auf die Feststellung gerichtet ist, dass ein Bauunternehmer Schadenersatz für Mängel an einem Bauwerk zu leisten hat, die bisher nicht in Erscheinung getreten sind.[3]

● Schließlich muss ein Interesse an einer alsbaldigen Feststellung bestehen, das sog. **Feststellungsinteresse**. Es muss sich um ein **rechtliches** Interesse handeln. Dieses liegt vor, wenn eine zwischen den Parteien bestehende Rechtsunsicherheit durch das Urteil beseitigt werden kann.

> **Beispiele:** Bei der positiven Feststellungsklage ist das rechtliche Interesse gegeben, wenn der Beklagte das Recht des Klägers bestreitet.[4] Die Zug-um-Zug-Vollstreckung wird wegen Feststellung des Annahmeverzugs erleichtert.

Das Interesse muss an **alsbaldiger** Feststellung bestehen. Es liegt vor, wenn eine begründete Besorgnis der Rechtsgefährdung schon jetzt besteht.

> **Beispiele:** Die Rechtsunsicherheit beeinträchtigt den Kläger in seiner wirtschaftlichen Bewegungsfreiheit; vor allem: die Verjährung des Anspruchs droht.

447 Ist eine **Leistungsklage möglich**, so ist regelmäßig eine Feststellungsklage wegen fehlenden Feststellungsinteresses unzulässig.[5] Allerdings ist eine Teilbezifferung nicht erforderlich.[6] Es kann auch neben der Leistung auf Feststellung geklagt werden.[7] Wird erst im Verlauf des Rechtsstreits eine Bezifferung möglich, muss der Klageantrag nicht auf Leistung umgestellt werden.[8]

Trotz Möglichkeit einer Leistungsklage kann eine Feststellungsklage zulässig sein, wenn sie nach der Eigenart des Falles zu einer abschließenden oder prozesswirtschaftlich sinnvollen Entscheidung der zwischen den Parteien bestehenden Streitigkeiten führt.[9]

> **Beispiel:** Nach Erlass eines Feststellungsurteils ist zu erwarten, dass die Parteien freiwillig die Folgerungen ziehen. Das kann namentlich bei Klagen gegen eine Behörde, Versicherung oder Großbank der Fall sein.

Ist eine Feststellungsklage unzulässig, ist aber immer noch zu prüfen, ob die Klage nicht als Zwischenfeststellungsklage zulässig ist.[10] Zum Feststellungsinteresse bei einer unbegründeten Klage → Rn. 451.

---

1 BGHZ 191, 354 Rn. 14; Thomas/Putzo/*Reichold* § 256 Rn. 10.
2 BGH NJW 2000, 2663, 2664; Thomas/Putzo/*Reichold* § 256 Rn. 10.
3 BGH NJW 1992, 697; s. auch BGH NJW-RR 2006, 678 Rn. 14 ff.
4 BGH NJW 1986, 2507; Thomas/Putzo/*Reichold* § 256 Rn. 15.
5 BGH NJW 2006, 2548 Rn. 19.
6 BGH NJW-RR 2008, 1520 Rn. 6; Msk/*Foerste* § 256 Rn. 14 mwN; Thomas/Putzo/*Reichold* § 256 Rn. 14.
7 BGH NJW-RR 1986, 1026, 1027 f.
8 BGH NJW 2006, 439 Rn. 8.
9 BGH NJW 2006, 2548 Rn. 19; Thomas/Putzo/*Reichold* § 256 Rn. 18.
10 *Lackmann* Rn. 553 mwN.

2. Negative Feststellungsklage

Die negative Feststellungsklage ist die Klage auf Feststellung, dass ein Rechtsverhält- **448** nis nicht besteht, zB der Beklagte keinen **bestimmt zu bezeichnenden** Anspruch (zB aus dem Verkehrsunfall am 13.4.2004 in … zwischen den Fahrzeugen …) gegen den Kläger hat. Das Feststellungsinteresse für eine negative Feststellungsklage besteht, wenn der Beklagte sich eines Anspruchs gegen den Kläger berühmt.[1] Es entfällt, falls der Beklagte Widerklage auf Leistung erhebt. Der Kläger muss dann, wenn die Widerklage nicht mehr einseitig zurückgenommen werden kann, seine Klage für erledigt erklären, um einer Abweisung wegen Unzulässigkeit zu entgehen.[2]

Die Darlegungs- und evtl. Beweislast bei der negativen Feststellungsklage entspricht der der Klage; das heißt, dass der Beklagte (der der Kläger einer Leistungsklage wäre) darlegen und beweisen muss, dass der Anspruch, dessen er sich berühmt, besteht.[3]

3. Zwischenfeststellungsklage

Die Zwischenfeststellungsklage (§ 256 Abs. 2) dient dazu, über **präjudizielle Rechts-** **449** **verhältnisse mit Rechtskraftwirkung entscheiden** zu lassen. Präjudizien sind Fragen, über die zwangsläufig entschieden werden muss, die aber gerade nicht in Rechtskraft erwachsen.

> **Beispiel:** Der Kläger einer Vollstreckungsabwehrklage (§ 767) ist im Vorprozess verurteilt worden, an den damaligen Kläger und jetzigen Beklagten 1.000,00 EUR Zug um Zug gegen Herausgabe eines bestimmten gekauften Gebrauchtwagens zu zahlen. Der Beklagte liefert den Wagen, allerdings erheblich beschädigt, und droht die Vollstreckung an. Der Kläger erklärt den Rücktritt und erhebt darauf gestützt Vollstreckungsabwehrklage.
> Hat der Kläger mit der Klage Erfolg, steht damit rechtskräftig nur fest, dass aus dem Titel des Vorprozesses nicht vollstreckt werden darf. Über die notwendigerweise zu beantwortende Frage, ob der Rücktritt zu Recht erklärt wurde, ergeht keine rechtskraftfähige Entscheidung. In einem Folgeprozess, etwa über die Vertragsunkosten, könnte sich der Beklagte wiederum darauf berufen, dass der Rücktritt nicht wirksam erklärt worden sei. Dass der Kläger wirksam vom Kaufvertrag zurückgetreten ist, kann er daher durch eine Zwischenfeststellungsklage rechtskraftfähig feststellen lassen.

Zulässigkeitsvoraussetzung der Zwischenfeststellungs-(wider-)klage ist gem. **450** § 256 Abs. 2, dass im Laufe des Prozesses ein Rechtsverhältnis streitig geworden ist, von dessen Bestehen oder Nichtbestehen die **Entscheidung des Rechtsstreits ganz oder zum Teil abhängt.** Das Rechtsverhältnis muss also vorgreiflich, präjudiziell sein. Daran fehlt es, wenn über die Klage ohne Rücksicht auf das festzustellende Rechtsverhältnis entschieden werden kann. Daran fehlt es aber auch, wenn über das zur Feststellung gestellte Rechtsverhältnis bereits wegen der Hauptsache mit Rechtskraftwirkung entschieden wird.

Weitere Zulässigkeitsvoraussetzungen stellt § 256 Abs. 2 nicht auf. Insbesondere ersetzt die Vorgreiflichkeit das Feststellungsinteresse des Abs. 1. Jedoch fehlt das Rechtsschutzbedürfnis für die Zwischenfeststellungsklage dann, wenn das Rechtsverhältnis keine weiteren Folgen zeitigen kann als die mit der Hauptklage zur Ent-

---

1 Msk/*Foerste* § 256 Rn. 9; Thomas/Putzo/*Reichold* § 256 Rn. 15.
2 Vgl. BGH NJW 2006, 515 Rn. 12; Thomas/Putzo/*Reichold* § 256 Rn. 19.
3 BGH NJW 2012, 3294 Rn. 35; Thomas/Putzo/*Reichold* § 256 Rn. 21.

scheidung gestellten, diese Entscheidung also die Rechtsbeziehungen mit Rechtskraftwirkung erschöpfend klarstellt.[1]

III. Gutachten (Richtersicht)

451 Das Gutachten ist im Prinzip aufzubauen wie jedes andere, allerdings gibt es einige Besonderheiten:

- Regelmäßig sind Ausführungen zum Vorliegen der Voraussetzungen des § 256 erforderlich, die im Rahmen der Prüfung der **Zulässigkeit** der Klage anzustellen sind. Beim Feststellungsinteresse kann manchmal auch die materielle Rechtslage von Bedeutung sein, sodass sie inzident zu prüfen ist. Ausreichend ist allerdings, dass der Kläger ein Rechtsverhältnis vorträgt; ob es tatsächlich besteht, ist eine Frage der Begründetheit (doppelrelevante Tatsache → Rn. 118). Bei der Frage des Ersatzes künftiger Schäden ist es häufig so, dass der Schadenseintritt noch ungewiss ist. Hier reicht es, dass der Kläger Tatsachen vorträgt, nach denen ein Schadenseintritt möglich ist. Dass eine Schadensentstehung wahrscheinlich ist, was ausreicht, ist in der Begründetheit zu untersuchen.[2]
- Bei der Prüfung der **Begründetheit** ist häufig nicht das Bestehen eines Anspruches zu untersuchen. Maßgeblich ist das Rechtsverhältnis, dessen Feststellung der Kläger begehrt, zB dass er Eigentümer einer bestimmten Sache ist. Dann ist diese Frage zum Ansatzpunkt des Gutachtens zu machen.
- Bei der Feststellung der Schadenersatzverpflichtung kann meist der Schaden nicht konkret untersucht werden, weil sein Eintritt oder die Höhe ungewiss ist (sonst wäre ja auch eine Leistungsklage möglich). Hier reicht die Wahrscheinlichkeit eines Schadenseintrittes.[3]

Nach wohl hM kann das **Feststellungsinteresse offenbleiben,** wenn die Klage **unbegründet** ist.[4] Dies ist eine Ausnahme von dem Grundsatz, dass nur eine zulässige Klage sachlich, also als unbegründet, abgewiesen werden darf. Grund hierfür ist, dass auch eine Leistungsklage, die nicht unzulässig wäre, als unbegründet abzuweisen wäre. Im Gutachten ist die Darstellung, folgt man dem, problematisch. Ist das Feststellungsinteresse unzweifelhaft gegeben, sollte man es im Rahmen der Zulässigkeitsprüfung auch dann bejahen, wenn man zur Unbegründetheit der Klage kommt. Ist das Feststellungsinteresse aber problematisch, kann man auch nach dieser Feststellung die Prüfung abbrechen, die Begründetheit untersuchen und erst und nur dann auf das Feststellungsinteresse zurückkommen, wenn die Klage zumindest teilweise begründet ist.

Im Urteil jedenfalls kann und sollte die Frage des Feststellungsinteresses in schwierigeren Fällen dahingestellt bleiben, wenn die Klage unbegründet ist.

IV. Anwaltssicht

452 Ist eine Leistungsklage noch nicht möglich, weil sie noch nicht beziffert werden kann, muss der mit der Geltendmachung der Ansprüche beauftrage Anwalt eine Fest-

---

1 Thomas/Putzo/*Reichold* § 256 Rn. 29.
2 BGH NJW 1991, 2707, 2708; Thomas/Putzo/*Reichold* § 256 Rn. 21.
3 BGH NJW 1991, 2707, 2708; Thomas/Putzo/*Reichold* § 256 Rn. 21.
4 BGH NJW 2012, 1209 Rn. 45; 1987, 2808, 2809; Msk/*Foerste* § 256 Rn. 7; aA Thomas/Putzo/*Reichold* § 256 Rn. 4 mwN.

stellungsklage jedenfalls dann in Erwägung ziehen, wenn ansonsten die Verjährung droht. Dies ist an der Stelle des Gutachtens zu prüfen, an der das Begehren des Mandanten ausgelegt wird (→ Rn. 346).

Der Anwalt, der einen Geschädigten vertritt, muss immer prüfen, ob der Schadenseintritt abgeschlossen ist oder weitere Schäden wahrscheinlich sind. Ist Letzteres der Fall, ist eine Feststellungsklage jedenfalls dann zu erheben, wenn der Gegner nicht hinsichtlich weiterer Schäden ausdrücklich auf die Erhebung der Einrede der Verjährung verzichtet hat.

Erhebt der Kläger eine Teilklage, muss sich der Beklagtenanwalt überlegen, ob es für seinen Mandanten (nicht etwa für den Geldbeutel des Anwalts) sinnvoll ist, eine negative Feststellungsklage wegen des nicht geltend gemachten Teils zu erheben.

Macht der Kläger einen Anspruch Zug um Zug gegen eine Gegenleistung geltend, sollte zur Vermeidung vollstreckungsrechtlicher Probleme auch auf Feststellung des Annahmeverzugs geklagt werden, wenn ein solcher vorliegt. Hierzu reicht es, dass der Kläger nach Stellung eines Klageabweisungsantrags durch den Beklagten (Leistungsverweigerung!) die Zug-um-Zug-Leistung wörtlich anbietet (§ 295 BGB), zB durch die Wiederholung seines Antrags nach Durchführung einer Beweisaufnahme.

Wird im Verlauf eines Rechtsstreits ein präjudizielles Rechtsverhältnis streitig, muss dann, wenn die Rechtsbeziehungen der Parteien in dem Rechtsstreit nicht abschließend geklärt werden, an die Erhebung einer Zwischenfeststellungsklage gedacht werden.

V. Zur Wiederholung und Vertiefung (Lösung → Rn. 722)

1. Was ist besondere Zulässigkeitsvoraussetzung einer Feststellungsklage?   **453**
2. Muss die Frage der Zulässigkeit einer Feststellungsklage immer geprüft werden?
3. Was ist zu untersuchen, wenn eine Feststellungsklage für unzulässig gehalten wird?
4. Der Beklagte hat sich vorprozessual eines Anspruchs in Höhe von 10.000,00 EUR berühmt. Der Kläger erhebt Feststellungsklage, dass dieser (bestimmt bezeichnete) Anspruch nicht besteht. Der Beklagte erhebt Widerklage auf Zahlung von 10.000,00 EUR. Was muss der Kläger tun?

§ 42. Urkundenprozess

Examensrelevanz: Mittel.

I. Überblick

Zweck des Urkundenprozesses (§§ 592 ff.) ist es, dem Gläubiger möglichst schnell   **454**
ein vorläufig vollstreckbares Urteil zu verschaffen. Deshalb werden die zulässigen Beweismittel zunächst beschränkt, erst im Nachverfahren, wenn der Gläubiger den Titel bereits in Händen hat, sind alle Beweismittel zugelassen. Spezielle und in der Praxis die häufigsten Fälle des Urkundenprozesses sind der Wechselprozess (§ 602) und der Scheckprozess (§ 605a). Zur Statthaftigkeit des Urkundenprozesses → Rn. 458.

1. »Vorverfahren«

Im Urkundenprozess können **anspruchsbegründende Tatsachen**, falls beweisbe-   **455**
dürftig (s. den nächsten Absatz), nur durch die Vorlage von Urkunden bewiesen

werden (§ 592 S. 1). Nur bzgl. der Echtheit der Urkunde ist gem. § 595 Abs. 2 für den Kläger der Antrag auf Parteivernehmung des Beklagten zulässig. Der **Beklagte** kann seine Einwendungen nur durch Urkunden oder durch Parteivernehmung des Klägers unter Beweis stellen (§ 595 Abs. 2).

Ein erstes Problem stellt sich wegen folgenden Umstands: Nach ganz hM muss der Urkundenbeweis nur insoweit geführt werden, als Beweisbedürftigkeit vorliegt, also nur bzgl. streitiger Tatsachen.[1] Zur Statthaftigkeit des Urkundenprozesses gehört es aber, dass alle anspruchsbegründenden Tatsachen durch Urkunden bewiesen werden können müssen (§ 592 S. 1). Das bedeutet, dass bereits bei der Statthaftigkeit des Ur-kundenprozesses eine materielle Schlüssigkeitsprüfung erfolgen und geklärt werden muss, ob die beweisbedürftigen anspruchsbegründenden Tatsachen (also die bestrit-tenen) durch Urkunden belegt sind.[2] Ein **Versäumnisurteil** demgegenüber kann gem. § 597 Abs. 2 nur ergehen, wenn der Kläger **alle** anspruchsbegründenden Tatsachen durch Urkunden belegt.[3]

Das »Vorverfahren« kann durch klageabweisendes Urteil (→ Rn. 459) enden, durch »Schlussurteil« gegen den Beklagten, wenn er nicht widerspricht, oder durch Vorbe-haltsurteil, wenn der Beklagte dem Anspruch (ausdrücklich oder konkludent) wider-sprochen hat. Für zulässig erachtet wird auch ein Anerkenntnis unter Vorbehalt der Geltendmachung der Rechte im Nachverfahren.

2. Nachverfahren

456 Ist ein Vorbehaltsurteil ergangen, findet das Nachverfahren ohne Beschränkung der Beweismittel statt. Streitig ist, ob das Nachverfahren von Amts wegen[4] oder nur auf Antrag[5] eingeleitet wird.

Im Nachverfahren ergibt sich das aus § 318 folgernde nächste Problem: Das Gericht ist an die Entscheidung im Vorbehaltsurteil gebunden, soweit sie nicht auf den Be-schränkungen der Beweismittel beruht. All das, was bei Erlass des Vorbehaltsurteils geprüft werden musste, gilt als geprüft und das **Gericht daran gebunden.**[6] Dies sind insbesondere:

- die Zulässigkeit der Klage,
- die Statthaftigkeit des Urkundenprozesses,
- die Schlüssigkeit des Klägervorbringens (beim Wechselprozess zB auch die Form-gültigkeit des Wechsels),
- die Unerheblichkeit von Beklagtenvorbringen, soweit im Vorbehaltsurteil dazu Stellung genommen ist.

Nochmals: Die Bindung gilt aber nur, soweit die Entscheidung **nicht auf den Be-schränkungen der Beweismittel beruht.**

---

1 BGH NJW 2008, 523 Rn. 13; Thomas/Putzo/*Reichold* § 592 Rn. 6.
2 *Anders/Gehle* Q Rn. 25; *Schuschke/Kessen/Höltje* Rn. 1056.
3 BGH NJW 1974, 1199, 1200.
4 So MüKoZPO/*Braun* § 600 Rn. 4; Zöller/*Greger* § 600 Rn. 8.
5 So BGH NJW 1983, 1111; Msk/*Voit* § 600 Rn. 2, Thomas/Putzo/*Reichold* § 600 Rn. 1.
6 BGH NJW 2004, 1159, 1160; 1993, 668; Thomas/Putzo/*Reichold* § 600 Rn. 4; kritisch Zöller/ *Greger* § 600 Rn. 20 mwN.

Ist ein Vorbehaltsurteil ergangen, darf daher, jedenfalls wenn dem BGH gefolgt wird, in Arbeiten das, was der Bindungswirkung unterliegt, **nicht nochmals geprüft** werden!

Gegenstand des Nachverfahrens sind die im Vorverfahren geltend gemachten Ansprüche aus den Urkunden, zB denen aus dem Wechsel oder Scheck. Geht der Kläger zum Kausalanspruch über (zB zu der Kaufpreisforderung, die der Scheckhingabe zugrunde liegt), dann liegt eine Klageänderung vor. Der Kläger, der dies tut, ist meist schlecht beraten, weil die Beweislast sich regelmäßig anders verteilt. **457**

> **Beispiel:** Der Kläger geht aus einem Wechsel vor, der zur Begleichung einer Kaufpreisschuld begeben worden sein soll. Der Beklagte bestreitet den Abschluss eines Kaufvertrages. Geht der Kläger auch im Nachverfahren aus dem Wechsel vor, kann der Beklagte dem Anspruch aus dem Wechsel nur die Bereicherungseinrede (§§ 812, 821 BGB) entgegenhalten. Dann muss er beweisen, dass das Kausalgeschäft nicht geschlossen wurde. Geht dagegen der Kläger im Nachverfahren von dem Wechselanspruch auf den Kaufpreisanspruch über, muss er beweisen, dass ein Kaufvertrag geschlossen wurde. Unproblematischer ist es, wenn der Kläger im Nachverfahren beide Ansprüche geltend macht. Einen Vorteil hat er hiervon aber nicht.

II. Gutachten (Richtersicht) im Vorverfahren

1. Zulässigkeit der Klage

Die Zulässigkeit der Klage ist, falls Anlass dafür besteht, wie bei jeder anderen Klage zu prüfen. Die Beschränkung der Beweismittel gilt nicht, soweit es sich um von Amts wegen zu prüfende Umstände geht (→ Rn. 106, 110). **458**

Besonders zu prüfen ist die **Statthaftigkeit des Urkundenprozesses:**

- Der Kläger muss erklärt haben, im Urkunden-(Wechsel-/Scheck-)prozess zu klagen (§ 593 Abs. 1). Fehlt diese Erklärung, handelt es sich nicht um einen Urkundenprozess, auch wenn alle anspruchsbegründenden Tatsachen durch Urkunden belegt werden.
- Es muss ein Anspruch auf Zahlung einer bestimmten Geldsumme (oder ein anderer in § 592 genannter Anspruch) geltend gemacht werden.
- Die streitigen anspruchsbegründenden Tatsachen müssen durch Urkunden bewiesen werden können (→ Rn. 456).

Der letzte Punkt bedingt, dass hier bei der Statthaftigkeit des Urkundenprozesses zunächst die Schlüssigkeit des Klägervorbringens zum materiellrechtlichen Anspruch zu prüfen ist. Dann muss untersucht werden, welche der anspruchsbegründenden Tatsachen beweisbedürftig sind und ob diese durch Urkunden belegt sind.[1]

2. Begründetheit der Klage

In der **Klägerstation** kann auf die Prüfung bei der Statthaftigkeit des Urkundenprozesses Bezug genommen werden. Die **Beklagtenstation** ist wie auch sonst zu untersuchen. In der Beweisstation muss auf die Beschränkung der Beweismittel eingegangen werden, wenn unstatthafter Beweis angetreten ist. **459**

Die Entscheidung kann lauten:

- Die Klage wird abgewiesen (da unzulässig), wenn eine Prozessvoraussetzung (→ Rn. 458) fehlt.

---

1 *Anders/Gehle* Q Rn. 25; *Schuschke/Kessen/Höltje* Rn. 1056.

- Die Klage wird als im Urkundenprozess unstatthaft abgewiesen, wenn der Kläger nicht alle anspruchsbegründenden Tatsachen durch Urkunden belegt hat (§ 597 Abs. 2).
- Ist die Klage im Urkundenprozess unstatthaft, aber auch unbegründet, weil sich aus dem Klägervortrag kein Anspruch ergibt, ist die Klage nicht als im Urkundenprozess unstatthaft, sondern als unbegründet (§ 597 Abs. 1) abzuweisen.[1]

  > **Beispiel:** Der Kläger lässt den Vortrag des Beklagten, der Kläger habe einen Scheck in wucherischer Ausnutzung einer Notlage erlangt, unstreitig.[2]

- Stellt sich die Klage als zulässig und begründet heraus, ist ein Vorbehaltsurteil zu erlassen, wenn der Beklagte der Klageforderung widersprochen hat. Das Urteil ist in der Überschrift als Vorbehaltsurteil zu bezeichnen. Nach dem »normalen« Tenor (Zahlungsausspruch, Kosten, vorläufige Vollstreckbarkeit gem. §§ 708 Nr. 4, 711) ist hinzuzufügen: »Dem Beklagten bleibt die Geltendmachung seiner Rechte im Nachverfahren vorbehalten.«
- Hat der Beklagte nicht widersprochen, sondern vorbehaltlos anerkannt oder sich versäumen lassen, ergeht ein »normales« Versäumnis- bzw. Anerkenntnisurteil.

Hat der **Beklagte Einwendungen** vorgebracht, die **im Urkundenprozess unstatthaft** sind, weil nicht zulässig unter Beweis gestellt, so sind diese Einwendungen gem. § 598 als im Urkundenprozess unstatthaft zurückzuweisen. Dies geschieht allerdings nicht im Tenor, sondern in den Entscheidungsgründen.

III. Gutachten (Richtersicht) im Nachverfahren

460 Im Nachverfahren dürfen nur die Umstände überprüft werden, die nicht der Bindung an das Vorbehaltsurteil unterliegen (→ Rn. 456). Dies sind auch alle neuen, also erstmals im Nachverfahren eingeführten Tatsachen und Einwendungen bzw. Einreden. Eine Beschränkung des Vortrags auf Tatsachen, die im Vorverfahren vorgebracht wurden oder hätten vorgebracht werden können, gibt es nicht. Geht der Kläger vom durch Urkunden belegten Anspruch auf den Kausalanspruch über, so ist dieser Anspruch vollständig durchzuprüfen. Greift die Bindungswirkung ein, ist an der entsprechenden Stelle des Gutachtens auf die Bindungswirkung hinzuweisen und die Prüfung abzubrechen.

> **Beispiel:** Der Kläger klagt aus einem Wechsel, der Hingabe liegt ein Kaufvertrag zugrunde. Der Beklagte macht Nichtigkeit des Kaufvertrages wegen Irrtumsanfechtung geltend. Sein Vorbringen ist im Vorbehaltsurteil als im Urkundenprozess unstatthaft zurückgewiesen worden, weil nicht durch Urkunden oder Parteivernehmung unter Beweis gestellt. Im Nachverfahren rügt der Beklagte zusätzlich die Prozessunfähigkeit des Klägers; er tritt hinsichtlich der der Irrtumsanfechtung zugrunde liegenden Tatsachen Zeugenbeweis an. Das Gutachten sieht etwa wie folgt aus:
> I. Zulässigkeit der Klage: Bindungswirkung des Vorbehaltsurteils. Die Prozessunfähigkeit darf nur geprüft werden, wenn behauptet wird, sie sei nach Erlass des Vorbehaltsurteils eingetreten.
> II. Darlegungsstation
>   1. Schlüssigkeit des Klägervorbringens: Bindungswirkung des Vorbehaltsurteils.
>   2. In der Beklagtenstation wird das Vorbringen des Beklagten zur Irrtumsanfechtung sachlich untersucht.
> Falls der Vortrag des Beklagten erheblich ist, folgt (III.) die Beweisstation und die Würdigung der Aussage vernommener Zeugen. Es schließt sich (IV.) die Entscheidungsstation mit dem abschließenden Vorschlag an.

---

1 BGH MDR 1976, 561; Msk/*Voit* § 597 Rn. 2; Thomas/Putzo/*Reichold* § 597 Rn. 6.
2 Vgl. BGH NJW 1990, 384 f.

Erweist sich die Klage nach Durchführung des Nachverfahrens als begründet, so ist ein (als solches zu bezeichnendes) Schlussurteil zu erlassen. Der Tenor lautet bzgl. Hauptsache und Kosten:

> »Das Vorbehaltsurteil vom ... wird für vorbehaltlos erklärt.
> Der Beklagte trägt auch die weiteren Kosten des Rechtsstreits.«

Die Entscheidung über die vorläufige Vollstreckbarkeit richtet sich nach §§ 708 Nr. 5, 711.

Ist die Klage unbegründet, lautet der Tenor bzgl. Hauptsache und Kosten:

> »Unter Aufhebung des Vorbehaltsurteils vom ... wird die Klage abgewiesen.
> Der Kläger trägt die Kosten des Rechtsstreits.«

Die Entscheidung über die vorläufige Vollstreckbarkeit richtet sich nach §§ 708 Nr. 11, 711 bzw. 709, je nach Höhe der Kosten.

Erweist sich die Klage als teilweise begründet, ist das Vorbehaltsurteil teilweise aufzuheben und die Klage teilweise abzuweisen; im Übrigen muss der Vorbehalt entfallen. Es kann etwa heißen:

> »Das Vorbehaltsurteil vom ... wird insoweit für vorbehaltlos erklärt, als der Beklagte verurteilt worden ist, an den Kläger ... zu zahlen. Im Übrigen wird die Klage unter Aufhebung des Vorbehaltsurteils abgewiesen.«

Keinesfalls darf wegen §§ 775 Nr. 1, 776 »zur besseren Formulierung« das Vorbehaltsurteil insgesamt aufgehoben werden, weil aus ihm zwischenzeitlich vollstreckt worden sein kann.

IV. Anwaltssicht

Ist ein Anspruch des Mandanten vollständig durch Urkunden zu belegen, sollte ein vor dem Prozess beauftragter Anwalt zugunsten seines Mandanten den Weg des Urkundenprozesses wählen. Ein solches Urteil ist ohne Sicherheitsleistung des Klägers vorläufig vollstreckbar. Auch im Nachverfahren kann der Beklagte regelmäßig nur gegen Sicherleistung eine einstweilige Einstellung der Zwangsvollstreckung erreichen (s. § 707 S. 2). Diese Sicherheitsleistung muss das vorrangige Ziel des Klägeranwalts sein, weil dann die Klageforderung ohne das Risiko des § 717 Abs. 2 gesichert ist. Nicht sinnvoll ist es für den Kläger, im Nachverfahren auf den Kausalanspruch überzugehen (→ Rn. 457); auch das zusätzliche Einführen des Kausalanspruchs bringt regelmäßig keine Vorteile. **461**

Der **Beklagtenanwalt** sollte sich, wenn die anspruchsbegründenden Tatsachen durch echte Urkunden belegt sind, im Vorverfahren darauf beschränken, dem Anspruch zu widersprechen (und mit diesem Vorbehalt anzuerkennen). Werden Einwendungen im Vorverfahren nicht hinreichend substanziiert, wird das Gericht sie mit Bindungswirkung als unbegründet zurückweisen. Hier gilt nichts anderes als bei der unbegründeten und im Urkundenprozess unstatthaften Klage (→ Rn. 459). Er sollte dann sofort nach Erlass des Vorbehaltsurteils die Durchführung des Nachverfahrens und die Einstellung der Zwangsvollstreckung beantragen. Der Mandant ist darauf hinzuweisen, dass die Einstellung wohl nur gegen Sicherheitsleistung erfolgt und für eine Stellung der Sicherheit gesorgt werden muss. **462**

V. Zur Wiederholung und Vertiefung (Lösung → Rn. 723)

463 1. Welche Ansprüche können im Urkundenprozess geltend gemacht werden?
2. Welche Beweismittel gibt es im Urkundenprozess?
3. Was unterliegt der Bindungswirkung im Nachverfahren?
4. Das Gericht hat ein Vorbehaltsurteil über die Zahlung von 10.000,00 EUR erlassen. Wie lautet der Tenor des Urteils im Nachverfahren, wenn das Gericht meint, der Anspruch des Klägers bestehe? Wie, wenn der Anspruch nur in Höhe von 5.000,00 EUR besteht?

§ 43. Berufungsverfahren

Examensrelevanz: Mittel. Klausuren mit der Aufgabenstellung »Berufungsurteil« sind selten. Die Kenntnis des Berufungsrechts ist allerdings für Zweckmäßigkeitserwägungen eines Anwalts von Bedeutung.

A. Überblick

I. Prozessuale Situation beim Gutachten

464 Bei Gutachten in der Praxis und in Anwaltsklausuren ist die prozessuale Situation zu beachten, in der sich das Berufungsverfahren befindet. Es kann, wenn die Entscheidung darüber noch nicht getroffen ist, in Frage stehen, ob ein Beschluss nach § 522 zu ergehen hat, und falls nein, die Sache dem Einzelrichter zu übertragen ist (s. § 523 Abs. 1 S. 1). Ist zu terminieren, kommt auch die Anordnung vorbereitender Maßnahmen in Betracht. Die Notwendigkeit solcher Maßnahmen ist auf jeden Fall zu prüfen, wenn die Berufungserwiderung eingeht. Ist die mündliche Verhandlung vor dem Berufungsgericht bereits durchgeführt, kommt der Erlass eines Beweisbeschlusses oder eines Urteils in Betracht. Welche Maßnahme/Entscheidung vorzuschlagen ist, ist in der Entscheidungsstation zu erörtern.

In Klausuren aus Richtersicht wird die Sache in der Regel entscheidungsreif sein, also ein Urteil zu ergehen haben.

II. Grundlagen des Berufungsrechts

465 Die Berufung (§§ 511 ff.) ist das Rechtsmittel gegen erstinstanzliche Urteile der Amts- und Landgerichte in Zivilsachen. Berufungsgericht ist das **Landgericht**, wenn in erster Instanz das Amtsgericht in allgemeinen Zivilsachen entschieden hat (§ 72 GVG), das **Oberlandesgericht**, wenn in erster Instanz das Landgericht (§ 119 Abs. 1 Nr. 2 GVG) oder das Amtsgericht als Familiengericht (§ 119 Abs. 1 Nr. 1a GVG) entschieden hat.

Die Berufung ist keine vollwertige zweite Tatsacheninstanz, in welcher der Rechtsstreit von neuem verhandelt wird, sondern dient in erster Linie der Fehlerkontrolle und Fehlerbeseitigung. Ihre Funktion besteht in der Überprüfung des erstinstanzlichen Urteils auf die richtige Anwendung des materiellen Rechts sowie auf Richtigkeit und Vollständigkeit der Tatsachenfeststellungen (§ 513) und in der Beseitigung etwaiger Fehler.[1] An zutreffende Tatsachenfeststellungen des Gerichts erster Instanz ist das Berufungsgericht gebunden (§ 529 Abs. 1 Nr. 1). Neues Vorbringen darf es nur berücksichtigen, soweit es in erster Instanz aufgrund fehlerhafter Prozessleitung oder sonst ohne Verschulden der Partei unterblieben ist (§ 529 Abs. 1 Nr. 2 iVm § 531 Abs. 2). Neue Anträge, Aufrechnungen und Widerklagen sind nur in engem Rahmen zulässig (§ 533).

---

1 Msk/*Ball* vor § 511 Rn. 8.

B. Zulässigkeit der Berufung

I. Statthaftigkeit

1. Endurteil

Die Berufung findet statt gegen die im ersten Rechtszug erlassenen **Endurteile** (§ 511 **466**
Abs. 1). Das sind Urteile, mit denen für eine Instanz endgültig ganz oder teilweise
(Teilurteil, § 301) über den Streitgegenstand entschieden wird,[1] also

- »normale«, abschließende Urteile iSd § 300,
- Teilurteile (§ 301),
- Versäumnisurteile (§§ 330, 331),
- Anerkenntnisurteile (§ 307),
- Verzichtsurteile (§ 306).

Gegen Versäumnisurteile ist allerdings, obwohl es Endurteile sind, gem. § 514 Abs. 1
die Berufung nicht statthaft (vielmehr der Einspruch gem. § 338), wohl aber gegen ein
zweites Versäumnisurteil gem. und im Umfang des § 514 Abs. 2.

In Bezug auf die Rechtsmittel sind den Endurteilen gleichgestellt

- Vorbehaltsurteile (§§ 302 III, 599 III),
- Zwischenurteile (§ 280),
- Zwischenurteile über den Grund (Grundurteile, § 304).

2. Parteien des Berufungsverfahrens

Berufungskläger kann jede Partei erster Instanz sein sowie ein Streithelfer (§§ 64 ff.) **467**
einer Partei; dieser kann unabhängig von der unterstützten Partei Berufung einlegen.
Der noch nicht beigetretene Streitverkündete erster Instanz kann gem. §§ 66 Abs. 2,
70 Abs. 1 S. 1 seinen Beitritt auf Seiten einer Partei mit der Berufungseinlegung verbinden. **Berufungsbeklagter** kann nur der aus dem angefochtenen Urteil ersichtliche
Prozessgegner des Berufungsklägers sein.

II. Beschwer

1. Grundlagen und Begriff

Ungeschriebenes Zulässigkeitsmerkmal eines jeden Rechtsmittels ist die Beschwer des Rechtsmittel- **468**
führers.[2] Sie besteht in dem Umfang, in dem die angefochtene Entscheidung hinter dem vom Berufungsführer in erster Instanz verfolgten Rechtsschutzbegehren zurückbleibt.

Die Beschwer ergibt sich aus dem **rechtskraftfähigen**[3] Inhalt des angefochtenen Urteils (daher führt
zB die Aberkennung eines Zurückbehaltungsrechts, da ohne Rechtskraftwirkung, nicht zur Erhöhung der aus der Verurteilung folgenden Beschwer). Sie entspricht in der Regel dem Wert der Verurteilung bzw. der Klageabweisung. Für den **Kläger** liegt sie in der Differenz zwischen dem in erster
Instanz beantragten und dem ihm zuerkannten Betrag oder Wert (formelle Beschwer),[4] für den Beklagten im Betrag oder Wert seiner Verurteilung (materielle Beschwer).[5]

---

1 Thomas/Putzo/*Reichold* vor § 300 Rn. 7.
2 Msk/*Ball* vor § 511 Rn. 16 mwN; Thomas/Putzo/*Reichold* vor § 511 Rn. 17.
3 BGH NJW-RR 1996, 828, 829; Thomas/Putzo/*Reichold* vor § 511 Rn. 21.
4 BGH NJW-RR 2011, 1285 Rn. 6; Thomas/Putzo/*Reichold* vor § 511 Rn. 18.
5 BGH NJW-RR 2007, 765 Rn. 6.

> **Beispiel:** Wird eine Klage als unzulässig abgewiesen, beschwert das Urteil den Kläger in Höhe der abgewiesenen Klageforderung, nicht dagegen den Beklagten, auch wenn er die endgültige Sachabweisung der Klage beantragt hat; denn die Beschwer des Beklagten ist materiell zu beurteilen.

2. Geltendmachung der Beschwer

469 Die Berufung ist nur zulässig, wenn mit ihr die Beseitigung einer in dem angefochtenen Urteil liegenden Beschwer verfolgt wird.[1] Das in der ersten Instanz **abgewiesene Begehren** muss zumindest teilweise weiterverfolgt werden.[2] Eine Berufung ist unzulässig, wenn sie den im ersten Rechtszug erhobenen Klageanspruch nicht wenigstens teilweise weiterverfolgt, also eine erstinstanzliche Klageabweisung gar nicht in Zweifel zieht, sondern zB lediglich im Wege der Klageänderung einen neuen, bisher nicht geltend gemachten Anspruch zur Entscheidung stellt.[3] Zulässig ist die Berufung, wenn der Kläger von der in erster Instanz abgewiesenen Feststellungsklage in der Berufung zu einer Leistungsklage[4] oder von der Freistellungs- zur Zahlungsklage[5] übergeht.

III. Wert der Beschwer/Zulassung der Berufung

1. Wert der Beschwer (Berufungssumme)

470 Die Berufung ist nur zulässig, wenn die Berufungssumme erreicht oder die Berufung vom erstinstanzlichen Gericht zugelassen worden ist (→ Rn. 471). Der Umfang der mit der Berufung geltend gemachten Beschwer muss die **Berufungssumme** (mehr als 600,00 EUR, § 511 Abs. 2 Nr. 1) erreichen. Unzulässig ist die Berufung, wenn der Berufungsantrag nur wegen einer Klageerweiterung in der Berufungsinstanz über der Wertgrenze liegt.

Für die Berechnung des Wertes des Beschwerdegegenstands ist gem. § 4 Abs. 1 grundsätzlich der Zeitpunkt der **Einlegung der Berufung** maßgeblich. Da jedoch der Beschwerdegegenstand von den Berufungsanträgen abhängt, diese aber erst mit der Berufungsbegründung gestellt werden müssen (§ 520 Abs. 3 S. 2 Nr. 1), kann bei Einlegung der Berufung offen sein, ob und in welchem Umfang der Berufungskläger die Beseitigung der Beschwer erstrebt. Maßgebend ist daher letztlich der bei Schluss der mündlichen Verhandlung gestellte Antrag, denn bis dahin können die Anträge, wenn rechtzeitig begründet, noch geändert,[6] eine zunächst unzulässige Berufung kann noch zulässig werden. Eine zunächst unbeschränkt eingelegte Berufung wird unzulässig, wenn der Antrag auf einen Betrag unterhalb der Berufungssumme beschränkt wird oder der Wert des Beschwerdegegenstands durch Teilrücknahme, Teilverzicht, Teilverwerfung oder Teilerledigung der Berufung unter die Wertgrenze absinkt.

2. Zulassung der Berufung

471 Ungeachtet der Berufungssumme ist die Berufung dann zulässig, wenn das erstinstanzliche Gericht die Berufung zugelassen hat (→ Rn. 329). An die Zulassung ist das Berufungsgericht gem. § 511 Abs. 4 S. 2 gebunden, kann die Zulässigkeit der Berufung also nicht mit der Begründung verneinen, die Voraussetzungen der Zulassung der Berufung (§ 511 Abs. 4 S. 1) hätten nicht vorgelegen.

IV. Form und Frist der Berufung

472 Die Berufung ist gem. § 519 Abs. 1 schriftsätzlich beim Berufungsgericht einzulegen und muss die Formalien des § 519 Abs. 2 enthalten. Der Schriftsatz muss wie alle be-

---

1 Msk/*Ball* vor § 511 Rn. 26; Thomas/Putzo/*Reichold* vor § 511 Rn. 21.
2 Msk/*Ball* vor § 511 Rn. 26; Thomas/Putzo/*Reichold* vor § 511 Rn. 21.
3 BGH NJW 2000, 1958 mwN; Thomas/Putzo/*Reichold* vor § 511 Rn. 21.
4 BGH NJW-RR 1996, 1020, 1021; Thomas/Putzo/*Reichold* vor § 511 Rn. 21.
5 BGH NJW 1994, 944, 945.
6 BGH NJW-RR 2012, 662 Rn. 7 f.; Msk/*Ball* § 520 Rn. 25; Thomas/Putzo/*Reichold* § 520 Rn. 19.

stimmenden Schriftsätze unterschrieben sein, und zwar gem. § 78 Abs. 1 von einem Anwalt.

Die Berufungsschrift muss innerhalb der Frist des § 517 beim Berufungsgericht eingehen, also in der Regel einen Monat nach Zustellung des in vollständiger Form abgefassten Urteils. Die Frist ist eine Notfrist, sodass die Vorschriften über die Wiedereinsetzung Anwendung finden (§§ 233 ff.). Wird (ohne gleichzeitig Berufung einzulegen) Prozesskostenhilfe für das Berufungsverfahren beantragt, darf ohne Verschulden die Entscheidung über das Gesuch abgewartet und nach der Entscheidung Berufung eingelegt werden verbunden mit einem Wiedereinsetzungsgesuch, dies gilt entsprechend für eine eventuell bereits abgelaufene Berufungsbegründungsfrist.

V. Form und Frist der Begründung

Die Berufung ist in der Regel binnen zwei Monaten nach Zustellung des in vollständiger Form abgefassten Urteils zu begründen. Die Frist ist keine Notfrist, allerdings finden die Vorschriften über die Wiedereinsetzung (→ Rn. 472) gem. § 233 Anwendung. Zur Fristverlängerung s. § 520 Abs. 2 S. 2, 3. **473**

1. Berufungsanträge

Die Berufungsbegründung muss die Berufungsanträge enthalten (§ 520 Abs. 3 S. 2 Nr. 1). Diese werden zweckmäßigerweise ausdrücklich formuliert. Zumindest aber muss sich aus der Begründungsschrift Umfang und Ziel der Berufung ergeben, sodass für Berufungsgericht und Gegner ohne weitere Klarstellung ersichtlich ist, in welchen Grenzen das Urteil angefochten ist.[1] **474**

2. Berufungsgründe

Die Berufungsbegründung (s. § 520 Abs. 3 S. 2 Nr. 2–4) muss geeignet (nicht unbedingt auch schlüssig) sein, das gesamte Urteil in Frage zu stellen, ihm seine Tragfähigkeit zu nehmen, andernfalls ist die Berufung für den nicht angegriffenen Teil unzulässig.[2] **475**

> **Beispiel:** Das LG hat eine Amtshaftungsklage abgewiesen mit der Begründung, ein Beamter habe keine Amtspflicht verletzt, im Übrigen greife aber auch die vom beklagten Land erhobene Verjährungseinrede durch.[3] Hier liegen 2 voneinander unabhängige, selbstständig tragende Abweisungsgründe vor. Dann muss die Berufungsbegründung beide Abweisungsgründe angreifen.

Die Begründung muss sich **konkret** (wenn auch wiederum nicht schlüssig) mit dem angefochtenen Urteil auseinandersetzen.

> **Beispiel:** Es reicht nicht aus, wenn zur Begründung der Berufung allein auf das erstinstanzliche Vorbringen Bezug genommen wird. Der BGH hat in dem im vorhergehenden Beispiel genannten Fall die Berufung insgesamt als unzulässig behandelt, da die Berufungsbegründung hinsichtlich der Verjährungseinrede lediglich auf das erstinstanzliche Vorbringen Bezug nahm.

Bei **mehreren Streitgegenständen** muss die Begründung sich auf alle Teile des Urteils erstrecken, hinsichtlich deren eine Abänderung beantragt ist. **476**

> **Beispiel:** Klagt der Kläger aus eigenem und abgetretenem Recht und wird die Klage abgewiesen, muss die Berufungsbegründung einer uneingeschränkten Berufung sich konkret mit beiden Streitgegenständen befassen. Bezieht sich die Begründung konkret nur auf die Abweisung des Anspruchs aus abgetretenem Recht, ist sie hinsichtlich des Anspruchs aus eigenem Recht als unzulässig zu verwerfen.[4]

---

1 BGH NJW-RR 1999, 211; Thomas/Putzo/*Reichold* § 520 Rn. 17.
2 BGH NJW 2000, 590, 591; Thomas/Putzo/*Reichold* § 520 Rn. 25.
3 S. BGH NJW 1990, 1184.
4 BGH NJW 1993, 3073, 3074.

476a Die Berufungsbegründung ist schon dann ordnungsgemäß, wenn (für jeden Streitgegenstand) **eine der drei Begründungsalternativen** (§ 520 Abs. 3 S. 2 Nr. 2–4) durch die Begründung ausgefüllt wird.

Wird die Begründung auf § 520 Abs. 3 S. 2 Nr. 2 gestützt, muss die Berufungsbegründung die Umstände bezeichnen, aus denen sich nach Ansicht des Berufungsklägers die Rechtsverletzung und deren Erheblichkeit für die angefochtene Entscheidung ergeben. Dazu gehört eine aus sich heraus verständliche Angabe, welche bestimmten Punkte des angefochtenen Urteils der Berufungskläger bekämpft und welche tatsächlichen oder rechtlichen Gründe er ihnen im Einzelnen entgegensetzt. Für die Zulässigkeit der Berufung ist es ohne Bedeutung, ob die Ausführungen in sich schlüssig oder rechtlich haltbar sind.[1]

Da das Berufungsgericht an die vom Gericht des ersten Rechtszugs festgestellten Tatsachen grundsätzlich gebunden ist (§ 529), muss die Berufung, die den festgestellten Sachverhalt angreifen will (§ 520 Abs. 3 S. 2 Nr. 3), eine Begründung dahin enthalten, warum die Bindung an die festgestellten Tatsachen ausnahmsweise nicht bestehen soll.[2]

Nach § 520 Abs. 3 S. 2 Nr. 4 ZPO muss der Berufungskläger, wenn er neue Angriffs- und Verteidigungsmittel vorbringen will, dartun, warum er diese nicht bereits in erster Instanz geltend gemacht hat.[3]

VI. Mehrfache Berufung

477 Sind durch das erstinstanzliche Urteil mehrere Parteien beschwert, können sie jeweils selbstständig Berufung einlegen wie auch der Streithelfer einer Partei (dazu → Rn. 467).[4] Dann handelt es sich um mehrere Berufungen, die gemeinsam verhandelt und entschieden werden.

Von der selbstständigen Berufung ist die **Anschlussberufung** zu unterscheiden (§ 524), die eine Berufung des Gegners voraussetzt und von dieser abhängig ist (s. § 524 Abs. 4). Sie erfordert keine Beschwer, kann also auch allein zum Zweck der Klageerweiterung eingelegt werden, und muss die Berufungssumme nicht erreichen. Ob eine selbstständige oder eine Anschlussberufung vorliegt, ist im Zweifelsfall durch Auslegung zu ermitteln. Kann eine unzulässige Berufung als Anschlussberufung aufrechterhalten werden, ist sie regelmäßig als solche umzudeuten.[5]

C. Begründetheit der Berufung

I. Zulässigkeit und Begründetheit der Klage

478 Ist die Berufung zulässig, ist deren Begründetheit zu untersuchen. Die Berufung ist (ganz oder teilweise) begründet, wenn sich das angefochtene Urteil (ganz oder teilweise) als unzutreffend heraus stellt; Grundlage ist (im Rahmen des Berufungsantrags) der Sachstand zur Zeit der Berufungsentscheidung. Das Berufungsgericht ist nicht in die Gründe gebunden, mit denen der Berufungskläger das Urteil angegriffen hat (→ Rn. 476a); es kann also zB zur Feststellung anderer Tatsachen kommen, auch wenn der Berufungsführer nur Rechtsfehler des Urteils geltend gemacht hat.

---

1 BGH NJW 2013, 174 Rn. 10.
2 BGH NJW 2012, 3581 Rn. 9.
3 BGH NJW 2003, 2531, 2532.
4 Zu mehrfachen Berufungen einer Partei durch Fax und Schriftsatz s. BGH NJW 1993, 3141.
5 BGH NJW 1987, 3263; Thomas/Putzo/*Reichold* § 522 Rn. 1.

Ist ein stattgebendes Urteil angegriffen, ist die Berufung begründet, wenn die Klage unzulässig **oder** unbegründet ist. Ist die Klage abgewiesen worden, ist die Berufung begründet, wenn die Klage zulässig **und** begründet ist. Nach diesem Ansatz ist man wieder im Prüfungsschema der erstinstanzlichen Klage, wobei allerdings im Einzelfall eine Bindung des Berufungsgerichts zu beachten sein kann (→ Rn. 479 f.).

Erfolg haben kann eine Berufung auch insoweit, als wegen Verfahrensfehlern in erster Instanz (oder aus sonstigen Gründen) das angefochtene Urteil samt des zugrunde liegenden Verfahrens aufzuheben und der Rechtsstreit an die erste Instanz zurückzuverweisen ist (s. § 538 Abs. 2). Dann ist in erster Instanz neu zu verhandeln und zu entscheiden. Mangels Examensrelevanz soll hierauf nicht näher eingegangen werden.

II. Bindung des Berufungsgerichts

1. Allgemeines

Das Berufungsgericht kann nicht völlig frei neu über den Rechtsstreit entscheiden. Es ist vielmehr in folgendem Umfang gebunden: **479**

- Es gilt der Grundsatz der »reformatio in peius« (Verschlechterungsverbot, s. § 528 S. 2). Der Berufungsführer darf also durch die Berufungsentscheidung nicht schlechter gestellt werden als er durch das erstinstanzliche Urteil stand.
- Das Berufungsgericht darf nur über die gestellten Berufungsanträge entscheiden (§ 528 S. 2, Verbesserungsverbot, »ne ultra petita«).
- Es darf grundsätzlich nur über die Ansprüche entschieden werden, über die in erster Instanz entschieden worden ist (zB, wenn ein Teilurteil ergangen ist).[1]
- Das Berufungsgericht ist im Umfang des § 529 Abs. 1 an die tatsächlichen Feststellungen des erstinstanzlichen Gerichts gebunden (→ Rn. 480 f.).
- Das Berufungsgericht ist gem. § 531 Abs. 1 an eine berechtigte Zurückweisung von Angriffs- und Verteidigungsmitteln durch das erstinstanzliche Gericht gebunden; dieses Vorbringen darf also in zweiter Instanz ebenfalls nicht berücksichtigt werden.

2. Bindung an die Tatsachenfeststellung

a) Festgestellte Tatsachen. Nach § 529 Abs. 1 Nr. 1 ist das Berufungsgericht an die vom Gericht des **480** ersten Rechtszugs festgestellten Tatsachen gebunden, soweit nicht konkrete Anhaltspunkte Zweifel an der Richtigkeit oder Vollständigkeit der entscheidungserheblichen Feststellungen begründen und deshalb eine erneute Feststellung gebieten. Zweifel sind zB begründet, wenn

- Parteivorbringen übergangen,
- nicht vorgetragene Tatsachen verwertet,
- unstreitige oder zugestandene Tatsachenbehauptungen als streitig behandelt,
- streitige Tatsachen als unstreitig behandelt,
- angebotene Beweise verfahrensfehlerhaft nicht oder unter Verletzung von Verfahrensnormen erhoben,
- erhobene Beweise nicht oder fehlerhaft gewürdigt oder
- Erfahrungs-, offenkundige oder gerichtsbekannte Tatsachen nicht berücksichtigt

worden sind.[2]

Zweifel im Sinne dieser Vorschrift liegen auch schon dann vor, wenn aus der für das Berufungsgericht gebotenen Sicht eine gewisse, nicht notwendig überwiegende, Wahrscheinlichkeit dafür besteht, dass im Fall der Beweiserhebung die erstinstanzliche Feststellung keinen Bestand haben wird, sich also deren Unrichtigkeit herausstellt.[3]

Ob Zweifel an der Richtigkeit oder Vollständigkeit der festgestellten Tatsachen bestehen, hat das Berufungsgericht auch dann zu prüfen, wenn die Berufungsbegründung nicht auf § 520 Abs. 3 S. 2 Nr. 3 gestützt worden ist.[4]

1 S. dazu und zu den Ausnahmen Msk/*Ball* § 528 Rn. 2 ff.; Thomas/Putzo/*Reichold* § 528 Rn. 8 f.
2 Msk/*Ball* § 529 Rn. 5.
3 BGH NJW 2004, 2825, 2826 mwN.
4 Msk/*Ball* § 520 Rn. 28.

481 **b) Neues Vorbringen in zweiter Instanz.** Gem. § 529 Abs. 1, 531 Abs. 1 darf neues Vorbringen in zweiter Instanz nur eingeschränkt berücksichtigt werden. **Angriffs- und Verteidigungsmittel** sind alle zur Begründung des Sachantrags oder zur Verteidigung dagegen vorgebrachten tatsächlichen und rechtlichen Behauptungen, Einwendungen und Einreden, sämtliches Bestreiten und alle Beweisanträge.[1]

Neu sind Angriffs- und Verteidigungsmittel, wenn sie erstmals in der Berufungsinstanz geltend gemacht werden. Zweifel können insbesondere dann auftreten, wenn ein erstinstanzliches Vorbringen nur ergänzt wird. Ob ein in zweiter Instanz konkretisiertes Vorbringen neu ist, hängt davon ab, wie allgemein es in erster Instanz gehalten war. Wenn ein sehr allgemein gehaltener Vortrag der ersten Instanz konkretisiert oder erstmals substanziiert wird, ist das Vorbringen neu, nicht aber dann, wenn ein bereits schlüssiges Vorbringen aus der ersten Instanz durch weitere Tatsachenbehauptungen zusätzlich konkretisiert, verdeutlicht oder erläutert wird.[2]

Neues Vorbringen in diesem Sinne darf nur unter den Voraussetzungen des § 531 Abs. 2 berücksichtigt werden, insbesondere dann, wenn die Nichtgeltendmachung in erster Instanz nicht auf einer Nachlässigkeit beruht (Abs. 2 Nr. 3).

D. Entscheidung im Berufungsverfahren

I. Unzulässige Berufung

482 Die Zulässigkeit der Berufung ist von Amts wegen zu prüfen (§ 522 Abs. 1 S. 1). Ist sie unzulässig, kann die Entscheidung ohne mündliche Verhandlung durch Beschluss ergehen (§ 522 Abs. 1 S. 3 iVm § 128 Abs. 4). Nach mündlicher Verhandlung wird durch Urteil entschieden. Der Tenor lautet (in der Hauptsache gem. § 522 Abs. 1 S. 2):

> »Die Berufung des ... gegen das Urteil des ... vom ... wird als unzulässig verworfen. Die Kosten des Berufungsverfahrens werden dem ... auferlegt.«

Die Kostenentscheidung folgt aus § 97 Abs. 1. Wird durch Beschluss entschieden, ergeht keine Entscheidung über die vorläufige Vollstreckbarkeit (s. §§ 704, 794 Abs. 1 Nr. 3), wohl aber bei Entscheidung durch Urteil (→ Rn. 487).

II. Zurückweisung durch Beschluss

483 Unter den Voraussetzungen des § 522 Abs. 2 soll (nach Gewährung rechtlichen Gehörs) das Berufungsgericht die Berufung durch einstimmigen **Beschluss** zurückweisen. Der Tenor lautet in der Hauptsache:

> »Die Berufung des ... gegen das Urteil des ... vom ... wird zurückgewiesen.«

Zur Kostenentscheidung → Rn. 482. Der Beschluss ist gem. § 708 Nr. 10 S. 2 für vorläufig vollstreckbar zu erklären; es gelten §§ 711, 713 (→ Rn. 316 ff.).

III. Entscheidung durch Urteil

1. Unzulässige oder unbegründete Berufung

484 Zur unzulässigen Berufung → Rn. 482. Ist die Berufung unbegründet, lautet der Hauptsachetenor:

> »Die Berufung des ...(Partei) gegen das Urteil des ...(Gericht) vom ... wird zurückgewiesen.«

---

1 BGH NJW 2004, 2828, 2830.
2 BGH NJW 2004, 2825, 2827.

Es heißt »zurückgewiesen« (s. § 522 Abs. 2 S. 1), nicht etwa »abgewiesen«. Zur Kostenentscheidung, die auf § 97 Abs. 1 beruht, s. → Rn. 482, zur Entscheidung über die vorläufige Vollstreckbarkeit → Rn. 487.

2. Begründete Berufung

Ist die Berufung begründet, ist im Rahmen des Berufungsantrags zunächst neu über **485** das Urteil erster Instanz zu entscheiden:

> **Beispiel:** »Auf die Berufung des ... wird das Urteil des ... vom ... abgeändert. Die Klage wird abgewiesen (Der Beklagte wird verurteilt, ...).«

Sodann ist über die Kosten des Rechtsstreits erster Instanz sowie die Kosten der Berufung zu entscheiden. Die Entscheidung richtet sich bei einer vollständig begründeten Berufung nach §§ 91 f. Sind die Streitwerte identisch, ist also das erstinstanzliche Urteil insgesamt angefochten, kann einheitlich über die Kosten entschieden werden:

> »Die Kosten des Rechtsstreits werden dem Beklagten auferlegt.«

Sind die Streitwerte unterschiedlich, zB weil der Beklagte erfolgreich ein Urteil erster Instanz über 10.000,00 EUR nur wegen eines Teilbetrages von 2.500,00 EUR angegriffen hat, ist getrennt zu entscheiden, im Beispiel:

> »Auf die Berufung des Beklagten wird das Urteil des ... vom ... teilweise abgeändert und wie folgt neu gefasst: Der Beklage wird verurteilt, an den Kläger 7.500,00 EUR zu zahlen. Im Übrigen wird die Klage abgewiesen. Dem Kläger werden die Kosten der Berufung auferlegt. Von den Kosten erster Instanz haben der Kläger 1/4 und der Beklagte 3/4 zu tragen.«

Wichtig ist es, umfassend über die Berufung und die Klage zu entscheiden, die Klage wie im Beispiel also teilweise abzuweisen, wenn der Beklagte in der Berufung erfolgreich ist. Zu weiteren Beispielen → Rn. 486, zur vorläufigen Vollstreckbarkeit → Rn. 487.

3. Teilweise begründete Berufung(en)

Ist eine Berufung teilweise begründet, muss nicht nur das erstinstanzliche Urteil wie **486** in → Rn. 485 beschrieben abgeändert werden, sondern es muss auch die weitergehende Berufung zurückgewiesen werden. Wenn der Beklagte in der Berufung Erfolg hat, ist es in der Regel sinnvoll, neben dem Ausspruch der Abänderung des erstinstanzlichen Urteils dieses zur Klarstellung neu zu fassen. Die Kosten sind für beide Instanzen entsprechend dem jeweiligen Obsiegen/Unterliegen zu verteilen. Dabei folgt die Kostenentscheidung, soweit die Berufung Erfolg hat, aus §§ 91 f., soweit sie erfolglos bleibt aus § 97.

> **Beispiele:** Der Kläger hat in erster Instanz 10.000,00 EUR verlangt; seine Klage ist abgewiesen worden. Er legt in vollem Umfang Berufung ein, die wegen 8.000,00 EUR Erfolg hat. Das Berufungsurteil lautet: »Auf die Berufung des Klägers wird das Urteil des ... vom ... teilweise abgeändert. Der Beklagte wird verurteilt, an den Kläger 8.000,00 EUR zu zahlen. Im Übrigen wird die Berufung zurückgewiesen. Von den Kosten des Rechtsstreits haben der Kläger 2/5 und der Beklagte 4/5 zu tragen.« Die weitergehende Klage muss nicht abgewiesen werden, weil dies das erstinstanzliche Gericht bereits getan hat und dessen Urteil nur teilweise abgeändert wurde.
> Der Kläger hat in erster Instanz 20.000,00 EUR verlangt und zugesprochen erhalten. Auf die uneingeschränkte Berufung des Beklagten kommt das Gericht zum Ergebnis, dass dem Kläger nur

5.000,00 EUR zustehen. Tenor: »Auf die Berufung des Beklagten wird unter Zurückweisung der weitergehenden Berufung das Urteil des … vom … teilweise abgeändert und wie folgt neu gefasst: Der Beklagte wird verurteilt, an den Kläger 5.000,00 EUR zu zahlen. Im Übrigen wird die Klage abgewiesen. Von den Kosten des Rechtsstreits haben der Kläger 3/4 und der Beklagte 1/4 zu tragen.« Hier muss die weitergehende Klage abgewiesen werden, weil eine Abweisung in erster Instanz noch nicht erfolgt ist.

Der Kläger hat in erster Instanz 20.000,00 EUR verlangt und unter Abweisung der weitergehenden Klage 10.000,00 EUR erhalten. Hiergegen richtet sich die Berufung des Beklagten. Das Berufungsgericht hält die Klage wegen 5.000,00 EUR für begründet. Tenor: »Auf die Berufung des Beklagten wird unter Zurückweisung der weitergehenden Berufung das Urteil des … vom … abgeändert und wie folgt neu gefasst: Der Beklagte wird verurteilt, an den Kläger 5.000,00 EUR zu zahlen. Im Übrigen wird die Klage abgewiesen. Die Kosten der Berufung werden gegeneinander aufgehoben. Von den Kosten erster Instanz haben der Kläger 3/4 und der Beklagte 1/4 zu tragen.« Auch hier muss die weitergehende Klage abgewiesen werden, weil in erster Instanz nur eine Abweisung wegen 10.000,00 EUR erfolgte und 5.000,00 EUR dazu kommen. Die Kostenentscheidung in beiden Instanzen differiert, weil die Streitwerte unterschiedlich sind (1. Instanz 20.000,00 EUR, 2. Instanz 10.000,00 EUR).

Der Kläger hat in erster Instanz 20.000,00 EUR verlangt und unter Abweisung der weitergehenden Klage 10.000,00 EUR erhalten. Hiergegen haben beide Parteien Berufung eingelegt. Das Berufungsgericht hält die Klage (nur) in Höhe von 5.000,00 EUR für begründet. Tenor: »Die Berufung des Klägers gegen das Urteil des … vom … wird zurückgewiesen. Auf die Berufung des Beklagten wird das genannte Urteil unter Zurückweisung der weitergehenden Berufung des Beklagten abgeändert und wie folgt neu gefasst: Der Beklagte wird verurteilt, an den Kläger 5.000,00 EUR zu zahlen. Im Übrigen wird die Klage abgewiesen. Von den Kosten des Rechtsstreits haben der Kläger 3/4 und der Beklagte 1/4 zu tragen.«

4. Vorläufige Vollstreckbarkeit

487 Das Berufungsurteil ist in der Regel für vorläufig vollstreckbar zu erklären. Eine Ausnahme gilt für Urteile in Sachen, die eine einstweilige Verfügung oder einen Arrest betreffen. Gegen diese Urteile (und die in den in § 542 Abs. 2 S. 2 genannten Sachen) ist gem. § 542 Abs. 2 S. 1 eine Revision nicht statthaft, sodass das Urteil mit Verkündung rechtskräftig wird und keiner Erklärung über die vorläufige Vollstreckbarkeit bedarf.

Auch auf Berufungsurteile finden die §§ 708 ff. Anwendung. Eine Sondervorschrift enthält allerdings § 708 Nr. 10. Danach sind Berufungsurteile in vermögensrechtlichen Streitigkeiten ohne Sicherheit für vorläufig vollstreckbar zu erklären. Es gelten dann §§ 711, 713 (→ Rn. 316 ff.).

5. Zulassung der Revision

488 Das Berufungsgericht muss von Amts wegen, also auch ohne Antrag, über die Zulassung der Revision entscheiden (§ 543 Abs. 1 Nr. 1). S. hierzu → Rn. 329.

6. Das Urteil

S. zum Urteilsrubrum und zum Urteil selbst → Rn. 667 ff.

E. Darstellung im Gutachten (Richtersicht)

I. Zulässigkeit der Berufung

Die Zulässigkeit der Berufung ist meistens unproblematisch. Allerdings werden Ausführungen zur **489** Rechtzeitigkeit und richtigen Form der Berufung und Berufungsbegründung erwartet. Diese können, falls unproblematisch, im Urteilsstil (→ Rn. 648 ff.) gehalten werden.

Im Rahmen der ordnungsgemäßen Berufungsbegründung ist nur zu prüfen, ob eine der drei Begründungsalternativen (§ 520 Abs. 3 S. 2 Nr. 2–4) durch ordnungsgemäßen Vortrag ausgefüllt ist (→ Rn. 475 f.). Werden mehrere Gründe geltend gemacht, sind zwar alle zu prüfen; zur Zulässigkeit reicht es aber, wenn nur ein Grund ordnungsgemäß vorgetragen ist. Ist dies der Fall, unterliegt das erstinstanzliche Urteil mit Ausnahme der in § 529 Abs. 2 S. 1 genannten Gründe der vollen Nachprüfung durch das Berufungsgericht (s. § 529 Abs. 2 S. 2). Es darf und muss zB Zweifel an der Richtigkeit der tatsächlichen Feststellungen (§ 520 Abs. 2 S. 2 Nr. 3) auch dann prüfen und annehmen, wenn dieser Berufungsgrund nicht oder nicht ausreichend geltend gemacht worden ist.[1]

Wie bei der Zulässigkeit der Klage erfolgt die Prüfung der Zulässigkeit der Berufung in der Regel allein auf der Grundlage des Vorbringens des Berufungsklägers.

II. Begründetheit der Berufung

1. Zulässigkeit der Klage

Im Rahmen der Begründetheit der Berufung ist, falls Anhaltspunkte dafür bestehen, wie im erstin- **490** stanzlichen Gutachten zunächst die Zulässigkeit der Klage zu prüfen. S. dazu → Rn. 102 ff.

2. Begründetheit der Klage

Nach Herausarbeiten des zutreffenden Ansatzes (→ Rn. 478) ist auch die Begründetheit der Klage im **491** Rahmen der gestellten Berufungsanträge wie in einer erstinstanzlichen Relation getrennt nach den verschiedenen Stationen (falls der Sachverhalt streitig ist) zu untersuchen.[2] Ohne ein relationsmäßiges Gutachten kann zB nicht festgestellt werden, ob Zweifel an der Richtigkeit und Vollständigkeit der Tatsachenfeststellungen im angefochtenen Urteil (s. § 520 Abs. 2 S. 2 Nr. 3) bestehen. Diese Prüfung muss auch dann erfolgen, wenn die Berufung insoweit nicht (ordnungsgemäß) begründet worden ist (→ Rn. 480).

Ist in der Berufungsinstanz **neuer Vortrag** erfolgt oder geht es um die Frage, ob in der ersten Instanz zurückgewiesenes Vorbringen berücksichtigt werden darf, muss die Frage, ob das Vorbringen geltend gemacht werden darf, an der Stelle geprüft werden, an der das Vorbringen im Gutachten erstmals untersucht wird.

> **Beispiel:** Der Kläger ist in erster Instanz ausschließlich aus eigenem Recht gegen den Beklagten vorgegangen, seine Klage ist abgewiesen worden. In zweiter Instanz stützt er den Anspruch hilfsweise auf abgetretenes Recht. Hier ist im Gutachten zunächst der Anspruch aus eigenem Recht zu prüfen und dann, wenn dieser verneint wird, der aus abgetretenem Recht. Zu Beginn dieser Prüfung steht die Frage, ob das neue Vorbringen berücksichtigt werden darf. »Der Kläger könnte einen Anspruch aus § … aus abgetretenem Recht haben. Fraglich ist allerdings, ob dieser Vortrag, der in erster Instanz nicht geltend gemacht worden ist, überhaupt berücksichtigt werden darf. Dies richtet sich nach §§ 529 Abs. 1 Nr. 2, 531 Abs. 2 …«

Dies gilt auch für in erster Instanz **zurückgewiesenes Vorbringen** (§ 531 Abs. 1). Im Gegensatz zur **492** Zurückweisung verspäteten Vorbringens in erster Instanz (→ Rn. 402) muss nämlich keine Verzögerung der Erledigung festgestellt werden, sodass nicht bis zur Beweisstation durchgeprüft werden muss. Zu beachten ist allerdings, dass Vorbringen, das in erster Instanz zu Recht zurückgewiesen wurde, in zweiter Instanz aber unstreitig geworden ist, berücksichtigt werden muss.[3] Die Vorschrif-

---

1 Vgl. Msk/*Ball* § 529 Rn. 24; anders möglicherweise *Schuschke/Kessen/Höltje* Rn. 78.
2 *Schuschke/Kessen/Höltje* Rn. 1089.
3 BGH NJW 1980, 945, 947 aE (zu § 528 Abs. 3 aF); Thomas/Putzo/*Reichold* § 531 Rn. 9.

ten über die Behandlung verspäteter Angriffs- und Verteidigungsmittel betreffen nur streitiges und daher beweisbedürftiges Vorbringen. Unstreitig gewordener Sachvortrag fällt nicht unter diese Bestimmungen.[1] Bei **verspätetem Vortrag** zweiter Instanz (§ 530) muss die Verzögerung festgestellt werden, sodass die Prüfung wie im erstinstanzlichen Gutachten zu erfolgen hat (→ Rn. 403).

F. Anwaltssicht

493 Das Gutachten aus Anwaltssicht entspricht überwiegend dem aus Richtersicht. Besonderheiten ergeben sich naturgemäß bei den Zweckmäßigkeitserwägungen, aber auch bei der Rolle (Berufungsführer oder Gegner) des Anwalts und beim Verfahrensstand.

I. Anwalt des Berufungsklägers

1. Vor der Berufung

494 Wird der Anwalt mit der Prüfung der Erfolgsaussichten einer Berufung beauftragt, muss seine Prüfung relationsmäßig Zulässigkeit und Begründetheit der Klage wie beim erstinstanzlichen Gutachten umfassen.

Die **Zulässigkeit der Berufung**, die grundsätzlich auch hier vorab zu erfolgen hätte, kann aber nicht wie sonst geprüft werden. Zunächst kann nur abstrakt gesagt werden, ob der Mandant durch das Urteil beschwert ist und in welchem Umfang, ob also eine Berufung generell statthaft ist. Das Gutachten kann aber zu dem Ergebnis führen, dass die Berufung nur wegen eines Wertes Erfolg versprechend ist, der unter der Berufungssumme des § 511 Abs. 2 Nr. 1 liegt, sodass die Berufung, wenn sie nicht zugelassen wurde, nur wegen dieses Wertes unzulässig wäre. Dann wäre in den Zweckmäßigkeitserwägungen zu erörtern, ob gleichwohl Berufung mit einem Antrag eingelegt werden soll, der den Wert erreicht. In der Prozessstation (→ Rn. 353) wäre, falls dies vorgeschlagen wird, zu beachten, dass die Berufungsbegründung auch den Teil abdecken muss, der für unbegründet erachtet wird, denn erfolgt insoweit kein Angriff auf das Urteil, wäre die Berufung insoweit mangels Begründung, im Übrigen deshalb unzulässig, weil der Wert nicht erreicht wird.

> **Beispiel:** Eine Klage auf Zahlung von 1.200 EUR (davon 600,00 EUR aus Darlehen, 600,00 EUR aus Kaufvertrag) ist in erster Instanz ohne Zulassung der Berufung abgewiesen worden. Hier kann zunächst bei der Prüfung der Zulässigkeit der Berufung festgestellt werden, dass eine Berufung statthaft wäre und bei uneingeschränktem Antrag auch wertmäßig zulässig. Kommt das Gutachten zu dem Ergebnis, dass wegen der Darlehensforderung die Berufung Erfolg versprechend ist, wegen der Kaufpreisforderung nicht, stellt sich die Frage, ob nicht zB die Berufung mit dem Antrag auf Zahlung von 650,00 EUR (600,00 EUR Darlehen, 50,00 EUR Kaufvertrag) durchgeführt werden soll. Das kann sinnvoll sein, wenn der Kläger unter Berücksichtigung aller Kosten damit noch mehr erhielte als nichts nach dem erstinstanzlichen Urteil. Die Berufungsbegründung darf sich dann aber nicht nur über den Darlehensanspruch verhalten. Bei mehreren Streitgegenständen muss sie alle umfassen; sie ist unzulässig bzgl. des Teils, der nicht substanziert angegriffen wird (→ Rn. 476). Fehlt eine solche Begründung wegen des Kaufpreisanspruchs, ist auch die weitere Berufung unzulässig, weil insoweit die Berufungssumme von mehr als 600,00 EUR nicht erreicht wird.

Bei der Prüfung der Zulässigkeit der Berufung kann überhaupt noch nicht zu Fragen der Rechtzeitigkeit und der Formrichtigkeit von Berufung und Begründung gesagt

---

1 BGH NJW 2005, 291, 292.

werden. Hierzu sind unter dem Aspekt: »was muss gemacht und beachtet werden«
Ausführungen in der Prozessstation (→ Rn. 353) erforderlich. Dort muss auch zu
dem Berufungsgrund (§ 520 Abs. 3 Nr. 2–4) Stellung genommen werden.

Bei der **Zweckmäßigkeit** kann weiterhin noch eine Rolle spielen, dass eine Berufung **495**
dem Gegner die Möglichkeit der Anschlussberufung gibt. Es kann für den Mandanten besser sein, keine Berufung durchzuführen, wenn er mit einer Anschlussberufung
rechnen muss, die dem Gegner mehr gibt, als der Mandant bekommen könnte.

> **Beispiel:** Einer Klage auf Zahlung von 1.500,00 EUR ist in Höhe von 1.000,00 EUR stattgegeben
> worden. Die Prüfung der Erfolgsaussichten einer Berufung des Beklagten ergibt, dass eine Berufung
> wegen 500,00 EUR Erfolg versprechend ist. Nach den Ausführungen im vorherigen Beispiel kann die
> Berufung mit dem Antrag, die Klage wegen weiterer 650,00 EUR abzuweisen, sinnvoll sein, wenn
> die Abweisung weiterer 500,00 EUR im Ergebnis besser ist als das erstinstanzliche Urteil. Nur: die
> Berufung ermöglicht dem Kläger die Anschlussberufung. Es muss daher auch geprüft werden, ob ei-
> ne Anschlussberufung erfolgreich sein könnte, denn dann stünde der Beklagte bei Durchführung
> seiner Berufung schlechter. Auch wenn die Rücknahme seiner Berufung die Anschlussberufung zu
> Fall bringen würde (s. § 524 Abs. 4), würden ihn die Berufungskosten treffen.

In der **Prozessstation** (→ Rn. 353) ist auf Frist und Form der Berufung und der Be- **496**
gründung sowie auf das Gericht einzugehen, bei dem die Berufung einzulegen ist. Je
nach Ergebnis des materiellen Gutachtens ist auch dazu Stellung zu nehmen, ob eine
Änderung der erstinstanzlichen Klageanträge vorgenommen werden kann, falls dies
sachdienlich ist.

2. Während des Verfahrens

Ist das Gutachten erst nach Einlegung der Berufung für den Berufungskläger zu er- **497**
statten, muss die Zulässigkeit der bereits eingelegten Berufung begutachtet werden.
Ist die Berufungsbegründung bereits erfolgt, ist auch deren Ordnungsgemäßheit zu
untersuchen. Fehlt es hieran, können Ausführungen dazu erforderlich sein, ob eine
Nachholung noch möglich ist (zB weil die Begründungsfrist noch nicht abgelaufen
ist).

Ist eine eingeschränkte Berufung eingelegt worden, muss sich, falls die Aufgabenstellung dies nicht ausschließt, das Gutachten über die gesamte Klageforderung verhalten, weil eine Erweiterung des Berufungsantrags bis zum Schluss der mündlichen
Verhandlung möglich ist (→ Rn. 470). Voraussetzung ist allerdings, dass die Erweiterung von der Berufungsbegründung gedeckt oder die Begründungsfrist noch nicht
abgelaufen ist.

II. Anwalt des Berufungsbeklagten

Auch der Anwalt des Berufungsbeklagten muss die Erfolgsaussichten der Berufung **498**
prüfen, weil sein Rat aus Kostengründen auch darin bestehen kann, die Klage zurückzunehmen (falls mit einer Einwilligung zu rechnen ist), anzuerkennen oder ein
Versäumnisurteil ergehen zu lassen. Sein Gutachten muss sich zunächst aber nur im
Rahmen des Angriffs durch den Berufungsantrag halten, wenn das Mandat sich auf
die Abwehr der Berufung beschränkt. Liegt eine solche Beschränkung nicht vor, ist
immer auch die Möglichkeit einer Anschlussberufung zu prüfen. Dies gilt sicher,
wenn auch der Mandant durch das erstinstanzliche Urteil beschwert ist, aber auch
dann, wenn dies nicht der Fall ist. Mit der Anschlussberufung können (im Gegensatz

zur Berufung) auch erstinstanzlich nicht geltend gemachte Ansprüche verfolgt werden.

> **Typisches Beispiel:** Der voll obsiegende Kläger hat in erster Instanz nur einen Anspruch auf Zahlung von Zinsen in Höhe von 5 Prozentpunkten über dem Basiszinssatz seit Rechtshängigkeit geltend gemacht, obwohl schon vorher Verzug vorlag und kein Verbraucher an dem streitigen Rechtsgeschäft beteiligt war (s. § 288 Abs. 2 BGB). Legt der Beklagte Berufung ein, kann der Kläger Anschlussberufung mit dem Antrag auf Zahlung von Zinsen in Höhe von 8 Prozentpunkten über dem Basiszinssatz seit Verzugseintritt einlegen.

§ 44. Arrest und einstweilige Verfügung

Examensrelevanz: Hoch.

A. Überblick

I. Zweck

499 Unser Rechtssystem verbietet die Selbstjustiz und gewährt dafür Rechtsschutz. Dieser Rechtsschutz muss effizient sein. Was hilft es dem Gläubiger, wenn er nach einem Jahr oder noch längerer Zeit eine gerechte, dem Rechtsstaatsprinzip in vollem Umfang gerecht werdende Entscheidung erhält, die aber nicht mehr darstellt als ein bedrucktes Stück Papier, weil der Schuldner inzwischen mit seinem Vermögen »jenseits der Alpen« ist. Mahlen Justitias Mühlen trotz aller Unkenrufe gelegentlich auch noch so schnell, sind doch Fälle denkbar, in denen effektiver Rechtsschutz nur gewährleistet ist, wenn es noch schneller geht. Die ZPO kennt in Berücksichtigung dieser Umstände eine Vielzahl von Beschleunigungsmöglichkeiten (zB §§ 224, 226, 272 Abs. 4, 604 Abs. 2) und Normen über einstweilige Maßnahmen (zB §§ 707, 719, 769[1]). Die genannten Vorschriften betreffen aber zunächst nur das Erkenntnisverfahren im weiteren Sinne, also die Wege, rascher zu einem ordentlichen Titel zu kommen oder sich gegen ihn zu schützen. Darüber hinaus muss im Einzelfall die Möglichkeit bestehen, in dringenden Fällen schneller als im Erkenntnisverfahren zu einem Vollstreckungstitel zu gelangen. Dies eröffnen die Vorschriften über den Arrest und die einstweilige Verfügung.

II. Gegenstand der Darstellung

Im Folgenden sind nur der Arrest und die einstweilige Verfügung behandelt ohne die Vorschriften über die Vollziehung,[2] denn Vollziehung bedeutet eine beschränkte Art von Zwangsvollstreckung aus den ergangenen einstweiligen Entscheidungen. Den Arrest behandelt die ZPO in den §§ 916 bis 934; die einstweilige Verfügung in den §§ 935 bis 942. §§ 943 bis 945 gelten für beide Arten des einstweiligen Rechtsschutzes. In der Praxis ist die einstweilige Verfügung ungleich bedeutender als der Arrest. Der Gesetzgeber hat allerdings gesetzestechnisch den Weg gewählt, zunächst das Arrestverfahren zu normieren und dieses für die einstweilige Verfügung für entsprechend anwendbar zu erklären (§ 936), soweit nicht andere Regelungen getroffen sind.

---

1 S. dazu *Stackmann* JuS 2006, 980 ff.
2 S. zur Vollziehung *Lackmann* Rn. 678 ff.

Notgedrungen muss die Darstellung hier diesem Aufbau folgen; beachten Sie aber, dass die **einstweilige Verfügung** sowohl in der Praxis als auch im Examen **wesentlich bedeutsamer** ist.

III. Erkenntnisverfahren

Arrest und einstweilige Verfügung sind im 5. Abschnitt des 8. Buches der ZPO geregelt, vom Gesetzgeber also als Teil des Vollstreckungsrechts angesehen worden. Es ist aber inzwischen allgemein anerkannt, dass dies systematisch verfehlt ist. Arrest und einstweilige Verfügung sind nicht Teil des Vollstreckungsrechts, sondern eine besondere, nämlich **summarische Art des Erkenntnisverfahrens**. Die Vorschriften dienen dazu, eine Voraussetzung der Zwangsvollstreckung erst zu schaffen, nämlich einen Vollstreckungstitel. Zugleich regeln sie allerdings auch einzelne Fragen, wie aus diesem Titel zu vollstrecken ist.

IV. Abgrenzung

Der **Arrest** dient der **Sicherung der Zwangsvollstreckung wegen einer Geldforderung** oder eines Anspruchs, der in eine solche übergehen kann, § 916. Die **einstweilige Verfügung** demgegenüber dient der **Sicherung eines Individualanspruchs** auf eine gegenständliche Leistung (§ 935) oder der **Sicherung des Rechtsfriedens**, (§ 940) ausnahmsweise in Form der Leistungsverfügung auch der **vorläufigen Befriedigung** eines Anspruchs.

Arrest und einstweilige Verfügung als Sicherungsmittel für ein und denselben Anspruch schließen sich grundsätzlich aus; geht es um die Sicherung eines auf Geld gerichteten Anspruchs, ist grundsätzlich allein der Arrest möglich. Ein falsch gewählter Antrag ist unzulässig.[1]

B. Der Arrest

I. Arten und Zweck des Arrestes

Es gibt zwei Arten des Arrestes, den **dinglichen** und den **persönlichen.** Der dingliche Arrest richtet sich gegen das Vermögen des Schuldners, der persönliche gegen den Schuldner selbst.

Die Ausgangslage ist bei beiden Arrestarten grundsätzlich gleich. Der Gläubiger hat zwar eine Forderung, aber noch **keinen Titel** gegen den Schuldner. Das Verhalten des Schuldners gibt berechtigten Anlass zu der Vermutung, er werde sein Vermögen oder sich selbst dem **Vollstreckungszugriff endgültig entziehen.** Würde der Gläubiger, um zu einem Titel zu gelangen, den Weg des Erkenntnisverfahrens wählen, käme er mit seiner Vollstreckung zu spät, weil das Vermögen des Schuldners oder der Schuldner selbst nicht mehr greifbar ist.

Das Arrestverfahren verschafft dem Gläubiger einen Weg, **besonders schnell zu einem Titel** zu kommen, aus dem die Zwangsvollstreckung betrieben werden kann. In diesem Verfahren wird allerdings dem Schuldner nur eingeschränkter Rechtsschutz gewährt. Der Gläubiger muss seinen Anspruch »nur« glaubhaft machen. Des-

---

1 OLG Düsseldorf NJW 1977, 1828; Thomas/Putzo/*Reichold* vor § 916 Rn. 8.

halb darf die Vollstreckung **nicht zu seiner Befriedigung,** sondern nur zu seiner **Sicherung** führen.

Den Interessenkonflikt hat der Gesetzgeber so gelöst, dass der Gläubiger zwar schnell einen Titel erlangen und vollstrecken kann, wenn Arrestanspruch und -grund glaubhaft gemacht sind. Die Vollstreckung führt aber nur zur **Beschlagnahme, nicht zur Verwertung** des Schuldnervermögens. Verwerten kann der Gläubiger die beschlagnahmten Sachen erst, wenn er einen Titel nach § 704 oder § 794 erlangt hat. Der Schuldner, dessen Vermögen ganz oder teilweise beschlagnahmt ist, kann hiergegen natürlich geltend machen, die Voraussetzungen des Arrestes hätten nicht vorgelegen. Er kann den Gläubiger aber auch dazu zwingen, seinen Anspruch kurzfristig im Erkenntnisverfahren geltend zu machen (§ 926), um zu einer endgültigen Klärung zu kommen. Vor Schäden, die der Schuldner durch einen unberechtigten Arrest erleidet, schützt ihn § 945.

Der **dingliche Arrest** dient der Beschlagnahme des Schuldnervermögens. Der subsidiäre und praktisch kaum vorkommende **persönliche Arrest** dient ebenfalls nur der Sicherung der Zwangsvollstreckung in das Vermögen des Schuldners, § 918. Der Schuldner soll nicht etwa durch die Haft dazu angehalten werden, freiwillig zu leisten. Es soll vielmehr verhindert werden, dass er vorhandene Vermögensgegenstände beiseiteschafft. Wegen der Subsidiarität kommt die Anordnung des persönlichen Arrestes damit nur dann in Betracht, wenn der Gläubiger nicht weiß und ermitteln kann, wo sich das Vermögen des Schuldners befindet, denn sonst könnte er mithilfe eines dinglichen Arrestes auf diese Gegenstände zugreifen.

II. Voraussetzungen des Arrestes

1. Der Arrestanspruch

503 Der Arrest findet gem. § 916 Abs. 1 zur Sicherung der Zwangsvollstreckung in das bewegliche oder unbewegliche Vermögen wegen einer Geldforderung oder wegen eines Anspruchs statt, der in eine Geldforderung übergehen kann.

Eine Geldforderung ist ein Anspruch, der auf Zahlung von Geld gerichtet ist. Der Anspruch kann auch betagt oder bedingt sein, wenn er nicht gegenwärtig ohne Vermögenswert ist, § 916 Abs. 2. Zu den Ansprüchen, die in **Geld übergehen** können, gehören etwa Schadenersatz- (grundsätzlich Naturalrestitution, §§ 250 f. BGB), Rückgewähr- (§§ 346 f. BGB) und Ansprüche auf Herausgabe einer Bereicherung (§§ 812, 818 Abs. 2 BGB).

Ansprüche auf Duldung der Zwangsvollstreckung wegen einer Geldforderung (etwa aus § 11 AnfG,[1] § 1147 BGB) stehen Geldforderungen gleich.

2. Arrestgrund

504 Das Gesetz verlangt das Vorliegen eines Arrestgrundes (§ 917 für den dinglichen, § 918 für den persönlichen Arrest). **a) Rechtsnatur.** Streitig ist, ob das Vorliegen eines Arrestgrundes Voraussetzung der Zulässigkeit oder der Begründetheit des Arres-

---

1 OLG Düsseldorf NJW 1977, 1828; *Brox/Walker* Rn. 1495 mwN; aA BGH NJW-RR 1992, 733, 736.

tes ist. Die Bedeutung des Problems liegt darin, dass grundsätzlich die Zulässigkeit auch dann geprüft und bejaht werden muss, wenn ein Antrag unbegründet ist.

Beispiel: Aus dem Vorbringen im Arrestantrag des Gläubigers ergibt sich offenbar kein Anspruch gegen den Schuldner oder dieser ist nicht glaubhaft gemacht; dagegen sind die Voraussetzungen des Arrestgrundes schwierig festzustellen. Darf das Gericht offen lassen, ob ein Arrestgrund vorliegt, weil jedenfalls kein Arrestanspruch gegeben ist?

- Teilweise wird angenommen, das Vorliegen eines Arrestgrundes sei eine Zulässigkeitsvoraussetzung des Arrestverfahrens.[1] Wegen der Gefahren des summarischen Verfahrens sei es notwendig, schon den Zugang zu diesem Verfahren von der besonderen Prozessvoraussetzung des Arrestgrundes abhängig zu machen. ZT wird angenommen, Zulässigkeitsvoraussetzung sei die Behauptung eines Arrestgrundes; die Glaubhaftmachung sei Begründetheitsfrage.[2]
- Andere rechnen den Arrestgrund zu den Voraussetzungen der Begründetheit des Antrages.[3] Weder die Besonderheiten des Verfahrens noch die beschränkte Rechtskraftwirkung bei fehlender Glaubhaftmachung würden die Annahme einer besonderen Zulässigkeitsvoraussetzung rechtfertigen.
- Dogmatisch richtiger ist es, den Arrestgrund als besondere Zulässigkeitsvoraussetzung anzusehen, wie etwa auch das Feststellungsinteresse bei einer Feststellungsklage. Die Eilverfahren sollen nur dann beschritten werden dürfen, wenn dafür ein konkreter Anlass gegeben ist. Ein Grund, von den Regeln des Erkenntnisverfahrens wegen des Eilcharakters abzuweichen, besteht jedenfalls dann nicht, wenn man es ausnahmsweise zulässt, dass die Zulässigkeitsfrage offen bleiben kann.[4] Dies ist möglich, wenn man den Arrestgrund als besonderes Rechtsschutzbedürfnis für die Einleitung des Verfahrens ansieht. Auch im Klageverfahren kann das Rechtsschutzbedürfnis offen bleiben, wenn die Klage unbegründet ist (→ Rn. 451).

b) Beim dinglichen Arrest liegt ein Arrestgrund vor, wenn zu besorgen ist, dass ohne die Verhängung des Arrestes die Vollstreckung des Urteils vereitelt oder wesentlich erschwert werden würde, § 917 Abs. 1. Als besonderer Fall des Arrestgrundes ist die Notwendigkeit der Vollstreckung im Ausland herausgehoben (§ 917 Abs. 2), sofern nicht die Gegenseitigkeit verbürgt ist (§ 917 Abs. 2). **505**

Beispiele:

Vorliegen eines Arrestgrundes:
Der Schuldner versucht, sein Vermögen der Vollstreckung zu entziehen; er verschleudert oder verschenkt grundlos sein Vermögen; er erkrankt und verliert seine Einnahmequelle, sodass die Gefahr besteht, dass sein Vermögen aufgebraucht wird.[5]

Fehlen eines Arrestgrundes:
Der Gläubiger ist anderweitig hinreichend (zB dinglich) gesichert; er hat bereits einen vorläufig vollstreckbaren Titel (auch wenn er die erforderliche Sicherheitsleistung nicht aufbringen kann, kann er die Sicherungsvollstreckung nach § 720a durchführen; mehr kann er mit einem Arrest auch nicht erreichen).
Nach hM ist es auch kein Arrestgrund, wenn nur die Gefahr besteht, dass andere Gläubiger dem Anspruchsteller zuvor kommen könnten und das Gesamtvermögen des Schuldners nicht zur Befriedigung ausreicht.[6] Der Arrest dient nur dem Schutz des Gläubigers vor einer Verschlechterung seiner Lage, nicht seiner Besserstellung.

---

1 OLG Frankfurt NJW 2005, 3222; *Jauernig/Berger* § 35 Rn. 6; *Teplitzky* DRiZ 1982, 41, 43 mwN.

2 Thomas/Putzo/*Reichold* § 916 Rn. 2.

3 OLG Frankfurt NJW 2002, 903; OLG Hamm GmbH-Rdsch. 1993, 743, 745; MüKoZPO/*Drescher* § 917 Rn. 2; Msk/*Huber* § 922 Rn. 2.

4 *Teplitzky* DRiZ 1982, 41, 43; *Brox/Walker* Rn. 1493.

5 *Brox/Walker* Rn. 1498.

6 BGH NJW 2007, 2485 Rn. 23; 1996, 321, 324; Msk/*Huber* § 917 Rn. 4; MüKoZPO/*Drescher* § 917 Rn. 8; Thomas/Putzo/*Reichold* § 917 Rn. 2; aA StJ/*Grunsky* § 917 Rn. 1; *Brox/Walker* Rn. 1499 mwN.

506 c) **Der persönliche Arrest** »findet nur statt, wenn er erforderlich ist, um die gefährdete Zwangsvollstreckung in das Vermögen des Schuldners zu sichern«, § 918. Daraus folgt, dass der persönliche Arrest gegenüber dem dinglichen Arrest subsidiär ist. Der Gläubiger muss also nicht schon durch einen dinglichen Arrest hinreichende Sicherung erreichen können. Damit kommen praktisch für einen persönlichen Arrest nur folgende Fälle in Betracht:

Der Schuldner will sich der Ladung zur Abgabe der eidesstattlichen Versicherung durch »Verschwinden« entziehen. Es steht fest, dass Vermögen des Schuldners vorhanden ist, allerdings ist dessen Verbleib unbekannt. Hier kann der Gläubiger erreichen, dass der Schuldner festgehalten wird, bis der Gläubiger die Voraussetzungen zur Abgabe der Vermögensauskunft (§ 802c) geschaffen hat und den Schuldner dann zur Offenbarung seiner Vermögensverhältnisse zwingen kann.

III. Das Arrestverfahren

1. Zuständigkeit

507 Gem. § 919 kann der Gläubiger nach seiner Wahl (§ 35) das Gericht der Hauptsache oder das Amtsgericht anrufen, in dessen Bezirk der mit Arrest zu belegende Gegenstand oder die in ihrer persönlichen Freiheit zu beschränkende Person sich befindet. **Als Gericht der Hauptsache** ist das Gericht des ersten Rechtszuges und, wenn die Hauptsache in der Berufungsinstanz anhängig ist, das Berufungsgericht anzusehen, § 943 Abs. 1. Gericht des ersten Rechtszuges ist das Gericht, das für die Entscheidung über den (Arrest-)Anspruch des Gläubigers zuständig wäre.

Die Zuständigkeit ist, weil im Achten Buch der ZPO geregelt, **ausschließlich** (§ 802), wobei das Wahlrecht des Gläubigers zu beachten ist.

2. Das Arrestgesuch

508 Das Arrestgesuch (§ 920) soll enthalten:
- die Bezeichnung des Anspruchs,
- die Angabe des Geldbetrages oder des Geldwertes
- und die Bezeichnung des Arrestgrundes.

a) **Glaubhaftmachung.** Arrestgrund und -anspruch sind glaubhaft zu machen, § 920 Abs. 2. Dies kann etwa durch eine eidesstattliche Versicherung geschehen, § 294 Abs. 1.

b) **Form, Anwaltszwang.** Das Arrestgesuch ist grundsätzlich schriftlich einzureichen. Es kann aber auch zu Protokoll der Geschäftsstelle erklärt werden, § 920 Abs. 3. Daraus folgt, dass der Antrag, auch wenn er beim Landgericht eingereicht wird, nicht von einem Anwalt gestellt werden muss, § 78 Abs. 3.

c) **Rechtshängigkeit.** Entgegen sonstigen Regeln wird das Arrestverfahren schon mit der Einreichung des Arrestgesuchs nicht nur anhängig, sondern bereits rechtshängig.[1]

3. Verfahrensarten

509 Im Arrestverfahren kann die Entscheidung ohne mündliche Verhandlung ergehen, § 922 Abs. 1 S. 1. Die Anordnung darüber, ob mit oder ohne mündliche Verhandlung entschieden wird, steht damit im pflichtgemäßen Ermessen des Gerichts. Wegen des Anspruchs des Antragsgegners auf Gewährung rechtlichen Gehörs wird allerdings eine Entscheidung ohne mündliche Verhandlung nur in Betracht kommen, wenn an-

---

1 OLG Düsseldorf NJW 1981, 2824 f; Thomas/Putzo/*Reichold* § 920 Rn. 1.

dernfalls die Entscheidung unzumutbar verzögert oder durch eine Warnung des Schuldners der Erfolg gefährdet würde.

Wird eine mündliche Verhandlung anberaumt, besteht beim Landgericht nunmehr Anwaltszwang, die Ausnahme des § 78 Abs. 3 gilt nur für den Arrestantrag selbst.

IV. Die Entscheidung über den Arrestantrag

1. Entscheidungsgrundlage

a) Grundlagen. Das Gericht hat zunächst zu untersuchen, ob nach dem Vorbringen **510** des Antragstellers der Arrestantrag zulässig und begründet ist. Arrestgrund und -anspruch müssen vorgetragen sein, unabhängig von der Frage, ob der Arrestgrund Zulässigkeitsvoraussetzung des Arrestes ist.

aa) Prüfungsumfang. Die Schlüssigkeit des Vorbringens des Antragstellers ist grundsätzlich wie im normalen Erkenntnisverfahren genau zu untersuchen; es findet nicht etwa eine nur summarische Prüfung statt. Allenfalls in besonderen Ausnahmefällen mag es wegen der Eilbedürftigkeit zulässig sein, besonders schwierige Rechtsfragen nicht mit der Gründlichkeit zu untersuchen, die im Hauptprozess erforderlich wäre.[1] In Klausuren allerdings sollte man auf jeden Fall gründlich prüfen.

bb) Darlegungs-, Beweislast. Streitig ist, ob auch im Arrestverfahren die Grundsätze des Erkenntnisverfahrens über die Darlegungs- und Beweislast gelten.

> **Beispiel:** Muss der Antragsteller nur das Entstehen eines Anspruchs vortragen und glaubhaft machen oder auch darlegen, dass dem Antragsgegner keine Einwendungen gegen den Anspruch zustehen?

- ZT wird angenommen, auch im Verfahren über den einstweiligen Rechtsschutz würden die allgemeinen Beweislastregeln gelten.[2] Andere meinen, zum Ausgleich der Benachteiligung, welcher der Antragsgegner im Eilverfahren ausgesetzt sei, treffe den Antragsteller die volle Darlegungs- und Glaubhaftmachungslast hinsichtlich aller notwendigen Voraussetzungen für eine ihm günstige Entscheidung.[3] Danach müsste der Antragsteller etwa auch das Fehlen nahe liegender Einwendungstatsachen vortragen und glaubhaft machen.
- Zutreffend ist eine differenzierende Auffassung, welche die strengen Grundsätze der zuletzt genannten Ansicht nur so lange anwendet, wie ohne rechtliches Gehör entschieden wird, nicht aber dann, wenn eine mündliche Verhandlung stattfindet.[4] In diesem Fall ist der Antragsgegner nicht so schutzwürdig, da er sich verteidigen kann.

b) Glaubhaftmachung. Arrestgrund und -anspruch sind **glaubhaft** zu machen, **511** § 920 Abs. 2. Das Eilverfahren ermöglicht es nicht, vollen Beweis zu erbringen, sodass ein geringerer Grad von Wahrscheinlichkeit ausreicht. Der Umfang der erforderlichen Glaubhaftmachung richtet sich nach der Darlegungslast (→ Rn. 510). Mittel

---

1 Zöller/*Vollkommer* § 922 Rn. 6; zweifelnd *Brox/Walker* Rn. 1510; aA MüKoZPO/ *Drescher* § 920 Rn. 10.

2 OLG Koblenz WRP 1979, 387, 389 mwN; *Brox/Walker* Rn. 1512.

3 KG WRP 1978, 819, 821.

4 StJ/*Grunsky* § 920 Rn. 10 f; *Teplitzky* WRP 1980, 373, 374; Thomas/Putzo/*Reichold* vor § 916 Rn. 9; Msk/*Huber* § 920 Rn. 5, der dies darauf beschränkt, dass sich aus dem Vorbringen des Gläubigers ergibt, dass der Schuldner Einwendungen erhoben hat.

der Glaubhaftmachung sind alle Beweismittel der ZPO. Der Beweis muss aber sofort erhoben werden können, § 294 Abs. 2 (sog. »präsente Beweismittel«). Zusätzlich ist hier die Abgabe einer eidesstattlichen Versicherung zulässig, § 294 Abs. 1. Aus § 294 Abs. 2 ergibt sich auch der Ausschluss des § 273. Das Gericht trifft also für eine mündliche Verhandlung keine Maßnahmen nach § 273, ist insbesondere nicht zur Zeugenladung verpflichtet.[1] Die Parteien müssen die Zeugen also »stellen«, dh zum Termin mitbringen.

Sind Anspruch oder Grund **nicht hinreichend glaubhaft** gemacht, kann das Gericht den Arrest trotzdem gegen Sicherheitsleistung anordnen (§ 921 S. 2), weil der Antragsgegner dann hinreichend geschützt ist. Es darf aber nur die Glaubhaftmachung fehlen, nicht etwa ein schlüssiger Vortrag.

Auch für den **Gegenbeweis** des Antragsgegners genügt naturgemäß im einstweiligen Rechtsschutz die Glaubhaftmachung. Findet eine mündliche Verhandlung statt, gilt § 138 III, IV. Es bedarf einer Glaubhaftmachung nur bzgl. **streitiger Tatsachen.**

2. Entscheidungsform

512 Hat das Gericht **keine mündliche Verhandlung** anberaumt, entscheidet es durch Beschluss über den Antrag, § 922 Abs. 1. Der Beschluss ist jedenfalls dann zu begründen, wenn der Antrag abgelehnt wird; zur Auslandsvollstreckung s. § 922 Abs. 1 S. 2. Nach mündlicher Verhandlung entscheidet das Gericht durch Urteil, § 922 Abs. 1 S. 1. Dies ist eine gesetzliche Ausnahme von dem Grundsatz, dass bei einer fakultativen mündlichen Verhandlung auch dann durch Beschluss zu entscheiden ist, wenn eine mündliche Verhandlung stattgefunden hat.

3. Entscheidungsinhalt

513 **a) Hauptsache.** Ist der Antrag unzulässig oder unbegründet, wird er zurück- (im Beschlussverfahren) bzw. abgewiesen (im Urteilsverfahren). Wird dem Antrag **stattgegeben,** müssen

- der dingliche oder persönliche **Arrest angeordnet,**
- der **gesicherte Anspruch** nach Grund und Betrag **angegeben**
- sowie eine **Lösungssumme festgesetzt** werden.

aa) Wenn der Antragsteller nicht lediglich den Arrest bzgl. bestimmter Vermögensgegenstände beantragt hat, ist der Arrest über das gesamte Vermögen des Antragsgegners anzuordnen. Dies besagt nicht, dass der Antragsgegner über sein Vermögen nicht mehr verfügen könnte. Der Ausspruch des Arrestes hat nur die Konsequenz, dass der Antragsteller den Arrest **in das gesamte Vermögen des Antragsgegners vollziehen darf.** Erst in Vollzug des Arrestes getroffene Vollstreckungsmaßnahmen führen zur Beschlagnahme der gepfändeten Gegenstände.

bb) Der **gesicherte Anspruch** muss angegeben werden, weil der Arrestbefehl Ersatz für einen Titel des Gläubigers ist. Die **Lösungssumme,** die zwingend anzugeben ist (§ 923), entspricht praktisch der Abwendungsbefugnis des Schuldners nach § 711 im Erkenntnisverfahren. Der Antragsgegner kann durch Hinterlegung der im Arresttenor genannten Summe, die dem Vollstreckungsinteresse des Antragstellers entspre-

---

1 BGH NJW 1958, 712; unklar Thomas/Putzo/*Reichold* § 294 Rn. 2.

chen muss, die Vollziehung des Arrestes hemmen und beantragen, einen bereits vollzogenen Arrest aufzuheben.

> **cc) Beispiel** für einen Tenor: »Wegen eines Anspruchs des Antragstellers auf Zahlung von Restwerklohn aus dem Bauvertrag vom 1. Juli … in Höhe von 5.000,– EUR nebst 9% Zinsen seit dem 1. März … sowie der auf 1.500,– EUR veranschlagten Kosten dieses Verfahrens wird der dingliche Arrest in das Vermögen des Antragsgegners angeordnet. Durch Hinterlegung von 8.000,– EUR wird die Vollziehung des Arrestes gehemmt.«

b) Nebenentscheidungen. Der Beschluss bzw. das Urteil muss eine Kostenentscheidung enthalten. Ein stattgebendes Urteil oder ein stattgebender Beschluss muss **nicht für vorläufig vollstreckbar** erklärt werden, die Vollstreckbarkeit folgt schon aus der Natur des Arrestverfahrens.   **514**

Lediglich ein abweisendes oder einen Arrest aufhebendes Urteil ist für vorläufig vollstreckbar zu erklären, § 708 Nr. 6. Beim abweisenden Beschluss gilt § 794 Abs. 1 S. 1 Nr. 3.

c) Weitere Anordnungen. Die Vollziehung des Arrestes kann von einer Sicherheitsleistung des Antragstellers abhängig gemacht werden (§ 921 S. 2), auch dann, wenn Arrestanspruch und/oder -grund nicht glaubhaft gemacht sind (§ 921 S. 1, → Rn. 511). Es kann aber auch bereits die Arrestanordnung von einer vorherigen Sicherheitsleistung abhängig gemacht werden, § 921 S. 2; zu beachten ist dann § 922 Abs. 3.   **515**

d) Parteibezeichnung. Die Parteien des Arrestverfahrens werden grundsätzlich als Antragsteller und Antragsgegner bezeichnet. Sobald allerdings eine mündliche Verhandlung anberaumt worden ist, sodass durch Urteil zu entscheiden ist, werden sie üblicherweise als Arrestkläger und Arrestbeklagter oder auch nur als Kläger und Beklagter bezeichnet.   **516**

4. Rechtskraft

In formelle Rechtskraft können nur Arresturteile und einen Arrestantrag zurückweisende Beschlüsse (Rechtsmittel insoweit § 567 Abs. 1 Nr. 2) erwachsen, weil gegen stattgebende Arrestbeschlüsse der unbefristete Widerspruch statthaft ist (→ Rn. 520). **Streitgegenstand** des Arrestverfahrens ist nur der prozessuale Sicherungsanspruch des Antragstellers. Nach hM werden insoweit Arrestentscheidungen auch materiell rechtskräftig.[1]   **517**

Trotz der Ablehnung eines Arrestgesuchs kann ein neuer Antrag auf den Eintritt neuer Tatsachen gestützt werden; die Rechtskraft der ablehnenden Entscheidung steht nicht entgegen. Darüber hinaus darf nach hM ein neuer Antrag auf Tatsachen gestützt werden, die bereits zur Zeit der Erstentscheidung vorlagen, aber wegen der Eile nicht ermittelt werden konnten; dies gilt auch für Mittel der Glaubhaftmachung, die früher nicht beizubringen waren.[2] Ist einem Arrestantrag stattgegeben worden, kann etwa dann ein neuer Antrag gestellt werden, wenn die Vollziehungsfrist abgelaufen ist.[3] In dem neuen Verfahren ist das entscheidende Gericht aber an die materielle Rechtskraft der ersten Entscheidung gebunden, wenn sich die Umstände inzwischen nicht geändert haben.

---

1 OLG Frankfurt NJW 1968, 2112, 2113; Thomas/Putzo/*Reichold* § 922 Rn. 8.
2 Msk/*Huber* § 922 Rn. 11; Thomas/Putzo/*Reichold* § 922 Rn. 10; *Brox/Walker* Rn. 1520.
3 Msk/*Huber* § 922 Rn. 11; Thomas/Putzo/*Reichold* § 922 Rn. 9; *Brox/Walker* Rn. 1521.

V. Die Rechtsbehelfe im Arrestverfahren

1. Urteile

518 Gegen ein stattgebendes oder ablehnendes Urteil im Arrestverfahren findet die Berufung statt. Eine Revision ist ausgeschlossen, § 542 Abs. 2 S. 1.

2. Ablehnende Beschlüsse

519 Gegen einen den Arrest ganz oder teilweise ablehnenden Beschluss kann der Antragsteller die sofortige Beschwerde (§ 567 Abs. 1 Nr. 2) einlegen. Es handelt sich um eine Entscheidung, die eine mündliche Verhandlung nicht erforderlich macht; ein Verfahrensantrag ist ganz oder teilweise zurückgewiesen worden.

3. Stattgebende Beschlüsse

520 Gegen einen – ganz oder teilweise – stattgebenden Beschluss findet der **Widerspruch** statt, § 924 Abs. 1. Dieser ist kein Rechtsmittel, weil das Verfahren nicht in die nächsthöhere Instanz kommt. Die Vollziehung wird nicht gehemmt, § 924 Abs. 3 S. 1. Eine Frist gibt es für den Widerspruch nicht; ggf. kommt allerdings eine Verwirkung in Betracht.

a) Zuständigkeit. Über den Widerspruch entscheidet das Gericht, das den Arrest angeordnet hat. Ist der Arrest auf eine Beschwerde des Antragstellers hin von der Beschwerdeinstanz angeordnet worden, ist das erstinstanzliche Gericht für das Widerspruchsverfahren zuständig (Gewohnheitsrecht).[1]

b) Form, Anwaltszwang. Hat das Landgericht den Arrest in erster Instanz angeordnet, besteht Anwaltszwang für den schriftlich einzulegenden Widerspruch. Beim Amtsgericht ist der Widerspruch schriftlich oder zu Protokoll der Geschäftsstelle zu erklären, § 924 Abs. 2 S. 3.

c) Verfahren. Auf den Widerspruch hin ist mündlich zu verhandeln, § 924 Abs. 2 S. 2. Es ist darüber zu entscheiden, ob die Voraussetzungen des Arrestes zur Zeit der mündlichen Verhandlung vorliegen. Die Vorschriften über die Glaubhaftmachung gelten auch hier.

d) Entscheidung. Über den Widerspruch ist durch Urteil zu entscheiden (§ 925 Abs. 1), das den Arrest ganz oder teilweise bestätigen, abändern oder aufheben kann. Auch kann eine Sicherheitsleistung angeordnet werden, § 925 Abs. 2. Zum Urteilstenor und zu den Nebenentscheidungen → Rn. 513 f. Bei einem aufhebenden Urteil ist zu beachten, dass der Arrestbeschluss aufzuheben und der Antrag auf seinen Erlass abzuweisen ist. Gegen das Urteil kann der Beschwerte Berufung einlegen.

VI. Das Aufhebungsverfahren

521 Das Arrestverfahren kennt neben den bereits dargestellten Rechtsbehelfen noch besondere Möglichkeiten, zu einer Aufhebung des Arrestes zu kommen. Die Aufhebung kann wegen veränderter Umstände oder deshalb beantragt werden, weil der Antragsteller nicht innerhalb einer gesetzten Frist Klage zur Hauptsache erhoben hat.

---

1 KG NJW-RR 2008, 520; Thomas/Putzo/*Reichold* § 924 Rn. 2; *Brox/Walker* Rn. 1525.

Beide Verfahren sind auch nach rechtskräftigem Abschluss des Arrestverfahrens möglich.

1. Aufhebung wegen veränderter Umstände

a) Gründe. Der Antragsgegner kann die Aufhebung des Arrestes beantragen, wenn sich die Umstände geändert haben, die bei Erlass des Arrestes vorausgesetzt wurden, § 927 Abs. 1. Dies kann folgende Ursachen haben:

- Im Hauptsacheverfahren, also dem Prozess um den Anspruch des Antragstellers, ist ein klageabweisendes Urteil ergangen. Ist dieses rechtskräftig, steht fest, dass dem Antragsteller der Arrestanspruch nicht zusteht. Aber auch ein noch nicht rechtskräftiges Urteil im Hauptsacheverfahren kann zur Aufhebung des Arrestes führen; es bleibt der Einschätzung des Arrestgerichts überlassen, ob ein Rechtsmittel Erfolg haben würde.[1]
- Der Arrestanspruch oder -grund ist nachträglich weggefallen. Beim Arrestanspruch kommt insbesondere die Erfüllung als Aufhebungsgrund in Betracht, aber auch das Entstehen einer Einrede (zB Verjährung). Insoweit verdrängt § 927 als **spezieller Rechtsbehelf** die Vollstreckungsabwehrklage (§ 767).[2] Auch ein Wegfall des Arrestgrundes kann zur Aufhebung führen. Insbesondere kann sich der Antragsgegner erbieten, Sicherheit zu leisten, § 927 Abs. 1.
- Nach hM kann der Antragsgegner den Aufhebungsantrag auch auf Umstände stützen, die schon zur Zeit der Entscheidung über den Arrestantrag vorlagen, aber von ihm schuldlos nicht geltend gemacht wurden und durch andere Rechtsbehelfe (Widerspruch, Berufung) nicht mehr geltend gemacht werden können.[3]

b) Verfahren. Für die Entscheidung ist das Gericht zuständig, das den Arrest angeordnet hat. Wenn die Hauptsache allerdings anhängig ist, ist das Gericht der Hauptsache zuständig, § 927 Abs. 2. Das Rechtsschutzinteresse fehlt, wenn Widerspruch oder Berufung eingelegt ist.[4] Zu entscheiden ist durch Endurteil.

2. Aufhebung mangels Klage zur Hauptsache

a) Anordnung der Hauptsacheklage. Auf Antrag des Antragsgegners hat das Gericht gem. § 926 anzuordnen, dass der Antragsteller, der den Arrest erwirkt hat, binnen einer bestimmten Frist Klage zur Hauptsache zu erheben hat. »Hauptsache« ist der **Arrestanspruch**, also die Geldforderung, die dem Antrag zugrunde lag. Es handelt sich bei der Klage zur Hauptsache um eine normale Klage, die auf Leistung an den Gläubiger oder auf Feststellung seines Anspruchs gerichtet ist, wenn dieser etwa noch nicht fällig ist. Es geht **nicht um eine Überprüfung des Arrestes**, insbesondere des Arrestgrundes. Lediglich der im Arrestverfahren summarisch bejahte Anspruch wird nunmehr im normalen Prozess überprüft.

Zuständig zur Fristsetzung, die nach Gewährung rechtlichen Gehörs ohne mündliche Verhandlung erfolgt, ist der Rechtspfleger, § 20 Abs. 1 Nr. 14 RPflG. Gegen seine ablehnende Entscheidung findet die sofortige Beschwerde nach § 567 Abs. 1 Nr. 2 statt (§ 11 Abs. 1 RPflG). § 793 ist nicht einschlägig, weil es sich nicht um ein Zwangsvoll-

522

523

---

1 BGH WM 1976, 134; Thomas/Putzo/*Reichold* § 927 Rn. 12.
2 *Lackmann* Rn. 496.
3 Msk/*Huber* § 927 Rn. 6; Thomas/Putzo/*Reichold* § 927 Rn. 12.
4 OLG Hamm FamRZ 1995, 824; Thomas/Putzo/*Reichold* § 927 Rn. 16 mwN.

streckungsverfahren handelt. Dem Gläubiger steht gegen eine zu kurze Frist die Erinnerung nach § 11 Abs. 2 S. 1 RPflG zu, über die der Richter abschließend zu entscheiden hat (§ 11 Abs. 2 S. 3 RPflG).

b) Vorherige Erfüllung. Der Antragsgegner kann den Antragsteller natürlich nicht zwingen, eine Klage zu erheben, obwohl der Anspruch bereits erfüllt ist. Die Klage zur Hauptsache wäre unbegründet. Deshalb ist in diesem Fall ein Antrag nach § 926 unzulässig. Der Antragsgegner muss nach § 927 vorgehen.

c) Aufhebung. Erhebt der Antragsteller die Klage zur Hauptsache nicht oder nicht fristgemäß, ist der Arrestbefehl aufzuheben, § 926 Abs. 2. Es reicht allerdings aus, wenn trotz Ablaufs der vom Rechtspfleger gesetzten Frist die Klage zur Hauptsache bis zur mündlichen Verhandlung im Aufhebungsverfahren nach § 926 erhoben worden ist.[1] Die Entscheidung über den Aufhebungsantrag ergeht nach mündlicher Verhandlung durch Urteil, § 926 Abs. 2.

C. Die einstweilige Verfügung

I. Arten und Zweck der einstweiligen Verfügung; Abgrenzung

1. Arten

524 Die einstweilige Verfügung kann

- der Sicherung von anderen als Geldansprüchen (**Sicherungsverfügung**, § 935),
- der einstweiligen Regelung streitiger Rechtsverhältnisse (**Regelungsverfügung**, § 940),
- aber in Ausnahmefällen auch der vorläufigen Befriedigung des Gläubigers (**Leistungsverfügung**)

dienen.

2. Einstweilige Sicherung

525 Wie beim Arrest ist bei der einstweiligen Verfügung zu beachten, dass sie nur der einstweiligen Sicherung des Gläubigers bzw. der einstweiligen Regelung eines Rechtsverhältnisses dient, bis es zu einer **Entscheidung in der Hauptsache** kommt. Es darf – von der Ausnahme der Leistungsverfügung abgesehen – grundsätzlich **nicht zu einer Befriedigung** des Gläubigers kommen, sodass nur Maßnahmen zulässig sind, die wieder rückgängig gemacht werden können.

Das Gesetz unterscheidet dabei zwischen der Sicherungsverfügung (§ 935), die der Sicherung anderer als Geldforderungen dient, und der Regelungsverfügung (§ 940), die streitige Rechtsverhältnisse einstweilen regeln soll. Diese Unterscheidung ist nicht sonderlich geglückt. So regelt eine Sicherungsverfügung auch ein streitiges Rechtsverhältnis, wenn der Schuldner den Anspruch des Gläubigers nicht anerkennt. Eine Regelungsverfügung sichert den Verfügungsanspruch, ohne den die Regelungsverfügung nicht ergehen kann. Deshalb gibt die Praxis regelmäßig die Unterscheidung zwischen diesen beiden Arten der einstweiligen Verfügung auf und stützt eine erlassene Verfügung auf die §§ 935, 940. Lediglich aus dogmatischen Gründen sollen diese Arten der einstweiligen Verfügung hier getrennt aufgezeigt werden.

---

1 OLG Köln OLGZ 1979, 118, 119 f; Thomas/Putzo/*Reichold* § 926 Rn. 8.

3. Leistungsverfügung

Nicht gesetzlich geregelt, aber allgemein für zulässig erachtet ist die Leistungsver-   **526**
fügung, die in dringenden Ausnahmefällen auch zur vorläufigen Befriedigung des
Gläubigers führen kann. Sie kann erlassen werden, wenn der Gläubiger andernfalls
zeitweise ohne Rechtsschutz bliebe und in Notsituationen geraten könnte. Der Unterschied zur Sicherungsverfügung liegt darin, dass die Leistungsverfügung zu einer
Befriedigung des Gläubigers führt, während die Sicherungsverfügung allein der Sicherung seines Anspruchs dient. Schwieriger ist die Abgrenzung zur Regelungsverfügung, weil auch diese zeitweise zu einer Befriedigung des Gläubigers führen
kann; hier sollte die Abgrenzung danach erfolgen, ob nach einer Aufhebung der
einstweiligen Verfügung der ursprüngliche Rechtszustand von selbst wieder eintritt
(Regelungsverfügung) oder nicht mehr bzw. nur im Wege der Rückabwicklung eintreten kann (Leistungsverfügung), → Rn. 531.

II. Die Sicherungsverfügung, § 935

1. Zweck

Die Sicherungsverfügung hat den Zweck, einen Anspruch des Gläubigers auf eine ge-   **527**
genständliche, also nicht auf Geld – dann Arrest – gerichtete Leistung des Schuldners
zu sichern.

> **Beispiel:** K hat von V einen gebrauchten Mercedes zum Preis von 15.000 EUR gekauft. Wenn K er-
> fährt, dass V den Mercedes, weil er einen höheren Preis erzielen kann, an D verkaufen und übereig-
> nen will, kann er seinen Übereignungsanspruch durch eine einstweilige Verfügung sichern lassen,
> um eine Übereignung an D zu verhindern. Erfährt demgegenüber V, dass K sich mit dem verkauften
> und übergebenen, aber noch nicht bezahlten Mercedes samt seiner Habe nach Afrika absetzen will,
> kann er zur Sicherung seines Zahlungsanspruchs einen Arrest erwirken.

2. Voraussetzungen

Voraussetzungen der Sicherungsverfügung sind ein **Verfügungsanspruch** (etwa der   **528**
Übereignungsanspruch im Beispiel → Rn. 527) und ein **Verfügungsgrund** (etwa die
Besorgnis, V werde im Beispiel → Rn. 527 den Wagen an D übereignen, bevor K ei-
nen Titel gegen V erlangt).

a) Verfügungsanspruch kann jeder Anspruch sein, sofern er nicht auf Geld gerichtet
ist oder in eine Geldforderung übergehen kann; im letzten Fall findet das Arrestverfahren (allenfalls noch die Leistungsverfügung, → Rn. 533 ff.) statt. Der Anspruch
kann wie beim Arrest betagt oder bedingt sein.

b) Ein Verfügungsgrund liegt gem. § 935 vor, »wenn zu besorgen ist, dass durch eine Veränderung des bestehenden Zustandes die Verwirklichung des Rechtes einer
Partei vereitelt oder wesentlich erschwert werden könnte«. Hinzu kommen muss,
wie aus dem Wesen des einstweiligen Rechtsschutzes folgt, dass eine Entscheidung im
Eilverfahren notwendig ist, weil **Rechtsschutz im ordentlichen Erkenntnisverfahren nicht rechtzeitig zu erlangen** wäre.

Unwiderleglich vermutet wird ein Sicherungsgrund, wenn ein schuldrechtlicher Anspruch auf eine dingliche Rechtsänderung durch Eintragung einer Vormerkung (§ 885
Abs. 1 S. 2 BGB) oder ein Anspruch auf Berichtigung des Grundbuchs durch Eintragung eines Widerspruchs (§ 899 Abs. 2 S. 2 BGB) gesichert werden soll. Hier besteht

die Gefahr des gutgläubigen Erwerbs wegen des öffentlichen Glaubens des Grundbuchs, § 892 BGB.

3. Inhalt der Entscheidung

529 **a) Freies Ermessen.** § 938 Abs. 1 stellt den Richter bei der Entscheidung über den Verfügungsantrag freier als im Erkenntnisverfahren. Er bestimmt nach freiem Ermessen, welche Anordnungen zur Erreichung des Zweckes erforderlich sind. Dabei sind ihm aber folgende Grenzen gesetzt:

aa) Die Anordnung darf nicht über den Antrag des Antragstellers oder sein Ziel hinausgehen, § 308 Abs. 1. Es dürfen also nur dem Antrag oder Begehren gleich- oder (mit Kostenfolgen) minderwertige Anordnungen getroffen werden.

bb) Die angeordnete Maßnahme darf die Entscheidung in der Hauptsache (gedachter Prozess über den Verfügungsanspruch) **nicht vorwegnehmen,** sie muss sich also wieder beseitigen lassen und darf nicht zu einer Erfüllung des zu sichernden Anspruchs führen.

cc) Die Anordnung muss sich in den äußersten Grenzen der Zwangsvollstreckung halten und darf den Grundsatz der Verhältnismäßigkeit nicht missachten. Es darf also nichts angeordnet werden, was vollstreckungsrechtlich unzulässig wäre; unter mehreren möglichen Maßnahmen muss die am wenigsten einschneidende gewählt werden.

> **b) Beispiele** für zulässige Anordnungen:
> * Eine Sequestration (Verwahrung und Verwaltung einer Sache durch eine vom Gericht bestimmte Person).
> * Gebot oder Verbot einer Handlung (zB Herausgabe einer Sache an den Gerichtsvollzieher; Überbauverbot).
> * Veräußerungs-, Belastungs- oder Verpfändungsverbote (§ 938 Abs. 2), welche die Folgen der §§ 135 f. BGB (relatives Veräußerungsverbot) auslösen.
> * Erwerbsverbote (zB um eine Heilung eines formwidrigen Grundstückskaufvertrages durch Auflassung und Eintragung in das Grundbuch zu verhindern).
> * Vormerkung (§ 885 BGB) und Widerspruch (§ 899 BGB) im Grundbuch; praktisch besonders wichtig ist die Eintragung einer Vormerkung zur Sicherung des Anspruchs auf Eintragung einer Bauhandwerker-Sicherungshypothek, §§ 885, 648 BGB.

III. Die Regelungsverfügung, § 940

1. Zweck, Voraussetzungen

530 Die Regelungsverfügung hat den **Zweck,** ein streitiges Rechtsverhältnis einstweilen zu regeln, soll also den Rechtsfrieden bis zur Entscheidung über die Hauptsache sichern. **Voraussetzungen** der Regelungsverfügung sind Verfügungsanspruch und Verfügungsgrund.

a) Besseres Recht. Nach seinem Wortlaut fordert § 940 lediglich ein streitiges Rechtsverhältnis. Der Antragsteller muss aber geltend machen, dass ihm gegenüber dem Antragsgegner ein besseres Recht zusteht. Durch eine einstweilige Verfügung darf nicht in das bessere Recht eines anderen eingegriffen werden. Verfügungsanspruch ist letztlich also das gegenüber dem Antragsgegner **bessere Recht des Antragstellers.**

Rechtsverhältnisse iSd § 940 können insbesondere Dauerschuldverhältnisse, aber auch aus Eigentum, Besitz, Namens- oder Persönlichkeitsrechten folgende Rechtsbeziehungen sein. **Streitig** sind sie, wenn sie vom Antragsgegner bestritten oder bereits verletzt worden sind.

b) Ein Verfügungsgrund liegt gem. § 940 vor, wenn eine Regelung zur Abwendung wesentlicher Nachteile, zur Verhinderung drohender Gewalt oder aus anderen Gründen notwendig erscheint. Eine einstweilige Regelung muss also dringend erforderlich sein. Daran kann es fehlen, wenn eine behauptete Störung bereits beendet ist, es sei denn, es bestehe Wiederholungsgefahr.

2. Inhalt der Entscheidung

a) Freies Ermessen. Auch bei der Regelungsverfügung findet § 938 Abs. 1 Anwen-   **531** dung mit den bei der Sicherungsverfügung bereits genannten Grenzen (→ Rn. 529). Streitig ist, ob und inwieweit die Regelungsverfügung die Entscheidung in der Hauptsache vorwegnehmen darf.

ZT wird angenommen, es dürften keine Maßnahmen angeordnet werden, die ganz oder teilweise zur Befriedigung des Anspruchs des Antragstellers führen; hier sei nur – unter ihren strengen Voraussetzungen – eine Leistungsverfügung statthaft.[1]

Andere stellen darauf ab, dass eine zeitweilige Erfüllung durch eine Regelungsverfügung zulässig sei, nur zu einer endgültigen Befriedigung dürfe es nicht kommen. Deshalb sei eine Regelungsverfügung möglich, wenn mit ihrer Aufhebung ohne weiteres der alte Rechtszustand wieder eintrete (→ Rn. 526).[2] Diese Auffassung ist zutreffend, weil sie den Grundgedanken des § 940 am besten verwirklicht – einstweilige Regelung des Rechtszustandes und damit auch einstweilige Befriedigung des Regelungsbedürfnisses des Antragstellers – und gleichzeitig ein brauchbares Abgrenzungskriterium zur Leistungsverfügung schafft. Dies wird insbesondere bei Unterlassungsverfügungen deutlich:

> **Beispiel:** Der antragstellende Oberbürgermeister will verhindern, dass die Organisation »Rettet die soziale Freiheit e.V.« ihn in Zeitungsanzeigen permanent als »korrupten Vertreter der Interessen der Großindustrie auf Kosten der sozial Schwachen« bezeichnet. Hier käme eine Regelungsverfügung in Betracht. Nur für die Zeit ihrer Wirksamkeit wäre dem Verein die Veröffentlichung entsprechender Äußerungen untersagt. Würde die einstweilige Verfügung aufgehoben, träte der alte Rechtszustand wieder ein; die Anzeigen dürften wieder erscheinen. Sind die Anzeigen allerdings nur im Rahmen des Wahlkampfes veröffentlicht worden und für die Zeit nach dem Wahltag nicht mehr beabsichtigt, käme nur eine Leistungsverfügung in Betracht, weil der Unterlassungsanspruch dann vollständig befriedigt würde.

b) Beispiele für Anordnungen in Regelungsverfügungen: **532**
Praktisch wichtig ist zunächst der Bereich der **Verletzung von Persönlichkeitsrechten**.

* Hier kann durch eine Regelungsverfügung Unterlassung der beeinträchtigenden Handlungen längstens bis zur rechtskräftigen Entscheidung über die Hauptsache angeordnet werden. Dagegen ist es nicht zulässig, im Wege der Regelungsverfügung etwa einen endgültigen Widerruf ehrverletzender Behauptungen zu verlangen. Dies würde eine Vorwegnahme der Hauptsache bedeuten. Allenfalls kann im Wege der einstweiligen Verfügung ein einstweiliger Widerruf verlangt werden.[3]
* Eine Gegendarstellung bei Verletzungen des Persönlichkeitsrechts durch Medien kann wegen des Erfüllungscharakters grundsätzlich im Wege der einstweiligen Verfügung nicht verlangt werden. Hier gibt es allerdings gestattende Sonderregeln in den Pressegesetzen der einzelnen Bundesländer.

---

1 StJ/*Grunsky* vor § 935 Rn. 31; *Brox/Walker* Rn. 1597a.
2 OLG Frankfurt BB 1982, 274; *Jauernig* ZZP 79, 321, 332 f.
3 Str.; s. OLG Stuttgart WRP 1989, 202; aA Thomas/Putzo/*Reichold* § 940 Rn. 17.

Von großer praktischer Bedeutung sind weiterhin Regelungsverfügungen im Bereich des **Wettbewerbsrechts**, die dann als Leistungsverfügungen anzusehen sind, wenn zB die Werbung für ein bestimmtes Ereignis untersagt wird. Jeder rechtswidrige Verstoß gegen die Verbotstatbestände etwa des UWG begründet Unterlassungsansprüche. § 12 Abs. 2 UWG erlaubt den Erlass von einstweiligen Verfügungen unter gegenüber den §§ 935, 940 erleichterten Voraussetzungen. Ein Verfügungsgrund ist weder darzulegen noch glaubhaft zu machen.

Im **gesellschaftsrechtlichen** Bereich kann die Geschäftsführungs- oder Vertretungsbefugnis eines Gesellschafters oder Geschäftsführers Gegenstand einer einstweiligen Verfügung sein.

- So ist es zulässig, einem Gesellschafter die Geschäftsführungs- oder Vertretungsbefugnis durch eine einstweilige Verfügung einstweilen zu entziehen, wenn dies durch ein Urteil möglich wäre (s. §§ 117, 127 HGB).
- Erfolgt die Entziehung der Befugnisse durch Gesellschafterbeschluss (etwa gem. §§ 712, 715 BGB), kann durch eine einstweilige Verfügung einstweilen der durch den Beschluss geänderte ursprüngliche Rechtszustand wieder hergestellt werden. Durch eine Aufhebung der einstweiligen Verfügung wäre der Gesellschafterbeschluss wieder maßgeblich. Unzulässig ist dagegen grundsätzlich eine Regelungsverfügung, durch die der Gesellschaft untersagt wird, einen entsprechenden Beschluss zu erlassen.[1] Nur ausnahmsweise kann sie ergehen, wenn die Rechtslage eindeutig ist oder ein besonderes Schutzbedürfnis des betroffenen Gesellschafters besteht.[2]
- Unzulässig ist die Ausschließung eines Gesellschafters aus der Gesellschaft im Wege der Regelungsverfügung. Die dadurch eintretenden Veränderungen ließen sich durch eine Aufhebung der einstweiligen Verfügung nicht rückgängig machen.

IV. Die Leistungsverfügung

1. Zweck

533 Die Leistungsverfügung hat den Zweck, einen Anspruch des Antragstellers jedenfalls für einen gewissen Zeitraum zu befriedigen. Der Antragsgegner wird – wie im Erkenntnisverfahren – **zur Leistung verurteilt**. Da dies dem Wesen des einstweiligen Rechtsschutzes fremd ist, werden an die Zulässigkeit einer derartigen Anordnung **besonders hohe Anforderungen** gestellt. Die Gefahr, die in derartigen Verfügungen liegt, zeigt folgendes **Beispiel:**

> Der Antragsteller ist der Vermieter des Antragsgegners, der außer den Mieteinkünften aus dem an den Antragsteller vermieteten Haus keinerlei eigene Einkünfte hat. Er erwirkt gegen den Antragsgegner, der die Miete wegen Mängeln einbehält, eine einstweilige Verfügung auf Zahlung von 800,– EUR monatlich.
>
> Hier hat der Antragsteller im einstweiligen Rechtsschutz einen vollwertigen Vollstreckungstitel erlangt, mit dessen Hilfe er von dem Antragsgegner monatlich 800,– EUR beitreiben kann. Dabei ist es denkbar, dass der Antragsgegner zuvor nicht einmal angehört wurde. Vollstreckt der Antragsteller, steht der Antragsgegner letztlich schutzlos da. Eine Aufhebung der einstweiligen Verfügung und der Schadenersatzanspruch aus § 945 helfen ihm nicht, soweit schon vollstreckt wurde, weil der Schadenersatzanspruch unrealisierbar ist; das Geld wird in aller Regel bereits verbraucht worden sein.

---

1 OLG Frankfurt Rpfleger 1982, 1154 f.
2 OLG Saarbrücken NJW-RR 1989, 1512, 1513 mwN; Msk/*Huber* § 940 Rn. 9.

Als Rechtsgrundlage der Leistungsverfügung wird eine analoge Anwendung des § 940 oder richterliche Rechtsfortbildung genannt.

2. Voraussetzungen

a) Verfügungsanspruch kann jeder materiell-rechtliche Anspruch sein. Er kann auch auf Geldzahlung gerichtet sein. Hier sind die Vorschriften über den Arrest nicht vorrangig, weil der Arrest nur der **Sicherung** eines auf Geld gerichteten Anspruchs dient, nicht aber, wie die Leistungsverfügung, auf **Erfüllung** eines solchen Anspruchs gerichtet ist. Wegen der Gefahr, die in Leistungsverfügungen liegt (s. das Beispiel → Rn. 533), ist der Verfügungsanspruch trotz des summarischen Verfahrens **besonders gründlich** zu prüfen.

534

b) Verfügungsgrund. Strenge Anforderungen sind an den Verfügungsgrund zu stellen. Er wird nur in folgenden Fallgruppen angenommen:

Die Verfügung ist zur Abwendung einer **Existenzgefährdung oder Notlage** des Antragstellers erforderlich. Dies ist anzunehmen, wenn der Antragsteller die geforderte Leistung benötigt, um den dringend notwendigen Lebensunterhalt bestreiten oder seine Gesundheit erhalten zu können bzw. seine drohende Existenzvernichtung abzuwenden.

> **Beispiel:** Der Antragsteller hat ausschließlich Einkünfte aus der Vermietung seines Hauses und verlangt Zahlung der vorenthaltenen Miete (→ Rn. 533).

Die Anordnung ist zur Vermeidung eines **unverhältnismäßig hohen Vermögensschadens** erforderlich.[1]

> **Beispiel:** Firma A hat sich verpflichtet, ein Kraftwerk bis zu einem bestimmten Zeitpunkt zu erstellen. Im Fall der Späterfüllung drohen ihr Schadenersatzansprüche der Betreiberfirma, die 100.000 EUR erreichen können. Firma A ist auf die Lieferung bestimmter Teile durch Firma B angewiesen. Diese will trotz Vertrages mit der Firma A nicht liefern, weil sie eine günstigere Abnahmequelle gefunden hat. Hier dürfte eine Leistungsverfügung der Firma A gegen Firma B jedenfalls dann zulässig sein, wenn glaubhaft gemacht wird, dass Firma A ihren drohenden Schaden bei Firma B nicht realisieren kann.

Der Erlass der Leistungsverfügung ist deshalb notwendig, weil nur so ein **endgültiger Rechtsverlust** vermieden werden kann. Zur Durchsetzung etwa von Unterlassungs- und Handlungsansprüchen, die nach einem bestimmten Zeitpunkt nicht mehr erfüllbar sind oder an deren Erfüllung wegen des Zeitablaufs kein Interesse mehr besteht, kommt die Leistungsverfügung in Betracht.[2]

> **Beispiel:** Im Beispiel → Rn. 531 könnte der Oberbürgermeister seine »Verunglimpfung« vor der Wahl, die mit der Regelungsverfügung nicht angreifbar ist, mit der Leistungsverfügung angreifen, wenn ein Unterlassungsanspruch besteht.

3. Inhalt der Entscheidung

Zu den Grenzen der im Rahmen des § 938 Abs. 1 zulässigen Entscheidungen → Rn. 529, 531. Durch eine **Erfüllung** des Anspruchs des Gläubigers wird die Leis-

535

---

1 OLG Hamm FamRZ 1988, 529; LW/*Wittschier* Rn. 89.
2 *Brox/Walker* Rn. 1618 mwN.

tungsverfügung **nicht beschränkt,** weil sie gerade ihr Ziel ist. Allerdings muss sich die Leistungsverfügung im **unbedingt erforderlichen Rahmen** halten.

> **Beispiele:**
> - Die einstweilige Verfügung auf Zahlung von Miete (→ Rn. 533) darf nicht das zuerkennen, was im Klageverfahren erreicht werden könnte; sie muss sich auf den Notbedarf beschränken. Zudem darf sie nur für eine Zeit bis zu 6 Monaten ergehen;[1] in dieser Zeit kann regelmäßig ein Titel im Klageverfahren erstritten werden.
> - Die Anordnung, dass der Vermieter die Heizungsanlage so einrichten muss, dass die Wohnung des Mieters hinreichend beheizt wird, darf ebenfalls nicht den Umfang eines entsprechenden Urteils erreichen (Temperatur zB nur 20 statt 22 Grad) und muss zeitlich begrenzt werden, bis ein Urteil in der Hauptsache erwartet werden kann.
>
> **Weitere Beispiele** für Leistungsverfügungen:
> - Durchsetzung von Ansprüchen auf Lieferung von Wasser oder Energie.
> - Unterlassungsansprüche insbesondere nach dem UWG, wenn sie zu einer abschließenden Klärung führen würden (insbesondere wegen Zeitablaufs).
> - Ansprüche auf Räumung von Wohnraum wegen verbotener Eigenmacht oder konkreter Gefahr für Leib oder Leben, § 940a.
> - Ansprüche auf **Herausgabe beweglicher Sachen,** deren Besitz durch **verbotene Eigenmacht** erlangt ist. Eine § 940a entsprechende Regelung fehlt hier zwar in der ZPO. Aus § 863 BGB folgt aber, dass der Gesetzgeber die Durchsetzung dieser Ansprüche für besonders eilbedürftig gehalten hat; dem Besitzanspruch kann nicht einmal ein Anspruch aus Eigentum entgegengehalten werden. Die Leistungsverfügung wird deshalb in diesen Fällen allgemein für zulässig erachtet.[2]

V. Das Verfahren bei einstweiligen Verfügungen

536   Die Vorschriften über den **Arrest** finden grundsätzlich auch auf die **einstweilige Verfügung Anwendung** (§ 936), soweit nicht Sondervorschriften einschlägig sind (§§ 937 ff.). Diese Spezialregelungen betreffen vor allem die Zuständigkeit und die Notwendigkeit einer mündlichen Verhandlung.

1. Zuständigkeit

537   **a) Kein Wahlrecht.** Für den Erlass einstweiliger Verfügungen ist – grundsätzlich – das Gericht der Hauptsache (§ 943) zuständig, § 937 Abs. 1. Nur **ausnahmsweise,** nicht wie beim Arrest wahlweise (zur Ausnahme des § 942 Abs. 2 → Rn. 538), kann das Amtsgericht der belegenen Sache zuständig sein.

aa) Als Gericht der Hauptsache ist das Gericht des ersten Rechtszuges und, wenn die Hauptsache in der Berufungsinstanz anhängig ist, das Berufungsgericht anzusehen, § 943 Abs. 1.

bb) Gericht des ersten Rechtszuges ist das Gericht, das über den Verfügungsanspruch im ordentlichen Verfahren zu entscheiden hätte. Es ist also zu untersuchen, welches Gericht über eine **gedachte Klage des Antragstellers zu entscheiden** hätte. Hier kommt es – auch in der Praxis – immer wieder zu Fehlbeurteilungen, wenn auf den Streitwert abzustellen ist.

> **Beispiel:** Der Antragsteller verlangt im Wege der einstweiligen Verfügung Herausgabe eines PKWs im Wert von 9.000,00 EUR an den Gerichtsvollzieher. Streitwert einer Herausgabeklage wäre

---

1   OLG Köln FamRZ 1983, 410; Thomas/Putzo/*Reichold* § 940 Rn. 9.
2   OLG Hamm NJW-RR 1991, 1526; Thomas/Putzo/*Reichold* § 940 Rn. 12.

9.000,00 EUR (§ 6). Der Streitwert des Verfügungsverfahrens wird in der Regel etwa mit ⅓ des Streitwerts der Hauptsache bemessen,[1] beträgt also 3.000,00 EUR. Hier ist nach §§ 937 Abs. 1, 943 das Landgericht – grundsätzlich – zur Entscheidung über die einstweilige Verfügung zuständig. Es ist das Gericht der Hauptsache; im ersten Rechtszug wäre es zur Entscheidung über die Herausgabeklage (den Verfügungsanspruch) zuständig. Auf den Streitwert des Verfügungsverfahrens kommt es nicht an.

cc) Ausschließlichkeit. Die Zuständigkeit der §§ 937 Abs. 1, 942, 943 ist **ausschließlich** (§ 802), weil sie im 8. Buch der ZPO geregelt ist. Eine rügelose Einlassung ist daher nicht möglich, § 40 Abs. 2.

b) Amtsgericht »der belegenen Sache«. Ausnahmsweise – nicht wie beim Arrest **538** wahlweise – kann auch das Amtsgericht »der belegenen Sache« zuständig sein, § 942. Danach sind zwei verschiedene Anwendungsfälle zu unterscheiden:

aa) In »dringenden Fällen« kann das Amtsgericht, in dessen Bezirk sich der Streitgegenstand befindet, eine einstweilige Verfügung erlassen, § 942 Abs. 1. Es muss gleichzeitig eine Frist bestimmen, innerhalb der die Ladung des Gegners zur mündlichen Verhandlung über die Rechtmäßigkeit der einstweiligen Verfügung bei dem Gericht der Hauptsache (einem anderen Amtsgericht oder dem Landgericht) zu beantragen ist.

In der Praxis geht es hier regelmäßig darum, dass das Amtsgericht anstelle des eigentlich ausschließlich zuständigen Landgerichts die einstweilige Verfügung erlassen soll. Daraus ergibt sich bereits, was mit dem »dringenden Fall« nur gemeint sein kann: Dem Antragsteller ist es nicht möglich, rechtzeitig eine Entscheidung des Landgerichts herbeizuführen, wobei zu beachten ist, dass dieses in dringenden Fällen durch den Vorsitzenden allein entscheiden darf, § 944.

bb) Eine Wahlzuständigkeit enthält nur § 942 Abs. 2 für den Fall, dass im Wege der einstweiligen Verfügung eine Vormerkung oder ein Widerspruch im Grundbuch eingetragen werden soll. Hier ist auch das Amtsgericht zuständig, in dessen Bezirk das Grundstück belegen ist. Eine Frist zur Ladung des Gegners zur mündlichen Verhandlung über die Rechtmäßigkeit der einstweiligen Verfügung beim Gericht der Hauptsache wird in diesem Fall nicht von Amts wegen, sondern nur auf Antrag gesetzt, § 942 Abs. 2 S. 2.

2. Der Verfügungsantrag

Für den Antrag gilt § 920 entsprechend (→ Rn. 508), § 936. Zu beachten ist aller- **539** dings, dass ein bestimmter Antrag bei Sicherungs- und Regelungsverfügungen nicht gestellt werden muss, weil das Gericht bei der Anordnung der notwendigen Maßnahmen freier gestellt ist als beim Arrest, § 938 Abs. 1. Das Rechtsschutzziel des Gläubigers muss jedoch erkennbar sein. Bei der Leistungsverfügung demgegenüber muss der Antrag so bestimmt sein, wie bei der Leistungsklage, weil hier eine Erfüllung des Anspruchs des Gläubigers begehrt wird.

Verfügungsanspruch und -grund sind glaubhaft zu machen, §§ 936, 920 Abs. 2 (→ Rn. 511).

---

1 Thomas/Putzo/*Hüßtege* § 3 Rn. 52.

3. Verfahrensarten

540 **a) Mündliche Verhandlung. aa) Grundsatz.** Im Verfahren auf Erlass einer einstweiligen Verfügung ist – anders als beim Arrest – grundsätzlich eine **mündliche Verhandlung** anzuberaumen. Lediglich in dringenden Fällen kann die Entscheidung ohne mündliche Verhandlung ergehen, § 937 Abs. 2. Die »Dringlichkeit« muss über die für den Erlass der einstweiligen Verfügung bereits erforderliche Eilbedürftigkeit hinausgehen. Es ist erforderlich, dass die Anberaumung einer mündlichen Verhandlung den Erfolg der einstweiligen Verfügung gefährden könnte.[1] Eine Zurückweisung des Antrags ohne mündliche Verhandlung ist zulässig, weil dieser Beschluss dem Gegner nicht mitgeteilt wird und so der Überraschungseffekt bei einer stattgebenden Entscheidung des Beschwerdegerichts gewahrt werden kann. Anders ist es, wenn der Antragsgegner vor der erstinstanzlichen Entscheidung eine Schutzschrift (Stellungnahme für den Fall des Eingangs eines Antrags auf Erlass einer einstweiligen Verfügung) eingereicht hatte.[2]

bb) Beim Amtsgericht der belegenen Sache, also dem Gericht, das anstelle des Gerichts der Hauptsache nach § 942 entscheidet (→ Rn. 538), steht die Anordnung einer mündlichen Verhandlung gem. § 942 Abs. 4 iVm § 128 Abs. 4 in dem pflichtgemäßen Ermessen des Gerichts. Dabei kommen allerdings nur die Fälle des § 942 Abs. 2 in Betracht; ist die Angelegenheit nicht so dringend, dass nach mündlicher Verhandlung entschieden werden kann, fehlt es auch an der Dringlichkeit iSd § 942 Abs. 1, sodass das Amtsgericht unzuständig wäre.

cc) Im Rechtfertigungsverfahren des § 942 Abs. 1, Abs. 2 – zu unterscheiden vom Widerspruchsverfahren – findet immer eine mündliche Verhandlung statt.

b) Fristen, Anwaltszwang. Wegen des Anwaltszwangs siehe die Ausführungen zum Arrest, → Rn. 508 f.

VI. Die Entscheidung über den Verfügungsantrag

Zur Entscheidungsgrundlage – Schlüssigkeits- und Erheblichkeitsprüfung, Beweislast und Glaubhaftmachung – siehe die Ausführungen zum Arrest, → Rn. 510 f.

1. Entscheidungsform

541 **a) Keine mündliche Verhandlung.** Hat das Gericht keine mündliche Verhandlung anberaumt, entscheidet es durch **Beschluss.**

b) Mündliche Verhandlung. Wird eine mündliche Verhandlung anberaumt, ist grundsätzlich durch **Urteil** zu entscheiden. Dies gilt allerdings nicht, wenn das Amtsgericht der belegenen Sache (§ 942, → Rn. 538) zu entscheiden hat. Dieses entscheidet, auch nach Durchführung einer mündlichen Verhandlung, immer durch Beschluss (§ 942 Abs. 4).

2. Entscheidungsinhalt

542 **a) Hauptsache.** Ist der Antrag unzulässig oder unbegründet, wird er zurück- (im Beschlussverfahren) bzw. abgewiesen (im Urteilsverfahren). Ist er zulässig und begrün-

---

1 OLG Karlsruhe NJW-RR 1987, 1206; Thomas/Putzo/*Reichold* § 937 Rn. 2.
2 Msk/*Huber* § 937 Rn. 5.

det, wird unter Berücksichtigung des § 938 Abs. 1 die im Einzelfall notwendige Maßnahme angeordnet.

> **Beispiele:**
> **Sicherungsverfügung:** »Dem Antragsgegner wird aufgegeben, den PKW Mercedes 300 D, amtliches Kennzeichen D-A 100, Fahrgestell-Nr. 1 234 321, an den zuständigen Gerichtsvollzieher herauszugeben.«
> **Regelungsverfügung:** »Der Antragsgegner hat es zu unterlassen, den Antragsteller in Zeitungsanzeigen als ›korrupten Vertreter der Interessen der Großindustrie auf Kosten der sozial Schwachen‹ zu bezeichnen.«
> **Leistungsverfügung:** »Der Antragsgegner wird verurteilt, an den Antragsteller für die Zeit ab heute für höchstens 6 Monate vom heutigen Tag an monatlich im Voraus 400,– EUR, fällig am 3. Werktag eines jeden Monats, zu zahlen.«

b) Nebenentscheidungen. Der Beschluss bzw. das Urteil muss eine **Kostenentscheidung** enthalten. Dabei kann insbesondere in Wettbewerbsverfahren die Anwendung des § 93 in Betracht kommen, wenn der Antragsteller den Antragsgegner nicht vor der Beantragung der einstweiligen Verfügung erfolglos abgemahnt hat. **543**

Einer Entscheidung über die **vorläufige Vollstreckbarkeit** bedarf es nur bei Urteilen, die den Antrag auf Erlass einer einstweiligen Verfügung abweisen oder einen Verfügungsbeschluss aufheben, § 708 Nr. 6. Eine Lösungssumme (§ 923) ist nicht festzusetzen, wie aus § 939 folgt.

c) Weitere Anordnungen. Folgende weitere Anordnungen können oder müssen getroffen werden: **544**

- Es kann eine Sicherheitsleistung des Antragstellers wegen der dem Antragsgegner drohenden Nachteile festgesetzt werden, §§ 936, 921.
- Auf Antrag muss dem Antragsteller (durch den Rechtspfleger, § 20 Abs. 1 Nr. 14 RPflG) eine Frist zur Erhebung der Klage in der Hauptsache gesetzt werden.
- Das Amtsgericht des § 942 muss im Fall des § 942 Abs. 1 von Amts wegen, im Fall des § 942 Abs. 2 auf Antrag des Antragsgegners dem Antragsteller eine Frist setzen, innerhalb der er die Ladung des Antragsgegners zur mündlichen Verhandlung über die Rechtmäßigkeit der einstweiligen Verfügung vor dem Gericht der Hauptsache zu beantragen hat.

d) Parteibezeichnung. Die Parteien werden auch im Verfügungsverfahren zunächst als Antragsteller bzw. Antragsgegner bezeichnet; findet eine mündliche Verhandlung statt als Verfügungskläger bzw. Verfügungsbeklagter. **545**

VII. Die Rechtsbehelfe im Verfahren der einstweiligen Verfügung

1. Urteile

Rechtsmittel gegen ein stattgebendes oder abweisendes Urteil ist die Berufung. Eine Revision findet nicht statt, § 542 Abs. 2 1. **546**

2. Beschlüsse

a) Zurückweisende. Ist der Antrag ohne mündliche Verhandlung oder vom Amtsgericht des § 942 (→ Rn. 538) auch nach mündlicher Verhandlung durch Beschluss zurückgewiesen worden, findet hiergegen die **sofortige Beschwerde** nach § 567 Abs. 1 Nr. 2 statt. **547**

b) Stattgebende. Gegen einen stattgebenden Beschluss des Gerichts der Hauptsache ist der **Widerspruch** statthaft, §§ 936, 924 Abs. 1. Zu den Einzelheiten siehe die Ausführungen zum Arrest (→ Rn. 520). Es darf lediglich keine Sicherheitsleistung des Schuldners nach § 925 Abs. 2 angeordnet werden, § 939.

c) Beschlüsse nach § 942. Gegen Beschlüsse des Amtsgerichts im Rahmen des § 942 findet nach hM kein Widerspruch statt. Es ist nur ein Antrag auf Durchführung des Rechtfertigungsverfahrens statthaft, der auch vom Antragsgegner selbst gestellt werden darf. Auf diesen Antrag hin hat das Amtsgericht den Rechtsstreit an das Gericht der Hauptsache zu verweisen.[1] Das Rechtfertigungsverfahren vor dem Gericht der Hauptsache entspricht dem Widerspruchsverfahren, das Gericht der Hauptsache entscheidet aufgrund mündlicher Verhandlung durch Endurteil über die Rechtmäßigkeit der einstweiligen Verfügung. Dieses Verfahren hat nichts mit der Fristsetzung zur Klage zur Hauptsache nach § 926 zu tun. Das Rechtfertigungsverfahren ersetzt lediglich das Widerspruchsverfahren, diesmal vor dem eigentlich zuständigen Gericht der Hauptsache.

VIII. Das Aufhebungsverfahren

1. Veränderte Umstände

548 Die Aufhebung kann wegen veränderter Umstände nach §§ 936, 927 begehrt werden. Hier gilt das zum Arrest Ausgeführte entsprechend (→ Rn. 522). Lediglich das Erbieten zur Sicherheitsleistung iSd § 927 Abs. 1 ist wegen § 939 kein Aufhebungsgrund. Insoweit gilt die Spezialvorschrift des § 939, sodass nur »besondere Umstände« die Aufhebung der einstweiligen Verfügung gegen Sicherheitsleistung rechtfertigen, etwa die Stellung einer tauglichen Bankbürgschaft bei einer einstweiligen Verfügung auf Eintragung der Vormerkung zur Sicherung des Anspruchs auf Eintragung einer Bauhandwerker-Sicherungshypothek.

Zu beachten ist auch hier, dass die §§ 936, 927 in ihrem Anwendungsbereich als Spezialnormen eine **Vollstreckungsabwehrklage ausschließen.** Ausnahme: Leistungsverfügung.[2]

2. Keine Hauptsacheklage

549 Zur Aufhebung mangels Klage zur Hauptsache, §§ 936, 926, gilt das zum Arrest Gesagte entsprechend (→ Rn. 523). Dieses Verfahren dient nur der Überprüfung des Verfügungsanspruchs im ordentlichen Prozess, nicht etwa der Überprüfung der Rechtmäßigkeit des Erlasses der einstweiligen Verfügung.

3. Kein Rechtfertigungsverfahren

550 Gem. § 942 Abs. 3 hat schließlich das Amtsgericht der belegenen Sache (→ Rn. 538) die einstweilige Verfügung aufzuheben, wenn der Antrag auf Durchführung des Rechtfertigungsverfahrens nicht rechtzeitig gestellt wird. Die Entscheidung ergeht durch Beschluss. Dem durch die Entscheidung Beschwerten steht die sofortige Beschwerde nach § 567 Abs. 1 Nr. 2 zu.

---

1 OLG Hamm OLGZ 1989, 338, 340; Msk/*Huber* § 942 Rn. 7; Thomas/Putzo/*Reichold* § 942 Rn. 5.
2 *Lackmann* Rn. 496.

D. Darstellung im Gutachten

I. Erstinstanzliches Verfahren

1. (Noch) Keine mündliche Verhandlung

Liegt bisher nur der Antrag auf Erlass des Arrestes/der einstweiligen Verfügung vor, **551** kann sich das Gutachten nur mit dem Vortrag des Antragstellers befassen. Es sind Zulässigkeit und Begründetheit des Antrags zu untersuchen; die Schlüssigkeit des Vorbringens des Antragstellers jedenfalls in aller Regel gründlich und nicht nur summarisch (→ Rn. 510). Weiter ist zu untersuchen, ob der Vortrag im notwendigen Umfang (→ Rn. 510) glaubhaft gemacht ist. Es darf hier, da der Antragsgegner noch nicht angehört wurde, nicht angenommen werden, dass der Vortrag unstreitig sei und deshalb nicht glaubhaft gemacht werden müsse. Zur Berücksichtigung der Darlegungslast → Rn. 510.

2. Nach mündlicher Verhandlung

Ist der Antragsgegner in der mündlichen Verhandlung erschienen und hat er hier **552** oder zuvor schriftsätzlich zur Sache Stellung genommen, ist ein »normales« Gutachten zu erstatten. Die Zulässigkeit des Antrags und seine Begründetheit sind zu untersuchen, bei streitigem Vortrag getrennt in Schlüssigkeit und Erheblichkeit. In der »Beweisstation« ist zu überprüfen, ob die beweispflichtige Partei ihr Vorbringen glaubhaft gemacht hat. Nunmehr gilt allerdings § 138 Abs. 3, 4; nur streitiges Vorbringen muss glaubhaft gemacht werden.

II. Zweitinstanzliches Verfahren

In der Praxis dürfte der Referendar kaum mit der Erstellung eines Gutachtens in ei- **553** ner Sache des einstweiligen Rechtsschutzes beauftragt werden (es sei denn, sie wäre bereits erledigt), weil die Eilbedürftigkeit es kaum erlaubt, die Akte dem Referendar für längere Zeit zu überlassen, denkbar wäre als Aufgabenstellung ein Votum (→ Rn. 703).

Eher kann ein Gutachten in einer zweitinstanzlichen Sache in Betracht kommen. Dann sind die in → Rn. 552 genannten Umstände zu prüfen; zusätzlich aber vorab Fragen der Statthaftigkeit und Zulässigkeit des Rechtsmittels, soweit sie problematisch sind.

III. Anwaltssicht

Vor Antragstellung wird der Anwalt die Erfolgsaussichten eines Antrags auf Erlass **554** einer Maßnahme des einstweiligen Rechtsschutzes prüfen. Er muss für die Glaubhaftmachung aller notwendigen Umstände sorgen (→ Rn. 510). Geht es um einen Arrest, ist Folgendes zu beachten: Der Arrest ermöglicht nur die zur Beschlagnahme führende eingeschränkte Vollstreckung. Wird dem Antragsgegner der Arrest bekannt, muss damit gerechnet werden, dass er versucht, sein Vermögen dem Zugriff zu entziehen. Ein Arrest ist daher nur sinnvoll, wenn er gleichzeitig vollzogen wird. Das setzt aber die Kenntnis von Zugriffsmöglichkeiten voraus, die möglichst gleichzeitig beantragt werden sollten (zB die gleichzeitige Forderungspfändung).

Wird eine mündliche Verhandlung anberaumt, müssen die Anwälte dafür Sorge tragen, dass ihre Partei für die Anwesenheit von möglichen Zeugen sorgt, die nicht vom

Gericht geladen werden, also gestellt werden müssen. Außerdem muss für die Anwesenheit der eigenen Partei gesorgt werden, die, falls erforderlich, auch im Termin noch Vortrag durch eine eidesstattliche Versicherung glaubhaft machen kann.

Nach Erlass einer Maßnahme hat der Antragstellervertreter für eine schnelle Vollziehung zu sorgen; hier gilt gem. § 929 Abs. 2 (evtl. iVm § 936) eine Frist von einem Monat.[1] Der Antragsgegnervertreter hat die Erfolgsaussichten eines Rechtsmittels zu untersuchen im Umfang wie → Rn. 553. Außerdem muss er prüfen, ob ein Antrag nach § 926 sinnvoll ist; dies ist der Fall, wenn er davon ausgeht, dass sein Mandant bei einer normalen Klage obsiegen wird (zB weil der Gegner Vortrag zwar – durch eidesstattliche Versicherung der Partei – glaubhaft machen konnte, im Prozess aber nicht beweisen können wird).

E. Zur Wiederholung und Vertiefung (Lösung → Rn. 724)

555
1. Was ist der wesentliche Unterschied zwischen Arrest und einstweiliger Verfügung?
2. In der Praxis wird fast immer neben einem Arrestantrag ein Antrag auf Pfändung einer Forderung gestellt. Warum wird dies gemacht? Wer entscheidet über den Pfändungsantrag?
3. Bei einem unzuständigen Landgericht geht ein Antrag auf Erlass einer einstweiligen Verfügung ein; es wird mündliche Verhandlung anberaumt, in der der Anwalt des Antragsgegners sich mit der Verhandlung vor dem unzuständigen Gericht ausdrücklich einverstanden erklärt. Wie ist zu entscheiden?
4. In der mündlichen Verhandlung erklärt der Antragsteller eines Arrestes die Hauptsache für erledigt, weil der Antragsgegner nach Einreichung des Arrestantrages gezahlt hat. Der Antragsgegner widerspricht mit der Begründung, einmal sei eine Erledigungserklärung im einstweiligen Rechtsschutz unzulässig, zum anderen sei die Zahlung vor Zustellung des Arrestantrages erfolgt. Wie ist zu entscheiden?

---

1 S. zur Vollziehung im Einzelnen *Lackmann* Rn. 678 ff.

4. Teil. Urteile, Sachbericht, Beschlüsse, Anwaltsschriftsätze

1. Abschnitt. Das Urteil

Das Urteil, das gem. § 311 Abs. 1 im Namen des Volkes ergeht, hat gem. § 313 zu **556** enthalten:

- das Rubrum (Urteilskopf), § 313 Abs. 1 Nrn. 1–3;
- den Tenor (§ 313 Abs. 1 Nr. 4);
- den Tatbestand (§ 313 Abs. 1 Nr. 5);
- die Entscheidungsgründe (§ 313 Abs. 1 Nr. 6).

Es ist von den Richtern, die bei der Entscheidung mitgewirkt haben, zu unterschreiben (§ 315 Abs. 1 S. 1).

Teilweise ergibt sich die in der Praxis übliche Form des Urteils aus den genannten gesetzlichen Vorschriften, teilweise hat sie sich aus der Übung entwickelt, wie noch im Einzelnen dargestellt wird.

Beispielhaft (wie zB in NRW üblich) kann ein Urteil so aussehen (die Erläuterung folgt in den angege- **557** benen Randnummern):

Landgericht Münster[1]   Verkündet am 23.3.2014[2]
13 O 56/13[3]

IM NAMEN DES VOLKES[4]
URTEIL[5]

In dem Rechtsstreit[6]
der Chefsekretärin Anita Merkle, Bahnhofstraße 16, 48151 Münster,[7]

                                                                                          Klägerin,[8]

Prozessbevollmächtigter: Rechtsanwalt Steinbrügge in Münster,[9]

gegen

1. den Architekten Hotte Tümpelhauser, Geiststraße 20, 48151 Münster,
2. den Rechtsreferendar Marco Sünder, Geiststraße 21, 48151 Münster,

                                                                                          Beklagten,

Prozessbevollmächtigte: Rechtsanwalt Gössler und Schwesterle in Münster,
Streithelfer der Beklagten:[10]
Kaufmann Gabriel Siegmund, Adenauerallee 12, 48151 Münster,
Prozessbevollmächtigter: Rechtsanwältin Eigener in Münster,

---

1 Erkennendes Gericht → Rn. 559.
2 Verkündungsvermerk → Rn. 560.
3 Aktenzeichen des erkennenden Gerichts → Rn. 561.
4 § 311 Abs. 1 → Rn. 562.
5 Urteilsart → Rn. 563.
6 → Rn. 564.
7 Parteibezeichnung → Rn. 565.
8 Parteistellung.
9 Prozessbevollmächtigter → Rn. 566 ff.
10 Beigetretener Streitverkündeter → Rn. 569.

hat die 13. Zivilkammer des Landgerichts Münster[1]
auf die mündliche Verhandlung vom 23. März 2014[2]
durch den Vorsitzenden Richter am Landgericht Osterwille und die Richterinnen am Landgericht Schräder und aus der Miete[3]

für Recht erkannt:[4]

1. Die Beklagten werden als Gesamtschuldner verurteilt, an die Klägerin 150,– EUR nebst 4% Zinsen seit dem 24. März 2013 zu zahlen.[5]
2. Die Zwangsvollstreckung der Beklagten aus dem Urteil des Landgerichts Münster vom 4. August 2012 (23 O 79/11) in den LKW »Brummi 1000«, Fahrgestellnummer BR123498765, wird für unzulässig erklärt.
3. Im Übrigen wird die Klage abgewiesen.
4. Die Beklagten haben die Kosten des Rechtsstreits zu tragen mit Ausnahme der Kosten des Streithelfers, die dieser selbst zu tragen hat.[6]
5. Das Urteil ist gegen Sicherheitsleistung in Höhe von 19.000,– EUR vorläufig vollstreckbar.[7]

Tatbestand[8]

...

Entscheidungsgründe[9]

...

Unterschriften der Richter[10]

558 **Weiteres Beispiel** für eine anderorts (zB Bayern)[11] übliche Form des Urteilsaufbaus:

Landgericht Münster   Verkündet am 23.3.2014
13 O 56/13

IM NAMEN DES VOLKES

In dem Rechtsstreit
der Chefsekretärin Anita Merkle, Bahnhofstraße 16, 48151 Münster,

– Klägerin –

Prozessbevollmächtigter: Rechtsanwalt Steinbrügge in Münster,

gegen

1. den Architekten Hotte Tümpelhauser, Geiststraße 20, 48151 Münster,
2. den Rechtsreferendar Marco Sünder, Geiststraße 21, 48151 Münster,

– Beklagten –

Prozessbevollmächtigte: Rechtsanwälte Gössler und Schwesterle in Münster,
Streithelfer der Beklagten:
Kaufmann Gabriel Siegmund, Adenauerallee 12, 48151 Münster,
Prozessbevollmächtigter: Rechtsanwältin Eigener in Münster,

---

1 Entscheidendes Gericht/Spruchkörper → Rn. 570.
2 Datum der letzten mündlichen Verhandlung → Rn. 571.
3 Entscheidende Richter → Rn. 572.
4 → Rn. 573.
5 Tenor zur Hauptsache (auch folgende Absätze) → Rn. 574.
6 Kostenentscheidung.
7 Entscheidung zur vorläufigen Vollstreckbarkeit.
8 Tatbestand. → Rn. 575 ff.
9 Entscheidungsgründe. → Rn. 639 ff.
10 Unterschriften der entscheidenden Richter.
11 S. *Knöringer* Rn. 1.13.

erlässt die 13. Zivilkammer des Landgerichts Münster auf die mündliche Verhandlung vom 23. März 2014 durch den Vorsitzenden Richter am Landgericht Osterwille und die Richterinnen am Landgericht Schräder und aus der Miete folgendes

ENDURTEIL

.... (Tenor, Tatbestand, Entscheidungsgründe. Unterschriften)

§ 45. Rubrum und Tenor des Urteils

I. Das Rubrum

1. Bezeichnung des Gerichts

Gem. § 313 Abs. 1 Nr. 2 ist im Urteil das Gericht zu bezeichnen. Dies ist einmal das Gericht, dem der (die) erkennende(n) Richter angehört/angehören, zum anderen auch der Spruchkörper. In der Praxis üblich wird das Gericht (»Amtsgericht Münster«, »Landgericht Münster«, »Oberlandesgericht Hamm«) entweder wie im Beispiel → Rn. 557 links oben oder als Überschrift über »Im Namen des Volkes« aufgeführt. Zum erkennenden Gericht/Spruchkörper → Rn. 570.

559

2. Verkündungsvermerk

Rechts oben wird in der Praxis vermerkt, wann das Urteil verkündet worden ist. Dies ist Aufgabe des Urkundsbeamten der Geschäftsstelle. Deshalb und weil ein Referendar nur einen Urteilsentwurf abgibt, der noch nicht verkündet wurde, ist der Vermerk in Referendararbeiten entbehrlich.

560

3. Aktenzeichen

Das Aktenzeichen des Rechtsstreits, das sich aus der Akte oder der Klausur entnehmen lässt,[1] ist, auch wenn dies nicht gesetzlich vorgeschrieben ist, zur Identifikation notwendigerweise anzugeben. Dies geschieht am linken oberen Rand, wenn dort auch das Gericht bezeichnet ist (→ Rn. 559), darunter.

561

Das Aktenzeichen setzt sich wie folgt zusammen: Die Zahl am Anfang (nicht zwingend bei jedem Aktenzeichen) bezeichnet die Kammer (Abteilung/Senat), die entschieden hat. Der folgende Buchstabe qualifiziert das Rechtsgebiet und die Instanz (»C« = Zivilsache beim Amtsgericht; »O« = erstinstanzliche Zivilsache beim Landgericht; »S« = zweitinstanzliche Zivilsache beim Landgericht; »U« = Zivilsache beim Oberlandesgericht; s. im Einzelnen die Auflistung im Anhang des »Schönfelder«). Die folgende Zahl »123« bezeichnet die laufende Nummer der Sache im danach in Kurzform angegeben Jahr »/14«. Diese Nummer wird für jede Abteilung (Kammer/Senat) getrennt beim Eingang der Sache vergeben. In NRW ist manchmal vorweg noch »I-« oder »II-« angegeben. Dies dient (aus IT-technischen Gründen) der Unterscheidung zwischen Zivil- und Familiensachen.

Im Beispiel → Rn. 557 betrifft das Urteil die 56. im Jahr 2013 eingegangene Sache der 13. Zivilkammer.

---

1 ZB auf dem Aktendeckel, handschriftlich auf der Klageschrift, in Schriftsätzen oder im Protokoll der mündlichen Verhandlung.

4. Überschrift

562　Gem. § 311 Abs. 1 ergeht das Urteil im Namen des Volkes. So lautet deshalb die Überschrift, die in der Praxis häufig unter der Bezeichnung des Gerichts steht (→ Rn. 559).

5. Urteilsart

563　Unter die Überschrift »Im Namen des Volkes« (zur örtlich abweichenden Praxis → Rn. 558) wird die Urteilsart angegeben. Gesetzlich vorgeschrieben ist die Angabe nur für Versäumnis-, Anerkenntnis- und Verzichtsurteile (§ 313b Abs. 1 S. 2), in der Praxis wird sie aber immer angegeben, und zwar mit

- »Urteil« (örtlich auch »Endurteil«[1]), wenn es sich nicht um eine besondere Urteilsart handelt,
- Versäumnis-, Anerkenntnis-, Verzichtsurteil,
- Teilurteil,
- Vorbehaltsurteil,
- Schlussurteil (wenn zuvor ein Teilurteil erlassen wurde),
- Zwischenurteil,
- Grundurteil.

Besteht das Urteil aus mehreren Urteilsarten, ist dies kenntlich zu machen, zB:

- Teilanerkenntnis- und Schlussurteil,
- Teilversäumnis- und Schlussurteil.

6. »Verfahrensart«

564　Vor Beginn der Parteibezeichnung wird die Verfahrensart angegeben; handelt es sich um einen Zivilprozess, lautet die Bezeichnung »In dem Rechtsstreit«. So bezeichnet die ZPO den normalen Zivilprozess (s. zB §§ 91, 278, 296).

Anders ist es, wenn es sich nicht um eine Klage, sondern um ein anderes Verfahren handelt, zB um eine Erinnerung nach § 766 gegen die Art und Weise der Zwangsvollstreckung. In diesen Sachen heißt es: »In der Zwangsvollstreckungssache«. Weitere Beispiele: »In der Wohnungseigentumssache«; »In der Grundbuchsache«, »In dem Verfahren auf Erteilung eines Erbscheins«.

7. Parteibezeichnung

565　Hinter der Einleitung »In dem Rechtsstreit« folgt die Bezeichnung der Parteien. Dabei ist der mit der Einleitung beginnende Satz fortzuschreiben:

»In dem Rechtsstreit des … Klägers … gegen den … Beklagten hat die 12. Zivilkammer …«

8. Prozessbevollmächtigte

566　Hinter der jeweiligen Partei sind ihre Prozessbevollmächtigten aufzuführen. Dies gilt auch für einen beigetretenen Streitgenossen. An die im Rubrum genannten Prozessbevollmächtigten wird das Urteil zugestellt, sodass ersichtlich sein muss, wer der Bevollmächtigte und wo zuzustellen ist.

1　S. *Knöringer* Rn. 1.12.

Stehen mehrere Parteien auf einer Seite (wie im Beispiel oben die Beklagten) und werden sie durch denselben/dieselben Anwalt/Anwälte vertreten, so sind die Prozessbevollmächtigten nur einmal aufzuführen; haben mehrere Parteien auf einer Seite verschiedene Anwälte, so empfiehlt es sich, zunächst zB nur den Beklagten zu 1. aufzuführen, dann dessen Prozessbevollmächtigten, darauf den Beklagten zu 2. und dessen Bevollmächtigten. Prozessbevollmächtigter kann im Parteiprozess vor dem Amtsgericht auch eine der in § 79 Abs. 2 S. 2 aufgeführten Personen sein.

Die **Anschriften** der Rechtsanwälte sind früher nur dann mit aufgenommen worden, wenn die Anwälte nicht ortsansässig waren (an ortsansässige Anwälte wird meist über ein »Postfach« zugestellt, das die Anwälte in der Regel bei dem Gericht haben, bei dem sie zugelassen sind). Heute ist wohl die Aufnahme der Anschrift bei allen Anwälten die Regel. In der Praxis wird auch das Aktenzeichen des Anwalts[1] mit aufgenommen; dies ist mE bei Referendararbeiten nicht erforderlich. Vertritt eine Sozietät aus **mehreren Anwälten** eine Partei, können bei wenigen Anwälten alle Namen aufgenommen werden; ansonsten reicht der Sozietätsname oder die Angabe: »Rechtsanwälte Meier und Partner« (oder Meier pp.), wobei der auf dem Anwaltsbriefkopf zuoberst stehende Name maßgeblich ist. **567**

Tritt für eine Partei in einem Termin ein **Terminsvertreter** oder Unterbevollmächtigter[2] auf, so ist nicht dieser, sondern der Anwalt aufzunehmen, der sich anfänglich als Vertreter der Partei gemeldet hat. Ein Unterbevollmächtigter ist auch dann nicht aufzunehmen, wenn er sich schriftsätzlich als solcher gemeldet hat. Hat ein Anwaltswechsel stattgefunden, so ist (nur) der zuletzt vertretende Anwalt aufzunehmen. **568**

9. Streithelfer

Eine Streitverkündung allein hat in dem Prozess, in dem sie erfolgt, zunächst keine Bedeutung und ist deshalb weder im Rubrum noch im Tatbestand zu erwähnen (→ Rn. 608). Anders ist es, wenn ein Beitritt erfolgt. Dann ist der Streithelfer (und ggf. sein Prozessbevollmächtigter) wie im Beispiel oben → Rn. 557 aufzuführen. **569**

10. Gericht/Spruchkörper

Aufzuführen ist das Gericht/der Spruchkörper, das/der die Entscheidung gefällt hat. Dabei ist auf die unterschiedliche Sprachregelung des GVG zu achten: **570**
- Beim Amtsgericht entscheidet, wie aus § 22 Abs. 1 GVG folgt, das Amtsgericht, dem ein Einzelrichter vorsteht.
- Beim Landgericht entscheidet, wie aus §§ 60, 71 Abs. 1 GVG folgt, eine Zivilkammer bzw. eine Kammer für Handelssachen (nicht das Landgericht!).
- Beim Oberlandesgericht entscheiden, wie aus §§ 116 Abs. 1 S. 1, 119 Abs. 1 GVG folgt, Zivilsenate. Entsprechendes gilt gem. § 130 Abs. 1 S. 1 für den BGH.

Deshalb heißt es in dem Rubrum:
- ... »hat **das Amtsgericht** Münster (auf die mündliche Verhandlung vom ... durch den Richter am Amtsgericht ... für Recht erkannt):« Mancherorts ist es auch üb-

---

1 Zu erkennen zB an der Angabe: »Mein Zeichen« im Schriftsatz.
2 So wird ein Anwalt bezeichnet, der als Vertreter der eigentlichen Anwälte im Termin auftritt (wenn zB der Kläger und seine Anwälte in München ansässig sind, der Prozess aber in Berlin durchgeführt wird, wird häufig ein Anwalt in Berlin als Unterbevollmächtigter bestellt, um die Anreise für den Anwalt aus München zu ersparen).

lich (mE aber nicht korrekt, s. § 22 Abs. 1 GVG), die entscheidende Abteilung des Amtsgerichts anzugeben: »hat die 10. Abteilung des Amtsgerichts Köln ...«

- ... »hat die **12. Zivilkammer** des Landgerichts München ...«
- ... »hat die **3. Kammer für Handelssachen** des Landgerichts Köln ...«
- ... »hat der **25. Zivilsenat** des Oberlandesgerichts Hamm ...«

Es kommt in der Praxis vor (und ist auch in einer Examensklausur vorgekommen), dass ein Protokoll nicht zutreffend ausgefüllt wird.

> **Beispiel:** aus einer Examensklausur: Ein Vordruck für ein Verhandlungsprotokoll enthielt unter der Überschrift »Öffentliche Verhandlung der« untereinander die Rubriken:
> - »Zivilkammer des Landgerichts
> - Kammer für Handelssachen des Landgerichts«
>
> Ausgefüllt war »2. Kammer für Handelssachen des Landgerichts«. Mitgewirkt hatten aber Berufsrichter, nicht Handelsrichter (zu sehen an der Berufsbezeichnung). Hier ist klar, dass eine Zivilkammer entschieden hat und das Protokoll nur versehentlich falsch ausgefüllt wurde. Dies ist in einer Klausur, ggf. mit einem Vermerk als Fußnote, einfach klarzustellen.

11. Letzte mündliche Verhandlung

571 Gem. § 313 Abs. 1 Nr. 3 ist der Tag der **letzten mündlichen Verhandlung** in das Urteil aufzunehmen. Dieser Tag ist rechtlich in mehreren Fällen von Bedeutung, zB als Präklusionszeitpunkt (s. § 767 Abs. 2). Das Datum der letzten mündlichen Verhandlung ist dem letzten Verhandlungsprotokoll (nicht einem gesonderten Verkündungsprotokoll!) zu entnehmen. **Nicht maßgeblich** ist der Tag, an dem das Urteil **verkündet** wird. Letzteres kann auch in einem Verkündungstermin nach Schluss der mündlichen Verhandlung erfolgen (s. § 310 Abs. 1 S. 1).

Ist im schriftlichen Vorverfahren entschieden worden (durch Versäumnis- oder Anerkenntnisurteil), ist der Tag anzugeben, an dem die Entscheidung durch den Amtsrichter/die Kammer getroffen wurde:

> »hat die 9. Zivilkammer des Landgerichts Hagen im schriftlichen Vorverfahren am ... durch den Vorsitzenden Richter am Landgericht Lackmann, den Richter am Landgericht Hölscher und die Richterin Sosic für Recht erkannt:«

Wird im schriftlichen Verfahren nach § 128 Abs. 2 entschieden, so hat das Gericht einen Zeitpunkt zu bestimmen, bis zu dem Schriftsätze gewechselt werden können. Dieser Zeitpunkt entspricht dem Tag der letzten mündlichen Verhandlung. Es kann so formuliert werden:

> »im schriftlichen Verfahren mit einer Erklärungsfrist bis zum ...«.

Wird ein Urteil nach Lage der Akten (§ 251a) verkündet, ist Tag der letzten mündlichen Verhandlung der Tag des versäumten Termins.[1] Es kann formuliert werden:

> »nach Lage der Akten auf die Verhandlung vom ...« (Datum des versäumten Termins),

nicht aber

> »nach Lage der Akten am[2] ...«,

denn der Tag des versäumten Termins ist nicht der Tag, an dem entschieden wurde.

---

1 Thomas/Putzo/*Hüßtege* § 251a Rn. 6.
2 So aber *Anders/Gehle* B Rn. 23; Thomas/Putzo/*Hüßtege* § 251a Rn. 6.

12. Entscheidende Richter

Weiter sind gem. § 313 Abs. 1 Nr. 2 die Namen der Richter anzugeben, die an der Entscheidung mitgewirkt haben. Wer dies war, ergibt sich aus dem Protokoll der letzten mündlichen Verhandlung. Hat ein gesonderter Verkündungstermin stattgefunden, sind nicht die aus dem Verkündungsprotokoll ersichtlichen Richter aufzuführen; in dieser Besetzung, die im Vergleich zu der der letzten mündlichen Verhandlung unterschiedlich sein kann, ist nur verkündet, nicht entschieden worden. Anzugeben ist auch die **Dienstbezeichnung** der Richter,[1] die ebenfalls dem Protokoll der letzten mündlichen Verhandlung zu entnehmen ist (zB »Richter am Amtsgericht«, »Vorsitzender Richter am Landgericht«, »Richter«). Nur so lässt sich dem Urteil bei Kollegialgerichten entnehmen, ob in der gesetzlich zulässigen Besetzung entschieden worden ist. Dies ist zB nicht der Fall, wenn eine Zivilkammer, wie in der Praxis geschehen, durch einen Vorsitzenden Richter am Landgericht, einen abgeordneten Richter am Amtsgericht (obwohl Planrichter, s. aber § 29 S. 1 DRiG) und einen Richter (so die Dienstbezeichnung eines Richters auf Probe) entscheidet. Haben mehrere Richter dieselbe Dienstbezeichnung, sollte dies zusammengefasst werden: »und die Richter am Landgericht Meier und Müller«. Nicht aufzunehmen ist die **Funktion**, die die Richter in der mündlichen Verhandlung ausgeübt haben (»als Vorsitzender«, »als beisitzende Richter«). Bei der Abstimmung und Entscheidung gibt es keinen Unterschied zwischen diesen Richtern.

Hat bei der Kammer für Handelssachen die Kammer entschieden, heißt es »durch den Vorsitzenden Richter am Landgericht Meier und die Handelsrichter Schulz und Schmitz ...«

Entscheidet bei einem Kollegialgericht der Einzelrichter anstelle der Kammer bzw. des Senats, heißt es:

> »hat die 12. Zivilkammer des LG Bonn ... durch den Richter am Landgericht Brühl als Einzelrichter ...«

Entscheidender Spruchkörper bleibt die Kammer/der Senat, die/der durch den Einzelrichter repräsentiert wird.

13. »für Recht erkannt«

Überwiegend wird zum Abschluss des Rubrums formuliert:

> »In dem Rechtsstreit ... gegen ... hat die 2. Zivilkammer ... **für Recht erkannt:**«

Vorgeschrieben ist dies nicht; man sollte sich aber an die vor Ort gängige Praxis halten. In Süddeutschland zB wird anders formuliert (s. das Beispiel → Rn. 558).

II. Der Tenor

Im Anschluss an das Rubrum wird der Tenor wiedergegeben, und zwar

- die Entscheidung zur Hauptsache (→ Rn. 260 ff.),
- die Kostenentscheidung (→ Rn. 274 ff.),
- die Entscheidung über die vorläufige Vollstreckbarkeit (→ Rn. 311 ff.) und
- sonstige Nebenentscheidungen (Zulassung der Berufung ua, → Rn. 329).

572

573

574

---

1 Anders (nicht zwingend) *Anders/Gehle* B Rn. 21.

§ 46. Grundlagen zum Tatbestand

I. Gesetzliche Regelungen

575 Die wichtigsten gesetzlichen Regelungen finden sich in §§ 313, 314. § 313 Abs. 2 schreibt vor, wie der Tatbestand gefasst werden muss. § 314 regelt die Beweiskraft des Tatbestandes. Wenn Satz 1 der Vorschrift anordnet, dass der Tatbestand des Urteils Beweis für das mündliche Parteivorbringen liefert, heißt dies umgekehrt, dass das, was nicht im Tatbestand steht, auch nicht vorgetragen worden ist.

Nach § 313 Abs. 2 »soll« der Tatbestand Folgendes enthalten:

- die erhobenen Ansprüche,
- die zu den Ansprüchen vorgebrachten Angriffs- und Verteidigungsmittel,
- die gestellten Anträge.

Diese genannten Punkte sollen nur ihrem wesentlichen Inhalt nach knapp dargestellt werden. Wegen der Einzelheiten des Sach- und Streitstandes soll auf Schriftsätze, Protokolle und andere Unterlagen verwiesen werden. Damit muss der Tatbestand auch

- den Sach- und Streitstand

im Wesentlichen wiedergeben.

1. Erhobener Anspruch

576 Unter dem **erhobenen Anspruch** versteht das Gesetz anderes als den vom Kläger gestellten Antrag, da beides erwähnt wird. Der erhobene Anspruch ist das Klagebegehren nach seinem Gegenstand und seinem Grund.[1] Hierzu kann es **beispielsweise** heißen:

> »Der Kläger verlangt Schadenersatz aus einem Verkehrsunfall«. »Der Kläger macht Schadenersatz- und Schmerzensgeldansprüche wegen eines von ihm behaupteten ärztlichen Behandlungsfehlers des Beklagten geltend.«

2. Angriffs- und Verteidigungsmittel

577 Was **Angriffs- und Verteidigungsmittel** sind, ist in § 282 Abs. 1 näher beschrieben, nämlich: insbesondere Behauptungen, Bestreiten, Einwendungen, Einreden, Beweismittel und Beweiseinreden. Dabei sind **Angriffsmittel** das Vorbringen (die Beweismittel pp.), das der Kläger zur Zulässigkeit und Begründetheit der Klage vorträgt, **Verteidigungsmittel** das Vorbringen (die Einreden pp.), das der Beklagte zur Abwehr der Klage geltend macht.

3. Anträge, Sach- und Streitstand

578 Als **Anträge** sind diejenigen aufzunehmen, die in der letzten mündlichen Verhandlung gestellt worden sind. S. hierzu näher noch → Rn. 596 ff. **Sachstand** ist der feststehende Sachverhalt, also das unstreitige Vorbringen; **Streitstand** ist der Stand der tatsächlichen (streitiges Vorbringen) bzw. rechtlichen (wechselseitige Rechtsansichten) Streitpunkte zwischen den Parteien.

---

1 BLAH/*Hartmann* § 313 Rn. 20.

4. Umfang

Der Umfang der Darstellung ist ebenfalls in § 313 Abs. 2 geregelt. Die genannten **579** Punkte sind ihrem wesentlichen Inhalt nach **knapp** darzustellen; wegen der Einzelheiten **soll** Bezug genommen werden (hierzu näher → Rn. 613 f.).

II. Wichtigste Regel: Verständlichkeit

Unter → Rn. 584 ff. wird die »übliche« Darstellungsform des Tatbestandes, wie sie **580** sich im Laufe der Zeit entwickelt hat und im Regelfall auch sinnvoll ist, vorgestellt. Zwingend, insbesondere gesetzlich vorgeschrieben, ist sie nicht; die gesetzlichen Vorschriften sind in → Rn. 575 aufgeführt. Viel wichtiger als die üblichen Regeln ist aus meiner Sicht das Prinzip der Verständlichkeit. Der Tatbestand wird nicht für Juristen geschrieben, die die Regeln kennen, sondern für die Parteien (→ Rn. 582). Ihnen, aber auch einem mit dem Streitstoff nicht vertrauten Dritten soll der Sach- und Streitstand möglichst gut verständlich dargestellt werden. Da kann es manchmal sinnvoll sein, von den Regeln abzuweichen, zB eine eigentlich nicht erforderliche Replik zu machen oder das Vorbringen zur Aufrechnung gesondert einschließlich des unstreitigen und streitigen Teils darzustellen.

III. Sprachform

Die Sprache muss deutsch (§ 184 GVG) und verständlich sein. Verschachtelte Sätze **581** tragen im Gegensatz zu kurzen und prägnanten nicht zur Verständlichkeit bei. Dass Rechtschreib- und grammatikalische Fehler nicht in ein gerichtliches Urteil gehören, ist selbstverständlich; unter diesem Aspekt können solche Fehler auch Einfluss auf die Bewertung von Referendararbeiten haben.

1. Adressat

Urteile und damit auch die Tatbestände werden nicht für die Mitglieder des Gerichts, **582** die beteiligten Anwälte oder das Rechtsmittelgericht geschrieben, sondern für die Parteien. Sie müssen ihr Vorbringen im Tatbestand wieder finden. Sie müssen den Tatbestand verstehen. Daher verbieten sich in ihm juristische Spezialausdrücke. Glücklicherweise gibt es die Regeln der c.i.c. oder der pVV nicht mehr, sodass hier früher häufige Fehler nicht mehr gemacht werden können. Sie sind aber die Paradebeispiele: Was soll der Malermeister darunter verstehen, dass ihm eine pVV des Werkvertrages vorgeworfen werde, er wegen einer c.i.c. des Kunden aber einen Gegenanspruch geltend mache?

2. Grammatikalisches

Die Grammatik in einem Urteilstatbestand ist keine andere als die, die es in jedem **583** Schriftstück oder gesprochenem Wort sein sollte. Im so genannten **unstreitigen Teil** (→ Rn. 585, 587) erfolgt eine Geschichtsdarstellung, da unstreitig, als gegeben, also im **Indikativ.** Ist die **Sachdarstellung unterschiedlich,** so behauptet die eine Partei, dass es anders gewesen sei, als die andere es darstellt. Also erfolgt die Darstellung im **Konjunktiv der indirekten Rede.**

Entschieden wird über **zeitlich beendete** Sachverhalte. Damit erfolgt die Darstellung im **Imperfekt** (Präteritum). Hält man in der Darstellung die zeitliche Reihenfolge nicht ein, sondern springt auf einen weiter zurück liegenden Zeitpunkt zurück, ist die gegebene grammatikalische Form das Plusquamperfekt. Das **Parteibegehren** (Anträge und erhobene Ansprüche) ist noch im Zeitpunkt der Entscheidung aktuell, also im **Präsens** darzustellen. Das **Prozessgeschehen** ist zwar abgeschlossen, wirkt aber im Gegensatz zum Sachverhalt bis zur Entscheidung rechtlich noch fort. Also ist es im **Perfekt** darzustellen.

> **Beispiel:** »Der Kläger kaufte von dem Beklagten durch notariell beurkundeten Vertrag am 1.4. … ein Grundstück. Er stellte bei der Übergabe zwei Wochen später fest, dass sich auf dem Grundstück eine größere Menge Abfall befand. Dieser war bei der Besichtigung des Grundstücks vor der notariellen Beurkundung noch nicht dort gewesen. Der Kläger verlangt Beseitigung des Abfalls. Er behauptet, der Beklagte habe ihn nach Abschluss des Kaufvertrages dort abgelagert. Er beantragt, … Der Beklagte beantragt, … Er behauptet, ein Grundstücksnachbar habe den Abfall nachts auf das verkaufte Grundstück gebracht. Das Gericht hat Beweis erhoben … durch uneidliche Vernehmung des Zeugen Meier.«

§ 47. Grundsätzlicher Aufbau des Tatbestandes

A. Übersichtlichkeit

584　Der Tatbestand soll selbstverständlich übersichtlich aufgebaut sein. Er soll dem Adressaten (→ Rn. 582), also besonders den Parteien, klar machen, dass das Gericht ihr Vorbringen zur Kenntnis genommen hat, und einem juristisch geschulten Leser möglichst bald erkennbar machen, welche Bedeutung die einzelnen Tatsachen in rechtlicher Hinsicht haben. Er soll insofern das juristische Mitdenken erleichtern. Richtlinie für den Aufbau des Tatbestands kann daher auch der Aufbau des Gutachtens sein.

B. Grobe Untergliederung

I. § 313 Abs. 2

585　Nach dieser maßgeblichen Vorschrift ist der Tatbestand grundsätzlich wie folgt aufzubauen:

a) Unstreitiges Vorbringen (Sachstand, geltend gemachter Anspruch);
b) Streitiges Klägervorbringen (Streitstand, Angriffsmittel);
c) Klägerantrag;
d) Beklagtenantrag;
e) Streitiges Beklagtenvorbringen (Streitstand, Verteidigungsmittel);
f) Prozessgeschichte (einschließlich Beweisaufnahme).

Trägt eine Partei neben ihrem Hauptvortrag hilfsweise einen anderen Sachverhalt vor (zur Zulässigkeit → Rn. 378 ff.), ist dies regelmäßig sofort da darzustellen, wo das Hauptvorbringen wiedergegeben wird.

II. Gliederung wie Gutachten

586　In zweiter Linie ist der Tatbestand (nicht vorgeschrieben, aber juristisch logisch) wie das Gutachten aufzubauen. Dies ergibt die zwei großen Abschnitte Tatsachenvortrag (→ Rn. 585 a)–e), → Rn. 587) und Beweisverfahren (oben f), → Rn. 588). Die Untergliederung des Parteivortrags ist die in Zulässigkeit bzw. Begründetheit der Klage. Sodann ist beim Kläger in anspruchsbegründendes und anspruchserhaltendes Vorbringen, beim Beklagten in unselbstständiges (rechtliches und/oder tatsächliches Bestreiten des Klageanspruchs) und selbstständiges (Einreden, Aufrechnung) Verteidigungsvorbringen zu unterscheiden. Innerhalb logisch gleichwertiger Gruppen ist das »stärkste« Mittel zunächst darzustellen.

Erläuterung:

- Die Trennung »Parteivortrag/Beweisverfahren erfolgt dadurch, dass zunächst der Sachvortrag und am Ende des Tatbestandes eine durchgeführte Beweisaufnahme dargestellt werden.
- Im unstreitigen Teil des Tatbestandes erfolgt regelmäßig eine »Geschichtserklärung« in zeitlicher Reihenfolge. Hier gibt es in der Regel andere Gliederungen nicht; dies ist auch nicht notwendig, weil sich bei der chronologischen Erzählung der »Aufbau nach dem Gutachten« meist automatisch ergibt. Weil dies zeitlich zuerst geschieht, wird nämlich die »Geschichte« mit der Anspruchsentstehung beginnen. Der mögliche Untergang des Anspruchs oder seine Hemmung wird aus zeitlich später eingetretenen Tatsachen folgern.
- Im streitigen Parteivortrag ist die Gliederung nach dem Gutachtenaufbau am wichtigsten. Zunächst ist das Vorbringen zur Zulässigkeit der Klage zu erwähnen, dann das zur Begründetheit. Innerhalb der Begründetheit ist zunächst auf das Entstehen des Anspruchs, dann auf seine Vernichtung, dann seinen Untergang oder seine Hemmung einzugehen.

1. Darstellung des Parteivortrags

Die Darstellung des Parteivortrags gliedert sich in der Regel in: **587**

- Den unstreitigen Vortrag oder die Geschichtserzählung. Der unstreitige Vortrag ist zwar Vortrag beider Parteien. Er wird aber nur einmal dargestellt, um auf diese Weise Wiederholungen zu vermeiden.
- Den bestrittenen Vortrag des Klägers, der mit seinem Klageantrag abschließt.
- Den Gegenantrag des Beklagten, dem sein bestrittener Vortrag als Begründung folgt.

Eine etwa notwendige Replik des Klägers und Duplik des Beklagten.

2. Beweisverfahren

Das Beweisverfahren bringt die tatsächlichen Unterlagen für die Tatsachenfeststel- **588** lung des Gerichts. Das Beweisverfahren enthält in der Regel

- den Beweisbeschluss,
- die Beweisaufnahme,
- etwaige Beweiseinreden der Parteien.

III. Der Aufbau im Detail

Die genannten Prinzipien können sich »widersprechen«, was nach dem **primären** **589** **Grundsatz** der **Verständlichkeit** Abweichungen erforderlich macht.

Für die Ordnung des Klägervortrags im Tatbestand ist die bei der Schlüssigkeitsprüfung einzuhaltende Reihenfolge (im Einzelnen Rn. 162 ff.) erstrebenswert, um dem juristisch geschulten Leser das Mitdenken zu erleichtern. Dies ist aber besonders wegen der Verständlichkeit und des Zusammenhangs bestimmter Tatsachen nicht immer durchführbar.

- Während im Gutachten grundsätzlich die Tatsachen, die die Entstehung des Anspruchs betreffen, zuerst geprüft werden und die Frage, ob diese Tatsachen bestritten oder unbestritten sind, in der Schlüssigkeitsprüfung noch keine Bedeutung hat, ist beim Tatbestand der »Sachstand«, also der unbestrittene Tatsachenstoff, dem »Streitstand«, also dem bestrittenen Parteivortrag, grundsätzlich voranzustellen. Dies kann zB bedeuten, dass dann, wenn das Vorbringen zum Entstehen des Anspruchs streitig ist, darauf im unstreitigen Teil überhaupt nicht eingegangen wird.
- Während im Gutachten ein Tatsachenkomplex unter verschiedenen rechtlichen Gesichtspunkten gewürdigt werden kann (zB kann sich ein vertraglicher oder ein deliktischer Anspruch aus dem Sachverhalt ergeben), lassen sich im Tatbestand zusammenhängende Tatsachen nicht trennen, wenn die Verständlichkeit nicht leiden soll.

Dieser logische Zusammenhang der Tatsachen kann dazu führen:

- Tatsachen, die nicht zum Klägervortrag, sondern zur Verteidigung des Beklagten gehören, bereits im Sachstand zu erwähnen, weil sie später stören würden;
- Tatsachen, die zum Klägervortrag gehören, erst später, etwa bei der Einlassung des Beklagten zu erwähnen.

> **Beispiel:** Sind Tatsachen, die der Beklagte zu einer von ihm erklärten Aufrechnung vorträgt, unstreitig, so können sie als anspruchsvernichtende Tatsachen bereits in der Schlüssigkeitsprüfung beim Kläger rechtlich zu würdigen sein (→ Rn. 150 f.). Stehen diese Tatsachen aber mit dem vom Kläger geltend gemachten Anspruch in keinem rechtlichen Zusammenhang, so lassen sie sich häufig in der »Geschichtserzählung« nicht sinnvoll unterbringen, ohne den Zusammenhang der klagebegründenden Darstellung zu unterbrechen. Diese Tatsachen sind erst bei dem Vorbringen des Beklagten verständlich darzustellen, etwa in der Form: »Der Beklagte rechnet mit einer Gegenforderung in Höhe von … auf. Dieser Forderung liegt folgender unstreitige Sachverhalt zugrunde: …«. S. hierzu und zu weiteren Darstellungsmöglichkeiten → Rn. 604).

- Einen allgemeinen Überblick über den gesamten Streitstand zu geben, um die Details dann chronologisch und in der Gutachtenreihenfolge aufzuführen.

1. Der Sachstand

590 Der Sachstand, mit dessen Darstellung der Tatbestand beginnt, ist eine »Geschichtserzählung«, also eine Schilderung der Zustände oder Tatsachen, die dem Rechtsstreit zugrunde liegen oder vorangegangen sind, und aus deren Kenntnis heraus der Streit der Parteien erst verständlich wird. In der Regel enthält er eine historische, zeitlich geordnete Schilderung der Rechtsbeziehungen der Parteien.

Dass die Darstellung mit dem Sachstand beginnen muss, dürfte klar sein; der Sachstand ist das, was die Parteien übereinstimmend vortragen. Dabei schreibt schon § 313 Abs. 2 die Darstellung des Sachstandes vor; dieser ist zwar Vorbringen beider Parteien, da unstreitig; er wird aber nicht doppelt bei jeder Partei dargestellt.

> **Beispiel:** Der Kläger verlangt Zahlung des Kaufpreises für einen dem Beklagten unstreitig verkauften PKW. Der Kaufpreis wurde nicht gezahlt, weil der Beklagte Mängel rügte. Insoweit beruft sich der Kläger auf einen vereinbarten Gewährleistungsausschluss. Hier ist der gesamte Sachverhalt unstreitig, also Vorbringen beider Parteien. Der Tatbestand könnte theoretisch auch so aussehen, dass zunächst der Vortrag des Klägers geschildert wird, dann der (übereinstimmende) Vortrag des Beklagten. Soweit der Sachverhalt unstreitig ist, wird dies nicht gemacht; dass beide Parteien den Sachverhalt übereinstimmend vortragen, folgt aus der Darstellung als unstreitig.

a) Einleitungssatz? In der Ausbildungsliteratur wird ein Einleitungssatz überwiegend grundsätzlich für entbehrlich gehalten.[1] Er soll nur angebracht sein, wenn die Beziehung der Parteien zum Streitobjekt nicht ohne weiteres ersichtlich ist (zB Rechtsnachfolge) oder der Fall besonders unübersichtlich liegt und ohne Einleitung nicht verständlich ist. So habe ich es auch gelernt, bin aber inzwischen anderer Auffassung: In der Regel sollte ein Tatbestand mit einem Einleitungssatz beginnen. Zu dieser Auffassung haben mich im Wesentlichen drei Gründe bzw. Umstände gebracht:

591

- Ich habe mich vielfach mit »vollstreckungsrechtlichen« Klagen befasst. Hier ist es oft so, dass mehrere Sachverhalte in einer Klage relevant sind (zB bei Vollstreckungsabwehrklagen, die auf Aufrechnung gestützt werden). Hier bereitet die Darstellung ohne Einleitungssatz große Schwierigkeiten.

- Ein guter Einleitungssatz macht den juristisch bewanderten, aber mit dem Rechtsstreit nicht vertrauten Leser sofort auf die maßgeblichen Umstände des Rechtsstreits aufmerksam. Er wird in die Lage versetzt, sich von vornherein auf die wesentlichen Tatsachen zu konzentrieren. Zwar ist dieser Leser nicht der eigentliche Adressat des Tatbestandes (→ Rn. 582). Den Parteien schadet diese Form der Darstellung aber auch nicht.

- Man vergisst nicht, die erhobenen Ansprüche mitzuteilen, was nach § 313 Abs. 2 zwingend erforderlich ist.

> **Beispiel:** Als Negativbeispiel wird der Einleitungssatz aufgeführt: »Die Parteien streiten über eine Werklohnforderung.«[2] Beurteilen Sie als Leser, in welchen Ihnen unbekannten Sachverhalt Sie sich durch folgende einleitende Sätze am besten eingeführt fühlen:
>
> - »Der Kläger übersandte dem Beklagten unter dem 1.4. … ein Angebot zur Durchführung von Installationsarbeiten im Haus des Beklagten. Der Beklagte nahm das Angebot an. Die Arbeiten wurden durchgeführt, aber nicht abgenommen. Auf den vereinbarten Werklohn in Höhe von insgesamt 10.000,00 EUR leistete der Beklagte Abschlagszahlungen in Höhe von 8.000,00 EUR. Der Kläger behauptet, er habe die Arbeiten mangelfrei erbracht, und verlangt Zahlung des restlichen Werklohns. Der Kläger beantragt, … Der Beklagte beantragt, die Klage abzuweisen. Er behauptet, der Kläger habe beim Einbau eines Heizkörpers eine Wand im Schlafzimmer beschädigt. Deshalb könne, so meint der Beklagte, auch nicht die Rede davon sein, dass der Kläger mangelfrei gearbeitet habe. Die Reparatur der Wand, behauptet er, koste 2.000,00 EUR; mit dem sich nach seiner Auffassung hieraus ergebenden Gegenanspruch erklärt der Beklagte die Aufrechnung.«
>
> - »Die Parteien streiten über eine Werklohnforderung. Der Kläger übersandte dem Beklagten unter dem 1.4. … ein Angebot zur Durchführung von Installationsarbeiten im Haus des Beklagten. Der Beklagte nahm das Angebot an. Die Arbeiten wurden durchgeführt, aber nicht abgenommen. Auf den vereinbarten Werklohn in Höhe von insgesamt 10.000,00 EUR leistete der Beklagte Abschlagszahlungen in Höhe von 8.000,00 EUR. Der Kläger behauptet, er habe die Arbeiten mangelfrei erbracht, und verlangt Zahlung des restlichen Werklohns. Der Kläger beantragt, … Der Beklagte beantragt, die Klage abzuweisen. Er behauptet, der Kläger habe beim Einbau eines Heizkörpers eine Wand im Schlafzimmer beschädigt. Deshalb könne, so meint der Beklagte, auch nicht die Rede davon sein, dass der Kläger mangelfrei gearbeitet habe. Die Reparatur der Wand, so behauptet er, koste 2.000,00 EUR; mit dem sich nach seiner Auffassung hieraus ergebenden Gegenanspruch erklärt der Beklagte die Aufrechnung.«
>
> - »Der Kläger verlangt restlichen Werklohn wegen von ihm aufgrund eines Vertrages mit dem Beklagten durchgeführter Installationsarbeiten. Die Parteien streiten einmal darüber, ob die

---

1 *Anders/Gehle* A Rn. 43; *Schuschke/Kessen/Höltje* Rn. 510; aA Thomas/Putzo/*Reichold* § 313 Rn. 12; Zöller/*Vollkommer* § 313 Rn. 12.
2 *Anders/Gehle* A Rn. 43.

> Arbeit des Klägers mangelfrei war; dies verneint der Beklagte mit der Behauptung und Begründung, der Kläger habe während der Arbeiten eine Schlafzimmerwand beschädigt. Zum anderen erklärt der Beklagte wegen der Beschädigung der Wand die Aufrechnung mit einer Gegenforderung in Höhe von 2.000,00 EUR. Im Einzelnen kam es zum Vertragsschluss so, dass der Kläger dem Beklagten unter dem 1.4. ... ein Angebot übersandte. Der Beklagte nahm das Angebot an. Die Arbeiten wurden nicht abgenommen. Auf den vereinbarten Werklohn in Höhe von insgesamt 10.000,00 EUR leistete der Beklagte Abschlagszahlungen in Höhe von 8.000,00 EUR. Der Kläger behauptet, er habe die Arbeiten mangelfrei erbracht. Der Kläger beantragt, ... Der Beklagte beantragt, die Klage abzuweisen. Er behauptet, die Reparatur der Wand koste 2.000,00 EUR.«

Ich hoffe, Sie entscheiden sich für das 3. Beispiel, und erläutere hierzu noch Folgendes: Natürlich halte auch ich nichts von dem nichts sagenden Einleitungssatz im 2. Beispiel. Ich meine aber, dass sich nicht bestreiten lässt, dass dem mit dem Sachverhalt nicht vertrauten Leser das 3. Beispiel am besten gefallen wird. Hätte der Beklagte nur die Aufrechnung erklärt, wäre wahrscheinlich kein Praktiker auf die Idee gekommen, nicht einleitend sofort zu erwähnen, dass nur die Aufrechnung in Streit steht. Und das soll dann anders sein, wenn der Beklagte noch zusätzlich die Auffassung vertritt, aus der Beschädigung der Wand folgere, dass die Arbeit nicht mangelfrei sei? Dieser Vortrag verbot es, die Mangelfreiheit als unstreitig darzustellen; hier kann erst im Gutachten festgestellt werden, dass dies so begründete Bestreiten der Mangelfreiheit unsubstanziiert ist.

592 **b) Im Einzelnen** richtet sich die Geschichtsdarstellung nach dem Gegenstand der Klage.

Beispiele:
- Bei vertraglichen Ansprüchen sollte man über die Entstehung des Vertrags und seine weitere Entwicklung berichten. Erwähnenswerte Schriftstücke sind zeitlich geordnet einzugliedern unter Beschränkung auf ihren wesentlichen Inhalt und Bezugnahme im Übrigen (Rn. 613 f.).
- Bei einem Anspruch auf Herausgabe einer Sache sind das Schicksal der Sache und ihre Beziehung zu den Parteien wesentlich. Was hatte der Kläger mit ihr zu tun? Wie kam sie zum Beklagten?
- Bei einem Unfallprozess ist es oft sinnvoll, mit einer Schilderung der Örtlichkeit zu beginnen.
- Bei einem Grundstücksstreit oder einer Grenzstreitigkeit empfiehlt sich manchmal die Wiedergabe des wesentlichen Grundbuchinhalts.
- Bei einem Erbstreit sind zu Beginn die für die Erbfolge maßgeblichen Umstände (die verwandtschaftlichen Beziehungen und/oder der Inhalt eines Testaments) anzugeben.

2. Der Streitstand Teil 1: Der Klägervortrag

593 An die Darstellung des Sachstandes schließt sich der Streitstand Teil 1, der streitige Klägervortrag an. Das ist der vom Beklagten bestrittene Vortrag des Klägers zur Klage. Selbstständiger Vortrag des Klägers zu Einwendungen oder Einreden des Beklagten wird in der Regel als Replik dargestellt (s. → Rn. 606). Die Darstellung des Streitstandes schreibt bereits § 313 Abs. 2 vor; es ist – im Gegensatz zum Strafurteil! – daher falsch, an die Stelle des streitigen Parteivortrags den Sachverhalt zu setzen, den das Gericht nach durchgeführter Beweisaufnahme für bewiesen erachtet.

Als Übergang in den streitigen Klägervortrag kann auch das **Klagebegehren** mitgeteilt werden,[1] wenn es nicht, wie ich es für besser halte (s. → Rn. 591), in einem Ein-

---

1 Dies empfiehlt Siegburg Rn. 428. **Keinesfalls** ist jedenfalls die Darstellung des Klagebegehrens »entbehrlich« (so aber *Anders/Gehle* A Rn. 48); die Darstellung schreibt § 313 Abs. 2 ausdrücklich vor!

leitungssatz geschehen ist. Vor den Anträgen kommt es zu spät (s. das Beispiel 1 → Rn. 591); spätestens muss es mE bei der Darstellung des Vorbringens zur Höhe der Klageforderung genannt werden.

Es kommt vor, dass der Kläger schon in der Klageschrift zu einem (wegen vorprozessualen Schriftwechsels) erwarteten Vorbringen des Beklagten Stellung nimmt. Dieser Vortrag ist wie jeder andere zu behandeln, also zB als streitig, wenn der Beklagte anders vorträgt, in einer Replik, wenn es dort hingehört (s. → Rn. 606). Nur dann, wenn der Beklagte zu den vom Kläger erwähnten Punkten nichts vorträgt, sind sie wegzulassen.

> **Beispiel:** Der Kläger trägt vor: »Der Beklagte hat vorprozessual Mängel der vom Kläger verkauften Sache behauptet. Derartige Mängel liegen aber nicht vor.« Trägt der Beklagte wie erwartet Mängel vor, ist dies in seinem streitigen Vorbringen zu erwähnen; kommt kein Vortrag dazu, muss auch der Vortrag des Klägers zur Mangelfreiheit nicht wiedergegeben werden. Anders kann es beim Werkvertrag sein, wenn die Mangelfreiheit (mangels Abnahme) zum schlüssigen Vortrag gehört (Abnahmereife).

a) Reihenfolge. Bei Wiedergabe der einzelnen Behauptungen ist in der Regel die **Reihenfolge der Schlüssigkeitsprüfung** (s. → Rn. 162 ff.) einzuhalten, soweit nicht ausnahmsweise der natürliche Zusammenhang der Tatsachen eine Abweichung fordert. Bestreitet der Kläger Vorbringen des Beklagten, so ist dies regelmäßig nicht besonders (sondern nur als streitiges Beklagtenvorbringen) darzustellen (→ Rn. 601). **594**

b) Darstellungsform. Dass streitiges Vorbringen dargestellt wird, ist durch das Wort »behauptet« klar zu machen. Das streitige Klägervorbringen beginnt also mit den Worten: »Der Kläger behauptet, …«. Rechtsansichten demgegenüber werden, falls überhaupt (→ Rn. 41), mit den einleitenden Worten »meint«, »ist der Ansicht/Auffassung/Meinung« dargestellt. Der Begriff: »trägt vor« ist neutral, bezeichnet also weder Behauptung noch Rechtsansicht. Er sollte daher in der Regel nicht verwandt werden, denn aus dem Tatbestand/Sachbericht muss sich ergeben, ob Vortrag als Behauptung oder Rechtsansicht anzusehen ist. Nur dann, wenn diese Frage, ob Vortrag Tatsachenvortrag oder Darstellung einer Rechtsauffassung sein soll, zweifelhaft ist und einer näheren rechtlichen Würdigung bedarf, sollte der Begriff »trägt vor« verwandt werden. Dann ist in der Regel, da noch rechtlich gewürdigt werden muss, der entsprechende Vortrag wörtlich wiederzugeben. **595**

Aus grammatikalischen Gründen hat die folgende Darstellung im Konjunktiv der indirekten Rede zu erfolgen (→ Rn. 583). Es muss nicht in jedem Satz der Darstellung wiederholt werden, dass es sich um eine Behauptung handelt. Dies ist klar, wenn nach der Geschichtserzählung ein Absatz gemacht und mit den Worten begonnen wird, »Der Kläger behauptet, …«. Die nächste Behauptung kann einfach im nächsten Satz (im Konjunktiv) dargestellt werden; die Verwendung eines Semikolons zwischen den folgenden Behauptungen ist nicht notwendig[1] und zur Vermeidung von Bandwurmsätzen auch nicht zu empfehlen.

> **Beispiel:** »Die Parteien schlossen einen schriftlichen Kaufvertrag, wobei Herr D. als Vertreter des Beklagten auftrat. Der Kläger behauptet, der Beklagte habe dem D. Vollmacht erteilt. Später habe der Beklagte das Handeln des D. auch gegenüber dem Kläger genehmigt.«

---

1 Anders *Anders/Gehle* A Rn. 49.

Wird zwischen der Darstellung von Behauptungen und Ansichten gewechselt, muss dies deutlich gemacht werden.

> **Beispiel:** »Die Parteien schlossen einen schriftlichen Kaufvertrag, wobei Herr D. als Vertreter des Beklagten auftrat. Der Kläger behauptet, der Beklagte habe dem D. Vollmacht erteilt. Schon deshalb sei, so meint der Kläger, von einem Vertragsschluss mit dem Beklagten auszugehen, jedenfalls aber deshalb, weil, wie der Kläger behauptet, der Beklagte das Handeln des D. auch gegenüber dem Kläger genehmigt habe.«

Zeitform ist für abgeschlossene Vorgänge das Perfekt, sonst das Präsens.

3. Die Anträge

596 **a) Grundsätzliches.** Der Antrag **des Klägers** ist hinter seinem streitigen Vorbringen darzustellen, der **Antrag des Beklagten** hinter dem des Klägers; dies ist wegen der zusammenhängenden Darstellung beider Anträge sinnvoll. Nach § 313 Abs. 2 sind die **Anträge hervorzuheben.** Dies geschieht in der Praxis so, dass hinter dem Klägervortrag und vor Beginn des Beklagtenvortrags jeweils ein Absatz gemacht wird; der Inhalt der Anträge wird eingerückt:

> »Der Kläger beantragt,
>> den Beklagten zu verurteilen, an ihn, den Kläger, 20.000,00 EUR nebst Zinsen in Höhe von 5 Prozentpunkten über dem jeweiligen Basiszinssatz seit dem 1.4. ... zu zahlen.
> Der Beklagte beantragt,
>> die Klage abzuweisen.«

Wiederzugeben sind die zuletzt gestellten Anträge; früher gestellte oder angekündigte (regelmäßig als Prozessgeschichte) nur dann, wenn sie noch rechtlich von Bedeutung sind, häufig für die Kostenentscheidung.

597 **b) Form der Wiedergabe.** Grundsätzlich sind die Anträge wörtlich wiederzugeben; nur stilistische Mängel oder offenbare Unrichtigkeiten können beseitigt werden. Die Auslegung des Antrags ist Sache von Gutachten oder Urteil; sie darf also nicht durch Änderung des gestellten Antrags im Tatbestand erfolgen.

> **Beispiel:** Der Antrag: »Es wird beantragt, den Beklagten zu verurteilen, an den Kläger 20.000,00 EUR nebst Zinsen in Höhe von 5 Prozentpunkten über dem Basiszinssatz seit dem 1.4. ... zu zahlen.« kann so gefasst werden, wie in → Rn. 596 geschehen.

Werden Zinsen ab Rechtshängigkeit verlangt, so ist es aus meiner Sicht am besten, dies so darzustellen:

> ... »nebst Zinsen in Höhe von 5 Prozentpunkten über dem jeweiligen Basiszinssatz seit Rechtshängigkeit (Klagezustellung am 21.4. ...) zu zahlen.«

Dies ist verständlicher und knapper als die Wiedergabe in der Prozessgeschichte:

> »Die Klage ist dem Beklagten am 21.4. ... zugestellt worden.«

Bei objektiver Klagehäufung werden die Anträge hintereinander aufgeführt:

> »Der Kläger beantragt,
>> den Beklagten zu verurteilen, an ihn, den Kläger, 20.000,00 EUR Zug um Zug gegen Rückübereignung des PKW ... zu zahlen,
>> festzustellen, dass der Beklagte sich mit der Rücknahme des PKW ... in Annahmeverzug befindet.«

Wird ein Antrag aus dem **Mahnbescheid** gestellt, muss inhaltlich wiedergegeben werden, was im Mahnbescheid zugesprochen wurde, bis auf die dort errechneten Verfahrenskosten (zum Vollstreckungsbescheid/Versäumnisurteil → Rn. 626).

Lautet der Antrag:

> »den Beklagten wegen einer vorsätzlich begangenen unerlaubten Handlung zu verurteilen, an den Kläger Schadenersatz in Höhe von 2.000,00 EUR zu zahlen.«,

so kann problemlos das Wort Schadenersatz weggelassen werden, weil das Begehren nicht im Antrag darzustellen ist. Grundsätzlich gehört auch der Rechtsgrund (unerlaubte Handlung) nicht in den Antrag. Allerdings wird man erwägen müssen, ob der Kläger nicht wegen § 850f Abs. 2 die zusätzliche Feststellung begehrt, dass der Anspruch aus einer vorsätzlich begangenen unerlaubten Handlung folgt.[1]

c) Anträge zu Nebenentscheidungen. Soweit das Gericht von Amts wegen entscheidet, sind Anträge der Parteien nicht notwendig und gestellte Anträge deshalb auch nicht mitzuteilen. Dies gilt in der Regel für Anträge, dem Gegner die Kosten aufzuerlegen, und für Anträge zur vorläufigen Vollstreckbarkeit. **598**

- Ein Kostenantrag ist in einem Urteil wohl nur im Fall eines Anerkenntnisses unter Protest gegen die Kostenlast zu erwähnen. Bei einer vollständigen Klagerücknahme, bei der eine Kostenentscheidung nur auf Antrag ergeht, ist kein Urteil und damit kein Tatbestand zu schreiben; bei einer teilweisen Klagerücknahme ist auch ohne Antrag wegen des Prinzips der einheitlichen Kostenentscheidung von Amts wegen zu entscheiden. Die Wiedergabe eines Kostenantrags kann aber im Fall der Erledigung der Hauptsache notwendig sein, wenn es an einem ausdrücklichen Erledigungsantrag fehlt. Zwar ist auch dann von Amts wegen über die Kosten zu entscheiden. Aus dem Kostenantrag kann sich aber eine konkludente Erledigungserklärung ergeben. Werden wechselseitige Kostenanträge gestellt, ist die Wiedergabe im Tatbestand zwar nicht notwendig, da von Amts wegen entschieden wird; da die Parteien aber nur noch um die Kosten streiten, sollte es erwähnt werden.

- Auch Entscheidungen zur vorläufigen Vollstreckbarkeit ergehen von Amts wegen. Anträge, Sicherheitsleistung durch Bürgschaft erbringen zu dürfen, sind zwar häufig zu finden, aber nur noch rechtshistorisch zu verstehen und nicht erwähnenswert. Vor einer Änderung des § 108 Abs. 1 S. 2 musste das Gericht die Bürgschaft zulassen. Jetzt heißt sein Schweigen, dass die Bürgschaft mangels anderer Parteivereinbarung zulässig ist.

- Einige offenbar mit Textbausteinen verfasste Schriftsätze von Anwälten enthalten neben vielen anderen auf Klägerseite auch Anträge nach §§ 710, 711 S. 3 und auf Beklagtenseite nach § 712. Derartige Entscheidungen sind in der Tat nur auf Antrag zu erlassen (§ 714) und wären unter diesem Aspekt erwähnenswert. Allerdings sind solche Anträge näher zu begründen, da die Vorschriften besondere Voraussetzungen aufstellen. Pauschale Anträge nach §§ 710, 712 werden deshalb in der Praxis nicht beachtet und im Tatbestand nicht erwähnt. Nur wenn Tatsachen hierzu ausgeführt werden, sind sie in den Tatbestand aufzunehmen. Dann ist es wohl sinnvoll, die Anträge (wie bei objektiver Klagehäufung) hinter dem Sachantrag des Klägers bzw. dem Abweisungsantrag des Beklagten zu erwähnen.

---

1 S. dazu Msk/*Becker* § 850f Rn. 10; Thomas/Putzo/*Hüßtege* § 850f Rn. 8b.

4. Der Streitstand Teil 2: Die Einlassung des Beklagten

599   **a) Inhalt.** Der Beklagte kann prozessuale Rügen vorbringen. Er kann das tatsächliche Vorbringen des Klägers entweder bestreiten – sei es einfach, sei es substanziiert (→ Rn. 168 ff.) –, oder nicht bestreiten. Er kann »Einwendungen« bzw. »Einreden« geltend machen. Er kann Widerklage erheben (s. dazu → Rn. 619 ff.).

600   **aa) Prozessuale Rügen** sind (an erster Stelle) im Beklagtenvorbringen notwendigerweise zu erwähnen:

- wenn es sich um Mängel handelt, die durch Nichtrüge nach den folgend genannten Vorschriften geheilt würden;

  > **Beispiele:** eine nicht ordnungsmäßige Klagezustellung (§ 295); die Rüge der Unzuständigkeit beim landgerichtlichen Prozess (§ 39); Rüge der Klageänderung (§ 267).

- wenn es sich um Prozesshindernisse im eigentlichen Sinne handelt;

  > **Beispiele:** fehlende Ausländersicherheit (§ 110); fehlende Kostenerstattung bei neuer Klage nach Klagerücknahme (§ 269 Abs. 6); Schiedsvertragseinrede (§ 1032 Abs. 1).

- wenn Tatsachen für das Fehlen von Verfahrensvoraussetzungen vorgetragen werden, die der Gegner bestreitet.

  > **Beispiel:** Der Beklagte behauptet, der Kläger sei minderjährig und deshalb nicht ordnungsgemäß im Prozess vertreten.

Zu erwähnen sind auch bestrittene Tatsachenbehauptungen des Beklagten zu den heilbaren Mängeln bzw. Prozesshindernissen.

> **Beispiel:** Der Beklagte bestreitet, dass die AGB des Klägers, auf die dieser eine Gerichtsstandsvereinbarung stützt, Vertragsinhalt geworden sind.

Sind Fristen zur Klageerwiderung gesetzt worden (§§ 275 f.), ist wegen §§ 282 Abs. 3 S. 2, 296 Abs. 3 bei verzichtbaren Rügen auch mitzuteilen, wann sie geltend gemacht wurden. Dabei ist es aus meiner Sicht eine Frage der Verständlichkeit, ob man dies im Zusammenhang mit der Rüge erwähnt oder bei der Prozessgeschichte. Es dürfte meist verständlicher sein, die Daten sofort mitzuteilen und damit den Vortrag des Beklagten zur Zulässigkeit der Klage abzuschließen.

> **Beispiel:** Der Beklagte rügt in einem Prozess vor dem Landgericht die örtliche Unzuständigkeit nach Ablauf einer ihm im schriftlichen Vorverfahren gesetzten Frist zur schriftlichen Klageerwiderung (§ 276 Abs. 1 S. 2). Hier könnte es im Tatbestand hinter dem Beklagtenantrag heißen: Mit am … eingegangenem Schriftsatz rügt der Beklagte die örtliche Unzuständigkeit des angerufenen Gerichts. Das Gericht hat ihm gem. § 276 Abs. 1 eine Frist zur schriftlichen Erwiderung auf die Klage gesetzt; die entsprechende Verfügung ist dem Beklagten am … zugestellt worden.«

Nicht erwähnt werden müssen wie alle Rechtsansichten Ansichten, die der Beklagte zu von Amts wegen zu prüfenden Prozessvoraussetzungen äußert. Hier gilt nichts anderes als das, was generell zur Darstellung von Rechtsansichten gilt (→ Rn. 615).

601   **bb) Bestreiten, Klageleugnen.** S. hierzu grundsätzlich → Rn. 47 ff. Der Tatbestand muss **erkennen** lassen, welche einzelnen Tatsachen bestritten werden. Erkennen lassen heißt nicht, dass dies im Rahmen der Darstellung des Vorbringens der bestreitenden Partei deutlich werden muss. Bestreitet zB der Beklagte Vorbringen des Klägers, so ist dieses Vorbringen schon bei der Darstellung des Klägervortrags als streitig zu bringen. Daraus wird schon klar, dass der Beklagte bestritten hat; es bedarf **keiner**

Erwähnung im Beklagtenvortrag mehr. Eine Ausnahme bilden das Bestreiten mit **Nichtwissen**, weil dieses auf seine rechtliche Zulässigkeit hin geprüft werden muss (s. → Rn. 50), sowie das substanziierte (motivierte) Bestreiten, bei dem der Beklagte nicht nur bestreitet, sondern zum gleichen Punkt einen anderen Sachverhalt vorträgt als der Kläger.

> **Beispiel:** Der Kläger verlangt vom Beklagten Rückzahlung von 10.000,00 EUR aus einem am 1.4. … geschlossenen Darlehensvertrag. Der Beklagte trägt vor, an diesem Tag sei kein Darlehensvertrag geschlossen worden, der Kläger habe ihm das Geld vielmehr vereinbarungsgemäß geschenkt. Hier behauptet der Beklagte nicht etwa nur, es sei ein Schenkungsvertrag geschlossen worden; da er eine Einigung über eine Schenkung behauptet, bestreitet er gleichzeitig eine Einigung über ein rückzahlbares Darlehen. Aber er bestreitet nicht nur, was hier reichen würde (»es wird bestritten, dass ein Darlehensvertrag geschlossen wurde«), sondern trägt darüber hinaus vor.

Während reines Bestreiten nicht zu erwähnen ist, muss motiviertes Bestreiten (anders ausgedrückt: der vom Klägervortrag abweichende Sachvortrag zum Klagebegehren) in der Regel wiedergegeben werden.

Auch reines Bestreiten ist nach meiner Meinung dann wiederzugeben, wenn sich der Vortrag des Beklagten im Bestreiten erschöpft (s. entsprechend zu Rechtsansichten → Rn. 615).[1] Dies ist zwar eine Wiederholung und damit juristisch streng genommen überflüssig. Adressaten des Tatbestandes sind aber in erster Linie die Parteien (s. → Rn. 582). Man stelle sich einen juristisch nicht bewanderten Beklagten vor, der einen Tatbestand eines ihn verurteilenden Urteils liest, der die Klägerbehauptungen wiedergibt, nach dem Antrag des Beklagten aber endet. Liest der Beklagte nur den Tatbestand, muss er einfach denken, das Gericht hätte sein Vorbringen überhaupt nicht zur Kenntnis genommen.

Unter **klageleugnendem Vorbringen** ist neben dem (einfachen oder motivierten) **602** Bestreiten auch das Vorbringen zur Klage zu verstehen, für das (ausnahmsweise) der Beklagte die Beweislast hat. Mit diesem Vortrag kann der Beklagte die Klage zu Fall bringen (und ohne ihn verlieren); es ist aber kein (von der Klage unabhängiges) selbstständiges Verteidigungsvorbringen (Einreden, Einwendungen, s. → Rn. 603).

> **Beispiel:** Der Kläger verlangt Schadenersatz, weil die Beschäftigten des beklagten Installateurs beim Hantieren mit einem einzubauenden Heizkörper eine Zimmertür beschädigt hätten, und behauptet, die Monteure seien angetrunken und deshalb nicht mehr dazu in der Lage gewesen, aufrechten Ganges durch die Tür zu kommen. Wenn hier der Beklagte nur die Trunkenheit bestreitet, kann er nicht gewinnen, denn er hat die Darlegungs- und Beweislast für fehlendes Verschulden (§§ 280 Abs. 1 S. 2, 278 BGB) seiner Leute. Bringt er hierzu Vortrag, »leugnet« er den Klageanspruch.[2]

cc) Einwendungen und Einreden. Hier ist zunächst darauf hinzuweisen, dass sich **603** die Begriffe »Einwendungen und Einreden« von ZPO und BGB nicht decken (s. → Rn. 76).[3] Sofern im Folgenden diese Begriffe genannt werden, sind Einwendungen und Einreden im materiell-rechtlichen Sinne gemeint. Ansonsten wird der Begriff »Einreden im Sinne der ZPO« gebraucht. Bei der Darstellung im Tatbestand sollte man die Begriffe, wenn überhaupt, nur im Sinne des BGB verwenden (zB: »Der Beklagte erhebt die Einrede der Verjährung.«).

---

1 AA *Schuschke/Kessen/Höltje* Rn. 95.
2 Anders (Einrede) *Anders/Gehle* A Rn. 66.
3 *Anders/Gehle* A Rn. 66; *Schuschke/Kessen/Höltje* Rn. 331.

Bei Einreden und Gestaltungsrechten ist unbedingt mitzuteilen, dass der Beklagte sie geltend macht. Die zu den Einwendungen/Einreden vorgebrachten Tatsachen sind mitzuteilen. Zum Aufbau s. → Rn. 604, zur Widerklage → Rn. 619 ff.

604 **dd) Die Ordnung des Beklagtenvortrags.** Wie bereits erwähnt, sind zunächst prozessuale Rügen darzustellen. Dann sollte das Vorbringen mit der stärksten rechtlichen Durchschlagskraft folgen. Zwingend am Schluss ist aus logischen Gründen das Vorbringen zu einer Hilfsaufrechnung oder sonst innerprozessual bedingten Einrede bzw. Einwendung zu bringen, da diese unter der Bedingung stehen, dass der Beklagte mit seiner Rechtsverteidigung nicht aus den in erster Linie vorgebrachten Gründen Erfolg hat.

Soweit es um rechtshindernde oder rechtsvernichtende Einwendungen oder um Einreden geht, tritt regelmäßig das Problem auf, dass die Erhebung der Einrede bzw. die Geltendmachung eines Gestaltungsrechts unstreitig ist, der dazu folgende Vortrag teilweise ebenso. Hier gibt es im Wesentlichen zwei Darstellungsmöglichkeiten, von denen die zu wählen ist, die im Einzelfall die verständlichste ist:

Der unstreitige Teil wird, da er auch Vortrag des Klägers ist, dort gebracht; dies würde in der Regel dem Gutachtenaufbau entsprechen. Die andere Alternative ist die, die Einwendung und die Tatsachen dazu insgesamt im Beklagtenvortrag darzustellen, dann natürlich klar zu machen, was unstreitiger und bestrittener Vortrag ist. Insbesondere bei der Aufrechnung, bei der ein weiterer Tatsachenkomplex in den Rechtsstreit herein gezogen wird, kommt diese Darstellungsform in Betracht.

> **Beispiel:** Der Beklagte wehrt sich nur mit der Aufrechnung gegen die Klageforderung; die zur Aufrechnung vorgetragenen Tatsachen sind teils unstreitig, teils streitig.
> Hier kann der Tatbestand etwa lauten: »Der Kläger verlangt Zahlung von 2.000,00 EUR aus einem Kaufvertrag von dem Beklagten. Die Klageforderung ist unstreitig; die Parteien streiten rechtlich nur darüber, ob die Forderung des Klägers durch die Aufrechnung mit einer Gegenforderung untergegangen ist. Der Kläger beantragt, ... Der Beklagte beantragt, ... Der Aufrechnung liegt folgender Sachverhalt zugrunde: Unstreitig .... Der Beklagte behauptet, ... Der Kläger behauptet, ...«
> **Oder:** »Der Kläger verlangt Zahlung von 2.000,00 EUR aus einem Kaufvertrag von dem Beklagten. Die Klageforderung ist unstreitig; die Parteien streiten rechtlich nur darüber, ob die Forderung des Klägers durch die Aufrechnung mit einer Gegenforderung untergegangen ist, die der Beklagte aus folgendem Sachverhalt herleitet: Unstreitig ... Der Kläger beantragt, ... Der Beklagte beantragt, ... Der Beklagte behauptet, ... Der Kläger behauptet, ...«

Ist, wie häufig in der Praxis, auch die Klageforderung streitig und wird die Aufrechnung nur hilfsweise erklärt, gibt es mehrere Möglichkeiten:

In einem Einleitungssatz wird erwähnt, was der Kläger begehrt und der Beklagte gegen die Klage vorbringt; weiter wird dargestellt, dass der Beklagte hilfsweise aufrechnet.

> **Beispiel:** »Der Kläger verlangt Zahlung von 2.000,00 EUR aus einem Kaufvertrag, dessen Zustandekommen der Beklagte bestreitet; hilfsweise erklärt der Beklagte die Aufrechnung mit einer Gegenforderung auf Rückzahlung eines vom Kläger bestrittenen Darlehens.«

Dann kann der unstreitige Teil des Vorbringens zur Aufrechnung in dem unstreitigen Tatbestandsteil untergebracht und der streitige Vortrag im Anschluss an den streitigen Vortrag zur Klage (Erwiderung des Beklagten oder evtl. Replik/Duplik); oder es kann im Anschluss an das streitige Vorbringen zur Klage das Vorbringen zur Hilfsaufrechnung gesondert dargestellt werden. Im ersten Fall ist es eine Frage der Übersichtlichkeit, ob das unstreitige Vorbringen zur Klage mit dem zur Aufrechnung chronologisch vermischt oder nach Sachverhaltskomplexen getrennt wird. Haben Klage- und Aufrechnungssachverhalt nichts oder wenig miteinander zu tun, spricht viel für eine Trennung.

> **Beispiele** für die Darstellungsmöglichkeiten:
> * Einleitungssatz, Unstreitiges zur Klage, streitiger Vortrag Kläger zur Klage, Anträge, streitiger Vortrag Beklagter zur Klage, Unstreitiges zur Hilfsaufrechnung, streitiger Beklagtenvortrag zur Hilfsaufrechnung, streitiger Klägervortrag zur Hilfsaufrechnung.
> * Einleitungssatz, Unstreitiges zu Klage und Aufrechnung chronologisch vermischt, streitiger Vortrag Kläger zur Klage, Anträge, streitiger Vortrag Beklagter zunächst zur Klage und dann zur Hilfsaufrechnung, streitiger Klägervortrag zur Hilfsaufrechnung.
> * Einleitungssatz, Unstreitiges zu Klage, Unstreitiges zur Aufrechnung; streitiger Vortrag Kläger zur Klage, Anträge, streitiger Vortrag Beklagter zunächst zur Klage und dann zur Hilfsaufrechnung, streitiger Klägervortrag zur Hilfsaufrechnung.

5. Abweichungen

Die Verständlichkeit erfordert es nicht selten, von den bisher genannten Regeln ab- **605** zuweichen. So kann es notwendig sein, bestrittene Tatsachen bereits in der Geschichtserzählung mit den unbestrittenen Tatsachen oder unbestrittene Tatsachen im Streitstand mit den bestrittenen Tatsachen zusammen darzustellen. Sie sind dann als »bestritten« bzw. »unbestritten« den anderen Tatsachen gegenüber deutlich kenntlich zu machen.

> **Beispiel:** »Am 1.4. ... schlossen die Parteien einen Kaufvertrag über einen Gebrauchtwagen. Im Rahmen einer Folgeverhandlung am 20.4. ... setzten sie den vereinbarten Preis auf 2.000,00 EUR herab. Bei dieser Verhandlung soll, so behauptet der Kläger, auch vereinbart worden sein, dass er die zuvor mitverkaufte Radioanlage ausbauen dürfe; dies sei der Grund für die Preissenkung gewesen. Jedenfalls übergab der Kläger dem Beklagten unstreitig am 21.4. ... das Auto ohne Radio.«

Unwesentliche Abweichungen des Parteivortrags, die für Entscheidung unerheblich sind, müssen im Tatbestand nicht mitgeteilt werden. Anstelle des genauen streitigen Vortrags kann eine allgemeine, die Darstellung beider Parteien deckende Darstellung gewählt werden.

> **Beispiel:** Es ist, ohne dass es zB für die Frage der Verjährung darauf ankommt, streitig, ob ein Vertrag am 15.4. oder am 17.4. ... geschlossen worden ist. Hier kann es im Tatbestand heißen: »Die Parteien schlossen Mitte April ... einen Vertrag.« Kommt es auf die Daten an, kann die Darstellung lauten: »Die Parteien schlossen im April ... einen Vertrag (nach Behauptung des Klägers am 15.4., nach der des Beklagten am 17.4.).«

Ist der gesamte Klagevortrag bestritten, so entfällt eine Geschichtserzählung. Auch hier sollte nach meiner Meinung ein Einleitungssatz einen Gesamtüberblick geben.

> **Beispiel:** »Der Kläger verlangt von dem Beklagten Zahlung von 2.000,00 EUR aus einem Kaufvertrag. Der gesamte Sachverhalt ist zwischen den Parteien streitig. Der Kläger behauptet, ...«

6. Replik und Duplik

a) Im Gutachten ist eine **Replik** nur erforderlich, wenn der Kläger sich mit Sachvor- **606** trag (und sei es Bestreiten) gegen selbstständiges Verteidigungsvorbringen des Beklagten wehrt. Kaum anderes gilt im Tatbestand; nur erübrigt sich bei einfachem Bestreiten eine Replik, weil das Bestreiten schon aus der Darstellung als streitig im

Beklagtenvortrag folgt. Keinesfalls ist immer das als Replik zu bringen, was der Kläger auf den klageerwidernden Schriftsatz seinerseits erwidert; dies ist ein häufiger Fehler in Examensklausuren. Danach kommt eine Replik im Tatbestand in Betracht:

- Gegenüber Tatsachenbehauptungen des Beklagten, die nicht wegen Klageleugnens, sondern aus sonstigen Gründen zur Klageabweisung führen sollen. Regelmäßig muss es sich, wenn eine »Replik« des Klägers in Frage kommen soll, um vom Kläger bestrittene Tatsachen handeln, also um »Einwendungen« und »Einreden« im eigentlichen Sinne.

  > **Beispiele:** Der Beklagte tritt den ihm nach § 831 Abs. 1 S. 2 oder § 280 Abs. 1 S. 2 BGB obliegenden Entlastungsbeweis an oder versucht, die zugunsten des Klägers sprechende Vermutung des § 1006 Abs. 1 S. 1 BGB zu widerlegen (rechtshindernde Einwendungen). Er beruft sich auf Erfüllung oder Erlass (rechtsvernichtende Einwendungen) bzw. Verjährung (rechtshemmende Einrede).

  Unbestrittene anspruchsfeindliche Tatsachen gehören grundsätzlich in die Geschichtserzählung, da sie auch Klägervortrag sind. Sie erfordern eine Replik nur, wenn sie ausnahmsweise lediglich deshalb nicht früher gebracht werden konnten, weil sonst die Verständlichkeit leiden würde.
- Gegenüber einer Widerklage, besonders wenn sie nicht denselben Streitgegenstand betrifft oder auf neue Tatsachen gestützt wird. Entsprechendes gilt für die Aufrechnung.

Gegenüber einem substanziierten Bestreiten des Beklagten ist eine Replik auch dann nicht notwendig, wenn das Vorbringen eine wesentlich andere Sachdarstellung als die des Klägers enthält. Die hierzu vorgebrachten Tatsachen können im Rahmen des streitigen Parteivortrags mitgeteilt werden. Auch gegenüber einem einfachen Bestreiten erübrigt sich eine Replik in aller Regel. Schon aus der streitigen Darstellung im Beklagtenvortrag ergibt sich das Bestreiten durch den Kläger. Macht der Kläger allerdings Rechtsausführungen zum Bestreiten des Beklagten (»das Bestreiten ist unzulässig/unsubstanziiert«), können diese nur als Replik wiedergegeben werden, wenn sie überhaupt darzustellen sind (→ Rn. 615).

Zu beachten ist bei der Frage, ob man eine Darstellung in Form einer Replik bringt, aber auch das Prinzip der Verständlichkeit. Auch wenn im Gutachten keine Replik gemacht werden muss, kann man es aus meiner Sicht im Tatbestand dann machen, wenn der Vortrag der Parteien so verständlicher dargestellt werden kann. Es sind in Tatbeständen immer wieder Ausführungen zB im Klägervortrag zu finden, die unverständlich sind, wenn man den Vortrag des Beklagten dazu noch nicht kennt.

607 **b) Duplik.** Eine Duplik ist selten erforderlich. Wenn man gleichwohl eine Duplik oder gar noch weitere Entgegnungen (Triplik usw.) für nötig hält, so sollte man genau prüfen, ob die weiteren Tatsachen nicht unstreitig sind oder doch früher gebracht werden können. Theoretisch kann eine Duplik angebracht sein, wenn die Replik neue Tatsachen enthält, zu denen der Beklagte substanziiert Stellung nimmt. Notwendig ist aber, dass die Darstellung nicht an anderer Stelle erfolgen kann.

Eine Duplik kann erforderlich sein, wenn die Replik neue Tatsachen enthält, die geeignet sind, den Klageanspruch zu stützen oder eine neue eventuelle Anspruchsgrundlage zu schaffen.

> **Beispiel:** Der Kläger verlangt Zahlung aus einem vom Beklagten bestrittenen Vertrag. Hilfsweise rechnet der Beklagte mit einer Gegenforderung auf. Der Kläger bestreitet den Vortrag des Beklagten

zur Aufrechnungsforderung, hilfsweise beruft er sich auf Verjährung der Gegenforderung vor Aufrechnung. Der Beklagte bestreitet den Beginn der Verjährungsfrist substanziiert; er beruft sich darüber hinaus auf ein vom Kläger bestrittenes Anerkenntnis der Forderung innerhalb der Verjährungsfrist.

7. Die Prozessgeschichte

Die sogenannte Prozessgeschichte (also Angaben darüber, wie das Verfahren prozessual eingeleitet und geführt wurde) ist regelmäßig für die Entscheidung ohne Bedeutung und gehört daher nicht in den Tatbestand. Ohne Bedeutung sind insbesondere Handlungen, die den Rechtsstreit nur vorbereiten oder der Abwehr der Zwangsvollstreckung dienen. 608

Beispiele: Bewilligung von Prozesskostenhilfe; einstweilige Einstellung der Zwangsvollstreckung; Streitverkündung an einen Dritten, wenn der Dritte dem Streit nicht beigetreten ist (anders bei Beitritt; dann sind Streitverkündung und Beitritt kurz zu erwähnen); Erlass eines Mahnbescheids, gegen den der Beklagte Widerspruch erhoben hat.

Darzustellen sind prozessuale Vorgänge, die in irgendeiner Form für die Entscheidung von Bedeutung sind, sei es auch »nur« für die Kostenentscheidung. Dies ist immer das Ergebnis einer **Beweisaufnahme**; → Rn. 609 ff. Es können unter Umständen Daten der Zustellung oder des Eingangs von Schriftsätzen von Bedeutung sein:

- Die Zustellung der Klage oder eines Mahnbescheides kann wichtig sein wegen der Folgen der Rechtshängigkeit, zB wenn Zinsen ab Rechtshängigkeit gefordert werden oder die Verjährung unterbrochen worden sein soll.
- Das Datum der Zustellung oder der Einreichung von Schriftsätzen kann bedeutsam sein, wenn das Gericht das Vorbringen als verspätet zurückweisen will oder der Eingang nach Schluss der mündlichen Verhandlung erfolgt ist.
- Die Daten der Zustellung eines Vollstreckungsbescheides, eines Versäumnisurteils oder eines Endurteils und die Daten über den Eingang des Einspruchs oder des Rechtsmittels müssen mitgeteilt werden, wenn die Rechtzeitigkeit des Rechtsbehelfs oder Rechtsmittels geprüft werden muss.

Die Ausübung des richterlichen Fragerechts oder gerichtliche Auflagen können ebenfalls für die Entscheidung bedeutsam sein, allerdings nur dann, wenn sie ergebnislos blieben. Wenn Auflagen nachgekommen wurde, ist eine Erwähnung im Tatbestand nicht erforderlich.

Hält der Bearbeiter einer **Examensarbeit** die Ausübung des richterlichen Fragerechts für notwendig, so muss er, da er keinen Auflagenbeschluss vorschlagen, sondern ein Urteil entwerfen soll, diese unterstellen (dies sehen die Weisungen vor). Die Notwendigkeit des Hinweises ist im Gutachten zu begründen. Nach dem Bearbeitervermerk ist weiter zu unterstellen, dass keine Reaktion auf den Hinweis erfolgte. Hiervon muss das Urteil ausgehen. Der Tatbestand erwähnt also die Ausübung des Fragerechts. In einer Fußnote ist darauf hinzuweisen, dass es sich um eine Unterstellung handelt.

Die Prozessgeschichte wird in der Regel **am Ende des Tatbestandes** wiedergegeben. Ausnahmen gelten allerdings dann, wenn die **Anträge** wegen prozessualer Ereignisse ohne Darstellung des Ereignisses nicht verständlich wären. Dies gilt namentlich bei dem Erlass von Vollstreckungsbescheiden und Versäumnisurteilen (→ Rn. 626) und bei der Erledigung der Hauptsache (→ Rn. 627); kann aber auch bei Teil- und Vorbehaltsurteilen gelten.

8. Die Beweismittel bzw. das Ergebnis einer Beweisaufnahme

609 Sowohl angebotene als auch erhobene Beweise sind im Tatbestand mitzuteilen. Dies gilt bezüglich der angebotenen Beweismittel nicht, soweit sie überholt sind (→ Rn. 612) oder die Tatsache unstreitig ist. Bei einem Indizienbeweis sind auch die Hilfstatsachen anzugeben, die unter Beweis gestellt werden.

> **Beispiel:** Der Kläger kann einen mündlich geschlossenen Vertrag nicht unmittelbar unter Zeugenbeweis stellen, weil außer den Parteien niemand zugegen war. Er trägt deshalb vor: »Dass der Vertrag geschlossen wurde, kann nicht unter Zeugenbeweis gestellt werden; eine Parteivernehmung des Beklagten verspricht angesichts dessen wahrheitswidrigen Vortrags keine Aussicht auf Erfolg. Der Kläger hat allerdings unmittelbar nach dem Vertragsschluss sowohl seinen Mitarbeitern als auch seiner Frau hiervon erzählt (Beweis: Zeugnis Frau Kläger, Herr und Frau Zeuge). Dies hätte er nicht getan, wenn der Vertrag nicht geschlossen worden wäre.«

610 a) Ob **angebotene Beweismittel**, denen nicht nachgegangen wurde, mitzuteilen sind, ist streitig.[1] Die Frage ist aus meiner Sicht so zu beantworten, dass unerledigte Beweisangebote mitzuteilen sind, weil sie von rechtlicher Bedeutung sein können. Aus der Mitteilung folgt, dass ein Beweisantritt erfolgt ist. Dass sich dies auch aus den Akten ergibt, ist im Hinblick auf § 314 nicht unproblematisch.

Die Mitteilung des Beweisantrags kann in kurzer Form geschehen. So genügt regelmäßig die Anführung in einer Klammer hinter der unter Beweis gestellten Tatsache (zB »Beweis: Zeugnis des Herrn X, Parteivernehmung des Beklagten, Sachverständigengutachten«). Wenn durch das Beweismittel mehrere vorher aufgestellte Behauptungen unter Beweis gestellt werden, sollte das Beweisangebot jeweils genannt werden; möglich ist es aber auch, eine besondere Zeile zu nehmen, wenn daraus klar wird, was unter Beweis gestellt wurde. Noch besser ist aus meiner Sicht aber eine Bezugnahme.

> **Beispiel:** »Der Kläger behauptet, der Beklagte habe ihn geschlagen. Zu den Einzelheiten seines Vortrags und seiner Beweisantritte hierzu wird Bezug genommen auf S. 4 seines Schriftsatzes vom…«

Überholte Beweisangebote sind dagegen nicht mehr zu erwähnen. Überholt sind sie dann, wenn der Beweisantrag zurückgenommen oder der Beweis erhoben wurde.

611 b) **Durchgeführte Beweisaufnahme.** Der Tatbestand muss als Prozessgeschichte einen Beweisbeschluss und eine durchgeführte Beweisaufnahme erwähnen. Dies geschieht wegen § 313 Abs. 2 S. 2 durch Bezugnahme auf den Beweisbeschluss sowie die Protokolle/Schriftstücke, die das Beweisergebnis enthalten.

> **Beispiel:** »Das Gericht hat aufgrund des Beweisbeschlusses vom 2.1. …, auf dessen Inhalt Bezug genommen wird, Beweis erhoben durch uneidliche Vernehmung der Zeugen X und Y, durch Parteivernehmung des Beklagten sowie durch Einholung eines schriftlichen Sachverständigengutachtens. Zum Ergebnis der Beweisaufnahme wird Bezug genommen auf die Niederschriften der mündlichen Verhandlungen vom 1.2. … und 2.5. … sowie das schriftliche Gutachten des Sachverständigen Dr. Laie vom 7.9. ….«

In dem Beispiel ist vorausgesetzt, dass der Beweisbeschluss die Beweisfragen und die antragstellende Partei wiedergibt. Zwar ist auch ein Beweis zu verwerten, der ohne Antrag der beweispflichtigen Partei oder sogar vollständig ohne Antrag erhoben

---

1 Bejahend *Knöringer* Rn. 5.09; PG/*Thole* § 313 Rn. 11; StJ/*Leipold* § 313 Rn. 37; Thomas/Putzo/ *Reichold* § 313 Rn. 18; Zöller/*Vollkommer* § 313 Rn. 17; verneinend *Anders/Gehle* A Rn. 55; *Schuschke/Kessen/Höltje* Rn. 554.

wurde (→ Rn. 235). Anders ist dies aber bei der Parteivernehmung, die nur in bestimmten Fällen zulässig ist (→ Rn. 218). Deshalb muss zwar im Tatbestand nicht mitgeteilt werden, auf wessen Antrag ein Zeugenbeweis erhoben oder ein Gutachten eingeholt wurde, wohl aber, auf wessen Antrag (oder von Amts wegen) eine Parteivernehmung durchgeführt wurde. Ergibt sich dies aus dem Beweisbeschluss nicht, ist es gesondert zu erwähnen.

Fehlt ein Beweisbeschluss, ist auf die Tatsache der Beweisaufnahme und die Beweismittel hinzuweisen und wegen des Ergebnisses Bezug zu nehmen:

> »In der mündlichen Verhandlung vom 2.5. … sind die Zeugen X und Y uneidlich vernommen worden. Zum Ergebnis der Beweisaufnahme wird auf die Niederschrift dieser mündlichen Verhandlung Bezug genommen.«

c) Unstreitigwerden nach Beweisaufnahme. Beweisaufnahmen müssen jedenfalls **612** nicht mehr im Einzelnen erwähnt werden, wenn das Ergebnis der Beweisaufnahme unstreitig geworden ist. Die betreffenden Tatsachen sind vielmehr dort zu bringen, wo sie als unstreitiger Vortrag hingehören, in der Regel also in der Geschichtserzählung. Dies kommt in der Praxis vor:

- Nach einer gerichtlichen Augenscheinseinnahme, falls dadurch unter den Parteien übereinstimmend Klarheit über die besichtigte Örtlichkeit geschaffen wurde;
- nach Vorlage von Urkunden auf Grund eines Beweisbeschlusses, wenn dadurch der ursprüngliche Streit über das Vorhandensein bzw. die Echtheit der Urkunden und ihren Inhalt beendigt ist und allenfalls noch Streit über die Auslegung des Inhalts der Urkunden besteht;
- nach einer Zeugenaussage, wenn deren Ergebnisse von den Parteien übereinstimmend als feststehend betrachtet werden;
- nach einem Sachverständigengutachten, dessen Ergebnis beide Parteien uneingeschränkt übernehmen;
- nach Einholung einer amtlichen Auskunft, deren Ergebnis die Parteien nicht widersprechen.

Es ist jedoch **sorgfältig zu prüfen**, ob die Parteien nach einer klaren Beweisaufnahme ihre gegenteiligen Behauptungen wirklich fallen gelassen haben. Was für den Richter feststeht, ist deshalb noch nicht unstreitig geworden. Dass über die ursprünglichen Streitpunkte eine Beweisaufnahme stattgefunden hat, sollte gleichwohl kurz erwähnt werden.

Es genügt in einem solchen Falle zB zu sagen: »Die Örtlichkeit hat, wie nach einer richterlichen Augenscheinseinnahme unter den Parteien unstreitig geworden ist, folgendes Aussehen …« oder: »Dies ist, nachdem die Urkunde vom Kläger vorgelegt worden ist, unter den Parteien unstreitig geworden.«

§ 48. Einzelheiten zum Tatbestand

I. Bezugnahmen

1. Allgemeines

§ 313 Abs. 2 schreibt vor, dass nur der wesentliche Inhalt des Parteivortrags knapp **613** dargestellt werden soll. Wegen der Einzelheiten des Sach- und Streitstandes **soll** auf

Schriftsätze, Protokolle und andere Unterlagen verwiesen werden. Das heißt einmal, dass ein Tatbestand, der in epischer Breite den gesamten Sachvortrag der Parteien darstellt, den Anforderungen des § 313 Abs. 2 nicht genügt. Es heißt aber auch, dass der wesentliche Inhalt des Vortrags darzustellen ist und damit der Tatbestand aus sich heraus verständlich sein muss. Im Einzelnen ist hier auch viel »Geschmacksache«; nach meinem Eindruck stellt die Praxis den Tatbestand eher zu breit dar. Folgende Regeln lassen sich immerhin aufstellen:

- Der Tatbestand muss aus sich selbst heraus verständlich bleiben. Der Kern des Parteivorbringens muss wiedergegeben werden.
- Vielfach ist der Umfang der Darstellung vom Ergebnis abhängig. Weist die Entscheidung die Klage aus Rechtsgründen (zB wegen Verjährung) ab, wäre es verfehlt, im Einzelnen darzustellen, welche Ansprüche der Kläger geltend macht; dies gilt entsprechend, wenn die geltend gemachten Einzelpositionen unstreitig sind. Hier kann zB so verwiesen werden:
  »Der Kläger verlangt wegen der behaupteten Vertragsverletzung durch den Beklagten Schadenersatz. Wegen der einzelnen geltend gemachten Positionen und deren Höhe wird auf … Bezug genommen.«
  Umgekehrt wird man auf streitige Einzelpositionen, wenn die Klage nicht unbegründet ist, näher eingehen.
- Was (konkret, s.u.) in Bezug genommen worden ist, ist Teil des Tatbestandes. Dies wird aus meiner Sicht häufig nicht bedacht und deshalb zu wenig Bezug genommen, weil wohl das Gefühl vorherrscht, der Tatbestand sei unvollständig.

2. Form der Bezugnahme

614 Die Bezugnahme muss konkret sein. Es muss also wegen konkreter Punkte auf bestimmte Schriftsätze, Anlagen zu Schriftsätzen, Protokolle oder Akten Bezug genommen werden. Hierbei sollte auf Seitenzahlen von mit Datum bezeichneten Schriftsätzen oder zB die vom Kläger eingereichte und so bezeichnete »Anlage K3« Bezug genommen werden, nicht auf die Seitenzahlen der Akte; diese sind den Parteien in der Regel nicht bekannt.

Pauschale Bezugnahmen wie:

> »Wegen der weiteren Einzelheiten des Parteivorbringens wird auf den Inhalt der gewechselten Schriftsätze Bezug genommen.«

werden überwiegend als nicht ausreichend angesehen.[1] Diese Auffassung ist grundsätzlich richtig, gleichwohl ist es zur Arbeitserleichterung in der Praxis sinnvoll, anders vorzugehen: Konkrete Bezugnahmen sind jedenfalls wegen aller Punkte erforderlich, die nach Auffassung des Gerichts in den Tatbestand gehören. Wegen der zwar vorgetragenen, nach Auffassung des Gerichts jedoch nicht in den Tatbestand gehörenden Punkte darf aber auch allgemein verwiesen werden.

Es häufen sich in der Praxis der Tatsacheninstanzen Anträge auf Tatbestandsberichtigung. Mehrfach wurden in meiner Praxis entsprechender Anträge wegen vorgetragener Punkte gestellt, die wir nicht in den Tatbestand aufgenommen haben, weil sie nach unserer Auffassung nicht zur Sache gehörten (wie häufig die Schilderung von Vorfällen in der Vergangenheit, die nichts mit dem zu entscheidenden Rechtsstreit zu tun haben, sondern nur Stimmung machen sollen). Ein Tatbestandsberichtigungsantrag kann in solchen Fällen nicht mit der Begründung zurückgewiesen werden, der Tatbestand sei

---

1 *Anders/Gehle* A Rn. 73; *Schuschke/Kessen/Höltje* Rn. 556; je mwN.

richtig und vollständig. Wer soll dies beurteilen, die erste oder die zweite Instanz? Wir haben uns damit geholfen, dass wir zur Abhilfe des Berichtigungsantrags pauschal Bezug genommen und dies dann auch in späteren Entscheidungen zur Abdeckung solcher Fälle wiederholt haben.

Der Referendar allerdings sollte sich an die Praxis seines Ausbilders halten, in Examensklausuren aber sollte keinesfalls pauschal Bezug genommen werden. Dagegen kommt trotz der gedrängten Darstellung in Examensklausuren eine Bezugnahme in Betracht, wenn die Verständlichkeit nicht leidet. Die Bezugnahme ist gesetzlich geboten. Was ordnungsgemäß in Bezug genommen ist, »steht« im Tatbestand.[1]

Die Bezugnahme kann an der Stelle des Tatbestandes erfolgen, an der »die Kerntatsachen« mitgeteilt werden. Dies ist in der Regel sinnvoll. Allerdings kann die Lesbarkeit des Tatbestandes leiden, wenn sich ständig Bezugnahmen wiederholen. Dann kann auch am Ende des Tatbestandes, allerdings wiederum konkret, Bezug genommen werden.

> **Beispiel:** In einem Rechtsstreit wird um Mängel eines verkauften PKW's, die Wirksamkeit eines Gewährleistungsausschlusses in einem schriftlichen Vertrag sowie bestimmte Schadenspositionen gestritten. Hier kann es heißen: »Die Parteien schlossen am … einen schriftlichen Kaufvertrag, nach dem ein gebrauchter PKW zum Preis von 2.500,00 EUR an den Beklagten unter Vereinbarung eines Gewährleistungsausschlusses veräußert wurde. Wegen des genauen Inhalts des Kaufvertrages und der Ausschlussklausel wird auf den schriftlichen Vertrag vom … Bezug genommen … Mit der Klage verlangt der Kläger neben dem Kaufpreis Ersatz verschiedener vom Beklagten bestrittener Verzugsschadenpositionen; zu seinem Vortrag hierzu wird Bezug genommen auf Seite 4 der Klageschrift … Der Beklagte behauptet bestimmte vom Kläger bestrittene Mängel des verkauften Fahrzeugs; zu seinem Vortrag hierzu und der Erwiderung des Klägers darauf wird Bezug genommen auf Seite 2 bis 4 des Schriftsatzes des Beklagten vom … und Seite 5 des Schriftsatzes des Klägers vom …«

II. Rechtliche Würdigung, Rechtsansichten

Die rechtliche Würdigung des Parteivorbringens und der Beweisaufnahme ist ausschließlich Sache des Gerichts. Rechtsausführungen der Parteien gehören daher grundsätzlich nicht in den Tatbestand. Jedoch ist zu beachten, dass Parteivorbringen unverständlich sein kann, wenn nicht gleichzeitig die rechtliche Folgerung, welche die Partei daraus ziehen will, mitgeteilt wird. In Betracht kommen folgende Fälle: **615**

- Eine Partei teilt eine Reihe von Einzeltatsachen mit, um eine bestimmte rechtliche Schlussfolgerung zu ziehen, zB, dass ein Rechtsgeschäft gegen die guten Sitten verstößt.
- Der Streit der Parteien dreht sich in der Hauptsache um eine Rechtsfrage.
- Der Sachverhalt ist unstreitig und der Beklagte verteidigt sich ausschließlich mit Rechtsausführungen; würden diese nicht erwähnt, könnte der Beklagte beim stattgebenden Urteil den Eindruck gewinnen, sein Vorbringen sei vom Gericht nicht zur Kenntnis genommen worden.

Zudem sind Rechtsansichten dann mitzuteilen, wenn die Parteien erkennbar großen Wert auf sie legen.

---

1 Nach *Anders/Gehle* A Rn. 73 soll in Examensklausuren nur zurückhaltend von der Möglichkeit der Bezugnahme Gebrauch gemacht werden. Dem kann ich mich nicht anschließen. Ich würde es für § 313 Abs. 2 widersprechend und fehlerhaft halten, wenn zB der Inhalt der eidesstattlichen Versicherung im Klausurbeispiel Rn. 730 im Tatbestand inhaltlich wiedergegeben würde.

III. Objektivität

616 Der Tatbestand muss objektiv sein. Er gibt allein einen Überblick über das Vorbringen der Parteien, hat aber keine Würdigung des Gerichts zu enthalten. Der Tatbestand ist objektiv, wenn er bei Wiedergabe des Prozessstoffes eine Stellungnahme und möglichst auch den Anschein einer Würdigung vermeidet.

Die Tatsachen sind so wiederzugeben, wie die Parteien sie sehen. Anders als beim Strafurteil darf der Tatbestand des Zivilurteils nicht einen vom Gericht festgestellten Sachverhalt zugrunde legen. Er darf daher nicht mit den Worten eingeleitet werden: »Nach dem Vorbringen der Parteien und dem Ergebnis der Beweisaufnahme ergibt sich folgender Sachverhalt:«. Wendungen wie »gleichwohl«, »jedoch«, »zwar – aber« sind zu vermeiden, wenn der Eindruck entsteht, es werde dadurch ein Werturteil abgegeben.

IV. Umfang der Darstellung

1. Vollständigkeit

617 Der Beurkundungszweck verlangt eine vollständige und objektive Darstellung des Prozessstoffs zur Zeit der letzten mündlichen Verhandlung.

- Der Tatbestand muss so gehalten sein, dass eine Entscheidung auf Grund der wiedergegebenen Tatsachen möglich ist, auch wenn man der Rechtsansicht des Gerichts nicht folgt. Es sind also nicht nur die Tatsachen anzuführen, die für die Entscheidung ausreichen oder die im Gutachten für erheblich angesehen werden. Dies verbietet aber keine **kurze** Darstellung solcher unerheblicher Tatsachen, insbesondere durch Bezugnahme (s.a. das Klausurbeispiel 1, → Rn. 767). Eine Beweisaufnahme darf nicht deshalb weggelassen werden, weil es nach Auffassung des Gutachters nicht darauf ankommt.
- Der Tatbestand muss auch die Tatsachen enthalten, auf die die Parteien entscheidenden Wert legen.
- Wegbleiben dürfen nur solche Punkte, die zur Zeit der letzten mündlichen Verhandlung überholt sind oder auf die es schlechterdings nicht ankommen kann. Die Parteien holen oftmals weit aus oder bringen Tatsachen nur »colorandi causa« bzw. zur Stimmungsmache vor.
- Es ist besonders darauf zu achten, dass im Tatbestand keine Tatsache unerwähnt bleibt, die im Gutachten und in den Entscheidungsgründen gewürdigt wird.

Das heißt allerdings nicht, dass jede einzelne danach wiederzugebende Tatsache auch ausdrücklich erwähnt werden muss. Das, was ordnungsgemäß in Bezug genommen ist, ist Teil des Tatbestandes (s. → Rn. 613).

2. Knappe, übersichtliche Darstellung

618 § 313 Abs. 2 verlangt eine knappe Darstellung, die darüber hinaus übersichtlich sein muss. Der Tatbestand ist kein bloßer Aktenauszug, sondern stellt das in den verschiedenen Schriftsätzen der Parteien, in den Protokollen und sonstigen Erklärungen, Beiakten und Urkunden enthaltene Prozessmaterial geordnet, übersichtlich und knapp zusammen.

- Die Schriftsätze sind nicht mehr oder weniger abzuschreiben, vielmehr ist das Parteivorbringen in seinem Kern zu erfassen und mit eigenen knappen Worten wiederzugeben.

- Es gilt »der langen Rede« (der Parteien) »kurzen Sinn« mitzuteilen. Wörtlich ist eine Erklärung nur dann anzuführen, wenn es für die rechtliche Würdigung auf den Wortlaut ankommt.
- Bei Urkunden genügt in der Regel eine auszugsweise Wiedergabe der Bestimmungen, auf die es ankommt oder auf die die Parteien entscheidendes Gewicht legen. Diese Stellen sind dann zumeist wörtlich zu bringen. Äußerlichkeiten der Urkunden, einleitende Bemerkungen, protokollartige Formeln usw sind in der Regel wegzulassen.

§ 49. Der Tatbestand in Sonderfällen

I. Widerklage

Die Widerklage stützt sich manchmal auf denselben Sachverhalt, der Gegenstand der Klage ist, manchmal steht sie im Zusammenhang mit einer Aufrechnung, die auch gegen die Klageforderung erklärt wird, manchmal wird sie aber auch auf einen mit der Klage nicht im Zusammenhang stehenden Sachverhalt gestützt. Im zuletzt genannten Fall spricht alles für eine Trennung der Darstellung von Klage und Widerklage; in den erstgenannten Fällen kommt auch eine vermischte Darstellung in Betracht. Wichtig ist aus meiner Sicht in jedem Fall, dass man in einem oder mehreren einleitenden Sätzen über den gesamten Streit informiert (→ Rn. 591, 604). **619**

1. Kein Zusammenhang zwischen Klage und Widerklage

Hier ist es nicht sinnvoll, wenn auch bei einem informativen Einleitungssatz möglich, das Vorbringen zur Klage und zur Widerklage zu vermischen. Es bietet sich vielmehr folgende Darstellung an: **620**

> Einleitungssatz, Unstreitiges zur Klage, streitiges Vorbringen Kläger zur Klage, Anträge zur Klage, streitiges Vorbringen Beklagter zur Klage, evtl. Replik/Duplik zur Klage; Einleitung: »Mit der vom Beklagten erhobenen Widerklage hat es folgende Bewandtnis:« Unstreitiges zur Widerklage, streitiges Vorbringen Beklagter zur Widerklage, Anträge zur Widerklage, streitiges Vorbringen Kläger zur Widerklage; evtl. Replik/Duplik zur Widerklage.

2. Identischer Sachverhalt für Klage und Widerklage

Hier ergibt sich die Begründung der Widerklage regelmäßig schon aus dem streitigen Vorbringen des Beklagten zur Klage. Es bietet sich folgende Darstellung an: **621**

> Einleitungssatz, Unstreitiges zur Klage, streitiges Vorbringen Kläger zur Klage, Anträge zur Klage, streitiges Vorbringen Beklagter zur Klage, Anträge zur Widerklage, evtl. Replik/Duplik zur Klage.

3. Zusammenhang zwischen Aufrechnung und Widerklage

Zum im Einzelfall unterschiedlichen Aufbau der Beklagtenstation bei der Aufrechnung → Rn. 604. Es empfiehlt sich, die Widerklage dann im Zusammenhang mit dem Vorbringen des Beklagten zur Aufrechnung darzustellen. Der Sachvortrag zur Aufrechnung/Widerklage wird meist identisch sein; die Widerklage ist häufig auf den gegenüber der Klageforderung überschießenden Teil der Aufrechnungsforderung gerichtet. **622**

> **Beispiel:** »Der Kläger verlangt 2.000,00 EUR als Kaufpreis aus einem Kaufvertrag; der Beklagte rechnet hilfsweise mit einem Anspruch aus ungerechtfertigter Bereicherung wegen eines anderen Vertrags auf und erhebt wegen dieses Anspruchs auch Widerklage. Der Beklagte erklärte gegenüber dem Kläger am 1.4.2014, er wolle dessen Fahrzeug zum Preis von 2.000,00 EUR erwerben. Damit erklärte der Kläger sich einverstanden und übergab dem Beklagten, der Zahlung noch am selben Tag zusicherte, das Fahrzeug.
>
> Der Kläger beantragt, … Der Beklagte beantragt, …
>
> Der Beklagte behauptet, er sei 1997 geboren, deshalb, so meint er, sei der Kaufvertrag, dessen Erfüllung der Kläger verlangt, schwebend unwirksam. Hilfsweise erklärt er die Aufrechnung mit einer Gegenforderung aus folgendem Sachverhalt: Der Beklagte kaufte 2013 von dem Kläger ein anderes Fahrzeug zum Preis von 3.000,00 EUR und zahlte den Kaufpreis. Er behauptet, er sei bei Vertragsschluss nicht volljährig gewesen, und rechnet mit dem Anspruch auf Rückzahlung des Kaufpreises auf; den überschießenden Teil von 1.000,00 EUR verlangt er mit der unbedingt erhobenen Widerklage.
>
> Der Beklagte beantragt,
>
>   den Kläger zu verurteilen, an ihn, den Beklagten, 1.000,00 EUR zu zahlen.
>
> Der Kläger beantragt,
>
>   die Widerklage abzuweisen.
>
> Er behauptet, der Beklagte sei auch schon zur Zeit des ersten Autokaufs volljährig gewesen; er sei am … geboren.«

II. Beteiligung mehrerer Parteien auf Kläger- oder Beklagtenseite; Streithilfe

623 Sind mehrere Parteien beteiligt, ändert sich die Sachverhaltsdarstellung meist nicht wesentlich. Nur dann, wenn verschiedene Kläger etwas Unterschiedliches verlangen, verschiedene Beklagte unterschiedlich in Anspruch genommen werden oder die Parteien auf einer Seite unterschiedlich vortragen, ergeben sich Besonderheiten im streitigen Teil. Es ist jeweils getrennt darzustellen, was von verschiedenen Klägern/gegen verschiedene Beklagte geltend gemacht, was unterschiedlich vorgetragen wird.

> **Beispiel:** »Die Kläger verlangen von den Beklagten zu 1. und 2. als Gesamtschuldnern Zahlung des Kaufpreises für einen PKW; der Kläger zu 1. verlangt darüber hinaus von dem Beklagten zu 2. Auskunft, wie viele Kilometer er mit dem Fahrzeug fuhr. Der Kläger zu 1. behauptet, .. Demgegenüber behauptet der Kläger zu 2., …«

Eine Streitverkündung wird im Tatbestand nicht erwähnt; sie erlangt erst Bedeutung nach einem Beitritt. Dieser wiederum ist in der Regel nicht zu erwähnen, weil er sich aus dem Rubrum des Urteils ergibt. Darzustellen sind allerdings vom Parteivorbringen abweichende Behauptungen des Streithelfers und ggf. sein Antrag.

III. Mehrere Geschehenskomplexe

624 Es kommt vielfach vor, dass in einem Rechtsstreit mehrere Tatsachenkomplexe, die in keinem direkten Zusammenhang stehen müssen, eine Rolle spielen. Dies ist oft der Fall, wenn der Beklagte aufrechnet oder eine Widerklage erhebt. Es ist bei Vollstreckungsabwehrklagen (§ 767) schon fast die Regel. Problematisch ist die Darstellung deshalb, weil die Tatsachenkomplexe nicht zusammen gehören und deshalb schlecht zusammen dargestellt werden können, andererseits spielt häufig die zeitliche Reihenfolge eine rechtlich entscheidende Rolle. Ich habe in den von mir angefertigten Tatbeständen zumindest bei komplexen Sachverhalten meist folgenden Weg gewählt: In einer Einleitung, die bei komplexen Sachverhalten auch aus mehreren Sätzen bestehen kann, wird der gesamte Streit der Parteien umschrieben. Dies ermöglicht es insbesondere, den unstreitigen Teil, auch wenn er aus mehreren Komplexen besteht, strikt chronologisch wiederzugeben. Dies ist besonders dann wichtig, wenn es auf die zeitlichen Abläufe ankommt (häufig bei der Einrede der Verjährung oder im Rahmen des § 767 Abs. 2).

Kommt es auf die zeitliche Reihenfolge nicht an, so können die verschiedenen Komplexe auch getrennt voneinander wiedergegeben werden.

IV. Punktesachen

Als »Punktesachen« bezeichnet man Prozesse, in denen sich die Klageforderung aus   **625**
vielen verschiedenen (Rechnungs-)Positionen zusammensetzt oder aus sonstigen
Gründen um eine Vielzahl von Punkten gestritten wird. Häufig ist dies in »Bausachen«, in denen um die Abwicklung komplexer Bauvorhaben gestritten wird. Da es
um viele verschiedene Einzelpunkte geht, empfiehlt es sich oft, den Vortrag der Parteien zu den einzelnen Punkten zusammenzufassen.

> **Beispiel:** »Der Kläger verlangt restlichen Werklohn aus einem Bauvorhaben aufgrund der Schlussrechnung vom 1.4. ...; im Streit sind zwischen den Parteien alle Einzelpositionen. Zu Punkt 1. der Schlussrechnung, zu deren Inhalt auf die vom Kläger als Anlage K1 eingereichte Kopie Bezug genommen wird, ist unstreitig, dass eine Abnahme nicht erfolgte. Der Kläger behauptet, die Arbeit sei mangelfrei, während der Beklagte folgende Mängel behauptet: ... Zu Punkt 2. ist unstreitig, dass ...« usw.

In Examensklausuren dürften solche Punktesachen allerdings nicht vorkommen.

V. Einspruch gegen Vollstreckungsbescheid/Versäumnisurteil

Hier gibt es im Tatbestand zwei Besonderheiten: **626**
- Es müssen die Daten mitgeteilt werden, aus denen sich die Rechtzeitigkeit des Einspruchs ergibt.
- Die Fassung des Antrags folgt aus (§ 700 iVm) § 343. Der Antrag, den Vollstreckungsbescheid/das Versäumnisurteil aufrecht zu erhalten, lässt aber nicht erkennen, was ursprünglich geltend gemacht worden ist.

Aus meiner Sicht empfiehlt sich folgende Darstellung: Hinter dem streitigen Vorbringen des Klägers ist zu erwähnen, dass ein Versäumnisurteil/Vollstreckungsbescheid mit einem bestimmten Inhalt ergangen ist. Dann folgen die Daten zur Einspruchsprüfung, dann die Anträge.

> **Beispiel:** »Gegen den Beklagten ist dem Antrag des Klägers entsprechend ein Versäumnisurteil ergangen, durch das der Beklagte verurteilt worden ist ...« (statt dessen ist auch eine Bezugnahme auf das Versäumnisurteil möglich) »Gegen das ihm am ... zugestellte Versäumnisurteil hat der Beklagte mit am ... eingegangenem Schriftsatz Einspruch eingelegt.
> Der Kläger beantragt,
>   das Versäumnisurteil aufrecht zu erhalten.
> Der Beklagte beantragt,
>   das Versäumnisurteil aufzuheben und die Klage abzuweisen.«

An sich ist zwar das Ergehen eines Versäumnisurteils/Vollstreckungsbescheids mit den Einspruchsdaten Prozessgeschichte, die üblicherweise an das Ende des Tatbestandes gehört. Würden die Daten aber hier erst gebracht, wären die Anträge nicht verständlich.

VI. Erledigung der Hauptsache

627 Ähnliches wie bei Versäumnisurteil/Vollstreckungsbescheid (→ Rn. 626) gilt bei der Erledigung der Hauptsache. In der Regel werden die Anträge umgestellt; dies kann nur dort erwähnt werden, wo die Anträge im Tatbestand zu erwarten sind. Es müssen meist der Inhalt des zuvor gestellten bzw. angekündigten Antrags des Klägers (Widerklägers, wenn hier die Erledigung eintritt), das erledigende Ereignis sowie die jetzt gestellten Anträge mitgeteilt werden.

> **Beispiel 1:** »Der Kläger hat mit der Klage Zahlung von 4.000,00 EUR verlangt. Der Beklagte zahlte diesen Betrag am 1.2. ..., nach Zustellung der Klage.
> Die Parteien erklären nunmehr den Rechtsstreit übereinstimmend in der Hauptsache für erledigt und stellen wechselseitige Kostenanträge.«

> **Beispiel 2:** »Der Kläger hat mit der Klage Ersatz seines in Höhe von 5.000,00 EUR unstreitigen Schadens aus dem Verkehrsunfall verlangt. Die beklagte Versicherung zahlte an den Kläger ausgehend von einem hälftigen Mitverschulden des Klägers am 1.4. ... nach Zustellung der Klage 2.500,00 EUR; insoweit erklären die Parteien den Rechtsstreit übereinstimmend in der Hauptsache für erledigt.
> Im Übrigen beantragt der Kläger,
> die Beklagten als Gesamtschuldner zu verurteilen, an ihn 2.500,00 EUR nebst Zinsen in Höhe von 5 Prozentpunkten über dem jeweiligen Basiszinssatz aus 5.000 EUR für die Zeit vom 28.2. ... bis zum 31.3. ... und aus 2.500,00 EUR seit dem 1.4. ... zu zahlen.
> Die Beklagten beantragen,
> die Klage abzuweisen.«

Nicht erwähnt werden muss in aller Regel, ob die ursprünglich angekündigten Anträge vor der Erledigung einmal gestellt worden sind.[1] Seit Einführung des RVG kann dies nicht einmal für die Gebühren noch von Bedeutung sein.

§ 50. Typische Fehler des Tatbestandes

1. Unterschätzen der Wichtigkeit

628 Vielfach, so muss vermutet werden, wird die Bedeutung des Tatbestandes als Teil der Examensleistung schlicht unterschätzt. Es wird versucht, eine perfekte rechtliche Lösung vorzulegen; der Tatbestand wird ganz weggelassen oder nur noch »hingeschmiert«. Im Einzelnen ist zwar unter Prüfern umstritten, wie das Fehlen oder die Unbrauchbarkeit des Tatbestandes zu bewerten ist; manche bewerten es sehr streng. Wie soll auch folgendem Argument begegnet werden:

> »Wichtigster Bewertungsaspekt ist die praktische Brauchbarkeit einer Arbeit. Ein Urteil ohne Tatbestand führt zwangsläufig dazu, dass die Sache aufgehoben und zurückverwiesen werden muss, denn es ist nicht ersichtlich, über welchen Sachverhalt entschieden wurde. Damit ist die Arbeit unbrauchbar.«

Jedenfalls war in den Diskussionen, an denen ich teilgenommen habe, unstreitig, dass eine Klausur ohne erforderlichen Tatbestand nicht besser als mit ausreichend bewertet werden kann. Dem gegenüber kann eine Arbeit mit Tatbestand, aber rechtlichen Schwächen durchaus in den befriedigenden Bereich kommen.

---

1 Anders offenbar *Anders/Gehle* P Rn. 12.

2. Trennung von Streitigem und Unstreitigem

Häufig ist die Arbeit am Sachverhalt in Klausuren (aus Zeitgründen?) schwach. Es **629**
wird nicht zutreffend zwischen Streitigem und Unstreitigem getrennt. Vielfach werden einfach die Schriftsätze in der Reihenfolge des Eingangs auf der jeweilige Partei-
seite wiedergegeben, ohne dass der Klausurverfasser sich die Mühe gemacht hätte,
herauszuarbeiten, was streitig bzw. unstreitig ist. Solche Tatbestände sind in der Praxis nicht zu gebrauchen.

3. Trennung von Tatsachen und Rechtsansichten

So wie oft nicht zwischen Streitigem und Unstreitigem getrennt wird (→ Rn. 629), **630**
wird häufig nicht oder nicht zutreffend zwischen Tatsachen und Rechtsansichten getrennt. Abgesehen von der Frage, ob Rechtsansichten überhaupt dargestellt werden
sollten (→ Rn. 615, 631), ist jedenfalls deutlich zu differenzieren. Es sind die in der
Praxis üblichen Bezeichnungen zu verwenden (»behauptet«, »ist der Ansicht«,
»meint«). Der indifferente Begriff »trägt vor« sollte nur gebraucht werden, wenn in
den Entscheidungsgründen bzw. im Gutachten noch rechtliche Ausführungen zur
Bedeutung des Vortrags erforderlich sind.

Vielfach wird nicht beachtet, dass der Vortrag von Ansichten auch Tatsachenvortrag
beinhaltet und umgekehrt.

> **Beispiel:** Falsch ist die Darstellung: »Der Kläger behauptet, der Beklagte habe ihn mit Gewalt be-
> droht; deshalb sei die Anfechtung zu Recht erfolgt.« Richtig könnte es heißen: »Der Kläger erklärt
> die Anfechtung gem. § 123 BGB und behauptet dazu, der Beklagte habe ihn mit Gewalt bedroht.
> Deshalb sei, so meint der Beklagte, die Anfechtung wirksam und das Rechtsgeschäft nichtig.«

4. Umfang

Der Tatbestand hat gem. § 313 Abs. 2 eine »**knappe**« Darstellung der Ansprüche und **631**
der dazu vorgebrachten Angriffs- und Verteidigungsmittel zu enthalten. Es ist also
nicht in epischer Breite alles zu wiederholen, was die Parteien schriftsätzlich oder in
der mündlichen Verhandlung erklärt haben. Besondere Zurückhaltung ist bei der
Darstellung von Rechtsansichten zu üben (→ Rn. 615); im Zweifel sollten sie weggelassen werden. An Prozessgeschichte darf nur das gebracht werden, was wirklich
noch für die Entscheidung von Bedeutung ist.

5. Doppelte Darstellung bestrittenen Vortrags

Von mangelnder praktischer Erfahrung und Sicherheit zeugt es, wenn bestrittener Vor- **632**
trag doppelt wiedergegeben wird. Dabei ist der Fehler, dies ausdrücklich zu tun (»Der
Beklagte bestreitet, dass er den Kläger beleidigt habe«), noch relativ selten. Meist wird
negativ doppelt dargestellt: »Der Beklagte behauptet, er habe den Kläger nicht beleidigt.« Es reicht im Tatbestand schlichtweg die Angabe: »Der Kläger behauptet, der Beklagte habe ihn durch die Worte … beleidigt.« Aus der Darstellung als streitig ergibt
sich schon, dass der Beklagte bestritten hat; es muss nicht nochmals erwähnt werden.

6. Angabe von Daten

Genaue Daten müssen nur wiedergegeben werden, wenn es darauf für die Entschei- **633**
dung ankommt. Ansonsten schenkt der Leser diesen Details möglicherweise zu viel
Aufmerksamkeit.

Dies gilt einmal für kalendermäßige Daten: Es kann beispielsweise ausreichen zu sagen, dass ein Kaufvertrag im Jahr 2014 geschlossen wurde, wenn es auf das genaue Datum nicht ankommt. Es gilt aber auch für sonstige Details. Mich stört es beispielsweise, wenn immer dann, wenn ein Grundstück ins Spiel kommt, dessen genaue grundbuchmäßige Bezeichnung mitgeteilt wird. Meist reicht es aus, Stadt, Straße und Hausnummer zu nennen.

7. Wertungen

634 Rechtliche Wertungen im Tatbestand sind unzulässig (→ Rn. 616). Gleichwohl findet man sie immer wieder vor, indem beispielsweise mitgeteilt wird, der Kläger habe den Mietvertrag ordnungsgemäß gekündigt, der Beklagte habe form- und fristgerecht Einspruch gegen das Versäumnisurteil eingelegt. Auch sind Parteibehauptungen nicht durch negative Formulierungen in Zweifel zu ziehen, indem zB erklärt wird: »Der Beklagte *will angeblich* zur Zeit des Vertragsschlusses im Ausland gewesen sein.«

8. Abschreiben der Schriftsätze

635 Vielfach ist festzustellen, dass im Tatbestand einfach die Schriftsätze der Parteien abgeschrieben werden. Geschieht dies ohne Trennung in streitig und unstreitig bzw. Behauptungen und Ansichten, liegt schon deshalb ein Fehler vor. Aber auch davon abgesehen sollte man sich bemühen, eigenständig zu formulieren und nicht Teile aus den Schriftsätzen abzuschreiben. Jedenfalls der Gegenpartei muss dies seltsam vorkommen.

9. Juristische Fachausdrücke

636 Der Tatbestand wird in erster Linie für die Parteien geschrieben (→ Rn. 582). Diese verstehen juristische Fachbegriffe nicht. Während sie in einem für Juristen bestimmten Sachbericht durchaus Sinn machen können, gehören sie nicht in den Tatbestand. Dies gilt auch für von den Anwälten zitierte Paragrafen. Auch mit ihnen kann die Partei regelmäßig nichts anfangen.

10. Übereinstimmung Tatbestand/Entscheidungsgründe

637 Tatbestand und Entscheidungsgründe müssen übereinstimmen, was vielfach nicht beachtet wird. Es müssen alle Tatsachen im Tatbestand erwähnt werden (und sei es durch konkrete Bezugnahme), die in den Entscheidungsgründen berücksichtigt werden. Umgekehrt muss jedenfalls auf jede Rechtsansicht in den Entscheidungsgründen eingegangen werden, die im Tatbestand erwähnt wird. Tatsachen, die im Tatbestand als streitig behandelt werden, dürfen nicht in den Entscheidungsgründen unstreitig werden und umgekehrt.

11. Darstellung der Anträge

638 Die Anträge der Parteien sind regelmäßig so wiederzugeben, wie die Parteien sie gestellt haben (→ Rn. 596 ff.). Nicht zu erwähnen sind regelmäßig Anträge zu den Nebenentscheidungen. Keine Anträge, die im Tatbestand als Anträge im Sinne des § 313 Abs. 2 darzustellen wären, sind etwa Verweisungsanträge, Vereidigungsanträge und Ähnliches. Völlig verfehlt ist es auch, wie leider in Klausuren zu lesen, eine Aufrechnung als Antrag darzustellen; Ähnliches gilt für den (tatsächlich nicht gestellten) Antrag, der Klage stattzugeben.

§ 51. Die Entscheidungsgründe

I. Überblick

Ein streitiges erstinstanzliches Urteil muss normalerweise Entscheidungsgründe ent- **639**
halten, nicht aber Versäumnis-, Anerkenntnis- oder Verzichtsurteile (§ 313b Abs. 1).
In bestimmten Fällen erlaubt § 313a einen Verzicht der Parteien auf die Entscheidungsgründe bei streitigen Urteilen.

§ 313 Abs. 3 bestimmt für die Entscheidungsgründe des erstinstanzlichen Urteils:

> »Die Entscheidungsgründe enthalten eine kurze Zusammenfassung der Erwägungen, auf denen die
> Entscheidung in tatsächlicher und rechtlicher Hinsicht beruht.«

Daraus folgt:

- dass die Entscheidungsgründe »kurz« sein sollen (→ Rn. 640),
- dass sie Rechtsausführungen enthalten müssen (→ Rn. 641),
- dass sie angeben müssen, auf welcher tatsächlichen Grundlage das Urteil beruht
  (→ Rn. 644),
- dass sie nur das tatsächlich und rechtlich behandeln müssen, worauf das Urteil beruht (→ Rn. 645 ff.).

Das Urteil wird in der Praxis im so genannten Urteilsstil verfasst (→ Rn. 648 ff.).

II. »Kurze Zusammenfassung der Erwägungen«

Die Entscheidungsgründe sollen nach dem in § 313 Abs. 3 klar zum Ausdruck ge- **640**
brachten Willen des Gesetzgebers »kurz zusammengefasst« sein. Dies dient nicht etwa allein einer Arbeitsentlastung der Gerichte; vielmehr geht der Gesetzgeber davon
aus, dass bereits in der mündlichen Verhandlung eine ausreichende rechtliche Erörterung stattgefunden hat (s. § 139 Abs. 1, 2). Allerdings verpflichtet Art. 103 Abs. 1 GG
das entscheidende Gericht dazu, die Ausführungen der Prozessbeteiligten zur
Kenntnis zu nehmen und in Erwägung zu ziehen.[1] Dies müssen die Entscheidungsgründe widerspiegeln. Mit abwegigen Rechtsausführungen muss sich das Gericht allerdings nicht befassen.[2]

Der Grundsatz der »Kürze« gilt allerdings nicht für die Beweiswürdigung, wie aus
§ 286 Abs. 1 S. 1, 2 folgt.[3] Die Umstände, die für die richterliche Überzeugungsbildung maßgeblich waren, sind vielmehr umfassend darzulegen. In der Beweiswürdigung liegt deshalb häufig auch (leider oft nicht beachtet) ein wesentlicher Schwerpunkt in Examensklausuren.

III. Rechtsausführungen

Rechtsausführungen sind bestimmt, in verständlicher Sprache und kurz zu fassen. **641**
Nur die Rechtsausführungen, die für die getroffene Entscheidung erheblich sind, gehören in die Entscheidungsgründe, nicht etwa alle im Gutachten geprüften. Seine
praktische Befähigung zeigt man nicht dadurch, dass alle im Umfeld eines Rechts-

---

1 BVerfG NJW 1994, 2279 mwN.
2 BVerfG NJW 1996, 2785.
3 OLG Köln NJW-RR 1998, 1143.

streits bedeutsamen Rechtsfragen auch im Urteil behandelt werden, sondern dadurch, dass man sich auf die entscheidungserheblichen Fragen beschränkt. Die Parteien, für die das Urteil geschrieben wird, wollen keine abstrakten juristischen Ausführungen lesen, die sie häufig ohnehin nicht verstehen, sondern wissen, warum sie gewonnen oder (besonders) verloren haben. Die Entscheidungsgründe müssen auch **nicht auf alle Rechtsfragen** eingehen, die die Parteien aufgeworfen haben; die, welche rechtlich nach dem begründeten Ergebnis ohne Bedeutung sind, müssen nicht erwähnt oder können offen gelassen werden. Nur wenn die Parteien erkennbar großen Wert auf eine bestimmte Rechtsauffassung gelegt haben, muss man ihnen klar machen, warum es auf diese Frage nicht ankommt. Falsch wäre es demgegenüber, diese Auffassung abstrakt und ohne Fallbezug rechtlich zu beantworten.

642 Das Gericht muss in den Entscheidungsgründen seine **eigene Auffassung** darlegen. Es kann die Parteien nicht überzeugen, wenn die Gründe sich darauf beschränken, Zitate für eine bestimmte Auffassung zu bringen, ohne dass klar wird, warum das Gericht ihr folgt (Zitate ersetzen keine Begründung!). Zitate werden im Zivilurteil üblicherweise in Klammern hinter die Darstellung der Rechtsauffassung gesetzt, nicht in Fußnoten unter den Text. Auch die Übung der Verwaltungsgerichte, Zitate eingerückt in einen zwischengeschobenen Absatz zu setzen, kann zwar keineswegs als falsch oder ungeschickt bezeichnet werden; sie entspricht aber nicht der Praxis der Zivilgerichte. In Arbeiten während der Ausbildung sind in entscheidungserheblichen Rechtsfragen Zitate durchaus erwünscht (wenn sie nicht die alleinige Begründung sind); auch Urteile in der Praxis enthalten sie regelmäßig. In Klausuren möchte ich allerdings vor Zitaten warnen, auch wenn Kommentare zur Verfügung stehen. Diese Zitate können, wie gesagt, keine Begründung ersetzen. Meist erfolgen sie aber genau nur zu diesem Zweck. Man kann auch in Kommentaren zitierte Rechtsprechung nicht unmittelbar zitieren, weil man sie in einer Klausur nicht lesen kann. Möchte man sich gleichwohl – zusätzlich zu der eigenen Begründung – auf eine zB im Palandt zitierte BGH-Entscheidung stützen, so kann man dies so tun: »so auch BGHZ 123, 122; zitiert nach Palandt/*Grüneberg* § ... → Rn. ...«

643 Vermieden werden sollte es, bei den Rechtsausführungen darauf einzugehen, was die **Parteien hierzu geäußert haben**. Die Darstellung: »Entgegen der Rechtsauffassung des Beklagten ...« oder »Unzutreffend ist die Ansicht des Klägers, ...« wirkt unnötig belehrend. Die Parteien erfahren auch ohne diese Anmerkungen, ob das Gericht ihrer Rechtsauffassung folgt oder nicht. Allenfalls dann, wenn eine Partei sich ausschließlich mit Rechtsausführungen wehrt oder angreift und diese deshalb in den Tatbestand aufgenommen worden sind, kann ein Eingehen darauf angebracht sein, wenn ansonsten die Stellung des Gerichts zu dieser Auffassung unklar bliebe.

IV. Tatsächliche Grundlage

644 Aus den Entscheidungsgründen muss gem. § 313 Abs. 3 klar werden, auf welchen tatsächlichen Grundlagen die Entscheidung beruht. Dabei wird dies zum Teil schon durch den Tatbestand klargestellt, aus dem ersichtlich ist, welche Tatsachen das Gericht als unstreitig und welche als streitig angesehen hat. Sind Tatsachen streitig, kommt es rechtlich aber nicht auf sie an, kann es angebracht sein, dies in den Entscheidungsgründen zu erwähnen.

> **Beispiel:** Der Beklagte ficht eine Willenserklärung wegen Irrtums an. Die zugrunde liegenden Tatsachen sind streitig. Die Anfechtung ist aber jedenfalls verspätet erklärt. Hier kann es in den Entschei-

dungsgründen heißen: »Der Vertrag ist nicht nichtig. Es kann dahin stehen, ob die streitige Behauptung des Beklagten, er habe sich über den Inhalt seiner Erklärung geirrt, zutrifft. Jedenfalls ist die Anfechtung unwirksam, weil sie nicht unverzüglich iSd § 121 Abs. 1 S. 1 BGB erklärt worden ist …«

Ausführlich muss die Tatsachengrundlage im Fall einer Beweiswürdigung dargestellt werden (→ Rn. 640).

V. Das Urteil tragende Gründe

§ 313 Abs. 3 macht deutlich, dass die Entscheidungsgründe (nur) das wiederzugeben haben, auf dem die Entscheidung beruht. Damit sind die Gründe nicht, wie gelegentlich zu hören ist, eine »Umkehrung des Gutachtens«. Vielmehr sind die Fragen, auf die es rechtlich nicht ankommt, nicht zu erörtern und offen zu lassen. Die Darstellung solcher Punkte ist nicht nur ungeschickt, sondern, weil § 313 Abs. 3 widersprechend, falsch. **645**

Auch logisch an sich vorrangige Fragen müssen nicht beantwortet werden. Nur dann, wenn die Rechtskraftwirkung berührt wird oder Vorbringen unter einer beachtlichen Bedingung steht, ist es erforderlich, hierzu Ausführungen zu machen.

1. Beispiele für nicht offen zu lassende Fragen

- Vor der Begründetheit der Klage muss wegen der unterschiedlichen Rechtskraftwirkung die Zulässigkeit der Klage geprüft werden. Ist die Klage zwar zulässig, aber unbegründet, kommt es für das Ergebnis »Klageabweisung« zwar nicht darauf an, ob die Klage zulässig ist; wohl aber wegen der Rechtskraftwirkung. Also muss zunächst, das Gesamtergebnis nicht tragend, die Zulässigkeit untersucht werden. **646**
- Bei der Aufrechnung ist wie bei der Klage zunächst die Zulässigkeit (hier der Aufrechnung) zu untersuchen. Auch dies folgt aus der Rechtskraftwirkung (§ 322 Abs. 2, s. → Rn. 383). Ist die Aufrechnung unzulässig, muss dies ausgesprochen werden, denn ansonsten würde mit Rechtskraftwirkung der Anspruch aberkannt, wenn zB kein Gegenanspruch schlüssig dargetan ist.
- Greift die Aufrechnung des Beklagten, führt dies bei gleich hohen Ansprüchen zur Unbegründetheit der Klage. Gleichwohl darf nicht offen gelassen werden, ob der Kläger überhaupt einen Anspruch gegen den Beklagten hat. Nur in diesem Fall kann die Aufrechnung Erfolg haben; auch ist insoweit die Rechtskraftwirkung des § 322 Abs. 2 zu beachten. Es darf also nicht heißen: »Es kann dahinstehen, ob der Kläger einen Anspruch gegen den Beklagten hat, Dieser wäre jedenfalls durch die Aufrechnung des Beklagten erloschen.«, sondern: »Zwar hatte der Kläger gegen den Beklagten einen Anspruch auf Zahlung von … Dieser ergab sich aus … Der Anspruch ist aber durch die zulässige und sachlich berechtigte Aufrechnung des Beklagten erloschen …«
- Bei einer letztlich erfolgreichen Hilfsaufrechnung des Beklagten ist zunächst zu begründen, warum sein Hauptvorbringen nicht zum Erfolg führt. Zudem ist, wie oben bereits erwähnt, zu begründen, dass der Kläger seinerseits einen durch die Aufrechnung erloschenen Anspruch gegen den Beklagten hatte.

2. Beispiele für logisch vorrangige Fragen, die offen bleiben können

- Sind alle denkbaren Ansprüche, die das Begehren des Klägers rechtfertigen können, verjährt, kann offen bleiben, ob überhaupt ein und welcher Anspruch besteht: »Es kann dahinstehen bleiben, ob der Kläger überhaupt einen Zahlungsanspruch hat und aus welcher genauen Anspruchsgrundlage er sich ergibt. Alle denkbaren Ansprüche wären verjährt. Der Anspruch aus § … wäre gem. § … BGB verjährt, weil … (usw).« **647**
- Es kann offen bleiben, ob ein Anspruch besteht, wenn dieser jedenfalls erfüllt wäre. Die Entscheidung trägt dann § 362 BGB. Die Rechtskraftwirkung des Urteils geht dahin, dass der Kläger keinen Anspruch gegen den Beklagten aus dem vorgetragenen Lebenssachverhalt hat. Ob der

Anspruch nie entstanden oder untergegangen ist, ist ohne Bedeutung und wird von der Rechtskraft nicht erfasst.[1]

- Die verspätete Anfechtung setzt eine Anfechtungserklärung voraus. Gleichwohl darf, wenn die Frage problematisch ist, ob die Anfechtung überhaupt erklärt wurde, dies offen bleiben und nur auf die Verspätung abgestellt werden: »Es kann dahinstehen, ob in der Erklärung des Beklagten im Schreiben vom 1.4. .., er sei mit dem Vertrag nicht einverstanden, eine Anfechtungserklärung liegt. Diese wäre jedenfalls unwirksam, weil sie nicht unverzüglich iSd § 121 Abs. 1 S. 1 BGB erfolgt wäre ...«

VI. Der Urteilsstil

648 Im Gutachten wird von einer **Frage** ausgehend versucht, eine **Lösung zu finden**; am Anfang steht die Frage, am Ende das Ergebnis.

Im Urteil steht das Ergebnis schon fest; es ist im Urteilstenor festgehalten. Dieses Ergebnis ist in den Entscheidungsgründen zu begründen. Ausgangspunkt ist also das **Ergebnis**, das **begründet** wird und nicht mehr in der Frageform entwickelt werden kann. Von daher ist der Urteilsstil grob gesagt die Umkehrung des Gutachtens, das dort gefundene Ergebnis wird mit den Argumenten des Gutachtens begründet, wobei sich gedanklich vor jeden auf das Ergebnis folgenden Satz die Worte »denn« oder »weil« setzen lassen.

Der Urteilsstil ist gesetzlich nirgendwo vorgeschrieben, ergibt sich aber zwangsläufig daraus, dass das im Tenor genannte Ergebnis begründet werden muss. Es ist jedenfalls in der Vergangenheit durchaus über den Sinn des Urteilsstils gestritten worden; in der heutigen Ausbildungsliteratur ist dies allerdings nicht der Fall. Ich selbst meine, dass der Urteilsstil ganz überwiegend sinnvoll ist; die Prozessparteien werden damit regelmäßig besser klarkommen als mit dem Gutachtenstil.

Allerdings lassen sich mE rechtlich umstrittene und problematische Fragen besser im Gutachtenstil erörtern, weshalb man ihn gelegentlich in obergerichtlichen Entscheidungen, insbesondere auch des BGH, bei der Erörterung solcher Fragen findet. Dies ist aber damit zu erklären, dass Obergerichte auch die Aufgabe der Klärung genereller Rechtsfragen haben.

Ich kann dem Referendar oder Prüfungskandidaten letztlich nur raten, den Urteilsstil in seinen Arbeiten durchweg einzuhalten und damit der Praxis zu folgen. Das jedenfalls kann nicht als Fehler bewertet werden.

649 **Beispiel** zum Unterschied Gutachten-/Urteilsstil:

Gutachtenstil	Urteilsstil
Der Kläger könnte gegen den Beklagten einen Anspruch auf Zahlung des Kaufpreises für ein Buch in Höhe von 30,00 EUR gem. § 433 Abs. 2 BGB haben. Dann müsste zwischen den Parteien ein Kaufvertrag geschlossen worden sein. Fraglich ist, ob in der Erklärung des Beklagten, er wolle das Buch des Klägers haben, ein Angebot auf Abschluss eines Kaufvertrages zu sehen ist. Dies ist zunächst zweifelhaft, weil die Erklärung des Beklagten keine Angabe dazu erhält, für das Buch auch bezahlen zu wollen. Dies könnte der Beklagte aber konkludent erklärt haben. Der Kläger ist Buchhändler, die Erklärung des Beklagten ist in den Geschäftsräumen des Klägers	Der Kläger hat gegen den Beklagten einen Anspruch auf Zahlung des Kaufpreises für ein Buch in Höhe von 30,00 EUR gem. § 433 Abs. 2 BGB. (Denn) Zwischen den Parteien ist ein Kaufvertrag zustande gekommen. (Denn) Der Beklagte hat dem Kläger ein Angebot auf Abschluss eines Kaufvertrages über das Buch zum Preis von 30,00 EUR gemacht. (Denn) Die Erklärung des Beklagten, er wolle das Buch haben, ist als auf Abschluss eines Kaufvertrages gerichtete Willenserklärung anzusehen. (Denn) Wer in eine Buchhandlung geht weiß, dass dort in aller Regel keine Gegenstände verschenkt oder verliehen, sondern verkauft werden; der Händler

---

1 Vgl. Msk/*Musielak* § 322 Rn. 16 f., 48 f.

Gutachtenstil	Urteilsstil
abgegeben worden. Wer unter diesen Umständen die Erklärung abgibt, ein bestimmtes Buch haben zu wollen, weiß, dass dafür in aller Regel als Gegenleistung Geld verlangt wird. Umgekehrt konnte aus Sicht des Klägers als objektiven Erklärungsempfänger das Angebot des Beklagten nur als Angebot auf Abschluss eines Kaufvertrages aufgefasst werden. Fraglich ist aber, ob das Angebot auch die Höhe des Kaufpreises umfasst, weil der Beklagte hierzu keine Erklärung abgegeben hat. Die Einigung über die Höhe des Kaufpreises gehört, wie aus § 433 Abs. 2 BGB folgt, zu den Essenzialien eines Kaufvertrages. Das Buch war aber mit dem Preis von 30,00 EUR ausgezeichnet. Daraus konnte der Beklagte ersehen, dass der Kläger das Buch zu diesem Preis feilbot. Wenn er ohne Einschränkungen hinsichtlich des Preises erklärt hat, er wolle das Buch haben, dann konnte der Kläger dies nur so verstehen, dass der Beklagte das Buch zum Preis von 30,00 EUR kaufen wolle. Damit hat der Beklagte ein Angebot auf Abschluss eines Kaufvertrages über das Buch zum Preis von 30,00 EUR abgegeben. Der Kläger müsste das Angebot angenommen haben. Er hat keine wörtliche Erklärung abgegeben. Die Annahmeerklärung könnte aber konkludent darin liegen, dass der Kläger das Buch nahm, zur Kasse ging, den Kaufpreis eingab und den Beklagten um Zahlung des Betrages von 30,00 EUR bat. Darin ist eine Annahmeerklärung zu sehen. Der Kläger hat zu erkennen gegeben, dass er bereit war, das Buch dem Angebot des Beklagten entsprechend gegen Zahlung von 30,00 EUR dem Beklagten zu übergeben. Es ist also ein Kaufvertrag zustande gekommen. Rechtsfolge ist, dass der Beklagte den vereinbarten Kaufpreis von 30,00 EUR zu zahlen hat.	kann unter diesen Umständen eine Erklärung, einen feilgebotenen Gegenstand haben zu wollen, nur als Angebot auf Abschluss eines Kaufvertrages auffassen. (Denn) Das Angebot des Beklagten beinhaltete auch die Erklärung, zum Preis von 30,00 EUR kaufen zu wollen. (Denn) Das Buch war mit diesem Preis ausgezeichnet; wäre der Beklagte mit dem Preis nicht einverstanden gewesen, hätte er dies zum Ausdruck bringen müssen. (Denn) Schließlich hat der Kläger das Angebot des Beklagten auch angenommen. (Denn) Die konkludente Annahmeerklärung liegt darin, dass der Kläger mit dem Buch zur Kasse ging, den Kaufpreis eingab und den Beklagten zur Zahlung aufforderte. (Denn) Dadurch wird sein Wille deutlich, dem Beklagten das Buch zum Preis von 30,00 EUR zu übergeben.

1. »Denn« bzw. »weil«

In der Regel muss sich in den Entscheidungsgründen jeder Satz mit dem vorhergehenden durch ein gedachtes »denn« oder »weil« verbinden lassen. Dies ist unmittelbar nur dann nicht möglich, wenn ein Obersatz mehrere Begründungen erfordert. Beginnt ein neuer Begründungsteil, lässt sich der vorhergehende Satz nicht mehr mit »denn« verbinden, wohl aber der Obersatz. Dies kann man deutlich machen, indem man einen Absatz macht oder aber einen neuen Gliederungspunkt (dazu noch → Rn. 664). Immer dann, wenn man die Worte **also, somit, demnach** oder **deshalb** zumindest gedacht einsetzen kann, ist man nicht mehr im Urteilsstil, sondern im Gutachtenstil. 650

2. »Zwar – aber«

651 »Zwar – aber« Ausführungen entsprechen grundsätzlich nicht dem Urteilsstil. Das, was unter »zwar« ausgeführt wird, trägt die Entscheidung nicht, es kommt für die Entscheidung nur auf das »aber« an. Unvermeidbar sind »zwar – aber« Darstellungen nur dann, wenn zwingend erforderliche Fragen vorab geprüft werden müssen, deren Beantwortung man **nicht offen lassen darf** (dazu → Rn. 646).

Ein Hauptantrag ist vor einem **Hilfsantrag** zu prüfen, weil der Hilfsantrag unter der innerprozessualen Bedingung geltend gemacht wird, dass der Hauptantrag unzulässig oder unbegründet ist. Ist Letzteres der Fall, muss zunächst (das Ergebnis nur hinsichtlich der Teilabweisung tragend) begründet werden, warum der Hauptantrag nicht zum Erfolg führt.

> »Zwar ist die Klage wegen des Hauptantrages unbegründet. Dem Kläger steht der insoweit geltend gemachte Anspruch nicht zu ... Aber der Hilfsantrag ist begründet ...«.

Meist kann dann, wenn man versucht ist, »zwar«-Ausführungen zu machen, geschrieben werden, »Es kann dahinstehen, ob ...«. Will man zum Ausdruck bringen, dass man ein in dem nicht entscheidungserheblichen Teil steckendes Problem gesehen hat, kann man schreiben: »Die streitige Rechtsfrage, ob ..., bedarf keiner Entscheidung, weil ...« Dies hat mich als Prüfer immer dazu veranlasst, daneben zu schreiben: »gut!«; dagegen sind lange Ausführungen zu einem Problem, auf das es nicht ankommt, nicht nur nervig, sondern sogar falsch, wenn die Entscheidung darauf nicht beruht (s. → Rn. 645 ff.).

652 Häufig ist man versucht, im »zwar – aber« Stil zu schreiben, wenn man auf **Gegenargumente** eingehen muss. Dies ist nicht sinnvoll, weil so die Begründung des eigenen Ergebnisses nicht in den Vordergrund gestellt wird.

> **Beispiele:** Im Rahmen einer entscheidungserheblichen Rechtsfrage wird zunächst begründet, warum der Gegenauffassung nicht gefolgt wird (»zwar ist der Meinung, ..., zuzugestehen, dass ... Dies überzeugt das Gericht aber nicht, weil ...«). Häufig bleibt die Argumentation hier auch stehen, sodass im Ergebnis nur begründet wird, warum der Gegenauffassung nicht gefolgt wird, nicht aber warum der anderen Auffassung der Vorzug gegeben wird.
> Typischerweise ist diese Argumentation auch in Beweiswürdigungen bei widersprechenden Aussagen zu finden: »Der Kläger hat bewiesen, dass ein Vertrag geschlossen wurde. Zwar hat der Zeuge X das Gegenteil bekundet. Diesem Zeugen glaubt das Gericht aber nicht, weil der Zeuge Y, der das Vorbringen des Klägers bestätigt hat, den Vertragsschluss nachvollziehbar dargelegt hat.«

Für überzeugender halte ich folgende Begründungsform in den vorher genannten Beispielen:

> »Der Kläger hat kein Pfändungspfandrecht[1] erworben, weil der gepfändete Gegenstand nicht im Eigentum des Schuldners stand. Das Gericht folgt insoweit der sog. »gemischt-privatrechtlich-öffentlich-rechtlichen Theorie«, die zutreffend von dem privatrechtlichen Charakter des Pfändungspfandrechts ausgeht, aber das öffentlich-rechtliche Wesen der Zwangsvollstreckung dadurch anerkennt, dass sie den Verwertungsvorgang dem öffentlichen Recht zuordnet. Hierfür spricht, dass entsprechend den Regeln des BGB die materielle Rechtslage im Vordergrund stehen muss, was auch dem Willen des Gesetzgebers des BGB und der ZPO entspricht. Das öffentliche Recht in der heute zum Ausdruck kommenden Bedeutung war zur Zeit der Verabschiedung von BGB und ZPO noch unbekannt. Nur dort, wo es wegen einer Drittwirkung im Vordergrund steht wie bei der Verwertung, muss nach heutigem Verständnis das öffentliche Recht im Vordergrund stehen.

---

1 S. dazu *Lackmann* Rn. 166 ff.

Dagegen überzeugt die vielfach in der Literatur vertretene Auffassung der »öffentlich-rechtlichen Theorie« nicht. Dadurch, dass diese Auffassung das Pfändungspfandrecht nicht als bürgerlich-rechtliches Pfandrecht, sondern als davon wesensverschiedenes, allein im öffentlichen Recht wurzelndes Recht ansieht, gibt sie die Trennung zwischen Verstrickung und Pfändungspfandrecht auf, weil mit der Verstrickung das Pfändungspfandrecht immer entstehen soll. Dies widerspricht § 804 Abs. 1 ....«

»Der Kläger hat bewiesen, dass der Vertrag geschlossen worden ist. Dies ergibt sich aus der glaubhaften Bekundung des Zeugen Y. Dieser hat das Vorbringen des Klägers bestätigt. Er konnte die Vertragsverhandlungen der Parteien mitverfolgen, weil er im Nebenraum saß und die Tür zum Besprechungsraum geöffnet war. Weil er selbst der Sachbearbeiter auf Klägerseite war und den Vertragsschluss mit dem Beklagten vorgeschlagen hatte, war er daran interessiert, die Verhandlungen mitzubekommen und deren Ergebnis zu erfahren. Der Zeuge Y entwarf selbst das vom Kläger gezeichnete Schreiben. Bedenken gegen die Glaubwürdigkeit des Zeugen Y hat das Gericht nicht. Der Zeuge hat kein eigenes finanzielles Interesse am Vertragsschluss. Objektive Umstände sprechen indiziell, wenn auch nicht zwingend, für die Richtigkeit der Aussage. Noch am Tag der Verhandlung wurde der Vertragsschluss vom Kläger schriftlich bestätigt. Bedenken an der Glaubwürdigkeit des Zeugen hat das Gericht auch nicht deshalb, weil er als Angestellter des Klägers auf dessen Seite steht. Der Zeuge muss nicht um seinen Arbeitsplatz bangen, er tritt ohnehin in einem Monat in den Ruhestand.

Die einen Vertragsschluss verneinende Aussage des Zeugen X ist nicht geeignet, die Überzeugung des Gerichts zu erschüttern. Es ist schon zweifelhaft, ob der Zeuge das Ergebnis der Verhandlungen überhaupt verfolgen konnte, denn nach seiner eigenen Aussage war er nur kurze Zeit im Nebenraum und hat nicht die gesamten Verhandlungen verfolgt. Bedenken hat das Gericht auch an der Glaubwürdigkeit des Zeugen, der als stiller Gesellschafter der Firma des Beklagten ein unmittelbares finanzielles Interesse am Ausgang des Rechtsstreits zugunsten des Beklagten hat. Auch in einem anderen Zivilprozess hat er zugunsten des Beklagten falsch ausgesagt und ist deshalb vom Amtsgericht ... wegen uneidlicher Falschaussage verurteilt worden. Vor allem aber spricht die Reaktion des Beklagten auf das Bestätigungsschreiben des Klägers gegen die Richtigkeit der Behauptung des Beklagten und der Aussage des Zeugen X: Es hätte, wenn wirklich kein Vertrag zustande gekommen wäre, nahe gelegen, dies in der Erwiderung auf das Bestätigungsschreiben zu erwähnen. Stattdessen ist in dem Schreiben vom ... nur davon die Rede, dass der Vertrag in anderer Form, nämlich zu einem niedrigeren Preis zustande gekommen sei.«

Statt einer »zwar – aber« Argumentation kann man, wie die Beispiele zeigen, sich nach der Begründung des eigenen Ergebnisses so mit Gegenargumenten auseinandersetzen, dass man damit beginnt: »Dem steht nicht entgegen dass, ...« oder: »Die gegenteilige Auffassung, dass ..., überzeugt das Gericht nicht, weil ...«

VII. Die Sprache

Die Entscheidungsgründe richten sich in erster Linie an die Parteien des Prozesses. **653** Sie müssen deshalb in einer für diese verständliche Sprache abgefasst werden. Die Sätze sollten **kurz gefasst** und **nicht verschachtelt** sein. **Juristische Fachausdrücke** sind möglichst zu vermeiden, jedenfalls sollten lateinische Begriffe vermieden werden. Darstellungen wie: »Der Kläger hat keinen Anspruch aus pVV oder c.i.c., weil sein Begehren gegen den dolo-facit-Grundsatz verstößt«, versteht vielleicht noch ein Anwalt, jedenfalls keine nicht juristisch geschulte Partei. Leider versuchen Referendare/Examenskandidaten immer wieder, durch solche Ausdrücke ihre juristische Gelehrsamkeit unter Beweis zu stellen. In Entscheidungsgründen sind die Fachausdrücke fehl am Platz. Es sollte deutlich und allgemeinverständlich argumentiert werden.

Zweifel ausdrückende Konjunktive (»dürfte wohl« uÄ) gehören genauso wenig in die Gründe wie Übertreibungen (»offensichtlich«, »zweifellos«, »jeder Lebenserfahrung widersprechend«).

VIII. Der Aufbau der Entscheidungsgründe

1. Der Obersatz

654 Die Entscheidungsgründe begründen das Ergebnis des Rechtsstreits, das seinen Ausdruck im Tenor findet. Allerdings wird nicht der Tenor wiederholt, sondern das allgemeine Ergebnis ausgesprochen, zB:

> »Die Klage ist zulässig und begründet.«
> »Die Klage ist begründet.«
> »Die Klage ist unzulässig.«
> »Die Klage ist zulässig, aber unbegründet.«
> »Die Klage ist unbegründet.«
> »Klage und Widerklage sind begründet.«
> »Die Klage ist überwiegend/teilweise/in Höhe von ... begründet.«

Dass die Klage zulässig (und begründet/unbegründet) ist, wird allerdings nur erwähnt, wenn zur Zulässigkeit der Klage auch tatsächlich Ausführungen zu machen sind, was in der Regel nicht der Fall ist.

2. Zulässigkeit der Klage

655 Ist die **Klage unzulässig**, ist nur dies in den Obersatz zu stellen und zu begründen. Keinesfalls darf in den Entscheidungsgründen dann zur Begründetheit der Klage Stellung genommen werden. Die Bearbeitervermerke in Examensklausuren schreiben für diesen Fall vielmehr in der Regel vor, dass zur Begründetheit der Klage in einem Hilfsgutachten Ausführungen zu machen sind.

Ist die Klage zulässig, muss dies nur dann erwähnt werden, wenn auch Ausführungen zur Zulässigkeit notwendig sind (zB, wenn eine Partei die Unzuständigkeit des angerufenen Gerichts gerügt hat). Ist, wie meist, die Zulässigkeit unproblematisch, erübrigt sich jedes Wort hierzu (auch im Obersatz, → Rn. 654).

3. Die Begründetheit der Klage

656 a) **Die begründete Klage.** Ist die Klage begründet, steht nach dem Obersatz am Anfang die Anspruchsgrundlage:

> »Der Anspruch des Klägers auf Zahlung von 4.000,00 EUR folgt aus § 433 Abs. 2 BGB ...«

Werden dem Kläger bei einer objektiven Klagehäufung mehrere Ansprüche zuerkannt, so kann dies wie folgt zum Ausdruck gebracht werden:

> »Der Kläger hat einen Anspruch gem. § 823 Abs. 1 BGB auf Ersatz seines Sachschadens in Höhe von ... und gem. §§ 253 Abs. 2, 823 Abs. 1 BGB auf Zahlung eines Schmerzensgeldes in Höhe von ...«

Für besser halte ich es allerdings, mit Gliederungspunkten zu arbeiten (dazu → Rn. 664) und das Ergebnis zunächst nur allgemein darzustellen:

> »Die Klage ist begründet. Dem Kläger steht sowohl der geltend gemachte Zahlungsanspruch (I.) als auch der Herausgabeanspruch (II.) zu.
> I. Der Zahlungsanspruch des Klägers in Höhe von 5.000,00 EUR ergibt sich aus § 631 Abs. 1 BGB ...
> II. Der Herausgabeanspruch folgt aus § 985 BGB ...«

Nur Nebenforderungen wie der Zinsanspruch werden üblicherweise nicht vorab erwähnt.

Sind im Gutachten mehrere Anspruchsgrundlagen geprüft und bejaht worden, müssen diese nicht alle in den Entscheidungsgründen wiederholt werden. Vielmehr sind Ausführungen nur zu **einer durchgreifenden** Anspruchsgrundlage erforderlich. Dabei sollte man die Anspruchsgrundlage wählen, die sich am Leichtesten begründen lässt; dies ist nicht nur für den Bearbeiter einfacher, es wird auch die unterliegende Partei eher überzeugen. Kumulativbegründungen (hier Darstellung mehrerer durchgreifender Anspruchsgrundlagen) verstärken die Überzeugungskraft nicht immer; häufig wird dies als Unsicherheit des Gerichts aufgefasst. Deshalb und auch dann, wenn eine zusätzliche Begründung rechtlich zweifelhaft ist, kann diese Begründungsform zu Rechtsmitteln verleiten. Ich rate deshalb grundsätzlich von solchen Zusatzbegründungen ab (auch weil man in ihnen Fehler machen kann, die ebenso bewertet werden). Das Vorliegen der Anspruchsgrundlage ist **vollständig** zu begründen, also jedes Tatbestandsmerkmal. Dabei sind unproblematische Tatbestandsmerkmale so kurz wie möglich darzustellen.   **657**

Hat der Beklagte Einwendungen/Einreden geltend gemacht, sind auch diese abzuhandeln. Dabei reicht es aber, wie bei der unbegründeten Klage (→ Rn. 659 f.), aus, nur ein einziges nicht vorliegendes Tatbestandsmerkmal der Gegennorm zu erwähnen.   **658**

> **Beispiele:** »Der Vertrag ist nicht gem. § 142 Abs. 1 BGB nichtig. Es kann dahinstehen, ob sich dem Vorbringen des Beklagten überhaupt ein Anfechtungsrecht entnehmen lässt. Jedenfalls erfolgte die Anfechtung verspätet iSd § 121 Abs. 1 BGB …«
> »Der Anspruch des Klägers ist nicht durch die Aufrechnung des Beklagten mit einer Gegenforderung erloschen (§ 398 BGB). Zwar ist die Aufrechnung zulässig, insbesondere ist kein Aufrechnungsverbot vereinbart worden,[1] es fehlt aber an einem Gegenanspruch des Beklagten, mit dem er aufrechnen kann …«

b) Die unbegründete Klage. Ist die Klage unbegründet, sind sämtliche in Betracht kommenden und im Gutachten geprüften Anspruchsgrundlagen abzuhandeln. Ausreichend ist es aber, das Tatbestandsmerkmal, das fehlt, zu behandeln.   **659**

> **Beispiel:** »Die Klage ist unbegründet. Dem Kläger steht der geltend gemachte Zahlungsanspruch nicht zu.
> Ein vertraglicher Anspruch, etwa aus § 631 BGB, scheitert daran, dass zwischen den Parteien kein Vertrag zustande gekommen ist. Der Beklagte hat das Angebot auf Abschluss des Vertrages nicht angenommen …
> Ein Anspruch aus § 812 Abs. 1 S. 1 1. Alt. BGB scheitert daran, dass der Kläger nach seinem eigenen Vorbringen nicht an den Beklagten, sondern an dessen Ehefrau geleistet hat; ein solcher aus § 812 Abs. 1 S. 1 2. Alt. BGB am Vorrang der Leistungskondiktion …
> Ein Anspruch aus § 823 Abs. 1 BGB kommt nicht in Betracht, weil kein absolutes Recht im Sinne dieser Vorschrift verletzt worden ist …«

Ist die Klage wegen einer vom Beklagten erhobenen Einwendung/Einrede unbegründet, muss (mit Ausnahme der Aufrechnung, → Rn. 646) nicht der Anspruch des Klägers begründet werden, vielmehr nur das Vorliegen der Einwendung/Einrede, Letzteres aber mit allen Tatbestandsmerkmalen.   **660**

> **Beispiel:** »Die Klage ist unbegründet. Jeder denkbare Anspruch des Klägers wäre verjährt. In Betracht kommen Ansprüche aus §§ … BGB, die alle in der Regelfrist des § 195 BGB verjähren. Diese ist abgelaufen. Der mögliche Anspruch wäre am … entstanden, so dass die Verjährungsfrist am …

---

1 Zur Notwendigkeit, zunächst die Zulässigkeit der Aufrechnung zu bejahen, s. Rn. 383.

> ablief. Die Verjährung ist nicht gehemmt worden … Schließlich hat der Beklagte sich auch auf Verjährung berufen …«

661 **c) Die teilweise begründete Klage.** Ist die Klage nur zum Teil begründet, sind nacheinander sowohl der stattgebende als auch der abweisende Teil zu begründen. Für diese Teile gelten die → Rn. 656 ff. erwähnten Grundsätze. Üblicherweise wird mit dem stattgebenden Teil begonnen; dies ist aber nicht zwingend und wird zB auf den Kläger wie »Hohn« wirken, wenn sein Hauptantrag abgewiesen wird, und er nur wegen eines Teils seiner Zinsforderung Erfolg hat.

> **Beispiel:** »Die Klage ist nur teilweise begründet. Der Kläger hat nur einen Anspruch auf Zahlung von … (I.). Dagegen steht ihm der geltend gemachte Herausgabeanspruch nicht zu (II.).
> I. Der Anspruch des Klägers auf Zahlung von ergibt sich aus § … BGB …
> II. Wegen des Herausgabeanspruchs ist die Klage unbegründet. Ein Anspruch aus § … BGB scheitert daran, dass …«

4. Nebenentscheidungen

662 Abschließend sind die prozessualen Nebenentscheidungen (Kosten, vorläufige Vollstreckbarkeit, evtl. (Nicht-)Zulassung der Berufung) zu begründen. Dabei reicht es bezüglich der Kosten und vorläufigen Vollstreckbarkeit in der Regel aus, die maßgeblichen Vorschriften zu nennen:

> »Die Nebenentscheidungen folgen aus §§ 92 Abs. 1, 269 Abs. 3, 709 ZPO.«

Eine Begründung ist allerdings dann notwendig,

- wenn die Parteien hierzu konkrete Anträge gestellt und darüber gestritten haben (Beispiel: Eine Partei hat die Zulassung der Berufung beantragt);
- wenn die Entscheidung bzgl. der Kostenentscheidung isoliert anfechtbar ist (zB Entscheidungen iSd §§ 91a, 99 Abs. 2).

5. Streitwert?

663 Zum Teil wird in der Ausbildungsliteratur angenommen, es sei auch in den Entscheidungsgründen der Streitwert festzusetzen.[1] Ich halte dies nicht für erforderlich[2] und rate zur Vermeidung von Fehlern und wegen des Zeitdrucks bei Klausuren auch davon ab. Der Streitwert wird nach dem Gesetz durch Beschluss festgesetzt. Zwar ist es zulässig, dies auch in einem Urteil zu tun, aber die Aufgabenstellung lautet Erstellung eines Urteilsentwurfs. Wenn es auch mancherorts Praxis sein mag, den Streitwert im Urteil festzusetzen, so kenne ich die Praxis, den Streitwertbeschluss in das Verkündungsprotokoll aufzunehmen.

6. Gliederungspunkte, Rechtsmittelbelehrung

664 Früher war es verpönt, die Entscheidungsgründe mit Gliederungspunkten zu versehen (beim Tatbestand ist es das immer noch). In der letzten Zeit setzt es sich dagegen immer mehr durch, wobei der BGH damit den Anfang gemacht haben dürfte. Ich kann aus verschiedenen Gründen nur dazu raten. Es macht das Urteil übersichtlicher und überzeugender und zwingt, wenn richtig gemacht, den Schreiber dazu, alle erforderlichen Punkte abzuhandeln.

---

1 *Anders/Gehle* B Rn. 58.
2 Ebenso *Schuschke/Kessen/Höltje* Rn. 620.

Ich habe mir dabei angewöhnt, schon in den Obersätzen auf die Gliederung hinzuweisen, wie es häufig auch der BGH macht.

> **Beispiel:** »Die Klage ist zulässig (I.) und begründet (II.).
> I. Die Klage ist zulässig. Das erkennende Gericht ist zuständig (1.). Die Beklagte ist parteifähig (2.).
> 1. Das Landgericht Essen ist zuständig ... 2. ....
> II. Die Klage ist begründet. Der Anspruch des Klägers ergibt sich aus § 433 Abs. 2 BGB. Die Parteien haben einen wirksamen Kaufvertrag geschlossen (1.). Der daraus folgende Zahlungsanspruch ist weder erfüllt (2.) noch durch die hilfsweise erklärte Aufrechnung erloschen (3.).
> 1. Zwischen den Parteien ist ein Kaufvertrag zustande gekommen (1.1.), der nicht infolge der Anfechtung des Beklagten gem. § 142 Abs. 1 als von Anfang an nicht anzusehen ist (1.2.).
> ...
> III. Der Zinsanspruch folgt aus § ... BGB, die prozessualen Nebenentscheidungen ergeben sich aus §§ ...«

Seit dem 1.1.2014 müssen gem. § 232 anfechtbare Entscheidungen **Rechtsmittelbelehrungen** enthalten. Eine Ausnahme gilt für streitige Urteile in Verfahren, in denen Anwaltszwang besteht (Verfahren vor dem LG bzw. OLG). Belehrt werden muss über das Gericht, bei dem der Rechtsbehelf einzulegen ist, über den Sitz des Gerichts und über die einzuhaltende Form und Frist. In der Praxis muss beim Ausbilder erfragt werden, was er insoweit verlangt. Die gerichtlichen elektronischen Vorlagen werden sicher entsprechende Textbausteine erhalten. Es ist abzuwarten, was in der Prüfung gefordert wird. Es dürfte das gelten, was auch für die Belehrung in verwaltungsgerichtlichen Entscheidungen verlangt wird.

§ 52. Typische Fehler im Rubrum und den Entscheidungsgründen

Im Rubrum/in den Gründen sind folgende Fehler typisch: **665**

I. Rubrum

- Häufig wird im Rubrum einer der Prozessbevollmächtigten vergessen oder eine Parteianschrift unvollständig angegeben. Dies würde in der Praxis zu Fehlern bei der Zustellung des Urteils führen.
- Oft ist auch die Richterbezeichnung fehlerhaft. Nur bei der mündlichen Verhandlung führt ein Richter den Vorsitz und sind ggf. die anderen Beisitzer; bei der Entscheidung (und damit auch im Urteilsrubrum) gibt es den Unterschied nicht. Auch wird manchmal nicht beachtet, dass bei mehreren mündlichen Verhandlungen ein Richterwechsel stattgefunden hat. Es entscheidet das Gericht in der Besetzung der letzten mündlichen Verhandlung. Gelegentlich werden auch die Richter aufgeführt, die bei der Verkündung anwesend waren, obwohl sie nicht zu den entscheidenden Richtern gehörten.
- Schließlich wird oft nicht der Tag der letzten mündlichen Verhandlung in das Rubrum aufgenommen, sondern stattdessen fehlerhaft der Verkündungstermin (wenn dieser nicht mit dem Tag der letzten Verhandlung identisch ist).
- Im Fall des Streitbeitritts wird vergessen, den Streithelfer mit in das Rubrum aufzunehmen; umgekehrt wird ein Streitverkündeter fehlerhaft aufgenommen, obwohl er nicht beigetreten ist.

II. Entscheidungsgründe

666 Folgende Fehler sind zu finden:

- Im Fall der Klageabweisung werden manchmal nicht alle denkbaren Anspruchsgrundlagen behandelt.
- Nicht alle Einwendungen/Einreden des Beklagten werden beschieden.
- Es werden Argumente aufgeführt oder Fragen behandelt, die im Gutachten nicht angesprochen wurden.
- Nicht alle im Tenor genannten Entscheidungspunkte werden in den Gründen behandelt (zB die Zinsforderung, die Nebenentscheidungen).
- In den Gründen werden Tatsachen als streitig bzw. unstreitig behandelt, obwohl sie im Tatbestand als unstreitig/streitig dargestellt sind.
- Die Gründe enthalten Begründungsmängel, weil der Verfasser nicht seine eigene Auffassung begründet, sondern nur zitiert (Zitate ersetzen keine Begründung!).
- Die Obersätze enthalten Paragrafenreihen, auf die dann im Folgenden nicht mehr eingegangen wird. Ausreichend ist im Obersatz die Bezeichnung der eigentlichen Anspruchsgrundlage; der Weg zu dieser Norm muss im Folgenden begründet werden.
- Es werden völlig unproblematische oder an den Haaren herbeigezogene Zulässigkeitsfragen behandelt.
- Die Gründe sind mit theoretischen Ausführungen und juristischen Fachbegriffen überfrachtet.
- Vor allem: Teile der Entscheidungsgründe tragen das Ergebnis nicht. Es werden breite Ausführungen zu Fragen gemacht, die offen bleiben können.
- Der Urteilsstil wird nicht beachtet.

§ 53. Das Berufungsurteil

I. Allgemeines

667 Das Rubrum des Berufungsurteils entspricht im Wesentlichen dem eines »normalen« Urteils. Allerdings wird bei den Parteien zunächst diejenige aufgeführt, die Berufung eingelegt hat, dann deren Gegner erster Instanz. Zusätzlich zur Parteibezeichnung erster Instanz werden die Parteien als »Berufungskläger« und »Berufungsbeklagter« bezeichnet.

> **Beispiel:** Legt der Beklagte gegen ein Urteil Berufung ein, wird er als erster aufgeführt; unter Name und Anschrift folgt die Bezeichnung: »Beklagten und Berufungsklägers«; beim Kläger erster Instanz, der jetzt als Zweiter aufgeführt wird, heißt es: »Kläger und Berufungsbeklagten«.

Der Inhalt des Berufungsurteils ergibt sich aus § 540. Nach Abs. 1 S. 1 enthält das Berufungsurteil nicht die Unterscheidung in Tatbestand und Entscheidungsgründe; vielmehr enthält das Urteil:

- statt eines Tatbestandes die Bezugnahme auf die tatsächlichen Feststellungen im angefochtenen Urteil mit der Darstellung etwaiger Änderungen oder Ergänzungen (§ 540 Abs. 1 S. 1 Nr. 1);
- eine kurze Begründung für die Abänderung, Aufhebung oder Bestätigung der angefochtenen Entscheidung (§ 540 Abs. 1 S. 1 Nr. 2).

II. Der »Tatbestand«

Das Berufungsurteil hat, jedenfalls formal, nicht zwischen Tatbestand und Ent- **668** scheidungsgründen zu trennen. Es wird wie die Begründung eines Beschlusses (→ Rn. 674 ff.) nur mit »Gründe« überschrieben, was aus § 540 Abs. 1 S. 1 folgt: »Anstelle von Tatbestand und Entscheidungsgründen …« Jedenfalls bedarf es keines förmlichen Tatbestands.[1] An dessen Stelle muss das Berufungsurteil jedoch auf die tatsächlichen Feststellungen im angefochtenen Urteil Bezug nehmen und eine Darstellung etwaiger Änderungen und Ergänzungen in zweiter Instanz enthalten; insoweit darf wiederum konkret Bezug genommen werden. Bezugnahme und abändernde oder ergänzende Darstellung des Parteivortrags müssen insgesamt den Sach- und Streitstand vollständig und widerspruchsfrei wiedergeben.[2] In jedem Fall müssen die Berufungsanträge wiedergegeben werden.

Ein solcher (nicht so überschriebener) Tatbestand kann etwa lauten: **669**

> **»Gründe**
> I.
> Auf die tatsächlichen Feststellungen in dem Urteil des Landgerichts vom … wird Bezug genommen. Gegen das am … zugestellte Urteil hat der Kläger mit am … eingegangenem Schriftsatz Berufung eingelegt und diese mit am … eingegangenem Schriftsatz begründet.
> Der Kläger macht geltend, die tatsächlichen Feststellungen des Landgerichts seien unzutreffend, weil…
> Er behauptet, …
>
> Der Kläger beantragt,
> das angefochtene Urteil abzuändern und nach seinem in erster Instanz gestellten Antrag zu erkennen.
>
> Der Beklagte beantragt,
> die Berufung zurückzuweisen.
>
> Er verteidigt das angefochtene Urteil und behauptet ergänzend, …
>
> Die Kammer/der Senat hat Beweis erhoben über die Behauptung des Klägers, …, durch … Zum Ergebnis der Beweisaufnahme wird Bezug genommen auf …«

Mir gefällt es allerdings aus Verständnisgründen besser, wenn in einem Einleitungssatz (→ Rn. 591) der Streit der Parteien im Wesentlichen umschrieben wird.

III. Die »Entscheidungsgründe«

Die Gründe, auf denen die Entscheidung beruht, sind »kurz« darzustellen. Dabei **670** sollte man sich davor hüten, sich kritisch mit der angefochtenen Entscheidung auseinander zu setzen. Es ist nicht Entscheidungsgegenstand, ob das Urteil richtig oder falsch war, gut oder schlecht, sondern ob die Berufung zulässig und begründet ist.

Die Berufung des Klägers ist (ganz oder teilweise) begründet, wenn der Klage (ganz oder teilweise) stattzugeben war, die des Beklagten, wenn die Klage (ganz oder teilweise) abzuweisen war. Nach evtl. erforderlichen Ausführungen zur Zulässigkeit der Berufung und einem kurzen Ansatz unterscheiden sich die (nicht so zu bezeichnenden) Entscheidungsgründe nicht von denen eines erstinstanzlichen Urteils:

---

1 BGH NJW 2004, 2828.
2 Msk/*Ball* § 540 Rn. 3.

»Die Berufung ist begründet, weil die in erster Instanz abgewiesene Klage begründet ist …«

»Die Berufung ist begründet. Die Klage, der das Amtsgericht stattgegeben hat, ist unbegründet …«

»Die Berufung ist unbegründet. Zu Recht hat das Amtsgericht die Klage für begründet erachtet. Ob sich der Anspruch allerdings tatsächlich aus § … BGB ergibt, kann dahinstehen, jedenfalls folgt der Anspruch des Klägers aus § … BGB.«

»Die Berufung ist unbegründet. Die Klage ist zu Recht abgewiesen worden. Wie das Landgericht zutreffend entschieden hat, steht dem Kläger kein Anspruch gegen den Beklagten zu …«

»Die Berufung ist unbegründet. Wie das Amtsgericht zutreffend entschieden hat, ist die Klage unzulässig …«

»Die Berufungen beider Parteien sind unbegründet. Dem Kläger steht (nur) der vom Amtsgericht ausgeurteilte Betrag von … zu. Der Anspruch ergibt sich aus … Für die weiter vom Kläger geltend gemachten Ansprüche fehlt es an einer Anspruchsgrundlage …«

2. Abschnitt. Der Sachbericht

§ 54. Der Sachbericht

671 Ein »Sachbericht« ist seit jeher Gegenstand der einschlägigen Ausbildungsliteratur und wird von den Ausbildern in der Zivilstation nach wie vor den Referendaren abverlangt. Er ist wohl auch in Zeiten, die vor dem Examen des Autors liegen (und das ist leider lange her), Examensleistung im 2. Staatsexamen gewesen.

Was ein Sachbericht ist, wie er auszusehen hat, wird in der Ausbildungsliteratur nicht klar oder einheitlich beschrieben. So wird angenommen, der Sachbericht sei Grundlage für das Gutachten, der Tatbestand für das Urteil. Demgemäß könne der Sachbericht umfangreicher sein.[1] Andere erwähnen den Sachbericht nur noch beiläufig als »ausführlichen, geordneten Sachverhalt.[2]

In der Praxis spielt ein Sachbericht im herkömmlichen Sinne keine Rolle mehr. Er kann nur den Sinn haben, umfassend, geordnet und getrennt in unstreitiges/streitiges Vorbringen und Tatsachen bzw. ggf. Rechtsansichten über den Akteninhalt zu informieren, und das eigentlich auch nur mit dem Hintergrund, das Lesen der Akte zu ersparen. Ein solcher Sachbericht könnte seinen Sinn noch in der Zivilkammer haben, wenn die Kammer entscheidet und dem Vorsitzenden das Aktenlesen erspart werden (welcher Vorsitzende aber liest die Akte nicht?) oder der »dritte Mann« umfassend informiert werden soll. In der Praxis aber fehlt die Zeit sowohl zum Anfertigen eines Sachberichtes als auch zum Lesen durch den »dritten Mann« vor der Beratung. Die Berufungsinstanz ist regelmäßig an die tatsächlichen Feststellungen der ersten Instanz gebunden; hier würde ein Sachbericht ganz anders aussehen müssen als der herkömmliche. Denkbar wäre auch das Aufbereiten einer Akte für einen Rechtsanwalt durch einen Sachbericht. Aber wird er sich darauf verlassen und die Akte nicht lesen?

Ich bezweifele aus den genannten Gründen den Ausbildungswert eines Sachberichtes, er hat mit praktischer Tätigkeit wenig oder überhaupt nichts zu tun. Unstreitige Tatsachen feststellen, zwischen Tatsachen und Rechtsansichten unterscheiden, das Gesamte verständlich darstellen muss man bei jedem Tatbestand. Dessen Schwierigkeiten liegen gerade darin, irrelevante Tatsachen herauszufiltern und den Sachverhalt kurz darzustellen. Diese besondere Kunst lernt man nicht, wenn man einen Sachbericht erstellt.

672 Wenn es in der Praxis tatsächlich notwendig ist oder der Ausbilder verlangt, einen Sachbericht zu erstellen, dann kann dieser sinnvoll (es sei denn, der Ausbilder verlange anderes) nur umfassend sein. Das nachfolgende Gutachten macht einen Entschei-

1 *Anders/Gehle* A Rn. 9.
2 *Schuschke/Kessen/Höltje* Rn. 149.

dungsvorschlag, dem nicht immer gefolgt wird. Wird schon im tatsächlichen Bereich gefiltert, kann es sein, dass rechtlich entgegen dem Gutachten doch relevante Tatsachen ausgeklammert werden.

Die Regeln für die Fassung eines Tatbestandes (→ Rn. 575 ff.) gelten auch für den Sachbericht mit folgenden **Ausnahmen**: Der Sachbericht

- sollte nicht so kurz sein wie ein Tatbestand;
- sollte den Tatsachenstoff nicht filtern, allenfalls den Vortrag, der auf keinen Fall von rechtlicher Bedeutung sein kann;
- sollte keine Bezugnahmen auf Schriftsätze wegen der Einzelheiten erhalten; mE verbietet sich dies bei einem sinnvollen Sachbericht.

3. Abschnitt. Beschlüsse

§ 55. Beschlüsse

I. Rubrum

Beschlüsse müssen nur dann ein »volles Rubrum« wie ein Urteil (→ Rn. 556 ff.) haben, wenn sie einen **vollstreckbaren Inhalt** haben. Dies ist zB nicht der Fall bei Prozesskostenhilfe bewilligenden Beschlüssen oder Verweisungsbeschlüssen, wohl aber bei Beschlüssen nach § 91a (wegen der Kostenentscheidung). Ansonsten reicht ein »einfaches Rubrum« etwa in dieser Form: **673**

> **»Beschluss**
> In dem Rechtsstreit
> Meier ./. Müller ...«

Im Übrigen kann man den/die entscheidenden Richter wie beim Urteil wiedergeben oder auch am Ende des Beschlusses. Einzusetzen ist jedenfalls das Datum, an dem der Beschluss gefasst oder verkündet wurde, nicht wie beim Urteil das Datum der letzten mündlichen Verhandlung.

Beispiele: **674**

»**Landgericht Münster**
13 O 56/13

Beschluss

In dem Rechtsstreit
Merkle ./. Tümpelhauser u.a.

erklärt sich das Landgericht Münster für örtlich unzuständig und verweist den Rechtsstreit auf Antrag des Klägers an das örtlich zuständige Landgericht München I.

Gründe

...

Münster, 3.3.2014
Landgericht, 13. Zivilkammer

Osterwille	Schräder	aus der Miete«

675 »**Landgericht Münster**
13 O 56/13

Beschluss

In dem Rechtsstreit
Merkle ./. Tümpelhauser u.a.

hat die 13. Zivilkammer des Landgerichts Münster am 3. März 2014
durch den Vorsitzenden Richter am Landgericht Osterwille und die Richterinnen am Landgericht
Schräder und aus der Miete
beschlossen: …«

II. Gründe

676 Wie ein Berufungsurteil (→ Rn. 668) werden auch Beschlüsse nicht in »Tatbestand«
und »Entscheidungsgründe« getrennt, sie erhalten vielmehr die Überschrift »Gründe«. Danach erfolgen aber die Darstellung des Sachverhalts und dann die der Gründe
für den Beschluss. Zu begründen sind jedenfalls alle rechtsmittelfähigen Beschlüsse
(sofern nicht auf Rechtsmittel und Begründung verzichtet wurde). Aber auch Beschlüsse, die gegen den Willen einer Partei getroffen wurden, sind mit Gründen zu
versehen.

> **Beispiel für eine Begründungspflicht:**
> Der Kläger begehrt auf eine Rüge des Beklagten hin hilfsweise die Verweisung an ein anderes Gericht.
> Das Gericht trennt bei objektiver Klagehäufung das Verfahren bzgl. eines erhobenen Anspruchs ab
> (§ 145 Abs. 1).

> **Beispiel für das Fehlen einer Begründungspflicht:**
> Verweisungsbeschluss an die Kammer für Handelssachen (oder sonstige Verweisung), wenn keine
> Partei widerspricht.
> Bewilligung von Prozesskostenhilfe (soweit diese verweigert wird, ist wegen der Rechtsmittelmöglichkeit zu begründen).

4. Abschnitt. Anwaltsschriftsätze

§ 56. Anwaltsschriftsätze

I. Überblick

677 Aufgabenstellung einer **Anwaltsklausur** kann sein, dass Mandantenschreiben oder
Anwaltsschriftsätze zu verfassen sind. Oft ist es aber nur Aufgabe, den Sachverhalt
darzustellen, ein Gutachten anzufertigen und die zu stellenden Anträge auszuformulieren. Der Sachverhalt wird wie der Tatbestand eines Urteils formuliert, wobei ggf.,
wenn der Mandant noch nicht prozessbeteiligt ist, dieser als »Mandant« zu bezeichnen ist. Wichtig ist in jedem Fall, den **Bearbeitervermerk sorgfältig zu beachten**.

In der praktischen Ausbildung beim Rechtsanwalt sind dessen Weisungen für die
Aufgabe zu beachten; regelmäßig dürften hier schriftsätzliche Ausführungen zu machen sein.

II. Schreiben an Mandanten

Ist der Mandant Jurist, gibt es kaum Besonderheiten, denn dieser wird Ausführungen 678
in einem juristischen Gutachten verstehen. Hier wird es ausreichen, nur kurz die Ergebnisse des Gutachtens mitzuteilen und im Übrigen auf das beizufügende Gutachten Bezug zu nehmen.

Ist der Mandant kein Jurist, so wird dieser juristische Feinheiten in einem Gutachten
nicht verstehen können. Die Ergebnisse des Gutachtens müssen dann in einer für einen Laien verständlichen Form wiedergegeben werden. Besonderes Augenmerk ist
dabei auf die Darstellung der Prozessrisiken zu richten (hier liegt auch das Haftungs-
potential für den Rechtsanwalt).

III. Schriftsätze an das Gericht

Im Schriftsatz an das Gericht muss neben der Adresse des Gerichts die **Parteibe-** 679
zeichnung wie beim einfachen Rubrum (→ Rn. 673 f.) enthalten sein sowie das gerichtliche Aktenzeichen, damit der Schriftsatz bei Gericht der Akte zugeordnet werden kann. In eine **Klageschrift** muss die vollständige Parteibezeichnung wie beim
Urteil (→ Rn. 557) aufgenommen werden; bei einer Widerklage ist dies dann erforderlich, wenn neben dem Kläger ein Dritter in den Prozess einbezogen werden soll.
Dies gilt entsprechend für die Streitverkündung. **Anträge** werden regelmäßig an den
Beginn des Schriftsatzes gesetzt.

Die **Tatsachen**, die für den Mandanten vorgetragen werden sollen (aus taktischen 680
Gründen müssen dies nicht immer alle sein, → Rn. 360), sollten regelmäßig aus
Gründen der Verständlichkeit in zeitlicher Reihenfolge gegliedert werden. (Nur) Wegen der Einzelheiten kann auf beizufügende Schriftsätze oder Akten, deren Beiziehung beantragt wird, **konkret** Bezug genommen werden.

Erforderliche oder zweckmäßige **Rechtsausführungen** werden üblicherweise im 681
Anschluss an die Tatsachen dargestellt. Dies kann durch entsprechende Überschriften
(»Sachverhalt«, »Rechtliche Würdigung«) klargestellt werden. In **Examensklausuren**
wird regelmäßig, wenn überhaupt ein Schriftsatz erfordert wird, die Möglichkeit gegeben, wegen der Rechtsausführungen auf das Gutachten Bezug zu nehmen. Hier
muss unbedingt der Bearbeiterhinweis beachtet werden.

5. Teil. Der Aktenvortrag und das Votum

§ 57. Gliederung des Aktenvortrags, Darstellungsweise

I. Überblick

Gegenstand der mündlichen Prüfung im 2. Staatsexamen ist ein Aktenvortrag, der aus allen Rechtsgebieten, besonders auch dem Zivilrecht kommen kann. Dabei ist in den meisten Bundesländern ein so genannter »Kurzvortrag« zu halten, bei dem die Vorbereitungszeit nicht wie in anderen Ländern mehrere Tage dauert, sondern 60 (ua in NRW) oder 90 Minuten am Tag der Prüfung. Hier soll vor allem auf die Besonderheiten des **Kurzvortrages** eingegangen werden, der in den meisten Ländern verlangt wird.   **682**

In der Vorbereitungszeit muss der Kandidat den ihm vorgelegten Sachverhalt (etwa bis zu 10 Seiten) erfassen und eine rechtliche Lösung entwickeln, die er anschließend dem Prüfungsgremium vorträgt. Dies ist eine extrem schwierige Aufgabe; die Sachverhaltserfassung ist regelmäßig wegen der Kürze der Aufgabe noch gut möglich; das Problem bei der rechtlichen Lösung besteht vor allem darin, dass ein einmal eingeschlagener Lösungsweg in der kurzen Zeit kaum korrigiert werden kann, so dass es enorm wichtig ist, gleich den zutreffenden Weg zu finden. Dann kommt noch die Aufgabe, Sachverhalt und rechtliche Lösung den Prüfern möglichst frei vorzutragen und diese von der Lösung zu überzeugen. Jeder Referendar sollte während des Vorbereitungsdienstes **jede Möglichkeit nutzen** (in Arbeitsgemeinschaften, in der praktischen Ausbildung), sich in dieser Prüfungsleistung **zu üben**!   **683**

Ausgangspunkt des Vortrags ist die Situation, dass eine oder mehrere mit dem Sachverhalt nicht vertraute Person(en) (zum Beispiel der »dritte Mann« in einem Spruchgremium – Vorsitzender und Berichterstatter kennen die Akte –) von dem Sachverhalt unterrichtet werden sollen und ihnen eine rechtliche Lösung unterbreitet werden soll.   **684**

II. Gliederung

Es hat sich die folgende Gliederung des Vortrags in langjähriger Praxis durchgesetzt: **685**
- Einleitung
- Sachverhalt
- Entscheidungsvorschlag
- Rechtliche Würdigung
- Tenor

1. Einleitung

Einleitend werden üblicherweise die Parteinamen und deren Wohnorte, das entscheidende Gericht sowie der Zeitpunkt der Anhängigkeit genannt. Ich halte es weiter für sinnvoll, den Gegenstand des Rechtsstreits zu bezeichnen und im Einzelfall auch anzugeben, in welchem Stadium der Prozess sich befindet.   **686**

Beispiel: »Es handelt sich um einen Rechtsstreit, der im Jahr 2014 vor dem Landgericht Köln anhängig gemacht worden ist. Klägerin ist die ABC GmbH; Beklagte sind die DEF GbR sowie deren Gesellschafter. Alle Parteien sind in Köln ansässig. Die Klägerin hat auf Räumung von Gewerberaum geklagt, den die Beklagte von der Klägerin angemietet hatte; nach dem Auszug der Beklagten haben die Parteien den Rechtsstreit in der Hauptsache für erledigt erklärt und streiten nur noch um die Kosten des Rechtsstreits.«

2. Sachverhalt

687 Die Sachverhaltsdarstellung ist so wie ein Urteilstatbestand aufzubauen. Allerdings muss sie in der Regel ausführlicher sein:

Der Urteilstatbestand wird nach Erlass der Entscheidung geschrieben. Dann steht bereits fest, auf welche Tatsachen es für die Entscheidung nicht ankommt. Der Vortrag dient der Entscheidungsfindung. Hält der Vortragende Tatsachen für unerheblich und verschweigt sie, kann es zu einer Fehlentscheidung kommen, die vermieden worden wäre, wenn der Sachverhalt vollständig mitgeteilt worden wäre.
Eine Bezugnahme auf die »Akte« ist nicht möglich, weil deren Inhalt den Zuhörern nicht bekannt ist (so jedenfalls die Vorgabe).

Allerdings sind Tatsachen nicht mitzuteilen, auf die es für die Entscheidung offensichtlich nicht ankommt.

688 Dem Zuhörer ist es regelmäßig nicht möglich, **sämtliche Einzelheiten** des Sachverhalts im Gedächtnis zu behalten. Daher sollten Daten oder Beträge nur dann genau mitgeteilt werden, wenn es darauf ankommt. Sonst reichen pauschale Angaben:

»Im August 2013 ... In der Folgezeit ... Gegen Ende des Jahres 2013 ... Ca. 10.000,00 EUR« (statt 10.214,13 EUR).

Kommt es für die rechtliche Lösung auf **Einzelheiten** an, die der Zuhörer möglicherweise nicht im Gedächtnis behalten kann, ist es sinnvoll, bei der Darstellung des Sachverhalts nur allgemein zu bleiben und die Einzelheiten während der rechtlichen Lösung mitzuteilen.

Beispiele:
Es geht um die Verjährung eines Anspruchs. Hier kommt es auf die genauen Daten an. Darstellungsbeispiel: »Der Beklagte beruft sich auf Verjährung des Anspruchs; er macht geltend, eine Hemmung durch Klageerhebung sei nicht eingetreten, weil die Klage verspätet zugestellt worden sei. Die einzelnen Daten hierzu werde ich im Rahmen der rechtlichen Erörterung mitteilen.«
Es geht um eine Kündigung eines Mietverhältnisses aus diversen Gründen. Darstellungsbeispiel: »Der Kläger meint, der Mietvertrag sei durch die im Januar 2014 zugegangene schriftliche Kündigung aus wichtigem Grund beendet worden. Er behauptet Zahlungsverzug des Beklagten und mehrere zur Kündigung berechtigende schuldhafte Vertragsverletzungen. Auf die Einzelheiten seines vom Beklagten jeweils ausdrücklich bestrittenen Vortrags komme ich im Rahmen der Erörterung der Rechtslage zurück.«
»Das Gericht hat durch Vernehmung von Zeugen Beweis über die Behauptung des Klägers erhoben, ... Auf das Ergebnis der Beweisaufnahme komme ich im Rahmen der rechtlichen Würdigung zurück.«

Vertragsklauseln oder komplizierte Anträge sind in der Regel nicht wörtlich, sondern inhaltlich wiederzugeben. Anderes gilt nur, wenn es auf den genauen Wortlaut ankommt. Auch hier sollte aber der Sachverhalt zunächst allgemein dargestellt und der Wortlaut im rechtlichen Teil mitgeteilt werden (zur Möglichkeit, den Wortlaut vorzulesen, → Rn. 694).

3. Entscheidungsvorschlag

Der rechtliche Teil des Vortrags beginnt wie beim Gutachten (→ Rn. 80) mit dem **689**
Entscheidungsvorschlag:

> »Ich schlage vor, der Klage stattzugeben/die Klage abzuweisen.« »Ich schlage vor, der Klage in Höhe von ... stattzugeben und sie im Übrigen abzuweisen.« »Ich schlage vor, die Kosten des Rechtsstreits dem Kläger aufzuerlegen.«

So kennt der Zuhörer das vorgeschlagene Ergebnis und kann der rechtlichen Würdigung in der Regel besser folgen.

4. Rechtliche Würdigung

Ist der Sachverhalt streitig, ist die rechtliche Würdigung aus meiner Sicht relationsmä- **690**
ßig darzustellen, also entsprechend dem Gutachten getrennt in Schlüssigkeit, Erheblichkeit usw.[1] Warum es für den Zuhörer unverständlich sein soll, in einzelne Stationen zu gliedern,[2] ist mir unerfindlich. Die Relationstechnik bietet nun einmal die Grundlage für die Entscheidung eines tatsächlich streitigen Zivilprozesses. Es ist das, was die richterliche Praxis gewohnt ist. Auch der Vortrag in der Beratung zB einer Zivilkammer oder eines Zivilsenats wird in der mir bekannten Praxis relationsmäßig aufgebaut.

Unproblematische Punkte sollten im Urteilsstil dargestellt werden; die entscheidenden Punkte oder auch zu behandelnde Streitfragen demgegenüber im Gutachtenstil, denn so kann man dem Zuhörer die wichtigen Punkte und die eigene Argumentation am verständlichsten vermitteln.

> **Beispiel:** »Die Klage ist begründet. Das Vorbringen des Klägers ergibt schlüssig einen Anspruch aus § 433 Abs. 2 BGB. Die Parteien haben einen Kaufvertrag geschlossen. Das Angebot des Klägers liegt ..., die Annahme des Beklagten ... Das Vorbringen des Beklagten ist jedenfalls insoweit erheblich, als er substanziiert bestritten hat, einen Kaufvertrag geschlossen zu haben. Fraglich ist allerdings, ob auch der Hilfsvortrag des Beklagten erheblich ist, er habe einen evtl. geschlossenen Kaufvertrag mit der Folge des § 142 Abs. 1 BGB wirksam angefochten. Als Anfechtungsgrund kommt § ... in Betracht, dessen Vorliegen auf der Grundlage des Beklagtenvortrags aber zweifelhaft ist. Dafür spricht, dass ... Dagegen ist anzuführen, dass ... Ich meine, dass ...«

Wird der rechtliche Teil relationsmäßig aufgebaut, dürfte es kaum vorkommen, dass **691**
nicht alle möglicherweise relevanten Rechtsfragen angesprochen werden. Dann kommt der Vortragende automatisch auch zu möglichen Problemen, die nach dem letztlich gefundenen Ergebnis rechtlich nicht von Bedeutung sind.

> **Beispiel:** In einem Aktenfall ergeben sich bei der Beurteilung der Schlüssigkeit des Klägervorbringens rechtliche Probleme. Diese müssen in der Schlüssigkeitsprüfung natürlich behandelt werden, auch wenn die durchgeführte Beweisaufnahme zu Ungunsten des Klägers ausgegangen ist. Im Urteil kann man das Ergebnis der Schlüssigkeitsprüfung offen halten, beim Vortrag (wie auch im Gutachten) schon deshalb nicht, weil das Ergebnis der Beweisfälligkeit nicht unbedingt von allen Entscheidenden mitgetragen wird.

Auch dies spricht dafür, den Vortrag relationsmäßig aufzubauen. Ansonsten muss man den »Kunstgriff« wählen, auch nicht entscheidungserhebliche Punkte im Vortrag darzustellen.[3]

---

1 So zutreffend *Schuschke/Kessen/Höltje* Rn. 1117; aA *Anders/Gehle* E Rn. 11.
2 So *Anders/Gehle* E Rn. 11.
3 So *Anders/Gehle* E Rn. 12.

692 Auch die **Nebenentscheidungen** sind im rechtlichen Teil zu begründen. Bei den prozessualen Nebenentscheidungen reicht in der Regel wie im Urteil die Wiedergabe der maßgeblichen Vorschriften:

> »Die Kosten des Rechtsstreits sind gem. § 91 ZPO dem Beklagten aufzuerlegen; das Urteil ist gem. § 708 Nr. 11 ZPO ohne Sicherheitsleistung mit der Abwendungsbefugnis für den Beklagten nach § 711 ZPO für vorläufig vollstreckbar zu erklären.«

5. Tenor

693 Der Bearbeitervermerk des Aktenvortrags gibt vor, ob und in welchem Umfang der Tenor der zu treffenden Entscheidung ausformuliert werden muss. In der Regel ist dies nur der Tenor der Hauptsache:

> »Ich schlage folgenden Tenor des Urteils in der Hauptsache vor: Der Beklagte wird verurteilt, an den Kläger 32.000,00 EUR nebst Zinsen in Höhe von 5 Prozentpunkten über dem jeweiligen Basiszinssatz seit dem 1.4.... zu zahlen. Im Übrigen wird die Klage abgewiesen.«

III. Darstellungshinweise

1. Freie Rede

694 Der Vortrag muss in freier Rede gehalten werden. Besonders problematisch ist dies bei Vorträgen, die nach **mehrtägiger Vorbereitungszeit** gehalten werden. Hier wird vielfach der Vortrag auswendig gelernt und »heruntergeleiert«. Dadurch entsteht auch die Gefahr des »Hängenbleibens«. Es sollte auch bei diesen Vorträgen von Beginn an zu Hause die freie Rede geübt werden.

Das Problem des Auswendiglernens gibt es bei **Kurzvorträgen** nicht. Hier dürfen allerdings Stichwortzettel benutzt werden. Nicht erlaubt ist es, das, was dort notiert ist, einfach herunterzulesen. Die Stichwortzettel sollten mE eine kurze Gliederung enthalten, an die man sich notfalls klammern kann, um nichts zu vergessen, und wenn man ins Stocken gerät. Erlaubt ist es, wichtige Vertragspassagen oder kompliziertere Anträge wörtlich aus dem Aufgabentext vorzulesen. Davon sollte man, wenn ein solcher Fall vorliegt, auch Gebrauch machen, denn ein solcher Punkt gibt Sicherheit und die Möglichkeit, sich wieder auf das noch Kommende zu konzentrieren.

2. Verständlichkeit

695 Sehr wichtig ist die Verständlichkeit des Vortrags. Es sollten möglichst kurze, klare Sätze gebildet werden. Verschachtelte Sätze mögen dem Vortragenden gefallen; in der Regel kann der Zuhörer ihnen nicht so leicht folgen, selbst wenn sie zutreffend formuliert sind. Auch sollte man, selbst wenn man »Fachkollegen« gegenübersitzt, mit dem Gebrauch von Fachausdrücken zurückhaltend sein. Auch Fremdworte tragen zur Verständlichkeit meist nicht bei. Manchmal kann es sinnvoll sein, zur Verständlichkeit zu »gliedern«:

> **Beispiel:** »Der Beklagte wendet sich aus 3 Gründen gegen die Klage: Zunächst bestreitet er, dass... Zum 2. rechnet er hilfsweise mit einer Gegenforderung auf, die sich aus folgendem Sachverhalt ergeben soll... Schließlich macht er weiter hilfsweise ein Zurückbehaltungsrecht geltend und behauptet hierzu, ...«

3. Zeitlimit

Dringend zu beachten ist das Zeitlimit, das in den einzelnen Ländern für den Vortrag **696** gesetzt ist (zwischen 12 und 15 Minuten). Beim Kurzvortrag ist dies weniger problematisch, weil erfahrungsgemäß die zur Verfügung stehende Zeit nicht ansatzweise ausgenutzt wird (ich habe als Prüfer kaum einen Vortrag über 10 Minuten erlebt). Bei Vorträgen mit langer Vorbereitungszeit aber kommt es recht häufig zu Zeitüberschreitungen, wobei die Richtlinien zT vorgeben, dass nach Zeitablauf abgebrochen wird oder das danach Gesagte als nicht gesagt gilt.

4. Blickkontakt und Körpersprache

Wichtig ist es beim Vortrag, Blickkontakt zu den Zuhörern zu halten. Wegschauen **697** verrät Unsicherheit. Beim Examensvortrag ist es manchmal schwierig, Blickkontakt zu bekommen, weil die Prüfer meist mitschreiben. Hier sollte aber jedes Aufschauen eines Prüfers zum Blickkontakt genutzt werden.

Ebenso wichtig ist die Körpersprache. Scharren mit den Füßen, Herumspielen mit einem Kugelschreiber, Blicke nach unten verraten Unsicherheit. Wenn die Möglichkeit besteht, sollte man Vorträge vor laufender Kamera üben, um solche (allzu menschliche) Verhaltensweisen aufzudecken und wegzutrainieren.

§ 58. Typische Fehler beim Vortrag

I. Sachverhaltsdarstellung

Hier wird – wie beim Urteilstatbestand – oft der Fehler gemacht, Tatsachenvortrag **698** und Rechtsansichten nicht richtig auseinander zu halten. Auch wird die zeitliche Reihenfolge nicht beachtet, was beim Vortrag besonders negativ ist, weil der Zuhörer dann selbst die Reihenfolge bilden muss und dadurch abgelenkt wird. Falsch ist es auch, die Sachverhaltsdarstellung mit nicht zu behaltenden Details zu überfrachten; diese sollten im rechtlichen Teil wiedergegeben werden.

II. Rechtliche Würdigung

Vielfach ist zu erkennen, dass ein Kandidat meint, dass ein Vortrag auf ein bestimmtes **699** juristisches Problem zugeschnitten sei, und er darauf unbeirrt zusteuert und es ausbreitet, während es tatsächlich keine Rolle spielt. Die Aktenstücke stammen aus der juristischen Praxis und sind nicht, wie oft im ersten Examen, speziell auf Rechtsprobleme zugeschnitten. Vor allem in der Vorbereitungszeit ist es wichtig, den Fall systematisch korrekt, ggf. relationsmäßig, zu durchdenken und zu bearbeiten. Hierdurch kommt man auch automatisch zu den Rechtsproblemen, die wirklich eine Rolle spielen.

Ganz wichtig ist es, Schwerpunkte zu setzen, die gerade die für den Rechtsstreit **700** entscheidenden Punkte beinhalten. Diese sind gründlich zu erörtern, nicht aber Rechtsprobleme, die nur am Rande eine Rolle spielen und von der höchstrichterlichen Rechtsprechung abschließend beantwortet sind. Gerade Vorträge, in denen der Kandidat krampfhaft solche Probleme sucht und derartige Rechtsfragen breit erläutert, misslingen oft. Häufig spielen stattdessen Auslegungsfragen die entscheidende

Rolle oder die Würdigung einer durchgeführten Beweisaufnahme. Nicht selten kommt es auch nur darauf an, systematisch sauber einfach unter die maßgeblichen Vorschriften zu subsumieren.

III. Darstellungsart

701 Hier sind häufig folgende Fehler zu beobachten:

- Bei längerer Vorbereitungszeit wird der Vortrag auswendig gelernt und »heruntergebetet« oder (auch bei Kurzvorträgen) abgelesen.
- Es werden verschachtelte Sätze gebildet, aus denen der Vortragende dann selbst nicht mehr herausfindet.
- Es wird kein Blickkontakt zu den Zuhörern gehalten.
- Es wird zu leise und ängstlich gesprochen.
- Die Körpersprache verrät die Zweifel des Vortragenden an der eigenen Lösung.

§ 59. Das Votum

702 In der praktischen Ausbildung wird von dem Referendar gelegentlich die Anfertigung eines Votums oder Kurzvotums verlangt. Darunter wird die schriftliche Ausarbeitung verstanden, die der Berichterstatter eines Spruchgremiums zur Vorbereitung einer Verhandlung anfertigt. Das sollte eigentlich ein kurz gefasstes Gutachten iSd Ausführungen → Rn. 56 ff. sein.

Regeln gibt es insoweit allerdings nicht. In meiner langjährigen Praxis als Vorsitzender verschiedener Zivilkammern beim Landgericht und als Senatsvorsitzender beim OLG habe ich viele hundert Voten gelesen. Dass es nicht üblich sein soll, Voten nach Stationen aufzuteilen,[1] kann ich nur eingeschränkt bestätigen. Es mag zwar formal nicht immer eine Trennung zwischen Schlüssigkeit und Erheblichkeit gemacht worden sein. Inhaltlich allerdings ist die Relationstechnik immer beachtet worden. Allenfalls die Darstellung war im Urteilsstil gehalten.

Aus meiner Sicht gilt hier nichts anderes als beim Vortrag (→ Rn. 690 f.). Es ist einfacher und weniger fehleranfällig, nach Stationen zu trennen. Nur mit viel Erfahrung kann man die Relationstechnik so umsetzen, dass man nur an den entscheidenden Punkten die Gründe für einen beweiserheblichen Umstand herausarbeitet.

Ist der Sachverhalt unstreitig, bedarf es natürlich keiner Trennung. Dann ergibt sich aus dem Klägervorbringen der geltend gemachte Anspruch oder nicht.

---

1 *Anders/Gehle* E Rn. 23.

6. Teil. Falllösungen, Klausur- und Tenorbeispiele

1. Abschnitt. Falllösungen

I. Zu Rn. 55

1. Der Zeuge hat zum Beweisthema selbst ausgesagt. Dabei handelt es sich nicht um einen neuen **703** Sachverhalt. Er berichtet zusätzliche Details, die die Richtigkeit seiner Aussage bekräftigen sollen. Seine hierzu gegebene Erklärung kann im Rahmen der freien Beweiswürdigung gewertet werden; Vortrag zB des Klägers wäre sie nur dann, wenn dieser sie aufgegriffen und sich zB auf das Zeugnis der Lebensgefährtin berufen hätte.

2. Der Anwalt muss auf eingereichte Anlagen konkret Bezug nehmen. Daran fehlt es hier. Wenn das Gericht allerdings in der Verhandlung die Bezugnahme auf Anlagen nicht verweigert, darf es ohne rechtlichen Hinweis die Anlagen nicht außer Betracht lassen.[1]

3. Entscheidend ist die Frage, ob der Vortrag einem Beweis zugänglich ist.

4. Tatsachenvortrag ist zunächst, dass ein Kaufvertrag über ein Buch zum Preis von 100,00 EUR geschlossen wurde. Dabei handelt es sich um den Vortrag eines Rechtsbegriffs. Ansicht ist, dass der Vertrag sittenwidrig ist. Dazu bedarf es einer rechtlichen Subsumtion. Beim Vortrag zur Ausbeutung der Zwangslage kann gestritten werden, ob es sich um unsubstanziierten Tatsachenvortrag oder um Vortrag einer Rechtsansicht handelt. Ich tendiere zur nicht durch Tatsachen belegten Rechtsansicht; jedenfalls ist das Vorbringen einem Beweis nicht zugänglich. Dass Leistung und Gegenleistung in einem auffälligen Missverhältnis stehen, ist Rechtsansicht; hierzu werden als Tatsachen der Kaufpreis und der Marktwert vorgetragen.

5. → Rn. 41.

6. Sie dürfte es nicht ohne weiteres, wenn ein Geständnis vorliegt. Das Nichtbestreiten der Verantwortlichkeit in erster Instanz führt nur dazu, dass diese unstreitig war, wenn sich nicht aus anderen Umständen ein (erforderlicher) Geständniswille ergeben würde. Allerdings kann ein außergerichtliches Geständnis zu einem gerichtlichen Geständnis werden, wenn das entsprechende Schreiben in den Prozess eingeführt wird. Da aber der Wille zu einem prozessualen Geständnis erforderlich ist, muss der »Gestehende« das Schriftstück einführen; die Vorlage durch den Gegner reicht nicht aus.[2]

7. Es ist zweifelhaft, ob das Bestreiten des Beklagten substanziiert ist. Dies es ist nicht, wenn der Kläger den ursprünglich vereinbarten Mietzins verlangt, denn den muss der Beklagte kennen und vortragen. Im Tatbestand muss wiedergegeben werden, dass »der Beklagte die Miethöhe bestreitet«, denn es bedarf einer rechtlichen Würdigung, ob das Bestreiten substanziiert ist. Bei der alleinigen Darstellung: »der Kläger behauptet, die Miethöhe betrage 400,00 EUR« wird im Tatbestand die Grundlage für die kommende Rechtsprüfung nicht genannt, nämlich das pauschale Bestreiten.

8. Das Gericht dürfte von der Nichtigkeit ausgehen, wenn es sich um einen – richtig gebrauchten – einfachen Rechtsbegriff handelt. Dies ist zu verneinen. Im Originalstreit war im Übrigen die Rechtsansicht der Klägerin, der Vertrag sei beurkundungspflichtig, falsch.[3]

II. Zu Rn. 78

1. Wesentlicher Unterschied sind die meist unterschiedlichen Sachverhalte, die begutachtet werden **704** müssen. Dies erfordert bei unterschiedlichem Tatsachenvortrag »mehrere Gutachten« aufgrund des jeweiligen Sachverhalts. Zudem muss evtl. eine Tatsachenfeststellung in der Beweisstation erfolgen.

---

1 BGH NJW 2005, 2927, 2929.
2 S. BGH NJW-RR 2005, 1297, 1298.
3 S. BGH NJW-RR 2004, 284 f.

Ob und mit welchem Ausspruch entschieden werden soll, ist in der Tenorierungsstation festzustellen.

2. Klägervortrag ist der unstreitige Vortrag und der vom Beklagten bestrittene Vortrag des Klägers.

3. Beklagtenvortrag ist der unstreitige Vortrag und der vom Kläger bestrittene Vortrag des Beklagten.

III. Zu Rn. 128

705
1. Der Antrag ist zu unbestimmt. Bei Freistellungsanträgen muss die Höhe der Forderung, wegen der freigestellt werden soll, mitgeteilt werden. Zulässig kann, wenn ein Feststellungsinteresse besteht, ein Feststellungsantrag sein. Das Gericht hat nach § 139 auf die Umstellung auf einen solchen Antrag hinzuwirken, es darf ihn aber auch als solchen auslegen (s. → Rn. 96). .

2. Die Klage ist unzulässig, da der Kläger nicht angibt, welchen Teil er von der jeweiligen Schadensposition geltend macht. Anders könnte es sein, wenn die Klage aus 5 Einzelpositionen besteht; dann könnte sich evtl. im Wege der Auslegung ergeben, dass er von jeder Teilposition 1.000,00 EUR verlangt. Zwingend ist dies nicht, denn eine Auslegung, dass er von jeder Einzelposition den dem Verhältnis zur Gesamtforderung entsprechenden Anteil verlangt, liegt nicht weniger nahe.

3. Eine Gesellschaft ist noch existent und damit parteifähig, wenn ihr noch Vermögen zusteht, und zwar selbst dann, wenn sie aufgelöst und im Handelsregister gelöscht ist.[1] Damit ist die Frage, ob der ABC-KG der geltend gemachte Anspruch zusteht, sowohl für die Frage der Zulässigkeit als auch für die Frage der Begründetheit der Klage relevant = doppelt relevant. Zur Zulässigkeit der Klage reicht die schlüssige Darlegung des Anspruchs aus; ohne Beweisaufnahme ist die Zulässigkeit der Klage anzunehmen.

4. Aktivlegitimation bedeutet Anspruchsinhaberschaft, Prozessführungsbefugnis meint die Berechtigung, einen bestimmten Anspruch prozessual geltend machen zu dürfen. Nur die Prozessführungsbefugnis ist eine Frage der Zulässigkeit der Klage.

5. Die Klage ist unzulässig, solange der Kläger nicht auf Zahlung an die Erbengemeinschaft klagt, worauf das Gericht hinzuwirken hat. Die Unzulässigkeit ergibt sich aus § 2039 BGB (wichtig!).

6. Das Amtsgericht ist zwar sachlich unzuständig. Gleichwohl darf die Klage nicht durch Prozessurteil abgewiesen werden, weil dies einen Hinweis nach § 504 erfordert (s. § 39 S. 2). Auch das Landgericht ist im zweiten Beispielsteil sachlich unzuständig. Hierauf muss aber wegen § 39 S. 1 nicht eingegangen werden; der Beklagte hat sich rügelos eingelassen.

7. Das Landgericht ist sachlich unzuständig. Ausschließlich zuständig ist gem. § 23 Nr. 2a GVG das Amtsgericht. Damit ist auch gem. § 40 Abs. 2 S. 2 keine Zuständigkeitsbegründung durch rügelose Einlassung möglich. Hierauf muss das Gericht den Kläger hinweisen; stellt er dann keinen Verweisungsantrag, ist die Klage durch Prozessurteil abzuweisen.

8. I. Entscheidungsvorschlag. II. Evtl. Auslegung des Klagebegehrens.
   III. Zulässigkeit der Klage.
   1. Klägerstation (schlüssiger Vortrag einer unerlaubten Handlung im Gerichtsbezirk).
   2. Beklagtenstation (Bestreiten einer Handlung im Gerichtsbezirk – auf das Bestreiten einer unerlaubten Handlung kommt es nicht an).
   3. Beweisstation (Handlung im Gerichtsbezirk?)
   IV. Begründetheit der Klage. 1. Klägerstation (Anspruch aus § 823 Abs. 1 BGB bzw. § 823 Abs. 2 iVm § 223 StGB schlüssig vorgetragen?). 2. Beklagtenstation (Bestreiten erheblich, evtl. Notwehr?). 3. Evtl. Replik zur Notwehr (Sachverhaltsabhängig). 4. Beweisstation (unerlaubte Handlung bzw. Notwehr bewiesen).
   V. Entscheidungsstation.

9. Der Vortrag des Klägers dürfte zunächst kaum als verspätet zurückgewiesen werden können, wenn nicht zuvor schon erkennbar war, dass der Beklagte nicht im Besitz der Sache war. Es liegt gem. § 264 Nr. 3 keine Klageänderung vor; eine »später eingetretene Veränderung« liegt auch dann vor, wenn die Veränderung nach Klageerhebung bekannt geworden ist.[2] Daher wird das Gericht Beweis über den Zeitwert erheben.

---

1 BGH NJW-RR 1986, 394; Thomas/Putzo/*Reichold* § 253 Rn. 19.

2 Thomas/Putzo/*Reichold* § 264 Rn. 7.

10. Die ursprüngliche Feststellungsklage war unzulässig; eine Bezifferung war offenbar möglich. Ob im Übergang zur Zahlungsklage eine Klageänderung liegt, muss nicht geklärt werden, weil die Zustimmung des Beklagten fingiert wird (§§ 267, 263). Es ist in solchen Fällen verfehlt zu prüfen, ob eine Klageänderung vorliegt. Die Klage ist zulässig.

IV. Zu Rn. 153

1. Ein Sachvortrag ist schlüssig, wenn Tatsachen vorgetragen werden, die in Verbindung mit einem Rechtssatz geeignet und erforderlich sind, das geltend gemachte Recht zu begründen. Die Angabe näherer Einzelheiten ist grundsätzlich nur dann erforderlich, wenn diese für die Rechtsfolgen von Bedeutung sind. Nur im Einzelfall kann es sein, dass eine Partei ihr Vorbringen durch die Darlegung konkreter Einzeltatsachen noch weiter substanziieren muss, besonders dann, wenn sie mehr Kenntnisse zu den streitigen Tatsachen hat als die Gegenpartei. Unter diesen Umständen ist das Vorbringen der Kläger substanziiert genug.[1]   **706**

2. Das konkrete Datum muss nicht mitgeteilt werden. Allerdings muss die Klägerin nachvollziehbar darlegen, dass die streitige Bestellung bereits von der Rabattabrede umfasst war. Hierzu reicht der Vortrag aus, dass die Vereinbarung »gleichzeitig« mit oder »wenige Tage vor« der Bestellung getroffen wurde.

3. Kommt man im Gutachten an einer Stelle zum Ergebnis, dass ein rechtlicher Hinweis erforderlich sein könnte (zB dass ein Vertrag aus einem Grund, den die Parteien nicht gesehen haben, nichtig ist), muss an dieser Stelle darauf hingewiesen werden, dass evtl. ein rechtlicher Hinweis erforderlich ist, dass dies aber noch weiterer Prüfung bedarf, weil ein rechtlicher Hinweis nur erforderlich ist, wenn nicht aus einem anderen Grund zu Lasten der Partei, der ein Hinweis zu erteilen ist, zu entscheiden ist. Letztlich muss die Frage, ob durch Urteil entschieden werden darf oder noch ein Hinweis zu erteilen ist, in der »Entscheidungsstation« beantwortet werden.

4. → Rn. 144.

5. Dies kommt nur in Betracht, wenn das angerufene Gericht nur für die Prüfung bestimmter Anspruchsgrundlagen zuständig ist. Typisches Beispiel ist grundsätzlich der Gerichtsstand der unerlaubten Handlung, § 32. Dabei ist aber zunächst zu beachten, dass es sich nicht um einen ausschließlichen Gerichtsstand handelt, sodass bei fehlender Rüge der Unzuständigkeit (beim Amtsgericht ist § 504 zu beachten) ohnehin umfassend zu prüfen ist. Nach der Rechtsprechung des BGH sind allerdings bei Anspruchskonkurrenz alle in Betracht kommenden Anspruchsgrundlagen zu untersuchen (→ Rn. 145). Anders ist es, wenn mit der Klage zwei unterschiedliche Ansprüche aus verschiedenen Lebenssachverhalten geltend gemacht werden (ein Anspruch aus unerlaubter Handlung und einer zB auf Rückzahlung eines Darlehens). Wegen des Darlehensanspruchs ist das Gericht unzuständig; insoweit ist abzutrennen (§ 145 Abs. 1) und zu verweisen, falls ein Verweisungsantrag gestellt wird, ansonsten durch Prozessurteil abzuweisen.

Der Kläger kann das Gericht nicht zur Prüfung nur bestimmter Anspruchsgrundlagen zwingen (→ Rn. 145). Indirekt kann ihm das im Einzelfall allerdings dadurch möglich sein, dass er bestimmte Tatsachen nicht vorträgt, aus denen sich die von ihm nicht erwünschte Anspruchsgrundlage ergibt.

V. Zu Rn. 160

1. Ja. Das Kindermädchen haftet zwar gem. § 832 Abs. 2 BGB für die Verletzung der Aufsichtspflicht, zu der der Kläger nichts vorgetragen hat. Die Darlegungslast für die genügende Aufsicht trifft aber die Beklagte (§ 832 Abs. 1 S. 2 BGB).   **707**

2. Ja. Der Kläger hat zwar nichts zum Tatbestandsmerkmal »widerrechtlich« vorgetragen. Der Schädigende hat aber die Darlegungslast für fehlende Widerrechtlichkeit.[2]

3. Der Kläger hat schlüssig einen Anspruch aus §§ 987, 990 BGB vorgetragen. Voraussetzung des Anspruchs aus § 987 BGB ist zwar ein Eigentümer-Besitzerverhältnis. Der Kläger hat nicht vorgetragen, Eigentümer des Taxis zu sein. Dies muss er wegen § 1006 Abs. 2 BGB aber auch nicht. Die Vermu-

---

1 Vgl. BGH NJW 2000, 3286, 3287.
2 BGH NJW 2008, 571 Rn. 21; 1957, 785, 786; Palandt/*Sprau* § 823 BGB Rn. 80.

tung des § 1006 BGB gilt für alle Ansprüche, die Eigentum voraussetzen, auch solche aus §§ 987 ff. BGB.[1] Ein Recht zum Besitz und das daraus resultierende Fehlen des Eigentümer-Besitzerverhältnisses müsste der Beklagte darlegen.[2] Auch der Vortrag zur Bösgläubigkeit (§ 990 Abs. 1 BGB) reicht aus: »bewusst gegen den Willen des Klägers«.

4. Ja. Das Klagevorbringen ist unabhängig davon schlüssig, wie der Beklagte die Sache genutzt hat. Der Beklagte hat die Darlegungslast dafür, dass er ohne sein Verschulden ganz oder teilweise keine Nutzungen gezogen hat (§ 987 Abs. 2 BGB).[3]

5. Nein. Ursprünglich war er es zwar, da der Kläger durch den Gebrauch des Rechtsbegriffs »Kaufvertrag« den an sich erforderlichen Vortrag zu Angebot und Annahme von auf Übergabe und Eigentumsverschaffung gegen Entgelt gerichteten Willenserklärungen ersetzt hat. Das Bestreiten des Beklagten zwingt den Kläger aber dazu, nunmehr Tatsachenvortrag zu bringen, der sich unter §§ 145 ff., 433 BGB subsumieren lässt.

6. Ja. Der Anspruch ergibt sich aus §§ 837, 836 BGB. Dafür, dass die Ablösung Folge fehlerhafter Errichtung (s. § 836 Abs. 1 S. 1 BGB) des Gerüsts war, spricht der Beweis des ersten Anscheins;[4] hierzu muss der Kläger nichts vortragen. Auch muss der Beklagte schon nach dem Wortlaut des § 836 Abs. 1 S. 2 BGB dessen Voraussetzungen vortragen.

7. Ja. Bedenken bestehen zwar wegen der haftungsausfüllenden Kausalität. Hätte der Kläger bei einer ordnungsgemäßen Aufklärung die Operation nicht durchführen lassen? Derjenige, der vertragliche Aufklärungspflichten verletzt, hat die Darlegungs- und Beweislast dafür, dass der Schaden auch bei pflichtgemäßem Verhalten eingetreten wäre, der Geschädigte sich also nicht »aufklärungsrichtig« verhalten hätte.[5] In der gegebenen Situation hätte der Arzt bei der Aufklärung von der Operation abraten müssen (wenn nicht besondere Umstände, zB erhebliche psychische Beschwerden, beim Kläger vorlagen). Der Beklagte muss daher darlegen, dass der Kläger die Operation trotzdem hätte durchführen lassen.[6]

VI. Zu Rn. 189

708

1. → Rn. 184.

2. Nichts. Gegenstand der Prüfung in einer der Darlegungsstationen darf nur Tatsachenvortrag sein. Da der gesamte Sachverhalt unstreitig ist, sind alle Rechtsfragen bereits in der Klägerstation zu überprüfen.

3. Ja. Hat der Beklagte den Kaufpreis gezahlt, ist der Anspruch des Klägers untergegangen. Auch die Behauptung der Schenkung ist erheblich. Allerdings ist zu beachten und herauszuarbeiten, dass die Erfüllung des Kaufpreisanspruchs keinen Einfluss auf das Darlehen hat und die Behauptung der Schenkung keinen auf den Kaufvertrag. Das Vorbringen ist jeweils nur teilerheblich.
Wegen des Darlehens muss die Klage abgewiesen werden. Hier wird oft angenommen, wegen der Entgegennahme des Geldes und weil die Schenkung Ausnahme sei, habe der Beklagte die Beweislast. Dies ist falsch. Der Beklagte bestreitet durch die Behauptung der Schenkung motiviert den Abschluss eines Darlehensvertrages. Dies geht über einfaches Bestreiten, das ebenfalls erheblich sein könnte, hinaus. Der Kläger, der aus dem Darlehen Rechte herleiten will, hat die Beweislast.

4. Da die nachträgliche Eigentumsübertragung bestritten ist, muss darüber Beweis erhoben werden, wenn das Bestreiten erheblich ist. In Betracht kommt nur ein Anspruch aus § 985 BGB, fraglich ist das Eigentum des Klägers. Das Bestreiten des Beklagten wäre nicht erheblich, wenn die Vermutung des § 1006 Abs. 2 BGB für den Kläger sprechen würde, die durch Bestreiten des Eigentums nicht ausgeräumt werden kann, da sie an den früheren Besitz anknüpft. Dass nach Beendigung des Besitzes des Klägers dieser sein Eigentum verloren haben könnte, ist nicht vorgetragen.

---

1 MüKoBGB/*Baldus* § 1006 Rn. 28.
2 BGH NJW-RR 1986, 282, 283.
3 BGH NJW-RR 2005, 1542, 1543.
4 Vgl. BGH NJW 1997, 1853 f.
5 BGH NJW 1989, 2320, 2321.
6 Dies gilt bei der ärztlichen Aufklärung aber nur bei dem Rat, in bestimmter Weise vorzugehen; grundsätzlich verbleibt es bei der Darlegungslast des Geschädigten.

Die Vermutung des § 1006 BGB geht aber entgegen dem Wortlaut nicht ohne weiteres dahin, dass der Besitzer Eigentümer ist. Vielmehr ist die Vorschrift dahin auszulegen, dass die Vermutung dahin geht, dass der Besitzer bei Besitzerwerb Eigenbesitz und damit Eigentum erworben und während der Besitzzeit nicht verloren hat.[1] Dass Fremdbesitz nicht geschützt ist, geht aus § 1006 Abs. 3 BGB hervor. Da es Klägervortrag ist, dass bei Besitzerwerb Sicherungseigentum bestand, ist auch Klägervortrag, dass er zu diesem Zeitpunkt Fremdbesitzer war. Damit greift die Vermutung des § 1006 Abs. 2 BGB nach dem eigenen Vortrag des Klägers nicht. Sein Vorbringen ist nur im Hinblick auf den nachträglichen Eigentumserwerb schlüssig. Das Bestreiten des Beklagten ist erheblich.

VII. Zu Rn. 195

1. In der Klägerstation ist nur zu prüfen, ob der Kläger einen Anspruch aus § 433 Abs. 2 BGB schlüssig **709** vorgetragen hat. Zwar ist auch die Tatsache der Anfechtung unstreitig und damit Klägervortrag. Gleichwohl kann eine Prüfung in der Klägerstation nicht erfolgen, weil sich aus dem Klägervortrag kein Anfechtungsgrund ergibt. In der Beklagtenstation ist zu prüfen, ob das Vorbringen des Beklagten erheblich ist, also der Vertrag aufgrund der Anfechtung wegen arglistiger Täuschung nichtig ist. Dies ist nach dem Sachverhalt der Fall. In der Replik müssen Wirksamkeit und rechtliche Bedeutung des Bestreitens der vom Beklagten zur Arglist vorgetragenen Tatsachen geprüft werden.

2. In der Klägerstation ist nur zu prüfen, ob der Kläger einen Anspruch aus § 433 Abs. 2 BGB schlüssig vorgetragen hat. Zwar ist auch die Tatsache des Rücktritts unstreitig und damit Klägervortrag. Gleichwohl kann eine Prüfung in der Klägerstation nicht erfolgen, weil sich aus dem Klägervortrag kein Mangel ergibt. In der Beklagtenstation ist die Erheblichkeit des Mangelvortrags zu untersuchen. Reicht der Vortrag, ist das Vorbringen des Beklagten erheblich. In der Replik ist die Wirksamkeit des Bestreitens des Mangels zu prüfen. Außerdem ist auf den (wohl Hilfs-)Vortrag des Klägers einzugehen, der Beklagte hätte den Mangel erkennen können. Dann wäre trotz Vorliegens eines Mangels kein Rücktrittsrecht gegeben. Bestreitet der Beklagte, dass der Mangel erkennbar war, ist die Wirksamkeit des Bestreitens in der Duplik zu untersuchen. Trägt der Beklagte darüber hinaus vor, der Kläger habe den Mangel arglistig verschwiegen, ist auch dieser Vortrag in der Duplik zu untersuchen. Lautet das Ergebnis, dieser Vortrag sei schlüssig, müsste noch einmal in die Klägerstation gewechselt werden (Triplik), wenn der Kläger das arglistige Verschweigen bestreitet.

VIII. Zu Rn. 224

1. Das Gericht wird zweckmäßigerweise die weiteren Klägerzeugen nicht hören, da es zurzeit von der **710** Wahrheit der behaupteten Tatsache überzeugt ist. Es muss aber zwingend die vom Beklagten benannten Gegenzeugen hören. Wenn durch die Vernehmung der Beklagtenzeugen Zweifel an der Glaubhaftigkeit der Klägerzeugen entstehen, müssen auch die noch nicht vernommenen Klägerzeugen vernommen werden.

2. Das Gericht darf (wenn sonst Entscheidungsreife vorliegt) kein Urteil erlassen und die Klägerin für beweisfällig erklären. Es muss vielmehr der Klägerin noch eine Frist nach § 356 zur Duldung der Untersuchung durch den Sachverständigen setzen.[2]

3. Die Unklarheit geht zulasten des Beklagten, der trotz vertraglicher Verpflichtung der Klägerin die Belege nicht herausgab. Es liegt eine Beweisvereitelung vor.[3]

4. Die Beweiskraft erstreckt sich darauf, dass der Aussteller der Urkunde die darin beurkundete Erklärung abgegeben hat. Außerdem spricht ein Anscheinsbeweis für die Richtigkeit und Vollständigkeit der Urkunde. Wer also zB bzgl. einer von beiden Vertragsparteien unterzeichneten Vertragsurkunde behauptet, es sei anderes oder Zusätzliches vereinbart worden, trägt dafür die Beweislast.

5. Der Urkundenbeweis wird durch Vorlage der Urkunde, und zwar im Original, angetreten. Befindet sich die beweispflichtige Partei nicht im Besitz der Urkunde, sondern der Prozessgegner, wird der Beweis durch den Antrag angetreten, dem Gegner die Vorlegung der Urkunde aufzugeben (§ 421; zur

---

1 Palandt/*Bassenge* § 1006 BGB Rn. 4 mwN.
2 OLG Hamm MDR 2003, 1373, 1374.
3 S. BGH NJW 2002, 825, 827.

Form s. § 424). Befindet sich ein Dritter im Besitz der Urkunde, muss der Beweis gem. § 428 angetreten werden (Fristsetzung zur Herbeischaffung oder Anordnung nach § 142).

6. Der erhobene Zeugenbeweis kann verwertet werden, wenn sich der Beweisführer die ihm günstige Aussage zu Eigen macht. Dies ist im Zweifel (wenn nicht ausdrücklich anderes erklärt wird) anzunehmen. Dagegen ist die Verwertung der Parteivernehmung unzulässig. → Rn. 218 und 235.

7. Ton- und Videoaufnahme waren wegen Verletzung des allgemeinen Persönlichkeitsrechts unzulässig. Allenfalls bei konkretem Verdacht strafbarer Handlungen oder in notstandsähnlichen oder Notwehrsituationen kann die Verletzung berechtigt sein.[1] Unzulässig ist auch eine Vernehmung derjenigen, die das Tonband gehört oder das Video gesehen haben.[2] Dagegen ist eine Vernehmung der Kolleginnen als Zeuginnen zulässig.[3]

IX. Zu Rn. 251

711 1. Unter dem Aspekt der Glaubhaftigkeit wird die gesamte Aussage eines Zeugen, einer Partei oder eines Sachverständigen gemessen (an der Lebenserfahrung, an feststehenden Umständen uÄ). Unterpunkt der Glaubhaftigkeit ist die persönliche Glaubwürdigkeit des Zeugen pp.

2. § 287 findet bei Schadenersatzansprüchen Anwendung und insoweit bei der Frage, ob ein Schaden entstanden ist, bei der Frage der haftungsausfüllenden Kausalität und bei der Höhe des Schadens. Wichtig ist der Unterschied zwischen der (unter § 286 fallenden) haftungsbegründenden Kausalität und der haftungsausfüllenden Kausalität: Der erste Verletzungserfolg, der sog. Primärschaden, betrifft die haftungsbegründende Kausalität (zB der Schlag und die daraus folgende Körperverletzung). Die Weiterentwicklung des Schadens, zB der Tod aufgrund der Körperverletzung, betrifft die haftungsausfüllende Kausalität.

3. § 286 verlangt einen so **hohen Grad von Wahrscheinlichkeit**, dass bei einem vernünftigen und lebenserfahrenen Menschen der Zweifel schweigt, ohne dass er völlig ausgeschlossen wäre. Nach § 287 entscheidet das Gericht unter Würdigung aller Umstände nach **freier Überzeugung**.

4. Der zu einem von ihm beurkundeten Vertrag vernommene **Notar** hat ein Interesse daran, dass ihm kein Fehler der Beurkundung nachgewiesen wird. Neben diesem häufig vorliegenden menschlichen Interesse muss der Notar bei Beurkundungs- oder Beratungsfehlern mit Regressansprüchen, in extremen Fehlen mit Disziplinarverfahren und sogar der Entlassung aus dem Amt rechnen. Der **Handelsvertreter** bekommt meist eine Provision für von ihm vermittelte Verträge. Er hat ein finanzielles Interesse daran, dass Vertragsschluss und Wirksamkeit des Vertrages festgestellt werden. Entsprechendes gilt für den **Makler**, der eine Provision erhält. Untersuchungen haben ergeben, dass **Beifahrer** unabhängig von einem persönlichen Verhältnis zu dem Fahrer die Tendenz aufweisen, zugunsten des Fahrers auszusagen. Dies ist sogar bei Insassen von Straßenbahnen oder Omnibussen festgestellt worden. Vielleicht spielt insoweit eine Solidarisierung mit dem Fahrer eine Rolle, auf dessen Verhalten man zur eigenen Sicherheit angewiesen ist und dem man deshalb zur eigenen Beruhigung vertraut.

Bei **Ehegatten**, **Verlobten** und **Freunden** können verschiedene Gründe zu einer auch bewusst wahrheitswidrigen Aussage führen. Dies können finanzielle Interessen (bei Ehegatten und zusammenlebenden Verlobten und Freunden) sein, aber auch psychische Gründe. Bei entsprechendem Druck kann die Verlustangst eine Rolle spielen (Drohen mit Trennung). Aber auch Vertrauen kann maßgeblich sein. Überlegen Sie, wie Sie in einer solchen Situation reagieren würden: Ihr Partner, dem Sie ohne Zweifel glauben, dass er die Wahrheit sagt, erzählt Ihnen, wie es ohne Verschulden seinerseits zu einem Unfall ohne Zeugen kam, den der Unfallgegner wahrheitswidrig anders darstellt; außerdem benennt er einen Zeugen, der überhaupt nicht an Ort und Stelle war. Würden Sie nicht auch als Zeuge auftreten, um den zu erwartenden, durch Betrug und Falschaussage verursachten finanziellen Schaden abzuwenden? Bei (außerehelichen) **Liebschaften** kann die Gefahr der Entdeckung zu einer Falschaussage führen. Bei **Kindern** kann der zu erwartende Druck der Eltern bei einer unerwünschten Aussage eine Rolle spielen, aber auch die psychische Bindung und die Bewunde-

---

1 Vgl. BAG NJW 2003, 3436 ff.; Thomas/Putzo/*Reichold* § 286 Rn. 8.

2 OLG Karlsruhe NJW 2000, 1577 f.

3 Vgl. BVerfG NZA 2002, 284 f.; Msk/*Foerste* § 286 Rn. 8.

rung eines Elternteils, der doch immer alles vorbildlich und richtig macht. Innerhalb von **Gruppen** wie Sportmannschaften (aber etwa auch »Polizeiteams«) entsteht gelegentlich Gruppendruck; wer einem Gruppenmitglied schadet, wird als »Verräter« betrachtet. **Geschäftspartner** können ein Interesse an der Fortsetzung der Geschäftsbeziehungen haben und deshalb für den Partner negative Aussagen vermeiden wollen.

5. Keine. Es kommt auf die Frage an, ob der Beklagte das Vertragsangebot angenommen hat. Das hat der Zeuge nicht bestätigt, vielmehr verneint. Er kann noch so unglaubwürdig sein, daraus kann, wenn keine anderen Umstände vorliegen, nicht auf das Gegenteil, der Beklagte habe das Angebot angenommen, geschlossen werden. Es geht nicht um die Frage, ob das Gegenteil der Beweisfrage bewiesen ist, dies ist nicht entscheidungserheblich.

X. Zu Rn. 331

1. Der Beklagte wird verurteilt, an den Kläger 3.000,00 EUR nebst Zinsen in Höhe von **5 Prozent-** **712** **punkten**[1] über dem **jeweiligen** Basiszinssatz seit dem 1.4.2013 zu zahlen. Im Übrigen wird die Klage abgewiesen. Von den Kosten des Rechtsstreits haben der Kläger 85% und der Beklagte 15% zu tragen. Das Urteil gegen Sicherheitsleistung in Höhe von 110% des jeweils zu vollstreckenden Betrags vorläufig vollstreckbar.[2]

2. Der Beklagte[3] wird verurteilt, an den Kläger 7.500,00 EUR zu zahlen. Im Übrigen wird die Klage abgewiesen.
Die Kosten der Anrufung des unzuständigen Gerichts hat der Kläger zu tragen. Die Kosten des Streithelfers haben zu 25% der Kläger und zu 75% dieser selbst zu tragen. Von den weiteren Kosten des Rechtsstreits haben der Kläger 25% und der Beklagte 75% zu tragen.
Das Urteil ist vorläufig vollstreckbar, für den Kläger aber nur gegen Sicherheitsleistung in Höhe von 110% des jeweils zu vollstreckenden Betrages. Dem Kläger bleibt nachgelassen, die Zwangsvollstreckung des Beklagten bzw. des Streithelfers gegen Sicherheitsleistung in Höhe von 110% des nach diesem Urteil für sie vollstreckbaren Betrages abzuwenden, wenn nicht der Beklagte bzw. der Streithelfer vor der Vollstreckung Sicherheit in Höhe von 110% des jeweils zu vollstreckenden Betrages leistet.

3. Anerkenntnisteil- und Schlussurteil: Der Beklagte wird verurteilt, an den Kläger 9.000,00 EUR zu zahlen. Im Übrigen wird die Klage abgewiesen. Von den Kosten des Rechtsstreits haben der Kläger 64% und der Beklagte 36% zu tragen. Das Urteil ist vorläufig vollstreckbar,[4] wegen eines Betrages von 4.000,00 EUR aber nur gegen Sicherheitsleistung in Höhe von 110% des jeweils zu vollstreckenden Betrages. Dem Kläger bleibt nachgelassen, die Zwangsvollstreckung des Beklagten gegen Sicherheitsleistung in Höhe von 110% der für den Beklagten insgesamt vollstreckbaren Kosten abzuwenden, wenn nicht der Beklagte vor der Vollstreckung Sicherheit in Höhe von 110% des jeweils zu vollstreckenden Betrages leistet.

4. Der Beklagte wird verurteilt, an den Kläger 212,21 EUR[5] zu zahlen. Der Beklagte hat die Kosten des Rechtsstreits zu tragen. Das Urteil ist vorläufig vollstreckbar.[6]
In der Abwandlung ist der Tenor fortzusetzen: Dem Beklagten bleibt nachgelassen, die Zwangsvollstreckung gegen Sicherheitsleistung in Höhe von 110% des nach diesem Urteil vollstreckbaren Betrages abzuwenden, wenn nicht der Kläger vor der Vollstreckung Sicherheit in Höhe von 110% des jeweils zu vollstreckenden Betrages leistet.[7] Die Berufung wird zugelassen.[8]

---

1 → Rn. 270.
2 Auch hinsichtlich des Beklagten findet § 709 S. 1 Anwendung. Er kann wegen 85% seiner Kosten vollstrecken. Das sind mehr als 1.500,00 EUR.
3 Nicht etwa auch der Streithelfer!
4 Wegen des anerkannten Teils darf der Kläger wegen § 708 Nr. 1 ohne Sicherheitsleistung vollstrecken. Die Kosten, wegen derer der Beklagte vollstrecken kann, liegen unter 1.500,00 EUR.
5 Der Zusatz: »Inkassokosten« wäre falsch.
6 § 713 findet Anwendung.
7 Wegen der Zulassung der Berufung findet § 713 keine Anwendung.
8 Der Zusatz: »für den Beklagten« ist überflüssig, da nur dieser beschwert ist.

5. Der Beklagte wird verurteilt, den PKW mit der Fahrgestellnummer 123456 an den Kläger herauszugeben. Im Übrigen wird die Klage abgewiesen. Der Beklagte hat die Kosten des Rechtsstreits zu tragen.[1] Das Urteil ist wegen des Herausgabeanspruchs gegen Sicherheitsleistung in Höhe von 11.000,00 EUR vorläufig vollstreckbar.[2] Wegen der Kosten ist das Urteil gegen Sicherheitsleistung in Höhe von 110% des jeweils zu vollstreckenden Betrages vorläufig vollstreckbar.[3]

6. Die Beklagten werden als Gesamtschuldner[4] verurteilt, an die Kläger als Mitgläubiger[5] 10.000,00 EUR[6] zu zahlen. Der Beklagte zu 2. wird darüber hinaus verurteilt, an die Kläger als Mitgläubiger weitere 10.000,00 EUR zu zahlen. Im Übrigen wird die Klage abgewiesen.

Der Beklagte zu 2. hat seine außergerichtlichen Kosten selbst zu tragen. Von den außergerichtlichen Kosten des Beklagten zu 1. haben dieser die Hälfte und jeder Kläger ein Viertel[7] zu tragen. Von den außergerichtlichen Kosten der Kläger und den Gerichtskosten tragen die Kläger ein Viertel,[8] die Beklagten als Gesamtschuldner die Hälfte und der Beklagte zu 2. allein ein weiteres Viertel.[9]

Das Urteil ist vorläufig vollstreckbar, für die Kläger jedoch nur gegen Sicherheitsleistung in Höhe von 110% des jeweils zu vollstreckenden Betrages.[10] Den Klägern bleibt nachgelassen, die Zwangsvollstreckung der Beklagten gegen Sicherheitsleistung in Höhe von 110% des nach diesem Urteil für die Beklagten vollstreckbaren Betrages[11] abzuwenden, wenn nicht die Beklagten vor der Vollstreckung Sicherheit in Höhe von 110% des jeweils zu vollstreckenden Betrages leisten.

XI. Zu Rn. 356

713 1. Aufbau:

    I. Kurzer Entscheidungsvorschlag

    II. Evtl. Auslegung des Klagebegehrens

    III. Evtl. Zulässigkeit der Klage

    IV. Begründetheit der Klage

        1. Schlüssigkeit des Mandantenvorbringens (Klägerstation)

        2. Erheblichkeit des Gegnervorbringens (Beklagtenstation)

        3. Beweisprognose

    V. Zweckmäßigkeitserwägungen

---

1 § 92 Abs. 2.

2 Insoweit darf nicht pauschaliert werden, s. § 709 S. 2 »Geldforderung«.

3 Der Kostenerstattungsanspruch ist Geldforderung; insoweit darf mE dann auch pauschaliert werden. Zu beachten ist allerdings, dass auch dann, wenn die Kosten unter 1.500,00 EUR liegen, insgesamt § 709 Anwendung findet. Es ist nicht nur die Entscheidung über die Kosten vollstreckbar, s. § 708 Nr. 11.

4 Die Haftungsform ist unbedingt anzugeben. Da die Forderung aus einem Vertrag herrührt, haften die Beklagten als Gesamtschuldner.

5 Die Forderungsform ist ebenso anzugeben. Da die Forderung aus einem Kaufvertrag herrührt, sind die Kläger Mitgläubiger (s. Palandt/*Grüneberg* § 432 BGB Rn. 2).

6 Angesichts der Auslegung des Gerichts gilt der Erlass hier trotz § 423 BGB nur zu Gunsten des Beklagten zu 1.

7 Insoweit gilt § 100 Abs. 1.

8 § 100 Abs. 1 regelt nur die Kostenerstattung gegenüber der Gegenseite, nicht im Innenverhältnis (Thomas/Putzo/*Hüßtege* § 100 Rn. 1).

9 Baumbach'sche Formel, die in der hier vorliegenden einfachsten Form wohl beherrscht werden sollte.

10 Würde hier nicht pauschaliert, müsste wohl die Sicherheit für die Vollstreckung gegen jeden der beiden Beklagten getrennt ausgeworfen werden.

11 Können Sie berechnen, wie viel jeder einzelne Beklagte vollstrecken kann und wie viel Sicherheit demnach die Kläger leisten müssten? Armes Vollstreckungsorgan, das im Zweifel feststellen muss, ob die Kläger die erforderliche Sicherheit geleistet haben. Die Verlagerung dieser Berechnung auf die Vollstreckungsorgane ist für mich das Problem der Pauschalierung, wenn es auch für die Richter und Referendare (die nur noch den komplizierten Ausdruck lernen müssen) wesentlich einfacher geworden ist.

VI. »Prozessstation«

VII. Zusammenfassung, evtl. Antrag

2. Nach meiner Meinung sollte auch in diesen Fällen das Gutachten relationsmäßig aufgebaut werden. So kommt man zur richtigen Lösung, der Aufbau ist für den, der die Relationstechnik kennt, gut nachvollziehbar. Von anderen wird empfohlen, in diesem Fall das Gutachten »einschichtig« aufzubauen. Dies bedeutet, dass bzgl. streitiger Tatsachen »eine Sachverhaltsbewertung im Zusammenhang mit dem betreffenden Tatbestandsmerkmal vorgenommen« werden soll.[1] Ich halte dies allenfalls dann für wirklich sinnvoll, wenn nur ein einzelner Sachverhaltsteil streitig ist. Selbst dann würde mir aber ein relationsmäßiger Aufbau besser gefallen. Der so genannte »einschichtige Aufbau« ohne Trennung in Stationen ist in Wirklichkeit eine Trennung in verschiedene Stationen (Schlüssigkeit, Erheblichkeit, Beweisprognose) bei einem Tatbestandsmerkmal. Warum zusätzlich die »einschichtige Form« lernen?

3. Ein Anerkenntnisurteil ist von Amts wegen ohne Antrag zu erlassen, s. § 307. Das frühere Antragserfordernis ist durch das ZPO-Reformgesetz seit 2002 entfallen; gleichwohl sind Anträge auf Erlass eines Anerkenntnisurteils im schriftlichen Vorverfahren noch immer in anwaltlichen Schriftsätzen zu finden.

XII. Zu Rn. 370

1. Der billigste Weg für den Mandanten ist, zu erfüllen und sich selbst der notwendigen Erledigungserklärung des Klägers anzuschließen und eine Kostenübernahmeerklärung gegenüber dem Gegner oder dem Gericht abzugeben. Ist die Erfüllung nicht möglich, sollte der Mandant, ohne dass sich der Anwalt meldet, ein Versäumnisurteil ergehen lassen.   **714**

2. Hier ist der sicherste und billigste Weg für den Mandanten, den Widerspruch selbst zurückzunehmen (→ Rn. 367 a.E.).

3. Wenn keine Erledigung der Hauptsache eingetreten ist, was dem Sachverhalt nicht zu entnehmen ist, ist der Weg der Klagerücknahme der billigste.

4. Wegen der Zahlungsprobleme des Gegners muss der für den Mandanten schnellste Weg gewählt werden, um einen vollstreckbaren Titel zu erlangen. Ein Mahnverfahren kommt nicht in Frage, da der Gegner nach dem Sachverhalt voraussichtlich Widerspruch einlegen wird. Zu empfehlen ist das Vorgehen im Urkundenprozess. Dieses ist auch bei Mietzinsforderungen aus Wohnraummiete zulässig.[2] So kann schnell ein vollstreckbares Vorbehaltsurteil erlangt werden; den Mängelvortrag kann der Beklagte sicher nicht durch Urkunden belegen. Da der Mängelvortrag nicht zutrifft, stellt auch eine Vollstreckung aus dem Vorbehaltsurteil kein Problem dar, denn es ist davon auszugehen, dass das Vorbehaltsurteil aufrechterhalten wird und kein Schadenersatzanspruch aus § 717 Abs. 2 droht.

5. Hier sollte der Anwalt dem Mandanten raten, den Gegner zunächst selbst in Verzug zu setzen (→ Rn. 361). Verzug ist nämlich noch nicht eingetreten. Die Zahlungsfrist in der Rechnung reicht nicht. Die Voraussetzungen des § 286 Abs. 2 Nr. 1 BGB liegen nicht vor, weil die Bestimmung der Leistungszeit durch Vertrag erfolgen muss.[3] Die Voraussetzungen des § 286 Abs. 3 S. 1 BGB sind mangels Hinweises auf die Folgen in der Rechnung nicht eingetreten.

6. Hier sollte der Anwalt, wenn dies Erfolg versprechend erscheint, zunächst noch einmal die GmbH zur Zahlung auffordern. Die GmbH ist bereits in Verzug (§ 286 Abs. 3 S. 1 BGB). Fordert der Anwalt zur Zahlung auf, würde für ihn die Geschäftsgebühr nach Nr. 2302 RVG-VV anfallen, die im kommenden Prozess zur Hälfte angerechnet wird. Die verbleibende Hälfte gehört zwar nicht zu den nach § 91 zu ersetzenden Kosten; insoweit hat der Mandant aber einen Ersatzanspruch aus § 280 Abs. 1 iVm. § 286 BGB, der neben dem Honoraranspruch mit eingeklagt werden kann (wenn der Mandant gezahlt hat, sonst besteht nur ein Freistellungsanspruch).

7. Für den Mandanten ist eine Rechtsverteidigung nicht Erfolg versprechend. Wegen der Zusicherung (s. § 434 Abs. 1 S. 1 BGB) kommt es auf seine Kenntnis von einem Unfall nicht an.

---

1 *Anders/Gehle* D Rn. 8.

2 BGH NJW 2005, 2701 f.

3 Palandt/*Grüneberg* § 286 BGB Rn. 22.

Allerdings haftet der Vorbesitzer dem Mandanten ebenso, wenn die Ansprüche noch nicht verjährt sind. Ist die Verjährungsfrist der §§ 438 Abs. 4 S. 1, 218, 438 Abs. 1 Nr. 3 BGB abgelaufen, kommt die Durchsetzung eines Anspruchs gegen den Vorverkäufer nur in Betracht, wenn dieser den Unfall kannte (s. §§ 438 Abs. 4 S. 1, 218, 438 Abs. 3 S. 1 BGB).

Erscheint ein Ersatzanspruch gegen den Vorverkäufer nicht durchsetzbar, sollte der Anwalt dem Mandanten raten, möglichst zu erfüllen, sich der Erledigungserklärung anzuschließen und eine Kostenübernahmeerklärung gegenüber dem Gegner oder dem Gericht abzugeben. Ist der Anspruch gegen den Vorverkäufer nicht verjährt, sollte diesem zunächst der Streit verkündet werden. Dies muss allerdings im Anwaltsprozess der Anwalt tun. Tritt der Streitverkündete nicht bei, kann der Anwalt, ohne Probleme bzgl. der Interventionswirkung befürchten zu müssen, Versäumnisurteil ergehen lassen (s. § 68 2. HS). Tritt der Streitverkündete auf Seiten des Mandanten bei, sollte der Anwalt diesen die Prozessführung bestimmen lassen. Die ihm durch den Prozess entstehenden Kosten kann der Mandant vom Vorverkäufer ersetzt erhalten (s. § 437 Nr. 3 BGB); er muss nur einem möglichen Mitverschuldenseinwand (§ 254 BGB) wegen zu hoher verursachter Kosten entgegen wirken.

XIII. Zu Rn. 377

715
1. Der Hilfsantrag steht unter der innerprozessualen auflösenden Bedingung, dass er für den Fall gestellt wird, dass dem Hauptantrag nicht oder nicht vollständig stattgegeben wird. Ob er auch für den Fall des teilweisen Stattgebens gestellt sein soll, ist durch Auslegung zu ermitteln oder zu erfragen (§ 139).
2. Ein verdeckter Hilfsantrag liegt vor, wenn der (Wider-)Kläger nur einen Antrag stellt, diesen aber mit zwei unterschiedlichen Lebenssachverhalten begründet.
3. »Es wird beantragt,
   1. den Beklagten zu verurteilen, an den Kläger x EUR nebst Zinsen in Höhe von 5 Prozentpunkten über dem jeweiligen Basiszinssatz seit dem … zu zahlen, Zug um Zug gegen Rückübereignung des PKW mit der Fahrgestellnummer …
   2. festzustellen, dass sich der Beklagte mit der Annahme des genannten PKW in Verzug befindet,
   3. hilfsweise, den Beklagten zu verurteilen an den Kläger x EUR nebst Zinsen … zu zahlen.«
   Bei Zahlungsklagen reicht es zwar dann, wenn auch der Hilfsantrag auf Zahlung gerichtet ist, regelmäßig einen Antrag zu stellen, weil der Anspruch aus dem hilfsweise vorgetragenen Lebenssachverhalt geringer sein wird als der aus dem hauptweise zur Entscheidung gestellten Sachverhalt. Hier kann jedoch deshalb nicht nur ein Antrag gestellt werden, weil (nur) der Hauptantrag unter der Zug um Zug-Einschränkung steht.
4. Die Auslegung wird ergeben, dass der Kläger den Hilfsantrag nur geltend machen will, wenn er mit dem Hauptantrag vollständig unterliegt. Er hat kein Interesse an dem Unfallfahrzeug und will deshalb in erster Linie vom Kaufvertrag zurücktreten. Anders kann dies sein, wenn der zuzuerkennende Zahlungsanspruch etwa unter den Schrottpreis fällt; dann müsste aufgeklärt werden.
5. Hier reicht ein Zahlungsantrag, weil der »Hilfsantrag« als Minus im Hauptantrag enthalten ist.

XIV. Zu Rn. 381

716
1. Der Hilfsantrag ist ein Klageantrag, Hilfsvorbringen ist Sachverhalt, der hilfsweise zum hauptsächlich vorgetragenen Sachverhalt vorgebracht wird. Ein Hilfsantrag muss sich nicht auf zwei unterschiedliche Lebenssachverhalte gründen, wenn zB nur rechtlich problematisch ist, ob dem Kläger ein Herausgabe- oder ein Zahlungsanspruch zusteht. Werden zwei unterschiedliche Sachverhalte haupt- und hilfsweise vorgetragen, wird in der Regel ein verdeckter Hilfsantrag vorliegen, wenn er nicht sogar ausdrücklich gestellt wird.
2. Die Prüfung der Fragen, ob der Kläger sich die abweichende Darstellung des Beklagten hilfsweise zu Eigen macht und ob die sich daraus ergebende eventuelle Anspruchsgrundlage schlüssig ist, kann im Gutachten an zwei Stellen erfolgen:
   Nachdem die Erheblichkeit des Vorbringens des Beklagten untersucht ist, also erst in einer Replik in Form einer zweiten Schlüssigkeitsprüfung. Dies erscheint zweckmäßig, wenn der Kläger sich auf die Einlassung des Beklagten durch Vortrag neuer Tatsachen einstellt. In einer Duplik ist dann die Gegeneinlassung des Beklagten zu der eventuellen Anspruchsgrundlage zu prüfen.

Beispiel: Der Kläger nimmt den Beklagten aus Vertrag in Anspruch. Der Beklagte bestreitet, den Vertrag im eigenen Namen abgeschlossen zu haben; er behauptet, im Namen des X gehandelt zu haben. Der Kläger bestreitet diese Einlassung, trägt aber dazu vor, der Beklagte habe jedenfalls ohne Vertretungsmacht des X gehandelt. Anspruchsgrundlage für den Erfüllungsanspruch kann auf Grund der Einlassung des Beklagten in Verbindung mit der Replik des Klägers nunmehr auch § 179 Abs. 1 BGB sein. Bestreitet der Beklagte in der Duplik nicht die mangelnde Vertretungsmacht, so ist die Klage aus der Hilfsanspruchsgrundlage des § 179 Abs. 1 BGB begründet, ohne dass über die ursprüngliche Anspruchsgrundlage der Klage Beweis erhoben zu werden braucht.

Bereits im unmittelbaren Anschluss an die erste Schlüssigkeitsprüfung. Das hat aufbaumäßig den Vorteil, dass eine Replik vermieden wird und sich in der Beklagtenstation zeigt, dass die eventuelle Anspruchsgrundlage durchschlägt. Ein solches Vorgehen ist angezeigt, wenn die eventuelle Anspruchsgrundlage auf Grund der Einlassung des Beklagten schlüssig erscheint, ohne dass der Kläger neue Tatsachen vortragen muss.

Beispiel: Der Beklagte trägt bei einem auf Sachbeschädigung gestützten Schadenersatzanspruch (§ 823 BGB) vor, er habe nicht widerrechtlich, sondern in einem Notstand gehandelt und daher die Sache des Klägers beschädigen dürfen (§ 904 S. 1 BGB). Nach dieser Einlassung entfällt ein Anspruch aus Delikt, es ergibt sich aber eine Verpflichtung zum Ersatz des gleichen Schadens aus § 904 S. 2 BGB. Der Kläger wird sich diese Anspruchsgrundlage hilfsweise zu Eigen machen und die Darstellung des Beklagten alternativ vortragen. Das Vorbringen des Beklagten ist dieser eventuellen Anspruchsgrundlage gegenüber unerheblich, die Klage also begründet, ohne dass es einer Beweisaufnahme über die Frage des Verschuldens bedarf.

Im Beispiel → Rn. 380 dürfte die zweite Aufbaumöglichkeit die bessere sein.

XV. Zu Rn. 395

1. Zunächst ist die Zulässigkeit der Aufrechnung (Aufrechnungserklärung, kein Aufrechnungsverbot, rechtswegfremde Forderung, Bestimmtheit,) zu untersuchen, dann deren »Begründetheit«, nämlich die Voraussetzungen des § 387 BGB.   **717**
2. Wegen der Rechtskraftwirkung des § 322 Abs. 2. Die Forderung darf durch die Entscheidung nur aberkannt werden, wenn die Aufrechnung zulässig ist.
3. Weil es sich um eine innerprozessuale Rechtsbedingung handelt (→ Rn. 385, 371).
4. Nachdem die Prüfung des Anspruchs des Klägers mit dem Ergebnis abgeschlossen ist, dass dem Kläger die Klageforderung ganz oder teilweise zusteht.
5. Trotz fehlender Gegenseitigkeit ist die Aufrechnung hier gem. § 406 BGB möglich. Der Tenor lautet also: Die Klage wird abgewiesen. Von den Kosten des Rechtsstreits haben der Kläger 57,1% und der Beklagte 42,9% zu tragen.[1] Das Urteil ist vorläufig vollstreckbar. Dem Gegner der jeweils vollstreckenden Partei bleibt nachgelassen, die Zwangsvollstreckung gegen Sicherheitsleistung in Höhe von 110% des für die vollstreckende Partei nach diesem Urteil vollstreckbaren Betrages abzuwenden, wenn nicht die vollstreckende Partei vor der Vollstreckung Sicherheit in Höhe von 110% des jeweils zu vollstreckenden Betrages leistet.
   Der Streitwert beträgt 35.000,00 EUR: 20.000,00 EUR Klage + 15.000,00 EUR Hilfsaufrechnung. In Höhe von 5.000,00 EUR ist die Klage ohne die Aufrechnung abzuweisen. Eine rechtskraftfähige Entscheidung ergeht nur, soweit sich die zur Aufrechnung stehende Klageforderung und die zur Aufrechnung gestellte Forderung decken, also nicht wegen des 15.000,00 EUR überschießenden Teils der Aufrechnungsforderung.
6. Der Beklagte wird verurteilt, an den Kläger 10.000,00 EUR zu zahlen. Der Beklagte hat die Kosten des Rechtsstreits zu tragen. Das Urteil ist gegen Sicherheitsleistung in Höhe von 110% des jeweils zu vollstreckenden Betrages vorläufig vollstreckbar.
   Der Streitwert beträgt 10.000,00 EUR. Die Hilfsaufrechnung erhöht den Streitwert nicht, weil keine der Rechtskraft fähige Entscheidung über die Aufrechnungsforderung selbst ergeht, denn die Auf-

---

1 Der Kläger unterliegt bei einem Streitwert von 35.000,00 EUR wegen 20.000,00 EUR (5.000,00 EUR Klage, 15.000,00 EUR durch Aufrechnung), der Beklagte wegen 15.000,00 EUR (kein Durchgreifen des Haupteinwands).

rechnung ist unzulässig. Im ersten Fall besteht ein Aufrechnungsverbot, im zweiten Fall ist die Aufrechnung zu unbestimmt.

XVI. Zu Rn. 405

718
1. → Rn. 403.
2. Nein. Ist Vorbringen unstreitig, kann seine Zulassung nicht zu einer Verzögerung des Rechtsstreits führen.
3. Zweifelhaft. Es gilt nach der Rechtsprechung des BGH zwar der absolute Verzögerungsbegriff. Es ist darauf abzustellen, ob der Rechtsstreit bei Zulassung des verspäteten Vorbringens länger dauern würde als bei dessen Zurückweisung. Im Fall der Überbeschleunigung durch Zurückweisung als verspätet dürfte allerdings anderes gelten.[1]
4. Nur dann, wenn das Gericht den Termin nicht als so genannten »Durchlauftermin« geplant und darauf hingewiesen hat. Es muss also beabsichtigt haben, im Fall der Beweiserheblichkeit von Vorbringen zB Zeugen vorbereitend zu laden, und dies bereits bei der vorgesehenen Terminsdauer berücksichtigt haben.

XVII. Zu Rn. 422

719
1. Durch Beschluss (s. § 91a Abs. 1). Eine mündliche Verhandlung ist fakultativ (§ 128 Abs. 3).
2. Die einseitige Erledigungserklärung des Beklagten ist unzulässig. Es ist durch Urteil über die Klage aufgrund des Sach- und Streitstandes zur Zeit der letzten mündlichen Verhandlung zu entscheiden.
3. Die einseitige Erledigungserklärung des Klägers ist als Antrag auszulegen festzustellen, dass der Rechtsstreit sich in der Hauptsache erledigt hat. Dies setzt voraus, dass die Klage ursprünglich zulässig und begründet war und nach Rechtshängigkeit unzulässig oder unbegründet geworden ist. Zu entscheiden ist durch Urteil.
4. Im Urteil, da die Kostenentscheidung einheitlich ergehen muss. Im Tenor kommt die Erledigung nicht zum Ausdruck. Im Rahmen der Begründung der Kostenentscheidung ist dann auch mitzuteilen, welche Erwägungen gem. § 91a hinsichtlich des erledigten Teils angestellt worden sind.
5. Ja, → Rn. 408.
6. Ja, → Rn. 408.
7. Durch die Zahlung der 10.000,00 EUR ist der geltend gemachte Anspruch nicht vollständig untergegangen. Durch seinen Antrag »drückt« sich der Kläger vor einer eindeutigen Erklärung, wie die Zahlung des Beklagten anzurechnen ist (s. § 367 BGB). Richtigerweise dürfte eine konkludente Leistungsbestimmung auf die Hauptforderung vorliegen, denn die Zahlung entspricht ihr genau.
   Wie zu verrechnen ist, bleibt offen, wenn dem Antrag des Klägers entsprechend tenoriert wird. Im Vollstreckungsverfahren könnte der Kläger dann versuchen zu erreichen, dass das Vollstreckungsorgan gem. § 367 Abs. 1 BGB verrechnet. Unterstellt, der Basiszinssatz habe 3% betragen, würden Zinsen für ein Jahr 800,00 EUR ausmachen. Dann wären auf die Hauptforderung nur 9.200,00 EUR gezahlt. Es verbliebe ein **verzinslicher** Anspruch in Höhe von 800,00 EUR. Bei Anrechnung auf die Hauptforderung würde ein **unverzinslicher** Restanspruch in Höhe von 800,00 EUR (Zinsen für ein Jahr) bleiben. Dieses Problem wird in der Praxis nicht beachtet und nach meiner Kenntnis entsprechend dem hier gestellten Klägerantrag tenoriert. Ich meine, dass bei feststellbarer Leistungsbestimmung besser tenoriert werden sollte: Der Beklagte wird verurteilt, an den Kläger Zinsen in Höhe von 5 Prozentpunkten über dem jeweiligen Basiszinssatz aus 10.000,00 EUR für die Zeit vom 1.4.2013 bis zum 1.4.2014 zu zahlen.
   Im Hinblick auf den gezahlten Teil dürfte in dem Antrag des Klägers eine Erledigungserklärung liegen.
8. Die Beklagten. Zweifelhaft wäre zwar die Begründung, sie hätten sich freiwillig in die Rolle des Unterlegenen begeben, weil nicht sie, sondern ihre Versicherung zahlte. Sie wären aber im Prozess voraussichtlich unterlegen. Der Klage hätte ohne Beweisaufnahme stattgegeben werden können. Die Beklagten haben zwar die vom Kläger für eine Aufsichtspflichtverletzung vorgetragenen Tatsachen

---

1 Vgl. BGH NJW 2012, 2808 Rn. 12 mwN.

bestritten. Dies ist aber allein nicht erheblich. Sie hätten gem. § 832 Abs. 1 S. 2 BGB den Entlastungsbeweis führen müssen. Dazu reicht das Bestreiten nicht; sie mussten vortragen und ggf. beweisen, dass sie ihrer Aufsichtspflicht genüge getan haben.[1]

9. Das Problem liegt hier in § 389 BGB: Die Aufrechnung wirkt auf den Zeitpunkt zurück, zu dem die Aufrechnungsmöglichkeit erstmals bestand. Dies war gem. § 387 BGB zur Zeit der Fälligkeit der Forderung der Ehefrau des Beklagten der Fall. Auf die spätere Abtretung kommt es gem. § 406 BGB nicht an. Materiell-rechtlich ist demnach der Anspruch des Klägers schon zum 1.6.2013 erloschen. Mit der einseitigen Erledigungserklärung verlangt der Kläger die Feststellung, dass die Klage bei ihrer Erhebung zulässig und begründet war sowie ein erledigendes Ereignis eintrat. Stellt man auf § 389 BGB ab, war die Klage zur Zeit ihrer Erhebung schon unbegründet. Andererseits ist die Wirkung des § 389 BGB erst durch die nach Rechtshängigkeit erfolgte Aufrechnungserklärung herbeigeführt worden. Die Streitfrage, ob auf § 389 BGB oder den Zeitpunkt der Aufrechnungserklärung abzustellen ist, hat der BGH im letzteren Sinn entschieden.[2] Folgt man dem, ist die auf Feststellung gerichtete Klage begründet.

Bei übereinstimmender Erledigungserklärung wären die Kosten dem Beklagten aufzuerlegen gewesen. Der Kläger konnte vorprozessual faktisch nicht aufrechnen, weil er von der Abtretung nichts wusste und ihm deshalb auch nicht bekannt war, dass Gegenseitigkeit der Forderungen vorlag. Der Beklagte demgegenüber hätte auch schon vorprozessual aufrechnen können.[3]

XVIII. Zu Rn. 433

1. Zu Beginn des Gutachtens (nach dem Entscheidungsvorschlag). **720**

2. Nein. Ein zulässiger Einspruch setzt den Prozess in die Lage vor der Säumnis zurück (§ 342). Dann aber ist die Zulässigkeit und Begründetheit der Klage zu untersuchen.

3. Ja. Beim Versäumnisurteil im schriftlichen Vorverfahren kommt es auf die zeitlich spätere Zustellung, nicht auf die an den Beklagten an (→ Rn. 426). Da der 6.4.2013 ein Samstag war, ist der Eingang am Montag, 22.4.2013, rechtzeitig (s. § 222, § 187 BGB, § 222 Abs. 2).
Für die Fristberechnung gibt es übrigens, statt in die schwer verständlichen gesetzlichen Vorschriften zu schauen, folgenden Trick: Die 2 Wochenfrist des § 339 Abs. 1 lässt sich so berechnen, indem zum Datum der Zustellung 14 Tage addiert werden (Zustellung 2.7 = Fristende 16.7.). Monatsfristen enden bezogen auf die Tageszahl an dem Tag des nächsten Monats, zu dem zugestellt wurde (Zustellung 2.7. = 2.8.).

4. Es kann ein zweites Versäumnisurteil ergehen, weil nach Erlass des Vollstreckungsbescheids nicht zur Hauptsache verhandelt worden ist. Die Schlüssigkeit des Klägervorbringens muss, wenn zuvor Vollstreckungsbescheid ergangen ist (nach hM nicht beim Versäumnisurteil), geprüft werden. Auf die Erheblichkeit des Vorbringens des Beklagten kommt es nicht an, weil der Sachvortrag des Klägers als zugestanden gilt (§ 331 Abs. 1 S. 1). Der Tenor des mit »Zweites Versäumnisurteil« zu überschreibenden Urteils lautet: Der Einspruch des Beklagten gegen den Vollstreckungsbescheid vom … wird verworfen. Der Beklagte hat auch die weiteren Kosten des Rechtsstreits zu tragen. Das Urteil ist vorläufig vollstreckbar.«

5. Es kommen ein Antrag auf Erlass eines Versäumnisurteils und ein Antrag auf Erlass einer Entscheidung nach Lage der Akten (s. §§ 331a, 251a Abs. 2) in Betracht. Gegen das Versäumnisurteil kann der Beklagte wiederum Einspruch einlegen. Die Aktenlageentscheidung läuft auf einen Beweisbeschluss hinaus, da hier der Klägervortrag nicht als zugestanden gilt und der Beklagtenvortrag erheblich ist. Sinn macht der Erlass eines Versäumnisurteils für den Kläger nur dann, wenn entweder nicht mit einem Einspruch zu rechnen oder die Zwangsvollstreckung aus dem Vollstreckungsbescheid einstweilen eingestellt ist. Dann kann der Kläger aus dem Versäumnisurteil vollstrecken.

6. Der Einspruch ist unstatthaft (s. § 345), also als unzulässig zu verwerfen. Die Berufung ist unzulässig, weil sie nicht auf den nach § 514 Abs. 2 S. 1 allein zulässigen Einwand gestützt ist. Auch sie ist zu verwerfen.

---

1 S. dazu Palandt/*Sprau* § 832 BGB Rn. 8 ff.

2 BGH NJW 2003, 3134 ff.; Palandt/*Grüneberg* § 389 BGB Rn. 2.

3 S. dazu BGH NJW 2003, 3134, 3136.

7. Der Beklagte kann Vollstreckungsabwehrklage erheben. Die Sperre des § 767 Abs. 2 greift nicht, weil er nach Schluss der mündlichen Verhandlung gezahlt hat und gegen ein zweites Versäumnisurteil keinen Einspruch einlegen kann.

8. Über die Unzulässigkeit des Einspruchs wird immer durch Urteil entschieden (§ 341 Abs. 2), dessen Tenor lautet: »Der Einspruch des Beklagten gegen das Versäumnisurteil vom … wird verworfen. Der Beklagte hat auch die weiteren Kosten des Rechtsstreits zu tragen. Das Urteil ist vorläufig vollstreckbar.«

9. Das Versäumnisurteil vom … wird abgeändert.[1] Der Beklagte wird verurteilt, an den Kläger 4.000,00 EUR zu zahlen. Im Übrigen bleibt die Klage abgewiesen. Von den Kosten des Rechtsstreits haben der Kläger 20% und der Beklagte 80% zu tragen. Hiervon sind die Kosten der Säumnis ausgenommen; diese hat der Kläger allein zu tragen. Das Urteil ist vorläufig vollstreckbar, für den Kläger aber nur gegen Sicherheitsleistung in Höhe von 110% des jeweils zu vollstreckenden Betrages. Dem Kläger bleibt nachgelassen, die Zwangsvollstreckung des Beklagten gegen Sicherheitsleistung in Höhe von 110% des für den Beklagten nach diesem Urteil vollstreckbaren Betrages abzuwenden, wenn nicht der Beklagte vor der Vollstreckung Sicherheit in Höhe von 110% des jeweils zu vollstreckenden Betrages leistet.

10. »Der Vollstreckungsbescheid vom … bleibt aufrechterhalten, soweit der Beklagte verurteilt ist, an den Kläger 5.000,00 EUR zu zahlen. Im Übrigen werden der Vollstreckungsbescheid abgeändert und die Klage abgewiesen. Die Kosten des Rechtsstreits werden gegeneinander aufgehoben; hiervon sind die durch den Erlass des Vollstreckungsbescheids entstandenen Kosten ausgenommen, die der Beklagte allein zu tragen hat. Das Urteil ist vorläufig vollstreckbar.[2] Dem Beklagten bleibt nachgelassen, die Vollstreckung des Klägers aus diesem Urteil gegen Sicherheitsleistung in Höhe von 110% des für den Kläger nach diesem Urteil vollstreckbaren Betrages abzuwenden,[3] wenn nicht der Kläger vor der Vollstreckung Sicherheit in Höhe von 110% des jeweils zu vollstreckenden Betrages leistet. Die Zwangsvollstreckung aus dem Versäumnisurteil darf nur gegen Sicherheitsleistung in Höhe von 110% des jeweils zu vollstreckenden Betrages fortgesetzt werden.«

XIX. Zu Rn. 444

721 1. Sachlich zuständig ist das Amtsgericht. Bzgl. des Zuständigkeitsstreitwerts erfolgt keine Addierung des Werts von Klage und Widerklage (§ 5); dieser beträgt daher 5.000,00 EUR. Dagegen sind für den Gebührenstreitwert die Werte zusammenzurechnen (§ 45 Abs. Abs. 1 S. 1 GKG). Es liegt nicht derselbe Gegenstand vor (einmal 4.000,00 EUR aus Kaufvertrag, zum anderen 5.000,00 EUR aus § 812 BGB). Der Gebührenstreitwert beträgt also 9.000,00 EUR.

2. Hier bietet es sich auf den ersten Blick an, nicht zwischen Klage und Widerklage zu trennen. Ist der Kaufvertrag wirksam, besteht der Restkaufpreisanspruch; ist er unwirksam, besteht der vom Beklagten geltend gemacht Bereicherungsanspruch. Allerdings liegen unterschiedliche Anspruchsgrundlagen vor. Es widerspricht dem ganz üblichen Aufbau, statt mit einer Anspruchsgrundlage mit der Prüfung der Wirksamkeit eines Vertrages zu beginnen. Deshalb würde ich zwischen Klage und Widerklage trennen, wobei bei der Widerklage im Wesentlichen auf die Prüfung der Klage Bezug genommen werden kann.

3. Der Beklagte wird verurteilt, an den Kläger 3.000,00 EUR zu zahlen. Auf die Widerklage wird der Kläger verurteilt, an den Beklagten 2.000,00 EUR zu zahlen.[4] Im Übrigen werden Klage und Widerklage abgewiesen. Von den Kosten des Rechtsstreits haben der Kläger 1/3 und der Beklagte 2/3 zu

---

1 Es darf nicht aufgehoben werden. Die Kostenentscheidung im Versäumnisurteil ist teilweise zugunsten des Beklagten zu Recht ergangen. Er kann bereits wegen der Kosten vollstreckt haben (s. § 717 Abs. 2).

2 Anders die hM, → Rn. 430.

3 Das sind die Hälfte der vorausgezahlten Gerichtsgebühren sowie die allein wegen des Vollstreckungsbescheides entstandenen Anwaltskosten des Klägers (Nr. 3308 RVG-VV).

4 Auf keinen Fall darf zwischen Klage und Widerklage saldiert, also hier nur dem Kläger der überschießende Betrag von 1.000,00 EUR zugesprochen werden.

tragen.[1] Das Urteil ist gegen Sicherheitsleistung in Höhe von 110% des jeweils zu vollstreckenden Betrages vorläufig vollstreckbar.

4. Hier ist dem Beklagten zu raten, unbedingt aufzurechnen und Hilfswiderklage (für den Fall, dass das Gericht die Aufrechnung für unzulässig hält) wegen des Gegenanspruchs zu erheben. Die unbedingte Aufrechnung erhöht den Streitwert nicht. Hält das Gericht die Aufrechnung für zulässig, ist die auflösende Bedingung für die Erhebung der Widerklage eingetreten, über sie wird nicht entschieden. Hält das Gericht die Aufrechnung für unzulässig, wird über die Widerklage entschieden; dann allerdings tritt eine Streitwerterhöhung ein und der Beklagte verliert anteilig. Immerhin besteht so die Möglichkeit, das Gericht ohne Mehrkosten über die Zulässigkeit der Aufrechnung entscheiden zu lassen, denn bei einer von vornherein erhobenen Widerklage wären das Unterliegen und die Gebühren genauso hoch.

5. Hier ist die Erhebung einer Drittwiderklage zu erwägen, die gegen den Kläger (sonst unzulässig!) und seine Frau gerichtet wird. So steht die Frau des Klägers nicht mehr als Zeugin zur Verfügung.

6. Viel versprechen sollte man sich von diesem Vorgehen nicht, denn die Rechtsprechung sieht den Beweiswert einer Aussage des Fahrers als Zeuge und der des Fahrers als angehörte Partei meist nicht unterschiedlich an, soweit es allein um die Zeugen- bzw. Parteistellung geht. Anders ausgedrückt: dem als Zeugen vernommenen Fahrer wird nicht allein deshalb mehr geglaubt, weil er Zeuge und der andere »nur« Partei ist und als solche nur angehört (§ 141 Abs. 1 S. 1) und nicht förmlich vernommen wird.

7. Rechtlich interessant ist hier nur der Anspruch aus § 861 BGB, den die Klägerin wegen der verbotenen Eigenmacht des Beklagten hat. Dabei stellt sich zunächst die Frage, ob die Widerklage wegen § 863 BGB (der Beklagte darf nach dieser Vorschrift der Klage aus § 861 BGB sein Eigentum nicht entgegenhalten) unzulässig ist. Dies verneint die hM., weil weder § 33 noch § 863 BGB eine Widerklage verbietet.[2] Ist das Recht, das der Beklagte mit der Widerklage geltend macht, streitig, ist das Gericht verpflichtet, der Klage zunächst durch Teilurteil stattzugeben, bevor Beweis erhoben wird, weil nur so den §§ 861, 863 BGB gerecht wird.[3] Ist allerdings das Recht des Widerklägers unstreitig, sodass gleichzeitig über Klage und Widerklage zu entscheiden ist, ist nach (umstrittener) Auffassung des BGH die Klage abzuweisen und der Widerklage stattzugeben.[4] Ansonsten würden gleichzeitig zwei einander widersprechende Entscheidungen ergehen, obwohl das Gericht davon überzeugt sei, dass die Sache letztlich dem Widerkläger zustehe.

Der Streitwert erhöht sich im Übrigen durch die Widerklage nicht. Es ist wegen § 6 nicht von Bedeutung, dass die Klage auf Besitz und die Widerklage auf Eigentum gestützt ist, sodass § 45 Abs. 1 S. 3 GKG eingreift.

8. Das Versäumnisurteil vom … wird aufgehoben.[5] Der Beklagte wird verurteilt, an den Kläger 10.000,00 EUR zu zahlen. Auf die Widerklage hin wird festgestellt, dass dem Kläger gegen den Beklagten kein über weitere 40.000,00 EUR hinausgehender Anspruch zusteht. Die weitergehende Widerklage wird abgewiesen.

Die Kosten des Rechtsstreits werden gegeneinander aufgehoben[6] mit Ausnahme der Kosten seiner Säumnis[1] und der durch die Beweisaufnahme durch Vernehmung der Zeugin … am … entstandenen Kosten;[2] diese hat der Kläger allein zu tragen.

---

1 Der Streitwert beträgt 9.000,00 EUR. Der Kläger gewinnt wegen 3.000,00 EUR sowohl bzgl. der Klage als auch bzgl. der Widerklage, also in Höhe von 6.000,00 EUR.

2 BGH NJW 1979, 1358 mwN auch für die Gegenmeinung; MüKoBGB/*Joost* § 863 Rn. 9; Palandt/*Bassenge* BGB § 863 BGB Rn. 3.

3 BGH NJW 1979, 1359, 1360.

4 BGH NJW 1979, 1358 f.; Palandt/*Bassenge* § 863 BGB Rn. 3; aA MüKoBGB/*Joost* § 863 Rn. 10.

5 Dies ist hier möglich, da das Versäumnisurteil insgesamt (materiell-rechtlich betrachtet) zu Unrecht ergangen ist. Sollte der Beklagte wegen der in dem Versäumnisurteil zu seinen Gunsten ergangenen Kostenentscheidung bereits vollstreckt haben, wäre auch dieses (im Nachhinein gesehen) zu Unrecht erfolgt.

6 Hier war die Widerklage wegen des Teils von 10.000,00 EUR, den der Kläger bereits eingeklagt hat, unzulässig. Dies wirkt sich allerdings kostenmäßig nicht aus, weil der Streitwert 100.000,00 EUR und nicht etwa 110.000,00 EUR beträgt. Wegen des Teils von 10.000,00 EUR ist derselbe Streitgegenstand betroffen (§ 45 Abs. 1 S. 1, 3 GKG), sodass der Streitwert nicht erhöht wurde.

Das Urteil ist vorläufig vollstreckbar, für den Kläger aber nur gegen Sicherheitsleistung in Höhe von 11.300,00 EUR.[3] Dem Kläger bleibt nachgelassen, die Zwangsvollstreckung des Beklagten gegen Sicherheitsleistung in Höhe von 110% des nach diesem Urteil für den Beklagten vollstreckbaren Betrages abzuwenden, wenn nicht der Beklagte vor der Vollstreckung Sicherheit in Höhe von 110% des jeweils zu vollstreckenden Betrages leistet.[4]

XX. Zu Rn. 453

722 1. Das Bestehen eines Feststellungsinteresses, § 256 Abs. 2.

2. Nach der Rechtsprechung des BGH kann das Bestehen eines Feststellungsinteresses (als besondere Form des Rechtsschutzinteresses) dahinstehen, wenn die Klage unbegründet ist (→ Rn. 451).

3. Es ist zu prüfen, ob die Klage nicht als Zwischenfeststellungsklage zulässig ist. Dies setzt allerdings voraus, dass noch ein anderer Anspruch (im Wege der Klage oder der Widerklage) erhoben ist.

4. Der Kläger muss grundsätzlich den Rechtsstreit in der Hauptsache für erledigt erklären, da das Feststellungsinteresse angesichts der erhobenen Leistungswiderklage entfallen ist. Allerdings muss sichergestellt sein, dass der Beklagte einer Entscheidung nicht dadurch den Boden entzieht, dass er die Widerklage zurücknimmt, nachdem der Kläger für erledigt erklärt hat. Deshalb entfällt das Feststellungsinteresse erst dann, wenn der Beklagte die Widerklage nicht mehr ohne Zustimmung des Klägers zurücknehmen kann, also nach Beginn der mündlichen Verhandlung des Klägers zur Widerklage (s. § 269 Abs. 1).

XXI. Zu Rn. 463

723 1. S. § 592.

2. Im Vorverfahren sind nur der Urkundenbeweis und die Parteivernehmung zulässig; im Nachverfahren alle.

3. → Rn. 456.

4. a) Das Vorbehaltsurteil vom ... wird für vorbehaltlos erklärt. Der Beklagte trägt auch die weiteren Kosten des Rechtsstreits. Das Urteil ist vorläufig vollstreckbar.[5] Dem Beklagten bleibt nachgelassen, die Zwangsvollstreckung gegen Sicherheitsleistung in Höhe von 110% des nach diesem Urteil für den Kläger vollstreckbaren Betrages abzuwenden, wenn nicht der Kläger vor der Vollstreckung Sicherheit in Höhe von 110% des jeweils zu vollstreckenden Betrages leistet.«

b) Das Vorbehaltsurteil vom ... wird insoweit für vorbehaltlos erklärt, als der Beklagte verurteilt worden ist, an den Kläger 5.000,00 EUR zu zahlen. Im Übrigen wird die Klage unter Aufhebung des Vorbehaltsurteils abgewiesen. Die Kosten des Rechtsstreits werden gegeneinander aufgehoben. Das Urteil ist vorläufig vollstreckbar. Dem Beklagten bleibt nachgelassen, die Zwangsvollstreckung gegen Sicherheitsleistung in Höhe von 110% des nach diesem Urteil für den Kläger vollstreckbaren Betrages abzuwenden, wenn nicht der Kläger vor der Vollstreckung Sicherheit in Höhe von 110% des jeweils zu vollstreckenden Betrages leistet.[6]

---

1 § 344, → Rn. 306 f.

2 § 94, → Rn. 309.

3 Der Kläger kann vollstrecken wegen der Hauptforderung (hier mit Sicherheitszuschlag 11.000,00 EUR) und der Hälfte der vorausgezahlten Gerichtskosten. Wegen der Anwaltskosten kann nicht vollstreckt werden, weil jede Partei diese selbst trägt.

4 Der Beklagte kann wegen der durch die Säumnis des Klägers entstandenen Kosten vollstrecken. Ob solche Kosten entstanden sind, ist nicht zu prüfen. Ist eine Terminsgebühr für seinen Anwalt nach Nr. 3105 RVG-VV entstanden liegt, sie bei einem Satz von 0,5 jedenfalls unter 1.500,00 EUR; der Streitwert betrug noch 10.000,00 EUR.

5 S. § 708 Nr. 5.

6 Der Beklagte kann nichts vollstrecken, da die Kosten gegeneinander aufgehoben worden sind. Anders wäre es, wenn der Beklagte Auslagenvorschuss wegen eines Zeugen gezahlt hätte.

XXII. Zu Rn. 555

1. Der Arrest dient der Sicherung einer Geldforderung, die einstweilige Verfügung der Sicherung eines 724 sonstigen Anspruchs. Die Leistungsverfügung kann allerdings auch der vorläufigen Befriedung eines Anspruchs auf Zahlung von Geld dienen.

2. Der Arrestbefehl gibt dem Antragsteller nur die Möglichkeit, den Arrest in das gesamte Vermögen des Antragsgegners zu vollziehen, führt aber noch nicht zur Beschlagnahme des Vermögens. Da die Gefahr besteht, dass der Antragsgegner bei Bekanntwerden des Arrestbefehls durch seine Zustellung Vermögen dem Zugriff entzieht, wird in der Praxis nahezu gleichzeitig mit dem Arrest eine Forderungspfändung beantragt. Zuständig für die Pfändung ist das Arrestgericht als Vollstreckungsgericht (§ 930 Abs. 1 S. 3). Es sollte durch den Rechtspfleger entscheiden (§ 20 Abs. 1 Nr. 17 RPflG). In der Praxis entscheiden oft aber die Richter auch über den Pfändungsantrag, was gem. § 8 Abs. 1 RPflG ohnehin unschädlich ist, von § 20 Abs. 1 Nr. 16 RPflG aber auch als möglich vorausgesetzt wird.

3. Die Zuständigkeit ist im Achten Buch der ZPO geregelt, also ausschließlich (§ 802). Das Gericht wird damit nach rechtlichem Hinweis den Antrag abweisen, wenn nicht Verweisung an das zuständige Gericht beantragt wird.

4. Auch im Verfahren des einstweiligen Rechtsschutzes ist es möglich, das Verfahren in der Hauptsache für erledigt zu erklären.[1] Dies bezieht sich aber ausschließlich auf die Frage der Berechtigung der einstweiligen Maßnahme.[2] Diese ist durch Zahlung des Antragsgegners unbegründet geworden, und zwar nach Rechtshängigkeit im Arrestverfahren, die bereits mit Einreichung des Antrags eintritt (→ Rn. 508). Wenn auch ein Arrestgrund glaubhaft gemacht wurde, wird demnach das Gericht die Erledigung der Hauptsache feststellen.

2. Abschnitt. Relationsbeispiel, Urteils- und Relationsklausur

Das folgende Beispiel ist einer Examensklausur nachempfunden, allerdings stark ver- 725 ändert und auch erweitert.

So wie dargestellt, würde es sich um eine vollständige Relation, also ein Gutachten mit Entscheidungsvorschlag handeln.

Das Beispiel kann aber auch als normale »Urteilsklausur« gewertet werden: Die Lösung muss auch in Urteilsklausuren dann, wenn der Sachverhalt in entscheidenden Punkten streitig ist, gutachtenmäßig entwickelt werden. Das Gutachten würde der Klausurbearbeiter dann allerdings stichworthaft erstellen, es wäre auch nicht Teil der abzuliefernden Arbeit.

Schließlich kann das Beispiel auch als ein solches für eine Relationsklausur gewertet werden. Auch in diesem Fall ist der Sachverhalt laut Bearbeitervermerk meist wie in einem Urteilstatbestand darzustellen. Es würden dann allerdings die Entscheidungsgründe des Urteils fehlen.

A. Akteninhalt und Stoffsammlung

Zunächst soll die Arbeit beim Erfassen des Sachverhalts näher verdeutlicht werden. Zuerst wird die Klageschrift wiedergegeben und erfasst.

---

1 OLG Brandenburg NJW 2002, 1659; Msk/*Huber* § 916 Rn. 3.
2 Msk/*Huber* § 916 Rn. 3.

I. Klageschrift

726 Christians, Rechtsanwalt   Dortmund, 20.12.2013

An das
Amtsgericht Schwerte

Klage

des Rechtsanwalts Bernd Christians, Kaiserstraße 27, 44046 Dortmund,

Klägers,

– Prozessbevollmächtigter: Rechtsanwalt Christians in Dortmund –

gegen

den Kaufmann Wilhelm Fiege, Hörder Str. 46, 58239 Schwerte,

Beklagten.

Namens und in Vollmacht des Klägers beantrage ich, den Beklagten zu verurteilen,

das Klavier »Klimperli, C-Moll« und den CD-Player »Sony S 112«, beides befindlich in der Gaststätte »Zum letzten Gefecht«, Hauptstraße 1, 44047 Dortmund, an den Kläger herauszugeben.

Für den Fall der Anordnung des schriftlichen Vorverfahrens wird schon jetzt beantragt, bei Vorliegen der Voraussetzungen ein Versäumnis- oder Anerkenntnisurteil zu erlassen.

Begründung:

Der Beklagte hat am 19. Dezember 2012 das Hausgrundstück 44047 Dortmund, Hauptstraße 1, nebst Inventar im Wege der Zwangsversteigerung ersteigert. Im Hause befinden sich Privaträume sowie eine Gaststätte, die zur Zeit der Ersteigerung vom Ehepaar Illners, jetzt vom Beklagten betrieben wird. Dort befinden sich die mit der Klage herausverlangten Gegenstände, die im Eigentum des Klägers stehen.
Im Jahre 2008 hatte Frau Illners das Hausgrundstück gekauft. Als sie den Kaufpreis nicht aufbringen konnte und der Zwangsversteigerungsvermerk ins Grundbuch eingetragen wurde, wandte sich das Ehepaar Illners um Hilfe an den Kläger. Der Kläger wusste, dass das Ehepaar erhebliche Schulden von mehreren 100.000,00 EUR bei verschiedenen Gläubigern hatte. Ihm selbst schuldeten sie erhebliche Summen aus Verfahren vor dem Amtsgericht Dortmund. Um ihnen die Wohnung zu erhalten und die Möglichkeit zu geben, durch den Betrieb der Gaststätte genügend zu verdienen und die Schulden begleichen zu können, ersteigerte der Kläger 2010 das Hausgrundstück selbst. Zu diesem Zeitpunkt befanden sich die im Klageantrag bezeichneten Gegenstände schon in der Hauptstraße 1.
Im Dezember 2010 wurde zusätzlich vereinbart, dass zur Sicherheit schon bestehender Forderungen sowie zur Sicherung der laufenden Mieten von 1.500,00 EUR monatlich der gesamte Hausrat der Wohnung und alles vorhandene und noch zu erwerbende Gaststätteninventar dem Kläger übereignet werden sollte. Der Kläger gestattete den Eheleuten Illners, sämtliche Gegenstände weiter zu benutzen.

Beweis: Zeugnis der Stefanie Illners und des Bernhard Illners, Verseweg 2, 44287 Dortmund

Im Termin werde ich eine entsprechende schriftliche Vereinbarung des Klägers mit den Eheleuten Illners vorlegen.
Im Übrigen waren Mietrückstände der Eheleute Illners gegenüber dem Kläger in Höhe von 15.000,00 EUR aufgelaufen. Dies war der Anlass, dass der Kläger das Grundstück nicht mehr halten konnte, so dass es erneut zur Zwangsversteigerung kam. Ersteigert hat das Grundstück der Beklagte.
Die im Klageantrag genannten Gegenstände stehen im Eigentum des Klägers. Er hat sie im Zusammenhang mit der Ersteigerung erworben und den Eheleuten Illners zur Nutzung überlassen. Der Kläger benötigt sie jetzt selbst, da er sie in einer anderen Gaststätte einsetzen will. Der Beklagte hat auf das Herausgabeverlangen nicht reagiert, so dass jetzt Klage erhoben werden muss.

Christians
Rechtsanwalt

Eine vollständige Erfassung des Vortrags in der Klageschrift könnte so aussehen: **727**

Kläger	Bl.	Bekl.	Bl.
Antrag:			
ein bestimmtes Klavier und einen CD-Player an den Kläger herauszugeben. Für den Fall der Anordnung des schriftlichen Vorverfahrens Erlass eines Versäumnis- oder Anerkenntnisurteils.[1]	1		
19. Dezember 2012 Ersteigerung des Hausgrundstücks Hauptstraße 1 nebst Inventar im Wege der Zwangsversteigerung durch Beklagten.	2		
Im Hause Privaträume sowie Gaststätte, die zur Zeit der Ersteigerung vom Ehepaar Illners, jetzt vom Beklagten betrieben wird.	2		
Im Haus befinden sich die herausverlangten Gegenstände.	2		
Herausverlangte Gegenstände stehen im Eigentum des Klägers.	2		
2008 Kauf des Grundstücks durch Frau Illners.	2		
Als Illners Kaufpreis nicht aufbringen konnte und der Zwangsversteigerungsvermerk ins Grundbuch eingetragen wurde, wandte sich das Ehepaar Illners um Hilfe an den Kläger. Kl. wusste, dass das Ehepaar erhebliche Schulden von mehreren 100.000,00 EUR bei verschiedenen Gläubigern hatte. Ihm selbst schuldeten sie erhebliche Summen aus Verfahren vor dem Amtsgericht Dortmund.	2		
Um ihnen die Wohnung zu erhalten und die Möglichkeit zu geben, durch den Betrieb der Gaststätte genügend zu verdienen und die Schulden begleichen zu können, ersteigerte Kl. 2010 das Grundstück selbst.	2		
Zur Zeit der Ersteigerung befanden sich streitige Gegenstände schon in der Hauptstraße 1.	2		
Im Dezember 2010 vereinbarten Kl. und Illners, dass zur Sicherheit schon bestehender Forderungen sowie zur Sicherung der laufenden Mieten von 1.500,00 EUR monatlich der gesamte Hausrat der Wohnung und alles vorhandene und noch zu erwerbende Gaststätteninventar dem Beklagten übereignet werden sollte. Kl. gestattete den Eheleuten Illners, sämtliche Gegenstände weiter zu benutzen. Beweis: Zeugnis Eheleute Illners; vorzulegende schriftliche Vereinbarung[2]	2		
Es waren Mietrückstände der Eheleute Illners gegenüber dem Kl. in Höhe von 15.000,00 EUR aufgelaufen. Dies war der Anlass, dass der Kl. das Grundstück nicht mehr halten konnte, so dass es erneut zur Zwangsversteigerung kam.	2		
Die im Klageantrag genannten Gegenstände stehen im Eigentum des Klägers. Er hat sie im Zusammenhang mit der Ersteigerung erworben und den Eheleuten Illners zur Nutzung überlassen.	2		

---

1 Ob dieser Antrag aufzunehmen ist, ist sehr zweifelhaft, weil er für eine in einer Klausur zu treffende anschließende Entscheidung wahrscheinlich keine Bedeutung mehr hat. Allenfalls könnte er von Bedeutung sein, wenn ein Versäumnisurteil im schriftlichen Vorverfahren erlassen wurde, weil dies nur auf Antrag geschehen darf.

2 Urkundenbeweis wird durch Vorlage der Urkunde angetreten (§ 420). Damit liegt nur die rechtlich bedeutungslose Ankündigung eines Beweisantrages vor. Deshalb erscheint sehr fraglich, ob die Erklärung aufzunehmen ist. Ich empfehle, dies zu tun (im Folgenden wird auch klar, warum). Ob etwas wirklich bedeutungslos ist, kann erst nach vollständiger Erfassung des Sachvortrags und rechtlicher Würdigung geklärt werden.

Kläger	Bl.	Bekl.	Bl.
Der Kläger benötigt sie jetzt selbst, da er sie in einer anderen Gaststätte einsetzen will.[1]	2		
Der Beklagte hat auf das Herausgabeverlangen nicht reagiert, so dass jetzt Klage erhoben werden muss.[2]	2		

In dieser Auflistung ist nichts vom Vortrag des Klägers weggelassen worden; es ist erfahrungsgemäß besser, zunächst vollständig zu erfassen und später zu streichen.

II. Versäumnisurteil

728 **Amtsgericht Schwerte**
2 C 543/13

Im Namen des Volkes!
Versäumnisurteil[3]

In dem Rechtsstreit

des Rechtsanwalts Bernd Christians, Kaiserstraße 27, 44046 Dortmund,

Klägers,

– Prozessbevollmächtigter: Rechtsanwalt Christians in Dortmund –

gegen

den Kaufmann Wilhelm Fiege, Hörder Str. 46, 58239 Schwerte,

Beklagten,

hat das Amtsgericht Schwerte
im schriftlichen Vorverfahren am 23. Januar 2014
durch den Richter am Amtsgericht Heine
für Recht erkannt:

Der Beklagte wird verurteilt,

das Klavier »Klimperli, C-Moll« und den CD-Player »Sony S 112«, beides befindlich in der Gaststätte »Zum letzten Gefecht«, Hauptstraße 1, 44047 Dortmund, an den Kläger herauszugeben.
Der Beklagte trägt die Kosten des Rechtsstreits.
Das Urteil ist vorläufig vollstreckbar.

Heine

---

1 Ob dies rechtlich von Bedeutung und deshalb aufzunehmen ist, erscheint zweifelhaft. Es ist aber erfahrungsgemäß besser, zunächst alles zu erfassen und Streichungen erst dann vorzunehmen, wenn zumindest der Sachverhalt insgesamt bekannt, besser noch, wenn Klarheit über die Rechtslage besteht.

2 Dies kann von Bedeutung sein, falls der Beklagte anerkennt und Streit darüber aufkommt, ob er Veranlassung zur Klageerhebung gegeben hat (§ 93). Wenn der gesamte Sachverhalt schon bekannt ist und feststeht, dass nicht anerkannt wurde, ist die Aufnahme sicher entbehrlich.

3 Aus dem Bearbeitervermerk der Klausur ergibt sich, dass das Gericht das schriftliche Vorverfahren angeordnet und der Beklagte seine Verteidigungsabsicht nicht innerhalb der 2-Wochen-Frist angezeigt hat.

Die Erfassungstabelle sollte nunmehr so aussehen (es ändert sich nur die erste Zeile): **729**

Kläger	Bl.	Bek.	Bl.	Prozessgeschichte	Bl.
Antrag: ein bestimmtes Klavier und einen CD-Player an den Kläger herauszugeben. Für den Fall der Anordnung des schriftlichen Vorverfahrens Erlass eines Versäumnis- oder Anerkenntnisurteils.	1			Versäumnisurteil nach Klageantrag ergangen: ein bestimmtes Klavier und einen CD-Player an den Kläger herauszugeben.	3

III. Einspruch und Widerklage

Marten, Rechtsanwalt Schwerte, 30.1.2014 **730**

In Sachen
Christians ./. Fiege

2 C 543/13 Amtsgericht Schwerte

zeige ich an, dass ich den Beklagten vertrete.

Gegen das am 28.1.2014[1] zugestellte Versäumnisurteil lege ich **Einspruch** ein.

Ich werde beantragen,
das Versäumnisurteil aufzuheben und die Klage abzuweisen.

Vorab beantrage ich, die Zwangsvollstreckung aus dem Versäumnisurteil ohne Sicherheitsleistung, hilfsweise gegen Sicherheitsleistung **einzustellen**.

Begründung:
Zutreffend ist, dass der Beklagte das Hausgrundstück Hauptstr. 1 ersteigert hat. Da sich zu diesem Zeitpunkt die vom Kläger herausverlangten Gegenstände dort befanden, sind sie als Zubehör auch Eigentum des Beklagten geworden.
Unzutreffend ist, dass der Beklagte die Gaststätte betreibt. Er ist Inhaber einer florierenden Getränkefirma und hat wahrhaftig keine Zeit dazu! Richtig ist vielmehr, dass der Beklagte die Gaststättenräume inzwischen an das Ehepaar Maisberger verpachtet hat.

Beweis: Zeugnis der Melanie Maisberger und des Otto Maisberger, Hauptstr.1, 44047 Dortmund.

Der Beklagte war als Bierlieferant auch Inhaber einer titulierten Forderung gegen Frau Illners und hat gegen diese die Mobiliarvollstreckung betrieben. Dabei wurden das jetzt herausverlangte Klavier und der CD-Player gepfändet. Herr Illners bestätigt im Pfändungsprotokoll vom 7. Februar 2011 mit seiner Unterschrift, dass die gepfändeten Sachen sein bzw. seiner Frau Eigentum sind und keiner Vorpfändung oder Übereignung unterliegen. Nach der Lebenserfahrung hätte Herr Illners, wenn es mit der Sicherungsübereignung seine Richtigkeit hätte, dem Gerichtsvollzieher diese doch sicher entgegengehalten. Nach Zahlung des titulierten Betrags (durch den Kläger!) hat der Beklagte die Pfändung aufheben lassen.
Wahrheitswidrig ist die Behauptung des Klägers, der Beklagte habe auf das Herausgabeverlangen des Klägers nicht reagiert. Er hat das Verlangen vielmehr schriftlich zurückgewiesen. Daraufhin hat der Kläger versucht, mit einer einstweiligen Verfügung seinen vermeintlichen Herausgabeanspruch geltend zu machen. In diesem Verfahren ist er durch abweisendes Urteil rechtskräftig unterlegen. Auch deshalb ist die Klage unzulässig, der Antrag im Verfügungsverfahren war derselbe wie in der jetzigen Klage!

Beweis: Beizuziehende Akten 2 C 126/13 AG Schwerte

Der Beklagte hatte keine Kenntnis von einer Übereignung des Eigentums der Familie Illners an den Kläger, geschweige denn von der Existenz eines Übereignungsvertrages. Falls dieser Vertrag existiert, sollte

---

1 Das Zustellungsdatum ist laut Bearbeitervermerk zutreffend. Der Schriftsatz ist laut Bearbeitervermerk am 31.1.2014 beim Amtsgericht Schwerte eingegangen.

er im Original vorgelegt werden, damit ggf. durch eine labortechnische Untersuchung das Alter der Schriftstücke festgestellt werden kann. Im einstweiligen Verfügungsverfahren hat der Kläger die in der Anlage beigefügte eidesstattliche Versicherung der Eheleute Illners vorgelegt. Eine Vereinbarung, wie sie in der eidesstattlichen Versicherung geschildert wird, ist absolut ungewöhnlich. Dass sie getroffen wurde, bestreitet der Beklagte ausdrücklich mit Nichtwissen.

Des Weiteren reicht der Inhalt der Vereinbarung für die Annahme einer wirksamen Übereignung nicht aus. Im Übrigen enthält sie Formulierungen, die eindeutig darauf schließen lassen, dass hier jemand den Text aufgesetzt hat, der mit den entsprechenden Rechtsbegriffen vertraut ist. Es liegt nahe, dass die Formulierung möglicherweise vom Kläger selbst stammt. Die Eheleute Illners mögen erläutern, was tatsächlich vereinbart worden ist; da wohl kaum davon ausgegangen werden kann, dass in einer mündlichen Unterredung von einem Besitzmittlungsverhältnis gesprochen wurde.

Die Vereinbarung kann allenfalls den Zweck gehabt haben, die übrigen Gläubiger des Ehepaares Illners zu benachteiligen. Darüber hinaus schränkt sie auch die wirtschaftliche Bewegungsfreiheit der Eheleute Illners in nicht mehr zulässiger Weise ein; zumal wohl bei einer so weit reichenden Sicherungsübereignung eine Übernahme des gesamten Vermögens vorliegen dürfte.

Schließlich ist der Beklagte auch nicht Besitzer der herausverlangten Gegenstände. Sie befinden sich nach wie vor in dem ersteigerten Haus und werden jetzt mit Erlaubnis des Beklagten von den Pächtern, den Eheleuten Maisberger, genutzt.

Beweis: Zeugnis der Eheleute Maisberger, bereits benannt.

Die vorläufige Einstellung der Zwangsvollstreckung ist erforderlich, da sonst die Gegenstände durch den Gerichtsvollzieher noch vor Durchführung der mündlichen Verhandlung abgeholt werden.

Im Übrigen erhebe ich **Widerklage** mit dem Antrag,

den Kläger zu verurteilen, an den Beklagten 4.500,00 EUR nebst Zinsen in Höhe von 5 Prozentpunkten über dem jeweiligen Basiszinssatz seit dem 20.12.2013 zu zahlen.

Der Beklagte hat einen Zahlungsanspruch gegen den Kläger aus abgetretenem Recht. Der Kläger hat in einer »Nacht- und Nebelaktion« gemeinsam mit den Eheleuten Illners versucht, die Klagegegenstände aus dem Haus zu holen und an sich zu bringen. Als er dabei von den Zeugen Maisberger ertappt wurde, sprang er in sein Auto, fuhr mit quietschenden Reifen los und zwar direkt vor das ordnungsgemäß geparkte Auto des Zeugen Maisberger, das er erheblich beschädigte. Es entstand nach einem Gutachten der Dekra ein Sachschaden in Höhe von 4.300,00 EUR, 200,00 EUR waren für das Gutachten zu zahlen.

Beweis: Zeugnis der Eheleute Maisberger, bereits benannt; Vorzulegendes Gutachten und Rechnung der Dekra; Sachverständigengutachten.

Der Kläger kann noch von Glück sagen, dass kein weiterer Schaden entstand, weil das Fahrzeug zur Unfallzeit abgemeldet war, so dass kein Nutzungsausfallschaden entstand. Herr Maisberger hat seinen Ersatzanspruch an den Beklagten abgetreten.

Beweis: Zeugnis der Eheleute Maisberger, bereits benannt.

Der Kläger wurde von dem Beklagten unter Offenlegung der Abtretung vergeblich zur Zahlung bis zum 19.12.2013 aufgefordert.

Beweis: Vorzulegendes Mahnschreiben.

Marten
Rechtsanwalt

731 **Anlage zum Schriftsatz des Beklagten:**

Eidesstattliche Versicherung

Auf die Bedeutung der eidesstattlichen Versicherung, insbesondere auf die Strafbarkeit einer falschen eidesstattlichen Versicherung hingewiesen, erklären wir folgendes an Eides Statt:

Anlässlich der Ersteigerung des Hauses Hauptstraße 1 in 44047 Dortmund durch Herrn Bernd Christians haben wir unseren gesamten Hausrat und die Einrichtungsgegenstände der Gaststätte, soweit all diese Gegenstände nicht durch die Versteigerung auf Herrn Christians übergegangen sind, an diesen übereignet. Es ist ein Besitzmittlungsverhältnis begründet worden. Weiterhin ist vereinbart worden, dass auch neu zu erwerbende Inventarien, auch wenn sie durch uns angeschafft werden, in das Eigentum des Herrn Christians übergehen.

Diese Übereignung dient zur Sicherung der Forderungen des Herrn Christians gegen uns sowie der laufenden Mietzahlungen für das gesamte Haus, Wohnung und Gaststätte.

Dortmund, 29. 3. 2013
Stefanie Illners
Bernhard Illners

Nunmehr ist der Sachvortrag des Beklagten zu erfassen. Die Tabelle sollte danach etwa folgendes Aussehen haben (Änderungen sind fett gedruckt; aus Platzgründen ist die Tabelle dort, wo nur noch Beklagtenvortrag kommt, geteilt):   **732**

Kläger	Bl.	Beklagter	Bl.	Prozess-geschichte	Bl.
Antrag: ein bestimmtes Klavier und einen CD-Player an den Kläger herauszugeben. Für den Fall der Anordnung des schriftlichen Vorverfahrens Erlass eines Versäumnis- oder Anerkenntnisurteils.	1	**Versäumnisurteil aufheben und Klageabweisung.** **Die Zwangsvollstreckung aus dem Versäumnisurteil ohne Sicherheitsleistung, hilfsweise gegen Sicherheitsleistung einzustellen.** **Widerklage mit dem Antrag, den Kläger zu verurteilen, an den Beklagten 4.500,00 EUR nebst Zinsen in Höhe von 5 Prozentpunkten über dem jeweiligen Basiszinssatz seit dem 20. 12. 2013 zu zahlen.**	4 4 5	Versäumnisurteil nach Klageantrag ergangen: ein bestimmtes Klavier und einen CD-Player an den Kläger herauszugeben.	3
19. Dezember 2012 Ersteigerung des Hausgrundstücks Hauptstraße 1 nebst Inventar im Wege der Zwangsversteigerung durch Beklagten.	2	**Ersteigerung durch Beklagten stimmt.**	5		
Im Hause Privaträume sowie Gaststätte, die zur Zeit der Ersteigerung vom Ehepaar Illners, jetzt vom Beklagten betrieben wird.	2	**Beklagter betreibt die Gaststätte nicht. Er ist Inhaber einer florierenden Getränkefirma und hat wahrhaftig keine Zeit dazu![1] Er hat die Gaststättenräume inzwischen an das Ehepaar Maisberger verpachtet. Beweis: Eheleute Maisberger**	5		

---

[1] Auch bei diesem Punkt ist zweifelhaft, ob er aufzunehmen ist. Aber besser später streichen als etwas Wichtiges vergessen!

Kläger	Bl.	Beklagter	Bl.	Prozess-geschichte	Bl.
Im Haus befinden … (wie oben)	2				
Herausverlangte Gegenstände … (wie oben)	2				
2008 Kauf des Grundstücks durch Frau Illners.	2				
Als Illners Kaufpreis … (wie oben)	2				
Um ihnen die Wohnung zu erhalten … (wie oben)	2				
Zur Zeit der Ersteigerung befanden … (wie oben)	2				
Im Dezember 2010 vereinbarten Kl. und Illners, dass zur Sicherheit schon bestehender Forderungen sowie zur Sicherung der laufenden Mieten von 1.500,00 EUR monatlich der gesamte Hausrat der Wohnung und alles vorhandene und noch zu erwerbende Gaststätteninventar dem Beklagten übereignet werden sollte. Kl. gestattete den Eheleuten Illners, sämtliche Gegenstände weiter zu benutzen. Beweis: Zeugnis Eheleute Illners; vorzulegende schriftliche Vereinbarung	2	**Der Bekl. hatte keine Kenntnis von einer Übereignung des Eigentums der Familie Illners an den Beklagten, geschweige denn von der Existenz eines Übereignungsvertrages.[1] Falls dieser Vertrag existiert, sollte er im Original vorgelegt werden, damit ggf. durch eine labortechnische Untersuchung das Alter der Schriftstücke festgestellt werden kann.[2] Eine Vereinbarung, wie sie in der eidesstattlichen Versicherung geschildert wird, ist absolut ungewöhnlich. Dass sie getroffen wurde, bestreitet der Kläger ausdrücklich mit Nichtwissen.**	6		
Es waren Mietrückstände … (wie oben)	2				
Die im Klageantrag genannten Gegenstände … (wie oben)	2				
Der Kläger benötigt sie … (wie oben)	2				
Der Beklagte hat auf das Herausgabeverlangen nicht reagiert, so dass jetzt Klage erhoben werden muss.	2	**Bekl. hat das Verlangen schriftlich zurückgewiesen.**	7		

---

1 Dieser Vortrag dürfte zwar rechtlich unerheblich sein, weil es auf eine Kenntnis des Klägers nicht ankommen dürfte. Gleichwohl wird er vorsichtshalber mit aufgenommen.
2 Dieser Vortrag dürfte insoweit von Bedeutung sein, als damit die Existenz eines schriftlichen Vertrages bestritten wird.

Kläger	Bl.	Beklagter	Bl.	Prozess-geschichte	Bl.
				Versäumnisurteil am 28.1.2014 zugestellt, Einspruch am 31.1. 2014 eingegangen.	4

Kläger	Bl.	Beklagter	Bl.	Proz.-gesch.	Bl.
		Bekl. hat durch Ersteigerung Eigentum an Klavier und CD-Player erworben. Gegenstände befanden sich bei Ersteigerung auf dem Grundstück.	6		
		Kl. hat versucht, mit einer einstweiligen Verfügung seinen vermeintlichen Herausgabeanspruch geltend zu machen. In diesem Verfahren ist er durch abweisendes Urteil rechtskräftig unterlegen. Auch deshalb ist die Klage unzulässig, der Antrag im Verfügungsverfahren war derselbe wie in der jetzigen Klage! Beweis: Beizuziehende Akten 2 C 126/13 AG Schwerte	7		
		In dem Verfügungsverfahren legte der Kl. folgende eidesstattliche Versicherung der Zeugen Illners vor:	7		
		Eidesstattliche Versicherung der Eheleute Illners: Anlässlich der Ersteigerung des Hauses Hauptstraße 1 in 44047 Dortmund durch Herrn Bernd Christians haben wir unseren gesamten Hausrat und die Einrichtungsgegenstände der Gaststätte, soweit all diese Gegenstände nicht durch die Versteigerung auf Herrn Christians übergegangen sind, an diesen übereignet. Es ist ein Besitzmittlungsverhältnis begründet worden. Weiterhin ist vereinbart worden, dass auch neu zu erwerbende Inventarien, auch wenn sie durch uns angeschafft werden, in das Eigentum des Herrn Christians übergehen. Diese Übereignung dient zur Sicherung der Forderungen des Herrn Christians gegen uns sowie der laufenden Mietzahlungen für das gesamte Haus, Wohnung und Gaststätte.	8		
		Der Inhalt der Vereinbarung reicht für die Annahme einer wirksamen Übereignung nicht aus. Im Übrigen enthält sie Formulierungen, die eindeutig darauf schließen lassen, dass hier jemand den Text aufgesetzt hat, der mit den entsprechenden Rechtsbegriffen vertraut ist. Es liegt nahe, dass die Formulierung möglicherweise vom Kläger selbst stammt. Die Eheleute Illners mögen erläutern, was tatsächlich vereinbart worden ist; da wohl kaum davon ausgegangen werden kann, dass in einer mündlichen Unterredung von einem Besitzmittlungsverhältnis gesprochen wurde.	7		
		Der Beklagte ist nicht Besitzer der herausverlangten Gegenstände. Sie befinden sich nach wie vor in dem ersteigerten Haus und werden jetzt mit Erlaubnis des Beklagten von den Pächtern, den Eheleuten Maisberger, genutzt. Beweis: Eheleute Maisberger	7		

Kläger	Bl.	Beklagter	Bl.	Proz.-gesch.	Bl.
		Der Bekl. war als Bierlieferant auch Inhaber einer titulierten Forderung gegen Frau Illners und hat gegen diese die Mobiliarvollstreckung betrieben. Klavier und CD-Player wurden gepfändet. Herr Illners bestätigt im Pfändungsprotokoll vom 7. Februar 2011 mit seiner Unterschrift, dass die gepfändeten Sachen sein bzw. seiner Frau Eigentum sind und keiner Vorpfändung oder Übereignung unterliegen. Nach der Lebenserfahrung hätte Herr Illners, wenn es mit der Sicherungsübereignung seine Richtigkeit hätte, dem Gerichtsvollzieher diese doch sicher entgegengehalten. Die Pfändung ist nach Zahlung (durch den Kläger) aufgehoben worden.	7		
		Die Vereinbarung kann allenfalls den Zweck gehabt haben, die übrigen Gläubiger des Ehepaares Illners zu benachteiligen. Darüber hinaus schränkt sie auch die wirtschaftliche Bewegungsfreiheit der Eheleute Illners in nicht mehr zulässiger Weise ein; zumal wohl bei einer so weitreichenden Sicherungsübereignung eine Übernahme des gesamten Vermögens vorliegen dürfte.	7		
		Die vorläufige Einstellung der Zwangsvollstreckung ist erforderlich, da sonst die Gegenstände durch den Gerichtsvollzieher noch vor Durchführung der mündlichen Verhandlung abgeholt werden.	7		
		Kläger versuchte mit den Zeugen Illners, die Klagegegenstände aus dem Haus zu holen und an sich zu bringen. Als er dabei von den Zeugen Maisberger gesehen wurde, sprang er in sein Auto, fuhr mit quietschenden Reifen los und zwar direkt vor das ordnungsgemäß geparkte Auto des Zeugen Maisberger, das er erheblich beschädigte. Beweis: Zeugnis Eheleute Maisberger	7		
		Es entstand nach einem Gutachten der Dekra ein Sachschaden in Höhe von 4.300,00 EUR, 200,00 EUR waren für das Gutachten zu zahlen. Beweis: Vorzulegendes Gutachten und Rechnung der Dekra;[1] Sachverständigengutachten.	7		
		~~Das Fahrzeug war zur Unfallzeit abgemeldet, so dass kein Nutzungsausfallschaden entstand.~~[2]	7		
		Herr Maisberger hat seinen Ersatzanspruch an den Beklagten abgetreten. Beweis: Zeugnis Eheleute Maisberger	7		

---

1 Der Beweisantritt ist nicht ordnungsgemäß (§ 420). Hierauf muss aber ggf. das Gericht hinweisen und den Beklagten zur Vorlage auffordern.
2 Das ist sicherlich nicht von Bedeutung, weil Nutzungsausfall nicht geltend gemacht wird. Deshalb ist es gleich wieder gestrichen worden.

Kläger	Bl.	Beklagter	Bl.	Proz.-gesch.	Bl.
		Der Kläger wurde von dem Beklagten unter Offenlegung der Abtretung vergeblich zur Zahlung bis zum 19.12.2013 aufgefordert. **Beweis: Vorzulegendes Mahnschreiben.**[1]	7		

IV. Erwiderung des Klägers

Christians, Rechtsanwalt Dortmund, 25.2.2014 **733**

Ich werde nunmehr beantragen,
das Versäumnisurteil aufrecht zu erhalten und die Widerklage abzuweisen.

Im Hinblick auf die Widerklage wird die Unzuständigkeit des Amtsgerichts Schwerte gerügt. Es kann nicht sein, dass der Beklagte durch die Widerklage abgetretene Ansprüche in den Rechtsstreit einführt, die mit dem Klagegegenstand nichts zu tun haben. Jedenfalls ist der Rechtsstreit im Hinblick auf den Streitwert über 5.000,00 EUR auf Antrag des Beklagten an das Landgericht zu verweisen.
Die Widerklage ist offensichtlich unbegründet. Es handelte sich um einen normalen Verkehrsunfall. Der Beklagte mag sich an die Versicherung des Klägers halten.
Auch das Vorbringen zur Klage ist unerheblich. Die Sicherungsübereignung ist wirksam. Es wird bestritten, dass Klavier und CD-Player zur Zeit der Ersteigerung durch den Beklagten noch Zubehör waren.
Zutreffend ist, dass der Kläger vergeblich versucht hat, seinen Anspruch im Wege einer einstweiligen Verfügung durchzusetzen. Der Beklagte vergisst aber zu erwähnen, dass der Antrag deshalb zurückgewiesen worden ist, weil das Gericht meinte, es bestehe kein Verfügungsgrund.

Christians
Rechtsanwalt

Nach der Erfassung dieser Erwiderung des Klägers hat die Sachverhaltstabelle folgendes Aussehen (Änderungen sind fett gedruckt): **734**

Kläger	Bl.	Beklagter	Bl.	Prozessgeschichte	Bl.
Antrag: … (wie oben)	1 9	… (wie oben)	4 4 5	… (wie oben)	3
19. Dezember 2012 Ersteigerung … (wie oben)	2	Ersteigerung durch Beklagten stimmt.	5		
Im Hause Privaträume sowie Gaststätte, … (wie oben)	2	Beklagter betreibt die Gaststätte nicht. … (wie oben)	5		
Im Haus befinden sich die herausverlangten Gegenstände.	2				
Herausverlangte Gegenstände stehen im Eigentum des Klägers.	2				

---

1 Der Beweisantritt ist nicht ordnungsgemäß (§ 420). Hierauf muss aber ggf. das Gericht hinweisen und den Beklagten zur Vorlage auffordern.

Kläger	Bl.	Beklagter	Bl.	Prozess-geschichte	Bl.
2008 Kauf des Grundstücks durch Frau Illners.	2				
Als Illners Kaufpreis nicht aufbringen konnte ... (wie oben)	2				
Um ihnen die Wohnung zu erhalten ... (wie oben)	2				
Zur Zeit der Ersteigerung befanden ... (wie oben)	2				
Im Dezember 2010 vereinbarten Kl. und Illners, ... (wie oben)	2	Der Bekl. hatte keine Kenntnis ... (wie oben)	6		
Es waren Mietrückstände der Eheleute Illners ... (wie oben)	2				
Die im Klageantrag genannten Gegenstände stehen im Eigentum ... (wie oben)	2				
Der Kläger benötigt sie jetzt selbst, ... (wie oben)	2				
Der Beklagte hat auf das Herausgabeverlangen ... (wie oben)	2	Bekl. hat das Verlangen schriftlich zurückgewiesen.	7		
				Versäumnisurteil am ... (wie oben)	4
Es wird bestritten, dass Klavier und CD-Player zur Zeit der Ersteigerung durch den Beklagten noch Zubehör waren.	9	Bekl. hat durch Ersteigerung Eigentum an Klavier und CD-Player erworben. Gegenstände befanden sich bei Ersteigerung auf dem Grundstück.	6		
Zutreffend ist, dass der Kläger vergeblich versucht hat, seinen Anspruch im Wege einer einstweiligen Verfügung durchzusetzen.	9	Kl. hat versucht, mit einer einstweiligen Verfügung seinen vermeintlichen Herausgabeanspruch geltend zu machen. In diesem Verfahren ist er durch abweisendes Urteil rechtskräftig unterlegen.	7		
Der Beklagte vergisst aber zu erwähnen, dass der Antrag deshalb zurückgewiesen worden ist, weil das Gericht meinte, es bestehe kein Verfügungsgrund.		Auch deshalb ist die Klage unzulässig, der Antrag im Verfügungsverfahren war derselbe wie in der jetzigen Klage! . Beweis: Beizuziehende Akten 2 C 126/13 AG Schwerte			

Kläger	Bl.	Beklagter	Bl.	Prozess-geschichte	Bl.
		In dem Verfügungsverfahren legte der Kl. ... (wie oben)	7		
Die Sicherungsübereig-nung ist wirksam. Es wird bestritten, dass Klavier und CD-Player zur Zeit der Ersteigerung durch den Beklagten noch Zu-behör waren.	9	Der Inhalt der Vereinbarung reicht für die Annahme einer wirksamen Übereignung nicht aus. Im Übrigen enthält sie Formulierungen, die ein-deutig darauf schließen lassen, dass hier jemand den Text aufgesetzt hat, der mit den entsprechenden Rechts-begriffen vertraut ist. Es liegt nahe, dass die Formulierung möglicher-weise vom Kläger selbst stammt. Die Eheleute Illners mögen erläu-tern, was tatsächlich vereinbart worden ist; da wohl kaum davon ausgegangen werden kann, dass in einer mündlichen Unterredung von einem Besitzmittlungsverhältnis ge-sprochen wurde.	7		8
		Der Beklagte ist nicht Besitzer ... (wie oben)	7		
		Der Bekl. war als Bierlieferant ... (wie oben)	7		
		Die Vereinbarung kann allenfalls den Zweck ... (wie oben)	7		
		Die vorläufige Einstellung der Zwangsvollstreckung ist erforder-lich, ... (wie oben)	7		
Die Widerklage ist offen-sichtlich unbegründet. Es handelte sich um einen normalen Verkehrsunfall. Der Beklagte mag sich an die Versicherung des Klä-gers halten.	9	Kläger versuchte mit den Zeugen Ill-ners, die Klagegegenstände aus dem Haus zu holen und an sich zu brin-gen. Als er dabei von den Zeugen Maisberger gesehen wurde, sprang er in sein Auto, fuhr mit quietschen-den Reifen los und zwar direkt vor das ordnungsgemäß geparkte Auto des Zeugen Maisberger, das er er-heblich beschädigte. Beweis: Zeugnis Eheleute Maisberger	7		
		Es entstand nach einem Gutachten ... (wie oben)	7		
		~~Das Fahrzeug war zur Unfallzeit ab-gemeldet, so dass kein Nutzungs-ausfallschaden entstand.~~	7		
		Herr Maisberger hat seinen Ersatz-anspruch... (wie oben)	7		

Kläger	Bl.	Beklagter	Bl.	Prozess-geschichte	Bl.
		Der Kläger wurde von dem Beklag-ten ... (wie oben)	7		
Im Hinblick auf die Wi-derklage wird die Unzu-ständigkeit des Amtsge-richts Schwerte gerügt. Es kann nicht sein, dass der Beklagte durch die Wider-klage abgetretene An-sprüche in den Rechts-streit einführt, die mit dem Klagegegenstand nicht zu tun haben. Jeden-falls ist der Rechtsstreit im Hinblick auf den Streitwert über 5.000,00 EUR auf Antrag des Be-klagten an das Landge-richt zu verweisen.	9				

V. Protokoll der mündlichen Verhandlung

735 **Protokoll der mündlichen Verhandlung vom 15.3.2014** (Auszug):

Es wurde festgestellt, dass das Versäumnisurteil am 28.1.2014 zugestellt wurde und der Einspruch am 31.1.2014 bei Gericht eingegangen ist.
Der Klägervertreter stellte die Anträge aus dem Schriftsatz vom 25.2.2014.
Der Vertreter des Beklagten stellte die Anträge aus dem Schriftsatz vom 30.1.2014.
Mit diesen Anträgen verhandelten die Anwälte zur Sache.
Die Akten 2 C 126/13 AG Schwerte waren beigezogen und Gegenstand der mündlichen Verhandlung.[1]
Der Klägervertreter erklärte: Das Klavier hat einen Wert von 1.400,00 EUR, der CD-Player von 100,00 EUR.
Der Klägervertreter erklärte: Es ist noch zu berichtigen, dass ein schriftlicher Übereignungsvertrag nicht vorliegt. Die Sicherungsübereignung wurde mündlich vereinbart.
Der Beklagtenvertreter erklärte: Ein Verweisungsantrag wird nicht gestellt; meines Erachtens ist das Amtsgericht zuständig.
Sodann wurden die Zeugen herein gerufen, zur Wahrheit ermahnt und auf die Bedeutung des Eides und die Strafbarkeit auch einer unbeeidigt gebliebenen vorsätzlichen falschen Aussage hingewiesen. So-dann wurden sie einzeln und in Abwesenheit der später anzuhörenden Zeugen wie folgt vernommen:

Zur Person:
Stefanie Illners, geborene Anlauf, 32 Jahre alt, Gastwirtin, Dortmund, mit den Parteien nicht verwandt und nicht verschwägert.

Zur Sache:
Soviel ich weiß, ist die Gaststätte zunächst von mir ersteigert worden, dann aber, da ich das nicht fi-nanzieren konnte, von Herrn Rechtsanwalt Christians, bei dem wir aus zahlreichen Rechtsangelegen-heiten noch höhere Honorarverbindlichkeiten hatten. Soviel ich ferner weiß, ist in die Finanzierung das

---

1 Laut Bearbeitervermerk ergibt sich aus den Akten, dass der Antrag im Verfügungsverfahren iden-tisch mit dem jetzigen Antrag des Klägers war. Der Antrag ist wegen Fehlens eines Verfügungs-grundes zurückgewiesen worden.

ganze Inventar mit aufgenommen, d.h. alle Sachen sind, soweit ich mich erinnern kann, an Herrn Christians übereignet worden, also das ganze Inventar. Ich habe mit Herrn Christians nicht darüber gesprochen. Das hat mein Mann gemacht. Das Klavier ist von uns in die Gaststätte mitgebracht worden Es gehörte meinen Eltern. Es steht in den privaten Räumen, wird also, jedenfalls bis jetzt, nicht in der Gaststätte benutzt.

Auf Vorhalt, wieso das Klavier, wenn es den Eltern gehöre, an Herrn Christians hat übereignet werden können:

Dann ist das Klavier mir geschenkt worden, aber nicht ausdrücklich.

Der CD-Player ist an der Theke angeschlossen. Er wird privat, aber auch in der Gaststätte benutzt. Dort sind gelegentlich auch Tanzveranstaltungen. Der CD-Player ist erst angeschafft worden, nachdem wir bereits in der Gaststätte waren und die Vereinbarung mit Herrn Christians bereits von meinem Mann geschlossen war. Ich möchte noch erwähnen, dass auch das Klavier in der Gaststätte gelegentlich benutzt wird, zB bei Kinderfesten. Es wird dann in die Gaststätte gerollt.

Der Zeugin wurde die dem Beklagtenschriftsatz beigefügte eidesstattliche Versicherung vom 29.3.2013 vorgehalten. Sie erklärte: Ich habe die eidesstattliche Versicherung unterschrieben. Ich weiß nicht, wer sie formuliert hat. Ich habe von den Dingen keine Ahnung.

lt. diktiert und genehmigt

Zur Person:

Bernhard Illners, 32 Jahre alt, Gastwirt, von Beruf Architekt, Dortmund, mit den Parteien nicht verwandt und nicht verschwägert.

Zur Sache:

Das Grundstück in der Hauptstraße 1 ist zunächst von meiner Frau ersteigert worden. Ich war lange Zeit als Architekt tätig. Aufgrund der schlechten Wirtschaftslage machten meine beiden Firmen dann aber pleite. Das Grundstück ging erneut in die Zwangsversteigerung. Der Zwangsversteigerungsvermerk wurde im Januar oder März 2010 eingetragen. Damals wohnten wir schon in der Gaststätte. Wir sind Ende Januar 2008 dort eingezogen. Ich kannte Herrn Rechtsanwalt Christians gut von früher. Ich hatte viel mit ihm zusammen gearbeitet. Er wollte ohnehin etwas in der Gegend der Kaiserstraße und der Hauptstraße erwerben. Es kam dann der Gedanke auf, dass er das Grundstück Hauptstraße 1 erwirbt und wir die Gaststätte, die früher in dem Hause betrieben worden war, weiter betreiben. Dazu möchte ich bemerken, dass wir, als wir dort in das Haus einzogen, es zunächst nur privat genutzt haben. Das alte Gaststätteninventar war nicht mehr vollständig vorhanden.

Wir haben mit Herrn Rechtsanwalt Christians Gespräche geführt und nach Möglichkeiten einer Lösung gesucht. Dann habe ich mit ihm, etwa zu der Zeit, in der der Zwangsversteigerungsvermerk eingetragen wurde, Folgendes vereinbart:

Alle Sachen, die jetzt da sind (das waren einige Möbel u. dergl.) und auch alle Sachen, die wir künftig anschaffen, sollten als Sicherheit für Herrn Christians, im Hinblick auf Miet- oder Pachtforderungen, übereignet werden. Zum Zeitpunkt dieser Vereinbarung waren nur die privaten Möbel da. Später hat Herr Christians dann das ganze Gaststätteninventar angeschafft. Irgendeine schriftliche Vereinbarung ist darüber nicht getroffen worden, obwohl ich Herrn Christians mehrfach darum gebeten hatte. Es ist auch keine Aufstellung über die sicherungsübereigneten Sachen angefertigt worden.

Auf Vorhalt erklärte der Zeuge: Herr Christians ist mit der Ersteigerung der Gaststätte ein Risiko eingegangen. Unser Verhältnis ist so, dass nicht zu befürchten ist, dass Herr Christians die Sachen wegholt.

Auf die weitere Frage, wie es mit den Sachen sei, die von den Eheleuten Illners mitgebracht wurden, und auf die Frage, ob diese Sachen von Herrn Christians geliehen sind, erklärte der Zeuge: Diese Sachen stellte er uns zur Verfügung. Wir konnten sie benutzen. Er sagte zu uns in etwa: »Ihr könnt die Sachen benutzen, macht etwas aus der Gastwirtschaft.«

Auf die Frage, ob sich diese Aussage auch auf die von ihm und seiner Ehefrau mitgebrachten Sachen bezog, antwortete der Zeuge: »Ja.«

Das Klavier kommt von den Eltern meiner Frau. Auf die Frage, wer jetzt Eigentümer des Klaviers sei und ob das Klavier evtl. den Eltern zurückgegeben werden müsste:

Wir werden es evtl. zurückgeben müssen, wenn die jüngste Schwester meiner Frau Klavierunterricht nimmt und wenn meine Frau sich selbst ein Klavier anschaffen kann.

Den CD-Player haben wir auch schon in die Hauptstraße 1 gebracht. Er ist von meiner Frau, die Musiklehrerin ist, als Arbeitsgerät vorher angeschafft worden.

Auf Vorhalt der Aussage seiner Ehefrau: Meine Frau weiß nicht so genau Bescheid. Der CD-Player ist von uns mitgebracht worden. Das weiß ich genau.

Auf Vorhalt der eidesstattlichen Versicherung vom 29. 3. 2013: Diese Erklärung ist von Herrn Christians und mir gemeinsam formuliert worden. Sinn war der, dass die Gegenstände in der Gaststätte Herrn Christians sicherungsübereignet sind, also nicht nur sicherungsübereignet werden sollten. Es ist vielmehr eine Sicherungsübereignung vereinbart worden.

Auf Vorhalt des Gerichts:. Was ein Besitzmittlungsverhältnis ist, weiß ich nicht.

Dem Gerichtsvollzieher habe ich ausdrücklich erklärt, dass alle Sachen Herrn Rechtsanwalt Christians übereignet worden seien. Hierauf erwiderte der Gerichtsvollzieher, das könne ja jeder sagen, ich solle etwas Schriftliches vorlegen. Ich habe Herrn Obergerichtsvollzieher Franke dies auch noch gesagt, als er das Klavier und den CD-Player pfändete. Ich habe unmittelbar darauf Herrn Rechtsanwalt Christians über diesen Sachverhalt informiert.

lt. diktiert und genehmigt

Anträge zur Beeidigung der Zeugen wurden nicht gestellt.

Die Anwälte verhandelten mit den eingangs gestellten Anträgen zur Sache und zum Ergebnis der Beweisaufnahme.

Beschlossen und verkündet:
Entscheidung am Schluss der Sitzung.

736 Gerade auch das Protokoll einer mündlichen Verhandlung kann neuen Parteivortrag enthalten (→ Rn. 29). Zudem ist eine Beweisaufnahme durchgeführt worden. Dies ist in der Prozessgeschichte zu vermerken. Schließlich können Zeugen bisher nicht vorgetragene Tatsachen bekunden, die sich eine Partei zu Eigen gemacht haben kann. Auch dies ist zu vermerken, am Besten in der Prozessgeschichte, weil rechtlich geprüft werden muss, ob es sich um Vortrag einer Partei handelt (s. dazu → Rn. 31 f.). Im Übrigen werden Zeugenaussagen im Tatbestand/ Sachbericht nur durch Bezugnahme wiedergegeben (→ Rn. 611); sie *müssen* also nicht erfasst werden.

Kläger	Bl.	Beklagter	Bl.	Prozess-geschichte	Bl.
Antrag: … (wie oben)	1 9	… (wie oben)	4 4 5	… (wie oben)	3
19. Dezember 2012 Ersteigerung … (wie oben)	2	Ersteigerung durch Beklagten stimmt.	5		
Im Hause Privaträume sowie Gaststätte, … (wie oben)	2	Beklagter betreibt die Gaststätte nicht. … (wie oben)	5		
Im Haus befinden sich die herausverlangten Gegenstände.	2				
Herausverlangte Gegenstände stehen im Eigentum des Klägers.	2				
2008 Kauf des Grundstücks durch Frau Illners.	2				
Als Illners Kaufpreis nicht aufbringen konnte … (wie oben)	2				

Kläger	Bl.	Beklagter	Bl.	Prozess-geschichte	Bl.
Um ihnen die Wohnung zu erhalten ... (wie oben)	2				
Zur Zeit der Ersteigerung befanden ... (wie oben)	2				
Im Dezember 2010 vereinbarten Kl. und Illners, dass zur Sicherheit schon bestehender Forderungen sowie zur Sicherung der laufenden Mieten von 1.500,00 EUR monatlich der gesamte Hausrat der Wohnung und alles vorhandene und noch zu erwerbende Gaststätteninventar dem Beklagten übereignet werden sollte. Kl. gestattete den Eheleuten Illners, sämtliche Gegenstände weiter zu benutzen. Beweis: Zeugnis Eheleute Illners; vorzulegende schriftliche Vereinbarung	2 11	Der Bekl. hatte keine Kenntnis von einer Übereignung des Eigentums der Familie Illners an den Beklagten, geschweige denn von der Existenz eines Übereignungsvertrages. Falls dieser Vertrag existiert, sollte er im Original vorgelegt werden, damit ggf. durch eine labortechnische Untersuchung das Alter der Schriftstücke festgestellt werden kann. Eine Vereinbarung, wie sie in der eidesstattlichen Versicherung geschildert wird, ist absolut ungewöhnlich. Dass sie getroffen wurde, bestreitet der Kläger ausdrücklich mit Nichtwissen.	6	**Beweisaufnahme Zeugen Illners**	12 f.
Ein schriftlicher Übereignungsvertrag existiert nicht. Die Sicherungsübereignung wurde mündlich vereinbart.					
Es waren Mietrückstände der Eheleute Illners ... (wie oben)	2				
Die im Klageantrag genannten Gegenstände ... (wie oben)	2				
Der Kläger benötigt sie jetzt selbst, ... (wie oben)	2				
Der Beklagte hat auf das Herausgabeverlangen nicht reagiert, ... (wie oben)	2	Bekl. hat das Verlangen schriftlich zurückgewiesen.	7		
				Versäumnisurteil am ... (wie oben).	4
Es wird bestritten, dass Klavier und CD-Player ... (wie oben)	9	Bekl. hat durch Ersteigerung Eigentum ... (wie oben)	6		
Zutreffend ist, dass der Kläger vergeblich versucht hat, ... (wie oben).	9	Kl. hat versucht, mit einer einstweiligen Verfügung ... (wie oben)	7		
		In dem Verfügungsverfahren legte der Kl. folgende eidesstattliche Versicherung der Zeugen Illners vor: ... (wie oben)	7 8		

Kläger	Bl.	Beklagter	Bl.	Prozess-geschichte	Bl.
Die Sicherungsübereignung ist wirksam. ... (wie oben)	9	Der Inhalt der Vereinbarung reicht für die Annahme ... (wie oben)	7		8
		Der Beklagte ist nicht Besitzer ... (wie oben)	7		
		Der Bekl. war als Bierlieferant ... (wie oben)	7		
		Die Vereinbarung kann allenfalls den Zweck ... (wie oben)	7		
		Die vorläufige Einstellung der Zwangsvollstreckung ... (wie oben).	7		
Die Widerklage ist offensichtlich unbegründet ... (wie oben)	9	Kläger versuchte mit den Zeugen Illners, ... (wie oben)	7		
		Es entstand nach einem Gutachten ... (wie oben)	7		
		~~Das Fahrzeug war zur Unfallzeit abgemeldet, so dass kein Nutzungsausfallschaden entstand.~~	7		
		Herr Maisberger hat seinen Ersatzanspruch ... (wie oben)	7		
		Der Kläger wurde von dem Beklagten ... (wie oben)	7		
Im Hinblick auf die Widerklage wird die Unzuständigkeit ... (wie oben)	9				
Das Klavier hat einen Wert von 1.400,00 EUR, der CD-Player von 100,00 EUR.	11				

Zeugenaussagen:	Bl.
Aussage Frau Illners: **Das Klavier ist von uns in die Gaststätte mitgebracht worden Es gehörte meinen Eltern. Es steht in den privaten Räumen, wird also, jedenfalls bis jetzt, nicht in der Gaststätte benutzt.** **Auf Vorhalt, wieso das Klavier, wenn es den Eltern gehöre, an Herrn Christians hat übereignet werden können:** **Dann ist das Klavier mir geschenkt worden, aber nicht ausdrücklich.** **Das Klavier wird gelegentlich in der Gaststätte benutzt, zB bei Kinderfesten. Es wird dann in die Gaststätte gerollt.**	12 f

Zeugenaussagen:	Bl.
Aussage Herr Illners: Das Klavier kommt von den Eltern meiner Frau. Auf die Frage, wer jetzt Eigentümer des Klaviers sei und ob das Klavier evtl. den Eltern zurückgegeben werden müsste: Wir werden es evtl. zurückgeben müssen, wenn die jüngste Schwester meiner Frau Klavierunterricht nimmt und wenn meine Frau sich selbst ein Klavier anschaffen kann.	13
Aussage Frau Illners: Der CD-Player ist an der Theke angeschlossen. Er wird privat, aber auch in der Gaststätte benutzt. Dort sind gelegentlich auch Tanzveranstaltungen. Der CD-Player ist erst angeschafft worden, nachdem wir bereits in der Gaststätte waren und die Vereinbarung mit Herrn Christians bereits von meinem Mann geschlossen war.	12
Aussage Herr Illners: Den CD-Player haben wir auch schon in die Hauptstraße 1 gebracht. Er ist von meiner Frau, die Musiklehrerin ist, als Arbeitsgerät vorher angeschafft worden.	13

Der »Akteninhalt« ist nunmehr vollständig erfasst; nur ein Teil (kein Nutzungsausfall) ist gestrichen worden, weil er offensichtlich nichts mit der Entscheidung zu tun haben kann.

VI. Ordnung der Stoffsammlung

Die Stoffsammlung muss nun den Ausführungen → Rn. 37 bis 53 angepasst werden. **737** Es werden streitige von unstreitigen Tatsachen, Behauptungen von Rechtsansichten getrennt, der unstreitige Teil in die zeitliche Reihenfolge gebracht und überholtes Vorbringen gekennzeichnet bzw. entfernt. Dabei werden im Folgenden streitige Tatsachen kursiv, Rechtsansichten unterstrichen und überholtes Vorbringen durchgestrichen gekennzeichnet. Prozessgeschichte ist am Ende des Tatbestandes/Sachberichts wiederzugeben (→ Rn. 608), so dass auch insoweit eine Anpassung der Tabelle erfolgt.

Kläger	Bl.	Beklagter	Bl.	Prozess-geschichte	Bl.
Antrag: ~~ein bestimmtes Klavier und einen CD-Player an den Kläger herauszugeben.~~[1] ~~Für den Fall der Anordnung des schriftlichen Vorverfahrens Erlass eines Versäumnis- oder Anerkenntnisurteils.~~[2]	1 9	Versäumnisurteil aufheben und Klageabweisung. ~~die Zwangsvollstreckung aus dem Versäumnisurteil ohne Sicherheitsleistung, hilfsweise gegen Sicherheitsleistung einzustellen.~~[3]	4 4	Versäumnisurteil nach Klageantrag ergangen: ein bestimmtes Klavier und einen CD-Player an den Kläger herauszugeben.	3

1 Der Antrag ist überholt, weil nach Erlass eines Versäumnisurteils gegen den Beklagten der richtige Antrag lautet, das Versäumnisurteil aufrecht zu erhalten. Da der Inhalt des Versäumnisurteils wiedergegeben werden muss, kann der Ursprungsantrag aber nur aus der Stoffsammlung entfernt werden, wenn der Inhalt des Versäumnisurteils festgehalten wurde und klar ist, dass er dem angekündigten Antrag entsprach.

2 Der Antrag ist bedeutungslos, da Fehler bei Erlass des Versäumnisurteils nicht gerügt und ersichtlich sind.

3 Der Antrag ist bedeutungslos geworden, obwohl über ihn nicht entschieden wurde. Die Entscheidung über die einstweilige Einstellung der Zwangsvollstreckung gilt auch ohne ausdrückliche Anordnung immer nur bis zum Erlass der Entscheidung in der Hauptsache (Msk/*Lackmann* § 719 Rn. 7, § 707 Rn. 11). Klausuraufgabe ist die Entscheidung in der Hauptsache.

Kläger	Bl.	Beklagter	Bl.	Prozess-geschichte	Bl.
das Versäumnisurteil aufrecht zu erhalten Widerklage abzuweisen.		Widerklage mit dem Antrag, den Kläger zu verurteilen, an den Beklagten 4.500,00 EUR nebst Zinsen in Höhe von 5 Prozentpunkten über dem jeweiligen Basiszinssatz seit dem 20.12.2013 zu zahlen.	5		
2008 Kauf des Grundstücks durch Frau Illners.[1]	2				
Als Illners Kaufpreis nicht aufbringen konnte und der Zwangsversteigerungsvermerk ins Grundbuch eingetragen wurde, wandte sich das Ehepaar Illners um Hilfe an den Kläger. Kl. wusste, dass das Ehepaar erhebliche Schulden von mehreren 100.000,00 EUR bei verschiedenen Gläubigern hatte. Ihm selbst schuldeten sie erhebliche Summen aus Verfahren vor dem Amtsgericht Dortmund.[2]	2				
Um ihnen die Wohnung zu erhalten und die Möglichkeit zu geben, durch den Betrieb der Gaststätte genügend zu verdienen und die Schulden begleichen zu können, ersteigerte Kl. 2010 das Grundstück selbst.	2				
Im Hause Privaträume sowie Gaststätte, die zur Zeit der Ersteigerung vom Ehepaar Illners, *jetzt vom Beklagten* betrieben wird.[3]	2	*Beklagter betreibt die Gaststätte nicht. Er ist Inhaber einer florierenden Getränkefirma und hat wahrhaftig keine Zeit dazu.*[4]	5		

---

1 Wegen der zeitlichen Reihenfolge ist dieser (unstreitige) Vortrag nach oben verschoben worden.
2 Wegen der zeitlichen Reihenfolge ist dieser (unstreitige) Vortrag nach oben verschoben worden.
3 Aus der hier aufgenommenen Passage ist ein Teil unstreitig, ein Teil nicht. Der streitige Teil wäre richtiger Weise hier zu entfernen und in den streitigen Teil der Stoffsammlung aufzunehmen gewesen. Er ist hier (durchgestrichen und kursiv) stehen geblieben, damit im Vergleich deutlich wird, was an dieser Stelle zu geschehen hat.
4 Dass der Beklagte Inhaber einer gut florierenden Getränkefirma ist und keine Zeit zum Betrieb einer Gaststätte hat, dürfte konkludent bestritten (→ Rn. 48) sein, denn wie sollte er sonst die Gaststätte betreiben können.

Kläger	Bl.	Beklagter	Bl.	Prozess-geschichte	Bl.
Zur Zeit der Ersteigerung befanden sich streitige Gegenstände schon in der Hauptstraße 1.	2				
Im Haus befinden sich die herausverlangten Gegenstände.	2				
~~Die im Klageantrag genannten Gegenstände stehen im Eigentum des Klägers.~~ Er hat sie ~~im Zusammenhang mit der Ersteigerung erworben und~~ den Eheleuten Illners zur Nutzung überlassen.[1]	2				
		Der Bekl. war als Bierlieferant auch Inhaber einer titulierten Forderung gegen Frau Illners und hat gegen diese die Mobiliarvollstreckung betrieben. Klavier und CD-Player wurden gepfändet. Herr Illners bestätigt im Pfändungsprotokoll vom 7. Februar 2011 mit seiner Unterschrift, dass die gepfändeten Sachen sein bzw. seiner Frau Eigentum sind und keiner Vorpfändung oder Übereignung unterliegen. ~~Nach der Lebenserfahrung hätte Herr Illners, wenn es mit der Sicherungsübereignung seine Richtigkeit hätte, dem Gerichtsvollzieher diese doch sicher entgegengehalten.~~[2] Die Pfändung ist nach Zahlung (durch den Kläger) aufgehoben worden.	7		
Es waren Mietrückstände der Eheleute Illners gegenüber dem Kl. in Höhe von 15.000,00 EUR aufgelaufen. Dies war der Anlass, dass der	2				

---

1 Dass der Kläger die Gegenstände den Eheleuten Illners überließ, ist wohl unstreitig.
2 Hierbei dürfte es sich um eine Rechtsansicht handeln, obwohl auch eine Beweiserhebung darüber möglich wäre, wie die meisten Menschen in einer entsprechenden Situation reagieren würden.

Kläger	Bl.	Beklagter	Bl.	Prozess-geschichte	Bl.
Kl. das Grundstück nicht mehr halten konnte, so dass es erneut zur Zwangsversteigerung kam.[1]					
19. Dezember 2012 Ersteigerung des Hausgrundstücks Hauptstraße 1 nebst Inventar im Wege der Zwangsversteigerung durch Beklagten.	2	Ersteigerung durch Beklagten stimmt.	5		
		Er hat die Gaststättenräume inzwischen an das Ehepaar Maisberger verpachtet.[2] ~~Beweis: Eheleute Maisberger[3]~~	5		
~~Der Kläger benötigt sie jetzt selbst, da er sie in einer anderen Gaststätte einsetzen will.[4]~~	2				
~~Der Beklagte hat auf das Herausgabeverlangen nicht reagiert, so dass jetzt Klage erhoben werden muss[5]~~.	2	~~Bekl. hat das Verlangen schriftlich zurückgewiesen~~.	7		
Zutreffend ist, dass der Kläger vergeblich versucht hat, seinen Anspruch im Wege einer einstweiligen Verfügung durchzusetzen. Der Beklagte vergisst aber zu erwähnen, dass der Antrag deshalb zurückgewiesen worden ist, weil das Gericht meinte, es bestehe kein Verfügungsgrund.	9	Kl. hat versucht, mit einer einstweiligen Verfügung seinen vermeintlichen Herausgabeanspruch geltend zu machen. In diesem Verfahren ist er durch abweisendes Urteil rechtskräftig unterlegen. Auch deshalb ist die Klage unzulässig, der Antrag im Verfügungsverfahren war derselbe wie in der jetzigen Klage! Beweis: Beizuziehende Akten 2 C 126/13 AG Schwerte	7		

---

1 Wegen der zeitlichen Reihenfolge ist dieser (unstreitige) Vortrag nach oben verschoben worden.
2 Aus der hier aufgenommenen Passage ist ein Teil unstreitig, ein Teil nicht. Die Verpachtung an die Eheleute Maisberger dürfte wohl unstreitig sein. Man könnte im Hinblick darauf, dass der Kläger behauptet, der Beklagte betreibe die Gaststätte, aber auch ein konkludentes Bestreiten annehmen.
3 Da die Verpachtung unstreitig ist, muss der Beweisantritt nicht mehr wiedergegeben werden.
4 Diese unstreitige Tatsache kann gestrichen werden, da sie sicher für den Ausgang des Rechtsstreits nicht relevant ist.
5 Da nicht um die Frage eines sofortigen Anerkenntnisses, § 93, gestritten wird, ist der Vortrag sicher rechtlich irrelevant und daher zu streichen.

Kläger	Bl.	Beklagter	Bl.	Prozess-geschichte	Bl.
		In dem Verfügungsverfahren legte der Kl. folgende eidesstattliche Versicherung der Zeugen Illners vor:	7		
			8		
		Eidesstattliche Versicherung der Eheleute Illners: (hier nicht erneut wiedergegeben)			
		~~Der Beklagte ist nicht Besitzer der herausverlangten Gegenstände.~~[1] Sie befinden sich nach wie vor in dem ersteigerten Haus und werden jetzt mit Erlaubnis des Beklagten von den Pächtern, den Eheleuten Maisberger, genutzt. ~~Beweis: Eheleute Maisberger~~[2]	7		
Das Klavier hat einen Wert von 1.400,00 EUR, der CD-Player von 100,00 EUR.	11				
Unstreitiges zur Widerklage					
~~Die Widerklage ist offensichtlich unbegründet.~~[3] ~~Es handelte sich um einen normalen Verkehrsunfall.~~[4] Der Beklagte mag sich an die Versicherung des Klägers halten.	9	Kläger versuchte mit den Zeugen Illners, die Klagegegenstände aus dem Haus zu holen und an sich zu bringen. Als er dabei von den Zeugen Maisberger gesehen wurde, sprang er in sein Auto, fuhr mit quietschenden Reifen los und zwar direkt vor das Auto des Zeugen Maisberger, das er erheblich beschädigte. ~~Beweis: Zeugnis Eheleute Maisberger~~[5]	7		

---

1 Der Beklagte begründet näher, warum er nicht mehr Besitzer sein will. Damit handelt es sich um eine Rechtsansicht.

2 Da die Tatsache unstreitig ist, muss der Beweisantritt nicht mehr erwähnt werden.

3 Diese Rechtsansicht ist so wenig durch Argumente belegt, dass sie in einem Tatbestand oder Sachbericht sicher nicht wiederzugeben ist. Daher wird sie im Folgenden auch nicht mehr erwähnt.

4 Dies kann gestrichen werden, da es sicher für die Entscheidung ohne Relevanz ist.

5 Da die Tatsache unstreitig ist, muss der Beweisantritt nicht mehr erwähnt werden.

Kläger	Bl.	Beklagter	Bl.	Prozess-geschichte	Bl.
		Es entstand nach einem Gutachten der Dekra ein Sachschaden in Höhe von 4.300,00 EUR, 200,00 EUR waren für das Gutachten zu zahlen. ~~Beweis: Vorzulegendes Gutachten und Rechnung der Dekra; Sachverständigengutachten.~~[1]	7		
		~~Das Fahrzeug war zur Unfallzeit abgemeldet, so dass kein Nutzungsausfallschaden entstand.~~	7		
		Herr Maisberger hat seinen Ersatzanspruch an den Beklagten abgetreten. ~~Beweis: Zeugnis Eheleute Maisberger~~[2]	7		
		Der Kläger wurde von dem Beklagten unter Offenlegung der Abtretung vergeblich zur Zahlung bis zum 19.12.2013 aufgefordert. ~~Beweis: Vorzulegendes Mahnschreiben.~~[3]	7		
Im Hinblick auf die Widerklage wird die Unzuständigkeit des Amtsgerichts Schwerte gerügt.[4] *Es kann nicht sein, dass der Beklagte durch die Widerklage abgetretene Ansprüche in den Rechtsstreit einführt, die mit dem Klagegegenstand nichts zu tun haben.* ~~Jedenfalls ist der Rechtsstreit im Hinblick auf den Streitwert über 5.000,00 EUR auf Antrag des Beklagten an das Landgericht zu verweisen.~~[5]	9				

---

1 Da die Tatsache unstreitig ist, muss der Beweisantritt nicht mehr erwähnt werden.
2 Da die Tatsache unstreitig ist, muss der Beweisantritt nicht mehr erwähnt werden.
3 Da die Tatsache unstreitig ist, muss die Ankündigung des Beweisantritts nicht mehr erwähnt werden.
4 Die Rüge muss erwähnt werden. Sie ist hier hinter die Anträge verschoben worden.
5 Dieser Vortrag ist ohne Relevanz. Der Kläger hätte den Verweisungsantrag im Übrigen selbst stellen können, § 506 Abs. 1.

Kläger	Bl.	Beklagter	Bl.	Prozess-geschichte	Bl.
Streitiger Vortrag					
Es wird bestritten, dass Klavier und CD-Player zur Zeit der Ersteigerung durch den Beklagten noch Zubehör waren.[1]	9	~~Bekl. hat durch Ersteigerung Eigentum an Klavier und CD-Player erworben.~~ *Gegenstände befanden sich bei Ersteigerung auf dem Grundstück.*	6		
Im Dezember 2010 vereinbarten Kl. und Illners, dass zur Sicherheit schon bestehender Forderungen sowie zur Sicherung der laufenden Mieten von 1.500,00 EUR monatlich der gesamte Hausrat der Wohnung und alles vorhandene und noch zu erwerbende Gaststätteninventar dem Beklagten übereignet werden sollte. *Kl. gestattete den Eheleuten Illners, sämtliche Gegenstände weiter zu benutzen.* ~~Beweis: Zeugnis Eheleute Illners; vorzulegende schriftliche Vereinbarung~~ *Ein schriftlicher Übereignungsvertrag existiert nicht. Die Sicherungsübereignung wurde mündlich vereinbart.*[6]	11	~~Der Bekl. hatte keine Kenntnis von einer Übereignung des Eigentums der Familie Illners an den Beklagten, geschweige denn von der Existenz eines Übereignungsvertrages.~~[2] *Falls dieser Vertrag existiert,*[3] ~~sollte er im Original vorgelegt werden, damit ggf. durch eine labortechnische Untersuchung das Alter der Schriftstücke festgestellt werden kann.~~[4] ~~Eine Vereinbarung, wie sie in der eidesstattlichen Versicherung geschildert wird, ist absolut ungewöhnlich.~~[5] *Dass sie getroffen wurde, bestreitet der Bekl. ausdrücklich mit Nichtwissen.*	6	Beweisaufnahme Zeugen Illners	12 f.

---

1 Wie dieser Vortrag des Klägers zu werten ist, ist zweifelhaft. Es könnte sich um eine Rechtsansicht handeln, weil es sich bei dem Begriff »Zubehör« kaum um einen Tatsachenvortrag ausfüllenden Rechtsbegriff (→ Rn. 42) handeln dürfte. Mir liegt aber die Wertung näher, dass der Kläger mit diesem Vortrag die Tatsachen konkludent bestreiten will, die der Beklagte zum Erwerb des Eigentums als Grundstückszubehör vorträgt. Dazu könnte die Behauptung gehören, dass die Gegenstände zur Zeit der Ersteigerung durch den Beklagten auf dem Grundstück waren.

2 Dieser – unstreitige – Vortrag ist höchst wahrscheinlich rechtlich nicht von Bedeutung. Dies kann endgültig nur nach Überprüfung der Rechtslage gesagt werden.

3 Schon aus diesem Vortrag kann gefolgert werden, dass der Kläger den Abschluss des Sicherungsübereignungsvertrages konkludent bestreiten will.

4 Dieses Vorbringen, das als Ankündigung eines Beweisantrags ausgelegt werden kann, ist überholt, weil der Beklagte seinen Vortrag dahin geändert hat, dass die Vereinbarung mündlich getroffen wurde. Es kann aber für die Beweiswürdigung erheblich sein (nach der »Drohung« des Beklagten wechselt der Kläger seinen Vortrag).

5 Es ist zweifelhaft, ob es sich bei diesem Vortrag um eine Tatsachenbehauptung oder eine Rechtsansicht handelt. ME spricht mehr für eine Rechtsansicht, obwohl theoretisch Beweis darüber erhoben werden könnte, was in der Vielzahl der Fälle der Sicherungsübereignung vereinbart wird. Das hätte aber einen eindeutigeren Vortrag des Beklagten zur Voraussetzung gehabt.

6 Dies ist nach dem Wechsel des Vortrags durch den Kläger unstreitig und wäre deshalb grundsätzlich im unstreitigen Teil wiederzugeben. Da aber die Sicherungsübereignung streitig ist und des-

Kläger	Bl.	Beklagter	Bl.	Prozess-geschichte	Bl.
		Die Vereinbarung kann allenfalls den Zweck gehabt haben, die übrigen Gläubiger des Ehepaares Illners zu benachteiligen. ~~Darüber hinaus schränkt sie auch die wirtschaftliche Bewegungsfreiheit der Eheleute Illners in nicht mehr zulässiger Weise ein~~; zumal wohl bei einer so weitreichenden Sicherungsübereignung eine Übernahme des gesamten Vermögens vorliegen dürfte.[1]	7		
Beklagter betreibt jetzt die Gaststätte.	2	~~Beklagter betreibt die Gaststätte nicht. Er ist Inhaber einer florierenden Getränkefirma und hat wahrhaftig keine Zeit dazu.~~	5		
		~~Die vorläufige Einstellung der Zwangsvollstreckung ist erforderlich, da sonst die Gegenstände durch den Gerichtsvollzieher noch vor Durchführung der mündlichen Verhandlung abgeholt werden.~~[2]	7		
Rechtsansichten					
Die im Klageantrag genannten Gegenstände stehen im Eigentum des Klägers. Er hat sie im Zusammenhang mit der Ersteigerung erworben und den Eheleuten Illners zur Nutzung überlassen.	2	Bekl. hat durch Ersteigerung Eigentum an Klavier und CD-Player erworben.	6		

halb erstmals im streitigen Klägervortrag erwähnt werden kann, wäre es unverständlich, im unstreitigen Teil des Tatbestandes zu erwähnen, dass eine (gar nicht bekannte) Vereinbarung nicht schriftlich getroffen wurde. Daher dürfte es besser sein, dies im streitigen Teil zu erwähnen, aber als unstreitig kenntlich zu machen (siehe den Tatbestandsvorschlag → Rn. 768).

1 Dies ist nicht vom Kläger bestritten worden. Es handelt sich aber auch nicht um substanziierten Vortrag, sondern um eine Vermutung (»dürfte«). Dies ist sicherlich nicht im unstreitigen Teil wiederzugeben, sondern wörtlich im streitigen Teil, um dann in den Gründen die Wertung vorzunehmen, dass es sich nicht um substanziierten Vortrag handelt.

2 Dieser Vortrag bezieht sich auf die beantragte einstweilige Einstellung der Zwangsvollstreckung und ist, da die Endentscheidung zu entwerfen ist, nicht mehr von Bedeutung.

Kläger	Bl.	Beklagter	Bl.	Prozessgeschichte	Bl.
		Nach der Lebenserfahrung hätte Herr Illners, wenn es mit der Sicherungsübereignung seine Richtigkeit hätte, dem Gerichtsvollzieher diese bei der Pfändung doch sicher entgegengehalten.	7		
Die Sicherungsübereignung ist wirksam.	9	Der Inhalt der in der eidesstattlichen Versicherung wiedergegebenen Vereinbarung reicht für die Annahme einer wirksamen Übereignung nicht aus.	7		8
		Eine Vereinbarung, wie sie in der eidesstattlichen Versicherung geschildert wird, ist absolut ungewöhnlich.	7		
		Darüber hinaus schränkt sie auch die wirtschaftliche Bewegungsfreiheit der Eheleute Illners in nicht mehr zulässiger Weise ein.	7		
		Der Beklagte ist nicht Besitzer der herausverlangten Gegenstände.	7		
Prozessgeschichte					
				Aussage Frau Illners: (hier nicht erneut wiedergegeben).	12
				Aussage Herr Illners: (hier nicht erneut wiedergegeben).	13
				Versäumnisurteil am 28.1.2014 zugestellt, Einspruch am 31.1.2014 eingegangen.	4

Damit ist die Stoffsammlung überarbeitet worden. Ihr kann nunmehr der unstreitige Sachvortrag in zeitlicher Reihenfolge entnommen werden; es wird deutlich, was streitiges Vorbringen und Rechtsansicht ist.

Damit kann das Gutachten erstattet werden; der Tatbestand sollte noch nicht angefertigt werden, weil erst nach genauer Kenntnis der Rechtslage klar ist, was an wesentlichen Punkten in den Tatbestand aufzunehmen ist bzw. was weggelassen werden kann.

B. Gutachten

738 Ich schlage vor, das Versäumnisurteil aufzuheben und die Klage sowie die Widerklage (diese, weil unzulässig) abzuweisen.

I. Zulässigkeit des Einspruchs

739 Der Einspruch gegen das Versäumnisurteil ist zulässig. Er ist fristgerecht innerhalb der Notfrist von 2 Wochen nach Zustellung (§ 339 Abs. 1) eingegangen (Zustellung 28.1., Eingang 31.1.2014). Die Formalien des § 340 Abs. 2 sind eingehalten.[1]

II. Klage

1. Zulässigkeit

740 Bedenken könnten hinsichtlich der Zuständigkeit des Amtsgerichts Schwerte und einer entgegenstehenden rechtkräftigen Entscheidung bestehen.

a) Zuständigkeit. Fraglich ist zunächst, ob das Amtsgericht Schwerte sachlich zuständig ist. Der Wert der vom Kläger herausverlangten Gegenstände beträgt 1.500,00 EUR. Dies übersteigt die Zuständigkeitsgrenze des § 23 Nr. 1 GVG nicht. Sofern der Wert von Klage und Widerklage zusammenzurechnen sind, könnte aber die sachliche Zuständigkeit des Landgerichts gegeben sei. Fraglich ist aber, ob sich eine Erhöhung des Streitwerts durch eine Widerklage auf die Zulässigkeit der Klage auswirken kann. § 506 Abs. 1 besagt als Rechtsfolge nur, dass auf Antrag einer Partei an das Landgericht zu verweisen ist. Aus der Vorschrift folgt aber auch, dass der durch die Widerklage erhobene Anspruch zur Zuständigkeit des Landgerichts gehören muss. Daraus folgt einmal, dass hinsichtlich der Zuständigkeit die Werte von Klage und Widerklage nicht zusammenzurechnen sind, wie es auch in § 5 geregelt ist, zum anderen aber auch, dass nicht die Klage, sondern die Widerklage unzulässig ist, wenn der erhobene Anspruch zur Zuständigkeit des Landgerichts gehört und kein Verweisungsantrag gestellt wird. Also ist die Klage nicht wegen sachlicher Unzuständigkeit des Amtsgerichts unzulässig.

741 **b) Entgegenstehende Rechtskraft.** Fraglich ist, ob die materielle Rechtskraft der Entscheidung im einstweiligen Verfügungsverfahren eine erneute Verhandlung und Entscheidung verbietet[2] und deshalb die Klage unzulässig ist.

Dies setzt zunächst voraus, dass eine Entscheidung im einstweiligen Verfügungsverfahren überhaupt der materiellen Rechtskraft fähig ist. Die hM billigt der formell rechtskräftigen Entscheidung im einstweiligen Verfügungsverfahren eine (beschränkte) materielle Rechtskraftwirkung zu (→ Rn. 517).[3] Fraglich ist aber, ob diese Rechtskraftwirkung nur im Hinblick auf weitere Verfahren des einstweiligen Rechtsschutzes eintritt oder auch im Hinblick auf die Geltendmachung im normalen Prozess. Eine Rechtskraftwirkung auch im normalen Prozess würde voraussetzen, dass die Streitgegenstände beider Verfahren identisch sind. Streitgegenstand eines Verfahrens im einstweiligen Rechtsschutz ist aber ein prozessualer Anspruch auf eine zwangsweise Sicherung des materiellen Anspruchs, nicht der materielle Anspruch selbst.[4] Damit liegen unterschiedliche Streitgegenstände vor; die materielle Rechtskraft der Entscheidung im einstweiligen Verfügungsverfahren steht einer Entscheidung im normalen Prozess nicht entgegen.[5] Hinzu kommt hier, dass der Antrag nicht wegen Fehlens eines Anspruchs zurückgewiesen worden ist, sondern wegen Fehlens eines Verfügungsgrundes, also einer speziellen Voraussetzung des einstweiligen Rechtsschutzes. Über den materiellen An-

---

1 Dies alles ist so unzweifelhaft, dass es durchaus im Urteilsstil dargestellt werden kann.
2 S. zu dieser Konsequenz Msk/*Musielak* § 322 Rn. 9, 5; Thomas/Putzo/*Reichold* § 322 Rn. 8, 11.
3 *Brox/Walker* Rn. 1642, 1552 mwN; Thomas/Putzo/*Reichold* § 922 Rn. 8.
4 BGH NJW 1980, 191; Thomas/Putzo/*Reichold* vor § 916 Rn. 2.
5 AllgM, *Brox/Walker* Rn. 1520 mwN; Thomas/Putzo/*Reichold* vor § 916 Rn. 2.

spruch selbst wurde nicht entschieden. Damit kann er auch dann nicht rechtskräftig aberkannt sein, wenn man den Verfügungsgrund nicht als Zulässigkeitsvoraussetzung ansieht, sondern ihn zur Begründetheit des Verfügungsantrags rechnet (dazu → Rn. 504).

Die Rechtskraft der Entscheidung im Verfügungsverfahren steht also nicht entgegen.

c) Zwischenergebnis. Die Klage ist zulässig.

2. Begründetheit

a) Schlüssigkeit des Klägervorbringens. Dem Kläger könnte ein Anspruch aus § 985 BGB auf Herausgabe des Klaviers und des CD-Players zustehen. **742**

aa) Der Kläger könnte das Eigentum an den Gegenständen durch **Ersteigerung** des Grundstücks Hauptstr. 1 in Dortmund gem. § 90 Abs. 2 ZVG[1] erlangt haben. Das Grundstück ist zwangsversteigert worden, dem Kläger ist das Grundstück zugeschlagen worden.

Die Versteigerung müsste sich auf die herausverlangten Gegenstände erstreckt haben. Gem. § 55 Abs. 1 ZVG erstreckt sich die Versteigerung auf die Gegenstände deren Beschlagnahme noch wirksam ist. Gem. § 20 Abs. 2 ZVG umfasst die Beschlagnahme auch diejenigen Gegenstände, auf welche sich bei einem Grundstücke die Hypothek erstreckt. Gem. § 1120 BGB erstreckt sich die Hypothek ua auf in das Eigentum des Grundstückseigentümers gelangtes Zubehör des Grundstücks.

Zu prüfen ist also, ob Klavier und CD-Player Zubehör (§ 97 BGB) sind. Wesentlicher Bestandteil des Grundstücks sind sie nicht. Sie könnten aber dazu bestimmt sein, dem wirtschaftlichen Zweck der Hauptsache zu dienen (§ 97 Abs. 1 S. 1 BGB am Ende). Abzustellen ist gem. § 97 BGB auf die Hauptsache. Hier handelt es sich um ein Grundstück, dessen wesentlicher Bestandteil, das Haus, zu Wohn- und gewerblichen Zwecken genutzt wird; die Wohnung ist zudem vermietet. Klavier und CD-Player dienen jedenfalls dann, wenn sie in der Gaststätte zur Unterhaltung der Gäste genutzt werden, dem wirtschaftlichen Zweck der Hauptsache. Fraglich ist, ob dies auch bei einer Nutzung in der Wohnung der Fall ist. Berücksichtigt man, dass für eine Wohnung mit Klavier und CD-Player jedenfalls bei einem daran interessierten Mieter ein höherer Mietzins erzielt werden könnte, könnte dies bejaht werden. Es müsste aber zusätzlich hinzukommen, dass ein Klavier und CD-Player in einer Mietwohnung im Verkehr als Zubehör angesehen werden (§ 97 Abs. 1 S. 2 BGB). Dies kann nicht bejaht werden, da solche Gegenstände regelmäßig nicht mit vermietet werden. Zubehör können Klavier und CD-Player also nur dann sein, wenn sie in der Gaststätte genutzt werden. Wo sich die Gegenstände befinden, hat der Kläger aber schriftsätzlich nicht vorgetragen.

Der Kläger könnte sich aber die Aussage der Zeugin Illners zu Eigen gemacht haben, das Klavier werde gelegentlich bei Tanzveranstaltungen in der Gaststätte genutzt und der CD-Player sei an der Theke angeschlossen und werde dort genutzt. Ausdrücklich ist dies nicht geschehen, auch ist nicht ersichtlich, dass die Aussage auf einen Vorhalt des Klägers gemacht worden ist. Der Kläger könnte sich die ihm günstige Aussage aber stillschweigend zu Eigen gemacht haben (→ Rn. 32). Es ist streitig, ob davon auszugehen ist, dass eine Partei, für welche eine bekundete Tatsache günstig ist, sie sich stillschweigend zu Eigen macht.[2] Es ist aber zu bejahen. Das Gericht hätte nämlich gem. § 139 nach Durchführung der Beweisaufnahme darauf hinweisen müssen oder zumindest sollen, dass die Aussage des Zeugen zu den neuen Umständen nicht berücksichtigt werden kann, weil es sich nicht um Parteivortrag handelt. Spätestens dann würde die Partei, für welche die Aussage günstig ist, sich diese zu Eigen machen.

Es ist also als Vortrag des Klägers zu berücksichtigen, dass der CD-Player an der Theke der Gaststätte angeschlossen ist und dort genutzt wird. Damit ist die Zubehöreigenschaft zu bejahen. Ein Musikgerät zur Unterhaltung der Gäste einer Gaststätte wird auch im Verkehr als Zubehör angesehen (§ 97 Abs. 1 S. 2 BGB). Es könnten aber die Voraussetzungen des § 97 Abs. 2 S. 1 BGB vorliegen. Insbesondere fallen Sachen des Mieters, die er in die Mieträume einbringt, unter diese Vorschrift. Der Mietvertrag ist aber erst nach der Ersteigerung geschlossen worden, sodass die Voraussetzungen der Norm nicht vorliegen.

---

1 Die eigentliche Kette lautet §§ 90 Abs. 2, 55 Abs. 1, 20 Abs. 2 ZVG, §§ 1120, 97 BGB. Solche Paragrafenketten sollten aber nicht genannt werden. Die eigentliche Norm, aus der sich der Eigentumserwerb ergeben kann, ist § 90 Abs. 2 ZVG. Nur diese muss genannt werden. Unter die weiteren Normen ist im Rahmen des folgenden Gutachtens zu subsumieren.

2 Bejahend BGH NJW-RR 2010, 495 Rn. 5; *Anders/Gehle* A Rn. 20; aA *Schuschke/Kessen/Höltje* Rn. 130.

Das Klavier steht in den Privaträumen und wird nur gelegentlich in der Gaststätte genutzt. Wie bereits festgestellt, ist es im Rahmen der Nutzung innerhalb einer Wohnung nicht als Zubehör anzusehen. Zu prüfen bleibt, ob dies anders ist, wenn das Klavier gelegentlich in der Gaststätte genutzt wird. Insoweit greift aber § 97 Abs. 2 S. 1 BGB ein: Die vorübergehende Nutzung einer Sache für den wirtschaftlichen Zweck einer anderen begründet nicht die Zubehöreigenschaft.

Beim CD-Player handelt es sich also um Zubehör, beim Klavier nicht.

Gem. § 1120 BGB erstreckt sich die Hypothek nur auf Zubehör, das in das Eigentum der Grundstückseigentümer gelangt ist. Der Kläger hat nichts dazu vorgetragen, wer zu der Zeit, als er das Grundstück ersteigerte, Eigentümer des CD-Players war. Dieser Vortrag wäre entbehrlich (dazu → Rn. 154 ff.), wenn eine Vermutung für das Eigentum der Eheleute Illners sprechen würde. In Betracht kommt § 1006 Abs. 1 BGB. Der CD-Player war zur Zeit der Ersteigerung im Besitz der Eheleute Illners.[1] Damit wird vermutet, dass mit Besitzerwerb Eigenbesitz und damit Eigentum begründet wurde (→ Rn. 157). Damit liegt auch diese Voraussetzung des § 1120 BGB vor.[2]

Zwischenergebnis: Der Kläger hat also durch die Ersteigerung das Eigentum am CD-Player, nicht am Klavier erworben.

743 **bb)** Der Kläger könnte das Eigentum am Klavier durch die Sicherungsübereignung erlangt haben, also durch Einigung nach § 929 S. 1 BGB und Übergabe nach § 930 BGB.

Der Kläger und die Zeugen haben sich über eine Übereignung der Gegenstände geeinigt, § 929 BGB. Fraglich ist, ob die Einigung hinreichend bestimmt war. Die Übereignung muss durch einfache äußere Merkmale so bestimmt bezeichnet sein, dass jeder Kenner des Vertrags sie zu dem Zeitpunkt, zu dem das Eigentum übergehen soll, unschwer von anderen unterscheiden kann.[3] Sie betraf alle Gegenstände, die sich im Hause, also in der Wohnung und der Gaststätte befanden. Dies wird von der ganz herrschenden Meinung zutreffend als ausreichend angesehen.[4] Jeder Kenner des Vertrags kann die übereigneten Gegenstände unschwer unterscheiden: es sind alle im Haus vorhandenen.

Die Übergabe könnte nach § 930 BGB ersetzt worden sein. Die Vereinbarung eines Besitzkonstituts liegt nach herrschender Meinung schon in der Sicherungsabrede, wenn sich daraus nur ergibt, dass die Weiterbenutzung bis zur Verwertungsreife vereinbart ist.[5] Außerdem gestattete der Kläger den Eheleuten Illners die Nutzung des Klaviers, so dass eine Leihe oder ein leihähnliches Verhältnis und damit ein Besitzmittlungsverhältnis iSd § 868 BGB vereinbart worden ist.

Die Eheleute Illners müssten zur Übertragung des Eigentums berechtigt gewesen sein. Hierzu trägt der Kläger nichts vor; hier gilt aber wiederum die Vermutung des § 1006 BGB (s. → Rn. 742).

744 **cc)** Der Kläger beruft sich zur Eigentumsbegründung in erster Linie auf die Ersteigerung, hilfsweise aber auch auf die Sicherungsübereignung.[6] Fraglich ist, ob er das Eigentum am CD-Player durch die

---

1 Die entgegenstehende Aussage von Frau Illners, der CD-Player sei erst nach der Ersteigerung auf das Grundstück gebracht worden, wäre für den Kläger ungünstig, so dass er sie sich nicht stillschweigend zu Eigen gemacht hat.

2 Wären die Eheleute Illners nicht Eigentümer, hätte der Kläger, die Zubehöreigenschaft vorausgesetzt, gleichwohl durch die Ersteigerung Eigentum erworben. Dies ergibt sich aus §§ 90 Abs. 2, 55 Abs. 2 ZVG. Dass die Rechte nach § 37 Nr. 5 ZVG geltend gemacht wurden, ergibt sich aus dem Klägervortrag nicht.

3 Palandt/*Bassenge* § 930 BGB Rn. 3.

4 Vgl. BGH NJW 1989, 2542, 2543: »sämtliche Einrichtungsgegenstände«; Palandt/*Bassenge* § 930 BGB Rn. 4.

5 Palandt/*Bassenge* § 930 BGB Rn. 9.

6 Das Ergebnis des Gutachtens kann sein, dass ein zur Begründung des Eigentums durch Ersteigerung notwendiges Tatbestandsmerkmal vom Beklagten bestritten wird. Dieses Bestreiten muss gegenüber der vorgetragenen Sicherungsübereignung nicht erheblich sein. Dann könnte der Klage auch ohne Beweisaufnahme über das bestrittene Tatbestandsmerkmal stattgegeben werden. Dem steht nicht entgegen, dass die Eigentumsübertragung durch Sicherungsübereignung logisch voraussetzt, dass der Kläger noch nicht Eigentümer war. Wenn der Kläger sich hilfsweise auf die Sicherungsübereignung beruft, macht er sich damit hilfsweise zu Eigen, dass ein Tatbestandsmerkmal für den Eigentumserwerb durch Ersteigerung fehlt. Dies ist kein Verstoß gegen die Wahrheitspflicht, weil sich der Kläger damit nur auf den Vortrag des Beklagten einstellt.

Sicherungsübereignung erlangt hat, wenn dies nicht durch die Ersteigerung geschehen ist. Dies ist aus den hinsichtlich des Klaviers genannten Gründen zu bejahen.

dd) Zwischenergebnis: Der Kläger ist zunächst Eigentümer von Klavier und CD-Player geworden.

ee) Der Kläger könnte das Eigentum dadurch verloren haben, dass der Beklagte später das Grundstück ersteigert hat, § 90 Abs. 2 ZVG.[1]   **745**

Das Eigentum am Klavier hat der Kläger nicht verloren, da es nicht Grundstückszubehör war (→ Rn. 742). Allerdings hat er das Eigentum am CD-Player verloren, wie sich aus dem zuvor Gesagten ergibt. Die Versteigerung erstreckte sich gem. §§ 55 Abs. 1, 20 Abs. 2 ZVG, §§ 1120, 97 BGB auf den CD-Player, da dieser im Eigentum des Grundstückseigentümers stehendes Zubehör war. Wenn der Kläger das Eigentum an dem CD-Player vor der Ersteigerung des Beklagten durch Sicherungsübereignung erlangt hat, ist es gem. §§ 90 Abs. 2, 55 Abs. 2 ZVG auf den Beklagten übergegangen, weil Rechte nach § 37 Nr. 5 ZVG nicht geltend gemacht wurden.

ff) Der Beklagte müsste, damit ein Anspruch aus § 985 BGB besteht, Besitzer des Klaviers sein. Unmittelbarer Besitzer ist er nicht. Er könnte aber mittelbarer Besitzer sein. Er hat das Haus mit Klavier und CD-Player an die Eheleute Maisberger vermietet bzw. verpachtet. Damit ist ein Besitzmittlungsverhältnis iSd § 868 BGB begründet worden, der Beklagte ist mittelbarer Besitzer.   **746**

Fraglich ist, ob mittelbarer Besitz für den Anspruch aus § 985 BGB ausreichend ist. § 985 BGB differenziert im Gegensatz zu §§ 986 Abs. 1, 991 Abs. 1 BGB bzgl. der Besitzform nicht, sondern spricht nur von »Besitzer«. Dies spricht dafür, dass auch der mittelbare Besitz unter § 985 BGB fällt. Gründe, für den mittelbaren Besitzer eine Ausnahme zu machen, sind nicht ersichtlich.

Ein Recht zum Besitz für den Beklagten ist nicht ersichtlich. Dies gibt ihm der Erwerb durch Zwangsversteigerung nicht. Vertragsbeziehungen zwischen Kläger und Beklagten sind nicht vorgetragen.

gg) Ergebnis der Schlüssigkeitsprüfung. Aus dem Klägervorbringen ergibt sich ein Anspruch aus § 985 BGB auf Herausgabe des Klaviers. Dagegen hat er einen Anspruch auf Herausgabe des CD-Players nicht schlüssig vorgetragen.   **747**

b) Erheblichkeit des Beklagtenvorbringens. aa) Zu prüfen ist, ob das Bestreiten, dass das Klavier sich zur Zeit der Ersteigerung durch den Kläger auf dem Grundstück befand, erheblich ist. Da das Klavier nicht mit ersteigert, sondern das Eigentum nach dem Vorbringen des Klägers durch Sicherungsübereignung übertragen wurde, ist zweifelhaft, ob der Beklagte auch bestreiten will, dass das Klavier von der Sicherungsübereignung umfasst war. Dies kann nicht angenommen werden. Der Beklagte hat lediglich »bestritten«, dass es sich bei dem Klavier um Zubehör handelt. Darin kann ein konkludentes Bestreiten der zur Begründung der Zubehöreigenschaft vorgetragenen Tatsachen gesehen werden, nicht aber ein Bestreiten, dass das Klavier zur Zeit der Sicherungsübereignung im Haus war. Selbst wenn man Letzteres annehmen würde, wäre das Bestreiten unerheblich, weil nach dem Klägervortrag zulässigerweise[2] und bestimmt genug vereinbart wurde, dass auch künftig angeschafftes Inventar sicherungsübereignet wird.   **748**

Das genannte Bestreiten ist nicht erheblich.

bb) Das Bestreiten der Sicherungsübereignung könnte erheblich sein. Dazu müsste es zunächst zulässig sein. Der Beklagte hat mit Nichtwissen bestritten, was nur unter den Voraussetzungen des § 138 Abs. 4 zulässig ist. Der Beklagte hat weder an der behaupteten Sicherungsübereignung durch eigene Handlung mitgewirkt noch hat er sie selbst wahrgenommen. Damit ist das Bestreiten zulässig.   **749**

Ist die Sicherübereignung nicht erfolgt, hat der Kläger durch sie kein Eigentum erworben.

Da der Eigentumserwerb nur durch Sicherungsübereignung erfolgt sein kann, ist das zulässige Bestreiten des Beklagten erheblich.

cc) Zu prüfen könnte sein, ob nach dem Vorbringen des Beklagten die Einigung über den Eigentumserwerb, sollte sie erfolgt sein, nichtig ist.   **750**

---

1 Dass der Beklagte das Grundstück nach dem Kläger ersteigert hat, ist unstreitig und damit auch Vortrag des Klägers. Diese möglicherweise anspruchsvernichtende Tatsache ist daher in der Klägerstation zu untersuchen.

2 Palandt/*Bassenge* § 930 BGB Rn. 6, 10.

Sie könnte gem. § 117 BGB nichtig sein. Hierfür könnte die Bekundung der Zeugen hinsichtlich des Klaviers sprechen, da es möglicherweise nicht in ihrem Eigentum stand. Weiter hat der Zeuge Illners bekundet, es sei nicht zu befürchten gewesen, dass der Kläger die Sachen weggeholt. Dies könnte sich der Beklagte als für ihn günstig zu Eigen gemacht haben. Auch macht der Beklagte geltend, die Vereinbarung sei nur zur Gläubigerbenachteiligung getroffen worden. Trotzdem sind die Voraussetzungen des § 117 BGB nicht ersichtlich. Gerade wenn die Zeugen und der Kläger wollten, dass die Gegenstände dem Zugriff vollstreckender Gläubiger entzogen werden sollte, mussten sie zur Erreichung dieser Rechtsfolge eine wirksame Eigentumsübertragung vereinbaren.[1] Ein Scheingeschäft würde hierzu gerade nicht ausreichen.

Zu prüfen ist, ob die Einigung nach § 138 BGB nichtig ist. Eine Knebelung der Zeugen durch den Vertrag mit dem Kläger ist dem Vortrag des Beklagten nicht zu entnehmen. Die Voraussetzungen einer Kredittäuschung sind nicht ersichtlich. Eine Gläubigerbenachteiligungsabsicht kann nur in seltenen Ausnahmefällen zur Nichtigkeit nach § 138 BGB führen. Hier ist zunächst an die Spezialregelung im Anfechtungsgesetz zu denken. Dass eine über die Vorschriften des Anfechtungsgesetzes hinausgehende Gläubigerbenachteiligung vorliegt, hat der Beklagte nicht vorgetragen.

Das genannte Vorbringen des Beklagten ist nicht erheblich.

751 **dd)** Der Beklagte dürfte sich hilfsweise die Bekundung der Zeugen Illners zu Eigen gemacht haben, dass das Klavier nicht in ihrem Eigentum, sondern dem der Eltern der Zeugen stand. Trifft dies zu, dann waren die Zeugen nicht berechtigt, das Eigentum zu übertragen; die für den Kläger sprechende Vermutung des § 1006 BGB wäre widerlegt. Ein gutgläubiger Erwerb des Klägers scheitert gem. § 933 BGB jedenfalls daran, dass ihm der Besitz an dem Klavier nicht übergeben worden ist. Dieses (Hilfs-) Vorbringen des Beklagten ist erheblich.

752 **c) Replik. aa)** Zum Bestreiten der Sicherungsübereignung repliziert der Kläger nicht.

bb) Wird zu Gunsten des Beklagten angenommen, dass dieser sich die Aussage der Zeugen, das Klavier stehe im Eigentum der Eltern der Zeugen, stillschweigend zu Eigen gemacht hat, muss zu Gunsten des Klägers angenommen werden, dass dieser dies bestreitet. Würde man dies anders sehen, wäre also der stillschweigend zu Eigen gemachte Vortrag mangels ausdrücklichen Bestreitens unstreitig, würde dies zu dem Ergebnis führen, dass eine Aussage von Zeugen, die mit dem Beweisthema nichts zu tun hat, aber rechtlich von Bedeutung ist, der Entscheidung ohne Beweiswürdigung zu Grunde gelegt wird. Würde die Partei in der Verhandlung gefragt, ob sie diese Aussage gegen sich geltend lassen will, würde sie im Zweifel mit »nein« antworten wie die Partei, der die Aussage günstig ist, mit »ja«. Damit ist diese (stillschweigend unterstellte Behauptung) des Beklagten bestritten. Da einfaches Bestreiten ausreicht, ist das Bestreiten gegenüber dem behaupteten Eigentum der Eltern erheblich. Nicht erheblich ist es gegenüber dem Bestreiten der Sicherungsübereignung.

Ergebnis: Der Kläger hat gegenüber der Behauptung des Beklagten, das Klavier stehe im Eigentum der Eltern der Zeugen, erheblich repliziert.

753 **d) Zwischenergebnis.** Der Kläger hat schlüssig vorgetragen, durch Sicherungsübereignung das Eigentum am Klavier erlangt zu haben. Demgegenüber ist das Bestreiten der Sicherungsübereignung insgesamt erheblich. Insgesamt erheblich ist auch das bestrittene Hilfsvorbringen des Beklagten, das Klavier habe im Eigentum der Zeugen Illners gestanden.

754 **e) Beweisstation.** Nach dem bisherigen Gutachten sind folgende Punkte beweiserheblich:
– die behauptete Sicherungsübereignung,
– die Frage, wer zur Zeit der evtl. Sicherungsübereignung Eigentümer des Klaviers war.

Fraglich ist, wer die Beweislast hat, da davon die Fassung der Beweisfrage abhängt.[2] Der Kläger muss beweisen, dass die Sicherungsübereignung vereinbart wurde, da er nur aus dieser sein Eigentum her-

---

1 S. dazu BGHZ 36, 85, 88; *Lackmann* Rn. 604; Palandt/*Grüneberg* § 117 BGB Rn. 5.
2 Bei der Sicherungsübereignung liegt auf der Hand, dass der Kläger die Beweislast hat. Deshalb würde ich, wenn es nur darum ginge, die Frage der Beweislast nicht aufwerfen, sondern gleich die im Folgenden genannte Beweisfrage formulieren. Die Frage der Beweislast für das Eigentum am Klavier ist aber, wie noch ausgeführt wird, problematisch und deshalb zu erörtern. Der Umfang der Beweiswürdigung kann je nach Frage: »Ist bewiesen, dass die Zeugen Illners berechtigt waren, das Eigentum am Klavier zu übertragen?« oder »Ist bewiesen, dass die Eltern der Zeugen Illners Eigentümer des Klaviers waren?« ganz unterschiedlich sein.

leiten kann. Die Beweisfrage lautet also: »Ist bewiesen, dass die Zeugen Illners dem Kläger das Sicherungseigentum an dem Klavier übertragen haben?«

Fraglich ist, wer beweisen muss, ob die Zeugen Illners berechtigt waren, das Eigentum an dem Klavier zu übertragen. Da dies rechtlich Voraussetzung des Eigentumserwerbs durch den Kläger ist, könnte angenommen werden, dass den Kläger die Beweislast trifft. Allerdings wird gem. § 1006 BGB vermutet, dass die Zeugen Illners zur Zeit der behaupteten Sicherungsübereignung Eigentümer des Klaviers waren (→ Rn. 742). Es ist Sache des Beklagten, diese Vermutung zu widerlegen. Ihn trifft also die Beweislast. Die Beweisfrage lautet: »Ist bewiesen, dass die Eltern der Zeugen Illners zur Zeit der Sicherungsübereignung Eigentümer des Klaviers waren?«

aa) Ist bewiesen, dass die Zeugen Illners dem Kläger das Sicherungseigentum an dem Klavier übertragen haben?[1]   **755**

Dies hat der Zeuge Illners bestätigt. Nach seiner Aussage ist im Januar oder März 2010 das Eigentum zur Sicherheit an den Kläger übereignet worden.

Die Aussage der Zeugin Illners demgegenüber bestätigt das Beweisthema kaum. Sie war bei entsprechenden Vereinbarungen nicht zugegen. Sie kennt die Angelegenheit nur vom Hörensagen. Damit kann ihre Aussage nur als Indiz für die Richtigkeit der Behauptung gewertet werden. Wäre eine Vereinbarung nicht getroffen worden, hätte es wenig Sinn gemacht, ihr davon zu erzählen. Zwingend ist das Indiz aber nicht; es sind Gründe denkbar, dass ihr von der Übereignung erzählt wurde, ohne dass sie getroffen wurde, etwa weil sie geplant war. Zudem ergibt sich aus der Aussage nicht, wer ihr von der Vereinbarung erzählt hat. Damit kann der Aussage der Zeugin allenfalls ein sehr geringer Indizwert zugesprochen werden.

Gegen die Glaubhaftigkeit der Aussage des Zeugen Illners spricht, dass eine schriftliche Vereinbarung nicht getroffen worden ist. Dies hätte besonders deshalb nahe gelegen, weil der Kläger Rechtsanwalt ist und die Schwierigkeiten eines Beweises ohne Urkunden kennen muss. Auch ergeben sich Widersprüche sowohl aus dem Vortrag des Klägers, als auch aus der Zeugenaussage. Einmal ist der Zeitpunkt der Vereinbarung unterschiedlich angesetzt. Nach der Bekundung des Zeugen Illners soll sie im Januar oder März 2010 getroffen worden sein, nach der Behauptung des Klägers im Dezember 2010. Weiter hat der Kläger zunächst behauptet, es sei eine schriftliche Vereinbarung getroffen worden, und angekündigt, diese vorlegen zu wollen. Erst als der Beklagte die Vorlage der Urkunde verlangte und deren Überprüfung ankündigte, hat er sich insoweit berichtigt.

Bei der Glaubwürdigkeit der Zeugen ist zu berücksichtigen, dass es letztlich darum geht, dass sie die Gegenstände behalten und benutzen wollten. Sie haben danach ein erhebliches Eigeninteresse am Ausgang des Rechtsstreits zugunsten des Klägers, das noch durch ihre Freundschaft mit dem Kläger verstärkt wird. Außerdem hat der Zeuge Illners ausgesagt, dass der Kläger von seinem Verwertungsrecht gar keinen Gebrauch machen will. Letztlich sind demnach praktisch nur die Zeugen an diesem Rechtsstreit interessiert. Sie haben außerdem, gemeinsam mit dem Kläger, versucht, die jetzt herausverlangten Gegenstände eigenmächtig vom Grundstück des Beklagten zu holen. Weiterhin haben die Zeugen die im Vorprozess vorgelegte eidesstattliche Versicherung unterzeichnet und darin die Vereinbarung eines Besitzmittlungsverhältnisses bestätigt, obwohl sie nicht einmal wissen, worum es sich dabei handelt. Die Zeugin Illners hat ohne Einschränkung die Sicherungsübereignung bestätigt, obwohl sie nach ihrer jetzigen Aussage bei der Vereinbarung nicht zugegen war. Andererseits haben die Zeugen die für den Kläger ungünstige Aussage gemacht, dass das Klavier den Eltern der Zeugin Illners gehört. Dies spricht jedenfalls für den Wahrheitsgehalt der Aussage des Zeugen Illners. Dagegen spricht die Reaktion der Zeugin Illners auf den Vorhalt, das Klavier habe nicht übereignet werden dürfen, gegen ihre Glaubwürdigkeit. Sie versuchte ihre Aussage damit zu »retten«, dass sie nunmehr aussagte, das Klavier sei ihr geschenkt worden.

---

1 Im Gutachten sind beide Beweisfragen mE auch dann zu beantworten, wenn das Ergebnis der ersten Beweisfrage lautet, dass der Beweis nicht gelungen ist. Dann lautet das Ergebnis zwar Klageabweisung, auf die zweite Beweisfrage kommt es nicht mehr an. Es ist aber nicht sicher, dass derjenige, an den sich das Gutachten richtet, der Beweiswürdigung folgt. Dann aber ist es sinnvoll, die Beweiswürdigung mit dieser Frage zu beginnen. Das Vorbringen zum Eigentum am Klavier ist nur Hilfsvorbringen des Beklagten, der die Sicherungsübereignung bestreitet.

Dass der Zeuge Illners den Gerichtsvollzieher beim Pfändungsversuch nicht auf das Dritteigentum hinwies, ist demgegenüber nicht von Bedeutung, weil nach seiner Aussage zum Zeitpunkt der Pfändung die Sicherungsübereignung möglicherweise noch nicht erfolgt war.

Insgesamt sprechen so viele Umstände gegen die Glaubhaftigkeit des Sachvortrags des Klägers und der Zeugenaussagen sowie die Glaubwürdigkeit von Kläger und Zeugen, dass der Beweis der Sicherungsübereignung nicht als erbracht angesehen werden kann.

756 **bb)** Ist bewiesen, dass die Eltern der Zeugen Illners zur Zeit der Sicherungsübereignung Eigentümer des Klaviers waren?

Dies haben die Zeugen Illners durch ihre Aussage bestätigt. Da diese Aussage zu Lasten des Klägers und der am Ausgang des Rechtsstreits besonders interessierten Zeugen geht, bestehen keine Bedenken, den Zeugen insoweit Glauben zu schenken. Dass die Zeugin Illners ihre Aussage auf Vorhalt relativierte, ist demgegenüber nicht glaubhaft. Der Zeugin war die Bedeutung der Frage, wer Eigentümer des Klaviers war, nicht klar. Als es ihr durch den Vorhalt klar wurde, hat sie ihre Aussage geändert, ohne dass eine Schenkung wirklich nachvollziehbar wäre. Dies spricht dafür, dass ihre zunächst gemachte Aussage zutreffend war.

Damit ist bewiesen, dass das Klavier im Eigentum der Eltern der Zeugin Illners stand.[1]

757 **cc) Zwischenergebnis:** Die Beweisaufnahme hat ergeben, dass das Klavier im Eigentum der Eltern der Zeugin Illners stand. Die Sicherungsübereignung ist nicht bewiesen worden. Dies geht zu Lasten des Klägers, der, wie bereits ausgeführt, die Beweislast hat. Weiterer Beweis ist nicht angetreten.

3. Ergebnis zur Klage

758 Die Klage ist unbegründet, da der Kläger nach dem Parteivorbringen und dem Ergebnis der Beweisaufnahme weder Eigentümer des Klaviers noch des CD-Players ist. Das Eigentum am CD-Player hat er durch die Ersteigerung des Grundstücks durch den Beklagten verloren. Das Eigentum am Klavier hat er nicht durch Ersteigerung erlangt, die Sicherungsübereignung hat er nicht bewiesen; sie hätte im Übrigen nicht zum Eigentumserwerb durch den Kläger führen können, weil nach der Beweisaufnahme die Zeugen Illners nicht zur Eigentumsübertragung berechtigt waren.

III. Widerklage

1. Zulässigkeit

759 **a) Sachliche Zuständigkeit.** Der Wert der Widerklage liegt nicht über 5.000,00 EUR; der Wert der Klage wird gem. § 5 nicht addiert. Damit ist das Amtsgericht sachlich zuständig.

760 **b) § 33.** Zweifelhaft könnte aber die örtliche Zuständigkeit sein, wenn man in § 33 mit der hM in der Literatur (→ Rn. 436) eine Regelung der örtlichen Zuständigkeit sieht. Für eine Klage des Beklagten gegen den Kläger ist das Amtsgericht Schwerte örtlich nicht zuständig, wenn von § 33 abgesehen wird.

Die herrschende Rechtsprechung sieht demgegenüber in der Vorschrift eine besondere Zulässigkeitsvoraussetzung für die Erhebung einer Widerklage.

Da hier der Kläger die Unzuständigkeit gerügt hat, muss die Streitfrage nicht beantwortet werden, denn die Voraussetzungen der Norm werden von Rechtsprechung und Literatur gleich gesehen. Erforderlich ist gem. § 33 Abs. 1 ein Zusammenhang zwischen Klage und Widerklage bzw. mit den gegen den Klageanspruch geltend gemachten Verteidigungsmitteln. Es muss ein **rechtlicher** Zusammenhang sein,[2] der ähnlich wie bei § 273 Abs. 1 BGB dann vorliegt, wenn die Ansprüche aus einem einheitlichen innerlich zusammengehörigen Lebensverhältnis entspringen.[3] Diese Voraussetzungen liegen hier nicht vor. Es geht um auf Eigentum gestützte Ansprüche des Klägers einerseits und um an den Beklagten abgetretene verkehrsrechtliche Ansprüche bzw. solche aus unerlaubter Handlung des

---

1 Es ist nicht unproblematisch, Zeugen einen Teil der Aussage zu glauben, einen anderen Teil nicht. Aber hier spricht gerade die Reaktion der Zeugin Illners auf den Vorhalt dafür, dass sie zunächst richtig ausgesagt hatte.

2 Ganz hM; Msk/*Heinrich* § 33 Rn. 2 mwN.

3 Msk/*Heinrich* § 33 Rn. 2 mwN; Thomas/Putzo/*Reichold* § 33 Rn. 4.

Herrn Maisberger anderseits. Das sind ganz unterschiedliche Lebenssachverhalte. Nur durch die Abtretung kann der Beklagte diese Ansprüche, die mit den Verteidigungsmitteln gegen die Klage nichts zu tun haben, geltend machen.

Die Widerklage ist demnach unzulässig.

2. Hilfsgutachten zur Begründetheit[1]

a) Schlüssigkeit des Vorbringens des Widerklägers. Der Beklagte könnte gegen den Kläger einen **761** abgetretenen (§ 398 BGB) Anspruch aus §§ 7 Abs. 1, 18 Abs. 1 StVG haben. Der Kläger als Halter (§ 7 StVG) und Fahrer (§ 18 Abs. 1 StVG) seines Fahrzeugs hat beim Betrieb seines Fahrzeugs eine Sache, das Fahrzeug des Herrn Maisberger beschädigt. Das Verschulden (§ 18 Abs. 1 S. 2 StVG) wird vermutet, es ergibt sich aber auch aus dem Vortrag des Beklagten. Der Kläger ist unachtsam und mit zu großer Geschwindigkeit (quietschende Reifen) auf das ordnungsgemäß parkende Fahrzeug aufgefahren.

Eine Mithaftung des Herrn Maisberger nach § 17 StVG scheidet aus, weil dessen Fahrzeug zur Unfallzeit geparkt und damit nicht in Betrieb war.

Ersatzpflichtig ist der Halter bzw. Fahrer selbst; er haftet mit seiner Versicherung als Gesamtschuldner (§ 3 Nr. 1, 2 PflVG). Er kann damit gem. § 421 S. 1 BGB (auch allein) in Anspruch genommen werden.[2]

Der Schaden am Fahrzeug des Herrn Maisberger erfordert Reparaturkosten in Höhe von 4.300,00 EUR. Auch Gutachtenkosten gehören zum erstattungsfähigen Schaden jedenfalls bei einem derart hohen Sachschaden. Damit hat der Beklagte einen abgetretenen Anspruch auf Zahlung von 4.500,00 EUR aus §§ 7 Abs. 1, 18 Abs. 1 StVG schlüssig vorgetragen.

Ebenso schlüssig ergibt sich aus dem Vortrag des Beklagten ein Anspruch auf Zahlung von 4.500,00 EUR aus § 823 Abs. 1 BGB iVm § 398 BGB. Der Kläger hat schuldhaft das Eigentum des Herrn Maisberger beschädigt und dadurch einen ersatzfähigen Schaden in genannter Höhe verursacht.[3]

b) (Wider-)Beklagtenstation. Der Kläger hat keinen abweichenden Sachverhalt vorgetragen. Damit **762** entfällt eine Erheblichkeitsprüfung.

3. Ergebnis zur Widerklage

Die Widerklage ist unzulässig. Allerdings steht dem Beklagten der geltend gemachte Anspruch aus **763** abgetretenem Recht zu.

IV. Entscheidungsstation

1. Tenor zur Hauptsache

Die Klage ist unbegründet, die Widerklage unzulässig. Damit sind Klage und Widerklage abzuweisen. **764** Zudem ist über den Bestand des Versäumnisurteils zu entscheiden, das sachlich zu Unrecht ergangen ist. Im Hinblick auf das Versäumnisurteil ergibt sich der Tenor aus § 343 S. 2. Er lautet insgesamt:

> »Das Versäumnisurteil vom 23.1.2014 (2 C 543/13) wird aufgehoben. Klage und Widerklage werden
> abgewiesen.«

---

1 Der Bearbeitervermerk von Klausuren schreibt in der Regel vor, dass ein Hilfsgutachten anzufertigen ist, wenn der Bearbeiter zur Unzulässigkeit der Klage kommt. Dies dürfte mangels anderer Angaben auch bei einer unzulässigen Widerklage gelten.
2 Dies ist offensichtlich; die Ausführungen werden nur gemacht, weil der Kläger offenbar anderer Auffassung ist. Dies darf, da Rechtsfrage, keinesfalls in der (Wider-)Beklagtenstation untersucht werden!
3 Das ist nach den Ausführungen zu § 18 Abs. 1 StVG so klar, dass die Ausführungen im Urteilsstil gehalten werden können.

2. Nebenentscheidungen

765 **a) Kostenentscheidung.** Der Streitwert der Klage beträgt 1.500,00 EUR, der der Widerklage 4.500,00 EUR, der gebührenrechtlich maßgebliche Gesamtstreitwert gem. § 45 Abs. 1 S. 1 GKG 6.000,00 EUR. Damit verliert der Kläger am Gesamtwert gemessen wegen eines Viertels, der Beklagte wegen drei Vierteln. Außerdem hat der Beklagte die durch seine Säumnis entstandenen Kosten zu tragen (§ 344). Die Kostenentscheidung lautet:

> »Von den Kosten des Rechtsstreits haben der Kläger 1/4 und der Beklagte 3/4 zu tragen. Hiervon sind die Kosten der Säumnis des Beklagten ausgenommen; diese hat der Beklagte allein zu tragen.«

766 **b) Vorläufige Vollstreckbarkeit.** Aus dem Urteil kann nur wegen der Kosten vollstreckt werden. Der Kläger kann wegen 3/4 seiner Anwaltskosten und 3/4 der vorausgezahlten Gerichtskosten vollstrecken, der Beklagte wegen 1/4 seiner Anwaltskosten. Bei einem Gesamtstreitwert von 6.000,00 EUR liegen die für eine Partei vollstreckbaren Kosten nicht über 1.500,00 EUR (beim Kläger (354,00 EUR * 2,5 + 165 * 3)*3/4= 1035,00 EUR zzgl. Mehrwertsteuer auf die Anwaltsgebühren und Auslagenpauschale). Damit findet § 708 Nr. 11 Anwendung. Da das Urteil berufungsfähig ist, findet § 711 und nicht § 713 Anwendung. Die Entscheidung lautet:

> »Das Urteil ist vorläufig vollstreckbar. Der Gegner der jeweils vollstreckenden Partei kann die Zwangsvollstreckung durch Sicherheitsleistung abwenden, wenn nicht die vollstreckende Partei Sicherheit in Höhe von 110% des zu vollstreckenden Betrages leistet. Die Höhe der Sicherheit beträgt 110% des Betrages, den die vollstreckende Partei nach diesem Urteil insgesamt vollstrecken kann.«

767 **c) Zulassung der Berufung.** Eine Entscheidung über die Zulassung der Berufung ist nicht erforderlich, da das Urteil für beide Parteien berufungsfähig ist. Die Beschwer des Klägers beträgt 1.500,00 EUR, die des Beklagten 4.500,00 EUR und liegt damit jeweils über 600,00 EUR (§ 511 Abs. 2 Nr. 1).

C. Entscheidungsvorschlag

768 Amtsgericht Schwerte
2 C 543/13

Im Namen des Volkes!
Urteil

In dem Rechtsstreit

des Rechtsanwalts Bernd Christians, Kaiserstraße 27, 44046 Dortmund,

Klägers und Widerbeklagten,

– Prozessbevollmächtigter: Rechtsanwalt Christians in Dortmund –

gegen

den Kaufmann Wilhelm Fiege, Hörder Str. 46, 58239 Schwerte,

Beklagten und Widerklägers,

– Prozessbevollmächtigter: Rechtsanwalt Marten in Schwerte –

hat das Amtsgericht Schwerte
auf die mündliche Verhandlung vom 15. März 2014
durch den Richter am Amtsgericht Heine
für Recht erkannt:

Das Versäumnisurteil vom 23.1.2014 (2 C 543/13) wird aufgehoben. Klage und Widerklage werden abgewiesen.
Von den Kosten des Rechtsstreits haben der Kläger 1/4 und der Beklagte 3/4 zu tragen. Hiervon sind die Kosten der Säumnis des Beklagten ausgenommen; diese hat der Beklagte allein zu tragen.
Das Urteil ist vorläufig vollstreckbar. Der Gegner der jeweils vollstreckenden Partei kann die Zwangsvollstreckung durch Sicherheitsleistung abwenden, wenn nicht die vollstreckende Partei Sicherheit in

Höhe von 110% des zu vollstreckenden Betrages leistet. Die Höhe der Sicherheit beträgt 110% des Betrages, den die vollstreckende Partei nach diesem Urteil insgesamt vollstrecken kann.

Tatbestand[1]

Der Kläger verlangt gestützt auf durch eine Zwangsversteigerung bzw. eine behauptete Sicherungsübereignung erlangtes Eigentum Herausgabe eines Klaviers und eines CD-Players. Der Beklagte macht mit einer Widerklage einen Schadenersatzanspruch aus abgetretenem Recht wegen der Beschädigung eines Fahrzeugs geltend.

2008 kaufte die Zeugin Illners das Hausgrundstück Hauptstr. 1 in Dortmund. Im Haus befinden sich Privaträume sowie eine Gaststätte. Wegen finanzieller Schwierigkeiten (ua hatte auch der Kläger Honoraransprüche gegen die Zeugen)[2] wurde die Zwangsversteigerung des Grundstücks angeordnet. Der Kläger ersteigerte das Grundstück 2010, um den Zeugen die Wohnung zu erhalten und den Betrieb der Gaststätte zu ermöglichen.[3] Zu diesem Zeitpunkt befanden sich die mit der Klage herausverlangten Gegenstände (Gesamtwert 1.500,00 EUR) bereits auf dem Grundstück. Der Kläger vermietete das Hausgrundstück an die Zeugen und gestattete ihnen, die jetzt herausverlangten Gegenstände zu nutzen. 2011 führte der Beklagte die Mobiliarvollstreckung gegen die Zeugin Illners durch. Klavier und CD-Player wurden gepfändet. Der Zeuge Illners bestätigte in dem Pfändungsprotokoll, dass die Sachen sein bzw. seiner Frau Eigentum seien.

In der Folgezeit liefen Mietzinsrückstände der Zeugen in Höhe von 15.000,00 EUR auf, sodass der Kläger das Grundstück nicht mehr halten konnte. Es wurde am 19.12.2012 durch den Beklagten im Wege der Zwangsversteigerung erworben.

Im Verfahren 2 C 12613 beantragte der Kläger den Erlass einer einstweiligen Verfügung auf Herausgabe der mit der Klage herausverlangten Gegenstände. In dem Verfahren legte er eine eidesstattliche Versicherung der Zeugen Illners vor. Zu deren Inhalt wird Bezug genommen auf die Anlage zum Schriftsatz des Beklagten vom 30.1.2014. Der Antrag wurde rechtskräftig mit der Begründung zurückgewiesen, es bestehe kein Verfügungsgrund.

Der Kläger behauptet, im Dezember 2010 mit den Zeugen Illners vereinbart zu haben, dass zur Sicherung schon bestehender Forderungen sowie zur Sicherung der laufenden Mieten von 1.500,00 EUR monatlich der gesamte Hausrat der Wohnung und alles vorhandene und noch zu erwerbende Gaststätteninventar dem Beklagten übereignet werden sollte. Er habe den Zeugen gestattet, sämtliche Gegenstände weiter zu benutzen. Der Kläger hat zunächst behauptet, es existiere ein schriftlicher Übereignungsvertrag, den er vorlegen werde. Nachdem der Beklagte dies bestritten und angekündigt hatte, einen evtl. vorgelegten Vertrag labortechnisch untersuchen zu lassen, hat der Kläger in der mündlichen Verhandlung erklärt, es existiere kein schriftlicher Vertrag.

Gegen den Beklagten ist ein dem ursprünglichen Antrag des Klägers entsprechendes Versäumnisurteil im schriftlichen Vorverfahren ergangen, auf dessen Inhalt Bezug genommen wird.[4] Der Einspruch des Beklagten gegen das am 28.5.2014 zugestellte Versäumnisurteil vom 23.1.2014 ist am 31.5.2014 eingegangen.

Der Kläger beantragt,
> das Versäumnisurteil aufrecht zu erhalten.

Der Beklagte beantragt,
> das Versäumnisurteil aufzuheben und die Klage anzuweisen.

---

1 Sie sollten den Tatbestand mit der geordneten Stoffsammlung vergleichen. Sie werden feststellen, dass einige Einzelheiten, auf die es nach der gefundenen Lösung rechtlich nicht ankommt, weggelassen wurden bzw. durch Bezugnahme wiedergegeben sind. Das ist der Unterschied zwischen Tatbestand und Sachbericht.
2 Dies ist für die Beweiswürdigung von Bedeutung und deshalb zu erwähnen.
3 Dies ist für die Beweiswürdigung von Bedeutung und deshalb zu erwähnen.
4 Der ursprüngliche Antrag des Klägers muss mitgeteilt werden. Dies geschieht hier durch Bezugnahme auf das Versäumnisurteil.

Der Beklagte bestreitet die Sicherungsübereignung mit Nichtwissen.[1] Wegen seiner weiteren Einwände gegen die Klageforderung wird auf den Inhalt seines Schriftsatzes vom 30.5.2014 Bezug genommen.[2]

Der Beklagte hat Widerklage erhoben. Mit ihr macht er einen abgetretenen Anspruch des Herrn Maisberger wegen einer Beschädigung dessen Fahrzeugs durch den Kläger geltend. Zum vom Kläger nicht bestrittenen Sachvortrag hierzu im Einzelnen sowie zur Schadenhöhe wird Bezug genommen auf den Inhalt des Schriftsatzes vom 30.5.2014.[3]

Der Beklagte beantragt,
> den Kläger zu verurteilen, an ihn, den Beklagten 4.500,00 EUR nebst Zinsen in Höhe von 5 Prozentpunkten über dem jeweiligen Basiszinssatz seit dem 20.12.2014 zu zahlen.

Der Kläger beantragt,
> die Widerklage abzuweisen.

Der Kläger hält die Widerklage aus abgetretenem Recht für unzulässig und rügt die Unzuständigkeit des Amtsgerichts Schwerte.

Das Gericht hat über die Parteibehauptungen Beweis erhoben durch uneidliche Vernehmung der Zeugen Herr und Frau Illners. Zum Ergebnis der Beweisaufnahme wird Bezug genommen auf die Niederschrift der mündlichen Verhandlung vom 15.3.2014.

Entscheidungsgründe

Gem. § 343 S. 2 ZPO war auf den zulässigen, insbesondere rechtzeitig eingelegten[4] Einspruch des Beklagten hin das Versäumnisurteil aufzuheben, weil die Klage unbegründet ist (I.). Die Widerklage ist unzulässig (II.).

I.

Die zulässige (1.) Klage ist unbegründet (2.).

1.

Die Klage ist zulässig.

Das Amtsgericht Schwerte ist sachlich zuständig. Der Wert der vom Kläger herausverlangten Gegenstände beträgt 1.500,00 EUR. Dies übersteigt die Zuständigkeitsgrenze des § 23 Nr. 1 GVG nicht. Die Werte von Klage und Widerklage sind gem. § 5 hinsichtlich der Zuständigkeit nicht zusammenzurechnen.

Die Klage ist auch nicht deshalb unzulässig, weil ihr die materielle Rechtskraft der Entscheidung im einstweiligen Verfügungsverfahren entgegenstehen würde. Es kann dahin stehen, ob eine Entscheidung im einstweiligen Verfügungsverfahren überhaupt der materiellen Rechtskraft fähig ist. Jedenfalls würde diese Rechtskraft nicht der Geltendmachung des Anspruchs im normalen Prozess entgegenstehen. Letzteres würde voraussetzen, dass die Streitgegenstände beider Verfahren identisch sind. Dies ist nicht der Fall, weil Streitgegenstand eines Verfahrens im einstweiligen Rechtsschutz ein prozessualer Anspruch auf eine zwangsweise Sicherung des materiellen Anspruchs, nicht der materielle Anspruch selbst ist. Hinzu kommt hier, dass der Antrag nicht wegen Fehlens eines Anspruchs zurückgewiesen worden ist, sondern wegen Fehlens eines Verfügungsgrundes, also einer speziellen Voraussetzung des einstweiligen Rechtsschutzes. Über den materiellen Anspruch selbst wurde nicht entschieden.

2.

Die Klage ist unbegründet. Der Kläger hat mangels Eigentum gegen den Beklagten keinen Herausgabeanspruch aus der einzig in Betracht kommenden Anspruchsgrundlage § 985 BGB. Er hat evtl. durch die

---

1 Grundsätzlich muss Bestreiten nicht erwähnt werden, weil das Bestreiten schon aus der Darstellung als streitig bei der anderen Partei gekennzeichnet wird. Dies ist bei Bestreiten mit Nichtwissen anders, weil dessen Zulässigkeit geprüft werden muss.

2 Der weitere Sachvortrag des Beklagten ist für die gefundene Entscheidung irrelevant.

3 Es werden hier nur die Tatsachen wiedergegeben, die zur Beurteilung der Zulässigkeit der Widerklage notwendig sind. Weil diese unzulässig ist, müssen die Einzelheiten zum Schadenersatzanspruch nicht mitgeteilt werden.

4 Die Rechtzeitigkeit ist so offensichtlich, dass eine nähere Begründung nicht erforderlich ist.

Ersteigerung erworbenes Eigentum durch die erneute Zwangsversteigerung verloren (2.1). Dass ihm die herausverlangten Gegenstände zur Sicherheit übereignet worden sind und er dadurch Eigentum erlangt hat, hat er nicht nachgewiesen (2.2.).

2.1.

Es kann dahin stehen, ob der Kläger durch den Zuschlag in der Zwangsversteigerung gem. § 90 ZVG Eigentum an den herausverlangten Gegenständen erlangt hat. Wenn es sich um Grundstückszubehör handelte und sich deshalb die Versteigerung gem. §§ 55 Abs. 1, 20 Abs. 2, 1120 BGB auf die herausverlangten Gegenstände erstreckte und der Kläger damit Eigentum erworben hätte, hätte er es durch die nachfolgende Ersteigerung durch den Beklagten nach denselben Vorschriften wieder verloren. Wenn der Kläger an den Gegenständen Eigentum durch Sicherungsübereignung erlangt hätte, hätte er es ebenso verloren, wenn es sich um Grundstückszubehör handelte. Da Rechte nach § 37 Nr. ZVG nicht geltend gemacht wurden, kommt es gem. § 55 Abs. 2 ZVG auf das Eigentum am (unterstellten) Zubehör nicht an.

2.2.

Dass der Kläger Eigentum durch Einigung und Übergabe gem. §§ 929, 930 BGB erlangt (und es dann, wenn es sich nicht um Zubehör handelte, auch nicht verloren) hat, hat er nicht bewiesen. Insgesamt sprechen so viele Umstände gegen die Glaubhaftigkeit des Sachvortrags des Klägers und der Zeugenaussagen sowie die Glaubwürdigkeit von Kläger und Zeugen, dass der Beweis der vom Zeugen Illners bestätigten Sicherungsübereignung nicht als erbracht angesehen werden kann.

Gegen die Glaubhaftigkeit der Aussage des Zeugen Illners spricht, dass eine schriftliche Vereinbarung nicht getroffen worden ist. Dies hätte besonders deshalb nahe gelegen, weil der Kläger Rechtsanwalt ist und die Schwierigkeiten eines Beweises ohne Urkunden kennen muss. Auch ergeben sich Widersprüche sowohl aus dem Vortrag des Klägers, als auch aus der Zeugenaussage. Einmal ist der Zeitpunkt der Vereinbarung unterschiedlich angesetzt. Nach der Bekundung des Zeugen Illners soll sie im Januar oder März 2010 getroffen worden sein, nach der Behauptung des Klägers im Dezember 2010. Weiter hat der Kläger zunächst behauptet, es sei eine schriftliche Vereinbarung getroffen worden, und angekündigt, diese vorlegen zu wollen. Erst als der Beklagte die Vorlage der Urkunde verlangte und deren Überprüfung ankündigte, hat er sich insoweit berichtigt.

Die Aussage der Zeugin Illners bestätigt das Beweisthema kaum. Sie war bei entsprechenden Vereinbarungen nicht zugegen. Sie kennt die Angelegenheit nur vom Hörensagen. Damit kann ihre Aussage nur als Indiz (mit geringem Wert) für die Richtigkeit der Behauptung gewertet werden. Wäre eine Vereinbarung nicht getroffen worden, hätte es wenig Sinn gemacht, ihr davon zu erzählen. Zwingend ist das Indiz aber nicht; es sind Gründe denkbar, dass ihr von der Übereignung erzählt wurde, ohne dass sie getroffen wurde, etwa weil sie geplant war. Zudem ergibt sich aus der Aussage nicht, wer ihr von der Vereinbarung erzählt hat.

Bei der Glaubwürdigkeit der Zeugen war zu berücksichtigen, dass es letztlich darum geht, dass sie die Gegenstände behalten und benutzen wollten. Sie haben ein erhebliches Eigeninteresse am Ausgang des Rechtsstreits zugunsten des Klägers, das noch durch ihre Freundschaft mit dem Kläger verstärkt wird. Außerdem hat der Zeuge Illners ausgesagt, dass der Kläger von seinem Verwertungsrecht gar keinen Gebrauch machen will. Letztlich sind demnach praktisch nur die Zeugen an diesem Rechtsstreit interessiert. Sie haben außerdem, gemeinsam mit dem Kläger, versucht, die jetzt herausverlangten Gegenstände eigenmächtig vom Grundstück des Beklagten zu holen. Weiterhin haben die Zeugen die im Vorprozess vorgelegte eidesstattliche Versicherung unterzeichnet und darin die Vereinbarung eines Besitzmittlungsverhältnisses bestätigt, obwohl sie nicht einmal wissen, worum es sich dabei handelt. Die Zeugin Illners hat ohne Einschränkung die Sicherungsübereignung bestätigt, obwohl sie nach ihrer jetzigen Aussage bei der Vereinbarung nicht zugegen war. Unter diesen Umständen kann die Tatsache, dass die Zeugen die für den Kläger ungünstige Aussage gemacht haben, dass das Klavier den Eltern der Zeugin Illners gehört, das Gericht nicht von der Glaubhaftigkeit ihrer Aussage überzeugen. Dies spricht zwar für den Wahrheitsgehalt der Aussage des Zeugen Illners. Dagegen spricht die Reaktion der Zeugin Illners auf den Vorhalt, das Klavier habe nicht übereignet werden dürfen, gegen ihre Glaubwürdigkeit. Sie versuchte ihre Aussage damit zu »retten«, dass sie nunmehr aussagte, das Klavier sei ihr geschenkt worden. Beim Zeugen Illners konnte nicht festgestellt werden, dass er sich darüber klar war, dass seine Aussage zu Lasten des Klägers ging.

Dass der Zeuge Illners den Gerichtsvollzieher beim Pfändungsversuch nicht auf das Dritteigentum hinwies, ist demgegenüber nicht von Bedeutung, weil nach seiner Aussage zum Zeitpunkt der Pfändung die Sicherungsübereignung möglicherweise noch nicht erfolgt war.

Die Beweislast hat der Kläger, weil die Klage nur Erfolg haben konnte, wenn er Eigentümer der herausverlangten Gegenstände wäre. Weiteren Beweis hat er nicht angetreten.

II.

Die Widerklage ist gem. § 33 ZPO unzulässig.

Es kann dahinstehen, ob mit der herrschenden Rechtsprechung in der Vorschrift eine besondere Zulässigkeitsvoraussetzung für die Erhebung einer Widerklage zu sehen ist oder, wie die herrschende Auffassung in der juristischen Literatur annimmt, eine die Zuständigkeit regelnde Norm. Der Kläger hat die Unzuständigkeit gerügt.

Die von Rechtsprechung und Literatur einheitlich beurteilten Voraussetzungen des § 33 ZPO liegen nicht vor. Erforderlich ist ein rechtlicher Zusammenhang zwischen Klage und Widerklage, der ähnlich wie bei § 273 Abs. 1 BGB dann vorliegt, wenn die Ansprüche aus einem einheitlichen innerlich zusammengehörigen Lebensverhältnis entspringen. Dieser Zusammenhang fehlt. Es geht in der Klage um auf Eigentum gestützte Ansprüche des Klägers und in der Widerklage um an den Beklagten abgetretene verkehrsrechtliche Ansprüche bzw. solche aus unerlaubter Handlung des Herrn Maisberger. Das sind ganz unterschiedliche Lebenssachverhalte. Nur durch die Abtretung kann der Beklagte diese Ansprüche, die mit den Verteidigungsmitteln gegen die Klage nichts zu tun haben, geltend machen.

III.

Die prozessualen Nebenentscheidungen folgen aus den §§ 91, 92, 344, 708 Nr. 11, 711 ZPO.

IV.

Gegen dieses Urteil ist für beide Parteien das Rechtsmittel der Berufung statthaft. Die Berufung ist binnen eines Monats schriftlich durch einen Rechtsanwalt beim Landgericht Hagen, xy-Straße 13, Hagen, einzulegen.

3. Abschnitt. Anwaltsklausur

A. Akteninhalt

I. Auftragsschreiben

769

ARV-Anwaltsregressversicherungs-AG **Gerichtsstr. 123** **33098 Paderborn**	Paderborn, 14. November 2013

Rechtsanwälte Glücklich & Kollegen
Detmolder Straße 10
33098 Paderborn

Sehr geehrte Herren Rechtsanwälte,

wir sind Versicherer des Rechtsanwalts Glücklos, gegen den Regressansprüche geltend gemacht werden. Unsere Berechtigung zur Mandatserteilung ergibt sich aus den Versicherungsbedingungen, die Mandatierung erfolgt im Übrigen im Einvernehmen mit dem Versicherungsnehmer. Herr Rechtsanwalt Glücklos ist in der Regel als Strafverteidiger tätig, hat aber einen alten Bekannten, den Anspruchsteller Dr. Iwan Marbuse, zivilrechtlich beraten und vertreten.

Die Sache ist, humorvoll ausgedrückt, dem Namen unseres Versicherungsnehmers entsprechend verlaufen. Die von ihm vorgeschlagene und auch anwaltlich vertretene Klage des Herrn Dr. Marbuse wurde rechtskräftig abgewiesen (Landgericht Paderborn 3 O 100/12). Nunmehr nimmt Herr Dr. Marbuse ihn auf Schadenersatz vor dem Amtsgericht Paderborn in Anspruch. Mit Schreiben vom 20.8.2013 forderte er zur Zahlung von 29.300,00 EUR auf (Anlage 1). Nachdem der Versicherungsnehmer sich gegen eine Inanspruchnahme verwahrt hatte (Anlage 2), wurde ihm am 2. Oktober 2013 eine Klage zugestellt (Anlage 3).

Wir bitten Sie, die Sache sowohl prozessrechtlich wie auch materiell-rechtlich zu begutachten und uns das Ergebnis mitzuteilen. Die Sache eilt. Das Amtsgericht, das die Akte des Landgerichts beigezogen hat, hat frühen ersten Termin auf den 18. Dezember 2013 bestimmt; die Klageerwiderungsfrist endet am 27. November 2013. Der Sachverhalt ist in der Klageschrift im Wesentlichen zutreffend dargestellt. Jedoch sind wir der Auffassung, dass der hieraus hergeleitete Schadenersatzanspruch nicht besteht. Mit dem Verzicht auf eigene Gebühren für die Berufungsinstanz hat der Versicherungsnehmer weitergehende Schadenersatzansprüche nicht akzeptiert. Im Übrigen sind seine Gebührenansprüche für das Verfahren in 1. Instanz, die sich auf 2.064,65 EUR belaufen, bisher nicht geltend gemacht worden. Eine Kopie der Honorarrechnung, die dem Kläger noch nicht übersandt wurde, ist beigefügt (Anlage 4).

In prozessualer Hinsicht fragt sich, ob die Teilklage, die betragsmäßig genau auf die Zuständigkeit des Amtsgerichts zugeschnitten ist und dadurch die an sich gegebene Zuständigkeit des Landgerichts unterläuft, so akzeptiert werden muss. Ein Verfahren vor dem Landgericht mit der Möglichkeit der Berufung zum OLG wäre uns lieber. Auch bitten wir zu prüfen, ob und ggf. wie es prozessual möglich und sinnvoll ist, im Rahmen des anhängigen Verfahrens eine Gesamtklärung des vollen von Herrn Dr. Marbuse geltend gemachten Schadenersatzanspruchs herbeizuführen.

Übrigens hat sich die Gegenseite außer der amtsgerichtlichen Teilklage noch einen weiteren prozessualen Schachzug einfallen lassen. So ist dem Versicherungsnehmer gestern der Schriftsatz vom 12. November 2013 zugestellt worden, der ebenfalls (Anlage 5) beifügt wird. Wir halten die prozessuale Zulässigkeit für zweifelhaft.

Wir bitten Sie, das Mandat zu übernehmen.

ppa
Qualling, Assessor iur.

II. Anlage 1: Anspruchsschreiben

Dr. Iwan Marbuse   Paderborn, 20.8.2013   **770**
Glockengasse 21
33097 Paderborn

Herrn Rechtsanwalt
Franz-Josef Glücklos
Pechstr. 12
33097 Paderborn

Schadenersatzanspruch für verlorenen Prozess

Sehr geehrter Herr Rechtsanwalt,
im Frühjahr letzten Jahres verlor ich als Kläger bekanntlich einen Prozess vor dem Landgericht Paderborn gegen Herrn Frankenstein, Aktenzeichen 3 O 100/12, bei dem Sie mich vertraten.
Die Berufung, zu der Sie mir geraten haben, haben Sie bedauerlicherweise zu spät eingelegt. Dies werden Sie nicht abstreiten wollen.
Ich meine, dass Sie für den Schaden, der in der verlorenen Forderung und den Prozesskosten besteht, einstehen müssen. Ich hatte als selbstverständlich angenommen, dass Sie von sich aus entsprechend Zahlung leisten würden.
Ich setze Ihnen eine Frist zur Zahlung der 29.300,00 EUR auf mein Ihnen bekanntes Konto bis zum 15.9.2013.
Sollte bis dahin die Forderung nicht beglichen sein, werde ich den Rechtsweg bestreiten.

Mit freundlichen Grüßen
Dr. Marbuse

III. Anlage 2: Antwortschreiben

771 **Anwaltskanzlei Glücklos**   Paderborn, 25.8.2013
Pechstr. 12
33097 Paderborn

Herrn Dr. Iwan Marbuse
Glockengasse 21
33097 Paderborn

Schadenersatzanspruch Marbuse ./. Frankenstein, 3 0 100/12 LG Paderborn
Ihr Schreiben vom 20.08.2014
Mein Zeichen: Marbuse 394/99Bl

Sehr geehrter Herr Dr. Marbuse,

mit Ihrem Schreiben vom 20. 8. machen Sie offenbar Schadenersatzansprüche wegen angeblich fehlerhafter Prozessführung in dem Rechtsstreit Marbuse ./. Frankenstein, 3 0 100/12 Landgericht Paderborn, gegen mich geltend.

Ich kann Ihrem Verlangen leider nicht nachkommen, da es nicht berechtigt ist. Es ist immer bedauerlich, wenn ein Rechtsstreit verloren wird; meist liegt es an der Weltfremdheit und am Unverständnis der Richter. Hier könnte mein – zugegeben – Versäumnis, die Berufung rechtzeitig einzulegen, für Sie sogar vorteilhaft gewesen sein, wenn das OLG Hamm zu der gleichen Auffassung wie das Landgericht Paderborn gelangt wäre. Das hat Ihnen weitere Kosten erspart.

Ihre Schadenersatzansprüche muss ich daher zurückweisen, wenn ich auch vorsorglich meine Versicherung informiert habe. Ich wiederhole meinen bereits geäußerten Verzicht auf meine Honoraransprüche für die Prozessführung in der 2. Instanz ohne Anerkennung einer Rechtspflicht. Damit meine ich, Ihnen hinreichend entgegen gekommen zu sein.

Allerdings habe ich auf das mir zustehende Honorar für Ihre Vertretung in 1. Instanz nicht verzichtet. Sollten Sie Ihre Ansprüche tatsächlich gerichtlich verfolgen, sähe ich mich gezwungen, Ihnen die Kosten in Rechnung zu stellen und den Anspruch auch prozessual zu verfolgen.

Hochachtungsvoll
Glücklos
Rechtsanwalt

IV. Anlage 3: Klageschrift

Rechtsanwälte Fidel, Castro & Partner   Paderborn, 27.9.2013   **772**
Bruchweg 19
33097 Paderborn

An das
Amtsgericht
Paderborn

Klage

In Sachen
des Zahnarztes Dr. Iwan Marbuse, Glockengasse 21, 33097 Paderborn,

Klägers,

Prozessbevollmächtigte: Rechtsanwälte Fidel, Castro & Partner, Bruchweg 19, 33097 Paderborn,
gegen
den Rechtsanwalt Franz-Josef Glücklos, Pechstr. 12, 33097 Paderborn,

Beklagten,

erheben wir auftragsgemäß Klage und werden in der mündlichen Verhandlung beantragen:

Der Beklagte wird verurteilt, an den Kläger 5.000,00 EUR nebst Zinsen in Höhe von 5 Prozentpunkten über dem jeweiligen Basiszinssatz seit Rechtshängigkeit zu zahlen.

Begründung:

Der Beklagte ist in dem Rechtsstreit Marbuse gegen Frankenstein als Prozessbevollmächtigter des Klägers tätig geworden. Dabei hat er seine Sorgfaltspflichten verletzt. Er hat dem Kläger zur Berufung gegen das klageabweisende Urteil geraten, aber die Berufungsfrist versäumt, so dass der Kläger diesen Prozess endgültig verloren hat.

Beweis: Beiziehung der Akte des Landgerichts Paderborn 3 0 100/12

Der Kläger nimmt den Beklagten deshalb auf Schadenersatz aus allen in Betracht kommenden rechtlichen Gesichtspunkten in Anspruch.
Hintergrund des genannten Prozesses mit Herrn Frankenstein war ein Kaufvertrag über einen Behandlungsstuhl, den der Kläger am 10. Juli 2011 mit Herrn Dr. Eisenbarth zum Preis von 22.500,00 EUR geschlossen hat.

Beweis im Bestreitensfall: Vorlage des schriftlichen Kaufvertrags

Die Übergabe des Stuhls erfolgte sofort nach Vertragsschluss. Der Kaufpreis sollte bis zum 20. Juli 2011 überwiesen werden. Dabei vertraute der Kläger auf die Liquidität des Käufers, weil Herr Dr. Eisenbarth wie der Kläger von Beruf Zahnarzt war. Das Geld ging zum Zahlungstermin nicht ein. Auf Nachfrage des Klägers vertröstete Herr Dr. Eisenbarth den Kläger zunächst unter Hinweis auf kurzfristige Zahlungsschwierigkeiten, weil eine längst fällige Überweisung der AOK nicht rechtzeitig ausbezahlt worden sei. Einige Tage später erfuhr der Kläger jedoch von einem ihm bekannten Zahntechniker, dass sich Dr. Eisenbarth, der auch als Wanderzahnarzt tätig war, finanziell übernommen habe und den Zahlungsverpflichtungen gegenüber dem Zahnlabor nicht habe nachkommen können.
Der Kläger suchte am 30. Juli 2011 Herrn Dr. Eisenbarth in dessen Praxis auf. Er traf dort Herrn Dr. Eisenbarth sowie dessen Schwager, Herrn Roderich Frankenstein, dort an. Herr Frankenstein war über den Kaufvertrag mit dem Kläger und die Nichtzahlung informiert. Offensichtlich wollte er Herrn Dr. Eisenbarth, der in schlechter Gemütsverfassung war, helfen.
Der Kläger erklärte, dass er beim besten Willen nicht mehr auf das Geld warten könne, da er es zur Begleichung des Kaufpreises für einen seinerseits angeschafften neuen Behandlungsstuhl benötige. Herr Frankenstein schaltete sich in das Gespräch ein und bat den Kläger noch um etwas Geduld. Da dieser jedoch mit Klage drohte, erklärte Herr Frankenstein schließlich von sich aus, dass er sich für die Kauf-

preisschuld persönlich verbürgen werde, falls die Kaufpreisforderung noch bis zum 15. September 2011 gestundet werde.

Hiermit erklärte sich der Kläger aus kollegialen Gründen (er kennt die Zahlungsmoral der Krankenkassen) einverstanden. Herr Frankenstein verfasste handschriftlich eine Bürgschaftserklärung und unterschrieb sie. Er übergab sie seinem Schwager zur Überprüfung. Herr Dr. Eisenbarth begab sich damit in die Küche, um angeblich Kaffee zu kochen. Kurz darauf war aus der Küche ein Knall zu hören. Herr Dr. Eisenbarth hatte sich mit einem Jagdgewehr erschossen. Der Kläger verließ entsetzt fluchtartig das Haus, ohne die Bürgschaftsurkunde mitzunehmen. Wie er später dem Kläger mitteilte, zerriss Herr Frankenstein die Urkunde daraufhin.

Beweis: Zeugnis des Herrn Roderich Frankenstein, Röttgerstr. 34, 33097 Paderborn

Der Beklagte, den der Kläger in der Folgezeit beauftragte, riet ihm zur Klage gegen Herrn Frankenstein, weil bei den Erben des Herrn Dr. Eisenbarth nichts zu holen war und Herr Frankenstein zwar den Sachverhalt einräumte, aber nicht bereit war zu zahlen. Die auf die Bürgschaftserklärung gestützte Klage gegen Herrn Frankenstein auf Zahlung von 22.500,00 EUR hat dann jedoch die 3. Zivilkammer des Landgerichts Paderborn mit Urteil vom 25. April 2012 abgewiesen. Es sei kein formwirksamer Bürgschaftsvertrag mit Herrn Frankenstein zu Stande gekommen.

Der Beklagte empfahl dem Kläger, gegen das Urteil Berufung einzulegen. Der Kläger war damit einverstanden. Der Beklagte hat daraufhin gegen das am 7. Mai 2012 zugestellte Urteil mit Schriftsatz vom 8. Juni 2012, der noch an diesem Tag (Freitag) beim Oberlandesgericht Hamm einging, namens des Klägers Berufung eingelegt. Das OLG Hamm hat das Rechtsmittel wegen Versäumung der Berufungsfrist durch inzwischen rechtskräftigen Beschluss verworfen.

Beweis: Beiziehung der Akte des Landgerichts Paderborn 3 0 100/12

Der Beklagte verletzte seine Sorgfaltspflichten als Anwalt mehrfach, insbesondere durch Versäumung der Berufungsfrist. Er hat daraus die Konsequenz gezogen und auf seine Gebührenforderung gegen den Kläger bezüglich der Berufungsinstanz ausdrücklich verzichtet, was nur als Schuldeingeständnis gewertet werden kann. Der Beklagte ist deshalb verpflichtet, den entstandenen Schaden des Klägers zu ersetzen.

Der einmal aus den Prozesskosten bestehende Schaden beträgt 6.800,00 EUR. Diese Kosten wären bei richtiger Sachbehandlung durch den Beklagten nicht angefallen. Bei einem Streitwert von 22.500,00 EUR sind in 1. Instanz an Gerichtskosten (3 Gebühren) 933,00 EUR und an gegnerischen Anwaltskosten 1.967,00 EUR angefallen. In der 2. Instanz sind an Gerichtskosten 4 Gebühren, also 1.244,00 EUR entstanden und an gegnerischen Anwaltskosten 2.656,00 EUR.

Beweis im Bestreitensfall: Vorlage der Gerichtskostenrechnung und des Kostenfestsetzungsbeschlusses des LG Paderborn

Der Kläger hat darüber hinaus, weil die Erfolg versprechende Berufung nicht durchgeführt werden konnte, den Bürgschaftsanspruch in Höhe von 22.500,00 EUR eingebüßt. Insgesamt beläuft sich der Schaden des Klägers mithin auf 29.300,00 EUR.

Mit der Klage macht der Kläger vorerst nur einen Teil seines Schadens geltend, nämlich 3.000,00 EUR aufgrund der entgangenen Bürgschaftsforderung und weitere 2.000,00 EUR wegen der angefallenen Gerichts- und Anwaltskosten in 1. und 2. Instanz. Der Klageanspruch beläuft sich damit insgesamt auf 5.000,00 EUR.

Der Beklagte hat vorprozessual die Geltendmachung eines Honoraranspruchs für die 1. Instanz angekündigt. Für eine unbrauchbare Leistung kann er aber kein Honorar erwarten. Die Klage ist daher in vollem Umfang begründet.

Castro, Rechtsanwalt

V. Anlage 4: Kostennote

Rechtsanwalt   Paderborn, 30.10.2013   **773**
Franz-Josef Glücklos
Pechstr. 12
33097 Paderborn

Kostennote[1]

betreffend den Rechtsstreit Marbuse ./. Frankenstein 3 0 100/12 Landgericht Paderborn

Streitwert: 22.500,00 EUR

1,3 Verfahrensgebühr, Nr. 3100 VV RVG	686,00*1,3	891,80 EUR
1,2 Terminsgebühr, Nr. 3100 VV RVG	686,00*1,2	823,20 EUR
Auslagenpauschale, Nr. 7002 VV RVG		20,00 EUR
Zwischensumme:		**1.735,00 EUR**
19 % Mehrwertsteuer, Nr. 7008 VV RVG		329,65 EUR
Gesamt:		**2.064,65 EUR**

(Glücklos) Rechtsanwalt

VI. Anlage 5: Schriftsatz vom 12.11.2013

Rechtsanwälte Fidel, Castro & Partner   Paderborn, 12.11.2013   **774**
Bruchweg 19
33097 Paderborn

An das
Amtsgericht Paderborn
Am Bogen 2-4
33098 Paderborn

In dem Rechtsstreit .
Marbuse gegen Glücklos
36 C 200/13 AG Paderborn

zeigen wir an, dass der Kläger seine Schadenersatzansprüche gegen den Beklagten an seine Frau, Luise Marbuse, Glockengasse 21, 33097 Paderborn
abgetreten hat.
Frau Marbuse, die von uns ebenfalls vertreten wird, wird nunmehr an Stelle des bisherigen Klägers den Prozess als Klägerin fortführen. Aufgrund des Parteiwechsels kündigen wir nunmehr den folgenden Antrag an:
Der Beklagte wird verurteilt, an die Klägerin 5.000,00 EUR nebst Zinsen i.H.v. 5 Prozentpunkten über dem jeweiligen Basiszinssatz seit Rechtshängigkeit zu zahlen.
Zur Begründung nehmen wir Bezug auf unseren bisherigen Vortrag, den sich die Klägerin in vollem Umfang zu Eigen macht.
Wir benennen für die Richtigkeit des gesamten mitgeteilten Sachverhalts den Zeugen Dr. Iwan Marbuse (bisheriger Kläger), Anschrift bekannt.

Fidel
Rechtsanwalt

---

1 Es finden noch die vor dem 1.8.2013 gültigen Gebührensätze Anwendung.

VII. Anwaltsverfügung

775 **Rechtsanwalt Glücklich**

1. Als neues Mandat eintragen
2. Frist für Klageerwiderung (27.11.2013) notieren
3. Prozessakte 36 C 200/13 AG Paderborn Marbuse ./. Glücklos mit Beiakten Landgericht Paderborn 3 O 100/12 beim Amtsgericht Paderborn zwecks Einsichtnahme für 3 Tage anfordern unter »eilt«
4. Wv. 3 Tage

Paderborn, 19.11.2013

VIII. Vermerk für die Bearbeitung

776 Die Angelegenheit ist zu begutachten. Das Gutachten soll auch Überlegungen zur Zweckmäßigkeit des Vorgehens enthalten. Es soll mit einem zusammenfassenden Vorschlag enden.

Eine Sachverhaltsschilderung ist entbehrlich.

Werden Anträge an ein Gericht empfohlen, so sind diese am Ende des Gutachtens auszuformulieren.

Sollte eine Frage für beweiserheblich gehalten werden, so ist eine Prognose zu der Beweislage (zB Beweislast, Qualität der Beweismittel etc.) zu erstellen.

Kommt die Bearbeitung ganz oder teilweise zur Unzulässigkeit der Klage, so ist insoweit zur Begründetheit in einem Hilfsgutachten Stellung zu nehmen.

Die Formalien (Ladungen, Zustellungen, Unterschriften, Vollmachten) sind in Ordnung.

Die Höhe der Anwaltsgebühr nach § 34 RVG für eine vorprozessuale Beratung eines Unternehmers durch einen Anwalt in einer Streitsache wie der zwischen den Parteien des Kaufvertrages ist mit netto 500,00 EUR anzunehmen.

Der Prozessbevollmächtigte des Beklagten hat Akteneinsicht genommen. Es haben sich daraus keine neuen über den Aktenauszug hinausgehenden Erkenntnisse ergeben.

Zeitpunkt der Begutachtung ist der 22.11.2013.

B. Gutachten

I. Zulässigkeit der Klage

1. Bestimmtheit des Klageantrags

777 Der Kläger macht nicht seinen gesamten behaupteten Anspruch geltend, sondern nur einen Teil. Dies könnte § 253 Abs. 2 Nr. 2 widersprechen (bestimmter Klageantrag). Bei Geltendmachung eines Teilbetrages aus mehreren selbstständigen Ansprüchen muss angegeben werden, mit welchem Anteil die einzelnen Ansprüche geltend gemacht werden.[1] Der Kläger gibt eindeutig an, dass er aus dem Bürgschaftsanspruch von insgesamt 22.500,00 EUR einen Teilbetrag von 3.000,00 EUR geltend macht, dies ist hinreichend bestimmt. Fraglich ist, ob dies auch wegen der weiteren 2.000,00 EUR der Fall ist. Dies soll ein Teil aus den Gerichts- und Anwaltskosten in 1. und 2. Instanz sein. Dabei handelt es sich um vier Einzelpositionen, die sich hinsichtlich der Anwaltskosten auch noch in verschiedene Einzelgebühren aufteilen. Welche Anteile von diesen jeweiligen Einzelpositionen der Kläger verlangt, lässt er nicht erkennen. Die Teilklage ist insoweit zu unbestimmt und damit unzulässig.

Allerdings müsste das Gericht gem. § 139 hierauf hinweisen. Dann wird der Kläger wohl noch eine genaue Aufteilung vornehmen, sodass dann die Klage zulässig würde.

---

1 BGH NJW-RR 1997, 441; NJW 1990, 2068, 2069; Thomas/Putzo/*Reichold* § 253 Rn. 9.

2. Rechtsmissbräuchliches Erschleichen der Zuständigkeit des Amtsgerichts

Die Geltendmachung der Teilforderung könnte rechtsmissbräuchlich sein, weil sich der Kläger so die Zuständigkeit des Amtsgerichts erschleicht. Rechtsmissbrauch wird angenommen, wenn ein Anspruch in mehrere Teile zerlegt und in mehreren selbstständigen Klagen geltend gemacht wird.[1] So geht der Kläger aber nicht vor, er macht nur einmal einen Teil geltend. Das kann nicht als rechtsmissbräuchlich bezeichnet werden, selbst wenn es zu einer Zuständigkeitsverlagerung kommt. Das Vorgehen kann sinnvoll sein, um bei einem niedrigeren Streitwert mit geringerem Kostenrisiko die Erfolgsaussichten der Klage und/oder der Vollstreckung zu erkunden. **778**

3. Parteiwechsel auf Klägerseite

a) Zulässigkeit als gesetzlicher Parteiwechsel? Fraglich ist, ob durch die Abtretung, wie der Kläger meint, ein gesetzlicher Parteiwechsel stattgefunden hat. Dies ist zu verneinen. Vielmehr hat die Abtretung gem. § 265 Abs. 2 S. 1 keinen Einfluss auf den Prozess. Der Rechtsnachfolger kann nur mit Zustimmung des Gegners den Prozess anstelle des bisherigen Klägers übernehmen, § 265 Abs. 2 S. 2. **779**

b) Zulässigkeit als gewillkürter Parteiwechsel. Der Eintritt eines neuen Klägers in den Prozess bedarf nach der Rechtsprechung als Klageänderung analog § 263 der Zustimmung des Beklagten, wenn die darin liegende Klageänderung nicht sachdienlich ist (→ Rn. 127). Hier kommt das Zustimmungserfordernis nach § 265 Abs. 2 S. 2 hinzu. **780**

Der Kläger, der ausscheidet, nimmt seine zuvor gegen den Beklagten erhobene Klage zurück, sodass § 269 analog anzuwenden ist. Insoweit bedarf es keiner Zustimmung des Beklagten, weil noch nicht verhandelt worden ist (§ 269 Abs. 1).

Fraglich ist, ob schon mit Erklärung des Parteiwechsels eine unbedingte Rücknahme der Klage des alten Klägers vorliegt. Diese würde dann schon mit der Zustellung an den Beklagten wirksam, obwohl die Zulässigkeit des Eintritts des neuen Klägers noch in der Schwebe ist. Aus diesem Grund kann mE die in dem Parteiwechsel auf Klägerseite zu sehende Erklärung der Rücknahme der Klage des ursprünglichen Klägers im Zweifel nur als bedingte Rücknahmeerklärung aufgefasst werden. Innerprozessuale und deshalb zulässige Bedingung ist, dass der Parteiwechsel als zulässig angesehen wird. Im Fall der Unzulässigkeit des Parteiwechsels wäre ansonsten die Klage des ursprünglichen Klägers mit der Zustellung zurückgenommen, die des neuen Klägers unzulässig.

Der Beklagte hat seine Zustimmung zum Eintritt der neuen Klägerin noch nicht erteilt, sodass die Zulässigkeit dieses Vorgehens noch in der Schwebe ist. Fraglich ist, ob der Parteiwechsel hier als sachdienlich zugelassen werden dürfte. Dies ist wegen § 265 Abs. 2 S. 2 zu verneinen. Die nach dieser Sondervorschrift erforderliche Zustimmung kann nach allgemeiner Auffassung nicht durch Sachdienlichkeit ersetzt werden.[2]

Ob dem Beklagten zur Zustimmung zu raten ist, muss im Rahmen der Zweckmäßigkeit erörtert werden.

4. Zwischenergebnis

Die Zulässigkeit der Klage ist im Hinblick auf die Teilklage und den Parteiwechsel noch offen. **781**

II. Begründetheit der Klage

Ein Anspruch des Klägers könnte sich gem. § 280 Abs. 1 BGB wegen einer Verletzung von Pflichten aus einem Anwaltsvertrag (§ 675 BGB) ergeben. Das setzt eine schuldhafte Vertragspflichtverletzung durch den Beklagten voraus, durch die dem Kläger ein Schaden entstanden ist. **782**

---

1 Zöller/*Vollkommer* § 1 Rn. 23.
2 BGH NJW 1996, 2799 mwN; Thomas/Putzo/*Reichold* § 265 Rn. 17.

1. Schuldhafte Pflichtverletzung

783 a) **Rat zur Klageerhebung**[1]. Der Beklagte könnte dem Kläger pflichtwidrig zur Klage geraten haben. Ein Rechtsanwalt muss die Erfolgsaussichten der Rechtsverfolgung sorgfältig prüfen und den Mandanten über das Ausmaß des Prozessrisikos informieren.[2] Erscheint nach pflichtgemäßer Prüfung der Sach- und Rechtslage eine beabsichtigte Klage nahezu sicher oder jedenfalls mit hoher Wahrscheinlichkeit als aussichtslos, so muss der Anwalt auf den damit verbundenen Grad der Gefahr eines Prozessverlustes nachdrücklich hinweisen.[3]

Zu prüfen ist daher, ob dem Kläger gegen den Beklagten des Vorprozesses Frankenstein tatsächlich ein Anspruch aus § 765 Abs. 1 BGB zustand.

784 aa) **Bürgschaftsvertrag**. Ein Bürgschaftsvertrag iSd § 765 Abs. 1 BGB dürfte zustande gekommen sein. Herr Frankenstein hat erklärt, für die Verbindlichkeit des Schuldners Dr. Eisenbarth einstehen zu wollen. Damit hat der Kläger sich einverstanden erklärt.

785 bb) **Hauptforderung**. Die wegen der Akzessorietät der Bürgschaft erforderliche Hauptforderung liegt mit der Kaufpreisforderung aus § 433 Abs. 1 BGB vor. Diese ist nicht durch den Tod des Dr. Eisenbarth untergegangen, sondern richtet sich gem. § 1967 BGB nunmehr gegen seine Erben.

786 cc) **Schriftliche Erteilung der Bürgschaftserklärung**. Fraglich ist, ob der Bürgschaftsvertrag auch wirksam ist. Zur Gültigkeit bedarf die Bürgschaftserklärung der Schriftform (§§ 766 S. 1 BGB). Diese könnte beachtet sein, weil Herr Frankenstein die Erklärung, für die Kaufpreisforderung als Bürge einstehen zu wollen, schriftlich fixierte und unterschrieb.

Herr Frankenstein könnte die Bürgschaftserklärung aber noch nicht wirksam **erteilt** (s. § 766 S. 1 BGB) haben. Erteilung ist die Entäußerung der Originalurkunde.[4] Der Begriff des Erteilens verlangt eine Entäußerung gegenüber dem Gläubiger, indem die schriftliche Erklärung diesem – und sei es nur vorübergehend – zur Verfügung gestellt wird.[5] Daran fehlte es hier. Die bloße Unterzeichnung des Schriftstücks reicht nicht, da darin keine Übergabe liegt. Denn händigte Herr Frankenstein die Erklärung seinem Schwager, nicht dem Kläger, aus, damit dieser den Inhalt kontrollieren sollte. Zu der erforderlichen tatsächlichen Übergabe an den Kläger kam es infolge des Selbstmords des Dr. Eisenbarth nicht mehr, so dass ein gültiges Bürgschaftsversprechen nicht vorliegt.

Der Beklagte musste die Erfolgsaussichten der Klage prüfen und den Kläger entsprechend beraten. Hätte er dies sorgfältig getan, hätte er dem Kläger von der Geltendmachung des Anspruchs abraten müssen, da dieser mangels wirksamen Bürgschaftsvertrags nicht bestand. Er handelte, da eine sorgfältige Prüfung zum Finden der BGH-Entscheidung geführt hätte, auch fahrlässig, mithin schuldhaft.

787 b) **Nichteinhaltung der Berufungsfrist**. Eine Pflichtverletzung könnte darin liegen, dass der Beklagte die Frist zur Einlegung der Berufung nicht eingehalten hat. Zu den Pflichten eines mit der Prozessführung beauftragten Anwalts gehört es, alle für den Prozesserfolg notwendigen Maßnahmen zu treffen.[6] Da sich der Kläger entschlossen hatte, die Berufung durchzuführen, hätte der Beklagte diese rechtzeitig einlegen müssen. Da ihm das Urteil am 7. Mai 2012 zugestellt worden war, endete die Berufungsfrist (§ 517) gem. § 222 Abs. 1, § 188 Abs. 2 BGB bereits mit dem Ablauf des 7. Juni 2012. Der Eingang am 8. Juni 2012 war somit verspätet. Das Verhalten des Beklagten war auch schuldhaft, nämlich fahrlässig (§ 276 Abs. 2 BGB). Der Beklagte hätte für eine Fristenkontrolle und rechtzeitige Berufungseinlegung Sorge tragen müssen.

Auch insoweit liegt eine schuldhafte Pflichtverletzung vor.

2. Haftungsausfüllende Kausalität

788 a) **Bürgschaftsforderung über 22.500,00 EUR**. Das Landgericht Paderborn hatte die Klage abgewiesen; der Kläger konnte das Urteil infolge der verspäteten Berufung nicht mehr in 2. Instanz überprü-

---

1 Dies wird hier wegen der zeitlichen Abfolge zuerst geprüft. Es könnte auch mit der verspäteten Berufungseinlegung begonnen werden, aus der sich ein höherer Anspruch ergeben könnte.
2 Palandt/*Grüneberg* § 280 BGB Rn. 66 mwN.
3 BGH NJW 1997, 2168, 2169; Palandt/*Grüneberg* § 280 BGB Rn. 70.
4 Palandt/*Sprau* § 766 BGB Rn. 4.
5 BGH NJW 1993, 1126; Palandt/*Sprau* § 766 BGB Rn. 4.
6 Palandt/*Grüneberg* § 280 BGB Rn. 81.

fen lassen. Hätte der Beklagte aber die Berufung rechtzeitig eingelegt, wäre die Klage trotzdem abgewiesen worden,[1] so dass die Pflichtverletzung für den Schaden (22.500,00 EUR) nicht kausal geworden ist.

b) Prozesskosten in Höhe von 6.800,00 EUR. Die haftungsausfüllende Kausalität liegt vor, wenn der Kläger nach richtiger Beratung den Prozess erster Instanz nicht durchgeführt und auch keine Berufung eingelegt hätte. Dafür ist grundsätzlich der Kläger darlegungs- und beweispflichtig.[2] Es besteht aber die tatsächliche Vermutung, dass der Geschädigte sich »aufklärungsrichtig« verhalten hätte.[3] Hierbei handelt es sich nicht nur um einen Anscheinsbeweis, sondern um eine zur Beweislastumkehr führende widerlegliche Vermutung.[4] Der Kläger muss hierzu also nicht mehr vortragen. Da der Beklagte Abweichendes nicht vorgetragen hat, ist davon auszugehen, dass der Kläger die Prozesse nicht geführt hätte. Dann wären ihm die Prozesskosten in Höhe von insgesamt 6.800,00 EUR nicht entstanden.

Ein Mitverschulden des Klägers gem. § 254 BGB kommt nicht in Betracht. Der Kläger war nicht rechtskundig, der Beklagte als Rechtsanwalt der Fachmann.

789

3. Ergebnis

Die Klage ist hinsichtlich der Bürgschaftsforderung unbegründet, hinsichtlich der Prozesskosten zurzeit zwar mangels Bestimmtheit unzulässig, grundsätzlich jedoch begründet. Die Zulässigkeit der Klage hängt darüber hinaus von der Zustimmung zum Parteiwechsel ab.

790

III. Zweckmäßigkeit des Vorgehens

Der Auftraggeber hat bestimmte Fragen und Wünsche geäußert, die Überlegungen zur Zweckmäßigkeit des Vorgehens erforderlich machen.

791

1. Bestreiten der Abtretung

Die Abtretung ist von der Klägerin nicht durch Vorlage einer Abtretungsurkunde belegt. Es dürfte zur anwaltlichen Sorgfaltspflicht gehören, eine nicht urkundlich belegte Abtretung im Prozess zu bestreiten, denn wenn eine Abtretung tatsächlich nicht erfolgt wäre, würde eine Leistung an den behaupteten Zessionar nicht zur Erfüllung führen. Ein Kostenrisiko geht der Beklagte insoweit nicht ein (§ 94, → Rn. 309).

2. Aufrechnung mit Honoraranspruch des Klägers

Unterstellt, der Klägervertreter spezifiziert nach einem Hinweis des Gerichts die Teilforderung über 2.000 EUR, ist zu prüfen, ob der Beklagte gegen diese mit seinem Honoraranspruch erster Instanz aufrechnen könnte (§ 387 BGB). Bedenken hinsichtlich der **Zulässigkeit** einer Aufrechnung[5] bestehen nicht.

792

a) Bestehen der Forderung des Beklagten. Die Honorarforderung müsste bestehen. Dies ist grundsätzlich der Fall, weil der Beklagte den Kläger als Anwalt in dem Vorprozess vertreten und sich dadurch die Gebühren nach dem RVG verdient hat.

793

aa) Verzicht? Fraglich ist zunächst, ob der Beklagte auf seinen Anspruch verzichtet hat. Dies ist zu verneinen; er hat ausdrücklich nur auf das Honorar für die 2. Instanz verzichtet.

bb) Höhe der Honorarforderung. Fraglich ist, ob der Anwalt die Gebühren für die Prozessvertretung überhaupt verlangen kann, weil er dem Kläger richtigerweise von der Prozessführung hätte abraten müssen. Die Honorarforderung ist nur durch den falschen Rat des Beklagten entstanden und wäre, wenn berechtigt, Teil des Schadenersatzanspruches des Klägers. Deshalb kann der Beklagte nur

---

1 Maßgeblich ist der Standpunkt des jetzt entscheidenden Gerichts.

2 Palandt/*Grüneberg* § 280 BGB Rn. 66.

3 BGH NJW 1998, 749, 750 (zur anwaltlichen Aufklärungspflicht); Palandt/*Grüneberg* § 280 BGB Rn. 39 mwN.

4 BGH NJW 2012, 2427 Rn. 29 mwN.

5 Bei Zweifeln immer zuerst zu prüfen, → Rn. 383.

diejenigen Gebühren ersetzt verlangen, die auch bei einer richtigen Beratung entstanden wären. Insoweit greift der Gedanke der Vorteilsausgleichung zugunsten des Beklagten. Der Kläger soll durch den Schadenfall auch nicht besser stehen als bei richtiger Beratung.

Hätte der Beklagte dem Kläger vom Prozess abgeraten, wäre eine Beratungsgebühr nach § 34 RVG angefallen. Der Kläger ist als Unternehmer anzusehen (§ 14 BGB), da der verkaufte Stuhl zuvor in seiner Praxis genutzt wurde. Die Höhe der Gebühr beträgt nach dem Bearbeitervermerk 500,00 EUR netto, brutto demnach 590,00 EUR.

794 **b) Gegenseitigkeit und Gleichartigkeit der Forderungen.** Die Gegenseitigkeit der Forderungen fehlt, weil der Beklagte gegen eine Forderung aufrechnen will, die ihm nicht gegen die neue Klägerin, sondern gegen den früheren Mandanten zusteht.

Die Aufrechnung könnte aber gleichwohl nach § 406 BGB erlaubt sein. Der aufrechenbare Anspruch des Beklagten ist mit der Beratung des Klägers entstanden. Von der Abtretung hat der Beklagte erst im laufenden Prozess erfahren. Fällig geworden ist der Anspruch des Beklagten gem. § 8 Abs. 1 RVG spätestens mit Erlass der Kostenentscheidung in dem Vorprozess. Die Abtretung ist erst später erfolgt. Damit liegt keine der beiden Ausnahmen des § 406 BGB vor; es bleibt beim Grundsatz der Norm, dass gegenüber dem neuen Gläubiger aufgerechnet werden darf.

Die zur Aufrechnung gegenüberstehenden Forderungen sind als Geldforderungen gleichartig.

795 **c) Fälligkeit und Durchsetzbarkeit der Forderung des Beklagten.** Die Forderung, mit der aufgerechnet wird, muss der Beklagte gem. § 387 BGB »fordern« können, sie muss also wirksam, fällig und durchsetzbar sein. Der Anwalt kann gem. § 10 Abs. 1 S. 1 RVG seine Vergütung nur aufgrund einer ordnungsgemäßen Rechnung einfordern. Diese Rechnung ist dem Kläger noch nicht erteilt. Damit ist der Anspruch des Beklagten noch nicht einforderbar, eine Aufrechnung noch nicht möglich.[1] Es liegt zwar schon eine Kostenrechnung vor; diese hat aber einmal der Kläger noch nicht erhalten, zum anderen betrifft sie nicht die nach dem gefundenen Ergebnis zustehende Gebühr. Dem Beklagten ist danach zunächst zu raten, eine neue Rechnung auszustellen und sie dem Kläger zukommen zu lassen.

796 **d) Aufrechnung im Fall der Rechnungserstellung und Zusendung?** Zu prüfen bleibt, ob und wie die Aufrechnung erklärt werden soll, falls die Rechnungsprobleme beseitigt sind. In Betracht kommt, die Aufrechnung unbedingt oder hilfsweise zu erklären. Eine Hilfsaufrechnung kann den Streitwert erhöhen (→ Rn. 394).

Der Beklagte wird im Prozess nach dem gefundenen Ergebnis einmal einwenden, dass die Klage wegen des Parteiwechsels unzulässig ist. Auch kann er geltend machen, dass dem Kläger im Hinblick auf die unwirksame Bürgschaftserklärung kein Schadenersatzanspruch zusteht. Gegen die Forderung auf Ausgleichung der Prozesskosten kann er sich aber nicht durchgreifend wehren. Hiergegen sollte er demnach unbedingt aufrechnen, wenn dem nicht das Geltendmachen der Unzulässigkeit der Klage entgegensteht. Da die Zulässigkeit der Klage von Amts wegen zu prüfen ist und das Gericht die Klage, wenn unzulässig, abweisen muss, ohne die Aufrechnung zu prüfen, steht einer »Haupt«aufrechnung des Beklagten nichts im Wege. Das Gericht prüft sie nur, wenn es zur Zulässigkeit der Klage kommt, dann allerdings kann der Beklagte dem genannten Teil der Klägerforderung auch nichts entgegensetzen.

Da die Aufrechnungsforderung unter der berechtigten Klageforderung liegt, muss der Beklagte nicht erklären, gegen welche Teilforderung des Klägers der Beklagte aufrechnen will (Gerichts- oder Anwaltskosten; erste oder zweite Instanz). Mangels Erklärung würden §§ 366 Abs. 2, 367 BGB eingreifen. Um die für den schuldenden Beklagten lästige Folge des § 367 BGB zu vermeiden, sollte aber auch ohne rechtliche Notwendigkeit angegeben werden, dass die Aufrechnung gegen einen bestimmten Teil der Hauptforderung erklärt wird.

3. Anerkenntnis oder Herbeiführen der Erledigung

797 Nach einer möglichen Aufrechnung verbleiben als im Prozess geltend gemachter berechtigter Anspruch der Klägerin 1.410,00 EUR (2.000,00-590,00). Insoweit könnte der Beklagte anerkennen, was aber als Teilanerkenntnis nicht zur Reduzierung der Gerichtsgebühren führt (vgl. Nr. 1211 KV-GKG: »gesamtes Verfahren«). Die Terminsgebühren der Anwälte würden aber reduziert, da der Streitwert vor dem Termin um den anerkannten Teil sinken würde. Eine Kostenentscheidung nach § 93 kann

---

[1] S. Palandt/*Grüneberg* § 387 BGB Rn. 11 mwN.

der Beklagte nicht erreichen, da er sich, soweit die Forderung des früheren Klägers berechtigt war, vor Klageerhebung in Verzug befand.

Der Beklagte könnte aber die berechtigte Forderung des Klägers auch ausgleichen (bzw. seine Versicherung dazu veranlassen), dann müsste die Klägerin die Hauptsache zumindest teilweise für erledigt erklären. Auch dies würde den Wert für die Terminsgebühren, allerdings nicht die Gerichtsgebühren, senken. Sinnvoll ist auf jeden Fall, wenn gezahlt wird, die gesamte berechtigte Forderung auszugleichen; dann kann die Klägerin im Gegensatz zu einer Zahlung des mit der Klage geltend gemachten Teils die Klage nicht auf einen dann noch offenen Teil erstrecken.

4. Zustimmung zum Parteiwechsel

Wie oben festgestellt, hängt die Erklärung der im Parteiwechsel liegenden Rücknahme der Klage des alten Klägers von der Zulässigkeit des Parteiwechsels ab. Dieser wiederum ist wegen § 265 Abs. 2 S. 2 nur zulässig, wenn der Beklagte zustimmt. **798**

Verweigert der Beklagte die Zustimmung, wäre die Klage der neuen Klägerin unzulässig. Die bedingte Klagerücknahme wäre aber nicht erfolgt, da die Bedingung nicht eingetreten ist. Der ursprüngliche Kläger wäre noch Partei; seine Klage ist aber bereits deshalb unbegründet, weil er infolge der Abtretung nicht mehr Anspruchsinhaber ist. Daraus jetzt aber den Rat zu folgern, die Zustimmung zu verweigern, wäre vordergründig; es steht zu erwarten, dass die Forderung dann wieder rückabgetreten wird.

Würde der Beklagte die Forderung ausgleichen, wie oben schon vorgeschlagen, und sich zum Parteiwechsel nicht erklären, müsste die Klägerin den Rechtsstreit teilweise für erledigt erklären. Schließt der Beklagte sich der Teilerledigungserklärung an, müsste das Gericht insoweit über die Kosten des Rechtsstreits entscheiden. Die Kostenentscheidung wird zulasten der Klägerin ausgehen, weil die Klage vor Eintritt des erledigenden Ereignisses mangels Zustimmung des Beklagten zum Parteiwechsel unzulässig war. Ob der Beklagte hinsichtlich des noch offenen Teils der Klage seine Zustimmung zum Parteiwechsel erklärt oder nicht, ist belanglos, denn die weitergehende Klage wäre unbegründet. So kann der Beklagte ohne Kosten aus dem Prozess herauskommen.

5. Gesamtklärung des Streits

Die Mandantin möchte eine Gesamtklärung des Streits erreichen; ihr liegt auch daran, dass der Rechtsstreit an das Landgericht verwiesen wird. **799**

Beides könnte durch Erhebung einer negativen Feststellungswiderklage erreicht werden. Der alte Kläger hat sich eines Anspruchs von insgesamt 29.300,00 EUR gegen den Beklagten berühmt. Die neue Klägerin (im Fall der Zustimmung zum Parteiwechsel) hat sich seinen Vortrag zu Eigen gemacht und sich damit ebenso dieses Anspruchs berühmt. Es ist nur ein Teil von 5.000,00 EUR rechtshängig gemacht worden. In Höhe der Differenz von 24.300,00 EUR hat der Beklagte ein Feststellungsinteresse für die Erhebung einer negativen Feststellungsklage (→ Rn. 448). Von den »offenen« 24.300,00 EUR stehen der Klägerseite 4.800,00 EUR zu. Der Beklagte könnte damit auf Feststellung klagen, dass der Klägerseite über einen Teil der Klageforderung in Höhe von 2.000,00 EUR und über einen weiteren Betrag von 4.800,00 EUR hinaus keine weiteren Ansprüche gegen den Beklagten zustehen. Der Streitwert der negativen Feststellungsklage entspricht dem einer umgekehrten Leistungsklage, würde hier also 19.500,00 EUR betragen. Damit übersteigt der Streitwert der Widerklage die Zuständigkeit des Amtsgerichts, der Beklagte (!) könnte gem. § 506 die Verweisung an das Landgericht beantragen.

Sollte die berechtigte Forderung der Klägerseite beglichen werden, wie vorgeschlagen, kann der Widerklageantrag auch so formuliert werden, dass der Klägerseite keine weiteren Ansprüche gegen den Beklagten zustehen.

IV. Anträge

Unterstellt, die berechtigte Forderung der Klägerseite würde beglichen, wären folgende Anträge für den Beklagten anzukündigen: **800**

Zustimmung zur Teilerledigungserklärung der Klägerin.

Widerklage mit dem Antrag festzustellen, dass der Klägerin (oder dem Kläger, falls dem Parteiwechsel nicht zugestimmt wird und eine Rückabtretung erfolgt) kein weiterer Zahlungsanspruch gegen den Beklagten zusteht.

Antrag auf Verweisung an das Landgericht.

4. Abschnitt. Beispiele zur Fassung des Urteilstenors

801 Im Folgenden werden Beispiele für die Fassung eines Urteilstenors (sowie entsprechender Klageanträge) genannt, die teilweise näher erläutert sind:

- Der Beklagte wird verurteilt, an den Kläger zu 1. 500,00 EUR nebst 8 % Zinsen, höchstens jedoch Zinsen in Höhe von 5 Prozentpunkten[1] über dem jeweiligen Basiszinssatz,[2] seit dem 1.12.2013, an den Kläger zu 2. 500,00 EUR nebst Zinsen in Höhe von 5 Prozentpunkten über dem jeweiligen Basiszinssatz seit dem 1.12.2013 sowie an die Kläger als Mitgläubiger[3] weitere 10.000,00 EUR nebst Zinsen in Höhe von 5 Prozentpunkten über dem jeweiligen Basiszinssatz aus je 1.000,00 EUR seit dem 1.2.2013, seit dem 1.3.2013, seit dem 1.4.2013, seit dem 1.5.2013, seit dem 1.6.2013, seit dem 1.7.2013, seit dem 1.8.2013, seit dem 1.9.2013, seit dem 1.10.2013 und seit dem 1.11.2013 zu zahlen.[4]«

- »Der Beklagte wird verurteilt, den PKW VW Lupo mit der Fahrgestellnummer WWWXYZ 1234567 in fahrtüchtigem Zustand an den Kläger herauszugeben.«[5]

- »Der Beklagte wird verurteilt, an den Kläger 10.000,00 EUR nebst Zinsen … zu zahlen, Zug um Zug gegen Herausgabe des PKW's VW Lupo mit der Fahrgestellnummer WWWXYZ 1234567 in fahrtüchtigem Zustand an den Beklagten.«[6]

---

1 5 Prozentpunkte ist die korrekte Bezeichnung. Werden »5% Zinsen über dem Basiszinssatz« verlangt, ist das inkorrekt, kann aber in »5 Prozentpunkte über dem Basiszinssatz« ausgelegt werden (BGH NJW-RR 2013, 511 Rn. 12; OLG Hamm NJW 2005, 2238, 2239).

2 Hier hat der Kläger zu 1. 8% Zinsen beantragt. Diese können ihm zB zugesprochen werden, wenn er mindestens in Höhe der Klageforderung einen Kredit in Anspruch genommen hat, der Beklagte in Verzug war und der Kläger den vom Beklagten zu zahlenden Betrag zur Kredittilgung genutzt hätte (§ 288 Abs. 4 BGB). Reicht der Vortrag des Klägers nicht aus, um die Voraussetzungen des § 288 Abs. 4 BGB auszufüllen, können ihm die verlangten 8% gleichwohl wegen § 288 Abs. 1 BGB zugesprochen werden, wenn der Basiszinssatz 3% oder mehr beträgt. Dann aber muss beachtet werden, dass der Basiszinssatz unter 3% sinken kann, sodass die Rechtsgrundlage für 8% Zinsen fehlen würde. Es könnte auch tenoriert werden, dass dem Kläger Zinsen in Höhe von 5 Prozentpunkten über dem jeweiligen Basiszinssatz zuerkannt werden, höchstens aber 8% (§ 308 Abs. 1!).

3 Hier wird den Klägern je eine Forderung als Alleingläubigern und eine weitere Forderung als Mitgläubigern zugesprochen. Zwangsläufig müssen die Zinsen für jeden Anspruch gesondert ausgeworfen werden.

4 Solche Mammuturteilsformeln entstehen zwangsläufig, wenn wiederkehrende Zahlungen geschuldet und Rückstände eingeklagt werden (Klagen auf Zahlung rückständigen Mietzinses oder Unterhalts). Hier ist immerhin der Betrag von 1.000,00 EUR nur einmal erwähnt. Im Einzelfall kann es auch übersichtlicher sein, den Ausspruch über die Hauptforderung und über die Zinsen zu trennen: »Der Beklagte wird verurteilt, an den Kläger 10.000,00 EUR zu zahlen. Weiter wird der Beklagte zur Zahlung folgender Zinsen an den Kläger verurteilt: 10% Zinsen aus 1.500,00 EUR seit dem …, aus weiteren 200,00 EUR seit dem …« u.s.w.

5 Beispiel für ein Urteil auf Herausgabe einer bestimmten beweglichen Sache (§ 883). Es ist wegen der Vollstreckung wichtig zu beschreiben, in welchem Zustand die Sache herauszugeben ist (s. dazu *Lackmann* Rn. 97). Meist denken die Parteien nicht daran, ihren Antrag entsprechend zu fassen (hier: fahrbereit), von Amts wegen darf das Gericht den Tenor wegen § 308 Abs. 1 nicht so fassen, es sollte aber (§ 139) darauf hinwirken, dass der Antrag entsprechend gefasst wird.

6 Beispiel für ein Zug-um-Zug-Urteil. Die Zug um Zug zu erbringende Leistung ist wegen § 756 dabei genauso bestimmt zu bezeichnen wie ein entsprechendes Leistungsurteil.

- »Die Beklagten werden als Gesamtschuldner verurteilt, die Wohnung im Hause Schrottstraße 11, Köln-Nippes, erstes Obergeschoss rechts, Größe 22,05 qm, zu räumen und geräumt und besenrein an den Kläger herauszugeben.«[1]
- »Der Beklagte wird verurteilt, die auf der Grundstücksgrenze zwischen den Grundstücken der Parteien gepflanzte Platane nebst Wurzelwerk zu entfernen und Anpflanzungen auf der Grundstücksgrenze in Zukunft zu unterlassen.«[2]
- »Die Beklagte wird verurteilt, dem Kläger Auskunft über die von ihm in der Zeit vom 1.1.2010 bis 31.12.2013 für die Beklagte vermittelten Lebensversicherungsverträge zu erteilen.«[3]
- »Der Beklagte wird verurteilt, das Betreten seines Grundstücks, Schlossallee 10, Hamburg, zum Zwecke der Durchführung von Reparaturarbeiten an der zum Grundstück des Beklagten hin gelegenen Seite der auf dem Grundstück des Klägers, Schlossallee 8, Hamburg, stehenden Garage in der Zeit zwischen dem 1.3.2013 und dem 6.3.2013 zu dulden.«[4]
- »Der Beklagte wird verurteilt, dem Kläger die Übertragung des Eigentums an dem Fernsehgerät Marke Panther-Optik, Modell Grünstich tonlos, Seriennummer 007, anzubieten und das genannte Gerät an den Kläger herauszugeben.«[5]

---

1 Urteil auf Herausgabe einer unbeweglichen Sache (§ 885).
2 Urteil auf Vornahme einer vertretbaren sowie Unterlassung einer Handlung (§§ 887, 890).
3 Urteil auf Vornahme einer unvertretbaren Handlung (§ 888).
4 Urteil auf Duldung einer Handlung (§ 890).
5 Urteil auf Abgabe einer Willenserklärung (§ 894) kombiniert mit Herausgabeurteil (§ 883), s. auch § 897.

Sachregister

Die Angaben beziehen sich auf die Randnummern.